Eine Arbeitsgemeinschaft der Verlage

Böhlau Verlag · Wien · Köln · Weimar
Verlag Barbara Budrich · Opladen · Farmington Hills
facultas.wuv · Wien
Wilhelm Fink · München
A. Francke Verlag · Tübingen und Basel
Haupt Verlag · Bern · Stuttgart · Wien
Julius Klinkhardt Verlagsbuchhandlung · Bad Heilbrunn
Mohr Siebeck · Tübingen
Nomos Verlagsgesellschaft · Baden-Baden
Orell Füssli Verlag · Zürich
Ernst Reinhardt Verlag · München · Basel
Ferdinand Schöningh · Paderborn · München · Wien · Zürich
Eugen Ulmer Verlag · Stuttgart
UVK Verlagsgesellschaft · Konstanz, mit UVK / Lucius · München
Vandenhoeck & Ruprecht · Göttingen · Oakville
vdf Hochschulverlag AG an der ETH Zürich

Prof. Dr. Georg Theunissen, geboren 1951, lehrt am Institut für Rehabilitationspädagogik an der Martin-Luther-Universität Halle-Wittenberg.

GEISTIGE BEHINDERUNG UND VERHALTENSAUFFÄLLIGKEITEN

Ein Lehrbuch für die Schule, Heilpädagogik und außerschulische Behindertenhilfe

von

Georg Theunissen

5., völlig neu bearbeitete Auflage

VERLAG
JULIUS KLINKHARDT
BAD HEILBRUNN • 2011

Online-Angebote oder elektronische Ausgaben zu diesem Buch
sind erhältlich unter www.utb-shop.de

Die Deutsche Bibliothek – CIP-Einheitsaufnahme
Die Deutsche Nationalbibliothek verzeichnet diese Publikation in der Deutschen Nationalbibliografie;
detaillierte bibliografische Daten sind im Internet über http://dnb.d-nb.de abrufbar.

2011.11.Khg. © by Julius Klinkhardt.
Das Werk ist einschließlich aller seiner Teile urheberrechtlich geschützt.
Jede Verwertung außerhalb der engen Grenzen des Urheberrechtsgesetzes ist ohne Zustimmung
des Verlages unzulässig und strafbar. Das gilt insbesondere für Vervielfältigungen, Übersetzungen,
Mikroverfilmungen und die Einspeicherung und Verarbeitung in elektronischen Systemen.

Einbandgestaltung: Atelier Reichert, Stuttgart

Druck und Bindung: Friedrich Pustet, Regensburg.
Printed in Germany 2011
Gedruckt auf chlorfrei gebleichtem alterungsbeständigem Papier.

UTB-Band-Nr.: 3545
ISBN 978-3-8252-3545-1

Inhalt

Vorwort zur fünften, völlig neu bearbeiteten Auflage 9

1 Geistige Behinderung – Intellektuelle Behinderung – Lernschwierigkeiten 11

Zur psychiatrisch-nihilistischen Sichtweise 11
Zur heilpädagogisch-defizitorientierten Sichtweise 12
Zur entwicklungspsychologischen Sichtweise 14
Zur IQ-bezogenen Sicht 15
Zur Klassifikation nach ICD-10 und DSM-IV 17
Geistige Behinderung aus der Subjekt-Perspektive 19
Geistige Behinderung als komplexes Phänomen von
   sich wechselseitig bedingenden und verstärkenden Faktoren 21
Zum Behinderungsmodell der ICF 33
Zum Konzept der AAIDD 35
Zu den neuen Fachbegriffen:
   Intellectual and Developmental Disabilities 39
Zu den neuen Fachbegriffen:
   Learning Disabilities und Lernschwierigkeiten 42

2 Verhaltensauffälligkeiten: Begriffsverständnis und Erklärungsansätze 47

Zu den Erscheinungsformen 48
Verhaltensauffälligkeiten im Lichte sozialer Zuschreibung 50
Zu den Parallelbegriffen 52
Zu den Erklärungsansätzen 55
Zur psychiatrischen Sicht 56
Zur sozialwissenschaftlichen Sicht 58
Zur systemökologischen Sicht 60

3 Das Konzept für die außerschulische Behindertenarbeit 65

Handlungsbestimmende Leitprinzipien 66
Unbedingte Achtung vor dem Wertsein des Anderen 68
Beziehungsgestaltung und kommunikatives Verhältnis 68
Subjektzentrierung und Individualisierung 68
Ganzheitlichkeit 69

Entwicklungsgemäßheit 70
Autonomie und Empowerment 70
Neurowissenschaftliche Orientierung und Stärken-Perspektive 72
‚Seinlassen' und Vertrauen in die Ressourcen 73
Lebensweltorientierung 74
Inklusion, Partizipation und Bürgerzentrierung 74
Zur allgemeinen Alltagsarbeit 76
Bausteingruppe I: Zentrale Bereiche der Alltagsarbeit 76
Rehabilitative Pflege 77
Hausarbeit und Haushaltsführung 77
Freizeitbezogene Lebensgestaltung und ästhetische Praxis 78
Allgemeine Lebensberatung und Bildungsassistenz 79
Psychosoziale Lebenshilfe und körperliche Aktivierung 79
Gesellschaftliche Integrationshilfe und kulturelle Partizipation 80
Bausteingruppe II: Spezielle Elemente der allgemeinen Konzeption 80
Angebote 80
Zeit 81
Soziale Kommunikation und Beziehungen 81
Lebensmilieu 82
Gruppenbesprechungen 82
Assistierende Hilfen 83
Pädagogische Methoden und Handlungsmodelle 88
Lehrmethoden und Phasenmodelle 88
Verfahrensweisen 89
Allgemeine positive Unterstützungs- und Verkehrsformen 89
Verhaltensaufbauende und -stabilisierende Methoden 90
Spezielle symptomorientierte Interventionsformen 91
Spezielle präventive Methoden 97
Sozialformen 99
Persönliche Zukunfts-, Lebensstil- und Netzwerkplanung 101
Zur Speziellen Pädagogik 112
Spezielle gruppenbezogene Maßnahmen 112
Beispiel eines gruppenbezogenen Angebots zur Förderung sozialer
Kompetenz auf der Grundlage von Theaterarbeit (von Dörte Fiedler) ... 113
Resümee 121
Lebensweltbezogene Schlussbetrachtungen 121
Einzelhilfe durch Positive Verhaltensunterstützung 123
Unterstützerkreis 124
Funktionales Assessment 125
Indirektes Assessment 125
Aufbereitung der Lebensgeschichte 126

Direktes Assessment 130
Zur Einbeziehung der Person 131
Funktionale Problembetrachtung 132
Bildung von Arbeitshypothesen und Zielen 135
Unterstützungsmaßnahmen 136
   1) Veränderung von Kontextfaktoren 136
   2) Zur Erweiterung des Verhaltens- und Handlungsrepertoires 140
   3) Zur Veränderung von Konsequenzen 142
   4) Persönlichkeits- und lebensstilunterstützende Maßnahmen 143
   5) Krisenmanagement 145
Zur Umsetzung der Einzelhilfe 146
Ein abschließendes Beispiel aus der Praxis 147

4 Das Konzept für Schule und Unterricht 155

Primäre Prävention:
Zum schulbezogenen Konzept einer positiven Verhaltensunterstützung 156
Zur Vorgehensweise und Arbeitsschritte 157
Primäre Prävention auf klassenbezogener Ebene 161
Sekundäre Prävention:
Zur gruppenbezogenen positiven Verhaltensunterstützung 165
Sportangebote (am Beispiel von Judo) 165
Soziometrisch orientierte bildnerische Aktivitäten 169
Positive Peerkultur 170
Regellernen durch verhaltenssteuernde Visualisierungen 171
Stärkenorientierte und lebensnahe Projektarbeit 173
The Behavior Education Program (BEP) 174
Tertiäre Prävention: Positive Verhaltensunterstützung als Einzelhilfe 177
Unterstützerkreis und Zielsetzung 177
Wraparound, Persönliche Zukunftsplanung und funktionales Assessment 178
Entwicklung eines Unterstützungsprogramms 180
   1. Ebene: Kontextbezogene Interventionen 180
   2. Ebene: Verhaltensorientierte Interventionen 183
   3. Ebene: An Konsequenzen orientierte Interventionen 184
   4. Ebene: Persönlichkeits- und lebensstilorientierte Interventionen 188
   5. Ebene: Krisenintervention 189
Durchführung und Evaluation 189
Rolle der Lehrkräfte 190
Schlussbemerkung 191
Beispiele aus der Praxis 192

5 Pädagogisch-therapeutische Arbeitsformen – ein synoptischer Überblick . 203

Basale Kommunikation (nach Mall) 203
Basale Stimulation (nach Fröhlich) 206
Erlebnispädagogik 208
Festhaltetherapie 211
Gentle Teaching 214
Heilpädagogische Rhythmik 216
Mediation 219
Neuropsychologisch orientierte Lernförderung und Therapie 227
Pädagogische Kunsttherapie (therapeutisch-ästhetische Erziehung) 237
Pränatalraum-Musiktherapie 241
Problemlösende Alltagsgeschehnisse (nach Affolter) 244
Problemlösungstraining 248
Psychomotorik/Motopädagogik 253
Psychomotorische Therapie (nach Aucouturier und Lapierre) 256
Selbstsicherheitstraining 258
Sensorische Integration (nach Ayres) 261
Snoezelen 265
Soziales Lernen (soziales Kompetenztraining) 268
TEACCH-Konzept 273
Unterstützte Kommunikation 278
Validation 288
‚Verhaltensphänotypisch' orientierte Förderung und Lebenshilfe 292
Wahrnehmungsförderung und Bewegungserziehung (nach Frostig) 298

Anmerkungen zu Kapitel 5 303

Anhang zu Kapitel 3 und 4 315

Literatur 327

Der Autor 349

Vorwort zur fünften, völlig überarbeiteten Neuauflage

Mit der vorliegenden Schrift, die heute zu einem Standardwerk der Heil- und Sonderpädagogik zählt, liegt nunmehr die fünfte Auflage vor, die wiederum neueste Forschungsstudien und Erkenntnisse sowie aktuelle Entwicklungen im Bereich der Behindertenarbeit aufgegriffen und aufbereitet hat. Dabei beschränkt sie sich nicht, wie viele andere Schriften aus der hiesigen Geistigbehindertenpädagogik und Behindertenhilfe, auf Arbeiten und Vorstellungen aus dem deutschsprachigen Raum, sondern sie fokussiert darüber hinaus Positionen und Erkenntnisse, wie sie in hochentwickelten westlichen Industrieländern gewonnen wurden und die internationale Debatte bestimmen.

Den Anfang der Neuerung bildet der Wechsel von dem eng gestrickten Begriff der *geistigen Behinderung* im deutschsprachigen Raum zu dem international geläufigen Verständnis und der Beschreibung eines Personenkreises unter dem Leitbegriff der *intellectual disabilities*. Zudem wird der aus Großbritannien importierte und ins Deutsche übersetzte Parallelbegriff der *Menschen mit Lernschwierigkeiten* diskutiert. Desweiteren ist der Begriff der *Verhaltensauffälligkeiten* mit Blick auf Parallelbegriffe wie *herausforderndes Verhalten* oder *Problemverhalten* präzisiert worden, um den Rahmen für pädagogische Unterstützungsmöglichkeiten abzustecken.

Daran anknüpfend sind zwei Hauptkapitel neu geschnitten und bearbeitet worden, die sich auf den außerschulischen Bereich und auf Schule und Unterricht beziehen. Meine Empfehlungen und Anregungen für den Umgang mit Verhaltensauffälligkeiten orientieren sich dabei an dem Rahmenkonzept der *Positiven Verhaltensunterstützung*, das im Unterschied zu den meisten Ansätzen aus dem Bereich der Heil- und Sonderpädagogik nachweislich evidenzbasiert und Erfolg versprechend ist. Da die Positive Verhaltensunterstützung offenen Charakter hat, gibt es Spielräume für die Integration unterschiedlicher pädagogisch-therapeutischer Arbeitsformen, die sich für den Umgang mit Verhaltensauffälligkeiten bei Menschen mit Lernschwierigkeiten (geistiger Behinderung) anbieten. Um sich diesbezüglich orientieren zu können, bietet gleichfalls die vorliegende Schrift den in den bisherigen Auflagen sehr geschätzten *synoptischen Überblick über pädagogisch-therapeutische Arbeitsformen*.

Damit hoffe ich ein attraktives Lehrbuch für außerschulische und schulische Arbeitsfelder verfasst zu haben.

Mein Dank gilt allen, die mich bei der Überarbeitung unterstützt haben, Frau Henriette Paetz für mehrere Übersetzungen und vor allem Herrn Andreas Klinkhardt für die gute Zusammenarbeit.

Der Einfachheit halber wurde zumeist die männliche Schreibweise (Pädagoge, Erzieher...) benutzt, gemeint sind hiermit auch Personen weiblichen Geschlechts. Ferner werden die Fachbezeichnungen Heilpädagogik, Sonderpädagogik, Behindertenpädagogik und Rehabilitationspädagogik im Sinne einer speziellen Pädagogik (*special education; education spéciale*) synonym benutzt.

Georg Theunissen   Freiburg i. B. und Halle/Saale, Januar 2011

1 Geistige Behinderung – Intellektuelle Behinderung – Lernschwierigkeiten

Gegen Ende der 1950er Jahre wurde von der Elternvereinigung „Lebenshilfe" der Begriff der geistigen Behinderung in die fachliche Diskussion eingebracht. Zum einen sollte damit Anschluss an die im angloamerikanischen Sprachraum geläufige Terminologie *„mental retardation"* (oder *„mental handicap"*) gefunden werden, zum anderen sollten bisherige Begriffe wie Schwachsinn, Blödsinn, Idiotie oder Oligophrenie abgelöst werden. Dabei wurde jedoch nicht berücksichtigt, dass sich *mental retardation* (analog zum psychiatrischen Begriff der Debilität) auch auf Menschen bezog (und bis heute bezieht), die hierzulande zunächst als Hilfsschüler, später als Lernbehinderte bezeichnet wurden. Geistige Behinderung wurde somit im deutschen Sprachraum enger gefasst – ein Problem, das internationale Vergleiche erschwert und oftmals Missverständnisse erzeugt.

Hinzu kommt, dass es bis heute keine einheitliche Beschreibung oder Kennzeichnung des als geistig behindert definierten Personenkreises gibt, was eine Verständigung erheblich erschwert. Zudem wird der Begriff der geistigen Behinderung inzwischen kritisch gesehen. Nicht wenige Fachwissenschaftler räumen ein, dass er zu negativen Assoziationen verleitet, und Menschen, die als geistig behindert bezeichnet werden und sich in Selbstvertretungsgruppen organisiert haben, fühlen sich durch den Begriff stigmatisiert und nicht ernst genommen. Indem sie sich als *Menschen mit Lernschwierigkeiten* bezeichnen, fordern sie zugleich die Fachwelt heraus, bisherige Aussagen über geistige Behinderung zu überdenken und nach neuen Beschreibungen, Konzepten oder Begriffen Ausschau zu halten, die für ein positives Denken und Handeln befördernd sein können. Genau an dieser Stelle hat der vorliegende Beitrag seinen Platz, der sich ausgehend von einer Zusammenschau unterschiedlicher Auffassungen über geistige Behinderung in die aktuelle Debatte kritisch-konstruktiv einzubringen versucht. Was die Auswahl der Betrachtungsweisen über geistige Behinderung betrifft, so wurden Positionen herausgegriffen, die viele Jahrzehnte handlungsbestimmend waren, die bis heute noch wirksam sind oder die die gegenwärtige Diskussion maßgeblich bestimmen.

Zur psychiatrisch-nihilistischen Sichtweise

Einer der historisch ältesten Beschreibung des Personenkreises begegnen wir in der deutschsprachigen Psychiatrie. Bereits 1803 wurde von Reil eine „Dreiteilung des Blödsinns" vorgenommen, an deren Struktur bis heute weitgehend festgehalten wird: „Der *erste Grad* ist am schwersten zu bestimmen, weil er eine Demarkationslinie zwischen gesundem Menschenverstand und anfangendem Blödsinn voraussetzt ... Der *mittlere Grad* ist von beiden Endpunkten gleich weit entfernt. Der Kranke ist nicht ganz sinnlos, sondern fasst noch die einfachsten Begriffe, doch er ist zu den gemeinsten Geschäften unfähig, wenn sie nicht ganz mechanisch abzumachen sind ... In dem *äußersten Grade* des Blödsinns ... fehlen alle Wahrnehmungen der Sinne ... Der Kranke hört ein wildes Geräusch, aber überall keinen verständlichen Ton ... Seine Seele ähnelt einem Spiegel, in welchem sich ein totes Bild der Welt abprägt. Er ist ohne Begriffe, Urteile, Gefühle, Leidenschaften, also auch ohne Triebe und Willen. ... Der Kranke bewegt sich entweder äußerst träge oder gar nicht... Kurz, er lebt zwar, weil er vegetiert, aber außer dieser ganz allgemeinen Funktion des Organismus ... ist weiter kein Charakter der Tierheit vorhanden" (413ff.).

An anderer Stelle haben wir dazu kritisch Stellung genommen (Theunissen 2000, 47ff.). Hier sei nur erwähnt, dass führende Lehrbücher der Psychiatrie heute noch ähnlich argumentieren, wenn sie *Oligophrenie* (Schwachsinn; Intelligenzminderung) als (psychiatrische) Krankheit (psychische Störung) definieren und auf der Grundlage eines IQ-bezogenen Klassifikationssystems zwischen *Debilität* als leichteste Form geistiger Behinderung, *Imbezillität* als mittlerer Grad geistiger Behinderung und *Idiotie* als eine sehr schwere geistige Behinderung unterscheiden (Frank 1993, 188; Gleixner, Müller und Wirth 1999, 338f.; Haring 1996, 216, 211; Huber 1999, 556; Möller 1994, 366; Vetter 1995, 50ff.). Uns interessieren an dieser Stelle vor allem die Aussagen über „Idiotie", weil hier ein ausgesprochen nihilistisches und statisches Bild über Menschen mit geistiger Behinderung verbreitet wird. Stellvertretend für die oben genannten Schriften behauptet zum Beispiel Huber (1999, 556), dass bei schweren Oligophrenien „völlige Bildungsunfähigkeit sowie Pflege- und/-oder Anstaltsbedürftigkeit" bestehe. Derlei Aussagen entbehren jeglicher wissenschaftlicher Dignität. Allein durch praktische Erfahrungen sind sie eindeutig widerlegt worden (Jantzen und Lauwer-Koppelin 1996; Theunissen 2000). Überdies wurde (schon) vor über 30 Jahren in der alten Bundesrepublik die Schulpflicht für *alle* eingeführt. Welche Folgen die psychiatrisch-nihilistische Position für die Praxis und Sozialpolitik haben kann, zeigen heute Bestrebungen einiger Kosten- oder Einrichtungsträger, geistig schwer(st) behinderte Menschen als „Pflegefälle" einzustufen, um möglichst kostengünstig wirtschaften zu können.

Zur heilpädagogisch-defizitorientierten Sicht
Sprachlichen Entwertungsprozessen, negativen Beschreibungen und defizitorientierten Aussagen über Menschen mit geistiger Behinderung begegnen wir aber nicht nur innerhalb der Psychiatrie, sondern gleichfalls in der Heilpädagogik, vor allem in der älteren Fachliteratur (Heller 1925, 29). Auch wenn sich die Heilpädagogik auf weiten Strecken im Schlepptau der Psychiatrie befand, wurde von einigen Fachvertretern die psychiatrische Position in Bezug auf Aussagen über Menschenbild und Behandlungsmöglichkeiten (therapeutischer Nihilismus) geistig behin-

derter Menschen aber nicht uneingeschränkt übernommen. So begegnen wir zum Beispiel bei Hanselmann (1976, 111f.) schon einer differenzierteren Betrachtung, wenn er einerseits den „Idioten" Bildungsunfähigkeit „im engeren Sinne" attestiert, andererseits aber einräumt, dass „im Verlaufe einer besonders aufmerksamen Pflege auf dem Wege der Dressur selbst bei solch dürftigem Seelenleben eine gewisse Entwicklung wahrzunehmen (ist, G. T.); ohne diese Pflege gehen derartige Kinder hingegen sehr oft zugrunde". Deswegen sei der Begriff der „Bildungsunfähigkeit" sowohl praktisch als auch theoretisch „falsch".

Ein „heilpädagogisches" Lehrbuch (v. Oy und Sagi 2008), welches vor allem in der Ausbildung zum Heilerziehungspfleger oder Heilpädagogen auf Fachschul- oder Fachhochschulebene verbreitet ist, knüpft heute noch an dieser Traditionslinie an. Nach wie vor werden Menschen mit geistiger Behinderung in dieser Schrift nur vom Nicht-Können her beschrieben:

„Der Personenkreis lässt sich am leichtesten schulisch beschreiben: Geistig behindert sind Kinder, die nicht mehr fähig sind, die Sonderschule für Lernbehinderte sinnvoll zu besuchen. ... Der geistig Behinderte ist unfähig, sein Leben selbstständig zu gestalten, er ist dauerhaft auf die Hilfe anderer angewiesen. Sein auffälligstes Symptom ist die verminderte intellektuelle Leistungsfähigkeit, verbunden mit einem gestörten Sozialverhalten. ...

Der geistig Behinderte ist mehr oder weniger unfähig,
– Zusammenhänge logisch zu erfassen und in ein altersgerechtes, für ihn durchschaubares System einzuordnen,
– Erfahrungen auf ähnliche Situationen zu übertragen (Transfer), zwischen logischem und chronologischem Zusammenhang sicher zu unterscheiden,
– langfristig, manchmal auch kurzfristig zu planen.

Die Welt des geistig Behinderten ist gleichsam zerrissen; sie wird punktuell erfasst, die Zusammenhänge sind nicht sachlich einsichtig, vielfach werden magische Verbindungen vermutet. ... Der geistig Behinderte schwankt in der sozialen Anpassung zwischen ängstlicher Unansprechbarkeit und Distanzlosigkeit... Der geistig Behinderte kann Sinneseindrücke oft inadäquat, mangelhaft oder verlangsamt in gezielte, koordinierte Bewegungen umsetzen. ... Er kann selbst seine grundsätzlich vorhandenen Anlagen ohne fremde Hilfe nicht entwickeln; er ist, gleichsam im Sinne einer ‚zweiten Behinderung', ständig auf die Hilfe Anderer angewiesen" (ebd., 15ff.).

Der hier anskizzierte Katalog einer negativen Merkmalsbeschreibung, der allein auf Grund von Absolutaussagen („*ist* unfähig") in aller Entschiedenheit zurückgewiesen werden muss, ließe sich lange fortschreiben; er entspricht weitgehend dem, was auch andere Heil- oder Sonderpädagogen (z. B. Vetter 1972) in den 1960er und 1970er Jahren über geistige Behinderung ausgesagt haben. Eine Orientierung an derartigen Quellen setzt von vornherein Begrenzungen für die Persönlichkeitsentwicklung behinderter Menschen. Wer heute noch ein statisches Menschenbild behauptet („*der* geistig Behinderte"), hat den seit etwa 30 Jahren intensiv geführten

Auseinandersetzungsprozess der Heil- oder Sonderpädagogik um die Überwindung des defizitorientierten Denkens nicht zur Kenntnis genommen. Insofern habe ich kein Verständnis dafür, dass sich vereinzelt noch juristische Kreise bei rechtlichen Fragen im Zusammenhang mit geistiger Behinderung an den fragwürdigen Aussagen des Lehrbuches der „heilpädagogischen Übungsbehandlung" sowie an der veralteten psychiatrischen Terminologie orientieren (Quambusch 2001, 17f., 150f.).

Zur entwicklungspsychologischen Sicht
Gleichfalls veraltet wie die vorausgegangenen Positionen ist ein Disput, der vor einigen Jahren aus entwicklungspsychologischer Sicht geführt wurde (dazu Zigler 1969). Viele Jahre standen sich zwei psychologische Sichtweisen geistiger Behinderung diametral, quasi unversöhnlich gegenüber. Zum einen wurden in Korrespondenz mit der psychiatrischen Denkfigur *Defekt- und Differenztheorien* vertreten. Diese besagen, dass die Entwicklung geistig behinderter Personen nach anderen Gesetzmäßigkeiten verläuft als die Entwicklung nicht-behinderter Menschen. Häufig würden geistig behinderte Menschen in ihrer Entwicklung bestimmte kognitive Prozesse nicht durchlaufen und in Anbetracht schwerer Defekte mit einer „bestimmt gearteten, pathologischen Persönlichkeitsentwicklung" (Lutz 1961, 156) imponieren. Selbst bei einem gleichen Entwicklungsstand würden sie sich von nicht-behinderten Menschen in speziellen, insbesondere kognitiven Funktionen unterscheiden (Wendeler 1976, 32). Die damit verknüpfte Behauptung einer „kognitiven Andersartigkeit" oder eines „psychischen Andersseins" sowie die Fixierung auf Retardierungsmerkmale, die als kaum beeinflussbar eingeschätzt wurden, standen alsbald im Kreuzfeuer heftiger Kritik.

Zum anderen wurden nicht zuletzt vor dem Hintergrund dieser Auseinandersetzung *Entwicklungstheorien* postuliert. Diese gehen davon aus, dass geistig behinderte Kinder und Jugendliche prinzipiell die gleichen Entwicklungsstadien wie nicht-behinderte Heranwachsende durchlaufen. Allerdings würde die Entwicklung erheblich langsamer verlaufen, was zur Folge hätte, dass ältere geistig behinderte Kinder in etwa dasselbe Verhalten zeigen würden wie nicht-behinderte Kinder in einem jüngeren Alter. Ein solcher Vergleich wird heute kritisch gesehen und im Falle einer „Infantilisierung" geistig behinderter Menschen im Erwachsenenalter zu Recht abgelehnt. Die Gefahr besteht, dass qualitative Unterschiede in der kognitiven und allgemeinen Entwicklung von geistig behinderten und nicht-behinderten Menschen ignoriert oder zu sehr eingeebnet werden. Geistig behinderte Heranwachsende zeigen nämlich oft „ein länger dauerndes Schwanken zwischen einem einfachen und einem komplexen Verständnis... Es scheint demnach, dass bei Menschen mit geistiger Behinderung die Spuren früherer Entwicklungsstufen tiefer eingeprägt sind und länger bestehen bleiben, so dass es beim Übergang auf ein höheres Niveau leichter und häufiger zu einem Rückfall auf das niedrigere Niveau kommt" (Wendeler 1993, 56).

Zum heutigen Zeitpunkt lässt sich sagen, dass es in der Entwicklung geistig behinderter und nicht-behinderter Menschen viele Gemeinsamkeiten gibt, die keine Absolutsetzung der Defekt- oder Differenztheorien gestatten. Forschungsergebnisse lassen darauf schließen, dass sich die Entwicklung (z. B. in der Motorik) sehr oft durch geringe Strukturunterschiede, jedoch durch einen verlangsamten Anstieg unterscheidet, der durch zusätzliche Beeinträchtigungen von Prozessen der Informationsverarbeitung und/oder motivationaler Art (z. B. Misserfolgserwartung) sowie durch eine Instabilität von Leistungen beeinflusst wird (Feduik 1990, 39; auch Eggert 1999, 52; Sarimski 2001, 46, 50; 2003, 156f., 162ff.). Insofern gibt es Unterschiede in der Entwicklung, die die Differenztheorie nicht gänzlich in Abrede stellen. Zudem muss sich eine verzögerte Entwicklung nicht auf alle Entwicklungsdimensionen erstrecken; so lassen sich bei einigen Menschen mit geistiger Behinderung (nicht selten mit zusätzlichem Autismus) sowohl Verlangsamungen oder gar Ausfälle in bestimmten kognitiven Bereichen als auch besondere Stärken beziehungsweise sogenannte Leistungsinseln beobachten (hierzu Sacks 1995, 237ff.; Theunissen 2000, 228ff.; Theunissen und Schubert 2010).

An dieser Stelle ergibt sich die Chance, aus dem entwicklungspsychologischen Blickwinkel Kapital für eine positive Betrachtung geistiger Behinderung sowie für eine entsprechende Entwicklungsförderung zu schlagen. Ansonsten sollten beide Sichtweisen in ihrer Reichweite als begrenzt betrachtet werden. Das gilt insbesondere für ihre ausschließliche Suche nach Entwicklungsabweichungen zur negativen Seite hin sowie für ihre Fixierung auf Defizite oder Retardierungsmerkmale. Hier ist die Affinität zur traditionellen psychiatrischen und heilpädagogischen Sicht wohl kaum zu übersehen. Gleichfalls inakzeptabel ist die Annahme einer „im Ganzen endgültigen Entwicklungsbeschränkung" (Lutz 1961, 156) geistig behinderter Menschen, die nicht nur den Blick für das Aufgreifen und Unterstützen von Stärken und Entwicklungspotentialen verstellt, sondern jegliches Verständnis für „interaktionale (dynamische) Entwicklungsbedingungen" (Speck 1999, 102) vermissen lässt. Moderne entwicklungspsychologische Ansätze gehen davon aus, dass Entwicklung als ein lebenslanger Prozess „auf durchgängiger Interaktion (Wechselwirkung) zwischen Organismus und Umwelt beruht" (ebd., 102); und das bedeutet, Sichtweisen oder Theorien zu verwerfen, die die Entwicklung von geistig behinderten Menschen nur endogen betrachten (kritisch dazu auch Eggert 1999, 62f.).

Zur IQ-bezogenen Sicht

Die anscheinend weit verbreitete Gleichschaltung von Geist und Intelligenz (Dörner und Plog 1994, 70) verleitet dazu, kognitive (Minder-)Leistungen bei Menschen mit geistiger Behinderung in den Mittelpunkt der Betrachtung zu rücken. So verwundert es nicht, dass geistige Behinderung häufig „direkt als *intellektuelle Retardierung* definiert" (Speck 1999, 47) wird. Dagegen richtet sich schon seit geraumer Zeit die Kritik (Eggert 1999, 49ff.; Mercer 1973, 5, 68f.; Mühl 2000, 48f.;

Speck 1977, 76ff.; 1999, 48ff.; Thalhammer 1977, 45ff.; Wendeler 1988; 1993). Grundsätzliche Probleme ergeben sich allein bei dem Versuch, zu einer übereinstimmenden Definition von „Intelligenz" zu gelangen. Auf Grund dieser Schwierigkeit gilt bis heute die Aussage: Intelligenz ist „das, was mit Intelligenztests gemessen wird" (Liungman 1973, 13; Yam 2000, 6). Die damit verknüpfte Problematik dürfte hinlänglich bekannt sein (z. B. Implikation herrschender Moralnormen; Ignoranz schichtenspezifischer Sozialisationserfahrungen; Vernachlässigung kreativer, emotionaler und sozialer Kompetenzen); vor allem wissen wir, „dass die Ergebnisse von Intelligenztests recht wenig über den Erfolg eines Menschen im Leben … aussagen" (Liungman 1973, 13; Sternberg 2000).

Da übliche Intelligenztests bei Menschen mit geistiger Behinderung nur bedingt anwendbar sind, stellt sich grundsätzlich die Frage nach Sinn und Bedeutung einer sich auf IQ-Werten beziehenden Definition geistiger Behinderung. Vergegenwärtigen wir uns dann noch die Fragwürdigkeit des IQ als ein stabiles Merkmal im Lebenslauf eines geistig behinderten Menschen, so kommen wir mit Wendeler (1988, 57ff.; 1993, 20f.) zu dem Ergebnis, auf IQ-Berechnungen am besten zu verzichten (hierzu auch Siegel 1999, 311ff.). Die häufig bei geistig behinderten Menschen konstatierte Abflachung der Intelligenzentwicklung bei Durchführung entsprechender Tests kann damit begründet werden, „dass mit höherem Entwicklungsniveau die Bedeutung von Sprache und Denken bei der Intelligenzmessung wächst" (Wendeler 1988, 70).

Nichtsdestotrotz wird bis heute geistige Behinderung häufig nur unter IQ-bezogenen Aspekten als Intelligenzminderung betrachtet (Schanze 2007), wobei negative Merkmalsbeschreibungen (kognitive Minderleistungen, Lernausfälle, Inkompetenz) fokussiert werden. Dabei geraten allzu leicht andere Aspekte und Entwicklungsdimensionen aus dem Blick. Die Betrachtung geistiger Behinderung „als bloß intellektuelle Schwäche" wurde bereits von Hanselmann (1976, 109) in den 1930er Jahren unmissverständlich kritisiert: „Unter Geistesschwachheit verstehen wir eine Form von Entwicklungshemmung, bei welcher das gesamte Seelenleben vermindert, herabgemindert ist". Auch wenn sich geistige Behinderung „offensichtlich am augenfälligsten zunächst in einer Retardierung im kognitiven Bereich" (Mühl 2000, 49) manifestiert, rechtfertige dies – so der Autor – noch keineswegs eine darauf ausschließlich ausgerichtete Betrachtungsweise. Ähnlich wurde kürzlich auf einem Expertenkongress zur Frage der Klassifikation von *„intellectual and learning disabilities"* argumentiert (Meeting Report 2009, 4). Aus der Entwicklungspsychologie der frühen Kindheit wissen wir zum Beispiel um die unauflösbare Verschränkung kognitiver Leistungen mit der sensomotorischen Entwicklung (Piaget 1975). Außerdem gibt es enge Zusammenhänge zwischen der kognitiven und psychosozialen Entwicklung eines Kindes (Spitz 1973; 1976). Vor dem Hintergrund der Ignoranz motivationaler, kommunikativer und sozialer Aspekte ist das mit dem IQ-bezogenen Denken verhaftete Menschenbild eines „Homo Fabers" eindeutig: Was zählt sind Momente wie Ratio, Verstand, Vernunft, Begabung, Leistung, Können, Tüchtigkeit, Erfolg oder auch Karriere, nicht aber die menschliche Existenz in ihrer „Totalität", d. h. Emotionen, Affekte, sinnerfüllte Lebensbedürfnisse – kurzum die sogenannte ästhetische Dimension (hierzu Portmann 1970; 1973; Theunissen 1997a). Diese Argumentation führt zur Würdigung der sogenannten *multiplen Intelligenzen* (Gardner 2000) – ein Konzept, das die Priorisierung der kognitiven Dimension zu relativieren und kompensieren versucht. Diesen Aspekt greifen Batshaw, Shapiro und Farber (2007, 248f.) auf, wenn sie für eine differenzierte IQ-Betrachtung plädieren, um (wie im Abschnitt zuvor schon angedeutet) persönliche Schwächen und Stärken (z. B. mit Blick auf klinische Bilder wie Down-Syndrom, Williams-Syndrom) erfassen zu können.

Problematisch wird die IQ-bezogene Sichtweise vor allem dann, wenn daraus einseitige Folgerungen für die Praxis (z. B. Unterricht mit geistig behinderten Schülern) gezogen werden. Durch eine (Über-)Akzentuierung kognitiver Lernziele werden bekanntlich (auch) Kinder und Jugendliche mit geistiger Behinderung kaum erreicht. Gleichwohl lassen sich in der Unterrichtspraxis nicht selten Unterforderungen ausmachen, die entstehen, wenn von diagnostizierten IQ-Werten linear auf Grenzen in der kognitiven Leistungsfähigkeit geistig behinderter Schüler/innen geschlossen wird. Umso erfreulicher ist es, dass immer mehr Lehrkräfte IQ-Tests bei geistig behinderten Kindern und Jugendlichen kritisch beurteilen, wenngleich bei Platzierungsfragen, insbesondere mit Blick auf Personen im Grenz- oder Überlappungsbereich zur sogenannten Lernbehinderung, an Intelligenzmessungen größtenteils festgehalten wird.

Zur Klassifikation nach ICD-10 und DSM-IV

Das Unbehagen gegenüber der IQ-bezogenen Klassifikation von geistiger Behinderung hatte schon zu Beginn der 1960er Jahre im angloamerikanischen Sprachraum zur Einführung eines sogenannten Doppelkriteriums geführt, das neben dem Intelligenzfaktor auch „soziale Anpassungsleistungen" berücksichtigt (Wendeler 1993; Luckasson et al. 2002). Darauf nehmen heute zwei Klassifikationssysteme – ICD-10 der Weltgesundheitsorganisation (Dilling u. a. 1993) und DSM-IV der American Psychiatric Association (APA 1994) – Bezug, die aus dem klinischen Bereich stammen und weltweit rezipiert werden. Nach ICD-10 wird geistige Behinderung als „Intelligenzminderung" (F70) und nach DSM-IV unter dem Oberbegriff der „Entwicklungsstörungen" (317) gefasst. Beide Systeme klassifizieren geistige Behinderung unter psychischen Störungen und stimmen in der Einteilung der Schweregrade weithin überein:
(1) leichte geistige Behinderung (IQ 50/55-70/75)
(2) mäßige/mittelschwere geistige Behinderung (IQ 35/40-50/55)
(3) schwere geistige Behinderung (IQ 15/20-35/40)
(4) schwerste geistige Behinderung (< IQ 15/20).

Nach der ICD-10-Definition ist Intelligenzminderung „eine sich in der Entwicklung manifestierende, stehen gebliebene oder unvollständige Entwicklung der geistigen Fähigkeiten, die zum Intelligenzniveau beitragen, wie z. B. Kognition, Sprache, motorische und soziale Fertigkeiten" (Dilling u. a. 1993, 254). Neben dieser defizitorientierten Begriffsaufbereitung werden Anpassungsmöglichkeiten berücksichtigt, die eine konzeptionelle Erweiterung der IQ-bezogenen Sicht bedeuten: „Das Anpassungsverhalten ist stets beeinträchtigt, eine solche Anpassungsstörung muss aber bei Personen mit leichter Intelligenzminderung in geschützter Umgebung mit Unterstützungsmöglichkeiten nicht auffallen" (ebd., 254).

Im DSM-IV wird in Anlehnung an Empfehlungen der American Association on Mental Retardation (AAMR) aus dem Jahre 1992 geistige Behinderung unter drei Kriterien gefasst:
1. Durch unterdurchschnittliche, allgemeine intellektuelle Leistungsfähigkeit;
2. Durch eine starke Einschränkung der Anpassungsfähigkeit in mindestens zwei der folgenden Bereiche: Kommunikation, eigenständige Versorgung, häusliches Wohnen, soziale Fähigkeiten und Fertigkeiten, Nutzung öffentlicher Einrichtungen, Selbstbestimmung, Gesundheit und Sicherheit, funktionale schulische Leistungen (Kulturtechniken) Freizeit und Arbeit;
3. Durch einen Zeitfaktor, nachdem der Beginn einer geistigen Behinderung (Entwicklungsstörung) vor dem Alter von 18 Jahren liegen muss (dazu auch Saß, Wittchen und Zaudig 1996);

Die Beachtung des Doppelkriteriums ist ohne Zweifel ein Fortschritt, wenngleich die Gepflogenheit, geistige Behinderung als psychische Störung auszuweisen, in beiden Systemen kritisch gesehen werden muss.

Dass geistige Behinderung keine psychische Störung im „üblichen Sinne" sei beziehungsweise nicht in die psychiatrischen Klassifikationssysteme passe, wurde soeben auch von Experten aus dem Lager der klinischen Psychologie und Psychiatrie eingeräumt (Meeting Report 2009, 2), deren Aufgabe im Rahmen einer im Oktober 2009 in Watford (UK) durchgeführten Fachkonferenz darin bestand, Verbesserungsvorschläge für die anstehende Revision des ICD-10 zu erarbeiten. Anstatt sich für eine ersatzlose Streichung der Kategorie „Intelligenzminderung" als psychische Störung einzusetzen, wurden jedoch nur Anregungen im Hinblick auf sprachliche Verbesserungen (Überwindung des Begriffs der *mental retardation*) und mit Blick auf die ICF und AAIDD-Konzeption (dazu später) eine funktionale Betrachtung von Behinderung (zur Verbesserung der Kompatibilität) sowie eine neurowissenschaftlich ausgerichtete Entwicklungs- und Lebenslauf-Perspektive (*intellectual disability as a neurodevelopmental disorder*) gegeben (ebd., 12ff.).

Interessant ist, dass die Zusammenschau der Ergebnisse auf dieser Fachkonferenz gleichfalls wie die beiden Klassifikationssysteme ICD-10 und DSM-IV ein breites Verständnis einer geistigen Behinderung (*intellectual disability*) dokumentieren, das sich international, aber nicht im deutschsprachigen Raum, durchgesetzt hat. So werden weltweit Personen mit einem IQ bis 75 als geistig behindert (*mentally retarded*) eingestuft, hierzulande werden hingegen Personen mit einem IQ > 55/60 als „lernbehindert" bezeichnet. An dieser Stelle wird deutlich, dass die Etikettierung eines Menschen als behindert ein Akt *sozialer Zuschreibung* ist, der von Norm setzenden Instanzen, Interessen(gruppen) und gesellschaftlichen Normen nicht losgelöst betrachtet werden kann. Zudem erscheint Behinderung auch im Lichte des Doppelkriteriums als eine individuelle Zuschreibungskategorie, indem ausschließlich nach persönlichen Defiziten, Symptomen oder negativen Normabweichungen hin Ausschau gehalten wird. Dagegen richtet sich seit einigen Jahren die Kritik, welche zu Gegenentwürfen geführt hat, die einseitige Betrachtungen zu überwinden und die Subjektseite und Betroffenen-Sicht zu berücksichtigen versuchen.

Geistige Behinderung aus der Subjekt-Perspektive

Ein bemerkenswerter Versuch, soziale Zuschreibungen aufzuzeigen und zugleich einseitige Betrachtungen einer geistigen Behinderung zu überwinden, bezieht sich auf ein kompetenzorientiertes, vierdimensionales Verknüpfungsmodell. Mit dem Schlüsselbegriff der *Kompetenz*, der rechtlich ausgelegt auf eine *Zuständigkeit für das eigene Leben* verweist, psychologisch betrachtet den Blick auf ein individuelles Vermögen im Sinne von Stärken, Ressourcen, Potenzialen und Fähigkeiten lenkt, ergeben sich einerseits Chancen, geistige Behinderung als eine „normale Variante menschlicher Lebensweise" (Speck 1999, 61, 175) definitorisch zu fassen. Andererseits lässt sich die Subjektvergessenheit überwinden, indem Menschen mit geistiger Behinderung als situationswahrnehmende, -verarbeitende und -mitgestaltende, eben als kompetente Individuen betrachtet und entsprechend wertgeschätzt werden. Im Folgenden haben wir mit Blick auf vorhandene psychologische Definitionen (dazu Kinne 2010) versucht, eine „synthetisierende" Begriffsbestimmung vorzunehmen: Unter *Kompetenz* verstehen wir *die Fähigkeit, individuelle und soziale Ressourcen so zu nutzen, dass eine gegebene Situation möglichst autonom bewältigt werden und ein soziales und sinnerfülltes Leben aufrecht erhalten und weiterentwickelt werden kann.*

Was jeder Einzelne aus seinem kompetenten Verhalten macht, beziehungsweise was im Einzelnen inhaltlich daraus wird, hängt nicht etwa allein von der Person und ihren Potenzialen ab, sondern von dem *Zusammenspiel personaler (innerer) und sozialer (äußerer) Faktoren*. Indem Transaktionen von Menschen mit ihrer Umwelt in den Blickpunkt des Kompetenzbegriffs gerückt werden, verliert die Beschreibung geistig behinderter Menschen unter Defiziten, Mängeln oder Funktionsabweichungen wesentlich an Bedeutung. Mit anderen Worten: Der Kompetenzbegriff fordert "in seiner Relationalität geradezu programmatisch die Rückbindung individueller Fähigkeiten an situative und außerpersonale Gegebenheiten... Kompetenzorientierung bedeutet eben gerade nicht, sich lediglich mit den Eigenschaften einer Person zu beschäftigen, sondern stets danach zu fragen, in welchen Verhältnissen diese Eigenschaften zu einer fördernden oder behindernden Umwelt stehen" (Trost 2003, 513f.). Mit dem Begriff der Transaktion sollen reziproke Zusammenhänge (Wechselbeziehungen) zwischen den situativen Anforderungen an eine Person und deren Bedürfnisse sowie den verfügbaren Ressourcen zur Bewältigung erfasst und als veränderbare Variablen mitgedacht werden. Außerdem beinhaltet er die „Verschmelzung von Person und Umwelt zu einer neuen Einheit, einem System" (Lazarus 1990, 205), in dem Kompetenz als adaptives Verhalten im Sinne einer möglichst günstigen „Abstimmung der eigenen Möglichkeiten mit Forderungen und Hilfen der Umwelt" (Holtz 1994, 37) in Erscheinung tritt. Dieser Prozess bedeutet keine einseitige Anpassung des Individuums an gegebene Situationen, sondern eine adaptive Beziehung, Veränderung und Weiterentwicklung auf beiden Seiten.

Mit Blick auf geistig behinderte Menschen kommt es somit nicht nur auf Anpassungsleistungen zur Bewältigung von Lebenssituationen an, sondern ebenso wichtig sind die Beachtung und Reflexion der sozialen Ressourcen, der Anpassungsfähigkeit, Veränderungs- und Entwicklungsmöglichkeiten von Lebenswelten (Schalock et al. 1994). Ziel kompetenten Verhaltens ist die Befriedigung originärer menschlicher Bedürfnisse nach existentiell notwendiger Selbsterhaltung, Realitätskontrolle und Lebensbewältigung einerseits sowie das Streben und die Sehnsucht nach einer sinnerfüllten Verwirklichung der Grundphänomene menschlichen Lebens (Du-Bezug, Liebe, Geselligkeit, ästhetische Kulturbetätigung und Spiel) andererseits (Grawe 2004; Portmann 1970; 1973; Theunissen 1997a).

Diese Selbsterhaltungs- und Selbstaktualisierungstendenz (Rogers 1974) definiert jeden Menschen – unabhängig von der Schwere und Art einer Behinderung – als ein aktiv handelndes Wesen, das auf seine Lebenswelt einzuwirken versucht, um durch „Kontroll"-Effekte emotionale Selbstbestätigung hervorzubringen (White 1959). Pädagogisch gesehen gilt es hierbei im Falle einer geistigen Behinderung zu überprüfen, ob und wie der Einzelne derlei Entwicklungschancen nutzt, oder ob er hinter seinen Möglichkeiten bleibt. Dabei ist zu klären, ob innere Einflüsse (z. B. anlagebedingte Vulnerabilität) oder äußere Faktoren (Umwelt) kompetentes Verhalten behindern, und wie sich das reziproke Zusammenspiel dieser Aspekte auf die Persönlichkeitsentwicklung auswirkt (hierzu Jantzen 1998; [u. a.] 2001; Magito-McLaughlin et al. 2011; Theunissen 2000; Turnbull und Turnbull 1999).

Die Überwindung oder Aufhebung einschränkender äußerer Rahmenbedingungen ist für die Praxis häufig ebenso wichtig wie die Mobilisierung individueller Ressourcen und Freisetzung blockierter, versandeter oder ungenutzter Fähigkeiten und Kräfte. Dabei darf nicht etwa nur die kognitive Dimension (Intellekt) fokussiert werden, sondern die Kompetenz fördernde Freisetzung oder Unterstützung der individuellen Potenziale umfasst insbesondere auch Aspekte des Selbstkonzepts und die ästhetische Dimension. Gerade dadurch definiert sich der Mensch in seiner Einmaligkeit als einzigartige Persönlichkeit, die im Falle einer Unterstützung, Förderung oder Therapie jedwede Normierung verbietet. Dieser Aspekt hat konstitutive Bedeutung für das Verständnis von geistiger Behinderung. Nehmen wir hierzu folgendes Beispiel: Ein Erwachsener, der als geistig schwerst- und mehrfach behindert beschrieben wird, verhält sich kompetent, wenn er zur Mahlzeit durch Mimik oder Gestik seinen Willen bekundet, Orangensaft statt Hagebuttentee zu trinken. Damit realisiert er seinen Ressourcen entsprechend einen hohen Grad an Entscheidungsautonomie, die vor dem Hintergrund stark eingeschränkter Selbstständigkeit (geringe Handlungsautonomie) zur Verringerung eines gewissen Maßes an erhöhter Abhängigkeit (Fremdbestimmung) beiträgt. Diese (Kontingenz-)Erfahrung der Kontrolle über die eigenen Lebensumstände hat identitätsstiftenden und persönlichkeitsstabilisierenden Charakter, indem Erfolgserlebnisse, Selbstwertgefühl und Vertrauen in die eigenen Ressourcen gefördert werden (auch Holtz 1994, 91). Zugleich trägt die Erfahrung der Gegenseite zu dem befriedigenden Gefühl und positiven Selbstbild bei, auch von anderen Personen als kompetentes Subjekt wertgeschätzt und ernst genommen zu werden. Dieses Beispiel demonstriert eine „passende" Transaktion, die durch die Verschränkung von Kompetenz und Effektanz als ihre motivationale Seite subjektive Bedeutsamkeit (Erfolg) erfährt (White 1959, 323). Insofern kommt dem Selbst- oder Identitätskonzept zum Verständnis von Kompetenz und Transaktionen eine prominente Rolle zu.

Wenn wir dann davon ausgehen, dass die Beschreibung geistig behinderter Menschen als kompetente Individuen zu wenig Beachtung findet, so gilt dies ebenso für ihr Selbstkonzept, dem bislang kaum fachliches Interesse gegolten hat. Daher möchte ich im Folgenden ein vierdimensionales Modell vorstellen, welches die vorausgegangenen Überlegungen beachtet und uns dabei die soziale Konstruktion und Komplexität des Begriffs der geistigen Behinderung vor Augen führt.

Geistige Behinderung als komplexes Phänomen von sich wechselseitig bedingenden und verstärkenden Faktoren (siehe Abbildung)

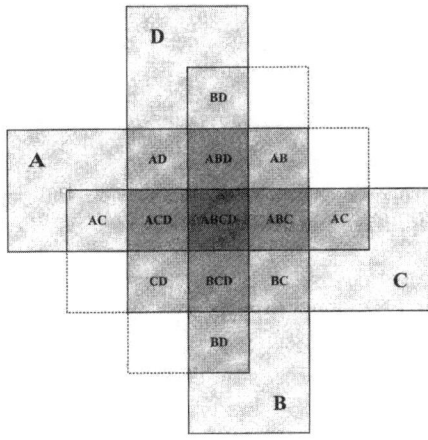

Ausgangspunkt der Überlegungen sind vier zentrale Faktoren, die zum Verständnis von geistiger Behinderung beitragen sollen:

Faktor A:
Umfasst biologische, physiologische, somatofunktionelle Faktoren; bezieht sich auf Organdefekte, körperliche Fehlbildungen und Schädigungen, klinische Bilder oder biologische Ursachen geistiger Behinderung (z. B. *pränatale Schädigungen* [stoffwechselbedingte Störungen wie Phenylketonurie in Folge eines Enzymdefekts oder Galactosämie, dominant vererbte Genmutationen, Fehlbildungen des Nervensystems wie Mikrozephalie, chromosomale Störungen wie Trisomie 21, infektionsbedingte Schädigungen durch Rötelnviren, toxische Schädigungen durch erheblichen Alkohol- oder Medikamentenmissbrauch, Chemikalien, Strahlen- oder Umweltbelastung], *perinatale Ursachen* [Geburtstrauma, Enzephalopathie durch Sauerstoffmangel, Frühgeburt, Meningitis, Blutgruppenunverträglichkeit], *postnatale Ursachen* [entzündliche Erkrankungen der Gehirnhäute bzw. des Zentralnervensystems wie Meningitis oder Enzephalitis, Hirntumoren, Schädel-Hirn-Trauma bzw. traumatische, psychosozial bedingte Schädigungen oder auch schwere Ernährungsstörungen, Hirnschädigung durch Intoxikation oder Stoffwechselkrisen]) (dazu ausführlich Neuhäuser 1999; 2004).

Nach gegenwärtigem Wissen gilt über die Hälfte aller Ursachen einer (leichten) geistigen Behinderung als medizinisch ungeklärt (AAIDD 2010; Luckasson et al. 2002; Yeargin-Allsopp, Drews-Botsch und Van Naarden Braun 2007, 235ff.). Alles in allem entspricht Faktor A dem, was üblicherweise als *individuelle Schädigung* ausgelegt wird. Ein ausschließlich auf diese Sichtweise hin orientiertes Verständnis von geistiger Behinderung ist in doppelter Hinsicht höchst problematisch. Zum einen gelten die medizinischen Befunde in der Regel als negative Normabweichungen, beziehungsweise als negative somatische Veränderungen der normalen menschlichen Entwicklung oder Existenz, was einst Psychiater oder klinische Psychologen dazu verleitet hat, geistige Behinderung als „abnorme Variante" menschlichen Lebens (Vetter 1995) zu bezeichnen.

Gegen diese pauschale und unreflektierte Abwertung wendet sich zu Recht die Kritik. Insbesondere sind es Betroffene, die uns sensibel gemacht haben für eine Gegenposition, die die Einzigartigkeit und das So-Sein behinderter Menschen betont. Im Lichte dieser Sichtweise erscheint zum Beispiel ein Down-Syndrom nicht per se als pathologisch oder negativ, sondern es gehört als unverwechselbares Merkmal zu einem Menschen, der eben damit geboren wurde. „Denn ohne dieses unverwechselbare Merkmal der Behinderung wäre er nicht der einmalige Mensch, der er ist. Jeder Mensch hat seinen Wert in sich, unabhängig davon, ob er dieses oder jenes instrumentell im Sinne des Herstellens verrichten kann. Entscheidend ist die Tatsache seines individuellen Menschseins" (Saal 1992, 86). Aus diesem Grunde sollte der Begriff der Schädigung durch den der *biologischen Gegebenheit* neutralisiert werden. Zum anderen darf von einer bestimmten Erkrankung, Schädigung oder einem klinischen Syndrom aus nicht von vornherein auf eine geistige Behinderung geschlossen werden (z. B. gibt es Personen mit Down-Syndrom, die nicht geistig behindert sind; z. B. kann beim kongenitalen Hydrozephalus, Klinefelter-Syndrom oder bei Neurofibromatose die Intelligenzentwicklung ungestört sein, ebenso kann eine Enzephalitis folgenlos ausheilen; hierzu Neuhäuser 1999, 138, 194f., 208).

Faktor B:
Umfasst den Lern- und Entwicklungsbereich auf kognitiver, sensorischer, motorischer und aktionaler Ebene; in traditioneller Hinsicht entspricht er dem, was als erhebliche *Beeinträchtigung* der Lernfähigkeit, als intellektuelle Leistungsminderung, Entwicklungsverzögerung, Wahrnehmungsstörung oder psychomotorische Auffälligkeit beschrieben und bezeichnet wird. In diesem Zusammenhang stoßen wir immer wieder auf bestimmte negative (defizitäre) Beschreibungen des Lernverhaltens beziehungsweise spezieller Merkmale des Lernens wie zum Beispiel Aufmerksamkeitsschwäche oder hohe Ablenkbarkeit, mangelndes willkürliches Einprägen durch fehlende „innere Sprache" und aktive Lernstrategien, mangelnde Umstellungsfähigkeit und Spontaneität im Denken und Handeln, unzureichende Problemlösungsstrategien, Schwierigkeiten beim abstrakten Denken, schlussfolgernden oder zielgerichteten Handeln (Wendeler 1976; Meyer 1977; Sarimski 2003). Derlei Besonderheiten im Lernverhalten sind oftmals beobachtbar, sie dürfen aber in keiner Weise verallgemeinert und geistig behinderten Menschen pauschal zugeschrieben werden. Denn eine vorwiegend auf Lern- oder Entwicklungsdefizite hin orientierte Sichtweise reduziert den Einzelnen auf einen Teilaspekt seiner gesamten Entwicklungsmöglichkeiten und Persönlichkeit. Es können nämlich neben Lernbeeinträchtigungen auch partielle oder besondere Fähigkeiten und Fertigkeiten (sog. Leistungsinseln) bestehen (hierzu u. a. Sacks 1997, 270, 346ff.; Theunissen 2008a); solche individuellen Entwicklungsdiskrepanzen verbieten es, Menschen mit geistiger Behinderung auf bestimmte Entwicklungsabschnitte zu fixieren (Inhelder 1968) oder gar auf ein „infantiles Entwicklungsniveau" festzuschreiben.
Insofern sind unter dem Faktor B auch generelle Entwicklungspotenziale, individuelle Stärken, positive Botschaften oder individuelle Ressourcen zu beschreiben. Überdies sollte grundsätzlich der Lern- und Entwicklungsbereich nicht als isolierter Faktor, sondern nur auf dem Hintergrund der individuellen Lebensgeschichte und der konkreten Sozialisation aufbereitet werden.

Faktor C:
Bezieht sich auf Kontextfaktoren, vor allem auf jene Aspekte, die unter *gesellschaftliche Benachteiligung, Vernachlässigung und soziale Schädigung* gefasst werden: Institutionalisierung, Hospitalisierung, Ausgrenzung, lernhemmende Bedingungen, unzureichende pädagogische Förderung, mangelnde Stimulation, Vorurteile, ge-

sellschaftliche Barrieren, eingeschränkte Teilhabe am gesellschaftlichen Leben, sozial schwaches Milieu, emotionale und soziale Vernachlässigung, Misshandlung, broken-home-Situation und dergleichen.

Darüber hinaus soll er neben sogenannten kritischen Lebensereignissen (z. B. familiäre oder gesellschaftliche Belastungsfaktoren) auch *protektive (soziale) Ressourcen* mit einbeziehen. Wenngleich dieser Faktor ‚absolut gesetzt, keine geistige oder Lernbehinderung beschreibt, kann er ein Boden für Entwicklungs- und Lernbeeinträchtigungen sein (Snell et al. 2009), eine geistige Behinderung angesichts unzureichender Bildungsangebote „vortäuschen" (das betrifft z. B. Situationen in Entwicklungsländern, wo mit etwa 4,8% der Anteil geistig behinderter Menschen an der Gesamtbevölkerung sehr hoch ist) und/oder in seiner negativen Bestimmung zu einer entsprechenden Stigmatisierung führen, wenn zum Beispiel ein Kind aus einem ausgesprochen sozial schwachen Milieu auf der Basis von Vorurteilen in Verbindung mit einem sogenannten Hof-Effekt („sozial schwach, asozial, schmutzig, faul und dumm") ohne exakte Überprüfung als geistig oder lernbehindert fehl eingeschätzt, etikettiert und in eine entsprechende Sonderschule eingewiesen wird.

Faktor D:
Bezieht sich auf die Subjekt-Perspektive; darunter fassen wir in abstrahierender Weise Aspekte wie zum Beispiel Selbst- und Fremdwahrnehmung, subjektive Ereigniswahrnehmung, Selbstbild, Selbsterfahrungen, Einschätzung der eigenen Person, Selbstvertrauen, Selbstwertgefühl, emotionale Befindlichkeiten, Krisenverarbeitungsprozesse, Erleben der Beeinträchtigung oder Benachteiligung (dazu auch Speck 2003, 228ff., 235f.). Im Wesentlichen geht es um das *Selbst-Konzept* einer Person, welches häufig mit dem Begriff der *Ich-Identität* synonym gebraucht wird (Krappmann 1972; Neubauer 1976; Hausser 1983). In Anlehnung an Mead (1991) und Goffman (1967) lassen sich zwei wichtige Komponenten von Identität (oder „Selbst") unterscheiden: *„Persönliche Identität"* als einzigartige Kombination von biographischen Daten, Körpermerkmalen und subjektiven Momenten, die den Menschen als Individuum ausmachen und Ansatzpunkte zur Interaktion bilden sowie *„soziale Identität"*, die auf Grund der Übernahme von Rollenzuschreibungen und Erwartungen, die an Merkmale der personalen Identität geknüpft werden, zustande kommt und das Individuum zur sozialen Anpassung veranlasst. Als Ich-Identität erscheint sodann die immer wieder neu zu erbringende Leistung, eine „Balance" zwischen personalem und sozialem Selbst herzustellen, um zu einem innerpsychischen Wohlbefinden zu gelangen. Gelingt dieser Ausgleich, dann „lässt sich das Individuum einerseits trotz der ihm angesonnenen Einzigartigkeit nicht durch Isolierung aus der Kommunikation und Interaktion mit anderen ausschließen und (sich) andererseits nicht unter die für es bereit gehaltenen Erwartungen in einer Weise subsumieren, die es ihm unmöglich macht, seine eigenen Bedürfnispositionen in die Interaktion einzubringen" (Krappmann 1972, 30). Dafür sind sogenannte Grundqualifikationen sozialen Rollenhandelns (z. B. realistische Selbst-

einschätzung, positives Selbstwertgefühl und Selbstvertrauen, Einfühlungsvermögen, Selbstakzeptanz, Rollenflexibilität, Rollendistanz, Ambiguitäts- oder Frustrationstoleranz u. a.) hilfreich, die möglichst frühzeitig im Zuge der Sozialisation und Erziehung erworben werden sollten. Bei Menschen mit geistiger Behinderung muss mit einem eingeschränkten oder einfach strukturierten Repertoire solcher Fähigkeiten (häufig auch als Bewältigungsstrategien, Daseinstechniken, Coping-Muster bezeichnet) gerechnet werden.

Der Aufbau des Identitätskonzepts geschieht einerseits über Beobachtungen des eigenen Verhaltens sowie der Wahrnehmung der eigenen physiologischen und psychischen Zustände und Befindlichkeiten. Andererseits werden durch direkte oder indirekte Rückmeldungen über das eigene Verhalten oder individuelle Merkmale Informationen aus der sozialen Umwelt gesammelt (Strahlberg, Gothe und Frey 1988). Zur direkten Rückmeldung zählen vor allem verbale Zuschreibungen, bei der indirekten werden auf der Grundlage von Interaktionen subjektive Einschätzungen (Vergleiche) vorgenommen. Häufige Misserfolgserfahrungen, negative Zuschreibungen, Diskriminierungen sowie immer wiederkehrende Erfahrungen sozialer Entwertung („du kannst das nicht, du bist zu sehr behindert"...) können gleichsam vor dem Hintergrund subjektiver Bedeutsamkeit und übersituativer Verarbeitung (Hausser 1983) zu Eigenschaften werden und zu einem negativen Selbstbild („ich bin behindert"; Gefühl der „Andersartigkeit") führen, welches letztlich Formen „erlernter Hilflosigkeit", Passivität, mangelndes Zutrauen, fehlendes Vertrauen in die eigenen Ressourcen oder gar „psychopathologische" Auffälligkeiten befördern kann.

Anzumerken ist, dass Menschen mit geistiger Behinderung erhebliche Schwierigkeiten haben, ihre Kompetenzen und ihr Selbstkonzept realistisch und differenziert einzuschätzen (Theiß 2005, 68f., 72, 149f.). Untersuchungen, in denen mit Hilfe eines validen Testinstruments (sog. Bilderfragebogen) das Selbstkonzept gemessen wurde, zeigen auf, dass nicht wenige Menschen mit geistiger Behinderung zu einer Selbstüberschätzung ihrer Kompetenzen, zu einem erhöhten, übersteigerten Selbstbild und Selbstwertgefühl neigen (ebd., 73). Interessant ist die Frage, ob es sich hierbei aufgrund fehlender (vorausgehender) Handlungserfahrungen um eine bloße Fehleinschätzung oder zweckmäßige Symptombildung (Abwehr, Selbstschutz) handelt, um sich zum Beispiel gegenüber Entwertungen oder einem Versagen zu immunisieren oder auch um so sein zu wollen, so zu erscheinen und zu handeln wie andere Personen ohne Behinderung. Eine Person, die sich dauerhaft überschätzt, läuft allerdings Gefahr, häufig Misserfolge zu erfahren, was letztlich Unzufriedenheit, Frustration, Wut, Selbsthass und aggressives Verhalten befördern kann (ebd., 180, 189).

Wenngleich im Einzelfall auch mit einer erfolgreichen Verarbeitung negativer Erfahrungen (Coping), einem sogenannten Stigma-Management als protektiver Faktor gerechnet werden muss (Goffman 1967; auch Wendeler 1993, 137), so bestehen bei Menschen mit geistiger Behinderung in erhöhtem Maße Risiken für mangelndes Selbstwertgefühl und Selbstvertrauen, deren Symptombildung zunächst einmal als sinnvolles Signalverhalten in Bezug auf ungünstige soziale Erfahrungen, im Hinblick auf individuelle Entwicklungschancen beziehungsweise Persönlichkeitsentfaltung womöglich jedoch als unzweckmäßige (hemmende) Reaktion, verstanden werden sollte. Die genannten gesellschaftlichen Aspekte (Stigmatisierung) sind in Verbindung mit den biologisch-physiologischen Faktoren Rahmenbedingungen, innerhalb derer die Identitätsentwicklung statthat. Dem Individuum ist es dabei stets um „balancierte" Zustände und Prozesse zu tun, um zu einem innerpsychischen Wohlbefinden zu gelangen, welches Momente der Selbstakzeptanz, des Selbstvertrauens, der Selbstachtung sowie des positiven Selbstwerterlebens umfasst. Dieses originäre menschliche Streben nach Wohlbefinden hat zugleich konstitutive Bedeutung für die Ausbildung anderer psychischer Funktionen beziehungsweise für kognitive Strukturen, Entwicklungs- und Lernprozesse. Da sich die Identitätsentwicklung von Beginn an als Konfliktlösungsversuch beweisen muss, sind ständig Kräfte zu mobilisieren, von denen die bestmögliche Hilfe zur Herstellung eines innerpsychischen Gleichgewichts erwartet werden kann. Auf Grund eines einfachen Fähigkeitsniveaus und/oder defizitärer Sozialisationserfahrungen (z. B. unzureichende Kommunikations- und Lernangebote) bevorzugen viele Menschen, die als geistig behindert gelten, sensomotorische Reize und Interaktionen, die sie so aufnehmen und verarbeiten, dass sie sich unter gegebenen (ungünstigen) Rahmenbedingungen zurechtfinden und ein gewisses Maß an Wohlbefinden sichern können. Andere Lebensbewältigungsmuster, die zum Beispiel zur Kompensation von Angst, Unbehagen oder Mangelerfahrungen dienen, können sogenannte Abwehrmechanismen, vor allem eine „neurotische" Symptombildung, aber auch Formen einer (Über-)Anpassung oder aggressiven Abwehr sein. Entscheidend ist, dass vor dem Hintergrund immer wiederkehrender Einzelerfahrungen und subjektiver Schlussfolgerungen überdauernde Bewältigungsstrategien entstehen (Lernergebnis), auf die das Individuum dann zurückgreift, wenn es sich jeweils in seiner Identität bedroht fühlt. Wenn wir davon ausgehen, dass Menschen mit geistiger Behinderung von Beginn an stärker als andere psychosozialen Belastungen (z. B. durch häufige Krankenhausaufenthalte; Krisen der Bezugspersonen) ausgesetzt sind, so dürfen wir annehmen, dass sie zusätzliche Energien mobilisieren müssen, um positive Identität zu erleben. Dies aber bedeutet, dass sie sich ständig mit ihrer Ich-Findung beschäftigen müssen, wodurch ein Gutteil der Aufmerksamkeit den anderen psychischen Funktionen und Leistungen entzogen wird. Emotionale Befindlichkeiten überlagern damit kognitive Prozesse, weswegen der soziale Ich-Findungsprozess im Rahmen pädagogischer Förderung und Unterstützung nicht übergangen werden darf.

Im Falle einer geistigen Behinderung sollten nunmehr alle vier Faktoren in einem dynamischen und zirkulären Wechselspiel gesehen werden. Wird eine der vier Dimensionen absolut gesetzt, so schlussfolgern wir daraus noch keine geistige Behinderung – wohl wissend, dass es diesbezüglich immer wieder Fehldiagnosen oder Fehlentscheidungen gibt. Indem es uns um das *Zusammenwirken verschiedener Ursachen, Auslöser oder Verstärker auf biologischer, lern- und entwicklungspsychologischer, milieuspezifischer, gesellschaftlich-normativer, interpersoneller und identitätsspezifischer Ebene* zu tun ist, verwerfen wir zugleich eine bloß linearkausale Ätiologiesicht und biologistische Ursachenforschung. Dies bedeutet, dass biologisch-somatische Aspekte (Organschaden, Hirnfunktionsstörungen, genetische Faktoren) nicht als alleinige Ursachen für geistige Behinderung oder Verhaltensauffälligkeiten betrachtet werden dürfen; selbst im Falle einer schweren Beeinträchtigung der Lernfähigkeit, die auf eine medizinisch nachweisbare Störung zurückgeführt werden kann, stellen Abweichungen nur ein Element in einem multifaktoriellen, reziprok wirkenden, komplexen Bedingungsgefüge dar. Umgekehrt reicht aber auch eine ausschließlich linearkausale sozialwissenschaftliche Sicht (z. B. Labeling-Theorie) zur Erklärung und zum Verständnis einer geistigen Behinderung nicht aus (siehe dazu auch Kapitel 2). Wichtig ist die Frage nach der individuellen Verarbeitung von Belastungen (Resilienz; Widerstandskraft), die von der Frage nach der Verfügbarkeit persönlicher und sozialer Ressourcen nicht losgelöst betrachtet werden kann (hierzu Rauh 2007; Theunissen 2009). Zudem sollten wir uns vor Augen halten, dass eine geistige Behinderung „aus dem Wechselspiel zwischen potenziellen Fähigkeiten und den Anforderungen seiner konkreten Umwelt" (Thimm 1999, 10) resultiert.

Zum Unterschied zu den bisher genannten Definitions- oder Erklärungsansätzen haben wir versucht, die das Etikett „geistig behindert" konstituierenden Faktoren zu neutralisieren, um sowohl positive als auch negative Wirkungen beschreiben zu können. Dadurch wollen wir einerseits eine dominant defizitorientierte Betrachtungsweise vermeiden, ohne dabei den Blick für einen problembezogenen individuellen Lern- und Entwicklungsbedarf aus dem Auge zu verlieren. Andererseits lassen sich durch diese Neutralisierung Stärken, individuelle Fähigkeiten und Fertigkeiten, Interessen oder Entwicklungspotenziale wie auch soziale Ressourcen erfassen, so dass ein als geistig behindert definierter Mensch als kompetentes Subjekt in seiner Lebenswelt „ganzheitlich" betrachtet werden kann. Insofern erscheint geistige Behinderung im Lichte unseres Verknüpfungsmodells als ein komplexes soziales Phänomen, wie es insbesondere von Mercer (1973), Schalock et al. (1994) und St. Claire (1989) beschrieben wird, dessen vierdimensionale Klassifikation geistiger Behinderung in unserem Modell Eingang gefunden hat. An der Darstellung ausgewählter Faktorenkombinationen soll folgendes verdeutlicht werden:

a) dass bereits bei zwei oder drei Faktoren häufig auf eine geistige Behinderung geschlossen wird;
b) die Komplexität und Relativität einer geistigen Behinderung durch ein dynamisches Wechselspiel verschiedener Faktoren;

c) die Rolle der Faktoren und ihrer Verknüpfung für das Erkennen und die Planung von subjektzentrierten und lebensweltbezogenen Unterstützungsmaßnahmen;
d) die Notwendigkeit der Sicht auf Entwicklungspotenziale, Stärken und das Selbstkonzept für alle Formen der Unterstützung.

Faktor AB:
Bezieht sich auf Menschen, die zum Beispiel eine frühkindliche Hirnschädigung durchgemacht haben, welche sich mit Lern- und Entwicklungsbeeinträchtigungen verknüpft. Das Zusammenspiel von Hirnschädigung und Lern- und Entwicklungsprozessen muss aber nicht zwangsläufig eine geistige Behinderung bedeuten (z. B. Ulrich-Turner-Syndrom, Cornelia-de-Lange-Syndrom).
So ist es zum Beispiel möglich, dass Lern- und Entwicklungsbeeinträchtigungen weitgehend durch individuelle Ressourcen kompensiert werden können. Dementsprechend sollte eine persönlichkeitsstabilisierende Erziehung oder Assistenz, die das Vertrauen in die eigenen Ressourcen stärkt, statthaben.

Faktor ABC:
Diese Kombination repräsentiert den konventionellen „Dreiklang" von (geistiger) Behinderung (dazu auch später). In negativer Hinsicht haben wir es mit sozialer Benachteiligung (z. B. Milieuschädigung; Segregation; Hospitalisierung; gesellschaftliche Vorurteile), diffuser Hirnschädigung und schweren Beeinträchtigungen in kognitiver, motorischer oder sensorischer Hinsicht zu tun.
Systemisch betrachtet stehen alle drei Dimensionen in reziproker Wechselbeziehung zueinander. Folglich reicht eine linearkausale Betrachtung (Organschädigung – Lernbeeinträchtigung – Benachteiligung) zur Beschreibung geistiger Behinderung nicht aus. Das sich gegenseitig bedingende und verstärkende Zusammenspiel der Faktoren schließt nicht aus, dass meistens biologische Besonderheiten ein Auslösefaktor sein können.
Wegbereitend für eine geistige Behinderung kann aber auch der soziale Faktor sein, wenn zum Beispiel vor dem Hintergrund eines sozial schwachen Milieus keine rechtzeitige Impfung bei einer Rötelerkrankung der Mutter erfolgt, so dass es zu einer pränatalen Schädigung mit schwerer intellektueller und motorischer Beeinträchtigung beim Kinde kommen kann.
Positiv gewendet gilt es, beispielsweise bei schwerer diffuser Hirnschädigung und massiven Lernbeeinträchtigungen Entwicklungsmöglichkeiten, individuelle Stärken sowie tragfähige soziale Ressourcen zu eruieren. Dieser Dreiklang-Faktor hat noch keine folgenschwere Auswirkung auf die Identität (Beispiel: Menschen mit geistiger Behinderung, die sich nicht als behindert erleben bzw. nicht darunter leiden; hierzu Wendeler und Godde 1989). Dies aber dürfte nach unserer obigen Diskussion eher selten der Fall sein. Wo dies der Fall ist, sollte identitätsunterstützend kommuniziert und assistiert werden.

Faktor ABD:
Diese Kombination kann sich auf folgenden Sachverhalt beziehen: Eine Person erlebt sich aufgrund eines klinischen Syndroms (z. B. XO-Konstitution mit Teilleistungsstörungen; Cockayne-Syndrom mit vorzeitigen Alterungsprozessen) als (geistig) behindert und in seiner Identität beschädigt. Sie wird von ihrer Umwelt jedoch nicht als „geistig behindert" wahrgenommen, diskriminiert oder ausgegrenzt. Die Bedeutung des Identitätsfaktors wird dabei unterschätzt, insofern angesichts der geringfügigen Lern- oder Entwicklungsbeeinträchtigung keine (psychosozialen) Hilfen für notwendig erachtet werden. Für die Planung individueller Hilfen wäre es hingegen wichtig, subjektive Befindlichkeiten aufzuspüren und identitätsaufbauende Angebote kommunikativ-sozialer und aktional-materieller Art (z. B. Beratung; psychosoziale Begleitung; ästhetische Aktivitäten) zu arrangieren.
In positiver Hinsicht kann die Kombination der Faktoren A, B und D bedeuten, dass es einem Menschen trotz Hirnschädigung und Lernbeeinträchtigung gelingt, Bewältigungsstrategien zu entwickeln, mit denen er die Probleme kompensieren und damit zu einem positiven Selbstwertgefühl gelangen kann (Beispiel: Junge Erwachsene mit leichter geistiger Behinderung stellen sich Studenten vor, indem sie darauf hinweisen, dass sie weder lesen, schreiben noch rechnen, wohl aber als Stadtführer fungieren können, da sie örtlich bestens orientiert seien).

Faktor BCD:
Diese Kombination umfasst den Lern- und Entwicklungsfaktor, den gesellschaftlichen Bereich sowie den Identitätsaspekt im reziproken negativen wie auch protektiven Zusammenspiel. Dieser Faktor gilt insbesondere für Formen einer leichten geistigen Behinderung oder Lernbehinderung, bei der keine medizinisch nachweisbare Schädigung feststellbar ist, wohl aber ungünstige soziale Faktoren (soziale Benachteiligung, Armut, *broken homes*) eine Rolle spielen. Lebensweltbezogene Maßnahmen (soziale Brennpunkt- und Gemeinwesensarbeit) sollten in dem Falle mit pädagogischen Hand in Hand gehen.

Faktor BC:
Hier geht es um das Zusammenspiel des Lern-, Entwicklungs- und Gesellschaftsfaktors. „Weithin bekannt sind die retardierenden Bedingungen einer sozial anregungsarmen Umwelt für die Entstehung leichterer Formen geistiger Behinderungen (Lernbehinderung)" (Speck 1999, 50).
Ob dies für die Identitätsentwicklung weitgehend folgenlos bleibt, ist unseres Erachtens zu bezweifeln, weswegen wir dieser Verknüpfungsform nur eine begrenzte Reichweite zuschreiben. Ziel sollte es sein, durch soziale Maßnahmen (soziale Brennpunktarbeit; Umfeldverbesserungen) milieubedingte Lern- oder Entwicklungsstörungen aufzuheben oder zu kompensieren.

Faktor AD:
Lenkt den Blick auf Zusammenhänge zwischen Organschädigung und subjektiver Wahrnehmung/Identität, ohne dass es dabei zu einer geistigen Behinderung kommen muss. Dies gilt für Personen, die trotz eines klinischen Syndroms (Klinefelter-Syndrom; Hydrozephalus) kein Leistungsversagen zeigen, dennoch aber unter dem klinischen Bild leiden (geringes Selbstwertgefühl; Identitätsdiffusion). Im dem Falle müssten vor allem psychosoziale Hilfen unter Einbeziehung von Bezugspersonen (Eltern, Familien) in den Blick genommen werden.

Faktor ACD:
Als Beispiel für diese Kombination können Kinder mit Down-Syndrom oder Hydrozephalus genannt werden, die in eine Schule für geistig Behinderte eingeschult werden, obwohl sie keine entsprechenden Lernschwächen aufzeigen. Dieser Faktor demonstriert, dass von der medizinischen Diagnose „Down-Syndrom" nicht unmittelbar auf „geistige Behinderung" geschlossen werden darf (dies gilt ebenso für die anderen o. g. klinischen Syndrome). Gesellschaftliche Zuschreibungsprozesse und damit verknüpfte Identitätsprobleme sind bei dieser voreiligen defektologisch-reduktionistischen Schlussfolgerung stets kritisch zu reflektieren.

Faktor CD:
Bezieht sich auf das Zusammenspiel des Gesellschafts- und Identitätsfaktors, zum Beispiel auf Heranwachsende, die aus einem sozial schwachen, behördlich stigmatisierten Milieu stammen (soziale Brennpunkt-Siedlung; kommunale Notunterkunft) und als „asozial" *und* lernbehindert diffamiert werden, obwohl ein „durchschnittlicher" IQ-Wert feststellbar ist. All dies hat Auswirkungen auf die Identität der Betroffenen, die unter der Stigmatisierung und Diskriminierung erheblich leiden, so dass es letztlich zur Übernahme des Fremdbildes kommt. Auch hier müssen psychosoziale und lebensweltbezogene Unterstützungsmaßnahmen in den Blick genommen werden.

Faktor AC:
Unter dieser Kombination fassen wir zum Beispiel Kinder von HIV-infizierten Müttern; diese Kinder werden von ihrer sozialen Umwelt diskriminiert und zu Unrecht als lernbehindert etikettiert. Denkbar ist auch, dass ein Heranwachsender aufgrund zerebraler Bewegungsstörungen (z. B. spastische Hemiplegie, dyskinetische Störungen) irrtümlich als geistig behindert eingestuft und entsprechend institutionalisiert (Schule für geistig Behinderte), das heißt ausgesondert und benachteiligt wird. Darüber hinaus umfasst diese Kombination auch Individuen, die auf Grund einer biologischen Normabweichung (z. B. Hydrozephalus; Down-Syndrom) bei nur geringfügiger intellektueller Beeinträchtigung in Sondereinrichtungen (Schule für Geistigbehinderte; Werkstatt für behinderte Menschen) betreut werden. In die-

sem Falle kommt es darauf an, dass das bisherige institutionsbezogene Denken und Handeln durch die Betroffenen-Perspektive ersetzt wird.

Faktor BD:
Bezieht sich auf Zusammenhänge zwischen kognitiver, sensomotorischer, psychischer und sozialer Entwicklung. Unter dieser Kombination stoßen wir auf Kinder und Jugendliche mit unterdurchschnittlichen Schulleistungen oder partiellen Lernausfällen, bei denen weder eine (leichte) Hirnschädigung noch eine soziale Benachteiligung feststellbar ist. Diese Kinder gelten nicht als behindert und erfahren keine besondere Aufmerksamkeit (z. B. Förderung) seitens der Umwelt. Die schwachen Schulleistungen haben allerdings Auswirkungen auf die Identität der Betroffenen (z. B. mangelndes Selbstvertrauen; negatives Selbstbild; überkompensatorische Copingmuster). Psychosoziale Unterstützung hieße dann das Programm.

Resümee
An den vorangegangenen Beispielen wird deutlich, dass die Gefahr besteht, aus einzelnen Faktorenkombinationen zum Teil kurzschlüssig eine geistige Behinderung anzunehmen beziehungsweise zu behaupten. Einzelne Faktorenkombinationen sind jedoch im Hinblick auf mögliche Ursachen oder auslösende Momente für die Annahme einer geistigen Behinderung durchaus aufschlussreich. Die an der Ätiologie orientierte Betrachtung einzelner Faktorenkombinationen reicht aber nicht aus, geistige Behinderung als komplexes und prozesshaftes soziales Phänomen zu erfassen. Wenn beispielsweise eine gravierende kognitive Beeinträchtigung nur vor dem Hintergrund einer medizinischen Diagnose oder einer gesellschaftlichen Benachteiligung erfasst und dabei vom Selbstkonzept des Betroffenen abstrahiert wird, können wir wohl kaum herausfinden, wie der Mensch selbst seine momentane Situation sieht und über welche Stärken oder Kompetenzen er verfügt, um diese Situation zu ändern. Ohne dieses Wissen laufen wir Gefahr, pädagogische und lebensweltbezogene Maßnahmen auf die wahrgenommene defizitäre individuelle und soziale Situation zu fixieren. Erst die Verknüpfung aller Faktoren in ihren Ursache-Wirkung-Beziehungen ermöglicht in die komplexen und differenzierten Zusammenhänge des menschlichen Entwicklungsprozesses einzudringen, die die Individualität des Menschen ausmachen.

Faktor ABCD:
Diese Kombination repräsentiert schließlich *geistige Behinderung als komplexe Behinderung*. Im Fokus stehen alle vier Dimensionen in ihrer reziproken Wechselwirkung vor dem Hintergrund einer „negativen" und „positiven" Beschreibung (Erfassung von Schwächen und Stärken, lernhemmender und entwicklungsfördernder Bedingungen). Dadurch wird eine defizitorientierte Betrachtungsweise geistiger Behinderung ebenso verworfen wie ein linearer, deterministischer Denkansatz. Da-

rüber hinaus werden kognitive Beeinträchtigungen nicht überdimensioniert, sondern im Kontext der gesamten menschlichen Entwicklung reflektiert, die ihrerseits von biologischen und sozialen Faktoren beeinflusst wird und zugleich aber auch diese mitbestimmt.

Die Komplexität einer Behinderung beziehungsweise der Begriff der komplexen Behinderung findet seit der Diskussion des vorausgegangenen Modells mit der zweiten Auflage der vorliegenden Schrift aus dem Jahre 1997 zusehends an Beachtung. Erfreulich ist es, dass „komplexe Lebensumstände" (geistig) behinderter Menschen inzwischen auch andere Fachwissenschaftler/innen (Fornefeld 2008) reflektieren. Allerdings möchte ich angesichts mancher Missverständnisse gleichfalls wie Fornefeld betonen, dass „komplex", abgeleitet vom Lateinischen „complexus" („zusammenhängend, umfassend" (Duden 1997, 369), nicht einfach Zuschreibungen wie „schwer", „schwerst" oder „mehrfach" ersetzen soll und ebenso wenig eine personspezifische Eigenschaft bezeichnet, sondern mit Blick auf Behinderung reziproke Zusammenhänge zwischen Formen einer individuellen Schädigung, Lebensumstände, Zuschreibungen und der persönlichen Verarbeitung und Bewertung zum Ausdruck bringen soll.

Auf dem Hintergrund dieser Faktorenverknüpfung (Komplexität) lässt sich zusammengefasst *geistige Behinderung als ein Etikett betrachten, das Menschen auferlegt wird, die angesichts spezifischer Beeinträchtigungen auf kognitiver, motorischer, sensorischer, emotionaler, sozialer und aktionaler Ebene und darauf abgestimmter Bewältigungsstrategien einen entsprechenden ressourcenorientierten Unterstützungsbedarf (needed support) zur Verwirklichung der Grundphänomene menschlichen Lebens benötigen, der von lebensweltbezogenen Maßnahmen (environmental changes) nicht losgelöst betrachtet werden darf* (auch Schalock et al. 1994).

Wenngleich diese Arbeitsdefinition das Verhältnis von Person und Umwelt fokussiert und somit über eine rein individuumzentrierte Sicht hinausgeht, sollte sie nicht als eine fertige Antwort verstanden werden. Denn Begriffe wie geistige Behinderung sind soziale Zuschreibungen (Stigmata) aus einer Beobachterperspektive heraus, weswegen es nie objektive Aussagen oder wertfreie (endgültige) Definitionen geben kann. Insofern wäre es korrekt, nicht von geistig behinderten Menschen oder Menschen mit geistiger Behinderung zu sprechen, sondern von Personen, die als geistig behindert bezeichnet werden. Davon abgesehen wäre zu diskutieren, ob der Begriff der komplexen Behinderung den der geistigen Behinderung ersetzen soll. Auf den ersten Blick wirkt er weniger stigmatisierend, was ihn sympathisch werden lässt. Um eine Antwort auf die Frage der Beibehaltung des Begriffs der geistigen Behinderung zu finden, ist es allerdings geboten, noch weitere (auch international bedeutsame) Sichtweisen zu reflektieren; und es wäre geradezu ein Kunstfehler, wenn die derzeit wichtigsten modernen Modelle, Auslegungen und Betrachtungen übergangen würden.

Zum Behinderungsmodell der ICF

In scharfer Abgrenzung zu den eingangs skizzierten Positionen im Bereich von Psychiatrie, Psychologie und Heilpädagogik wurde in den vergangenen Jahrzehnten mit Blick auf das Behinderungsverständnis der Weltgesundheitsorganisation (WHO) von 1980 im kritisch-fortschrittlichen Lager der Behindertenarbeit geistige Behinderung unter einem sogenannten *Dreiklang* betrachtet: *Individuelle Schädigung* (Hirnschädigung; pathologisch-anatomische Veränderungen; Organdefekt u. ä.), *Beeinträchtigung* (Lernausfälle; Lern-, Entwicklungs-, Wahrnehmungsstörungen u. ä.) und *gesellschaftliche Benachteiligung* (Barrieren; Vorurteile; Stigmatisierung u. ä.).

Dieses Beschreibungsmodell weist neben medizinisch-ätiologischen Aspekten auf gesellschaftliche Einflüsse hin, in deren Lichte Behinderung als eingeschränkte Teilhabe am gesellschaftlichen Leben erscheint und unter Prozessen der Stigmatisierung, Isolation oder Diskriminierung reflektiert werden kann. Das alles hat Konsequenzen für die pädagogische Praxis, die sich im Falle gesellschaftlicher Benachteiligung nicht ausschließlich auf eine individuelle Lernförderung zur Kompensation oder Bewältigung von Beeinträchtigungen beschränken darf. Allerdings wurde dem „Dreiklangmodell" von Behinderung nicht selten eine lineare Kausalität unterlegt (Theunissen 1994, 9): Ausgangspunkt einer geistigen Behinderung sei eine individuelle Schädigung, welche zu (Lern-)Beeinträchtigungen führe, durch die ein Betroffener sozial benachteiligt sei oder die in mehr oder weniger starkem Maße von gesellschaftlicher Benachteiligung überformt seien. Je massiver der Benachteiligungsfaktor sei (totale Institution), je gravierender seien auch die Auswirkungen auf Persönlichkeitsentwicklung und Lernen (Hospitalisierung). Diese Begriffsaufbereitung hatte zunächst im Rahmen der Enthospitalisierung behinderter Menschen eine wichtige (heuristische) Funktion (Theunissen 2000). Die begrenzte Reichweite dieses Ansatzes wurde aber alsbald erkannt. Ein zentrales Problem war die Vernachlässigung der Subjektseite. Darüber hinaus konnte der rekursiven Verknüpfung der sogenannten Dreiklang-Faktoren kaum Rechnung getragen werden. Diese konzeptionellen Unzulänglichkeiten führten zur Revision des bisherigen Behinderungsmodells. So wurde im Mai 2001 von der 54. Vollversammlung der WHO die ICF (Internationale Klassifikation der Funktionsfähigkeit, Behinderung und Gesundheit) verabschiedet, die im Unterschied zum „Dreiklangmodell" Wechselwirkungen aufweist und vier Konstrukte unterscheidet (DIMDI 2005):

- Körperstrukturen (z. B. Gliedmaßen) und -funktionen (physiologisch, psychisch) und ihre Beeinträchtigung (Schädigung, *impairment* [Organdefekt und verminderte intellektuelle Fähigkeiten]);
- Aktivitäten und ihre Beeinträchtigung

Eine Aktivität ist das, was eine Person tut (gehen, eine Aufgabe durchführen...); diese Dimension liefert ein Profil der Funktionsfähigkeit einer Person; es wird danach gefragt, welche Formen der Unterstützung notwendig sind, um der betreffenden

Person ein autonomes Leben im Rahmen ihrer Möglichkeiten sowie eine aktive Partizipation in gesellschaftlichen Kontexten zu ermöglichen;
• Partizipation und ihre Beeinträchtigung
Soziale Teilnahme, Mitgestaltungs- und Mitbestimmungsmöglichkeiten beziehungsweise Teilhabe einer Person an verschiedenen Lebensbereichen; Partizipation ist das Ergebnis der Wechselwirkung von Schädigung, Aktivitäten und Kontextfaktoren;
• Kontextfaktoren
beziehen sich auf die soziale und materielle Umwelt, auf die verschiedenen Lebensbereiche (Bronfenbrenner 1981) sowie auf personenbezogene Faktoren.
Diese vier Konstrukte lassen sich aus gesundheitsbezogener Sicht (z. B. im Hinblick auf Verhaltensauffälligkeiten oder psychische Störungen) durch zwei akzessorische Aspekte ergänzen: durch Risikofaktoren für gesundheitliche Probleme (Umweltfaktoren; klinische Syndrome) und durch Bewältigungsstrategien (Coping; [hierzu Gesundheit und Behinderung 2001, 30f.]).
Bemerkenswert ist, dass die ICF im Unterschied zu vielen anderen Ansätzen und ihrem Vorläufermodell keine Personen klassifiziert, sondern Situationen beschreibt. Demnach gehört es der Vergangenheit an, Behinderung und spezifische Störungen zu individualisieren. Stattdessen wird von einem reziproken, dynamischen Zusammenwirken bio-psycho-sozialer Faktoren ausgegangen, wobei Behinderung (*disability*) als „Beeinträchtigung der Funktionsfähigkeit" (DIMDI 2005, 4) gesehen wird, um Lebenssituationen zu bewältigen und am gesellschaftlichen Leben zu partizipieren. In diesem Zusammenhang geht es immer um die Einschätzung der Beziehungen und Wechselwirkungen zwischen Person und Umwelt. Dadurch wird zugleich anerkannt, dass Lebenswelten die Funktionsfähigkeit einer Person sowie ihre Partizipationsmöglichkeiten unterstützten oder beeinträchtigen können. Mit dem Konstrukt der Partizipation kommt ein inzwischen von der UN-Konvention über die Rechte behinderter Menschen kodifiziertes Leitprinzip zum Tragen, welches für ein gleichberechtigtes Leben behinderter Menschen in der Gesellschaft von zentraler Bedeutung ist. Vor diesem Hintergrund kann die ICF ohne Zweifel als fortschrittlich und zeitgemäß eingeschätzt werden. Sie ist aber auch modern, weil es ihr letztlich durch die Beschreibung von Situationen und Interaktionen gelingt, Klassifizierungen von Personen in Behinderungskategorien zu überwinden.
Dennoch sollten wir die ICF nicht unkritisch rezipieren. Ein wesentlicher Kritikpunkt richtet sich gegen die überdimensionierte medizinische Kategorie der „Körperfunktionen und -strukturen." Sie steht in keinem angemessenen Verhältnis zu den anderen Kategorien, insbesondere zu den Kontextfaktoren, die in Umwelt- und personenbezogenen Faktoren unterteilt werden. Zwar werden mehrere relevante Umweltsysteme wie Wirtschaft oder soziale Dienste einbezogen, allerdings kommt der Bereich der Umweltfaktoren (Barrieren und Förderfaktoren) insgesamt zu kurz. Neben der sozialen Dimension werden gleichfalls personenbezogene Aspekte ver-

nachlässigt. Das kann damit zusammenhängen, dass personenbezogene Faktoren aufgrund ihrer hohen interindividuellen und kulturellen Schwankungsbreite kaum wie die anderen Faktoren des Modells standardisiert erfasst werden können. Andererseits ist ihre Platzierung im Rahmen von Kontextfaktoren zu hinterfragen.
Darüber hinaus ist die ICF an der Stelle völlig unzureichend, wo wir es in erster Linie mit sozialer Verursachung von geistiger oder Lernbehinderung, mit sozial bedingten Lernschwierigkeiten zu tun haben, wo im Behinderungsmodell der WHO soziale Risikofaktoren (z. B. Armut, familiale Probleme) beziehungsweise Aspekte sozialer Benachteiligung gegenüber den medizinischen kaum Beachtung finden, so dass die größte Gruppe an geistig behinderten Menschen, nämlich jene mit leichten Formen an Lern- oder Entwicklungsbeeinträchtigungen, weithin unberücksichtigt bleibt (dazu Snell et al. 2009). Daher wird diese Gruppe zurecht als *„the forgotten generation"* (ebd., 221, 229) bezeichnet. Die Vernachlässigung der sozialen Sicht gilt zum Beispiel für den soeben von der Bundesarbeitsgemeinschaft für Rehabilitation vorgelegten ICF-Praxisleitfaden 2 (2008), in dem zur Kodierung die Komponenten „Körperfunktionen" und „Körperstrukturen" getrennt und „Aktivitäten" und „Partizipation" zusammengelegt wurden, so dass medizinische Aspekte der Rehabilitation gegenüber den sozialen Faktoren eindeutig fokussiert werden. Zudem läuft die Kodierung auf eine personenzentrierte Hilfe (Rehabilitationsleistungen) hinaus, die behinderte Menschen möglichst an bestehende Verhältnisse anzupassen versucht. So heißt es in dem genannten ICF-Praxisleitfaden (2008, 13): „Die Wiederherstellung oder wesentliche Besserung der Funktionsfähigkeit... ist eine zentrale Aufgabe der Rehabilitation". Gegen dieses Ziel wäre nichts einzuwenden, wenn die Aufgabe der Veränderung von Kontexten (z. B. Barrierefreiheit, Verbesserung von Lebensbedingungen, grundsätzliche Öffnung der allgemeinen Erziehungs- und Bildungseinrichtungen für Menschen mit Behinderungen, Auflösung von Heimen, Aufbau sozialer Netze) als ebenso bedeutsam eingeschätzt würde. Genau an dieser Stelle werden jedoch die Chancen der ICF völlig verspielt, weshalb manche Ausführungen zum Behinderungsmodell der WHO (z. B. Schäfers 2009) euphemistisch und praxisfern wirken. Hinzu kommt, dass es sich hierbei um ein Modell handelt, welches auf handlungspraktischer Ebene schwer handhabbar ist und Umsetzungsprobleme aufwirft, vor denen auch Mediziner oder klinische Psychologen zurückschrecken, die der ICF aufgeschlossen gegenüber stehen.
Die anskizzierten Probleme sind ein Grund dafür, dass in den USA an einem eigenen Ansatz und (pragmatischen) Assessment festgehalten wird, das in rechtlicher Hinsicht sowie im Hinblick auf ein „funktionales Modell" von Behinderung mit der ICF kompatibel ist (Wehmeyer et al. 2008, 314).

Zum Konzept der AAIDD

Bis vor kurzem dominierte in den USA der Begriff der *mental retardation*, der wie folgt definiert wurde: *„Mental retardation is a disability characterized by significant* *limitations both in intellectual functioning and in adaptive behavior as expressed in conceptual, social, and practical adaptive skills. This disability originates before age 18"* (Luckasson et al. 2002, 1). Wie schon einleitend erwähnt wurde dieser Begriff hierzulande als geistige Behinderung übersetzt, zugleich aber enger gefasst, so dass Personen mit einem IQ von 60 bis 70/75 nicht definitorisch einbezogen wurden. Repräsentiert wurde die obige Definition durch die American Association on Mental Retardation (AAMR), die sich seit 2007 als American Association on Intellectual and Developmental Disabilities bezeichnet (AAIDD). Hierbei handelt es sich um die weltweit älteste Fachorganisation, der zusammen mit den US-amerikanischen Organisationen The Arc und TASH eine führenden Rolle in Bezug auf Leitideen und Konzepte einer zeitgemäßen Arbeit mit Menschen, die als geistig oder mehrfach behindert bezeichnet werden, zukommt. Seit ihrer Gründung im Jahre 1876 wurden von ihr zehn Mal die Auffassungen und Aussagen über geistige Behinderung revidiert, zum Beispiel um 1960 mit der Einführung des „Doppelkriteriums", das im DSM-IV Eingang gefunden hat, oder zunächst 1992 und dann 2002 mit einem Konzept über geistige Behinderung (*mental retardation*), das die kognitiven Funktions- und sozialen Anpassungsfähigkeiten in der dynamischen Wechselwirkung mit Umweltfaktoren und gesellschaftlichen Partizipationsmöglichkeiten aufbereitet. Diese Neuerung führt uns gleichfalls wie die ICF vor Augen, dass es nicht genügt, bloß individuumzentriert zu denken, zu planen und zu handeln, sondern dass kontextuelle Veränderungen im Rahmen multimodaler Unterstützungsmaßnahmen mit in den Blick genommen werden müssen, um den Bedürfnissen, Interessen und Rechten betroffener Menschen Rechnung tragen zu können. Einige der wichtigsten Aspekte dieses Ansatzes seien im Folgenden stichwortartig genannt. Ausgangspunkt ist die Interaktion drei wesentlicher Faktoren (dazu Luckasson et al. 2002):

Faktor I: die persönlichen Fähigkeiten und Ressourcen
Faktor II: die Umwelt der Person
Faktor III: das persönliche Bedürfnis nach Unterstützung

Vor diesem Hintergrund soll bei einer Einschätzung einer Person als geistig behindert (durch ein Assessment) das Verhältnis zwischen Betroffenem und Umwelt in einem multidimensionalen Verfahren in umfangreicher Form beschrieben werden.

Fünf Dimensionen werden dabei verwendet:
1. Dimension: Intellektuelle Fähigkeiten
2. Dimension: Adaptives Verhalten (gedankliche, soziale und praktische Fertigkeiten)
3. Dimension: Partizipation, Interaktionen und Soziale Rollen
4. Dimension: Gesundheit (physische und geistige Gesundheit / ätiologische Aspekte)
5. Dimension: Umgebung (Umwelt und Kultur)

Das Assessment wird in drei Schritten (unter Berücksichtigung standardisierter Verfahren) vorgenommen: Zunächst spielt die Aufbereitung der ersten zwei Dimension in Bezug auf die grundlegende Beurteilung (Definition geistiger Behinderung bei einem IQ < 70/75 und niedrigen Testwerten im adaptiven Verhalten) eine zentrale Rolle. In einem zweiten Schritt werden die weiteren Dimensionen aufbereitet. Dabei sollen nicht nur Schwächen beschrieben, sondern gleichfalls Stärken und Ressourcen erfasst werden. Der dritte Schritt bezieht sich auf die Bestimmung der Art und Intensität der benötigten Unterstützung in allen fünf Dimensionen. Hierbei wird auf die traditionellen IQ-Unterscheidungen (*mild, moderate, severe, profound*) verzichtet. Darin unterscheidet sich der Ansatz der AAIDD deutlich von der DSM-IV-Systematik, die nach klinischer Denkmanier wie das ICD-10-System an der Einteilung der Schweregrade einer geistigen Behinderung festhält. Stattdessen werden im System der AAIDD vier verschiedene Formen von Unterstützung unterschieden:

1. *Intermittent* (zeitweise; periodisch)
   Supports on an 'as needed basis,' characterized by their episodic (person not always needing the support[s]) or short-term nature (supports needed during life-span transitions, e. g., job loss or acute medical crisis). Intermittent supports may be high or low intensity when provided.
2. *Limited* (begrenzt)
   An intensity of supports characterized by consistency over time, time-limited but not of an intermittent nature, may require fewer staff members and less cost than more intense levels of support (e. g., time-limited employment training or transitional supports during the school-to-adult period).
3. *Extensive* (ausgedehnt)
   Supports characterized by regular involvement (e. g., daily) in at least some environments (e.g., school, work or home) and not time-limited nature (e. g., long-term support and long-term home living support).
4. *Pervasive* (allumfassend)
   Supports characterized by their constancy, high intensity; provision across environments, potentially life-sustaining nature. Pervasive supports typically involve more staff members and intrusiveness than do extensive or time-limited supports (zit. n. Luckasson et al. 2002, 152).

Diese Formen der Unterstützung sind nicht statisch festgelegt, sondern variieren innerhalb einer Person (entsprechend ihrer Fähigkeiten und Fertigkeiten in Bezug auf unterschiedliche Lebensbereiche) und können gleichfalls zwischen den verschiedenen Lebensphasen wechseln.

Wenn wir einmal von der defizitorientierten Definition absehen, kann das System der AAIDD als wegweisend für eine pragmatische, lebensweltbezogene Klassifikation von geistiger Behinderung betrachtet werden. Die Bestimmung eines *individuellen Unterstützungsbedarfs* in Bezug auf Bereiche, die für ein Leben in der

Gesellschaft als besonders relevant gelten (z. B. Kommunikation, Selbstversorgung, Wohnen, Sozialverhalten, Selbstbestimmung, Benutzung von Infrastrukturen, Gesundheit, lebensbedeutsame Schulbildung, Arbeit, Freizeit [hierzu ebd., 157ff.]), ist gegenüber den herkömmlichen Betrachtungsweisen, die über die Auflistung negativer Merkmale (Defizite) nicht hinauskommen, unzweifelhaft ein Fortschritt. Zudem werden geistig behinderte Menschen nicht mehr ausschließlich vom Nicht-Können her beschrieben, sondern gleichfalls als Personen mit Entwicklungspotentialen, Bedürfnissen und Rechten respektiert. Eine solche personale Wertschätzung wurde schon vor geraumer Zeit von Empowerment-Bewegungen behinderter Menschen und Eltern behinderter Kinder eingefordert (hierzu Turnbull und Turnbull III 1997; Theunissen 2009) – und sie korrespondiert heute mit Grundsätzen moderner Behindertenarbeit, die sich auf Inklusion (Nicht-Aussonderung), ein Leben in der Gesellschaft, Selbstbestimmung, Mitbestimmung und gesellschaftliche Partizipation beziehen (Ramcharan et al. 2002a). Damit gewinnen fachlich betrachtet die Förderung von Selbstbestimmungs-, Kooperations-, Mitbestimmungs- und Solidaritätsfähigkeiten, Lernprogramme zur Selbst-Hilfe, autonomen Lebensbewältigung und sozialen Partizipation, das Anstiften zu Zusammenschlüssen in Selbstvertretungsgruppen (*self-advocacy*), die Förderung und Unterstützung sozialer Netze sowie spezifische umfeldbezogene Maßnahmen (Abbau von Barrieren) an zentraler Bedeutung.

Alles in allem bewegt sich dieser Ansatz in ähnlichen Bahnen wie die ICF, da er jedoch eine Überdimensionierung der medizinischen Kategorien vermeidet, der sozialen Dimension ein deutliches Gewicht verleiht, personenspezifische Aspekte (z. B. Stärken, Ressourcen, Bedürfnisse) stärker beachtet und pragmatisch angelegt ist, weist er gegenüber dem Behinderungsmodell der WHO einige Vorzüge auf, die nicht übergangen werden sollten. Wie bedeutsam der Ansatz der AAIDD einzuschätzen ist, wird daran sichtbar, dass er sich auch auf Personen bezieht, bei denen eine soziale Verursachung von geistiger Behinderung gegenüber einer organischen Schädigung die zentrale Rolle spielt. Das betrifft nicht wenige Menschen mit leichten Formen einer geistigen Behinderung, die mit etwa 80% bis 90% die größte Gruppe der in den USA als geistig behindert etikettierten Personen bilden (Luckasson et al. 2002, 31f.; Snell 2009, 220). Wenngleich es hierbei zu bedenken gilt, dass der Anteil geistig behinderter Menschen in den USA und anderen hochentwickelten Ländern bislang etwa 2,5% an der Gesamtbevölkerung ausmachte (Batshaw, Shapiro und Farber 2007, 251) und somit im Vergleich zu Deutschland um etwa 1,7% höher lag, inzwischen aber durch eine Umetikettierung vieler Menschen mit *„mental retardation, developmental* oder *intellectual disabilities"* zu *„autism spectrum disorders"* rückläufig ist (Theunissen und Schubert 2010, 13f.), gibt es gleichfalls hierzulande weitaus mehr Menschen mit mittleren und leichten Formen an geistiger Behinderung als mit schweren, so dass es wichtig ist, immer die *gesamte Referenzgruppe* in den Blick zu nehmen.

Interessant ist nunmehr die Frage, ob die AAIDD weiterhin an ihrem 2002 veröffentlichten Ansatz festhält, da sie sich vom Begriff der *mental retardation* verabschiedet und mit *intellectual disabilities* und *developmental disabilities* zwei neuen Leitbegriffen verschrieben hat. Beginnen wir hierzu mit einem kurzen Blick auf die Entstehungsgeschichte.

Zu den neuen Fachbegriffen: Intellectual and Developmental Disabilities
Neben einem fachwissenschaftlichen Unbehagen gegenüber dem stigmatisierenden Charakter des Begriffs der *mental retardation* waren es vor allem Initiativen aus dem Lager der Betroffenen, die die Veränderung auf den Weg brachten. Eine entscheidende Rolle für ein „*policy making*" spielten dabei selbstorganisierte Zusammenschlüsse und Vernetzungen unter dem Namen *People First* in einigen hochentwickelten Ländern wie USA, Kanada, Großbritannien, Holland, Schweden und Dänemark (Theunissen 2009). In den USA setzten sich nicht wenige People First Gruppen dafür ein, *mental retardation* durch *developmental disabilities* auszutauschen. Ferner gelang es zum Beispiel der People First Gruppe aus Nebraska, „eine Veränderung in der Sprache herbeizuführen, um Menschen mit Behinderungen (*developmental disabilities*) in Staatsgesetzten nicht länger zu diskriminieren" (Miller und Keys 1996, 316). Vor diesem Hintergrund kam es in der AAIDD zu einer mehrjährigen Fachdiskussion über die geeignete Leitterminologie. Diese Debatte führte zu einer Mitgliederbefragung mit dem Ergebnis, statt *mental retardation* zukünftig den Begriff der *intellectual disabilities* oder den der *developmental disabilities* zu benutzen (dazu auch People First of Missouri 2007).
Anzumerken ist, dass der Begriff der *intellectual disabilities* bereits seit einigen Jahren in vielen Mitgliedstaaten der Vereinen Nationen benutzt wurde. Das hatte die Entscheidung der AAIDD durchaus beeinflusst; und dadurch, dass der Begriff jetzt seit ungefähr zwei Jahren auch in den USA aktuell ist, gilt er inzwischen bis auf wenige Länder (z. B. Deutschland) als offizieller Leitterminus. Diese Entwicklung hat zum Beispiel das White House in den USA dazu veranlasst, The President's Committee on Mental Retardation (PCMR) in The President's Committee for People with Intellectual Disabilities (PCPID) umzubenennen. Betrachten wir nun die Definition.
Unter einer *intellectual disability* versteht die AAIDD „*a disability characterized by significant limitations both in intellectual functioning (reasoning, learning, problem solving) and in adaptive behavior, which covers a range of everyday social and practical skills. This disability originates before the age of 18*" (AAIDD 2010). Diese Aussage kommt uns allzu bekannt vor, entspricht sie doch den Ausführungen über *mental retardation*. Es bewegen sich aber ebenso die Anmerkungen zu einem notwendigen und geeigneten Assessment zur Erfassung der intellektuellen Funktionen und des adaptiven Verhaltens sowie der Hinweis, dass „*an IQ test score of around 70 or as high as 75 indicates a limitation in intellectual functioning*" (ebd.), in ähnlichen Bahnen

wie im Kontext der *mental retardation*. Des Weiteren – und das ist das Wesentliche – wird auf das bisherige Konzept aus dem Jahre 2002 verwiesen, welches nach wie vor seine Gültigkeit habe, wenngleich eine Neuauflage mit der veränderten Terminologie in Bearbeitung sei. Was dem Anschein nach allerdings stärker als zuvor im Fokus stehen wird, sind spezifische Anforderungen an die Professionals. So sei es von zentraler Bedeutung, dass auf handlungspraktischer Ebene Faktoren wie „*(1) community environment typical of the individual's peers and culture, (2) linguistic diversity and (3) cultural differences in the way people communicate, move, and behavior*" (ebd.) beachtet und im Rahmen eines individualisierten Unterstützungsplans aufbereitet würden. Nichtsdestotrotz drängt sich alles in allem der Eindruck auf, dass wir es mit einem bloßen Etikettenaustausch zu tun haben. Das wird letztlich auch von der AAIDD eingeräumt, zugleich nennt sie uns aber ihre Beweggründe, durch die sie den Begriffswechsel zu legitimieren versucht:

„*It is less offensive to persons with disabilities.*
It is more consistent with internationally used technology.
It emphasizes the sense that intellectual disability is no longer considered an absolute, invariable trait of a person.
It aligns with current professional practices that focus on providing supports tailored to individuals to enhance their functioning within particular environments.
It opens the way to understanding and pursuing 'disability identity', including such principles as self-worth, subjective well being, pride, engagement in political action, and more" (AAIDD 2010). Darüber hinaus verweisen Schalock, Luckasson und Shogren (2007, 12) auf die grundsätzliche Anpassung der AAIDD an den von der WHO benutzten Behinderungsbegriff (*disability*) als soziale Konstruktion (dazu auch Odom et al. 2007, 4ff.; Wehmeyer et al. 2008). Das hat vor allem Konsequenzen für die Arbeit mit betroffenen Jugendlichen und Erwachsenen, indem die Richtschnur für die Praxis „*should not be whether they have skills to live on their own, but rather, how the systems created to serve them can provide the necessary supports to enable them to do so*" (Lozano zit. n. Stancliffe und Lakin 2007, 430).

Diese Reflexion und Nutzung des Begriffsverständnisses von *disability* ist ebenso plausibel wie die Bemühung der AAIDD um eine internationale Verständigung. Ob es allerdings weniger diskriminierend ist, mit Blick auf den international geläufigen Begriff der *intellectual disability* eine Person nunmehr als „intellektuell behindert" zu bezeichnen (so der Vorschlag von Weber 1997), ist zu bezweifeln. Das mag ein Grund dafür sein, dass einige US-amerikanische People First Gruppen den Begriff der *developmental disabilities* bevorzugen. Damit stellt sich zugleich die Frage nach dem Unterschied der beiden Bezeichnungen.

Developmental disabilities steht für einen breit angelegten Oberbegriff, der verschiedene Formen von Behinderung (z. B. physischer Art, Cerebralparese, Epilepsie, Autismus) einschließt, so zum Beispiel auch eine *intellectual disability* (Odom et al. 2007). Insofern bilden *intellectual disabilities* eine Untergruppe im Gebäude der *developmental disabilities*. Allerdings – und das ist entscheidend – muss eine Voraussetzung erfüllt sein: *Developmental disibilities* werden stets mit einer organischen beziehungsweise biologischen Schädigung in Verbindung gebracht. Das heißt, dass *intellectual disabilities*, bei denen keine ursächliche Schädigung der Körperstrukturen oder -funktionen nachgewiesen werden kann, nicht unter dem Oberbegriff der *developmental disabilities* gefasst werden und ein eigenes Konstrukt darstellen. Dieses erstreckt sich somit auf *intellectual disabilities*, bei denen soziale Faktoren die zentrale Rolle spielen, *„such as the level of child stimulation and adult responsiveness, and educational factors, such as the availability of family and educational supports that can promote mental development and greater adaptive skills"* (AAIDD 2010). Vor diesem Hintergrund werden *developmental disabilities „as severe chronic disabilities"* definiert, *„that can be cognitive or physical both"* (ebd.). *Intellectual disabilities* beziehen sich dabei auf den kognitiven" Teil der Definition. Einige Formen der *developmental disabilities* können hingegen rein körperlicher Art sein, zum Beispiel angeborene Gehörlosigkeit oder Sehschädigungen (Odom et al. 2007, 4). In dem Falle handelt es sich nicht um *intellectual disabilities*. Treten mehrere Formen in Erscheinung, bei denen physische und kognitive Beeinträchtigungen vorliegen, wird wiederum von *intellectual disabilities* gesprochen, wobei auch Parallelbegriffe wie *significant disabilities* oder *severe disabilities* benutzt werden, die eine (schwere) komplexe Behinderung reflektieren (Freeman et al. 2006; Westling und Fox 2009, 3ff.). Insgesamt sind die Begriffskonstruktionen nachvollziehbar, es muss jedoch kritisch vermerkt werden, dass damit nicht wie bei der ICF die Grenzziehung zwischen verschiedenen Behinderungsformen überwunden wird. Das wird dem Anschein nach aber auch nicht beabsichtigt. Letztlich geht es nämlich um Hilfsetiketten für eine „halbwegs praktikable Verständigung" (Speck 1999, 42), die erforderlich ist, wenn spezifische Schwierigkeiten fokussiert und subjektzentrierte und kontextbezogene Unterstützungsmaßnahmen finanziert werden sollen. Wie hierzulande sind ebenso in den USA die verschiedenen Behinderungsbegriffe sozial rechtlich relevant, und solange sie nicht im Sinne der ICF durch die Bestimmung eines erforderlichen Unterstützungsbedarfs ersetzt werden, dürfte ihre Abschaffung eher Verwirrung stiften und angesichts leerer Staatskassen ein riskantes Unternehmen sein. Allein der Wechsel von *mental retardation* zu *intellectual disability* hat – so die AAIDD – längst noch nicht alle US-amerikanischen Staaten, Krankenkassen oder Organisationen des Gesundheitswesens erreicht und dazu veranlasst, die neue Leitterminologie in ihren Schriftstücken (z. B. Verträge, Gesetzestexte, Richtlinien) zu verwenden. Daher müsse sogar im Einzelfall noch auf die alte Terminologie verwiesen werden. Zudem sei Wachsamkeit vor allem im Hinblick auf *„people with intellectual disability who have higher IQs"* (um 70-75) geboten (Snell et al. 2009), die einerseits angesichts ihrer sozialen Herkunft (Armut, *broken homes*) oft stigmatisiert und im allgemeinen Erziehungs- und Bildungssystem benachteiligt und andererseits im Hinblick auf Kompetenzen nicht selten von (politischen) Entscheidungsträgern überschätzt würden. Verantwortungslos wäre es, wenn ihnen dadurch notwendige Unterstützungsleistungen verwehrt würden.

Zu den neuen Fachbegriffen: Learning Disabilities und Lernschwierigkeiten
Ähnlich wie in den USA gab es auch in Europa, vor allem in Großbritannien, eine starke Betroffenen-Bewegung, der es gelang, auf Fachverbände und Politik nachhaltig Einfluss zu nehmen. So konnte aufgrund jahrelanger, landesweiter Bemühungen der People First Gruppen in Großbritannien das diskriminierende *„Mencap Logo"* der Elternvereinigung für Menschen mit geistiger Behinderung abgeschafft werden (Knust-Potter 1998, 102ff.; Wamsley und Downer 2002, 36f.). Zudem wurden die Begriffe *mental handicap* und *mental retardation* durch *learning difficulties* oder *learning disabilities* ersetzt (Lacey und Ouvry 2001; Gray und Jackson 2000; Ramcharan et al. 2002a). Bis heute findet der Begriff der *learning difficulties* beim Netzwerk People First Great Britain großen Zuspruch: *„We choose to use the term ‚learning difficulty' instead of ‚learning disability' to get across the idea that our learning support needs change over time"* (People First o. J.). Britische Fachorganisationen, Fachwissenschaftler sowie politische Entscheidungsträger verwenden hingegen den Leitbegriff der *learning disabilities* als Parallelbegriff zu *intellectual disabilities* (Meeting Report 2009, 13), welcher vor allem im Lager der klinischen Disziplinen (Psychiatrie, Psychologie) favorisiert wird.

Mit Blick auf die Entwicklung in Großbritannien gibt es gleichfalls hierzulande aus der People First-Bewegung politische Initiativen, den Begriff der geistigen Behinderung abzuschaffen. Stattdessen schlägt das Netzwerk People First Deutschland e. V. vor, die aus Großbritannien importierte Bezeichnung *„Menschen mit Lernschwierigkeiten"* zu verwenden (Göthling 2001; 2010). Dagegen ist zunächst einmal nichts einzuwenden, waren doch die Gründe für die Einführung des Begriffs der geistigen Behinderung normativer Art, und auch in diesem Falle spielen normative und ethische Gesichtspunkte eine wichtige Rolle: „Wir wollen nicht länger diskriminiert werden... Wir wollen ernst genommen werden... und wir bevorzugen den Begriff der Lernschwierigkeiten, weil wir am Lernen gehindert wurden,... weil uns das Lernen schwer fällt" (so Vertreter von People First in einem Gespräch mit Studenten der Rehabilitationspädagogik in Halle). Hinzu kommt, dass der Begriff der Lernschwierigkeiten die Stimme der Betroffenen repräsentiert, die als Experten in eigener Sache wissen, was ihnen gut tut und was nicht.

Dieses Empowerment-Zeugnis sollte allerdings nicht darüber hinweg täuschen, dass der bisherige Begriff der geistigen Behinderung auch eine deskriptive Funktion hat, indem er einen bestimmten Personenkreis theoretisch fassen soll. Genau an dieser Stelle bestehen Zweifel, ob der Begriff der Lernschwierigkeiten als Übersetzung von *learning difficulties* dazu geeignet ist. Denn die in Großbritannien geläufigen Begriffe *learning difficulties* und *learning disabilities* reflektieren Lernprobleme, die sich nicht nur auf bisher als geistig behindert bezeichnete Personen, sondern eben-

so auf den Kreis der sogenannten Lernbehinderten nach hiesigen Vorstellungen und darüber hinaus auf Kinder und Jugendliche mit partiellen Lernschwächen oder -störungen und (über)durchschnittlicher Intelligenz beziehen; und in den USA bezeichnet der Begriff *students with learning disabilities* in der Regel nur Personen mit (partiellen) Lernbeeinträchtigungen > IQ 75, geht es um *individuals with intellectual disability* wird allenfalls von „*students with ‚general learning disability'*" (Snell et al. 2009, 221) gesprochen.
Vorbehalte gegenüber dem Vorschlag des Begriffswechsels kommen nicht nur aus der Geistigbehindertenpädagogik, sondern ebenso aus dem Lager der Lernbehindertenpädagogik, die sich hierzulande schon gegenüber der überfälligen Anpassung des eng gefassten Begriffs der geistigen Behinderung an die internationale Auslegung von *intellectual disability* (IQ < 70/75) sehr schwer tut. Nicht selten wird dieser fachwissenschaftliche Entwicklungsstand und Diskurs auf dem internationalen Parkett in Deutschland weithin ausgeblendet, und ein Zeichen der Ignoranz ist es, wenn einzelne Autoren aus der Lernbehindertenpädagogik plötzlich so tun, als hätten sie den Begriff der Lernschwierigkeiten entdeckt, der den der Lernbehinderung ablösen solle. So wird zum Beispiel in der Schrift von Heimlich (2009) die People First Bewegung mit ihrem Plädoyer für den Begriff der Lernschwierigkeiten ebenso wenig erwähnt, wie die entsprechende Debatte innerhalb der Geistigbehindertenpädagogik. Zudem fehlt eine zeitgemäße Auseinandersetzung mit der Frage, wie sich die Begriffe der geistigen Behinderung und Lernbehinderung am besten abgrenzen lassen. Stattdessen werden Menschen mit (leichter) geistiger Behinderung als „*‚educable mentally retarded'* ", als „sog. ‚geistig Retardierte'" (ebd., 28), etikettiert, und es wird lapidar behauptet, dass es problematisch sei, „dass in Großbritannien Menschen mit einer ‚geistigen Behinderung' vor allem im Erwachsenenalter ebenfalls zur Gruppe der *learning difficulties* gezählt werden" (ebd., 28). Dass es hierbei um eine Entstigmatisierung und Antidiskriminierung von behinderten Menschen geht, die bislang in der Gesellschaft, im Bereich der Forschung und Wissenschaft sowie auf handlungspraktischer Ebene kaum Respekt erfuhren und jahrzehntelang zu Objekten einer Bevormundung, Betreuung und Versorgung degradiert wurden, wird übersehen beziehungsweise ignoriert.
Offensichtlich werden im Rahmen der Kritik an der Begriffsausweitung die Vorschläge und Möglichkeiten unterschätzt, wie sie sich aus der fachwissenschaftlichen Debatte in Großbritannien herauskristallisiert haben. Ohne Zweifel ist es alles andere als einfach, mit Bezeichnungen wie Lernschwierigkeiten, Lernbeeinträchtigungen, Lernproblemen, Lernstörungen und Lernbehinderung einen Personenkreis beziehungsweise Referenzgruppen genauer zu fassen, da es zwischen den genannten Begriffen deutliche Überschneidungen und keine Demarkationslinien gibt, so dass die Termini letztlich aufgrund ihrer Unschärfe als Konstruktionen oder Hilfsetiketten weithin austauschbar sein können. Das hat zum Beispiel Baroff (1999) und Siegel (1999, 305f.) dazu veranlasst, zwischen verschiedenen Problem-

gruppen zu differenzieren. Demnach könnten wir folgende Unterscheidung und Klassifizierung vornehmen:
1. Personen mit (partiellen) Lernstörungen oder Lernschwierigkeiten beim Erwerb von Kulturtechniken (hierunter lässt sich eine Teilgruppe der sog. Lernbehinderten nach hiesigem Verständnis fassen);
2. Kinder und Jugendliche mit Lernblockaden, Lernhemmungen im Sinne eines verzögerten Lernens (sog. „*slow learner*");
3. Menschen mit Lernschwierigkeiten und sozialen Anpassungsproblemen (darunter werden Menschen gefasst, die bisher als geistig behindert bezeichnet wurden);
4. Kinder und Jugendliche mit (partiellen) Wahrnehmungsstörungen, AD(H)S u. ä. m.

Was an dieser Stelle zu kurz kommt, ist die Reflexion sozialer Benachteiligung, erschwerter Lebensverhältnisse und sozialer Problemlagen als Bedingungsfaktoren oder Erklärungsmuster für Lernbeeinträchtigungen (Geiling und Theunissen 2009, 340f.).

Ein weiterer (ähnlich gelagerter) Vorschlag, Referenzgruppen genauer zu fassen, lehnt sich an Altshuler und Kopels (2003, 321) und Fujiura (2003), zwischen *persons with specific learning disabilities* und *persons with learning disabilities* oder *persons with intellectual disabilities* zu differenzieren. Während zu der ersten Gruppe Personen mit eng umschriebenen (Lern-)Störungen zählen (partiellen Lernproblemen o. ä.), werden unter der zweiten einerseits Menschen mit *mild intellectual disabilities* gefasst, die allgemeine Lernschwächen und soziale Anpassungsprobleme beziehungsweise Schwierigkeiten bei Verrichtungen des alltäglichen Lebens an den Tag legen, und andererseits Personen, die bisher üblicherweise als *mentally retarded* bezeichnet wurden.

Beide Differenzierungsvorschläge legen nahe, zukünftig auf den im deutschsprachigen Raum geläufigen, jedoch umstrittenen Begriff der Lernbehinderung gänzlich zu verzichten. Stattdessen sollte sich die Lernbehindertenpädagogik neu aufstellen. Hierzu lassen sich richtungsweisende Anregungen aus dem Handbuch der Schulischen Sonderpädagogik (Opp und Theunissen 2009) entnehmen: Zum einen könnte eine Pädagogik bei *speziellen* Lern- und Entwicklungsstörungen (z. B. in Bezug auf Lese-Rechtschreibeschwierigkeiten, Wahrnehmungs- oder Aufmerksamkeitsstörungen) formuliert und stärker ausgearbeitet werden, zum anderen macht es Sinn, sich *explizit* pädagogischen Fragen bei sozialer Benachteiligung und Migrationshintergrund zu stellen. Dieser Vorschlag ermöglicht nicht nur den Verzicht auf den Terminus der Lernbehinderung, sondern ist zugleich im Sinne der UN-Konvention über die Rechte behinderter Menschen inklusionsfördernd. Außerdem erleichtert er die Abkehr vom bisherigen Begriff der geistigen Behinderung und die soziale Konstruktion eines Personenkreises unter dem Stichwort der Lernschwierigkeiten. Dabei ließe sich eine Referenzgruppe beschreiben, wie sie international durch die Leittermini *people with intellectual disabilities* oder (wie in Großbritannien) *people with learning disabilities* (im Sinne von ID/MR) definiert würde.

Da der Begriff der Lernschwierigkeiten weniger verfänglich und (vor-)belastet als der der intellektuellen Behinderung erscheint und zudem von Betroffenen favorisiert wird, gebe ich ihm den Vorzug. Konzeptionell sollte er die Ausführungen zum obigen Verknüpfungsmodell reflektieren, so dass verschiedene Situationen und Einflussfaktoren in ihrem Wechselspiel sowie Stärken und Schwächen erfasst werden können. In dem Falle ließen sich auch komplexe Formen einer Behinderung mit abdecken, zum Beispiel erhebliche Probleme beim (senso-) motorischen, emotionalen, sozialen und kognitiven Lernen sowie beeinträchtigende oder einschränkende Lebensumstände. Allerdings stellt sich die Frage, ob der Verzicht auf den Behinderungsbegriff zum Vorteil gereichen wird, wenn es um Ansprüche auf Unterstützung und soziale Leistungen geht, die in Bezug auf den Begriff der geistigen Behinderung gesetzlich geregelt sind. Ähnlich wie im Falle des Autismus müssten bei der Einführung oder Nutzung eines neuen Leitbegriffs, der nicht explizit auf eine Behinderung (*disability*) verweist, alle zuständigen Instanzen (v. a. Politik, Verbände, Kostenträger, Justiz) an einem Strang ziehen und bereit sein, ihre Fachtermini an zeitgemäße Entwicklungen anzupassen. Ein solcher Prozess, der mit dem Arbeits- und Sozialministerium in Rheinland-Pfalz und mit einer Unterschriftensammlung und Petition an Abgeordnete des deutschen Bundestages vom Netzwerk People First Deutschland e.V. seinen Anfang genommen hat, scheint sehr steinig zu sein und bedarf einer sorgfältigen Beobachtung, um bei Missverständnissen („es handelt sich bei Lernschwierigkeiten doch nur um eine leichte Behinderung") oder Anzeichen eines Missbrauchs (z. B. bei einhergehenden Kürzungen von Sozialleistungen) rechtzeitig intervenieren zu können. Vor diesem Hintergrund kommen wir auf unsere Eingangsfrage zurück, ob es nicht günstiger ist, statt von geistiger Behinderung oder auch Lernschwierigkeiten von *komplexer Behinderung* zu sprechen. Der Vorteil dieses Begriffs besteht auf jeden Fall darin, dass er im Unterschied zu Lernschwierigkeiten nicht dazu verleitet, bestimmte Personen mit hohem Unterstützungsbedarf oder Menschen, die sich mit (schweren) individuellen Schädigungen unter schwierigen Lebensbedingungen zurechtfinden müssen, auszugrenzen und auszusondern. Andererseits muss dieser Argumentation entgegengehalten werden, dass viele Menschen mit Lernschwierigkeiten nicht von einer Komplexität (Umfänglichkeit) ihrer Behinderung ausgehen, sondern eher partielle individuelle Beeinträchtigungen und soziale Barrieren und Benachteiligungen im Blick haben. Dafür steht letztlich der Begriff der Lernschwierigkeiten, der in diesem Sinne den der geistigen Behinderung ersetzen soll und sich auf die weitaus größte Gruppe des betroffenen Personenkreises bezieht. Um der Gefahr von Missverständnissen oder einer Aussonderung (schwerst) mehrfach behinderter und benachteiligter Personen vorzubeugen, ließe sich die Verwendung beider Begriffe diskutieren, Lernschwierigkeiten als Leitbegriff (i. S. v. *intellectual oder learning disabilities*) und komplexe

Behinderung (i. S. v. *significant, severe oder developmental disabilities*), wenn dem reziproken Zusammenwirken von (multiplen) Formen individueller Schädigungen, kritischen Lebensumständen und psychischen Belastungen nachdrücklich Ausdruck verliehen werden muss. Mit dieser Entscheidung möchte ich im Sinne des Empowerments behinderter Menschen einen richtungsweisenden Beitrag leisten und zugleich Anschluss an die internationale Begriffsauslegung und Debatte finden, wie sie von der AAIDD (an-)geführt wird. Freilich bin ich mir bewusst, dass ein Etikettenwechsel allein noch kein Garant für eine Nicht-Aussonderung von Menschen ist (Speck 1999, 40f.). Erfahrungen aus der Geschichte zeigen, dass „euphemistische Austauschversuche von Bezeichnungen [...] nur – zeitlich – begrenzte Chancen" (Speck 1997, 255) haben, denn letztendlich sind nicht sie es, „die diskreditieren, sondern deren Benutzer und deren Einstellungen und latente Bewertungen!" (ebd. 255; dazu auch Fujiura 2003, 422). Insofern haben meine Überlegungen und Anregungen vorläufigen Charakter, die zum Nachdenken sowie zur Weiterarbeit an einer Lösung mit größerer Überzeugungskraft einladen sollen.

2 Verhaltensauffälligkeiten: Begriffsverständnis und Erklärungsansätze

Um 1980 wurde in Anlehnung an die „Kölner Verhaltensauffälligenpädagogik" (K.-J. Kluge) der Begriff der Verhaltensauffälligkeiten für die Arbeit mit Kindern, Jugendlichen und Erwachsenen, denen neben Lernschwierigkeiten oder einer komplexen Behinderung zusätzliche Hospitalisierungssymptome oder Verhaltensprobleme nachgesagt wurden, als Leitbegriff in die Fachdiskussion eingebracht (Theunissen 1980; 1981; 1982a; 1982b). Schon damals gab es Fragen und Auseinandersetzungen im Hinblick auf einen geeigneten Fachterminus, der negativ abweichende Verhaltens- und Erlebensweisen in pädagogischen oder sozialen Situationen (v. a. Unterricht, Kindergarten, Familie, Freizeit, Jugendeinrichtungen) erfassen sollte. In der Diskussion waren vor allem die Begriffe Erziehungsschwierigkeiten oder Verhaltensstörungen. Heute hat sich der Begriff der Verhaltensauffälligkeiten in der Behindertenarbeit etabliert, indem er Verhaltens- und Erlebensweisen kennzeichnen soll, die:

1. als altersunangemessen und normabweichend in einem lebensweltlichen System (z. B. Schule) oder auch mehreren Bereichen (Wohngruppe, Supermarkt) wahrgenommen und beklagt werden
2. ein gestörtes Verhältnis zwischen der betreffenden Person und ihrer Umwelt (Mitmenschen, Dinge, Situationen) signalisieren
3. aus der Perspektive der Person ein Problemlösungsmuster darstellen, zweckmäßig und somit funktional bedeutsam sind, jedoch keine soziale Akzeptanz erfahren
4. die Lern- und Entwicklungsmöglichkeiten sowie die Lebensqualität der betreffenden Person beeinträchtigen
5. ein Risiko für die Gesundheit der betreffenden Person darstellen sowie ihre und die Sicherheit anderer Menschen gefährden können
6. die Kommunikation und Interaktion, das Zusammenleben und Zusammenarbeiten mit der betreffenden Person belasten
7. als einzelne Symptome psychischer Störungsbilder, als Wegbereiter oder auch Folge einer psychischen Störung zu Tage treten können, aber kein psychopathologisches Syndrom darstellen
8. in der Regel keinen organ-pathologischen Hintergrund aufweisen (Ausnahmen bilden sogenannte Verhaltensphänotypen), sondern auf eingeschränkte Kommunikationsformen (z. B. bei allgemeinen körperlichen Beschwerden oder Schmerzen) sowie auf pädagogische oder soziale Kontexte zurückführbar sind und daher von psychischen Störungen (Erkrankungen) abgegrenzt werden müssen
9. in Krisensituationen auftreten können, sich jedoch in der Regel über einen längeren Zeitraum herausgebildet und häufig verfestigt haben

10. aufgrund ihres Belastungsgrads, ihrer Frequenz, Schwere oder Chronizität die Handlungsmöglichkeiten im Rahmen allgemeiner Erziehungsmaßnahmen begrenzen und
11. daher spezielle pädagogisch-therapeutische Interventionen, in der Regel (bei einer fehlenden psychopathologischen Grundlage) aber noch keine psychiatrische Behandlung oder Psychotherapie erforderlich machen.

Zu den Erscheinungsformen

Dieses Verständnis von Verhaltensauffälligkeiten signalisiert, dass es uns nicht um psychische Störungsbilder geht, die eine interdisziplinäre Kooperation von Psychiatrie/Medizin, Psychotherapie/Psychologie und (Heil-)Pädagogik/Soziale Arbeit verlangen (dazu Lingg und Theunissen 2008), sondern um beklagte Verhaltens- und Erlebensweisen, die zumeist eine Lerngeschichte aufweisen, aus sozialen Bedingungen hervorgegangen sind und/oder pädagogische Situationen betreffen und daher durch pädagogische und soziale Maßnahmen positiv beeinflusst beziehungsweise im Einzelfall (bezogen auf bestimmte Auffälligkeiten) wieder verlernt werden können.

Vor diesem Hintergrund stoßen wir auf eine breite Palette an beklagten oder normabweichenden Verhaltens- und Erlebensweisen, die sich aus pädagogischer Sicht rubrizieren lassen in:

(1) Auffälligkeiten im Sozialverhalten
Zum Beispiel: streiten, schlagen, spucken, treten, andere an den Haaren ziehen, andere beschimpfen oder beleidigen, Anweisungen oder Absprachen ignorieren, sich anderen aufdrängen, herumalbern, sozialer Rückzug, soziale Isolation

(2) Auffälligkeiten im psychischen (emotionalen) Bereich
Zum Beispiel: Schreien, Weinen, Jammern, Wutanfälle mit heftigem Fußstampfen, sich auf den Boden fallen lassen, ängstliches Verhalten, Freudlosigkeit, apathisches Verhalten, mangelnde Motivation, fehlendes Selbstvertrauen, mangelndes Selbstwertgefühl

(3) Auffälligkeiten im Arbeits- und Leistungsbereich
Zum Beispiel: Arbeitsverweigerung, Arbeitsflucht, Arbeitsunlust, mangelnde Konzentration, mangelnde Aufmerksamkeit, Schulschwänzen

(4) Auffälligkeiten gegenüber Sachobjekten
Zum Beispiel: Zerstören von Dingen, Wegwerfen, Entwenden oder Verstecken von Dingen, Verzehr von ungenießbaren Dingen, stereotyper Umgang mit Objekten, Unbeholfenheit oder mangelndes Geschick im Umgang mit Objekten, außergewöhnlicher, auch geschickter Umgang mit Objekten

(5) Auffälligkeiten im somato-physischen (körperlichen) Bereich
Zum Beispiel: leichte Ermüdbarkeit, mangelnde körperliche Belastbarkeit, motorische Unbeholfenheit, motorische Überaktivität, Vermeiden von Nahrungszufuhr, übermäßige Nahrungszufuhr

(6) Selbstverletzende Verhaltensweisen
Zum Beispiel: sich mit dem Kopf schlagen, sich kratzen, beißen oder mit Dingen Verletzungen zufügen, sich Haare ausreißen

(7) Irritierendes Verhalten
Zum Beispiel: Dinge oder Personen beschnuppern, motorische Manierismen wie plötzliches Händeflattern, Aufspringen und Kreisdrehen, rituelles Verhalten wie ständiges Lichtanknipsen oder Aufdrehen eines Wasserhahns, plötzliches Verlassen eines Raums, plötzliches Aufschreien, plötzlicher Stimmungswechsel, plötzliches Entkleiden, Abweichen von einem Arbeitsauftrag durch eine vertiefte und beharrliche Beschäftigung mit einem aufgabenbezogenen Detail

Dieses Einteilungsschema ist freilich artifiziell, es hat sich jedoch in der Arbeit mit Kindern, Jugendlichen und Erwachsenen, denen Lernschwierigkeiten oder eine komplexe Behinderung und zusätzliche Verhaltensauffälligkeiten nachgesagt werden, als Orientierungshilfe bewährt. Wurden bisher die ersten sechs Bereiche unterschieden, so habe ich nunmehr in Anlehnung an Dunlap (2010) noch eine siebte Rubrik aufgeführt, die auf Auffälligkeiten im Sinne eines irritierenden Verhaltens verweist, das vor allem Autisten nachgesagt wird. In dem Falle spielen neurobiologische Faktoren im Zusammenwirken mit psychischen und sozialen zum Verständnis des Verhaltens eine zentrale Rolle. Da bei 20 bis 50% aller Autisten zusätzliche Lernschwierigkeiten (Theunissen und Paetz 2011, 13) angenommen werden und auf der Grundlage einer bundesweiten repräsentativen Lehrerbefragung etwa 12 % aller Schüler/innen einer Schule für Geistigbehinderte Autismus nachgesagt wird (Theunissen u. a. 2011, Kap. 1), dürfte dieser siebte Bereich für eine genauere Betrachtung und Einschätzung von Verhaltensweisen bei Menschen mit Lernschwierigkeiten und Autismus oder autistischen Zügen hilfreich sein. Allerdings handelt es sich bei den sogenannten irritierenden Verhaltensweisen autistischer Personen in der Regel nicht um zusätzliche Verhaltensauffälligkeiten wie bei Menschen mit Lernschwierigkeiten, sondern um ein zweckmäßiges (Autismus typisches) Ausdrucksverhalten der Person, das einer verständnisvollen, akzeptierenden und angepassten Lebenswelt und Unterstützung bedarf (dazu Theunissen und Paetz 2011, 97ff.).

Verhaltensauffälligkeiten im Lichte sozialer Zuschreibung

Grundsätzlich ist es schwierig, ein Verhalten und Erleben als auffällig zu bestimmen. Das hängt vor allem damit zusammen, dass die Einschätzung und Definition eines Verhaltens als auffällig in starkem Maße *normabhängig* ist, sich an dem bemisst, was ein Beobachter als normabweichend oder sozial unerwünscht wahrnimmt, erlebt und einstuft. Solche Beobachtungen erfolgen in der Regel aus der Außenperspektive, indem Eltern, Lehrer oder Mitarbeiter in Einrichtungen ein bestimmtes Verhalten *beklagen*, das ihren Norm- oder Wertvorstellungen nicht entspricht und dem sie aus unterschiedlichsten Gründen (z. B. persönliche Betroffenheit, fehlende Erklärungen) weithin hilflos gegenüberstehen. Folglich bezeichnen Begriffe wie Verhaltensauffälligkeiten keine objektiven Sachverhalte. Vielmehr stellen sie nur relative Phänomene dar, die stets von der Situation abhängen, in der bestimmte Normen gelten oder toleriert werden. Hierzu einige Beispiele:

(1) Das plötzliche Flattern mit den Händen oder Kreisdrehen einer Person würde unter autistischen Peers keine Auffälligkeit darstellen. (2) Das ständige, mit unüberhörbaren Brummlauten begleitete Schaukeln mit dem Oberkörper eines schwer behinderten Schülers während des Unterrichts wird von Lehrern und Mitschülern als störend empfunden, für seine Eltern ist dieses Verhalten jedoch „normal", sie haben sich zu Hause daran gewöhnt und eine Lösung gefunden, die für sie akzeptabel ist und von ihrem Sohn sehr geschätzt wird (mit Kopfhörer Musik hören, Schaukelsessel, Hängematte). (3) Von einigen Mitarbeitern einer Wohngruppe wird das Schreien eines Bewohners als die einzige Form, Wünsche zu artikulieren, akzeptiert und toleriert; andere Kollegen betrachten dagegen das Verhalten als „störend" und unangemessen, für sie ist die durch das Schreien ausgelöste „Unruhe" in der Gruppe inakzeptabel. (4) Der Rückzug einer Bewohnerin wird von der pädagogisch ausgebildeten Gruppenleiterin als sozial angepasstes, ruhiges und unauffälliges Verhalten beschrieben; ihre Kollegin (Krankenschwester) definiert dies jedoch als ein Anzeichen einer „depressiven Störung" und macht sich darüber ernste Sorgen. (5) Beide Mitarbeiterinnen stimmen aber darin überein, dass das selbstverletzende Verhalten (Wunden kratzen) einer Mitbewohnerin ein Problem ist.

Insgesamt zeigen die Beispiele auf, wie schwierig es ist, zu einheitlichen Einschätzungen eines Verhaltens zu gelangen. Eine Übereinstimmung kann wohl am ehesten in Bezug auf „extreme" Verhaltensausprägungen (z. B. bei schweren Selbstverletzungen) erzielt werden. Darüber hinaus gibt es jedoch zahlreiche Verhaltensweisen, die „Bereiche des Übergangs oder Umschlagpunktes" (Redlich 1967, 106) betreffen und deutlich werden lassen, dass zwischen einem „normalen" und „auffälligen" Verhalten kein naturgegebener Abgrund liegt, sondern vielmehr „Überschneidungen und unklare Grenzgebiete" (Redlich und Friedman 1976, 182) bestehen. Über die damit verbundenen Probleme sollte sich jeder, der das Verhalten und Erleben eines anderen Menschen beurteilt, bewusst sein. Er sollte wissen, dass es keine situationsunabhängigen Kriterien zur Bestimmung von Verhaltensauffälligkeiten gibt und dass die Zuordnung von Verhaltensweisen nach dem Schema „normgerecht" (angepasst; unauffällig) und „normabweichend" (unangepasst; auffällig) nicht wertneutral, objektiv oder deskriptiv ist, sondern ein wertender, askriptiver Akt. Dieser schafft nicht selten Distanz, indem er den Beobachter dazu verleitet, sich von dem als auffällig etikettierten Menschen zu distanzieren. Ein solcher sozialer Zuschreibungsprozess kann zugleich Macht beziehungsweise Herrschaft befördern und Konzepte (Interventionen) unterstützen, die einbahnig nur auf die Verhaltensänderung der als auffällig definierten Person zielen. Des Weiteren besteht die Gefahr, dass die Frage, wer die Norm stellt und welche Normalität gelten soll, ignoriert wird. Der Beobachter beziehungsweise Experte bestimmt, wer oder wann jemand verhaltensauffällig ist und welche Maßnahmen ergriffen werden müssen. Dadurch aber wird die betreffende Person zum Objekt degradiert, ihrer Subjekthaftigkeit beraubt.

Eine weithin faire Beurteilung von Verhaltensweisen sowie ein respektvoller Umgang mit einer als verhaltensauffällig bezeichneten Person kann am besten im Rahmen eines *Unterstützerkreises (Circle of Support)* erzielt werden (dazu Kapitel 3 u. 4). Zahlreiche Untersuchungen und langjährige Erfahrungen zeigen auf, dass Verhaltensauffälligkeiten, die am Rande oder in dem sogenannten Überschneidungsbereich zur Normalität liegen, durch ein pädagogisch dimensioniertes Unterstützungskonzept erfolgreich aufgelöst oder kompensiert werden können (Carr et al. 1999; 2000; Bambara und Kern 2005; Dunlap und Carr 2007; Koegel, Koegel und Dunlap 2001; Rössert und Steiger 2003 Theunissen 1997b; 2000; Theunissen und Paetz 2011).

Grenzen einer Pädagogik oder pädagogisch-therapeutischen Intervention ergeben sich allerdings dort, wo Verhaltensauffälligkeiten ins Extreme reichen, organische Ursachen haben, als atypische Symptome einer psychischen Störung zutage treten oder bei psychischen Störungsbildern mit psychopathologischem Hintergrund (APBS 2007a; Lingg und Theunissen 2008; Hemmings 2008, 64f.; Paschos und Bouras 2007; Thompson, More und Symons 2007). Hierzu zwei Beispiele: (1) *„An adult with a disability may also have a mental illness that results in periodic psychotic episodes. During these episodes, this individual may be more likely to engage in certain types of problem behaviors in order to escape from confusing situations, task demands, or activities the person normally enjoys. When the individual experiences a psychotic episode, he may find it more reinforcing to seek out a quiet place to be alone... (2) A highly anxious person might be more likely to engage in aggression or self-injury when his or her heart is beating fast and he/she is out of breath"* (APBS 2007a). Um solche Situationen und Verhaltensweisen funktional einschätzen beziehungsweise verstehen zu können, sind *interdisziplinär* angelegte Konzepte erforderlich, wie wir sie an anderer Stelle ausführlich beschrieben haben (Lingg und Theunissen 2008).

Freilich bestehen nicht nur bei leichten Auffälligkeiten fließende Übergänge am sogenannten Umschlagpunkt zur Normalität, sondern ebenso wenig gibt es eine

Demarkationslinie zwischen den leichten und schweren Formen auffälligen Verhaltens, zwischen einem Problemverhalten, einer sogenannten Persönlichkeitsstörung oder einer psychischen Störung (Erkrankung), die ihrerseits nicht von Normvorstellungen oder kulturellen Einflüssen losgelöst betrachtet werden dürfen (Keupp 1972; 1999, 613; Fiedler 2001, 4ff., 542ff.). Das führt uns der Umgang mit Homosexualität vor Augen, die einst als eine psychische Störung betrachtet wurde (Vollmoeller 2001). In ähnlichen Bahnen bewegt sich heute die Debatte um Autismus, der von einer wachsenden Zahl an Betroffenen als psychopathologische Erscheinung (psychische Störung) abgelehnt wird (Theunissen und Paetz 2011).

Angesichts der Normabhängigkeit und Relativität von Verhaltensweisen sowie unterschiedlicher Messinstrumente gibt es kaum verlässliche Angaben über Häufigkeit oder Prävalenz von Verhaltensauffälligkeiten. Internationale und nationale Prävalenzstudien, die repräsentativ sind, legen den Schluss nahe, dass bei nichtbehinderten Kindern und Jugendlichen „Gefühls- und Verhaltensstörungen" in einer Häufigkeit zwischen 16 und 20 % (Opp 2009a, 229) auftreten und dass 30 bis 40 % aller Menschen mit Lernschwierigkeiten (geistiger Behinderung) irgendeine Form an Verhaltensauffälligkeit aufweisen (Michailowskaja 2008, 27ff., 260; Theunissen und Schirbort 2003; Theunissen, Schirbort und Kulig 2006; Theunissen u. a. 2011). Bemerkenswert ist, dass Menschen mit einer schweren komplexen Behinderung neben Aufmerksamkeits- oder Konzentrationsschwierigkeiten eher zu Stereotypien, selbstverletzendem Verhalten, Schreien oder Passivität neigen, während bei Jugendlichen und Erwachsenen mit mäßigen oder leichten Lernschwierigkeiten nicht nur Aufmerksamkeits- oder Konzentrationsprobleme, sondern (vor allem) Auffälligkeiten im Sozialverhalten (Fremdaggressionen, Disziplinprobleme) und Arbeitsverhalten (Verweigerung, Schwänzen) im Vordergrund stehen (dazu auch Chadwick, Kusel und Cuddy 2008). 15 bis 20% aller Menschen mit Lernschwierigkeiten (geistiger Behinderung) können als psychisch gestört und/oder behandlungsbedürftig eingeschätzt werden (Lingg und Theunissen 2008, 24, 103; Paschos und Bouras 2007, 484).

Zu den Parallelbegriffen
Wer aktuelle Fachbeiträge studiert und Tendenzen in der Praxis verfolgt, wird feststellen, dass es – wie schon eingangs erwähnt – mehrere Parallelbezeichnungen zum Begriff der Verhaltensauffälligkeiten gibt: Gefühls- und Verhaltensstörungen, herausforderndes Verhalten, festgefahrenes Verhalten, originelles Verhalten, erwartungswidriges Verhalten, psychosoziale Auffälligkeiten, Verhaltensbesonderheiten, Problemverhalten oder Verhaltensprobleme.
Diese Palette an ähnlich gelagerten Termini signalisiert einerseits Unsicherheiten, die entstehen, wenn ein Verhalten und Erleben einer Person beurteilt werden soll. Andererseits gehen mit der Suche nach geeigneten Leitbegriffen Bemühungen einher, eine Denunzierung oder Entwertung einer Person zu vermeiden. In der Behin-

dertenarbeit kommt dieser Intention eine besondere Bedeutung zu – sind es doch vor allem Menschen mit Lernschwierigkeiten oder einer komplexen Behinderung, die aufgrund ihres Verhaltens allzu leicht diskriminiert und ausgegrenzt werden.
Vor diesem Hintergrund möchte ich einige der wichtigsten oder bekanntesten Parallelbegriffe kommentieren.
Vor wenigen Jahren wurde auf einem sogenannten Werkstatt-Treffen der Kinderheilstätte Nordkirchen (2003) alternativ zu Verhaltensauffälligkeiten oder Verhaltensstörungen der Begriff der *Verhaltensbesonderheiten* in den fachwissenschaftlichen Diskurs eingebracht. Wenngleich die damit verknüpfte Absicht, einer personenzentrierten Stigmatisierung vorzubeugen, begrüßenswert ist, erinnert der Begriff an rückwärtsgewandte Vorstellungen einer Sonderpädagogik. Damit steht er in der augenfälligen Gefahr, einer Besonderung und letztlich einer Aussonderung betroffener Personen Vorschub zu leisten. Daher sollte er kritisch gesehen und am besten vermieden werden.
Das gilt gleichfalls für den Begriff des *originellen Verhaltens*, dem wir insbesondere in der deutschsprachigen Schweiz und Süddeutschland begegnen (Finger 1995, 89). Auch durch diese Wortwahl soll eine Entwertung der betreffenden Person vermieden und ihr Respekt gezollt werden. Hinzu kommt, dass sich tatsächlich einige Menschen mit Lernschwierigkeiten oder einer komplexen Behinderung originell verhalten, wenn sie auffällige Verhaltensweisen zeigen, die keinem klinischen Syndrom oder psychischen Störungsbild zugeordnet werden können, jedoch aufgrund ihrer Schwere und Dichte eine interdisziplinäre Unterstützung verlangen. Ob ein Bespucken eines Anderen oder ein ständiges Aufkratzen von Wunden „originell" oder „verhaltenskreativ" ist, möchte ich jedoch bezweifeln. Vor einer Bagatellisierung oder Nivellierung spezifischer Probleme sei daher ausdrücklich gewarnt.
Einen bemerkenswerten Zuspruch in der Praxis erfährt darüber hinaus der Begriff des *festgefahrenen Verhaltens* (Heijkoop 2009), der ebenso Verständnis der betroffenen Person gegenüber aufzeigen soll. Denn hinter einem festgefahrenen Verhalten steht eine vulnerable, unsichere und schwache Person mit geringem Selbstvertrauen und Selbstwertgefühl. Ob diese Subjektsicht verallgemeinert werden kann, sei einmal dahingestellt. Wenngleich die Vorschläge für die Praxis breit angelegt sind, verleitet der Begriff des festgefahren Verhaltens a priori zu einem askriptiven, individuumzentrierten Denken und Handeln, welches eine komplexe Problemanalyse außer Betracht lässt. Zudem fehlt dem Begriff wie den beiden zuvor genannten eine wissenschaftliche Aufbreitung in Abgrenzung zu psychischen Störungen.
Eine enge Parallelbezeichnung und weit verbreitet ist ohne Zweifel der Begriff der *Verhaltensstörungen (behavior disorders)*. Im Prinzip ermöglicht er (bzw. die Variante „Gefühls- und Verhaltensstörungen") eine Auslegung, wie ich sie eingangs in Bezug auf Verhaltensauffälligkeiten vorgenommen habe. Dazu müsste allerdings das moderne Verständnis von Störung zugrunde gelegt werden, welches auf das bio-psycho-soziale Zusammenwirken problemauslösender Bedingungen sowie auf

Interaktionsstörungen verweist (Fiedler 2001) und heute im Lager der fortschrittlichen (Sozial-)Psychiatrie benutzt wird (dazu Lingg und Theunissen 2008, 21). Tatsächlich aber führt der Begriff der Störung eher zu einer Sicht, die Verhaltensstörungen in die Person hineinverlagert, also von einem „gestörten" Menschen ausgeht, die „das Problem mit dem Individuum identifiziert und damit von hoch belasteten Biographien und Lebenslagen" der betroffenen Kinder, Jugendlichen und Erwachsenen abstrahiert (Opp 2009a, 228). Insofern ist der Begriff der Verhaltensauffälligkeiten als Ausdruck eines gestörten Verhältnisses zwischen Individuum und Umwelt günstiger, da er bewusst vage angelegt ist und Umkreispersonen als beobachtende und bewertende Instanzen mit einbezieht.

In der angloamerikanischen Fachdiskussion stoßen wir im Zusammenhang mit Verhaltensauffälligkeiten auf Leitbegriffe wie *„challenging behaviors"*, *„problem behaviors"* oder *„behavior problems"* (Bambara und Kern 2005; Carr et al. 1999; 2000; Dunlap und Carr 2007; Koegel, Koegel und Dunlap 2001; Meeting Report 2009, 7; Westling und Fox 2009). Diese Begriffe werden in den USA zumeist in Abgrenzung zu *„psychiatric disorders"*, *„serious behavior problems"*, *„serious behavior disorders"*, *„mental health disorders"*, *„mental health problems"*, *„mental illness"* oder *„dual diagnosis"* benutzt. Für die Praxis ist diese Unterscheidung bedeutsam, da bei herausfordernden Verhaltensweisen (*challenging behaviors*), Verhaltensproblemen (*behavior problems*) oder Problemverhalten (*problem behaviors*) ein pädagogisch-therapeutisches Konzept (i. S. v. *positive behavior supports*), bei psychischen Störungen (*mental health problems*) psychiatrisch und psychotherapeutisch dimensionierte, interdisziplinär ausgerichtete Hilfen Priorität haben (Lingg und Theunissen 2008, 248ff.; Thompson, Moore und Symons 2007).

Was den aus dem angloamerikanischen Sprachraum importierten Begriff des *herausfordernden Verhaltens* betrifft, so erfährt dieser in den letzten Jahren viel Zuspruch. Unzweifelhaft lässt er Spielraum für Betrachtungen und Definitionen, die nicht einzig und allein aufs Individuum ausgerichtet sind, sondern Situationen und Interaktionen erfassen und traditionelle Sichtweisen hinterfragen können. Das macht den Begriff sympathisch, ist er doch an die Bezugswelt adressiert, sich mit bestimmten Verhaltensweisen auseinanderzusetzen, die die Lebensqualität, vor allem Inklusion und Teilhabe am Leben in der Gesellschaft, beeinträchtigen. Allerdings steht er in der Gefahr, internales (emotionales) Verhalten (depressive Verstimmungszustände, Rückzugstendenzen, apathisches Verhalten, ängstliches Verhalten, mangelndes Selbstvertrauen) gegenüber externalen (aggressiven) Verhaltensmustern als „Herausforderung" zu verkennen. Dieser Eindruck erhärtet sich bei dem Blick auf Begriffsauslegungen, wie sie nicht selten in der angloamerikanischen (v. a. britischen) Fachliteratur zu Tage treten (Emerson et al. 2001; Lowe et al. 2007; Totsika et al. 2008; Westling und Fox 2009).

In jüngster Zeit werden gleichfalls die im angloamerikanischen Sprachraum geläufigen Begriffe *Verhaltensprobleme* oder *Problemverhalten* immer häufiger alternativ zu Verhaltensauffälligkeiten benutzt. Hierzu wurden soeben aus dem Lager der Psychiatrie Praxisleitlinien für Mediziner veröffentlicht (Dosen et al. 2010), in denen Erkenntnisse Eingang gefunden haben, wie sie von uns schon seit geraumer Zeit für die pädagogisch-therapeutische Arbeit mit Menschen, denen (komplexe) Lernschwierigkeiten und Verhaltensauffälligkeiten nachgesagt werden, zugrunde gelegt werden. Dies ist erfreulich, wenngleich durch den Titel der Broschüre und durch eine inhaltliche Grenzverwischung von Problemverhalten und psychischen Störungen der Eindruck erzeugt wird, dass Verhaltensauffälligkeiten (z. B. verbal-aggressives, oppositionelles, forderndes, sich herumtreibendes, störendes Verhalten) psychiatrisch „behandlungsbedürftig" seien. Befördert wird diese Vorstellung unter anderem dadurch, dass dem Anschein nach Problemverhaltensweisen bei Menschen mit Lernschwierigkeiten nicht selten als Symptome einer Persönlichkeitsstörung betrachtet werden (Meeting Report 2009, 7, 9). Demgegenüber äußert sich die World Psychiatric Association eher zurückhaltend, wenn sie Problemverhalten als *„socially unacceptable behavior"* defniert, *„that causes distress, harm or disadvantage to the person or to other people or damage to property, and usually requires some interventions"* (zit. n. ebd., 7). Gegenüber der Vereinnahmungstendenz in Bezug auf Problemverhalten durch psychiatrische Dienstleistungssysteme, die bei Dosen et al. (2010) und gleichfalls bei Hemmings (2008) durchschimmert, sind die in den USA publizierten Praxisleitlinien für Mediziner (Gardner et al. 2006) genauer, indem sie grundsätzlich von schwerwiegenden Verhaltensproblemen (*serious behavioral problems*) sprechen, die ein interdisziplinäres Vorgehen und Programm nahe legen.

Davon abgesehen gibt es dem Anschein nach zwei unterschiedliche Auslegungen von Problemverhalten. Zum einen begegnen wir Vorstellungen in Affinität zum eingangs skizzierten Verständnis von Verhaltensauffälligkeiten (z. B. Dosen et al. 2010; Meeting Report 2009, 7), zum anderen soll durch den Begriff des Problemverhaltens der Blick auf aktuelle Konflikte, kritische oder krisenhafte Situationen gelenkt werden (Colvin et al. 1997), unter denen das Verhalten verstehbar werden kann. Unter dieser Perspektive sieht Wüllenweber (2001, 90f.) nicht nur einen Unterschied zu psychischen Störungen, sondern ebenso zu chronifizierten (dauerhaften, längerfristigen) Verhaltensauffälligkeiten. In der US-amerikanischen Fachliteratur (z. B. über *positive behavioral supports*) wird eine solche (zeitlich geprägte) Differenzierung allerdings vermieden, indem gemeinsame Bezugspunkte von Problemverhalten und herausforderndem Verhalten wie das Ernstnehmen der Sicht der betroffenen Person und der Bezugswelt, die Berücksichtigung von aktuellen oder längerfristigen Problemen und die Notwendigkeit einer funktionalen, verstehenden Problemsicht aufgegriffen werden (Westling und Fox 2009, 314ff.).

Zu den Erklärungsansätzen

Die gegenwärtige Diskussion über Ursachen, Entstehungsbedingungen, Risikofaktoren oder Erklärungen von Verhaltensauffälligkeiten bei Menschen mit Lernschwierigkeiten oder einer komplexen Behinderung ist durch drei kontroverse Paradigmen geprägt. Darunter fassen wir an dieser Stelle grundlegende Sichtweisen zur Erklärung von Verhaltensauffälligkeiten auf der Basis von drei *Leitwissenschaften*, die die Arbeit mit behinderten Menschen in den letzten Jahrzehnten maßgeblich bestimmt haben oder bis heute tonangebend sind. Zunächst dominierte die *Psychiatrie*, unter deren Obhut die Heilpädagogik lange Zeit operierte (Theunissen 1992; 2000). Die Kritik am „psychiatrisch-medizinischen Modell" in den 1960er und 1970er Jahren führte dann zu einer „sozialen Wende", die durch die *Sozialwissenschaften* repräsentiert wurde. Heute sind es die *system- oder sozio-ökologischen Wissenschaften*, die Schwächen der vorausgegangenen Erklärungsansätze aufzuheben versuchen und bemerkenswerte Anregungen für dem Umgang mit Verhaltensauffälligkeiten bieten.

Freilich besteht die Möglichkeit, auch einen anderen Bezugsrahmen zur Erklärung von Verhaltensauffälligkeiten zu wählen. So lassen sich zum Beispiel unterschiedliche Erklärungsansätze nennen, die aus speziellen therapeutischen Konzepten, psychologischen, soziologischen oder auch biologischen Theorien hervorgegangen sind: *Lernpsychologische, psychoanalytische, individualpsychologische, entwicklungsdynamische, rollentheoretische oder neuropsychologische Sichtweisen*. Eine solche Einteilung ist nicht unüblich und bestimmt oftmals die Literatur zur Erklärung von Verhaltensauffälligkeiten. Um daher Redundanzen zu vermeiden und um den Rahmen der vorliegenden Arbeit nicht zu sprengen, habe ich auf die Darstellung von eng gestrickten Ansätzen oder einzelnen Theorien mit geringer Reichweite verzichtet. Zudem sind einige wichtige Erkenntnisse und Überlegungen aus diesem Spektrum an Erklärungsansätzen in die folgenden Ausführungen eingegangen.

Zur psychiatrischen Sicht

Der wissenschaftshistorisch älteste Erklärungsansatz stammt aus der Medizin. Hier können wir zwischen dem Konzept der psychiatrischen Orthodoxie und dem Ansatz der neueren Psychiatrie unterscheiden.

Theoretisches Kernstück der *psychiatrischen Orthodoxie* ist die Gleichschaltung von geistiger Behinderung, Verhaltensauffälligkeit und Krankheit. Lange Zeit wurde diesbezüglich die Lehrmeinung vertreten, dass psychische Störungen oder Verhaltensauffälligkeiten bei Menschen mit Lernschwierigkeiten (geistiger Behinderung) in erster Linie „wesensbedingt" seien. Folglich gäbe es hier keine „echten" psychischen Störungen, sondern allenfalls ein zufälliges Zusammentreffen unterschiedlicher Krankheitsentitäten wie bei der sogenannten *Pfropfpsychose*. Hier würden schizophrene Psychosen „gleichsam auf dem Boden des Schwachsinns entstehen" (Tölle 1985, 305). In der älteren psychiatrischen Literatur finden wir darüber hinaus zwei weitere typische „Störungsbilder", den *„erethischen Schwachsinn"* (hochgradige Erregbarkeit, Umtriebigkeit) sowie den *„torpiden Schwachsinn"* (Antriebsarmut, Apathie). Mit diesen Persönlichkeitstypen glaubte einst die Fachwelt Verhaltensauffälligkeiten und psychische Störungen von Menschen mit Lernschwierigkeiten oder einer komplexen Behinderung hinreichend erfasst zu haben.

Die *neuere Psychiatrie* hat sich von dieser Position deutlich distanziert, indem sie psychische Störungen, Gefühle und damit eine emotionale Konfliktverarbeitung bei Menschen mit Lernschwierigkeiten oder einer komplexen Behinderung nicht mehr leugnet. Allerdings wurde bis vor kurzem der Auffassung kaum widersprochen, dass Verhaltensauffälligkeiten bei Menschen mit Lernschwierigkeiten oder einer komplexen Behinderung als Hinweis auf einen krankhaften Prozess zu interpretieren seien: „Viele Verhaltensstörungen haben eine organische Grundlage ... Es gibt immer mehr Anhaltspunkte dafür, dass auffälliges Verhalten in vielen Fällen auf eine zugrunde liegende psychische Krankheit zurückzuführen ist" (Day 1993, 79f.). Daher komme für diesen Personenkreis „oft ... nur eine psychiatrische Betreuung... in gesonderten psychiatrischen Einrichtungen für geistig behinderte Menschen" (ebd., 80, 90) in Frage. Mit den soeben veröffentlichten Praxisleitlinien für Mediziner (Dosen et al. 2010) liegt nunmehr eine Empfehlung vor, die sich von derlei Vorstellungen verabschiedet hat, indem sie

1. Verhaltensauffälligkeiten (Problemverhalten) nicht ausschließlich als eine Angelegenheit der betreffenden Person, sondern „als Ergebnis einer ungünstigen Wechselwirkung zwischen Person (mit ihrem biologischen und psychologischen Substrat) und ihrer physischen und sozialen Umwelt" (ebd., 14) interpretiert,
2. einen umfassenden, entwicklungsbezogenen und bio-psycho-sozialen Zugang zu Verhaltensauffälligkeiten (Problemverhalten) aufsucht (ebd., 15),
3. von einer Vielzahl ursächlicher Faktoren in Bezug auf Problemverhalten ausgeht, wie zum Beispiel altersuntypisches Entwicklungsniveau, körperliche Krankheiten oder Gesundheitsstörungen, biologisch und genetisch bedingte Störungsbilder, Dysfunktionen des Zentralnervensystems, inadäquate Umweltbedingungen und Erziehungspraktiken, fehlende protektive Faktoren durch schädliche frühe Sozialisationsbedingungen, Stress und unzureichendes Bewältigungsverhalten
4. Behandlungs- und Unterstützungsmaßnahmen vorsieht, die in erster Linie dort, wo die Person wohnt, lebt oder arbeitet, erreichbar sein sollten (16, 60f.) und
5. Wert darauf legt, dass „Eingriffe, Restriktionen und Störungen des täglichen Lebens der Person auf ein Minimum" (61) beschränkt werden. Damit soll möglichst eine Unterbringung in psychiatrischen (Spezial-)Einrichtungen vermieden werden, wenngleich es manchmal notwendig sein kann, „die Person aus der Wohnumgebung herauszunehmen" (61) und „in neuen, entlastenden Umgebungen oder in spezialisierten Settings" (ebd.) Unterstützung anzubieten.

Dieser Praxisleitfaden steht (abgesehen von der Tendenz, pädagogisch relevante Probleme psychiatrisch zu vereinnahmen) für ein fortschrittliches Denken im Lager der Psychiatrie, indem eine verengte Sicht in Bezug auf Ursachen und Erklärungen von Verhaltensauffälligkeiten aufgegeben wurde. Die Gefahr einer Blickverengung ist jedoch an der Stelle nicht gebannt, wo es um biologische oder genetische

Ursachen von Verhaltensauffälligkeiten geht. Das betrifft vor allem das Konzept der *Verhaltensphänotypen* (dazu Kapitel 5). Unter „Verhaltensphänotyp" versteht Sarimski (1997, 15) „eine Kombination von bestimmten Entwicklungs- und Verhaltensmerkmalen, die bei Kindern und Erwachsenen mit einem definierten genetischen Syndrom mit einer höheren Wahrscheinlichkeit auftritt als bei Kindern und Erwachsenen mit einer Behinderung anderer Ursache." Mit dieser Definition versucht sich Sarimski von monokausalen Sichtweisen abzugrenzen, die zum Beispiel eine genetische Determinierung aggressiven Verhaltens behaupten. Organpathologische Befunde von Verhaltensauffälligkeiten sind bei Menschen mit Lernschwierigkeiten genauso wie bei anderen Personen selten. Dort, wo sie angenommen werden, handelt es sich zumeist um klinische Syndrome mit einer sehr geringen Verbreitung (Neuhäuser 1999; 2004; Sarimski 1997); und selbst hier ist es wichtig, um inter- und intraindividuelle Unterschiede zu wissen: Nicht alle Kinder mit Prader-Willi-Syndrom entwickeln in gleichem Maße eine dranghafte Neigung zum Essen, nicht alle Kinder mit dem Smith-Lemli-Opitz-Syndrom entwickeln selbstverletzende Verhaltensweisen und sind gleichermaßen irritierbar und überaktiv (Sarimski 1997, 8; Neuhäuser 1999, 167f.). In diesem Sinne weist Gaedt (1987, 45) zu Recht darauf hin, „dass es viele geistig Behinderte mit nachweisbaren entsprechenden hirnorganischen Störungen ohne psychische Symptomatik gibt."

Zur sozialwissenschaftlichen Sicht
Nicht zuletzt hat die Kritik an dem traditionellen psychiatrischen Modell zur Entwicklung alternativer Erklärungsansätze geführt, die psychosoziale Risikofaktoren herausstellen und/oder den sozialen Faktor priorisieren.
Zum einen ist ein *sozialisationstheoretisch-sozialpsychologisch orientierter Ansatz* auszumachen (Theunissen 1992), unter dem sich mehrere Theorien subsumieren lassen, die dynamische Zusammenhänge zwischen familialer Lebenswelt und insbesondere zwischenmenschliche Beziehungen, Interaktionen und Erziehungspraktiken im Hinblick auf Ursachen oder auslösende Momente von Verhaltensauffälligkeiten thematisieren. Das gilt für psychoanalytische oder individualpsychologische Modelle gleichermaßen wie für lerntheoretische, entwicklungspsychologische, sozialpsychologische oder rollentheoretische Sichtweisen.
Über alle Differenzierungen hinweg werden Fragen fokussiert, inwieweit Verhaltensauffälligkeiten Resultat defizitärer Sozialisationsbedingungen sind, auf Schwächen in den Erziehungsleistungen der Eltern zurückgeführt, als Produkt elterlichen Fehlverhaltens in der Erziehung, familiärer Interaktionsstörungen (entgleiste Dialoge) oder „negativer Bindungserfahrungen" betrachtet werden können (dazu Irblich 2003, 363ff.; Lingg und Theunissen 2008, 146f., 152f.; auch Janssen, Schuengel und Stolk 2002, 447ff.). Momente, die die kindliche Identitätsentwicklung gefährden und die Weichen für Verhaltensprobleme stellen können, sind beispielsweise: primäre Ablehnung und Feindseligkeit, Überbehütung (*overprotection*), langfristig

bestehende und enge Abhängigkeitsverhältnisse, unzureichende kommunikative Stimulation, depressiv getöntes Erziehungsverhalten, psychische und physische Überbelastung von Müttern, unzureichende Ablösung, ein häufiger Wechsel zwischen Verwöhnung und Feindseligkeit/Vernachlässigung, körperliche Strafgewalt, sexuelle Misshandlung, Überforderung, zu hohe Leistungsanforderungen, Fremdbestimmung, gesellschaftliche Diskriminierung und familialer Rückzug, familienintern ablaufende Prozesse einer Schuldzuschreibung, ökonomische Benachteiligung, *Broken-home*-Situation und ähnliches mehr.

Zum anderen stoßen wir auf einen *soziologisch-systemkritischen Ansatz*, der Zusammenhänge zwischen Verhaltensauffälligkeiten und institutionellen Unzulänglichkeiten beleuchtet. Reflektiert werden Momente, die Goffman (1972) unter der „totalen Institution" zusammengetragen hat und die für die Produktion von Verhaltensauffälligkeiten haftbar gemacht werden können. Zu solchen Institutionalisierungs- oder Hospitalisierungseffekten hat sich Jervis (1978, 131) klar geäußert: „Der Patient (oder behinderte Mensch, G. T.) verschließt sich langsam immer mehr in sich selbst, wird energielos, abhängig, gleichgültig, träge, schmutzig, oft widerspenstig, regrediert auf infantile Verhaltensweisen, entwickelt starre Haltungen und sonderbare stereotype Tics, passt sich einer extrem beschränkten und armseligen Lebensroutine an, aus der er nicht einmal ausbrechen möchte und baut sich oft als eine Art Tröstung Wahnvorstellungen auf."

Überdies habe ich an anderer Stelle (Theunissen 2000; 2001a) eine Vielzahl kritischer institutioneller Sozialisationsfaktoren (z. B. Systemzwänge; pädagogische Unzulänglichkeiten; heimliches Betreuungskonzept) genannt, die Verhaltensauffälligkeiten, oftmals „verzerrte" Formen von Selbstbestimmung, befördern und zu Beeinträchtigungen der Autonomie, der Lebenszufriedenheit und des Wohlbefindens führen können (Bambara, Cole und Koger 1998; Wehmeyer und Bolding 1999; Wehmeyer, Kelchner und Richards 1995; Wehmeyer und Schwartz 1998).

Der dritte sozialwissenschaftliche Erklärungsansatz ist die *Labeling-Theorie*, die den Prozess des Zustandekommens von Verhaltensauffälligkeiten, den Definitions- und Normanwendungsprozess sowie die Arbeitsweise von Instanzen sozialer Kontrolle (Psychiatrie; Behindertenhilfe) zum Gegenstand ihres Forschungsinteresses gemacht hat (Keupp 1972; Keckeisen 1974). Ausgangspunkt der Labeling-Theorie sind „normabweichende" Verhaltensweisen (z. B. Stören anderer Bewohner während der Mahlzeit), auf die zunächst mit „leichten" Sanktionen (Ermahnen, vom Tisch verweisen) reagiert wird. Bleiben diese erfolglos, wird in stärkerem Maße sanktioniert (z. B. Time-out; zeitweiliger Ausschluss von Freizeitangeboten; keine Mitnahme bei Außenaktivitäten). Passt sich der Betreffende weiterhin nicht an, kommt es zur Verschärfung des Konflikts. Es setzt nun ein wechselseitiger Aufschaukelungsprozess ein, der im ungünstigsten Falle zu einem Gruppenausschluss und zur Einweisung in eine klinische Einrichtung führen kann. Die Erfahrungen des als verhaltensauffällig („untragbar") abgestempelten behinderten Menschen sind schon im Zuge dieses Aufschaukelungsprozesses ganz um diese deviante Rolle organisiert und münden letztlich in eine schwer beschädigte Identität (genauere Ausführungen in Theunissen 1992, 54ff.).

Wenngleich von den sozialwissenschaftlichen Ansätzen wichtige Impulse zur Erklärung auffälliger Verhaltens- und Erlebensweisen ausgehen, genügt es nicht, die traditionelle medizinische Sicht durch eine soziale Perspektive zu ersetzen. Problematisch ist zum Beispiel ihr Determinismus. Ein behinderter Mensch ist kein passives Produkt (Opfer) defizitärer Sozialisationsbedingungen. Er ist auch nicht dem Prozess des Auffälligwerdens hilflos ausgeliefert. Ob es zu Verhaltensauffälligkeiten kommt, hängt davon ab, wie der Einzelne die jeweilige Situation oder Anforderung wahrnimmt, bewertet und bewältigt. Insofern ist es falsch anzunehmen, dass alle Menschen, die sich unter kritischen Lebensbedingungen (sei es familiär oder institutionell) zurechtfinden müssen, Verhaltensauffälligkeiten entwickeln, die eine schwer beschädigte Identität vermuten lassen. So hat zum Beispiel die *Resilienzforschung* (Garmezy 1991; Opp und Fingerle 2007) den Nachweis erbracht, dass es Menschen gibt, die trotz erheblicher Belastungen in ihrer frühen Kindheit oder Sozialisation keine Dissozialität oder (schwere) psychische Störung entwickeln. Dies hängt vor allem mit individuellen (früh erworbenen) und sozialen Schutzfaktoren zusammen (dazu später). Darüber hinaus richtet sich die Kritik an den sozialisationstheoretischen Ansätzen gegen implizite Schuldzuschreibungen, indem Eltern oder Mitarbeiter/innen als Produzenten von Verhaltensauffälligkeiten dargestellt werden. Solche Tendenzen haben häufig erheblichen Schaden angerichtet und Formen einer konstruktiven Zusammenarbeit mit Bezugspersonen erschwert.

Zur systemökologischen Sicht

Seit einigen Jahren wird die wissenschaftliche Diskussion über Verhaltensauffälligkeiten von einem Denkansatz bestimmt, der inzwischen so unterschiedliche Disziplinen wie die Psychiatrie, (Heil-)Pädagogik, Sozialarbeit und (klinische) Psychologie erfasst hat. Gemeinsamer Bezugspunkt sind Erkenntnisse aus der allgemeinen Systemtheorie und Sozioökologie, die zum Verständnis von Verhaltensauffälligkeiten herangezogen werden. Im Unterschied zu den bisherigen Ansätzen geht es nicht um linear-kausale Fragestellungen, sondern um die Beschreibung von Wechselbeziehungen, in denen bestimmte Verhaltensweisen als „Störungen" erscheinen (zusammenfassend Lingg und Theunissen 2008, 194ff.; Fiedler 2001; Finger 1995; Theunissen 1992, 64ff.). Greifen wir hierzu den oben genannten Prozess des Auffälligwerdens noch einmal auf: Die „Störungen" in der Wohngruppe lassen sich aus der Sicht des betroffenen Bewohners als zweckmäßige Reaktion auf eine für ihn als „belastend" erlebte Situation einschließlich der pädagogischen Antworten beschreiben; wie er die Situation sowie das erzieherische Verhalten wahrnimmt, bewertet und abschätzt, beeinflusst seine Gefühle und Handlungen. Auch die pädagogischen Gegenreaktionen sind aus der Mitarbeiter-Perspektive „sinnvolle" Problemlösungsversuche. Ihre Ereigniseinschätzung, Bewertungsprozesse, Gefühle und Handlungen sind Antworten auf ein für sie sozial unerwünschtes Verhalten. Da jede Seite ihre Handlungen immer wieder neu etabliert, entsteht ein zirkuläres, interpersonelles Muster, das eine Eigendynamik entwickelt, sich verfestigt und Effekte erzeugt, die anscheinend keine Verständigung, gegenseitige Einigung und konstruktiven Problemlösungsmuster mehr zulassen. Beide Seiten sind gleichermaßen am Problem beteiligt, und jede löst bei ihrem Gegenüber Handlungen aus, die auf sie selbst zurückwirken. Die Mitarbeiter weisen den Bewohner zurecht, weil er andere stört; und der Betreffende stört weiter, weil die Mitarbeiter immer so schimpfen und er sich nicht verstanden fühlt. Jede Seite verlangt von der anderen, dass sie sich ändert, und weil dies nicht geschieht, nehmen die Sanktionen auf der einen und die sozial unerwünschten Handlungen auf der anderen Seite immer mehr zu. Schließlich scheint ein Ausstieg aus diesem Wechselwirkungsprozess (Problemlösung) kaum noch möglich.

Aus alledem folgt, dass es keinen Sinn macht, Menschen mit Definitionen oder Etikettierungen (Bewohner A. *ist* aggressiv) zu denunzieren. Eher schaffen solche Zuschreibungen Distanz und sabotieren die Empathie und Wertschätzung des Anderen als Person.

Verhaltensauffälligkeiten sind nicht einzig und allein an einer Person festzumachen, sondern stets Ausdruck einer Störung des Verhältnisses zwischen Individuum und Umwelt (Personen, Dinge, Begebenheiten), die die betreffende Person durch spezifische problemlösende Verhaltensweisen zu bewältigen versucht, die von Anderen als normabweichend oder sozial unerwünscht gekennzeichnet (beklagt) werden.

Nicht die auffällige Person, sondern ihre Wechselbeziehung mit der Umwelt erscheint als „gestört". Insofern sollten alle Sichtweisen und Beschreibungen vermieden werden, die zu einem individuumzentrierten, sogenannten täterorientierten Denken und Handeln verleiten, indem sie die „Störung" ins Subjekt projizieren. Da dies der Begriff der Verhaltensstörung allzu leicht assoziiert, bevorzugen wir den der Verhaltensauffälligkeiten. Jedoch sei selbstkritisch vermerkt, dass der Begriff des Verhaltens oft nur einseitig ausgelegt wird und (internale) Emotionen ausblendet. Das hat Opp (2009) dazu veranlasst, von Gefühls- und Verhaltensstörungen zu sprechen. Da Gefühle aber unser Verhalten immer (mit-)bestimmen, kann auf eine solche Trennung mit dem Hinweis verzichtet werden, dass der Begriff des Verhaltens emotionale und motivationale Aspekte nicht per se ausschließt (Roth 2003; Grawe 2004).

Meine Begriffsauslegung von Verhaltensauffälligkeiten lässt unschwer erkennen, dass eine systemische Sicht durchschimmert, indem das beklagte Verhalten funktional gesehen und als ein Problemlösungsversuch betrachtet wird. Damit geht es um die Frage nach dem subjektiven Sinn oder Zweck des Verhaltens, die allerdings nicht durch einen rein systemischen Ansatz beantwortet werden kann. Dieser operiert nämlich mit einem Raumbegriff, der Interaktionen in ihrer Wechselwirkung und Funktion erfasst, nicht aber in ihrer *Geschichtlichkeit*. Da unbewältigte krisenhafte Ereignisse im aktuellen Verhalten und Erleben wiederkehren, sollte auf eine Aufbereitung der *Lebensgeschichte* (dazu Kapitel 3) nicht verzichtet werden. Überdies gehen womöglich durch die Vernachlässigung der historischen Dimension wertvolle Informationen über Entwicklungsmöglichkeiten, verkümmerte oder brachliegende Fähigkeiten und Interessen verloren.

Ferner bedarf das *personale System* stärkere Beachtung (gemeint sind biologisch-konstitutionelle und psychologisch-identitätsspezifische Aspekte). So wird in Anbetracht einer (leichten) frühkindlichen Hirnschädigung, spezifischer genetischer Syndrome (Neuhäuser 1999; 2004; Sarimski 1997) oder extremer Belastungssituationen (Frühgeburt; Geburtskomplikationen; mehrere Krankenhausaufenthalte in der Säuglingszeit) angenommen, dass behinderte Menschen häufig *vulnerabler* als andere für Verhaltensauffälligkeiten, psychische Krisen oder psychische Störungen sind (Janssen, Schuengel und Stolk 2002; Gardner und Willmering 1999, 24; Nezu und Nezu 1994, 34). So neigen manche der Betroffenen schon bei geringfügigen alltäglichen Anforderungen zu Kurzschlusshandlungen oder panikartigen Auffälligkeiten (dazu Goldstein 1934). Ob es dabei zu relativ überdauernden Verhaltensauffälligkeiten kommt, hängt davon ab, wie der Einzelne die jeweilige Situation wahrnimmt, bewertet und bewältigt und welche Auswirkungen (z. B. Veränderungen im Zentralnervensystem) die Austauschprozesse zwischen Individuum und Umwelt mit sich bringen (dazu Grawe 2004; Lingg und Theunissen 2008, 207ff.; Theunissen 2008b, 35ff.).

Theoretischer Bezugspunkt ist hierbei der „transaktionale Ansatz" von Lazarus (1990), welcher besagt, dass kritische Situationen (Belastungen; Stress) zunächst primär bewertet (und zwar als Schädigung/Verlust, Bedrohung oder Herausforderung), dann einer sekundären Bewertung unterzogen werden (durch Überprüfung der eigenen Fähigkeiten und Möglichkeiten in Bezug auf die sich aus der zuvor bewerteten Situation ergebenen Anforderungen), bevor es zu einem Bewältigungsverhalten kommt (z. B. durch direkte Aktion, Rückzug, Informationssuche), welches zu einem inneren Gleichgewicht (psychischen Wohlbefinden) führen soll. Die Bewältigungsziele und -muster (Coping) passen sich somit immer wieder an die jeweilige Situation an, wobei sie einerseits durch Risikofaktoren (Vulnerabilität) moderiert werden. Andererseits müssen sie aber auch „im Zusammenhang mit schützenden Faktoren gesehen werden, über die jeder Mensch im Sinne individueller Eigenschaften oder charakterlicher Voraussetzungen verfügt oder aber die sich als Ressourcen in seinem Lebensumfeld aktivieren lassen" (Opp 2002, 364). Sind hinreichende individuelle und soziale Schutzfaktoren vorhanden, bestehen gute Aussichten, dass ein Betroffener Belastungen verarbeiten kann, ohne psychisch zu dekompensieren (Garmezy 1991). *Individuelle Schutzfaktoren* (Resilienz) beziehen sich zum Beispiel auf ein positives Selbstwertgefühl, altersangemessene Kommunikationsfähigkeiten, eine gut entwickelte Lesefähigkeit, eine gute Impulskontrolle, die Fähigkeit, Aufmerksamkeit zu fokussieren sowie auf ein Vertrauen in eigene Fähigkeiten, Belastungen bewältigen zu können, den Glauben an die Sinnhaftigkeit alltäglicher Lebenserfahrungen, ein gewisses Maß an körperlicher Gesundheit, einen „gesunden" Lebensoptimismus und Realismus und die Fähigkeit zu flexibler Anpassung an Lebensumbrüche (Antonovsky 1997, 47ff.; auch Opp 2002; Herriger 2006). Zu den *sozialen protektiven Faktoren* „zählen umfassende Aufmerksamkeit, die dem Kind vor allem im ersten Lebensjahr zuteil wird" (Opp 2002, 364), die Verfügbarkeit einer Vertrauensperson für emotionale Unterstützung in Belastungssituationen (z. B. Familienangehöriger, Freund, Lehrer, Großmutter) sowie soziale Ressourcen (wie Selbstvertretungs-, Selbst-Hilfe- oder Peer-Gruppen, informelle Unterstützungsangebote durch freiwillige Helfer, Nachbarn oder Angehörige, psychosoziale Beratungsangebote, mobile Dienstleistungssysteme u. dgl.).

Nun muss jedoch gesehen werden, dass die Resilienzforschung ein gewisses Maß an kognitiven Fähigkeiten (*cognitive skills*) als Ausgangsbasis für die Entwicklung hinreichender individueller Schutzfaktoren betrachtet. Diese Annahme legt den Schluss nahe, dass die entsprechenden Entwicklungsmöglichkeiten bei Kindern mit Lernschwierigkeiten weitaus ungünstiger als bei nichtbehinderten Personen sind und dass Resilienz bei vielen Betroffenen erst über eine gezielte Förderung systematisch aufgebaut werden muss. In Anbetracht dessen sollten uns Beobachtungen und Erfahrungen nicht wundern, dass Menschen mit Lernschwierigkeiten oder einer komplexen Behinderung psychische Krisen, überfordernde oder unterfordernde Situationen oder Stress häufig auf einem sehr einfachen, unmittelbar stressreduzierenden Niveau abzuwehren, zu bewältigen oder zu kompensieren versuchen (z. B. motorisches Abreagieren; übermäßiges Essen; Schreien; selbstverletzendes Verhalten). In der Regel bevorzugen sie ein Verhalten, das für sie kontrollierbar und ihnen vertraut ist (dazu auch Wüllenweber 2001).

Dennoch wäre es ein Missverständnis anzunehmen, dass Betroffene Opfer einer anlagebedingten Disposition oder früh erworbenen Vulnerabilität seien. Vielmehr steht ein Zusammenwirken unterschiedlicher Faktoren auf biologischer, lern- und entwicklungspsychologischer, interaktioneller, milieuspezifischer, gesellschaftlichnormativer, lebensgeschichtlicher und identitätsspezifischer Ebene außer Frage, und erst aus diesem Wechselspiel dürfen Folgerungen zum Verständnis eines herausfordernden Verhaltens gezogen werden (Janssen, Schuengel und Stolk 2002). Das ist im Prinzip durch Untersuchungen in Bezug auf Stress, Depression und Suizid bei Menschen mit leichten Lernschwierigkeiten bestätigt worden (Bender, Rosenkrans und Crane 1999). Treffen verschiedene ungünstige Faktoren individueller und sozialer Art zusammen (z. B. familialer Stress, Armut; Schulstress; fehlende Vertrauenspersonen; soziale Isolation, Einsamkeit; geringes Selbstwertgefühl; Eigenschaften wie Impulsivität, erhöhte Aggressivität; unzureichende ‚kognitive' Bewältigungsstrategien [Coping]; fehlende soziale Problemlösungsmuster), muss mit einem erhöhten Risiko für psychische Störungen und Suizidalität gerechnet

werden. Insofern sind größere Risiken gegeben, wenn keine soziale Unterstützung durch tragfähige Beziehungen statthat sowie soziale Ressourcen (z. B. psychosoziale Hilfen) fehlen.
Dieses Problem ist im Rahmen von Deinstitutionalisierungsprojekten sowie des gemeindeintegrierten Einzel- oder Gruppenwohnens mit aufsuchender Hilfe beobachtet und thematisiert worden (dazu Dalferth 1999; Theunissen 2009, 378ff.). Folgerichtig macht es Sinn, die systemische Perspektive nicht nur durch das Studium der Lebensgeschichte und die Beachtung personaler Aspekte, sondern auch durch eine *sozioökologische Perspektive* zum Verständnis von Verhaltensauffälligkeiten zu bereichern. Bekanntlich nehmen Lebenswelten (Familie, Wohngruppe, Heim, Schule, Werkstatt, kulturelle Orte u. a.) Einfluss auf die Entwicklung eines Menschen und werden von ihm reziprok beeinflusst (Bronfenbrenner 1981). Diskrepanzen zwischen diesen Systemen, gegenläufige pädagogische Intentionen und Interaktionen sowie instabile, fragile Systeme erschweren die Entwicklung des Einzelnen, befördern soziale Probleme oder Konflikte und sind womöglich ein fruchtbarer Boden für Verhaltensauffälligkeiten. Deshalb gehört es zu einem wichtigen, vor allem präventiven Anliegen der pädagogischen Arbeit, die Frage nach geeigneten Lebensräumen für Menschen mit Lernschwierigkeiten zu stellen sowie Verhaltensauffälligkeiten vor dem Hintergrund unterschiedlicher lebensweltlicher Bezugssysteme in Bezug auf Sinn oder Zweck zu reflektieren.
Dies alles mündet in eine „verstehende" Problemsicht, die für eine Konzeptentwicklung grundlegende Bedeutung hat. „Der erste Schritt sollte sich auf das Verstehen des Problemverhaltens beziehen... Eine Information über den Zweck ist (zum Beispiel, G. T.) entscheidend, um eine alternative Kommunikationsform zu bestimmen, die das Problemverhalten ersetzen kann" (Carr et al. 2000, 129).
Wie wir uns einen verstehenden Ansatz vorstellen können, soll im Folgenden zunächst am Beispiel der außerschulischen Behindertenarbeit aufgezeigt werden. Anschließend wird der schulische Bereich aufgegriffen.

3 Das Konzept für die außerschulische Behindertenarbeit

Das folgende Konzept ist für die außerschulische Behindertenarbeit bestimmt. Diese bezieht sich in erster Linie auf das *Wohnen in einer Gruppe,* an dem wir exemplarisch wichtige Grundzüge der Konzeption aufzeigen. Insofern sind Vorschläge und Anregungen für andere Bereiche der außerschulischen Behindertenarbeit, zum Beispiel für *Werkstätten oder Tagesstätten für behinderte Menschen,* für das *(unterstützte) Einzelwohnen* in der eigenen Wohnung, für die *Arbeit mit Eltern und Familien* oder auch für die *Erwachsenenbildung und Freizeitarbeit* mitgedacht. Was die Arbeit in *Kindertagesstätten* und *vorschulischen Erziehungs- und Bildungseinrichtungen* betrifft, so bietet hierzu vor allem auch das Kapitel 4 über Schule und Unterricht wertvolle Anregungen.

Grundsätzlich kann aufgrund eigener Untersuchungen und Erkenntnisse (Theunissen 1997b; 2000) sowie empirischer Befunde und Erfahrungen aus dem US-angloamerikanischen Raum (Carr et al. 1999; Magito-McLaughlin et al. 2011; Turnbull und Turnbull 1999) davon ausgegangen werden, dass ein Konzept zum Umgang mit Verhaltensauffälligkeiten unzureichend ist, wenn es nur spezielle heilpädagogische Arbeitsformen (dazu Kapitel 5) in den Blick nimmt und die Reflexion der allgemeinen Alltagsarbeit ignoriert. Anders gesagt: Ist die allgemeine Alltagsarbeit konzeptionell unzureichend aufbereitet, fehlt die Grundlage, auf der ein spezielles Unterstützungsprogramm fruchtbar werden kann. Diese Erkenntnis wird bis heute in der Behindertenarbeit allzu oft ignoriert. Wenn ein Konzept zum Umgang mit Verhaltensauffälligkeiten in der außerschulischen Behindertenarbeit Erfolg versprechend sein soll, müssen immer beide Bereiche beachtet werden. Dafür steht der Begriff des *Gesamtkonzepts.*

Gelingt es, ein tragfähiges Konzept einer allgemeinen Alltagsarbeit zu implementieren, wird bereits ein wichtiger Beitrag zum Abbau von Verhaltensauffälligkeiten geleistet. Das haben unsere Beobachtungen und Evaluationen in Bezug auf das Gruppenwohnen gezeigt (Theunissen 2000; 2001b), die mit empirischen Befunden aus dem schulischen Bereich korrespondieren. Vermutlich lassen sich etwa 70% aller Verhaltensprobleme bei Menschen mit Lernschwierigkeiten oder einer komplexen Behinderung durch ein allgemeines Konzept bewältigen, so dass für etwa 30% darauf aufbauende spezielle Maßnahmen erforderlich erscheinen. Darüber hinaus sollte die *präventive* Bedeutung eines tragfähigen Alltagskonzepts in Bezug auf Verhaltensauffälligkeiten nicht unterschätzt werden.

Unser Gesamtkonzept umfasst (1) handlungsbestimmende Leitprinzipien, (2) die allgemeine Alltagsarbeit, (3) flankierende gruppenbezogene Angebote und (4) Verhaltensunterstützung in Form von Einzelhilfe.

Das Konzept für die außerschulische Behindertenarbeit

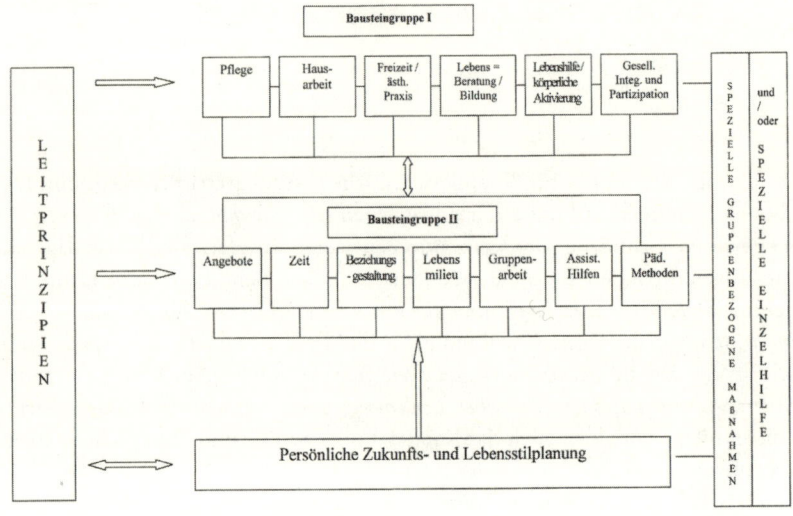

Gesamtkonzept

Handlungsbestimmende Leitprinzipien
Eine Konzeption zum Umgang mit Verhaltensauffälligkeiten, die es versäumt, ihre handlungsbestimmenden Leitprinzipien offen zu legen und vorab kritisch zu reflektieren, demonstriert einen Kunstfehler, dem oftmals helfende Instanzen oder Berufe (Heil- oder Sozialpädagogen, Heilerziehungspfleger, Therapeuten, Psychiater, Psychologen) erliegen. Leitprinzipien, nicht selten abgeleitet von der Philosophie oder den in Hochglanzbroschüren ausgewiesenen Leitgrundsätzen eines Einrichtungsbetreibers beziehungsweise Trägers der Behindertenhilfe, durchdringen (häufig unreflektiert) das alltägliche Handeln und nehmen als oberste Richtlinie weithin auf alle Entscheidungen Einfluss.

Handlungsbestimmende Leitprinzipien lassen sich auf unterschiedliche Weise begründen und legitimieren. So stoßen wir zum Beispiel in der aktuellen internationalen Fachdebatte auf Ableitungen, die aus der Diskussion um *Menschenrechte* und Vorstellungen über *Lebensqualität* hervorgegangen sind (Goode 1994; Wehmeyer und Schwartz 1998; Schalock et al. 2002; Carr 2007). Die Kernideen solcher Ansätze beziehen sich auf den Bereich des *persönlichen Wohlbefindens* (emotional, zwischenmenschlich, materiell, physisch, gesundheitlich, in Bezug auf Selbstbestimmung, Inklusion und Rechte), auf die *personale Einmaligkeit* beziehungsweise Unterschiedlichkeit (*diversity*) und Unverwechselbarkeit eines Individuums, auf *subjektiv bedeutsame Lebenskontexte*, auf eine *lebenslange Entwicklungsperspektive*, auf eine *ganzheitliche Betrachtung der Entwicklung*, auf *Wahl-, Entscheidungs- und*

Kontrollmöglichkeiten in Bezug auf die eigenen Lebensumstände, auf die *individuelle Wahrnehmung,* das Erleben und die Einschätzung des eigenen Lebens, auf das *Selbstbild* und auf *Lebenssouveränität im Sinne von Empowerment* (Theunissen 2009).
Diese insbesondere von Schalock et al. (2002, 459f.) herausgestellten Aspekte bieten unzweifelhaft eine wertvolle Orientierung für die handlungspraktische Ebene. Darüber hinaus hat sich die vorliegende Schrift der *UN-Konvention über die Rechte behinderter Menschen,* der *Philosophie der Menschenstärken* (Theunissen und Schubert 2010) und der *basalen Anthropologie A. Portmanns* (1970; 1972) verschrieben, die in Bezug auf ihre Kompatibilität mit dem Ansatz der Lebensqualität zu einer richtungsweisenden Programmatik zusammengefasst wurden (dazu Theunissen 1997a; 2000; 2009). Diesbezüglich möchte ich einen wesentlichen Aspekt hervorheben:
Nicht selten werden Menschen, denen Verhaltensauffälligkeiten nachgesagt werden, nur negativ als Symptomträger, Täter, Störer oder Normabweichler betrachtet und behandelt. Somit besteht ein ‚schiefgewichtiges' Bild, bei dem positive Seiten der betreffenden Person nahezu völlig ausgeblendet werden. Wir haben es hier mit einer einseitigen Sicht eines Menschen zu tun, die ihm als ‚ganzes Wesen' in keiner Weise gerecht wird. Die meisten Erhebungen, Untersuchungen oder Studien über Verhaltensauffälligkeiten und psychische Störungen bei Menschen mit Lernschwierigkeiten erfassen leider nur negative Aspekte und ignorieren die Totalität menschlicher Existenz und Möglichkeiten. Dagegen richtet sich die *Stärken-Perspektive*, die quasi kontrapunktisch zur Defizit- und Symptomsicht davon ausgeht, dass es fruchtbarer ist, an dem anzusetzen, was einer kann, als ihm ständig Probleme vor Augen zu führen (Saleebey 1997; Theunissen und Schubert 2010; Weick et al. 1989).
Ein darauf abgestimmtes Konzept muss im Detail schlüssig, logisch und nachvollziehbar sein, das heißt die Aufgaben, Ziele und Methoden der Alltagsarbeit, der (heil-)pädagogischen, (psycho-)therapeutischen oder psychiatrischen Unterstützung dürfen sich nicht widersprechen. Dieses Gebot verlangt einen *Diskurs*, und zwar nicht nur eine Wertediskussion und Reflexion im Kreis der unmittelbar betroffenen Mitarbeiter/innen, sondern auch eine Auseinandersetzung um Menschenbilder und Normen auf interdisziplinärer Ebene. Ziel muss die Herstellung einer *gemeinsam verantwortbaren normativen Bezugsbasis* sein, so dass ein Gegeneinander in der alltäglichen Behindertenarbeit beziehungsweise ein widersprüchliches, gegenläufiges Handeln von (Heil-)Pädagogik, Pflege, Sozialarbeit, Therapie oder Medizin vermieden werden kann (dazu auch Carr et al. 2000, 149f.). Dafür stehen letztlich Leitprinzipien. Im Folgenden habe ich nunmehr einige zusammengestellt, die aus den oben genannten Bezugsquellen und -theorien hervorgegangen sind, den fühlbaren Hintergrund unserer Konzeption bilden und eine Zielrichtung beziehungsweise Orientierungshilfe für die alltägliche und spezielle Arbeit bieten. Da

ich bereits in anderen Schriften (Theunissen 1997a; 2000; 2002a; 2003a; 2008b) zum Teil ausführlich auf Leitprinzipien eingegangen bin, fasse ich mich knapp.

Unbedingte Achtung vor dem Wertsein des Anderen
Diese ethische Maxime verweist auf einen Anspruch, der jedem Menschen zukommt und im Art. 1 unseres Grundgesetzes seinen Niederschlag gefunden hat. Dort wird „ein unverlierbarer und unverfügbarer Wert ausgedrückt, auf den nicht verzichtet werden kann, wenn es eine sittliche Ordnung des Zusammenlebens aller geben soll. Gemeint ist der unhintergehbare Kennwert des Menschen als Person, als Selbst oder Subjekt jenseits ökonomischer und sozialer Nutzeneinschätzungen" (Speck 1995, 355; 2003, 156; Theunissen 1997a, 95). Damit hat dieses Leitprinzip grundlegende Bedeutung für die alltägliche, allgemeine und spezielle Behindertenarbeit. Es geht um die Wertschätzung und grundsätzliche Annahme des Anderen, um Respekt dem Anderen gegenüber. Gerade in Bezug auf Respekt mangelt es noch in der Praxis an notwendiger Sensibilität. Das dokumentieren Befragungen von Menschen mit Lernschwierigkeiten (Kniel und Windisch 2001, 106f.).

Beziehungsgestaltung und kommunikatives Verhältnis
Aus philosophisch-anthropologischer Sicht gilt die Du-Bezogenheit des Menschen, die das Bedürfnis nach sozialer Kommunikation impliziert, als eine „fundamentale Tatsache menschlicher Existenz" (Buber 1962). Viele Menschen mit einer komplexen Behinderung artikulieren ein solches Bedürfnis auf originelle Weise und auch Personen mit leichteren Formen einer Lernschwierigkeit, die aus sozial schwachen familialen Milieus stammen, wünschen sich nicht selten Geborgenheit und eine Vertrauensperson, wenngleich diese Sehnsucht oftmals im Verborgenen bleibt und mit Verhaltensweisen, die wir als auffällig erleben, überdeckt wird. Hinzu kommt, dass nicht nur aus anthropologischer Sicht sondern ebenso aus neurowissenschaftlicher ein auf dialogische Bindung und Begegnung (Buber), gegenseitige Sympathiebeziehungen und Verlässlichkeit beruhendes pädagogisches Verhältnis eine günstige Auswirkung auf Lernprozesse und psychische Gesundheit hat (Bauer 2004, 13; 2005; Grawe 2004, 192ff.; Pickenhain 1998; Schore 2003). Deswegen kommt der Herstellung und Sicherung einer Vertrauensbasis und verlässlichen Beziehung eine grundlegende Bedeutung zu. Wie bedeutsam dieses Leitprinzip einzuschätzen ist, lehrt uns die Psychotherapieforschung, die die Beziehungsgestaltung als einen zentralen Wirkfaktor herausstellt (Grawe 1995; Grawe, Donati und Bernauer 2001).

Subjektzentrierung und Individualisierung
Wurden Menschen mit Lernschwierigkeiten oder einer komplexen Behinderung viele Jahrzehnte zum bloßen Objekt heilpädagogischer, therapeutischer oder pflegerischer Maßnahmen degradiert, so hat sich heute die Auffassung durchgesetzt, jeden Einzelnen als Person in seiner Subjekthaftigkeit wertzuschätzen und zu er-

schließen. Neben der Erschließung seiner Grundbedürfnisse, Wünsche, Interessen, Ressourcen, Stärken, Autonomiepotenziale, Mitteilungsformen, Lernmöglichkeiten, Lebenspläne, Erfahrungen und seines Lebensstils gilt es, die subjektive Befindlichkeit und psychosoziale Lage zu beachten, um sein Verhalten und Erleben besser verstehen zu können. All diese Momente sollten in einem individualisierten Konzept Eingang finden.

So ist es ein weit verbreiteter Irrtum anzunehmen, es gebe in der Heilpädagogik Förderkonzepte, Behandlungsformen oder Interventionen, die sich in Bezug auf Verhaltensauffälligkeiten verallgemeinern ließen. Die Erfahrung zeigt, dass jedes Problemverhalten als Ausdruck einer gestörten Individuum-Umwelt-Beziehung einzigartig beziehungsweise einmalig ist, weswegen nur ein individualisiertes Konzept zum Erfolg gereichen kann. Dies schließt den Rückgriff auf bestimmte Erkenntnisse, Erfahrungen oder Arbeitsformen nicht aus (dazu Kapitel 5). Doch darf es dabei nicht zu einem unvermittelten Einsatz kommen, der sowohl die Person als auch das Problem zu verfehlen droht. Das macht eine (kreative) Modifikation oder Umstrukturierung bekannter Verfahren notwendig, die der jeweiligen Situation und Problemlage anzupassen sind. Außerdem widerspricht es unserem Menschenbild, Maßnahmen oder Programme ohne Beteiligung der Adressaten zu entwerfen und anzuwenden. Gilt das Gebot der Individualisierung, so bedeutet dies *„von der Person, mit ihr und für sie"* ein Programm zu entwickeln. Diese Arbeitsformel verweist auf den *subjektzentrierten Ausgangspunkt*, außerdem setzt sie auf *Zusammenarbeit*. Zugleich ist es ihr *antizipatorisch* um eine realoptimistische Einschätzung der Möglichkeiten zu tun, indem sie kognitive Beeinträchtigungen (z. B. Schwierigkeiten im abstrakten oder vorausschauenden Denken geistig behinderter Menschen) nicht leugnet. Alle drei Aspekte sind miteinander zu verknüpfen und dialektisch auszubalancieren. Dies zu leisten ist eine pädagogische Kunst.

Ganzheitlichkeit

Wird der Mensch in der Einheit von ‚Körper, Seele, Geist' als ein soziales, weltoffenes und weltverbundenes Wesen betrachtet (Speck 2003, 269ff.), so hat dies Konsequenzen für die alltägliche Behindertenarbeit, Pädagogik, Pflege und Therapie: Sie haben dieser ‚Ganzheitlichkeit' Rechnung zu tragen, indem emotionale, physische und kognitive Aspekte wie auch soziale, mitmenschliche Beziehungen und lebensweltliche Systeme bei der Alltagsarbeit und Konzeptentwicklung reflektiert und berücksichtigt werden müssen. Nur dadurch lässt sich individuelles Wohlbefinden befördern – ein Ziel, das bei allen pädagogischen und therapeutischen Bemühungen nie aus dem Blick geraten sollte. So macht es wenig Sinn, mit einem behinderten Menschen, dem Verhaltensprobleme nachgesagt werden, ein stringentes Verhaltenstraining durchzuführen, wenn dies in der gegebenen Situation seine physische und psychische Befindlichkeit (z. B. Verkrampfung, muskuläre Panzerung, Ängste) nicht zulässt. Hier wäre zunächst eher ein basales Kommunikationsangebot zweckmäßig, um zu einer positiven affektiven Beteiligung und Bereitschaft für weitere Aktivitäten (z. B. lebenspraktische Übungen; soziales Kompetenztraining) zu sensibilisieren. Insofern ist immer ein gewisses Maß an *Flexibilität* in der alltäglichen und speziellen Arbeit erforderlich. Der ganzheitlichen Orientierung aufs Subjekt hat der Bezug auf die Lebenswelt zu korrespondieren. Wenn zum Beispiel die Wohngruppe kein Ort der Geborgenheit, des Wohlbefindens und der Realitätskontrolle ist, geht die subjektzentrierte Arbeit ins Leere.

Entwicklungsgemäßheit
Pädagogische Unterstützungsformen sollten sich am Verlauf und an den Gesetzmäßigkeiten der menschlichen Entwicklung orientieren. Dies betrifft unter anderem die Erkenntnis, dass es bei Menschen mit Lernschwierigkeiten oder einer komplexen Behinderung nicht wie früher behauptet eine „endgültige Entwicklungsbeschränkung" (Lutz 1961, 156) gibt, sondern dass menschliche Entwicklungs- und Lernprozesse in jedem Alter stattfinden können (dazu Theunissen 2002a, 54ff.). Diese *prinzipielle Lern- und Entwicklungsfähigkeit* gilt unabhängig der Art oder Schwere einer Behinderung.

Um entwicklungsgemäßes Lernen zu unterstützen, sollte die pädagogische Arbeit am aktuellen Entwicklungs- und Handlungsniveau anknüpfen und sich im Horizont der „Zone der nächsten Entwicklung" (Wygotski) bewegen. Angebote dürfen weder unter- noch überfordern; sie sollten „gemäßigt neuartig" (Ginsburg und Opper) sein, so dass der Einzelne die Aufgabe oder Aktivität als eine für ihn interessante Herausforderung begreifen kann, deren Bewältigung gerade noch im Rahmen seiner Möglichkeiten liegt. Unter- oder überfordernde Situationen sind nicht selten ein Wegbereiter für Verhaltensauffälligkeiten.

Autonomie und Empowerment
Das Streben nach Selbstverwirklichung und Autonomie (Selbstbestimmung) ist ein originäres menschliches Bedürfnis, das bis vor wenigen Jahren (geistig) behinderten Menschen weithin abgesprochen, ja verweigert wurde (Waldschmidt 2003, 16f.). Vor allem Empowerment-Bewegungen behinderter Menschen sowie Proteste Betroffener, Solidaritätsaktionen und Selbsthilfe-Initiativen ist es zu verdanken, dass sich diese Situation inzwischen zum Positiven verändert hat. Das deutsche Sozialgesetzbuch IX sowie die soeben von Deutschland ratifizierte UN-Konvention über die Rechte behinderter Menschen sind ein Beleg dafür. Um dem kodifizierten Recht auf Selbstbestimmung behinderter Menschen Rechnung tragen zu können, sind Lebensbedingungen zu garantieren beziehungsweise sicherzustellen, die dem Einzelnen größtmögliche Selbstvertretungs-, Wahl-, Entscheidungs- und Kontrollmöglichkeiten gestatten. Dieser Respekt vor der Autonomie des Einzelnen darf freilich nicht dahingehend missverstanden werden, dass nun jeder tun und lassen kann, was er will (Speck 2001). Jeder Mensch ist ein ‚soziales Wesen', und

diese Du-Bezogenheit des Individuums bedeutet, dass der Einzelne sein autonomes Handeln nach sozial verträglichen Formen des Zusammenlebens auszurichten und zu verantworten hat. Ein solcher Sozialbezug ist der Selbstbestimmung als Grundwert des Empowerment-Konzepts (Herriger 2006; Theunissen 2009) einverleibt, welches seit mehreren Jahren als Wegweiser zeitgemäßer Behindertenarbeit hoch im Kurs steht.

Empowerment lässt sich mit Begriffen wie Selbstbemächtigung, Selbstbefähigung, Selbstermächtigung oder Selbstvertretung in Verbindung bringen. Im reflexiven Sinne verweist Empowerment auf einen Prozess, in dem Menschen (benachteiligte Randgruppen) sich ihrer eigenen Fähigkeiten und Fertigkeiten bewusst werden, eigene Kräfte entwickeln und soziale Ressourcen nutzen, um Problemlagen oder Belastungen im Alltag eigenständig-verantwortlich zu bewältigen, eigene Interessen sozialverantwortlich zu vertreten (*Self-Advocacy*) und die eigenen Lebensumstände zu verbessern. Im transitiven Sinne bedeutet Empowerment, Menschen in gesellschaftlich marginaler Position anzuregen und zu ermutigen, eigene (vielfach verschüttete) Stärken, Fähigkeiten und Selbstgestaltungskräfte zu entdecken und zu entwickeln, um mehr Selbstvertrauen und Autonomie zu gewinnen und in die Lage versetzt zu werden, die eigenen Lebensumstände selbstverantwortlich in sozialer Bezogenheit zu gestalten „sowie Ressourcen produktiv zur Bewältigung belastender Lebensumstände einsetzen zu können" (Lenz 2002, 15). An dieser Stelle steht Empowerment für eine pädagogische Praxis, die bereit sein muss, „die traditionelle hierarchisch-paternalistische Ebene professioneller Arbeit aufzugeben und sich auf Prozesse des Aushandelns und Verhandelns, des gemeinsamen Suchens und Entdeckens einzulassen" (ebd., 16; dazu auch Bartle et al. 2002, 37). Bei Menschen mit Lernschwierigkeiten, die für sich selbst sprechen können, kommt es hierbei auf eine konsultative Assistenz (dazu später) an. Bei anderen Menschen mit umfänglicheren Lernschwierigkeiten kann die größtmögliche Einbeziehung ins Alltagsleben zum Beispiel durch augenblickhafte Beteiligung an der Alltagsarbeit eine wichtige Richtschnur sein (Miller 2001, 44ff.).

Nicht selten wird behauptet, dass eine die Autonomie unterstützende Praxis bei Menschen mit einer komplexen Behinderung kaum möglich sei. Eine solche Argumentation verkennt, dass Selbstbestimmung als Willensbekundung (Entscheidungs- oder Bewusstseinsautonomie) und selbstbestimmtes Handeln (Handlungsautonomie) zu Tage treten kann. Die Beachtung dieser beiden Aspekte ist von zentraler Bedeutung. Nehmen wir zwei Beispiele: Ein nichtsprechender Mann mit einer komplexen Behinderung ist motorisch so stark eingeschränkt, dass er kaum greifen, sich nicht ankleiden, nicht fortbewegen kann ... Wohl aber kann er durch Kopfnicken und Mimik seinen Willen zum Ausdruck bringen und signalisieren, welche Aktivitäten er mag, welche Lieder er hören möchte, wann er zur Toilette muss, wie viel und was er trinken möchte ... Ein anderer Mann mit Lernschwierigkeiten entscheidet sich in der Holzwerkstatt für den Bau eines Vogelhauses, entwirft nach eigenen Vorstellungen eine Skizze und baut selbstständig das Häuschen. Beide Personen demonstrieren Autonomie – jede auf ihrem Niveau. Pädagogisch gesehen kommt es somit darauf an, die Einzelnen dort abzuholen, wo sie stehen und ihnen Gelegenheiten zur Entscheidungsautonomie (*choice-making; decision-making*) und zu selbstbestimmtem Handeln zu verschaffen sowie bei der Verwirklichung dieser Möglichkeiten behilflich zu sein (Wehmeyer, Agran und Hughes 1999, 112, 126ff.).

Wenngleich das Empowerment-Konzept die Selbstvertretung und Selbstbestimmung von behinderten Menschen fokussiert, hat es ebenso Eltern oder Familien mit einem behinderten Kind im Blick, die gleichfalls in ihren Kompetenzen und als Experten in eigener Sache gestärkt sowie zu Empowermentprozessen (z. B. politische Einmischung) ermutigt werden sollen (Turnbull und Turnbull III 1997; Kern Koegel et al. 2005, 339; Theunissen 2009). In Anbetracht der Erkenntnis, dass „unempowered Eltern Verhaltensweisen und Haltungen zeigen, die Frustration, Stress, Depression und Hilflosigkeit sowie eine gänzliche Abhängigkeit von Professionellen zum Ausdruck bringen" (Kern Koegel et al. 2005, 339), sollte ein behindertenpädagogisches Konzept immer auch die Belange von Eltern, ihre Bedürfnisse und Ziele ernst nehmen und ihnen im Sinne des Empowerment Unterstützung anbieten, ohne dabei die Perspektiven, Ziele und Rechte behinderter Menschen aus dem Auge zu verlieren. Tatsächlich haben Studien den Nachweis erbracht, dass „empowered Eltern" und Interventionen (verstanden als unterstützende Vermittlungshilfen), die auf Eltern-Partizipation hin ausgerichtet sind, familiale Stärken befördern sowie Eltern eine aktive Rolle zuschreiben, einen günstigen Einfluss auf die Entwicklung ihres Kindes haben (Bridge et al. 2001).

Neurowissenschaftliche Orientierung und Stärken-Perspektive

Neurowissenschaftliche Erkenntnisse können dazu beitragen, menschliches Lernen und Verhalten besser zu verstehen (Grawe 2004; Roth 1999; 2003a; 2003b; Schiepek 2003). So kann zum Beispiel die Hirnforschung mit ihren bildgebenden Verfahren (PET, MRT, fMRT) aufzeigen, dass belastende psychische Erfahrungen (Ängste, Traumatisierungen, Stress u. a.) bestimmte Bahnungen beziehungsweise Prägungen (Narben) im Gehirn hinterlassen. Durch derlei Kenntnisse lässt sich aufzeigen, welche Lebens-, Lern- oder Arbeitsbedingungen kritisch einzuschätzen und welche Situationen, sozialen Erfahrungen oder äußeren Einflüsse (z. B. Unterstützungs- oder Therapieformen) für die Entwicklung einer Person günstig sind. Allerdings lassen sich aus den Forschungsergebnissen keine unmittelbaren (konkreten) Handlungsstrategien ableiten; sie stecken lediglich den Rahmen ab, in dem sich Therapie- oder Unterstützungsmaßnahmen bewegen sollten (Grawe 2004; Bauer 2004; 2005). Insofern sollte die Reichweite der Neurowissenschaften nicht überschätzt werden (dazu Becker 2006; Speck 2008).

Im Prinzip haben sie (v. a. die Neurobiologie) Aspekte bestätigen können, die schon immer in einigen psychologischen, (heil-)pädagogischen und psychotherapeutischen Ansätzen bedeutsam waren und heute vor allem in der sogenannten Resilienzforschung und in Konzepten zur Förderung psychischer Gesundheit (Salutogenese) eine wichtige Rolle spielen (Antonovsky 1997; Gunkel und Kruse 2004; Opp und Fingerle 2007). Damit sich das menschliche Gehirn (vor allem das Zusammenspiel zwischen dem präfrontalen Cortex und limbischen System) gut strukturieren kann, muss sich ein Heranwachsender von Beginn an in einem Zustand emotionaler Sicherheit befinden und frühzeitig Liebe und viele Gelegenheiten zur Befriedigung von Grundbedürfnissen nach Zwischenmenschlichkeit und Vertrauen (in eigene Fähigkeiten, zu anderen Personen, Lebenszuversicht), Kontrolle der Lebensumstände, Autonomie, Lustgewinn, positiver Selbstwirksamkeits- und Selbstwerterfahrung bekommen. Folgerichtig kommt es auf gute zwischenmenschliche Beziehungen, freundliche Lernatmosphären, gute Vorbilder, interessen- und entwicklungsbezogene Angebote an. Zu viel Druck, ein ‚Lob der Disziplin', Lernbedingungen, die Angst erzeugen, aber auch unstrukturierte, diffuse Bedingungen, pädagogische Beliebigkeit oder ein ‚Laissez-Faire' sind für die Entwicklung psychischer Gesundheit und für die allgemeine Persönlichkeitsentfaltung schädlich (Bauer 2005; 2007; Hüther 2003; 2009).

Interessant sind neurobiologische Befunde, die im Falle psychischer Störungen eine an persönlichen Stärken oder Ressourcen ansetzende Arbeitsweise nahelegen (dazu Grawe 2004; Schiepek 2003). Dass sich diese Stärkenfokussierung auf die Arbeit mit verhaltensauffälligen Personen übertragen lässt und als wertvoll für eine pädagogisch dimensionierte Best-Practice erweist, wird unter anderem von Sacks (1995; 1997) bestätigt, der uns richtungsweisende Impulse für eine an Stärken orientierte Behindertenarbeit gibt. Des Weiteren habe ich in unserer Arbeitshilfe zur Positiven Verhaltensunterstützung (Theunissen 2008b, 37ff.) ein Beispiel aufgegriffen, dem eine neurowissenschaftlich begründete Stärkenorientierung zu entnehmen ist.

‚Seinlassen' und Vertrauen in die Ressourcen

So wichtig eine entwicklungsgemäße Arbeit ist, so wichtig ist es aber auch darauf zu achten, dass die betroffenen Personen nicht mit heilpädagogischen Förder- oder Therapieprogrammen überschüttet werden. Menschen mit Lernschwierigkeiten oder einer komplexen Behinderung haben ebenso wie alle anderen nichtbehinderten ein Recht auf Eigenleben, Selbstdarstellung und Lebenserfülltheit, das es insbesondere im Erwachsenenalter und Alter zu respektieren gilt (dazu Theunissen 2002a). Bei aller Zielgerichtetheit pädagogischen Handelns muss Raum bleiben für ein zweckfreies und selbstbestimmtes Leben und Wohlbefinden, das nicht erzieherischen (heilpädagogischen) oder therapeutischen Ambitionen zum Opfer fallen darf. Deshalb bedarf es als Korrektiv gegenüber gezielten Maßnahmen eines ‚Seinlassens' im Sinne des Verzichts auf pädagogische Förderung. Hewett (2001, 94) spricht in dem Falle von der Notwendigkeit eines *„coffee drinking behaviour"* und meint damit die Schaffung und Sicherung einer häuslichen Atmosphäre im Sinne eines emotional tragfähigen, warmen, zwischenmenschlichen Klimas, unter dem sich alle wohlfühlen können. Hierzu ist neben der Bejahung und Wertschätzung des Anderen als Person sowie der Akzeptanz seines ‚So-Seins' ein Vertrauen in seine Ressourcen notwendig. Dieses Zutrauen stärkt zugleich sein Selbstvertrauen und ermöglicht ihm die Chance, sein Selbst beziehungsweise Autonomie zu entfalten.

Lebensweltorientierung

Die vorausgegangenen Prinzipien signalisieren eine Lebensweltorientierung: Menschen mit Lernschwierigkeiten oder einer komplexen Behinderung werden nicht als alleinige Adressaten der alltäglichen und speziellen Arbeit begriffen, sondern Gegenstand sind die Betroffenen mit ihren Bedürfnissen in ihrer Lebenswelt (Speck 2003, 20, 271ff.). Dies bedeutet, dass stets das soziale Bezugsfeld als autonomiehemmender oder -fördernder Faktor mitreflektiert und berücksichtigt werden muss. Handlungsbestimmende Leitprinzipien hängen demzufolge immer vom Verhalten und Interesse der sozialen Umwelt ab, welche sich (mit-)verändern muss, wenn psychosoziale Auffälligkeiten abgebaut beziehungsweise aufgelöst werden sollen. Folglich erreichen sämtliche Maßnahmen (Interventionen, heilpädagogische Angebote) ihre Bedeutung erst durch ihre Integrierung in lebensweltliche Zusammenhänge, wie sie die Person als subjektiv bedeutsam erfährt (dazu auch Turnbull und Turnbull III 1999; 2001). Hierzu müssen Lern- und Handlungsfelder offeriert werden, die für den Einzelnen auf dem Hintergrund seiner biologischen Struktur und Disposition, seinen Entwicklungsmöglichkeiten und Bedürfnissen sowie seiner Biographie ‚passend', sinnbildend und autonomiefördernd sind. Ohne Mitarbeit der lebensweltlichen Systeme ist ein solches Konzept zum Scheitern verurteilt. Dies gilt sowohl für primäre Lebenswelten wie Familie, Wohngruppe oder Schule als auch für lebensweltliche Bereiche wie Nachbarschaften, Freizeitstätten, Einkaufszentren, kulturelle Orte oder gesellschaftliche Normen, die jeweils unterschiedlich intensiv und reziprok auf die Entwicklung des Einzelnen wirken und von ihm beeinflusst werden (Bronfenbrenner 1981). Ist das Verhältnis dieser Lebensbereiche zueinander gespalten und stehen die einzelnen Systeme in krassem Widerspruch zu den Bedürfnissen und Entwicklungsmöglichkeiten des betroffenen Menschen, kommt es zu Unverträglichkeiten, die die Person in ihrer Identität und Lebensverwirklichung beschädigen. Somit gehört es zu einem wichtigen (insbesondere auch präventiven) Anliegen der heilpädagogischen Arbeit, die Frage nach geeigneten Lebensräumen zu reflektieren und für entsprechende Situationen offensiv einzutreten.

Inklusion, Partizipation und Bürgerzentrierung

Vor dem Hintergrund der allgemeinen Menschenrechte verbietet es sich, Menschen mit Behinderungen auszugrenzen. Daher kommt dem Leitprinzip der Inklusion eine prominente Rolle zu, welches nicht etwa – wie es von einigen Autoren und im Umfeld der Bundesvereinigung Lebenshilfe fälschlicherweise behauptet wird – „Einbeziehung in die Gemeinschaft" (Lachwitz und Trenk-Hinterberger 2010, 48; auch Biewer 2009, 125; Lob-Hüdepohl 2010, 14) bedeutet, sondern im Sinne der UN-Konvention über die Rechte behinderter Menschen als uneingeschränkte, unmittelbare, *gesellschaftliche Zugehörigkeit* ausgelegt werden muss (dazu Bielefeldt 2006; Kronauer 2002; Schwalb und Theunissen 2009, 9; Theunissen 2012b). Diese beginnt mit der Geburt und gilt nicht nur für den vorschulischen oder schulischen Bereich, sondern ebenso für die Teilhabe am Arbeitsleben oder Lebensgestaltung im Erwachsenenalter und Alter. Hierzu hat die Behindertenarbeit das notwendige Maß an Unterstützung anzubieten, um dem Einzelnen einen Zugang zu gesellschaftlichen ‚Regelkontexten', eine Partizipation an gesellschaftlichen Bezügen sowie ein Leben in ihrer vertrauten (natürlichen) Lebenswelt zu ermöglichen. Partizipation bedeutet in dem Zusammenhang mehr als eine aktive Teilhabe am gesellschaftlichen Leben, indem sie neben Formen einer Mitgestaltung, Mitsprache und Kooperation auch demokratische Mitbestimmungs- und Entscheidungsprozesse berücksichtigt (Theunissen 2009, 46ff.).

Die Orientierung am Leitprinzip der Inklusion führt zu zwei zentralen Aspekten: Damit die Akzeptanz und Wertschätzung behinderter Menschen als Bürger/innen mit Rechten und Pflichten nicht bloße Rhetorik bleibt, bedarf es der Sensibilisierung der nichtbehinderten Bevölkerung, Personen, denen Lernschwierigkeiten oder eine komplexe Behinderung nachgesagt werden, als Mitglieder einer Gesellschaft, als Mitmenschen, Nachbarn oder Arbeitskollegen anzuerkennen und willkommen zu heißen. Zudem ist eine bürgerzentrierte Gemeinwesenarbeit angezeigt, um ein tragfähiges gemeinsames Zusammenleben in einem Sozialraum zu fördern (Theunissen und Schirbort 2010; Schwalb und Theunissen 2009).

Ferner legt das Inklusionsprinzip nahe, Konzepte zum Umgang mit Verhaltensauffälligkeiten in alltäglichen beziehungsweise realen Lebenswelten (z. B. in der Familie, Wohngruppe, Schulklasse, Arbeitsstätte) zu implementieren, also dort, wo die Person lebt, arbeitet oder sich tagsüber aufhält und Probleme auftreten. „Inklusion unterscheidet sich wesentlich von früheren Praktiken eines *mainstreamings* oder einer *Integration*, bei der Menschen mit Behinderungen in segregative Einrichtungen platziert wurden, wo sie zum Beispiel eine sonderpädagogische Förderung oder spezielle Hilfen zum Abbau von Verhaltensauffälligkeiten erhielten, um dann wieder gesellschaftlich eingegliedert zu werden. Im Gegensatz dazu ist in einem inklusiven Interventionskonzept die Person mit Behinderung *Mitglied* einer allgemeinen Schulklasse oder eines inklusiven gesellschaftlichen Settings. Anstatt die Person für spezielle Hilfen zu exkludieren, erhält sie unmittelbar *innerhalb* der inklusiven Settings die notwendige Unterstützung" (Bambara 2005a, 9). Falls massive Verhaltensauffälligkeiten eine Unterstützung in inklusiven Settings verhindern sollten, kommt es darauf an, die Settings zu verändern oder so zu gestalten und zu nutzen, dass die Person nicht dauerhaft in segregativen Einrichtungen verweilen muss (ebd.; auch Magito-McLaughlin et al. 2011).

Zur allgemeinen Alltagsarbeit
Der Bestimmung von Leitprinzipien folgt die Aufbereitung zentraler Bausteine der allgemeinen Konzeption einer Alltagsarbeit. Um zu einem tragfähigen Konzept zu gelangen, bieten sich sogenannte Teamtage an, die Mitarbeiter/innen einer Wohngruppe oder eines Wohnverbunds Gelegenheit offerieren, sich tiefgreifender und sorgfältiger als es übliche (zweistündige) Gruppenbesprechungen erlauben mit konzeptionellen Fragen auseinanderzusetzen.

Bausteingruppe I: Zentrale Bereiche der Alltagsarbeit

Wenn wir einen Blick auf Konzepte einer Alltagsarbeit werfen, die für Menschen mit Lernschwierigkeiten und Verhaltensauffälligkeiten bestimmt sind, stellen wir fest, dass in der Praxis häufig kaum klare Konturen einer Konzeption erkennbar sind (Marquard, Runde und Westphal 1993, 100), indem zum Beispiel Leitprinzipien als Konzept bezeichnet und ausgewiesen werden. Darüber hinaus fehlt nicht selten ein ‚ganzheitlicher' Blick. So genügt es beispielsweise nicht, eine Alltagsarbeit nur unter einem verhaltenstherapeutischen Setting zu konzipieren. Momente einer sinnerfüllten Lebensgestaltung, bei der es um Selbstbestimmung und Selbstverwirklichung der Grundphänomene menschlichen Lebens (Du-Bezug; Gesellgkeit; ästhetische Kulturbetätigung) geht, kämen dann viel zu kurz. Ebenso unzureichend wäre es, ein Pflegemodell zu priorisieren (z. B. Meyer 1997). So wichtig Pflege im Einzelfall (z. B. bei Menschen mit einer komplexen Behinderung) sein mag, Bildung, Freizeit und gesellschaftliche Partizipation (Teilhabe) kann sie nicht ersetzen (Theunissen 2000, 69ff.; 2002). Daher sollten Konzepte scharf kritisiert werden, die aus der Umwandlung eines Wohnheims in ein Pflegeheim oder aus der Schaffung von Pflegegruppen beziehungsweise Pflegeabteilungen in größeren Behinderteneinrichtungen resultieren und sich der Pflegeversicherung verschrieben haben.
Andererseits gibt es nach wie vor Einrichtungen, in denen unabhängig dieses konservativen Roll-backs auf dem Gebiet des Wohnens pflegerisch dimensionierte Betreuungskonzepte überwiegen. Dies gilt insbesondere für die Arbeit mit geistig schwerst- und mehrfach behinderten Menschen sowie mit älteren geistig behinderten und dementen Personen, deren Anspruch auf Eingliederungshilfe oder Teilhabe nicht selten in Frage gestellt wird. Diese durch Kostenträger und Verwaltungen beförderte Tendenz ist nicht nur ethisch höchst bedenklich, sondern gleichfalls ein Verstoß gegen die UN-Konvention über die Rechte behinderter Menschen. Es besteht nämlich ein Recht auf gesellschaftliche Zugehörigkeit und Partizipation, das nicht durch ein Pflegekonzept verkürzt oder gar ausgeblendet werden darf.

Das Konzept für die außerschulische Behindertenarbeit | 77

Unter Beachtung der Rechte-Perspektive und persönlichen Bedürfnisse von Menschen mit Lernschwierigkeiten oder einer komplexen Behinderung sowie mit Blick auf die Leitprinzipien als normative Bezugsbasis schlagen wir sechs Bereiche vor, die im Rahmen einer Alltagsarbeit zur Prävention von Verhaltensauffälligkeiten berücksichtigt werden sollten:

Rehabilitative Pflege
Der Bereich der rehabilitativen Pflege umfasst drei Schwerpunkte der Assistenz: Die sogenannte *Förder- oder aktivierende Pflege*; hier tritt ein dynamischer Pflegebegriff zutage, der mit der Zielsetzung einer Förderung und Unterstützung einer *Selbstpflege* verbunden wird; grundsätzlich soll sich die aktivierende Pflege als Hilfe zur Selbstpflege so weit wie möglich überflüssig machen. Die größtmögliche Mitwirkung an der eigenen Pflege beziehungsweise den (lebenspraktischen) Verrichtungen des alltäglichen Lebens verhindert darüber hinaus ein frühzeitiges Altern und ermöglicht ein würdevolles und sinnerfülltes Altern. Neben der aktivierenden Pflege gilt es auch eine (präventive) *Grundversorgung* (z. B. Sicherstellung ausreichender Flüssigkeitszufuhr, Dekubitusprophylaxe) sowie eine *Behandlungspflege* sicherzustellen, um dem gesundheitlichen Wohlbefinden der Betroffenen Rechnung zu tragen. Wichtig ist es, bei allen pflegerischen Hilfen das Prinzip der ‚Ganzheitlichkeit' zu beachten, wie es zum Beispiel Wittneben (1993, 204) in ihrem „Modell der multidimensionalen Patientenorientierung" anskizziert hat. Hinzu kommt ein hohes Maß an Achtsamkeit (Singh et al. 2006) vor dem Hintergrund der Erkenntnis, dass der Bereich der rehabilitativen Pflege für eine Verdinglichung des Anderen sowie für den Verstoß gegen das Recht auf Intimität besonders anfällig ist. Außerdem gilt es zu beachten, dass sich existentiell wichtige Beziehungen zu Menschen mit einer komplexen Behinderung häufig erst über *basale* pflegerische Prozesse herstellen und aufbauen lassen (Bienstein und Fröhlich 1994; Meyer 1997). Insgesamt betrachtet geht es im Bereich der Pflege vor allem um Körperpflege, Hygiene beziehungsweise Intimpflege (z. B. Waschen, Duschen/Baden, Haare waschen, Nageloder Hautpflege, Zahnpflege, Kämmen, Rasieren, Monatshygiene/Sexualhygiene, Toilettenregelung, Windeln, Abführen, Anwenden von Pflegehilfsmitteln), Ernährungshilfe (z. B. Essen, Trinken, besondere Diät/Schonkost, Sondenernährung), Unterstützung medizinischer Maßnahmen oder Notwendigkeiten (Medikamenteneinnahme, Begleitung bei Arztbesuchen, Krankenhausaufenthalten, ärztliche Verordnungen bei Wundversorgung, Epilepsie, akuten Erkrankungen) sowie Mobilitätshilfe (z. B. Aufstehen/Zu-Bett-Gehen, Handhabung orthopädischer Hilfsmittel wie Rollstuhl oder Gehhilfen).

Hausarbeit und Haushaltsführung
Dieser Bereich erstreckt sich auf alltägliche Hausarbeiten, insbesondere auf eine hauswirtschaftliche Lebensführung und auf lebenspraktisches Alltagshandeln. Auch

hierbei geht es um eine größtmögliche Autonomie und Verfügung sowie Kontrolle über die eigenen Lebensumstände. Leider wird häufig der Bereich der Hausarbeit und Haushaltsführung als pädagogisches Lern- und Handlungsfeld völlig verkannt, indem eigens für Haushaltstätigkeiten oder Reinigungsarbeiten eingestellte Mitarbeiterinnen die alltäglichen Arbeiten erledigen. Ein solcher ‚Hotelbetrieb', dem wir vor allem in unzeitgemäßen, großen Wohngruppen (> 6 Personen) begegnen, hat mit einem selbstbestimmten, häuslichen Wohnen in der eigenen Wohnung wenig gemeinsam. Stattdessen sollte eine Selbstversorgung und eigenständig-verantwortliche Haushaltsführung priorisiert werden. Die Palette möglicher Aktivitäten beziehungsweise Tätigkeitsfelder im Hauswirtschafts- und lebenspraktischen Bereich ist breit: zum Beispiel ein Fertiggericht oder Menü zubereiten, Kaffee kochen, Küchengeräte bedienen, Umgang mit Messer, Brot schneiden, Tisch decken oder abräumen, Geschirr spülen, Putzen, Wischen, Fegen; Nahrungsmittel, Kleidung, Haushaltsgegenstände oder Pflegemittel einkaufen, witterungsgemäße Kleidung auswählen, verschmutzte oder beschädigte Kleidung aussortieren, Taschengeld verwenden und einteilen, Umgang mit Geld, Führung eines Sparbuches, Telefonieren, An- und Auskleiden, Kleidungsverschlüsse bedienen, Gestaltung und Ordnung des Zimmers, Wechsel der Bettwäsche, Instandhaltung und Pflege persönlicher Gegenstände, Umgang mit fremdem Eigentum, Zimmerpflege und anders mehr.

Freizeitbezogene Lebensgestaltung und ästhetische Praxis
Während die ersten beiden Bereiche der Existenzsicherung und Lebensbewältigung dienen, geht es nunmehr um eine persönliche, sinnerfüllte Freizeit- und Lebensgestaltung. Dabei kommt diesem dritten Bereich eine doppelte Funktion zu: zum einen ist er als eigenständiges Sozialisationsfeld aufzubereiten, um originäre menschliche (Freizeit-)Bedürfnisse (z. B. Spiel als zweckfreies Tun in einer frei gestalteten Zeit) zu befriedigen. Zum anderen hat er die anderen Bereiche zu durchdringen und zu vervollkommnen, damit der Alltag als Ganzes sinnerfüllt erlebt werden kann. In dem Zusammenhang kommt der ästhetischen Praxis und Kulturbetätigung eine prominente Bedeutung zu (dazu Theunissen 2004; Theunissen und Großwendt 2006; Theunissen und Schubert 2010). Angebotsschwerpunkte erstrecken sich zum Beispiel auf Unterstützung und Pflege von Interessen/Hobbys, auf eine individuelle und gemeinsame Freizeitgestaltung (Freizeitaktivitäten, Spiele, gesellige Feste, Ausflüge, basale Kommunikationsangebote zum Wohlfühlen wie z. B. das Snoezelen [dazu Kapitel 5], ästhetische Aktivitäten wie Malen, Basteln, Werken oder Handarbeiten, Tanz, Theater, Musik, Halten von Haustieren, Züchten und Pflegen von Pflanzen, Urlaubsgestaltung, Musik-, Schwimm-, Sportgruppe, Vereine), auf Gestaltung des Individualbereiches und der Gemeinschaftswohnräume zu einer Stätte der Geborgenheit und des Wohlbefindens (Gestaltung des eigenen Zimmers mit Bildern, Pflanzen; Möblierung; Beleuchtung; Farbgebung; ‚Ästhetisierung' der Gemeinschaftsräume).

Allgemeine Lebensberatung und Bildungsassistenz

Das Leitprinzip der Beziehungsgestaltung legt Mitarbeiter/innen die professionelle Aufgabe nahe, im Hinblick auf Lebensfragen, Lern- oder Bildungsbedürfnisse, Interessen und anderes mehr ein verlässlicher, vertrauensvoller Ansprechpartner zu sein. Daraus ergibt sich ein facettenreiches Angebots- und Aufgabenspektrum für eine subjektzentrierte und gruppenbezogene Alltagsarbeit (z. B. Begleitung des Älterwerdens; Erarbeitung von Wünschen/Interessen/Vorstellungen zur Lebensgestaltung, einer Zielplanung oder Gestaltung eines individuellen Lebensentwurfs; Entdeckung oder Erarbeitung neuer Interessen; biographisches Arbeiten, z. B. Visualisierung einer Lebensrückschau mit positiven Erinnerungen durch Bilder[Geschichten], durch einen „Spurensicherungskasten" mit wichtigen Souvenirs; Unterstützung beziehungsweise Hilfen beim Erlernen oder bei der Pflege von Kulturtechniken, z. B. zum Erkennen von Symbolen, Lesen von Signalwörtern oder kleinen Texten; Beratung bei Empfängnisverhütung; Beratung bei sozialen, rechtlichen und finanziellen Fragen; Hilfen und Begleitung bei der Durchführung von Bewohnerversammlungen zur Mitsprache beziehungsweise Mitarbeit beim Heimbeirat, Förderung und Unterstützung von Selbstvertretungsgruppen; Hilfen zur Orientierung der eigenen Person, zur zeitlichen Orientierung im Alltag, bei persönlichen Planungen).

Psychosoziale Lebenshilfe und körperliche Aktivierung

Dieser Bereich bezieht sich auf assistierende Hilfen im Rahmen einer Alltagsarbeit, die speziell für Menschen mit Lernschwierigkeiten, denen Verhaltensauffälligkeiten nachgesagt werden, bestimmt sind und insbesondere zur Prävention und Kompensation psychischer Krisen, zum Abbau von Verhaltensproblemen, zur psychischen Stabilisierung und zu einem verbesserten Sozialverhalten beitragen sollen. Hierzu bieten sich einerseits individual- oder gruppenbasal aufbereitete Formen einer *psychosozialen Unterstützung* an (z. B. durch individuelle, problemorientierte Beratung; Gesprächsrunden zur Bearbeitung spezifischer Themen wie: Streit oder Mobbing in der Gruppe; Alkohol; Sinn und Zweck von Gruppenregeln; Verstoß gegen Gruppenabsprachen; Durchsetzung eigener Interessen; Umgang mit der eigenen Behinderung; Selbstbild und realistische Selbsteinschätzung; Kontaktschwierigkeiten; Angst; Verarbeitung persönlicher Probleme; Schwierigkeiten am Arbeitsplatz; Krisen- und Konfliktbewältigung in Alltagssituationen oder speziellen Lebenslagen; Probleme in der Partnerschaft oder mit der Sexualität; Sterben und Tod; Trauerarbeit [dazu Hoffmann 2002] u. a.).
Andererseits geht es neben der psychosozialen Lebenshilfe explizit um eine *körperliche Aktivierung* (z. B. durch Sport, Joggen, Sportspiele, Garten- oder Landarbeit), da immer wieder die Erfahrung gemacht wird, dass sich derlei Angebote gerade in der Arbeit mit körperlich kräftigen Menschen, denen neben Lernschwierigkeiten und eingeschränkten verbalen Kommunikationsfähigkeiten ein hyperaktives Ver-

halten nachgesagt wird, sowie mit jungen Erwachsenen, die zu einem „wilden" oder aggressiven Verhalten (körperlichen Auseinandersetzungen, Sachzerstörung) neigen, besonders bewähren (Lerman und Rapp 2006, 138; Markowetz 1996; Nößner und Klauß 1996; Smith und Iwata 1997, 366f.).

Gesellschaftliche Integrationshilfe und kulturelle Partizipation
Hier geht es explizit um Formen einer Unterstützung zur gesellschaftlichen Integration, zur Teilnahme und Teilhabe am sozio-kulturellen Leben. Außenaktivitäten (Erkunden des nahen und weiteren Lebensumfeldes, örtliche Orientierung, Verkehrserziehung, Benutzung öffentlicher Verkehrsmittel, Nutzung öffentlicher Ressourcen beziehungsweise Dienstleistungsangebote wie Kaufhäuser, Café, Friseur, Kino, Schwimmbad, Sparkasse; Wahrnehmung kultureller Veranstaltungen, Bildungsangebote wie VHS, Behördengang) und assistierende Hilfen zur persönlichen und sozialen Integration in Vereine oder Gruppen außerhalb der Behindertenhilfe (z. B. Malgruppe in einem Museum; Altenclub einer Tagesstätte) haben dabei einen ebenso wichtigen Stellenwert wie die Öffentlichkeits- und Bezugsfeldarbeit (z. B. Umgang und Zusammenarbeit mit Behörden/Verwaltung, Besuch anderer Einrichtungen, Elterntreffen, Zusammenarbeit mit Geschäften, Cafés, Dienstleistungsbetrieben, Förderung der Nachbarschaftsbeziehungen, Veranstaltung gemeinsamer Unternehmungen mit Nichtbehinderten; Förderung eines [überregionalen] People-First-Netzwerkes).

Bausteingruppe II: Spezielle Elemente der allgemeinen Konzeption

Angebote
Die Bedeutung entwicklungsgemäßer Angebote wird in der alltäglichen Arbeit häufig unterschätzt. Denn je passender Aktivitäten für den Einzelnen sind, desto größer ist die Chance, dass er weder unter- noch überfordert wird. Zugleich muss aber auch eine interessen- oder bedürfnisbezogene, wunsch- sowie altersgemäße Stoffauswahl statthaben, die sich aus der persönlichen Lebensstilplanung ergibt. Die pädagogische Kunst besteht darin, diese genannten Aspekte miteinander zu verschränken, so zum Beispiel durch einen attraktiven Mediengebrauch (Video-Selbstdokumentationsprojekt; Fotografieren mit einer Sofortbildkamera; Anlegen eines Fotoalbums und einer Fotowand), durch eine ästhetische Praxis (Werken, bildnerisches oder plastisches Gestalten, Handarbeiten) oder durch lebenspraktische Tätigkeiten (Hausarbeiten, Kochen, Backen u. a.). Darüber hinaus kann sich im Kontext einer Alltagsarbeit der Rückgriff auf problemorientierte pädagogisch-therapeutische Angebote (z. B. basale körperorientierte Angebote zur psychisch-physischen Entspannung; sportliche Spiele, Fußball spielen, Waldlauf zur körperlichen Aktivierung) als zweckmäßig erweisen. Grundsätzlich sind individuelle Belastbarkeiten zu berücksichtigen; dies erfordert womöglich eine spezielle Tages-

strukturierung (regelmäßige oder flexible zeitliche Planung/Durchführung von Aktivitäten; Wechsel von Aktivitäts- und Ruhephasen), eine dosierte Angebotsstruktur (vom Leichten zum Schweren) sowie eine Differenzierung/Zerlegung der Angebote in Sequenzen beziehungsweise kleinste Handlungseinheiten, so dass Schritt für Schritt gelernt werden kann. Außerdem sollte bei der Auswahl geeigneter Angebote stets darauf geachtet werden, dass der Einzelne in Anlehnung an seine persönliche Lebensstilplanung einbezogen wird, mitreden und mitentscheiden kann. Denn nur dann leistet die Alltagsarbeit ihren Beitrag zum Abbau von Verhaltensauffälligkeiten und zur Entwicklung von mehr Autonomie.

Zeit

Der Faktor Zeit ist im Rahmen der Alltagsarbeit in doppelter Hinsicht bedeutsam: Zum einen kommen immer wiederkehrende zeitliche Abläufe (Tagesablauf, Wochenrhythmus, regelmäßige tagesstrukturierende Maßnahmen, gewohnte Rituale zu bestimmten Zeiten) den Bedürfnissen vieler Menschen mit Lernschwierigkeiten oder einer komplexen Behinderung nach Verlässlichkeit und Sicherheit entgegen. Zum anderen bedarf es aber auch einer Flexibilisierung zeitlicher Abläufe, um individuelle Voraussetzungen und Bedürfnisse sowie aktuelle Belastbarkeiten zu berücksichtigen (z. B. Wechsel von Aktivitäts- und Ruhephasen; kürzere/längere Pausen). Ein rigides Festhalten an zeitlichen Regeln ist häufig haftbar zu machen für Fremdbestimmung und zusätzliche Verhaltensprobleme. Andererseits kann eine zeitliche Beliebigkeit im Hinblick auf Alltagsprozesse Diffusität im Alltag erzeugen und einem Zusammenleben in der Gemeinschaft abträglich sein. Individualisierte und allgemeine (gruppenbezogene) Zeiten müssen so miteinander verschränkt werden, dass der Alltag in seiner Zeitdimension für den Einzelnen passend ist.

Soziale Kommunikation und Beziehungen

Die Gestaltung einer verlässlichen pädagogischen Beziehung (Bezugsassistenz) kann in der Alltagsarbeit mit Menschen, denen Lernschwierigkeiten und Verhaltensauffälligkeiten nachgesagt werden, nicht hoch genug eingeschätzt werden. Darüber hinaus sollten aber auch Kommunikationen im sozialen Umfeld sowie Beziehungen in der Gruppe (wenn z. B. ein Gruppenwohnen stattfindet) reflektiert und positiv beeinflusst werden. Gerade Gruppenbeziehungen, die sich nicht selten aus einem durch eine Platzierung bedingten, fremdbestimmten Gruppenzwang ergeben, sind außerordentlich störanfällig und oft Auslöser für Krisen, Konflikte oder Verhaltensprobleme. Zu den Aufgaben der Alltagsarbeit gehört es, soziale Konflikte zu entschärfen (Wüllenweber 2009b), zwischen Interessen des Einzelnen, seiner Gruppe oder des sozialen Umfeldes (z. B. Nachbarschaft) zu vermitteln, soziale Kompetenzen zu unterstützen und ein Zusammenleben in der Gemeinschaft zu fördern (z. B. durch eine geschickte Gruppenzusammensetzung und Tischordnung; durch Gruppengespräche über Sympathien und Antipathien; Wahrnehmung und Stützung von Freundschaften; gemeinsame Gruppenerlebnisse; wöchentliche Bewohnerbesprechungen). Wenngleich spezielle Stützprogramme hierzu hilfreich sind, genügt es mitunter schon, alltägliche Situationen für soziale Lernerfahrungen zu nutzen.

Lebensmilieu
Ein Lebensmilieu, das Mitgestaltung und Kontrolle, die Realisierung individueller Interessen sowie die Verwirklichung der Grundphänomene menschlichen Lebens kaum zulässt, befördert psychisches Unwohlsein, Konflikte und Verhaltensauffälligkeiten. Ebenso ist eine funktionsorientierte, klinisch-pflegerisch dimensionierte Raumgestaltung einem subjektiven Wohlbefinden eher abträglich. Pädagogisch gesehen kommt es deshalb darauf an, ein Lebensmilieu zu schaffen, in dem sich der Einzelne sinnlich und sinnerfüllt wiederfinden kann. Für Menschen mit einer komplexen Behinderung bietet eine basal orientierte Raumgestaltung (Liegelandschaft; Snoezel-Angebote) ein wichtiges ästhetisches Erfahrungsfeld, das sinnliches Erleben und Handeln zulässt. Darüber hinaus kommt es auf die alltägliche Lebensgestaltung an. Subjektives Wohlbefinden wird nicht erst durch spezielle heilpädagogische oder therapeutische Maßnahmen erreicht, sondern der Alltag kann schon psychisch stabilisierend und förderlich sein, wenn er genügend Raum lässt für individuelle Lebensplanung und Lebensstilverwirklichung. Dies bedeutet, dass beispielsweise individuelle Gestaltungen der Bewohnerzimmer akzeptiert werden müssen, auch wenn diese nicht den Vorstellungen oder Normen Dritter (Mitarbeitern, Eltern) entsprechen sollten („Unordnung" im Zimmer).

Gruppenbesprechungen
Der Tages- und Wochenablauf mit seinen kleinen ‚Alltäglichkeiten' bietet eine Vielzahl von Missverständnissen, Unklarheiten und Ärgernissen. Um diese so gering wie möglich zu halten und Auseinandersetzungen (Verhaltensproblemen) vorzubeugen, sollte wöchentlich eine kurze Gruppenbesprechung stattfinden, wo die Betreffenden unter eigener Regie oder mit einer assistierenden Person den Wohnalltag besprechen und zum Beispiel Wochenpläne festlegen können. Hier hat alles Platz, was für die einzelne Person und für ein Zusammenleben in der Gruppe wichtig ist: morgendliches Aufstehen, Planung der Mahlzeiten, Ärger über das Radioprogramm, das womöglich die Mitarbeiter/innen morgens immer hören wollen, Abfahrt mit dem Bus in die Werkstätte, Nachmittagskaffee, Fernsehprogramm am Abend, nächster Kinobesuch, Tisch-, Küchen- oder Wäschedienst und vieles andere mehr. In einer gemeinsamen Runde und Diskussion werden Fragen und Probleme gelöst, gegebenenfalls auch mit Mehrheitsentscheid und als Absprache in Form einer wöchentlichen Regelung vertraglich (z. B. als visualisierter Wochenplan) festgehalten.

Assistierende Hilfen

Unser Konzept ist insgesamt betrachtet ein anspruchsvolles Unternehmen, das von den helfenden Berufen nicht nur Sachkenntnis, sondern gleichfalls soziale Kompetenzen erfordert, aber auch Chancen für die eigene Weiterentwicklung und Selbstverwirklichung bietet. Die Prozesse im Rahmen der Alltagsarbeit sind in der Regel ergebnisoffen, und das kann im Unterschied zu standardisierten Hilfeplänen oder symptomzentrierten Therapien die einzelnen Mitarbeiter/innen verunsichern. Zudem verlangt das alltägliche Handeln vor dem Hintergrund des Autonomieprinzips eine permanente Gratwanderung zwischen professioneller Einmischung und Zurücknahme (dazu Kinne 2010). Mit anderen Worten: Anstelle einer Fremdbestimmung durch Betreuung, Versorgung, Therapie oder heilpädagogischer Förderung kommt es auf eine professionelle Selbstbeschränkung, Bescheidenheit und Behutsamkeit an. Dabei müssen freilich Bedürfnisse von Menschen mit Lernschwierigkeiten oder einer komplexen Behinderung nach Unterstützung, Schutz, Halt und Geborgenheit gleichermaßen wie die individuellen Wünsche, Interessen, Stärken und Potentiale berücksichtigt werden. Und ebenso wenig dürfen Hospitalisierungserfahrungen, traumatisierende Erlebnisse, individuelle Schädigungen, gesundheitliche Aspekte, kognitive Beeinträchtigungen oder auch spezifische klinische Bilder (Trisomie 21; Prader Willi Syndrom etc.) als mögliche Entwicklungsvoraussetzungen (Jantzen 1998b, 530) vernachlässigt werden.

Daraus ergibt sich, dass bei Menschen mit Lernschwierigkeiten eine umfänglichere Assistenz erforderlich sein kann als bei nicht intellektuell behinderten Personen, die sich selbst zu Wort melden und vertreten (auch Ramcharan et al. 2002b, 250; Weber 2003). Dieser Aspekt führt uns zu einem zielgruppenbezogenen Assistenz-Modell. Der Begriff der *Assistenz* lässt sich abgeleitet vom lateinischen Herkunftswort „assistentia" mit „Beistand, Mithilfe oder Unterstützung" übersetzen (Duden 1997, 48). Wir können daher die assistierende Person auch als einen *Unterstützer* bezeichnen – so wie es sich Menschen mit Lernschwierigkeiten wünschen. Oft wird in Fachkreisen auch von einem „Begleiter" gesprochen. Dieser Begriff verleitet jedoch gleichfalls wie der überholte Begriff des „Betreuers" zu einer unreflektierten professionellen Beliebigkeit und steht damit in der Gefahr, zu einer Leerformel zu gerinnen (Theunissen 2009, 94f.). Dies hängt mit einer einseitigen Auslegung des Selbstbestimmungsbegriffs als „individuelle Freiheitskategorie" zusammen, die zu einer „Laissez-faire-Praxis" verführt und falsche Vorstellungen vom Grad der Unterstützungsbedürftigkeit erzeugen kann, indem berechtigte Bedürfnisse von Menschen mit Lernschwierigkeiten oder einer komplexen Behinderung nach Schutz und Hilfe vernachlässigt sowie Fähigkeiten zur Selbstständigkeit und Eigenverantwortung überschätzt werden (Wendeler 1993, 16). Insofern darf die Verabschiedung von der „fürsorglichen Belagerung" (Keupp) oder – mit Blick auf Menschen mit Lernschwierigkeiten – von der Vorstellung der „lebenslangen Hilfe" zugunsten einer offenen Entwicklungsperspektive nicht als ein Verzicht auf Unterstützung missverstanden werden (Snell et al. 2009). In diesem Sinne lassen sich acht zentrale Assistenzformen unterscheiden (dazu ausführlich Theunissen 2000, 125ff.; 2009, 77ff.), die zum Teil mit dem von Diewald (1991, 70ff.) vorgestellten „Konzept sozialer Unterstützung" eine Affinität aufweisen. Im Unterschied zu Diewald ist es uns jedoch nicht um die Auflistung von zentralen Leistungen „informeller Netzwerke" zu tun, sondern um die Benennung von Aufgaben der professionellen Arbeit mit Menschen, denen eine kognitive oder komplexe Behinderung nachgesagt werden: So steht die *praktische Assistenz*, wie sie auch von Menschen mit Körperbehinderungen und Sinnesschädigungen eingefordert wird, vor allem für personenbezogene Dienstleistungen und Arbeitshilfen (z. B. Hilfe bei der Körper- oder Krankenpflege; Hilfe im Haushalt; Hilfe bei kleinen Reparaturarbeiten; Gebärdendolmetscherdienste für Hörgeschädigte).

Die *dialogische Assistenz* versucht dem Bedürfnis nach zwischenmenschlicher Beziehung Rechnung zu tragen, um Grundbedürfnisse nach sozialer Kommunikation, Zuwendung, Anerkennung, Geborgenheit, emotionalem Halt, Verbundenheit oder Mitmenschlichkeit zu befriedigen und psychisches Wohlbefinden zu bewirken. Vor allem Menschen mit einer komplexen Behinderung brauchen die personale Begegnung, wenn ihre kommunikative Kompetenz, Äußerungen, Befindlichkeiten, Bedürfnisse und Wünsche adäquat subjekthaft entziffert und erschlossen werden sollen. Authentizität, Wertschätzung, Offenheit, Annahme, Bestätigung, einfühlsames Wahrnehmen und Verstehen sind wichtige Kriterien einer Assistenz als dialogisches Verhältnis.

Wenngleich das dialogische Verhältnis möglichst symmetrisch sein soll, kann in der Arbeit mit kognitiv beeinträchtigten Menschen eine „volle Mutualität" (Buber), das heißt Gegenseitigkeit, nicht ohne weiteres erwartet werden. Häufig haben Menschen mit Lernschwierigkeiten Probleme, ihre Situation oder Lebensperspektive zu überschauen und zu antizipieren sowie Normen, die an sie herangetragen werden, kritisch zu reflektieren. Hier gilt es stellvertretend (Ich-stützend und advokatorisch) zu entscheiden, zu handeln und Lebenszukunft zu planen. Aufgabe dieser *advokatorischen Assistenz* ist es, eine Fürsprecherfunktion zu übernehmen und individuelle Übersetzungs- und Mitteilungshilfe zu leisten. Eine solche Interessenvertretung muss eindeutig und authentisch sein und hat die Vorstellungen, Entscheidungen oder Lebensentwürfe des Betroffenen zu respektieren.

Aufgabe der *sozialintegrierenden Assistenz* ist es, Menschen mit Lernschwierigkeiten oder einer komplexen Behinderung die Möglichkeit zu eröffnen und Unterstützung anzubieten, sich als Teil einer Gruppe zu verstehen und zu erleben („Vermittlung eines Zugehörigkeitsbewusstseins" [Diewald]) sowie in ein bestehendes oder zu schaffendes soziales Netzwerk aktiv einzubringen. Dazu gehören die Vermittlung sozialer Regeln und Normen, Lernangebote zur (Weiter-)Entwicklung sozialer und kommunikativer (verbaler und nonverbaler) Kompetenzen (z. B. sich eine eigene Meinung bilden und diese äußern, Sensibilität gegenüber anderen Menschen, Konfliktfähigkeit, Durchsetzungsvermögen, Zuhören können, Wahrnehmen und Ausdrücken eigener Bedürfnisse, seinen Platz in der Gemeinschaft finden, Ehrlichkeit, Offenheit) sowie assistierende Hilfen zur gesellschaftlichen Partizipation.

Im Rahmen *konsultativer Assistenz* erhält der Einzelne durch *gemeinsames* Beraten, gemeinsames Durchdringen von Lebensfragen oder gemeinsames Suchen nach Problemlösungen Unterstützung, zum Beispiel in „kritischen" Lebenssituationen, bei Konflikten mit Anderen, psychischen Krisen, Beziehungsproblemen, Alltagsbelastungen sowie bei der Entwicklung eines individuellen Lebensplans. Konsultative Assistenz zielt auf die Stärkung der Rolle des Betroffenen (hierzu auch Dowson 2002, 107ff.) zum Beispiel auch als Kunde oder Konsument von Dienstleistungen, setzt auf den Dialog und bezweckt die freie Entscheidung des Ratsuchenden. Der Verzicht auf Instruktion oder auf eine fachmännische Haltung des Besser-Wissens bedeutet im Rahmen einer Konsultation freilich nicht, alles, was der Andere sagt, hinzunehmen, zu befürworten oder gar gutzuheißen, denn „die Toleranz gegenüber eigensinnigen Lebensweisen darf nicht grenzenlos sein. Sie endet dort, wo Grundwerte von Interaktion und sozialem Austausch wie z. B. die Achtung vor der physischen und psychischen Integrität des anderen und der Verzicht auf schädigende Angriffe in Gefahr geraten" (Herriger 2002, 74). Um die konsultative Unterstützung und insbesondere die Entscheidungskompetenz Betroffener fruchtbar werden zu lassen, müssen sehr oft zusätzliche sachbezogene Informationen gegeben werden.

Es steht außer Frage, dass den bisher genannten Assistenzformen im Hinblick auf ein bildendes und persönlichkeitskonstituierendes Lernen Grenzen gesetzt sind. Daher bedarf es auch einer *facilitatorischen Assistenz*, die durch ein pädagogisches Arrangement von stimulierenden (Lern-)Situationen (offene Curricula) zu einem signifikanten Lernen (Rogers 1974, 274), zu individuell bedeutsamen Lern- und Entwicklungsprozessen, beitragen soll (hierzu Praxisbeispiele in Theunissen 2000, 212ff.).

Im Unterschied zur facilitatorischen Assistenz bietet die *lernzielorientierte Assistenz* strukturierte (Lern-)Hilfen oder auch systematische Unterstützung zur Aneignung sinnerfüllter Handlungen oder zum Erwerb subjektiv bedeutsamer Fertigkeiten an. Die Bedeutung dieses Angebots ergibt sich daraus, dass es Situationen gibt, in denen am besten mittels didaktisch-strukturierter Hilfen gelernt werden kann. Dies ist freilich nur auf dem Hintergrund einer Subjektzentrierung legitim und setzt voraus, dass die Person etwas lernen möchte (z. B. Umgang mit Geld; Lesen und Schreiben; selbstständig einkaufen; Fahrrad fahren; sich im Verkehr zurechtfinden; spezifische lebenspraktische oder hauswirtschaftliche Fertigkeiten; sozialkommunikative Ausdrucks- und Umgangsformen) und dass mit ihr gemeinsam ein entsprechendes didaktisches Konzept geplant und vereinbart wird, welches der Strukturdeterminiertheit des Betroffenen entspricht. Außerdem sollte die Kontrolle und Evaluation eines lernzielorientierten Curriculums stets gemeinsam erfolgen.

Eine assistierende Hilfe würde zu kurz greifen, würde sie sich ausschließlich den Wünschen Betroffener verschreiben und dabei den Anspruch der Gesellschaft sowie gegebene soziale und ökologische Rahmenbedingungen ignorieren. Das Verhältnis zwischen individuellen Interessen und Umweltanforderungen ist häufig widersprüchlich, konfliktträchtig oder problembefördernd, weshalb eine konsultative Assistenz zur Auflösung von Antinomien oder Problemen hilfreich ist. Diesem Angebot sind aber insbesondere in der Arbeit mit Menschen, denen eine komplexe Behinderung nachgesagt wird, Grenzen gesetzt, weshalb auf eine advokatorische Assistenz nicht verzichtet werden kann. Selbst diese Unterstützungsform reicht mitunter nicht aus - und zwar dann, wenn wir es mit einer Selbst- oder Fremdgefährdung, schweren Verhaltensauffälligkeiten oder psychosozialen Krisen zu tun haben. Hier bedarf es spezifischer Hilfen, für die wir den Begriff der *intervenierenden Assistenz* reserviert haben. Darunter verstehen wir eine persönliche Hilfe im Form einer ‚vermittelnden Unterstützung', die über ein bloßes Eingreifen oder ‚Dazwischentreten' hinausgeht, insofern sie sich am Autonomiebedürfnis des Betroffenen orientiert und das (dialogische) Vertrauensverhältnis, welches eine Assistenz fühlbar durchdringt, nicht leichtfertig aufs Spiel setzt. So gibt es zum Beispiel im Alltag immer wieder Situationen einer Gesundheits-, Selbst- oder Fremdgefährdung, die ein assistierendes Intervenieren notwendig machen (z. B. beim Trinken von Lösungsmitteln, Verschlucken kleiner Gegenstände; bei Neigung zu einem desorientierten Weglaufen mit Verkehrsgefährdung). Psychosoziale Krisen erfordern eine Krisenintervention, und im Falle von Verhaltensauffälligkeiten sind intervenierende Hilfen notwendig, wenn andere Assistenzformen nicht greifen. Die Begriffskombination „intervenierende Assistenz" wird mitunter als euphemistisch fehlgedeutet (Rothenberg 2002, 186). Eine solche Auslegung ist jedoch unzulässig, da es uns nicht – wie schon oben erwähnt - um Eingriffe (Fremdbestimmung) zu tun ist, die womöglich als Formen von Gewalt die allgemeinen Menschenrechte gefährden oder gar verletzen. Die Formulierung „intervenierende Assistenz" haben wir bewusst gewählt, um der Notwendigkeit Ausdruck zu verleihen, auch in kritischen Situationen oder im Umgang mit Verhaltensauffälligkeiten das Autonomiebedürfnis des betroffenen Menschen grundsätzlich zu respektieren. Auf keinen Fall darf die intervenierende Assistenz absolut gesetzt werden. Genau dies ist ein Problem vieler Interventionen, die nicht selten recht unreflektiert im Hinblick auf Persönlichkeitsrechte zur Anwendung kommen und oftmals als (profizentrierte) Eingriffe den Lebensweg eines Menschen, der als geistig behindert und verhaltensauffällig gilt, fürsorglich belagern und nahezu gänzlich bestimmen (kritisch dazu auch Burke und Dalrymple 2002, 56).

Wichtige Anregungen, die zu unserem Modell geführt haben, sind zunächst einmal Grundüberzeugungen und Leitprinzipien aus der Empowerment-Philosophie (Herriger 2006; Ramcharan et al. 2002a; Theunissen 2000; 2009). Ferner haben Wünsche und Vorstellungen, wie sie von Menschen mit Lernschwierigkeiten an die sogenannte Fachwelt herangetragen werden, in unserem Assistenz-Modell Eingang gefunden. Darüber hinaus wurde der Erkenntnis Rechnung getragen, dass sich das Modell einer *„persönlichen Assistenz"*, wie es von Menschen mit Körper- oder Sinnesbehinderungen favorisiert wird, nicht vorbehaltlos auf die Arbeit mit Menschen, denen eine komplexe Behinderung nachgesagt wird, übertragen lässt. Die Assistentenrolle bei Menschen mit Lernschwierigkeiten oder einer komplexen Behinderung ist eben „nicht lediglich die eines praktischen Helfers, sondern ebenfalls einer wichtigen Bezugsperson, auch für die persönliche Lebensplanung und die Kommunikation" (Bradl 1996, 198). Im Prinzip handelt es sich hierbei um ein in der Heilpädagogik alt bekanntes Anliegen. Daher ist es wichtig, sich den Unterschied zwischen dem von uns favorisierten Assistenz-Modell und den traditionellen Helfer-Modellen im Bereich der Behindertenarbeit noch einmal deutlich zu vergegenwärtigen (Theunissen 2009): Die Assistenzformen im Sinne von Empowerment gewinnen ihre Bedeutung nur durch die Herstellung von Zusammenhängen in einer geschlossenen Gestalt; sie dürfen also nicht isoliert zur Anwendung kommen beziehungsweise entkontextualisiert werden. Nur in ihrer interdependenten Verknüpfung geht von ihnen eine Synergiewirkung aus, die den skizzierten Leitprinzipien Rechnung zu tragen verspricht; und nur dieses Denken und Handeln in Zusammenhängen bietet Gewähr, dass tatsächlich im Unterschied zur traditionellen Praxis keine Betreuungs- oder Behandlungsbedürftigkeit inszeniert wird. Wir können uns den Unterschied am Beispiel des Begriffs der Förderung vor Augen führen: *Förderung im Sinne der traditionellen Heilpädagogik bedeutet, etwas aus einem behinderten Menschen zu machen* (Speck 2003, 330, 372). *Förderung im Sinne des Empowerment-Konzepts bedeutet, einen behinderten Menschen so zu unterstützen, dass er aus sich selbst etwas machen kann.* Dazu müssen einzelne Assistenzformen vom betroffenen Menschen aus (subjektzentriert), mit ihm gemeinsam (kooperativ) und – je nach Schwere der kognitiven Beeinträchtigung – auch für ihn (antizipatorisch) erschlossen und situationsspezifisch fokussiert werden. Wie sich dies in der Praxis auswirken kann, lässt sich an den Extremen verdeutlichen: Ein behinderter Mensch mit einer leichten Lernschwierigkeit wünscht sich im Hinblick auf einen Umzug in die eigene Wohnung professionelle Unterstützung durch seinen Bezugsmitarbeiter (dialogische Assistenz) in Form einer gemeinsamen Beratung (konsultative Assistenz). Ein hospitalisierter Mensch mit einer komplexen Behinderung, der sich zudem nicht sprachlich verständigen kann, benötigt nicht nur ein hohes Maß an kommunikativer, lebenspraktischer und facilitatorischer Unterstützung, sondern im Hinblick auf seine Lebenssituation auch advokatorische Assistenz. Darüber hinaus neigt er zur Selbstgefährdung, so dass ihm in kritischen Situationen durch intervenierende Assistenz beigestanden werden muss. Ein solcher Assistenzbedarf lässt sich im Rahmen einer persönlichen Lebensstilplanung (dazu später) bestimmen.

Pädagogische Methoden und Handlungsmodelle

Alle Methoden, die in der alltäglichen oder auch speziellen Arbeit zur Anwendung kommen sollen, müssen grundsätzlich sowohl von den allgemeinen Leitprinzipien als auch von den individualisierten Zielsetzungen (Lebensstilplanung) her begründbar sein.

Jede Methode enthält darüber hinaus inhaltliche Vorentscheidungen (Orientierung an den Angeboten), außerdem sind institutionelle und organisatorische Rahmenbedingungen (Wohngruppe, Raumfrage, Zeit) zu reflektieren, bevor eine Methodenauswahl getroffen werden kann. Diesbezüglich können wir verschiedene Formen unterscheiden:

Lehrmethoden und Phasenmodelle

Diese Gruppe an Methoden ist lernpsychologisch bedeutsam (vor allem zur Aneignung von Wissen, Kenntnissen oder zur Begriffsbildung) und hat für den *direkten* Umgang mit Verhaltensauffälligkeiten noch keine spezifische Bedeutung. Wohl aber spielt sie im Kontext der Einzelhilfe beziehungsweise dort, wo es darum geht, das individuelle Verhaltensrepertoire zu erweitern, eine wichtige Rolle. Dahinter verbirgt sich die Erkenntnis, dass es in der Regel mehr Sinn macht, einer Person ein alternatives Verhalten (z. B. positive Bewältigungsstrategie) beizubringen, als an ihren Verhaltensauffälligkeiten anzusetzen (Symptomzentrierung) und zu sanktionieren.

In der pädagogischen Arbeit mit Menschen, denen Lernschwierigkeiten oder eine komplexe Behinderung nachgesagt werden, steht das Konzept des *„handelnden Lernens"* nach Galperin (1972) hoch im Kurs. Es unterscheidet fünf Phasen, eine *Motivierungsphase*, bei der es um Interessenfindung und Motivauswahl geht, eine *Orientierungsphase* zur Bestimmung des Handlungsziels, zur Einschätzung der Situation, zur Ermittlung der Merkmale des Lernstoffes sowie zur Auswahl und Bereitstellung von Materialien; ihr folgt die *Durchführung*, die eine Phase der materiellen Handlung (z. T. mit sprachlicher Begleitung) und eine Phase der materialisierten Handlung (z. B. Erarbeitung eines Modells) umfasst; danach kommt die Phase der *sprachlichen Darstellung* der Handlung ohne Durchführung und schließlich die fünfte Phase des *gedanklichen Arbeitens ohne Verbalisierung*. Damit ist die Handlung Bestandteil des Denkprozesses geworden. Es können allerdings nicht alle Menschen mit Lernschwierigkeiten von diesem Ansatz profitieren. Zum Beispiel bietet es sich in der Arbeit mit Menschen an, denen eine komplexe Behinderung nachgesagt wird, durch die Strukturierung des Lernprozesses nach Piagets Phasen der sensomotorischen Entwicklung (Piaget 1975; Piaget und Inhelder 1978, 14ff.) den Ansatz zu verfeinern beziehungsweise zu modifizieren.

Weitere methodische Gestaltungsmomente sind (grobmaschige) Phasenmodelle (wie etwa die Phase des Aufbaus, der Stabilisierung oder Wiederholung, der Anwendung und des Transfer sowie der Differenzierung von Verhalten), das (Lern-)

Prinzip der „kleinen Schritte", das sogenannte fehlerfreie, erfolgsorientierte Lernen (dazu Theunissen 2008b, 97; Theunissen und Paetz 2011, 125), das Prinzip „vom Leichten zum Schweren" oder das der „gemäßigten Neuartigkeit" (Ginsburg und Opper), welches besagt, dass erfolgreiches Lernen am ehesten stattfinden kann, wenn die Angebote, Inhalte und Materialien weder über- noch unterfordern sowie in die Zone der nächst höheren Entwicklung führen.

Verfahrensweisen
Eine zweite Gruppe bilden die sogenannten Verfahrensweisen (dazu Kapitel 5). Hierbei denken wir insbesondere an Techniken oder Arbeitsformen, die einer bestimmten, in der Regel festgelegten, methodischen Strukturierung oder Vorgehensweise bedürfen. Dies gilt beispielsweise für Musik-Malen, druckgrafische Verfahren, plastisches Gestalten, Basale Kommunikation nach Mall, integrative Körpertherapie oder andere pädagogisch-therapeutische Verfahren. Solche Methoden oder Arbeitsformen bereichern die Alltagsarbeit und können im Rahmen der Einzelhilfe wertvolle Dienste leisten. Ohne Einbettung in lebensweltliche Systeme und Entwicklung eines Gesamtkonzepts macht der Rückgriff auf solche Angebote, durch die sich die Heilpädagogik gerne definiert (Theunissen und Wüllenweber 2009), jedoch wenig Sinn.

Allgemeine positive Unterstützungs- und Verkehrsformen
Hier geht es um pädagogisches Handeln und Umgangsformen, die unabhängig von Verhaltensauffälligkeiten selbstverständlich sein sollten und denen eine *präventive Bedeutung* im Hinblick auf herausforderndes Verhalten zukommt. Gemeint sind allgemeine positive Unterstützungs- und Verkehrsformen, die einem kommandohaften Befehlston, rigiden Anweisungen oder reglementierenden Instruktionen, die in der Vergangenheit die Arbeit mit geistig behinderten Menschen oftmals maßgeblich bestimmt haben und für „heilpädagogische Übungsbehandlungen" (Klein-Jäger 1978; Krimm-Fischer 1986) typisch waren, diametral gegenüberstehen:
• Interessen, Bedürfnisse oder Wünsche aufgreifen und unterstützen
• von Stärken, Fähigkeiten und Fertigkeiten ausgehen und entsprechende Situationen arrangieren, die lern- und entwicklungsfördernd sind
• positive Signale, Spontanaktivitäten oder Initiativen erkennen, aufgreifen und unterstützen
• blockierte Entwicklungspotentiale öffnen und stärken
• neue Verhaltensweisen anfänglich an vertrauten Materialien und Ereignissen fördern und allmählich neue Angebote in bekannte Situationen hinzufügen
• Situationen derart gestalten, dass ein gewünschtes (subjektiv bedeutsames) Verhalten ohne korrigierende Einflussnahme wahrscheinlich wird
• Routinen über positive Spontanaktivitäten eines Betroffenen aufbauen, das Verhalten stabilisieren und allmählich durch neue Angebote differenzieren

- über altersgemäße und attraktive Angebote zu neuem Verhalten oder Probehandlungen anregen, motivieren und ermutigen
- kooperieren beziehungsweise gemeinsam handeln
- ausprobieren lassen
- aufmerksam zuhören, aussprechen lassen und eingehen auf den Anderen
- so viel wie möglich loben, bestätigen oder ermutigen
- trösten
- psychisch-physische Entspannung, Ruhe, Geduld und empathische Gelassenheit ausstrahlen
- non-verbale Signale (Körpersprache) positiv einsetzen
- helfen, aber nur soviel wie nötig
- zunächst vormachen, gegebenenfalls führen und dann alleine entscheiden, ausführen oder handeln lassen
- fragen oder vorschlagen, um Entscheidungsautonomie zu fördern (z. B. zwischen Alternativen wählen lassen)
- Selbstvertrauen und Selbstwertgefühl aufbauen und stärken
- die Alltagsarbeit so gestalten, dass täglich genügend Angebote für eine sinnerfüllte Lebensgestaltung bestehen
- genügend positive soziale Kontakte innerhalb und außerhalb der primären Lebenswelt anbieten und zulassen
- eine offen-neutrale Grundhaltung einnehmen und Schuldzuschreibungen vermeiden
- sozial wertvolle Aufgaben und Rollen nutzen und unterstützen

Verhaltensaufbauende und -stabilisierende Methoden
Manche Verhaltensprobleme lassen sich präventiv vermeiden, kompensieren, abbauen oder gar auflösen, indem positive Verhaltensäußerungen oder Handlungen in der sogenannten unproblematischen Zeit gezielt unterstützt und aufgebaut werden. Anregungen und Techniken aus der *Verhaltenstherapie* haben hier ihren Stellenwert (Fliegel u. a. 1998, 35ff.; dazu auch später). Aus lerntheoretischer Sicht wird davon ausgegangen, dass sich die Auftretenswahrscheinlichkeit eines positiven Verhaltens erhöht, wenn die entsprechenden Verhaltensweisen unmittelbar nach ihrem Auftreten verstärkt werden. Als *positive Verstärker* gelten:
– Soziale Zuwendung (Lob, Anerkennung, Ermutigung, Zustimmung ...)
– Nahrung (Süßigkeiten, Getränke ...)
– Token (Spielmünzen, Chips)
– Spielmaterialien oder Gegenstände (z. B. Bilder)
– Aktivitätsangebote (Sportliche Spiele, Gesellschaftsspiele, Backen ...)
Wenngleich die Wirksamkeit materieller und sozialer Verstärkung in vielen Untersuchungen an einer großen Zahl an Kindern und Jugendlichen mit Lernschwierigkeiten nachgewiesen worden ist, darf daraus nicht geschlossen werden, dass die

selben Verstärker bei jeder Person gleichermaßen wirksam sind. Ein Kind, das keine Gummibärchen mag, kann wohl kaum durch Gummibärchen in seinem positiven Verhalten verstärkt werden. Wichtig ist somit stets die subjektzentrierte, bedürfnis- oder interessenorientierte Auswahl geeigneter Verstärker. Hinzu kommt die Frage nach dem Einsatz bestimmter Verstärker. Soziale Verstärker sollten prinzipiell Vorrang haben. Erst wenn keine erwünschte Wirksamkeit zu beobachten ist, sollten andere positive Verstärker ausprobiert werden. Als günstig wird eine Kombination von sozialen und materiellen Verstärkern eingeschätzt, um dadurch vor allem Rigidität, mechanisches Lernen, extrinsische Motivationsabhängigkeit oder Fixierungen auf bestimmte Nahrungsmittel zu vermeiden.

Token-Systeme (hierzu Friend und Bursuck 2009, 447f.; Hippler und Scholz 1974) gelten als besonders effektiv. Im Rahmen eines bestimmten Zeitabschnitts erhält die betreffende Person beim Auftreten ihres positiven Verhaltens unmittelbar Punkte, Wertmarken oder Ähnliches, die sie dann später gegen begehrte Dinge, Nahrung oder Aktivitäten eintauschen können. Nach Kohn (1991, 500) handelt es sich hierbei aber gleichermaßen wie bei anderen Programmen, die auf externe Verstärkung setzen, um eine Form der „Bestechung". Dieser Vorwurf trifft vor allem Verstärkersysteme, die es versäumen, auch Selbstbekräftigungsäußerungen zu beachten und zu verstärken, um den Weg von der Fremdsteuerung und Fremdkontrolle zum *Selbstmanagement* (Kanfer, Reinecker und Schmelzer 1991), zur Selbststeuerung und Selbstkontrolle zu ebnen (dazu auch später). Hilfreich können hierbei sogenannte *Kontingenzverträge* sein, indem mit der Person gemeinsam Verstärker festgelegt werden, die eine Belohnung erwünschten Verhaltens oder Tätigkeiten sein sollen. Denkbar ist auch der Rückgriff auf einfach angelegte Stimmungsbarometer oder Smiley-Skalen zur Selbsteinschätzung.

Spezielle symptomorientierte Interventionsformen

Bekanntlich gibt es allzu oft pädagogische Alltagssituationen, in denen sofort gehandelt werden muss, in denen zum Beispiel eine direkte Intervention zur Vermeidung einer Selbst- oder Fremdgefährdung, zur Deeskalation, Abwehr oder Auflösung eines Konflikts mit tätlichen Auseinandersetzungen oder zur Eingrenzung systemsprengender, aggressiver Verhaltensweisen notwendig sein kann. In dem Falle geht es um ein *Situationsmanagement* (kurzfristige Maßnahmen), bei dem sich der (professionelle) Unterstützer spezieller Interventionsformen bedient, die dem Gesamtkonzept und langfristigen Zielsetzungen nicht widersprechen dürfen. Insofern darf ein solches Situationsmanagement nicht mit einem Konzept verwechselt werden, was manchen Mitarbeitern dem Anschein nach schwer fällt. Denn nicht selten bestimmen symptomzentrierte Interventionsformen in Verbindung mit Reglementierungen weithin den Wohn- oder Arbeitsalltag von Menschen mit Lernschwierigkeiten und Verhaltensauffälligkeiten. Dadurch aber wird letztlich ein negatives Gesamtklima befördert, das für eine positive Verhaltensunterstützung zur

Prävention, Intervention und Auflösung von Verhaltensproblemen kontraproduktiv ist. Zudem sind symptomzentrierte Interventionsformen keine Problemlösungsstrategien, sondern nur pädagogische Techniken, um Krisen- oder Konfliktsituationen kurzfristig zu managen sowie ein gewisses Maß an Ordnung im Rahmen alltäglicher Tagesabläufe aufrechtzuerhalten. Insofern kommen Mitarbeiter/innen in ihrer alltäglichen Arbeit freilich nicht umhin, je nach Situation auf die eine oder andere Interventionsform zurückzugreifen. Jedoch sollten sie darauf achten, nicht in die Falle negativer Interaktionen und ständiger Reglementierungen zu tappen und ihr alltägliches Handeln damit zu vereinseitigen.

Einige der später genannten Interventionen werden schon seit geraumer Zeit im Umgang mit verhaltensauffälligen Kindern und Jugendlichen diskutiert (Redl und Wineman 1976). Deshalb dürfte die eine oder andere Technik bekannt sein. Wenn wir sie dennoch aufführen, so hängt dies vor allem damit zusammen, dass wir einerseits einen Überblick über verschiedene Interventionsmöglichkeiten geben wollen. Gerade hierzu gibt es kaum Hinweise und Diskussionen im Bereich der Behindertenarbeit. Andererseits wollen wir mit unserer Auflistung unterschiedlicher Techniken zum Nachdenken, zur Reflexion und Selbstkritik professioneller Mitarbeiter/innen beitragen, da nach unseren Erfahrungen und Beobachtungen viele der genannten Strategien häufig unbesonnen in der Alltagsarbeit zum Einsatz kommen und – wenn es sich um aversive Techniken (Bestrafung) handelt – vermieden und möglichst durch präventive Interventionen ersetzt werden sollten. Folgende Interventionsmethoden erscheinen uns besonders erwähnenswert:

1) Auffälliges Verhalten bewusst ignorieren
Diese Interventionsform lässt sich dort einsetzen, wo keine Folgeschäden für die Person zu erwarten sind. Autoaggressionen mit Verletzungsgefahr oder Fremdaggressionen mit schwerer Sachbeschädigung sind wohl kaum zu ignorieren. Andere Auffälligkeiten wie zum Beispiel ein gespielter Anfall, ein hypochondrisches Verhalten, Schreien oder verbale Aggressionen können hingegen eher ignoriert werden, wenn zugleich sichergestellt ist, dass die betreffende Person in der unproblematischen Zeit genügend Zuwendung und Angebote erfährt.

2) Direkter Appell
Von dieser Strategie wird wohl am meisten Gebrauch gemacht. Ihre Wirksamkeit ist in hohem Maße mitarbeiterabhängig, das heißt sie richtet sich ganz nach der Persönlichkeit, dem Durchsetzungsvermögen und Auftreten sowie dem Status des einzelnen Mitarbeiters. Eher wirkungslos bleiben Appelle von Mitarbeitern, die im sozialen Umfeld als ‚schwach' erlebt werden; bei anderen dagegen, mit einer starken Persönlichkeit und Ausstrahlungskraft, genügt nur ein kurzer Appell (z. B. mit wenig Worten in einer klaren Sprache), um einen drohenden Konflikt zu stoppen. Zu viele Appelle befördern eine einseitige Kommunikation und münden letztlich in ein unwirksames, kaltes Agieren.

3) Intervention durch Signale
Manchmal können schon einfache Signale wie ernster Blick, Finger heben, Kopfschütteln oder warnender Laut genügen, um die Person von ihrem auffälligen Verhalten abzuhalten. Eine solche Missbilligung seines Verhaltens durch Mimik oder Gestik ist in der Regel nur auf dem Hintergrund einer positiven Beziehung (Bezugsassistenz) wirksam. Außerdem ist diese Technik nur dann angezeigt, wenn der Betreffende noch nicht einen hohen Erregungsgrad erreicht hat, in dem er zusehends die Kontrolle über sein Verhalten verliert.

4) Beruhigung durch körperlichen Kontakt
Reichen Interventionen durch Appell, Signale oder auch direkte Anwesenheit nicht aus, lässt sich womöglich durch körperlichen Kontakt (z. B. Arm um die Schulter legen, Hand halten, freundlich auf die Schulter klopfen) eine aufkommende Erregung, ein Wutanfall oder Aggressionsausbruch eindämmen, abfedern oder kompensieren. Diese Interventionsform hat sich unter anderem beim Abbau von sedierender Arznei bewährt (z. B. zur körperlichen Beruhigung während einer Mahlzeit).

5) Intervention durch Humor
Es gibt Situationen, in denen allein durch eine humorvolle Reaktion aufkommende Spannungen entschärft werden können. Wird beispielsweise ein Bewohner durch einen anderen plötzlich beschimpft, so kann der Unterstützer die Beschimpfung aufgreifen und auf sich selbst lenken, indem er humorvoll auf eigene Schwächen und Pannen aufmerksam macht. Eine solche humorvolle Geste muss echt sein und hat mit Ironie oder Sarkasmus nichts zu tun.

6) Einschränkung der räumlichen Bewegungsfreiheit und der Verfügbarkeit von Gegenständen
Mitarbeiter stehen in der Alltagsarbeit häufig vor der Situation, Maßnahmen zu ergreifen, die der Prävention oder Vermeidung von Gefährdungs- oder Gefahrenmomenten dienen. Hierzu zählen zum Beispiel die Abnahme oder der Verschluss von bestimmten Gegenständen (z. B. großes Messer, Medikamente, Schere, Feuerzeug), wenn die akute Gefahr ihrer Zweckentfremdung besteht. Darüber hinaus kann es Situationen geben, in denen Räume oder Schränke abgeschlossen werden müssen (Küche, Küchenschränke), um beispielsweise ein massives Verlangen nach Essen einzugrenzen. Solche Interventionen sind nicht populär, und sie haben keinen Lerneffekt, wenn sie losgelöst oder gar im Widerspruch zu einem langfristig angelegten individualisierten Konzept zum Einsatz kommen. Überdies leisten sie keinen Beitrag zur Selbstbestimmung, weswegen sie nur eine Ausnahme- oder Notsituation kennzeichnen sollten.

7) Körperliches Eingreifen und Festhalten
Diese physische Interventionsform darf nicht mit körperlicher Gewaltanwendung etwa im Sinne eines Schlagens, Verletzens oder einer Schmerzzufuhr verwechselt werden. Damit hat die von uns hier gemeinte Methode nichts zu tun. Es handelt sich lediglich um eine Notwehrmaßnahme, die der Selbstverteidigung, der Verhinderung von Selbst- oder Fremdgefährdung wie auch der Eingrenzung und Kontrolle eines eskalierenden aggressionsgeladenen Konflikts dienen kann. Wird zum Beispiel eine Person bei einem extremen Aggressionsausbruch festgehalten, so darf dies nur eine vorübergehende Schutzmaßnahme sein, um den Betreffenden oder auch Andere zu schützen. Dabei darf sich die intervenierende Person keine feindselig gelagerte Gegenaggression erlauben, überhaupt sollte der Beigeschmack einer ablehnenden Haltung dem behinderten Menschen gegenüber vermieden werden. Die Respektierung und Wertschätzung des Anderen als Person darf bei einem solchen drastischen Eingriff nicht aufs Spiel gesetzt werden. Die betroffene Person muss spüren, dass es sich bei einer physischen Intervention nur um eine augenblickhafte Situation handelt, die das grundsätzliche Vertrauen in ihre Ressourcen und eine hintergründige positive Beziehung nicht aufhebt. Anderenfalls kann es zu unmittelbaren oder auch zeitlich versetzten Gegenreaktionen kommen, die das körperliche Eingreifen oder Festhalten dann zu einer aggressionsfördernden Intervention entgleisen lassen. Ferner gilt zu bedenken, dass diese Technik nur dann Sinn macht, wenn der jeweilige Mitarbeiter den behinderten Menschen physisch überlegen ist. Diese Überlegenheit darf freilich nicht leichtfertig ausgespielt werden. Außerdem sollte immer versucht werden, das physische Eingreifen mit der Technik des Umlenkens zu kombinieren, um den betreffenden Menschen nicht einer Situation hilflos auszuliefern.

8) Umlenken
Kritische Alltagssituationen oder drohende Konflikte können im Einzelfalle durch ein Umlenken aufgelöst oder entschärft werden. Bei dieser Technik werden dem betreffenden Menschen subjektiv bedeutsame Handlungsalternativen oder Vorschläge (z. B. auch zum Entspannen oder zur körperlichen Aktivierung) gemacht, die ihn zum Aufgeben seines aktuellen Verhaltens bewegen sollen. Kritische Momente sollen somit durch geeignete beziehungsweise passende Angebote oder Strukturen ersetzt werden. Der Erfolg dieser Intervention hängt in der Regel vom Grad des Erregungszustandes sowie von der Bereitschaft der Person ab, situative Hilfen anzunehmen.

9) Situative Herausnahme
Manche Konfliktsituationen oder Streitereien lassen sich nur noch entschärfen, indem ein Akteur beziehungsweise die auffällig agierende Person aus der Situation (Gruppe) herausgenommen wird. Diese Maßnahme gilt gleichfalls wie die phy-

sische Intervention nur für den Notfall, um den Betreffenden daran zu hindern, sich selbst und andere körperlich zu gefährden oder extremen nervlichen Belastungen auszusetzen. Ebenso wenig darf sich der jeweilige Mitarbeiter eine personale Ablehnung oder Feindseligkeit wie auch Gegenaggression, Wut oder triumphale Überlegenheit leisten, um die Beziehung nicht aufs Spiel zu setzen. So wichtig die Wahrung der personalen Integrität ist, so wichtig ist auch die Reflexion möglicher Konsequenzen. So kann zum Beispiel durch die Herausnahme aus der Gruppe der Stigmatisierungseffekt (Abstempelung zum Sündenbock) verstärkt werden. Außerdem muss sichergestellt sein, dass der Betreffende nicht an anderer Stelle Schaden stiftet, indem er zum Beispiel außerhalb der Gruppe sich selbst überlassen bleibt und dort weiter agiert (Sachobjekte oder persönliches Eigentum Anderer als ‚Racheakt' beschädigt). Ferner darf ein Ausschluss beziehungsweise eine soziale Herausnahme nicht als Belohnung erlebt werden, etwa wenn die Gruppenaktivität den Betreffenden vorher langweilte oder unangenehm war (negative Verstärkung). Bedenklich ist unseres Erachtens die situative Herausnahme dann, wenn das Bewohnerzimmer (Intimbereich) zur Strafe herhalten muss. Diese Praxis ist in der Arbeit mit institutionalisierten behinderten Menschen leider weit verbreitet und einem häuslichen Wohnen sowie der positiven Besetzung und Wertschätzung eines Privatbereiches abträglich. Auf gar keinen Fall darf ein Bewohnerzimmer als Time-out-Raum zweckentfremdet werden. Das wäre eine illegitime Form von Freiheitsberaubung. Grundsätzlich tragen Ausschlussmethoden ebenso wie alle anderen Interventionen zum Situationsmanagement nicht zur Lösung psychosozialer Probleme oder zur Verbesserung eines sozialen Handlungsrepertoires bei, weswegen sie niemals ein Gesamtkonzept ersetzen können.

10) Symptomverschreibung
Bei dieser Methode geht es darum, bestimmte auffällige Verhaltensweisen durch Aufforderung ausdrücklich zu ‚erlauben', um sie dadurch eher zum Verschwinden zu bringen. Dahinter verbirgt sich die Hoffnung, dass durch eine Symptomverschreibung auffällige Verhaltensweisen an Reiz und Attraktivität verlieren. Diese Technik kann nur dann funktionieren, wenn der Unterstützer den betreffenden behinderten Menschen sehr gut kennt und seine Reaktionen beziehungsweise die Folgen seines Handelns abschätzen kann.

11) Verstärkung eines inkompatiblen Verhaltens
Ferner besteht die Möglichkeit, herausfordernden Verhaltensweisen entgegenzuwirken, indem beim Auftreten der Auffälligkeit zu einem Verhalten aufgefordert wird, das mit dem unerwünschten unvereinbar ist. Durch die positive Verstärkung dieses Verhaltens kann sich die Auftretenswahrscheinlichkeit der Auffälligkeit verringern. Die Interventionstechnik der Verstärkung eines inkompatiblen Verhaltens kann im Einzelfalle eine wirksame Alternative zum bloßen Ignorieren sein.

12) Wiedergutmachung
Bei dieser Interventionsform werden Personen, die Sachobjekte beschädigt oder in ihrer Wohngruppe Dinge durcheinander gebracht haben, dazu aufgefordert und angehalten, den ursprünglichen Zustand soweit wie möglich wiederherzustellen (z. B. den Boden von Scherben oder Blumenerde säubern; Stühle und Tische wieder aufstellen). Diese verhaltenstherapeutische Technik macht nur dann Sinn, wenn sie der unerwünschten Aktion unmittelbar folgt. Mitarbeiter mit einer starken Durchsetzungskraft haben eher Erfolg als andere Kollegen, die von einem Betroffenen als ‚schwach' erlebt werden. Auch hier darf sich die Überlegenheit der Mitarbeiter nicht gegen die betreffende Person richten (etwa durch latente Feindseligkeit, Rache oder Wut). Zur Wiedergutmachung zählt auch die Entschuldigung bei angegriffenen oder physisch verletzten Personen, um Schuldgefühle zu verringern.

13) Grenzen setzen und verbieten
Diese Interventionsform gilt zum einen für Notsituationen, um Selbst- und Fremdgefährdung zu vermeiden. Zum anderen wird sie eingesetzt, um drohende Konflikte zu vermeiden, um eine eskalierende Auseinandersetzung zu stoppen oder um einfach soziale Anpassung zu erzielen. Deshalb sollten Grenzsetzungen und Verbote, die mit einer geforderten Norm korrespondieren, sorgfältig überprüft werden, um das Recht auf Selbstbestimmung nicht zu gefährden. Wichtig ist, dass sie den Alltag nicht (fremd-)bestimmen und keine Atmosphäre der Kälte erzeugen. Grenzsetzungen oder Verbote lassen sich manchmal dadurch umgehen, indem mit den Betroffenen gemeinsam Verträge (Regelungen, Gebote, Konsequenzen) abgesprochen werden. Dadurch verliert die Alltagsarbeit an bloßer Willkür oder Beliebigkeit.

14) Bestrafen
Eine Alltagsarbeit, die im Umgang mit verhaltensauffälligen Menschen auf aufoktroyierte Strafen beziehungsweise Sanktionen setzt, ist aufs Schärfste abzulehnen. Bestrafungen sind letztlich der Ausdruck von Hilflosigkeit, Ohnmacht und Unvermögen, Probleme auf sinnvolle Weise zu lösen. Dies bleibt leider im Lager der klinischen (behavioralen) Therapie bei Menschen mit Lernschwierigkeiten mitunter unerwähnt (Benson und Haverkamp 2001, 265). Häufig besteht zwischen Bestrafung und einem subtilen Heimzahlen ein verhängnisvoller Zusammenhang, der persönlichkeitsbeschädigende Auswirkungen haben kann. Schon deshalb kommt aus diesem Blickwinkel Bestrafung als pädagogische Interventionsform für uns nicht in Betracht.
Es gibt jedoch eine andere Form von Bestrafung, die sich aus bestimmten Gegebenheiten ergibt. Damit meinen wir logische oder natürliche Konsequenzen, die Verstöße gegen Regeln oder Absprachen nach sich ziehen: Wenn jemand eine vereinbarte Aufgabe nur sehr schleppend erledigt, verpasst er womöglich eine von ihm geschätzte Freizeitaktivität. Wenn jemand aus Wut einen Radiorecorder zerstört,

kann er damit nicht mehr Musik hören und muss sich ein neues Gerät womöglich mühselig ersparen. In solchen Fällen ergibt sich eine Bestrafung als Konsequenz aus dem eigenen Verhalten. Soll diese wirksam sein, muss sie allerdings vom Handelnden selbst als Fehlverhalten wahrgenommen und verstanden werden. Ansonsten besteht die Gefahr, dass sich die Person zu Unrecht verurteilt (bestraft) fühlt. Schließlich ist es immer ein Ziel von Bestrafung, dass der Betreffende dadurch lernt, sich zukünftig anders zu verhalten. Alles in allem merken wir, welche Ansprüche an das Bestrafen gestellt werden, wenn es pädagogisch im Sinne natürlicher oder logischer Konsequenzen in Betracht gezogen werden sollte.

15) Schutzmaßnahme durch Fixierung
In der Arbeit mit verhaltensauffälligen Personen kann es Situationen geben, in denen eine akute Selbstgefährdung besteht, welche weder durch Psychopharmaka (auch Bedarfsarznei) noch durch andere Interventionen (Festhalten, Time-out) bewältigt werden kann (u. a. auch bei einer unzureichenden Personalbesetzung). In dem Falle können unmittelbare Schutzmaßnahmen durch Fixierung notwendig werden, die der gerichtlichen Genehmigung bedürfen. Das gilt zum Beispiel für das Tragen einer Schutzjacke, eines Bauchgurts oder von Boxerhandschuhen. Dass solche Maßnahmen tatsächlich nur zum Schutz bei akuter Gefährdung und darüber hinaus nur befristet erfolgen dürfen, bedarf keiner besonderen Begründung. Schließlich bedeuten sie Freiheitsberaubung. Daher dürfen sie auch niemals handlungsbestimmend werden. Dennoch kommt es auch auf diesem Gebiete (wie beim Time-out oder beim „therapeutischen" Festhalten) nach wie vor zum Missbrauch, indem unkontrolliert und unreflektiert Zwangsmethoden eingesetzt werden. Das aber hat mit einer pädagogischen Intervention dann nichts mehr zu tun.

Spezielle präventive Methoden
Einige der zuvor genannten Interventionsformen können präventiv bedeutsam sein beziehungsweise dazu beitragen, dass Verhaltensauffälligkeiten erst gar nicht auftreten. Das betrifft zum Beispiel die „Einschränkung der räumlichen Bewegungsfreiheit und der Verfügbarkeit von Gegenständen", die „Herausnahme aus der Gruppe" oder auch das Setzen von Grenzen. Darüber hinaus gibt es noch spezielle präventive Strategien:

1) Kleine Hilfestellungen zur Überwindung von Augenblickskrisen
Es gibt Situationen, in denen Mitarbeiter/innen schon frühzeitig bemerken, dass jemand in eine Augenblickskrise zu geraten droht; dies können Situationen sein, in denen sich eine Person angesichts zu komplexer Aufgabenstellungen oder Anforderungen überfordert fühlt, immer verzweifelter wird und sich in einen Wut- oder Aggressionsausbruch hinein steigert. Wird ihr dann kurz vor dem sich ankündigenden Ausbruch eine kleine Hilfestellung zur Bewältigung der Aufgaben gegeben,

kann es sein, dass der Betreffende sich wieder fängt, beruhigt und weiter arbeitet. Diese Strategie ist selbstverständlich keine Lösung des zugrunde liegenden Konflikts oder Problems, das im Falle unseres Beispiels mit einer ‚unpassenden' Anforderungsstruktur zusammenhängen kann.

2) Umgruppierung
Hierbei geht es um Maßnahmen, die sich auf die Veränderung einer (Wohn-)Gruppe beziehen. Dies kann ein Gruppenwechsel sein, eine veränderte Zusammensetzung einer Gruppe oder auch nur eine Veränderung der Sitzordnung bei Tisch bedeuten, wenn angenommen wird, dass dadurch spezifische Konflikte präventiv vermieden werden können. Ein Gruppenwechsel ist häufig für den Betreffenden eine drastische Maßnahme, die keineswegs seinem Interesse entsprechen muss. Es widerspricht dem Grundsatz der Selbstbestimmung, wenn der Wechsel über seinen Kopf hinweg vollzogen wird. Insofern sollten die Betreffenden soweit wie möglich mitentscheiden können.

3) Subjektzentriertes Umlenken
Es kann Situationen geben, in denen trotz eines adäquaten Angebots, das ursprünglich gut geplant war und sich an den vorhandenen Bedürfnissen der Einzelnen orientierte, Krisen oder Probleme entstehen, die durch ein vorausschauendes, rechtzeitiges subjektzentriertes Umlenken aufgefangen werden können. So kann zum Beispiel beim Gruppenmalen Frustration auftreten, wenn ein Becher Farbe umfällt. Die betreffende Person wird wütend und die ganze Gruppe droht aus dem Gleichgewicht zu geraten, wenn nicht rechtzeitig Alternativen durch veränderte Aufgabenstellung oder Aktivitäten angeboten werden, die ebenfalls dem Interesse der Betreffenden entsprechen müssen. Das ursprünglich geplante Anliegen wird somit durch ein alternatives Angebot je nach Situation ersetzt. Eine flexible und offene Alltagsgestaltung lässt hierzu genügend Raum.

4) Kontrolle durch unmittelbare Anwesenheit
Es gibt Konflikte oder kritische Situationen, die immer wieder ähnliche Muster aufweisen und auf Dauer vorhergesehen werden können. Manchmal reicht es dann aus, wenn sich der Mitarbeiter rechtzeitig unmittelbar am Ort des Geschehens aufhält, sich in direkter Nähe zur betreffenden Person befindet. Dies kann beruhigend wirken, Sicherheit bedeuten und muss nicht zwangsläufig als Bedrohung erlebt werden.

5) Individuelle Stärken oder Ressourcen nutzen
Diese (wohl bekannte und inzwischen sehr geschätzte) Strategie ist von Ingersoll-Dayton et al. (2003, 421) explizit als situationsbezogene und präventive Vermittlungshilfe zur Bewältigung von Verhaltensproblemen (v. a. auch dementer Perso-

nen) aufbereitet worden: Zum Beispiel waren helfende Personen physischen und verbalen Aggressionen eines Heimbewohners beim Zu-Bett-Gehen ausgesetzt. Ein Mitarbeiter wusste, dass der Bewohner einen Freund namens Tom hatte, mit dem er oft im Schlaf (Traum) sprach. Dieses Wissen wurde nunmehr beim Zu-Bett-Gehen genutzt, indem während dieser Zeit die Mitarbeiter über Tom sprachen. Der Bewohner hörte darauf hin interessiert zu und verhielt sich ruhig.

6) Präventive Absprachen
Auch diese Strategie ist hilfreich, um spezifischen Verhaltensproblemen frühzeitig begegnen zu können. Präventive Absprachen können sich zum Beispiel auf das Hinterlegen einer Telefon-Nummer für den sogenannten Notfall beziehen, außerdem geht es um Benennung einer Kontaktperson für Konflikte oder Krisen; überdies können auch tagesstrukturierende oder verhaltenssteuernde Absprachen wie Gruppenregeln getroffen sowie Maßnahmen abgestimmt werden, die bei Regelverstoß gelten sollen. Hinzu kommt eine Zusammenarbeit mit institutionellen oder gesellschaftlichen Bezugssystemen, hier geht es zum Beispiel um Absprachen mit Betreibern beziehungsweise Angestellten eines Cafés oder Lebensmittelgeschäfts, so dass ein größeres Verständnis der nichtbehinderten Bevölkerung beziehungsweise mehr Sensibilität für spezifische Probleme im Umgang mit sozial auffälligen behinderten Menschen erreicht werden kann.
Alles in allem kommt dem präventiven pädagogischen Handeln große Bedeutung zu. Dabei geht es aber nicht nur um ein Erahnen und Erfassen herausfordernder Situationen und Verhaltensweisen einer behinderten Person, um frühzeitig gegensteuern zu können (z. B. durch Entspannungsangebote, ruhige Musik, Vermeidung von Frustrationsquellen). Ebenso wichtig sind das Erkennen, Eingeständnis und die präventive Bewältigung von Situationen, in denen sich Mitarbeiter psychisch erschöpft, physisch stark belastet oder überfordert fühlen. Präventiv reflektiert werden müssen gleichfalls kritische Beziehungen zwischen einzelnen Mitarbeitern und behinderten Personen. Hier kann gegebenenfalls ein präventiver Dienstaustausch oder auch ein Personalwechsel in der Alltagsarbeit weiterhelfen.

Sozialformen
Die letzte Ebene der Methoden betrifft die Sozialformen, die wir unterscheiden in:

1) Einzelarbeit
Bereits in der allgemeinen Alltagsarbeit (v. a. in sogenannten Schwerstbehindertengruppen) wird nicht selten vonseiten des zuständigen Personals Einzelarbeit eingefordert. Zudem unterstützt sie das Prinzip der Bezugsassistenz, und ihr Wert als Vehikel zur allgemeinen Persönlichkeitsentfaltung ist unbestritten. Allerdings wird allzu oft die Erfahrung gemacht, dass sich Einzelarbeit aus rein äußerlichen Gründen (fehlendes Personal, Zeitmangel) kaum umsetzen lässt (Theunissen 2001b).

Aus diesem Grunde haben wir die Variante der situativen Einzelzuwendung eingeführt.

2) Situative Einzelzuwendung
Hierunter verstehen wir eine im Rahmen der Alltagsarbeit spontan beziehungsweise situativ arrangierte Interaktionsform, bei der ein Mitarbeiter mit einem (verhaltensauffälligen) behinderten Menschen gemeinsam Tätigkeiten ausführt, die für den Betreffenden lebensbedeutsam und sinnstiftend sind. Die situative Einzelzuwendung hat partizipierenden und kooperativen Charakter, indem die Betroffenen durch gemeinsames Tun und Erleben, durch Übernahme einzelner Handlungen bis hin zur eigenständigen Bewältigung einer Tätigkeit so befähigt werden sollen, dass sie zu mehr Handlungskompetenz und zu einer Kontrolle über die eigenen und gemeinsamen Lebensumstände gelangen können. Rudimente aus der Theorie des Modell- oder Imitationslernens (Bandura), das Lernprinzip „Schritt für Schritt" sowie das „fehlerfreie Lernen" durch Hilfestellungen (*prompting*) bilden den fühlbaren Hintergrund dieser Arbeitsform (vgl. Theunissen 2008b, 97).
Im Unterschied zu einer mittel- oder langfristigen Einzelarbeit soll sie eher kurzfristigen Charakter haben und im Wesentlichen aus gegebenen Situationen heraus umgesetzt werden. Einen starren, unflexiblen Zeitplan (sog. Förder- oder Therapiestunde) gibt es somit nicht. Überdies ist sie in hohem Maße realitätsbezogen, indem sie ein Lernen in alltäglichen Lebenssituationen ermöglicht und befördert. Sie lässt sich im Rahmen einer Bezugsassistenz umsetzen und eröffnet den Blick für eine realoptimistische Einschätzung der Möglichkeiten, im Rahmen alltäglicher Situationen in einer Wohngruppe oder Arbeitsstätte personale Begegnungsprozesse anzubahnen (dazu auch „aktive Unterstützung" in Theunissen 2012a).
Bekanntlich wird gerade die wohngruppenbezogene Alltagsarbeit maßgeblich von organisatorischen oder hauswirtschaftlichen Arbeiten bestimmt, so dass häufig die Mitarbeiter/innen nur wenig Zeit haben, sich auf intensive Begegnungen mit den Einzelnen einzulassen. Was aber bleibt, ist die Möglichkeit, „augenblickhafte Begegnungen" (Buber) mit den behinderten Menschen zu realisieren, die durch die situative Einzelzuwendung voll zum Tragen kommen. Ein weiteres wichtiges Moment dieser Arbeitsform ist das Ziel der Hilfe zur Selbsthilfe, was letztlich bedeutet, dass die situative Einzelzuwendung sich immer wieder überflüssig machen soll.

3) Gruppenarbeit
Die dritte Sozialform ist die Gruppenarbeit, der es um soziale Begegnungen, geselliges Zusammensein, gemeinsames Tun und Erleben in Freizeitsituationen wie aber auch um gezielte Bildungs- oder Lernangebote zu tun ist. Menschen mit Lernschwierigkeiten und Verhaltensauffälligkeiten müssen häufig zur Gruppenarbeit motiviert und behutsam hingeführt werden. Dies kann durch eine verstärkte Einzelzuwendung im Rahmen einer Gruppenarbeit erreicht werden; denkbar ist auch

ein Weg von der Einzelarbeit über eine Partnerarbeit bis hin zur Arbeit in Gruppen (Theunissen 2009, 272ff.). Gruppenaktivitäten sind nicht nur einmalige oder kurzfristige Unternehmungen, sondern sie lassen sich auch langfristig im Rahmen von Projekten realisieren. Gruppenbezogene Projekte stellen ein vielschichtiges, mehrperspektivisches Lern- und Erfahrungsfeld dar, das den Bedürfnissen, Interessen wie auch der Problemlage Einzelner sehr entgegenkommen kann (dazu später).

Persönliche Zukunfts-, Lebensstil- und Netzwerkplanung
Im Folgenden geht es nunmehr um Überlegungen, wie das bislang skizzierte Konzept auf handlungspraktischer Ebene (z. B. im Bereich des Wohnens) subjektzentriert, kooperativ und antizipatorisch umgesetzt werden kann. Die Antwort der traditionellen Heilpädagogik oder Behindertenhilfe ist hier eindeutig: ihr prominentes Instrument ist die *individuelle Förderplanung*, die von den helfenden Berufen (Betreuer, Erzieher...) für jede Person (z. B. Bewohner) vorgenommen werden sollte. Daran sollte sich dann jeder in der Alltagsarbeit Tätige orientieren. Um die Umsetzung der Förderziele sicherzustellen, bedarf es der Absprache von Zuständigkeiten (Bezugsbetreuung), einer Verlaufsdokumentation, mehrerer Zwischenevaluationen (Teambesprechungen) und schließlich eines End- beziehungsweise Jahresberichts, aus dem nicht selten ein Entwicklungs- oder Förderbericht für den zuständigen Kostenträger extrahiert wird.
Die Erstellung von Förderplänen im traditionellen Stil ist inzwischen ins Kreuzfeuer der Kritik und fachlichen Auseinandersetzung geraten (Hähner u. a. 1997; Bensch und Klicpera 2003, 44; Trost 2003, 505ff.). Spätestens seit der Diskussion um Empowerment und Selbstbestimmung wird die Gepflogenheit kritisch gesehen, dass solche Pläne ausschließlich von Mitarbeitern entworfen werden; und es wird zu Recht angefragt, ob denn die Absicht, ‚etwas' aus einem behinderten Menschen zu ‚machen', das heißt ihm Förderziele aufzuoktroyieren, überhaupt legitim sei. Hinterfragt wird dabei insbesondere die Rolle des professionellen Helfers, der in der traditionellen Heilpädagogik oder Behindertenhilfe als alleiniger Experte, Planer und Bestimmer auftritt (Sanderson 2001, 131ff.; Theunissen 2000, 113ff.). Demgegenüber geht der Empowermentansatz davon aus, dass Personen mit Lernschwierigkeiten immer auch „Experten in eigener Angelegenheit" sind und dass insbesondere der Status des Erwachsenseins anzuerkennen und zu würdigen sei. Vor diesem Hintergrund wird der Förderanspruch im traditionellen Sinne in Frage gestellt und unmissverständlich zurückgewiesen (Niehoff 1997; Theunissen 2000, 118f.). Stattdessen werden Interessen, Vorstellungen, Wünsche, Bedürfnisse, Ziele und Rechte der Betroffenen in den Fokus der allgemeinen und speziellen Alltagsarbeit (z. B. Einzelhilfe) gestellt.
Dieser Paradigmenwechsel hat dazu geführt, die traditionelle Förderplanung durch eine *persönliche Zukunfts- oder Lebensstilplanung* zu ersetzen, an der die betroffene Person maßgeblich beteiligt ist, indem *ihre* Lebensziele und *ihre* Zukunft den

Ausgangspunkt der Alltagsarbeit (Heilpädagogik) bestimmen. Ein solcher Ansatz, der unter dem Oberbegriff *Person-Centered Planning* aus Nordamerika stammt und im angloamerikanischen Sprachraum, in Skandinavien und in den Niederlanden schon seit geraumer Zeit für die Behindertenarbeit handlungsanleitend ist (Grant 2002, 127ff.; Holburn und Vietze 2002; Kincaid 2001; Sanderson 2001), findet mittlerweile auch im deutschsprachigen Raum immer mehr Zuspruch (Boban und Hinz 1999; 2009; v. Kan und Doose 2000; Theunissen 2011a).

Unter *persönlicher Zukunftsplanung* (*personal futures planning*) wird ein methodisches Instrument verstanden, bei dem ein behinderter Mensch gemeinsam mit Bezugspersonen im Rahmen einer *Unterstützerkonferenz* über seine Lebenszukunft nachdenkt, sich Lebensziele setzt und diese gegebenenfalls mit Unterstützung umzusetzen versucht (Doose 1997, 199). In der Regel sollte sich der Betroffene die Teilnehmer/innen für den Unterstützerkreis (*circle of support; circle of friends*) selbst aussuchen; lebt er in einer Wohngruppe, macht es aber auf jeden Fall Sinn, wenn neben den von ihm benannten Personen (z. B. Angehörige, Freunde, Lehrer, Vertrauensperson) Gruppenmitarbeiter/innen oder Wohnbereichsleiter/innen in die Unterstützerkonferenz miteinbezogen werden.

Um von vornherein Missverständnisse auszuräumen, sei gesagt, dass es uns dabei nicht etwa um einen Ansatz zu tun ist, der sich nur auf professionelle Formen einer Unterstützung bezieht oder auf eine institutionsbezogene Arbeit beschränkt, „die von vorhandenen Optionen in vorhandenen Einrichtungen" ausgeht (Boban und Hinz 2009, 453). Vielmehr soll der Begriff der Personenzentrierung zum Ausdruck bringen, dass die Perspektive der betreffenden Person im Mittelpunkt steht und dass es im Rahmen der Unterstützerkonferenz auf seine Stimme ankommt. Allein dadurch, dass verschiedene Lebenswelten auf die Entwicklungsmöglichkeiten jedes Einzelnen Einfluss nehmen und ebenso durch die Person selbst beeinflusst werden, durch das Recht auf Inklusion und Teilhabe am Leben in der Gesellschaft sowie durch die Zusammensetzung des Unterstützerkreises kann davon ausgegangen werden, dass neben professioneller Assistenz informellen Unterstützungsleistungen und –systemen durch andere beziehungsweise nichtbehinderte Bürger eine prominente Bedeutung zukommt. Dafür steht der Begriff der *Bürgerzentrierung*, der in jüngster Zeit gerne im Zusammenhang einer Zukunftsplanung benutzt wird (ebd.). Die Lebensziele, Lernbedürfnisse oder auch Wünsche zur Lebensgestaltung können sich auf unterschiedliche Lebensbereiche beziehen, mit Blick auf junge Erwachsene zum Beispiel auf den Übergang von der Schule ins Arbeitsleben sowie vom Elternhaus ins unabhängige Erwachsenenleben und Wohnen mit oder ohne Assistenz, auf die berufliche Ausbildung, Integration oder Rehabilitation, auf die Gestaltung einer Lebensgemeinschaft beziehungsweise partnerschaftlichen Beziehung, auf Kontakte außerhalb des Wohnens oder Arbeitens, auf Verwirklichungsmöglichkeiten in der Freizeit oder auch auf Partizipation an sozio-kulturellen Angeboten in der Region.

Die persönlichen Ziele können entweder kurzfristig (für die nächste Woche), mittelfristig (für das nächste Halbjahr oder Jahr) oder auch langfristig (für mehrere Jahre) angelegt sein. In der Regel erfolgt eine persönliche Zukunftsplanung als *Jahresplanung,* die es unter Regie der behinderten Person im Rahmen einer Unterstützerkonferenz zu entwerfen gilt. Daran sollte sich dann jeder professionelle Helfer orientieren. Um die Umsetzung des Konzeptes sicherzustellen, bedarf es wie bei der traditionellen Förderplanung der Absprache von Zuständigkeiten (z. B. Bezugsassistenz), einer Verlaufsdokumentation, mehrerer Zwischenevaluationen (Teambesprechungen) und schließlich eines End- beziehungsweise Jahresberichts, der selbstverständlich mit den Betroffenen abgestimmt sein muss.

Zu Beginn einer Jahresplanung ist es oft sinnvoll, zunächst gemeinsam mit der Person Themen, Ideen, Vorlieben oder Interessen zu eruieren, um Wahlmöglichkeiten und Entscheidungsprozesse zu erleichtern. Eine solche Themensuche kann im Rahmen eines Vorgesprächs beziehungsweise einer kurzfristigen Einzelarbeit oder Gruppenveranstaltung als Bildungsangebot organisiert stattfinden. Doose (1997, 207; 2000, 88ff.) nennt verschiedene Methoden, Arbeitsformen und Hilfsmittel (Fragebögen, Checklisten, Lebensstilkarten, Themenblätter), die für diesen Schritt genutzt werden können. Zudem nennt er wichtige Fragen, die es zu erkunden gilt (auch v. Kan und Doose 2000):

- Was sind meine Stärken und Fähigkeiten?
- Was soll einmal aus mir werden?
- Welche Bereiche sind mir in meinem Leben besonders wichtig?
- In welchen Bereichen meines Lebens kann ich selbst entscheiden?
- In welchen Bereichen werde ich von Anderen bestimmt?
- Welche Dinge kann ich in meinem Leben ohne Hilfe bewältigen?
- Was möchte ich demnächst lernen?
- Wofür benötige ich weiterhin Hilfe?
- Welche Menschen sollen mich kennen lernen?
- Welche Menschen sollen mich besuchen?
- Wo und wie möchte ich zukünftig leben?
- Was möchte ich zukünftig tun?
- Wie und wo kann ich noch notwendige Kenntnisse erwerben?
- Wer kann mich auf meinem Lebensweg unterstützen?
- Welche Orte sind für mich wichtig?
- Welche Orte sollte ich aufsuchen?
- Welche Hindernisse muss ich überwinden?
- Welche Veränderungen an meinem Arbeitsplatz sind sinnvoll?
- Was muss ich tun, um gesund zu bleiben und mich wohl zu fühlen?
- Wie lebe ich jetzt?

Eine zentrale Bedeutung für die Zielsuche haben auch Träume: „In den Träumen liegen unsere kleinen und großen Ziele, unsere Visionen und die Quelle unserer Motivation. Sie sind eine wichtige Quelle unserer Inspiration" (Doose 1997, 204).

In dem Zusammenhang geht es nicht darum, mit Träumen nur Hoffnungen zu wecken, die dann später nicht erfüllt werden können, sondern entscheidend ist es, „den Kern von Träumen zu erkunden", um von hier aus zu neuen Ideen und weiterführenden Perspektiven zu gelangen, die für realisierbare Wege und gangbare Schritte (Aktionsplan [Turnbull und Turnbull 2001; Theunissen 2012a]) wegebnend sein können.

Wie wir uns die Erstellung eines persönlichen Zukunftsplans konkret vorstellen können, geht aus folgendem Vorschlag hervor:

Grunddatenblatt eines persönlichen Zukunftsplans
- Jahr (Zeitraum von....bis....)
- Name und Alter
- Wohnort/ Verhältnisse
- Beteiligte Gesprächspartner einer Zukunftskonferenz
- persönliche(r) Assistent(In)
- erstellt durch... erstellt am...

Protokollbogen für den persönlichen Zukunftsplan
Zur Jahresplanung zukünftiger Lebensziele und Wünsche zählen:
- Gespräch mit dem Betroffenen über Zweck der Jahresplanung
- Festlegung der Gesprächsteilnehmer des Unterstützerkreises in Absprache mit dem Betroffenen und seinen Wünschen: zum Beispiel zuständiger Mitarbeiter, gesetzlicher Betreuer, Angehörige, Vertrauensperson, Freunde, Bekannte
- Einladung zum Gespräch circa vier Wochen vor dem Termin
- Moderation des Gesprächs durch den persönlichen Assistenten (Vertrauensperson)
- (Kurze) Protokollierung des Gesprächs über die Interessen, Wünsche, Vorstellungen, Ziele oder Lernbedürfnisse des Betroffenen durch den persönlichen Assistenten
- Schriftliche Fixierung von zwei bis vier favorisierten (Jahres-)Zielen beziehungsweise Wünschen für die Lebensgestaltung (ggf. mit Begründung der Auswahl [Präferenz] bestimmter Ziele oder Wünsche)
- Unterzeichnung des Protokolls und der Zielvereinbarung durch alle Gesprächspartner

Die Dauer eines Treffens sollte mit zwei Stunden veranschlagt werden, in der Regel müssen allerdings mehrere Zukunftskonferenzen (3-4 Treffen) vereinbart werden (vgl. dazu Theunissen 2012a).

Ferner sollten bestimmte Grundsätze beachtet werden, zum Beispiel Wahlmöglichkeiten aufzeigen und Selbstentscheidungsprozesse fördern, die aktive Beteiligung der Betroffenen unterstützen, einen Fachjargon vermeiden und verständlich sprechen sowie Entscheidungsfreiheit verdeutlichen (Doose 1997, 212).

Arbeitsblatt für das Jahresprogramm
bezieht sich auf:
- Konkretisierung der Wünsche oder Ziele gemeinsam mit der Person (z. B. nach dem sogenannten W-Fragen-Muster: Wann, wie, wo, womit, wie lange, mit wem, warum)
- Stärken-Assessment; individuelle und soziale Ressourcenerschließung (einschl. eines Profils an Fähigkeiten und Fertigkeiten)
- Festlegung und Vereinbarung der Zielbereiche, des Zeitrahmens, der Arbeitsmittel, Methoden, Maßnahmen, des Orts
- Beteiligte Bezugspersonen

Nützlich ist es, zur Vereinfachung des Ganzen Ziele, Vorstellungen, Maßnahmen und dergleichen auf Flipcharts mit Bildern, Symbolen oder Ähnlichem festzuhalten. Ferner ist die Frage nach den Rahmenbedingungen wichtig, um festzustellen, welche Faktoren für die Lebenszielplanung beziehungsweise Zukunftsgestaltung förderlich oder hemmend sind.

Dokumentationsbogen für den Verlaufsbericht
bezieht sich auf:
- Zielbezogene Dokumentation der Arbeit (geordnet nach den hierarchisierten Zielen)
- Viertel- oder halbjährliche Zwischenevaluation gemeinsam mit der Person; gegebenenfalls unter Hinzuziehung weiterer relevanter Bezugspersonen
- Kurze Protokollierung der Zwischenevaluation und Bestätigung durch die Person

Protokollbogen für den Jahresrückblick
bezieht sich auf:
- Reflexions/Evaluationsgespräch gemeinsam mit dem Betroffenen und allen relevanten Personen (Gesprächspartner, die an Zukunftskonferenz beteiligt waren)
- Einladung der Teilnehmer circa vier Wochen vor dem Treffen
- Vorüberlegungen, Vorschläge in Bezug auf das weitere Vorgehen (Fortschreibung der Ziele oder neue Jahresplanung)
- Kurze Protokollierung der Ergebnisse und Bestätigung durch den Betroffenen

Das Konzept der persönlichen Zukunftsplanung kann in der hier anskizzierten Form als ein Modell für einen respektvollen Umgang mit behinderten Personen (Erwachsenen) betrachtet werden. Davon sollten alle Menschen mit Lernschwierigkeiten oder einer komplexen Behinderung profitieren – also auch Personen, die als verhaltensauffällig oder psychisch gestört beschrieben und bezeichnet werden. Gerade die Beteiligung dieses Personenkreises an der Planung von Maßnahmen (Interventionen, Förderung, Therapie) war bislang in der Heilpädagogik oder Behindertenhilfe alles andere als selbstverständlich; und selbst heute wird immer noch allzu oft über die Köpfe der Betroffenen hinweg geplant und entschieden. Insofern kommt dem Instrument der persönlichen Zukunftsplanung gleichfalls vor dem Hintergrund von Verhaltensauffälligkeiten eine wichtige Bedeutung zu, indem es betroffenen Menschen die Chance bietet, als Person akzeptiert, gehört und ernst genommen zu werden. Grundsätzlich gibt es „weder Mindestfähigkeiten noch eine Altersbegrenzung für die Hauptperson, der Ablauf des Unterstützerkreises muss alters- und fähigkeitsentsprechend sein" (Boban und Hinz 2009, 455). So bedarf es zum Beispiel der Modifikation bei Menschen, die nicht für sich selber sprechen können, erhebliche Kommunikationsprobleme haben oder als geistig schwer(st) und mehrfach behindert gelten.

Hierzu schlägt Sanderson (2001, 138ff.) den Ansatz der *persönlich bedeutsamen Lebensstilplanung* (*Essential Lifestyle Planning*) vor (dazu Theunissen 2012a). Dieser sieht vor, dass zunächst die Vertrauensperson (persönlicher Assistent) beziehungsweise Mitarbeiter/innen versuchen sollen, durch genaue Beobachtungen von Situationen des alltäglichen Lebens und insbesondere durch gemeinsame Aktivitäten auf basaler Ebene, durch dialogische Begegnungen und durch ein damit verknüpftes Nachvollziehen und Nacherleben des Tuns individuelle Wünsche, Bedürfnisse, Interessen und autonome Entscheidungs- und Handlungsräume eines Betroffenen zu erschließen. Bei der Erhebung dieser Informationen können die in der AAIDD-Definition ausgewiesenen Lebensbereiche (Kapitel 1) in differenzierter Form und in Verbindung mit spezifischen Bedürfnisbereichen eine Leit- und Arbeitshilfe sein (z. B. Kommunikation; Selbstversorgung beziehungsweise lebenspraktischer Bereich; Wohnen; Selbstbestimmung; Benutzung von Infrastrukturen und gesellschaftliche Partizipation; Arbeit; Freizeit; Freundschaft, Partnerschaft, Sexualität; Familie, Verwandtschaft; Sozialverhalten; Gesundheit; physisches und psychisches Wohlbefinden). Es ist aber auch möglich, dass Gruppen oder Einrichtungen selbst Bereiche festlegen beziehungsweise selbstentwickelte Bögen nutzen. Die gewonnenen Erkenntnisse bilden das Ausgangsmaterial für den Unterstützerkreis, der fünf Fragen fokussieren sollte:

Was sagen andere über die Person?
Hier geht es um die Auflistung ausschließlich „positiver Attribute" (Sanderson 2001, 139), (z. B. „Alison grüßt immer mit einem ansteckenden Lächeln; Alison ist ehrlich und zuverlässig; Alison möchte immer gerne dort sein, wo etwas geschieht..." [141]). „Klinische Beschreibungen... sollten gänzlich vermieden werden" (139).

Wer und was ist für die betreffende Person wichtig?
Durch diese Frage sollen lebensbedeutsame Bedürfnisse („Alison benötigt Konversationen, und sie ist oft unglücklich, wenn mehrere Personen um sie herum sind:

Sie genießt die ungeteilte Aufmerksamkeit" [141]), wichtige Aspekte in Bezug auf die Alltagsarbeit („eine ruhige Atmosphäre... ein regelmäßiges Bad am Morgen... eine tägliche Spazierfahrt mit einem Kleinbus" [141]) und spezielle Wünsche („Alison liebt Massage... Alison bevorzugt einen ‚Lieblingssessel'" [142]) erfasst werden.

Was müssen andere wissen und was müssen sie tun, um die Person erfolgreich zu unterstützen?
Diese Frage erstreckt sich auf assistierende Hilfen im Rahmen der Alltagsarbeit (z. B. im lebenspraktischen Bereich) beziehungsweise in Bezug auf die Alltags- oder Tagesgestaltung (z. B. „wenn Alison gestresst wirkt oder sich erregt, ist es am besten, sie für eine Weile in Ruhe zu lassen und keine Anforderungen zu stellen..." [142]).

Wie ist die Kommunikation zu gestalten?
Im Zentrum dieser Frage steht die Auswahl geeigneter Kommunikations- und Interaktionsformen. Sie soll klären, „wie eine Person kommuniziert und wie mit ihr am besten kommuniziert werden kann" (140). Hierzu das folgende Beispiel: „Jedes Mal, wenn ein Mitarbeiter zu dicht an Derek sitzt, versucht Derek, den anderen mit seinem Arm wegzustoßen oder ihn an den Haaren zu ziehen; Derek kann eine zu starke Nähe nicht ertragen, daher sollte ihm etwas Bewegungsfreiheit gegeben werden" (138).

Welche Fragen sind noch zu klären?
Diese Frage bezieht sich auf Unklarheiten, vergessene Aspekte oder noch ungelöste Dinge.

Alles in allem lässt sich festhalten, dass es in der Arbeit mit behinderten Menschen, die nicht für sich selber sprechen können, auf die Kunst der Teilnehmer des Unterstützerkreises und insbesondere auf das Geschick des persönlichen Assistenten ankommt, im Sinne eines betroffenen Menschen zu denken, advokatorisch zu entscheiden und zu planen. Das verlangt zweifelsohne ein hohes Maß an empathisch-verstehender Teilnahme am Leben der betreffenden Person sowie an Verantwortung ihr gegenüber.

Eine weiteres Modell einer *person-centered planning*, das unter anderem für Menschen mit Lernschwierigkeiten und Verhaltensauffälligkeiten bestimmt ist und am besten mit den vorausgegangenen Überlegungen verschaltet werden sollte, stammt von Kincaid (2001). Diesem Ansatz liegen fünf (normative) Leitlinien (440f.) für eine Zukunfts- und Lebensstilplanung zugrunde:
1. Im alltäglichen Leben präsent sein (Inklusion) und am gesellschaftlichen Leben aktiv partizipieren
2. Zufriedenstellende Beziehungen herstellen und aufrechterhalten

3. Persönliche Präferenzen nennen und Entscheidungen im alltäglichen Leben treffen
4. Gelegenheiten schaffen und nutzen, die eine respektvolle Rolle und ein würdevolles Leben in der Gemeinschaft ermöglichen
5. Persönliche Kompetenzen kontinuierlich weiterentwickeln

Davon ausgehend zeichnet sich der Ansatz von Kincaid dadurch aus, dass 10 Aspekte, die als subjektiv bedeutsam erachtet werden, jeweils auf Plakate (Flipchart) bildhaft illustriert auf einfache, verständliche Weise festgehalten und zum Ausgangspunkt der Zukunfts- und Lebensstilplanung gemacht werden sollen. Kincaid schlägt hierfür ein schrittweises Vorgehen vor, indem zunächst Informationen in Bezug auf die zentralen Bereiche gemeinsam in einem Unterstützerkreis gesammelt werden sollen (443ff.):

1. Beteiligte Personen
Hier geht es um die Benennung und kurze Vorstellung aller an der Unterstützerkonferenz beteiligten Personen (Vater, Mutter, Lehrer, nichtbehinderter Freund, Nachbarin, Sprachtherapeutin...);
2. Wichtige Personen in der Umgebung des Betroffenen
Unter dieser Rubrik sollen alle Personen genannt und durch Pictogramme beziehungsweise Strichmännchen mit charakteristischen Merkmalen (z. B. Vater mit Bart) visualisiert werden, die im Leben des Betroffenen eine wichtige Rolle spielen (dieser Arbeitsschritt lässt sich auch im Rahmen einer Netzwerkerfassung [dazu später] einbinden);
3. Wichtige Aufenthaltsorte
Hier sollen alle Orte bildhaft festgehalten werden, die für die Person wichtig sind (z. B. familiales Milieu, Arbeitsstätte, Schwimmbad, Fußballplatz, Ausflugslokal an einer Burg); zudem sollen dabei die entsprechenden Bezugspersonen und Aktivitäten aufgezählt werden (z. B. bzgl. familiales Milieu: ein Bruder, mit dem gemeinsam Musik gehört wird);
4. Lebensgeschichte
Diesbezüglich sollen alle wesentlichen Ereignisse beziehungsweise Stationen im Leben der Person chronologisch (von Geburt an bis in die Gegenwart) auf einem großen Plakat oder als Lebensbaum illustriert (mit Zeitangaben und stichwortartigen Informationen) festgehalten werden;
5. Gesundheit
Hier geht es um die Erfassung des Gesundheitszustandes und der körperlichen Verfassung in positiver und negativer Hinsicht (unterteilt in eine + und − Spalte) sowie um die Registrierung von Medikamenten;
6. Wahlmöglichkeiten und Wünsche
Unter dieser Rubrik sollen Wahlmöglichkeiten und Wünsche der Person (z. B. Schlafzeit selbst entscheiden) und seiner Umkreispersonen (z. B. regelmäßig baden) festgehalten werden;

7. Wertschätzung
   Diese Rubrik sieht vor, alle positiven Eigenschaften und Ausdrucksformen der Person, die wertgeschätzt werden (+ Spalte) sowie Aspekte (einschließlich eines ungewöhnlichen, negativ auffälligen Verhaltens), durch die der Betreffende an Wertschätzung oder Respekt verliert (– Spalte), zu erfassen;
8. Strategien
   Die Erfassung von Strategien (einschließlich von beteiligten Personen, Aktivitäten, Situationen oder Räumen) soll gleichfalls in positive Spalten (registrieren was funktioniert [*work*]) und negative (sammeln, was nicht klappt [*don't work*]) unterteilt werden;
9. Hoffnungen und Befürchtungen
   Dieser Bereich, der die Erfassung von Hoffnungen oder Zukunftswünschen (z. B. ein unabhängiges Leben auch im Alter) und Befürchtungen (z. B. mit seinen Aggressionen werden andere nicht klar kommen) vorsieht, ist insbesondere für Umkreispersonen bedeutsam;
10. Barrieren und günstige Bedingungen
    Hierunter werden Hemmnisse oder Schwierigkeiten in sozialen, insbesondere gesellschaftlichen Bezugsfeldern (z. B. unzureichende Krisenintervention) erfasst wie auch günstige Voraussetzungen oder Bedingungen (z. B. aufgeschlossene Nachbarn) aufgelistet.

Der zweite Schritt sieht vor, aus jedem dieser Bereiche einige der wichtigsten Informationen unter positiven (hervorgehoben durch grüne Markierung) und negativen Gesichtspunkten (durch rote Markierung) auszuwählen und als *Themen eines persönlichen Profils* (456) auf ein Plakat (Flipchart) aufzulisten. Diese Themen bilden dann in einem nächsten Schritt, orientiert an den anfangs genannten Leitlinien, Diskussionsstoff für die Erstellung des persönlichen Zukunfts- und Lebensstilplans, der folgende Bereiche fokussieren sollte (458f.):
1. Die primäre Lebenswelt (häusliches Milieu, Wohngruppe)
2. Den Arbeitsbereich
3. Die Gemeinde als gesellschaftliches Bezugsfeld
4. Die Frage nach Gelegenheiten für Wahlmöglichkeiten und das Einbringen von persönlichen Fähigkeiten und Fertigkeiten
5. Die Beziehungsebene

Der gesamte Ablauf des Planungsgesprächs bewegt sich dabei in ähnlichen Bahnen, wie schon eingangs beispielhaft an der Jahresplanung dargestellt wurde. Im Mittelpunkt stehen stets die Wünsche, Ziele oder Perspektiven der Person beziehungsweise die Frage nach der subjektiven Bedeutsamkeit. Insofern kann es zu Interessenkonflikten kommen, wenn Wünsche oder Anliegen von Eltern, Mitarbeitern, Therapeuten, Lehrern oder Anderen unterschiedlich gelagert sind beziehungsweise differieren und zudem mit den Vorstellungen der Person kollidieren (462). In dem Falle hat der Gesprächsleiter (*chairperson, coach, facilitator*) einer Unterstützerkonferenz zu vermitteln, indem zum Beispiel über die oben genannten Leitlinien eine Brücke zu den unterschiedlichen Vorstellungen geschlagen wird und/oder die Rechte-Perspektive (Betreuungsrecht, das dem Willen [Selbstbestimmung] des Betroffenen Gewicht verleiht und nicht nur [wie in der Vergangenheit] das [physische] Wohl der Person im Auge hat) zur Richtschnur für Entscheidungen gemacht wird.

Zu guter Letzt soll noch die Erschließung *sozialer Netze* als Vehikel der *bürgerzentrierten Zukunfts- und Lebensstilplanung* herausgestellt werden, welche sich aus dem rechtlich kodifizierten Anspruch auf Teilhabe am gesellschaftlichen Leben ergibt. Unter einem sozialen Netz(werk) versteht Keupp (1988, 696) ein „Muster sozialer Beziehungen, in das ein Individuum eingebunden ist". Diesbezüglich können *primäre Netzwerke* (Systeme aus Familienmitgliedern, Freunden, Bekannten oder Nachbarn), *sekundäre* ([Bildungs-]Institutionen, Arbeitsstätten, Dienstleistungssysteme, Geschäfte, Freizeiteinrichtungen u. ä.) und *tertiäre* (Dienstleister wie Seelsorger, verlässliche Ansprechpartner in Behörden; Bürgerinitiativen, Selbsthilfe- oder Selbstvertretungsgruppen, Freiwilligenagenturen, Menschenrechtsorganisationen o. ä.; informelle Unterstützer [z. B. Friseur, Wirt etc.], die als Zuhörer, ‚Trostspender' oder Ratgeber fungieren) unterschieden werden (Bullinger und Nowak 1998). Mit Blick auf Inklusion kommt ihnen vor allem eine unterstützende, emotional haltgebende, sozial kommunikative, entwicklungsfördernde und identitätsstiftende Funktion zu (Borland und Ramcharan 2002). Um dem Recht auf Teilhabe am gesellschaftlichen Leben oder dem entsprechenden Wunsch einer Person zu entsprechen, sollten daher im Rahmen einer Zukunfts- und Lebensstilplanung soziale Netzwerke erfasst und im Hinblick auf eine Netzwerkförderung analysiert werden. Hierzu lassen sich *Netzwerkkarten* erstellen und für die Analyse und Zielplanung einsetzen. Ein solches Vorgehen ist hilfreich, um Stärken und Schwächen eines Beziehungsgefüges (Netzwerkes) zu beschreiben, um Fragen zu klären, welche sozialen Ressourcen eine Person hat und welche Netzwerk-Funktionen sie sich wünscht. Auf einer solchen Grundlage lassen sich dann Perspektiven und Strategien für zukünftiges Arbeiten (z. B. Netzwerkförderung durch Aufbau neuer informeller Unterstützungsformen; Abbau negativer Momente eines vorhandenen Netzes) bestimmen.

Soziale Netzwerke können auf unterschiedliche Weise erfasst und abgebildet werden, zum Beispiel auf *struktureller Ebene* durch Größe (Anzahl an Personen), Erreichbarkeit oder Dichte (wie viel Kontakt Personen untereinander haben; Reichweite), auf *funktionaler Ebene* durch Inhalte, Dauer, Intensität oder Häufigkeit professioneller oder informeller Unterstützung sowie durch Merkmale der *Zusammensetzung* wie Alter, Geschlecht oder Homogenität der Mitglieder eines Netzwerks. Üblicherweise bietet es sich an, das aktuelle Netzwerk einer Person nach den von ihr erwünschten beziehungsweise den als zweckmäßig erachteten Kriterien durch eine Netzwerkkarte aufzubereiten, aus dem dann ein erwünschtes Netzwerk erarbeitet werden kann (Diewald 1991; Dworschak 2004, 184ff.). Eine Netzwerkkarte stellt auf vereinfachende Weise Person relevante Aspekte eines Netzwerkes bildlich dar, so dass ein Beziehungssystem strukturell, funktional oder in Bezug auf Zusammensetzung leicht zugänglich und verständlich gemacht werden kann. Sie kann (sollte) aus mehreren konzentrischen Kreisen bestehen, deren Linien möglichst gleichweit voneinander entfernt sein sollten. Im kleinsten Kreis beziehungsweise im Mittelpunkt befindet sich die Person. Als erstes gilt es zu überlegen, welche Netzwerke oder Beziehungssysteme für die Person bedeutsam sind und abgebildet werden sollten, zum Beispiel Familie (Eltern...), Freundeskreis, Wohngruppe, Nachbarn, Arbeitskollegen, professionelle Dienste, Bereich der Öffentlichkeit. Im zweiten Schritt soll nun die Netzwerkkarte in die entsprechenden Bereiche durch das Einzeichnen von Sektoren (wie bei einem Kuchen) unterteilt werden. Ein Sektor steht jeweils für ein relevantes Beziehungssystem der Person. Anschließend sollte die Art der Darstellung festgelegt werden (z. B. Bedeutung von bestimmten Symbolen, Pictogrammen oder Zeichen; grün ausschraffierter kleiner Kreis = häufiger und positiver Kontakt; roter Punkt = negative Beziehung; kleiner leerer Kreis = neutrale Beziehung). Danach werden in jedem Sektor alle relevanten Bezugspersonen je nach positiver oder negativer Beziehung zur betreffenden Person platziert; zum Beispiel: Besteht ein gutes Verhältnis zur Mutter, die die Person in der Wohngruppe häufig besucht, wird die Mutter im Sektor Familie dicht an der Person, die sich in der Mitte des Kreises befindet, mit einem kleinen, grün ausschraffierten Kreis platziert. Wird die Person von ihrem Bruder selten besucht, wird dieser eher am Außenrand beziehungsweise im äußersten Kreis des Sektors Familie mit einem kleinen leeren Kreis platziert. Ist das Beziehungsverhältnis positiv, kann der Kreis in grün gezeichnet werden, oder er wird mit einem Pluszeichen versehen. Wird die Person von einem Wohngruppenmitglied immer wieder gehänselt, so wird der Mitbewohner im Sektor Wohngruppe nahe an der Person mit einem rot ausschraffierten, kleinen Kreis platziert... Letztlich entsteht eine Struktur, der nicht nur positive und negative Beziehungen zu entnehmen sind, sondern gleichfalls die Dichte eines Beziehungsgefüges, so zum Beispiel auch leere Flecken, die über eine fehlende Verfügbarkeit von Bezugspersonen oder Netzwerken informieren. Die Nähe zum Mittelpunkt repräsentiert grundsätzlich die Intensität der Beziehung, das heißt, Personen, die einem nahestehen, werden dicht platziert, Personen, zu denen nur ein flüchtiger Kontakt besteht, am äußeren Rand. Wichtig ist es, die Häufigkeit der Kontakte und Sympathie der Beziehungen nicht gleichzusetzen. Ist eine aktuelle Netzwerkkarte erstellt, ergeben sich in der Regel Fragen und eine lebendige Diskussion in Bezug auf die abgebildeten Beziehungssysteme. Ihre Analyse mündet dann zumeist in Überlegungen, inwieweit ein Teil eines bestehenden Netzwerkes verändert oder ein vorhandenes Beziehungssystem weiterentwickelt beziehungsweise fehlende Teile oder soziale Netze aufgebaut werden können. Dies führt dann zur graphischen

Darstellung eines wünschenswerten Netzwerkes sowie zur Formulierung von Zielen und Aufgaben, zum Beispiel nichtbehinderte Nachbarn oder andere Bürger im öffentlichen Leben anzusprechen und zu sensibilisieren, als informelle Unterstützer der behinderten Person zu fungieren.

Alles in allem lässt sich festhalten, dass die Zukunfts- und/oder Lebensstilplanung in dem hier anskizzierten Sinne eine verheißungsvolle Angelegenheit ist, die letztlich aber nur dann zum Erfolg (z. B. in Bezug auf Verbesserung sozialer Netze, kulturelle Partizipation und sozialer Kontakte in einer Gemeinde) gereichen kann, wenn die unmittelbaren Bezugspersonen und insbesondere die professionellen Helfer der Philosophie der Lebensstilplanung aufgeschlossen gegenüberstehen und der Person auf der Grundlage ihrer Wünsche und Ziele assistieren (Robertson et al. 2007, 240f.). Ferner sollte ein Problem nicht unerwähnt bleiben, auf das Bullinger und Nowak (1998, 132) hinweisen: „Mit Hilfe der Netzwerkkenntnisse und –arbeitsformen kann die soziale Kontrolle auf Bereiche ausgedehnt werden, die bisher zur unangetasteten Privatsphäre von Klientinnen zählten." Die Gefahr der Kontrolle und Kolonisierung der Lebenswelt einer Person sowie die des Missbrauchs von Informationen über sein Privatleben ist in der Tat nicht von der Hand zu weisen, weshalb Vertraulichkeit im Rahmen der Unterstützerkonferenz gewährleistet sein muss und der Unterstützerkreis zugenüge sich selbst kontrollieren und reflektieren sollte.

Zur Speziellen Pädagogik

Wie schon einleitend gesagt, gehen wir davon aus, dass durch die allgemeine Alltagsarbeit, wie sie zuvor mit ihren wichtigen konzeptionellen Bausteinen, Methoden und Prinzipien dargestellt wurde, viele Verhaltensauffälligkeiten sowohl vermieden als auch abgebaut werden können. Dies entspricht nach Caplan (1964) einer *primären Prävention*. Dort, wo sie nicht ausreicht, bedarf es einer weiteren (präventiven) Unterstützung in Form einer Speziellen Pädagogik. Darunter fassen wir zwei Angebotsformen – spezielle gruppenbezogene Maßnahmen und Einzelhilfe –, die der allgemeinen Alltagsarbeit nicht widersprechen dürfen, sondern mit ihr Hand in Hand gehen müssen, so dass ein schlüssiges Gesamtkonzept zum Tragen kommen kann.

Spezielle gruppenbezogene Maßnahmen

Wenn wir für den außerschulischen Bereich spezielle gruppenbezogene Maßnahmen in Betracht ziehen, so fassen wir darunter in erster Linie gruppenübergreifend organisierte Angebote als flankierende Unterstützung der allgemeinen Alltagsarbeit und als Alternative oder Ergänzung zur Einzelarbeit. Gruppenübergreifend bedeutet, dass Personen aus verschiedenen sozialen Systemen (z. B. mehreren Wohn- oder Arbeitsgruppen, Familien) zu einem Teilnehmerkreis zusammengefasst werden, der sich unter Regie eines Coaches oder Unterstützers für einen bestimmten Zeitraum

regelmäßig (z. B. 2 x wöchentlich für 1 ½ Stunden) trifft. Bei dem ausgewählten Teilnehmerkreis handelt es sich um Personen, die vor allem Auffälligkeiten im Sozialverhalten zeigen und die durch spezielle Gruppenarbeit in ihrer persönlichen und sozialen Identität gestützt sowie zur Entwicklung sozialer Kompetenzen angeregt werden sollen, so dass beklagte Verhaltensweisen abgebaut oder Verhaltensprobleme aufgelöst werden können. Hierzu möchte ich nun stichwortartig einige geeignete Arbeitsformen nennen, die größtenteils in Kapitel 5 näher beschrieben worden sind:
- Heilpädagogische Rhythmik
- Soziales Lernen (soziales Kompetenztraining)
- Selbstsicherheitstraining
- Erlebnispädagogik
- Problemlösetraining
- Mediation
- Pädagogische Kunsttherapie/ therapeutisch-ästhetische Erziehung
- Sportangebote (Mannschaftsspiele, Sportarten wie Judo)

Die Auswahl der Arbeitsformen richtet sich nach der Ausgangslage der Teilnehmerinnen sowie der Zielsetzung der gruppenbezogenen Maßnahme. Wie wir uns in der Praxis ein entsprechendes Angebot vorstellen können, soll im Folgenden an einem Beispiel aus dem Bereich der therapeutisch-ästhetischen Erziehung aufgezeigt werden.

Beispiel eines gruppenbezogenen Angebots zur Förderung sozialer Kompetenz auf der Grundlage von Theaterarbeit (von Dörte Fiedler)

Vorüberlegungen
Trainingskonzepte zur Förderung sozialer Kompetenz beinhalten die Vermittlung beziehungsweise Verbesserung sozialer Fertigkeiten und Verhaltensweisen (hierzu auch Kapitel 5: Soziales Lernen). Bevor ein entsprechendes Konzept erarbeitet werden kann, muss zunächst der Begriff der sozialen Kompetenz definiert und ausdifferenziert werden, um die Kriterien für ein entsprechendes Trainingsprogramm festzulegen. Das ist ein nicht gerade einfaches Unterfangen, da der Begriff soziale Kompetenz von verschiedenen Autoren unterschiedlich gefasst oder definiert wird; und da es bis heute keine allgemein akzeptierte Definition gibt (Fiedler 2008; Kinne 2010), stoßen wir auf unterschiedlichste Trainingsprogramme zur Förderung sozialer Kompetenz, die häufig nur einzelne beziehungsweise bestimmte Aspekte fokussieren, die aus der Sicht ihrer Konstrukteure als besonders wichtig erachtet wurden. Dabei möchten wir es jedoch nicht belassen.
Werden auf dem Hintergrund verschiedener Definitionsansätze (dazu Fiedler 2008; Kinne 2010) gemeinsame Aspekte herausfiltriert, kann unter sozialer Kompetenz

eine (alters)adäquate und situationsangemessene Anwendung eigener Fähigkeiten und Fertigkeiten zum Zweck der Auseinandersetzung mit der Umwelt (einschließlich notwendiger Anpassungsleistungen) verstanden werden. Die differenzierteste Auflistung der hierzu erforderlichen Fähigkeiten und Fertigkeiten als Kriterien sozialer Kompetenz stammt nach wie vor von Anderson und Messick (1974):

- Fein- und grobmotorische Fähigkeiten
- Wahrnehmungsfähigkeit
- Aufmerksamkeitsverhalten
- Kommunikative und interaktive Fähigkeiten
- Erinnerungsvermögen
- Angemessene Motivation zur Übernahme von Aufgabenstellungen
- Phantasie und Kreativität
- Fähigkeit zum Aufbau und Aufrechterhalten von Beziehungen
- Persönliche Wertschätzung und Fürsorge
- Prosoziales Verhalten
- Perspektiven- und Rollenübernahmefähigkeit, Empathie
- Bewältigung unangemessener Verhaltensweisen und unangenehmer Gefühle
- Verwenden von Problemlösungsstrategien
- Kritikfähigkeit
- Realistische Selbsteinschätzung

Ein Trainingskonzept zur Förderung sozialer Kompetenz sollte sich an solchen Kriterien orientieren. Wie wir uns ein entsprechendes Programm vorstellen können, soll im Folgenden beispielhaft an einem Projekt aufgezeigt werden, das empirisch geprüft wurde und als wirksam eingeschätzt werden kann (Fiedler 2008).

Soziale Kompetenz als Prozess der Auseinandersetzung mit der Umwelt beinhaltet Interaktionen und Kontakte mit nichtbehinderten Mitmenschen. Das ist für behinderte Menschen, die in Einrichtungen leben, oftmals nur schwierig zu erreichen. Eine der Hauptüberlegungen war es somit, Räumlichkeiten zu finden, die außerhalb der Wohngruppen liegen. Diese wurden schließlich von einem ortsansässigen Freizeit- und Kulturzentrum, in dem sich Jugendliche und Personen der unterschiedlichsten Altersgruppen aufhalten, einmal wöchentlich am Nachmittag zur Verfügung gestellt.

Die Zeitdauer und Intensität des Trainingsprogramms ist von den Ressourcen und Interessen des jeweils teilnehmenden Personenkreises abhängig. In dem hier vorgestellten Projekt wurden einmal wöchentlich Sitzungen von etwa 90 Minuten über einen Zeitraum von 12 Monaten durchgeführt.

Die insgesamt sechs Gruppenteilnehmer, die von zwei Assistenten betreut wurden, leben in verschiedenen Wohngruppen einer Behinderteneinrichtung beziehungsweise im ambulant betreuten Wohnen und sind tagsüber in einer Werkstatt für behinderte Menschen tätig. Darüber hinaus zeichnen sich die Gruppenteilnehmer

durch unterschiedliche Verhaltensbesonderheiten (Auffälligkeiten) aus. Stellvertretend möchte ich zwei von ihnen vorstellen.
Herr Franß ist Mitte dreißig und lebt seit einigen Jahren in einer Behinderteneinrichtung. Zuvor wohnte er im familiären Umfeld, mit dem noch ein regelmäßiger Kontakt besteht. Herr Franß zeigt ein starkes Bedürfnis im Mittelpunkt stehen zu wollen, was sich insbesondere in der Forderung nach Aufmerksamkeit und Anerkennung äußert (z. B.: Unterbrechen von Gesprächen und Handlungen durch verbale Äußerungen oder Aktionen, Grimassen schneiden oder Stimmen imitieren, Vortäuschen von Unwohlsein oder Krankheit). Erhält er das Gewünschte nicht, zieht er sich beleidigt zurück oder reagiert mit aggressiven Handlungen (z. B.: Gegenstände durch den Raum werfen, die betreffende Person festhalten oder würgen). Darüber hinaus wird sein Verhalten als distanzlos und damit als sozial inadäquat empfunden.
Frau Bertram ist Anfang vierzig und lebt ebenfalls in einer Behinderteneinrichtung. Regelmäßige familiäre Kontakte bestehen nicht mehr. Frau Bertram ist sehr passiv (sie sitzt überwiegend in ihrem Zimmer) und benötigt eine ständige Motivierung (zur Verrichtung hauswirtschaftlicher Tätigkeiten und sonstiger Beschäftigungen, zum Aufstehen für Spaziergänge usw.), was für ihr soziales Umfeld als besonders anstrengend erlebt wird.
Sowohl bei Herrn Franß als auch bei Frau Bertram sind die kommunikativen und interaktiven Fähigkeiten gut ausgeprägt, weshalb die Wahl eines Konzeptes zur Förderung sozialer Kompetenz in der Gruppe geeignet scheint.
Neben der (Klein-)Gruppen- und Partnerarbeit wurden die methodischen Schwerpunkte auf eine Stärkenorientierung, Binnendifferenzierung, demokratisch-partnerschaftliche Begleitung und den Einsatz von Elementen aus der Theaterarbeit, Improvisation und Prozessorientierung gelegt (dazu Theunissen 1984; Theunissen und Günther 2008).

Die erste Phase
Das hier angewandte Konzept zur Förderung sozialer Kompetenz bei erwachsenen Menschen mit Lernschwierigkeiten besteht aus drei Phasen. Die erste Phase dient der Einführung, Gruppenfindung und Ermittlung der individuellen und gruppenspezifischen Ressourcen der Gruppenteilnehmer. Ausgehend von der Definition und Differenzierung sozialer Kompetenz (siehe oben) wurden in den ersten 15 Wochen verschiedene Übungen angeboten. Exemplarisch sollen drei davon vorgestellt werden:

1. Übung für die soziale Fertigkeit der angemessenen Motivation zur Übernahme von Aufgabenstellungen. Hierfür werden verschiedene Aufgaben an die Gruppenteilnehmer gestellt.

Aufgabe 1: Jeder soll sich eine Figur oder einen Gegenstand ausdenken, den er vorspielt, die anderen müssen ihn dann erraten.
Aufgabe 2: Jeweils zwei Gruppenteilnehmer denken sich etwas aus, spielen es vor und die anderen müssen es wieder erraten.
Aufgabe 3: Drei Gruppenteilnehmer denken sich etwas aus, spielen es vor und die anderen müssen es erraten.

Herr Franß zeigte insbesondere bei der ersten Aufgabenstellung ein hohes Maß an Motivation, da sie seinem Bedürfnis nach Aufmerksamkeit entsprochen hat. Bei den nachfolgenden Anforderungen ließ er die Paar- beziehungsweise Kleingruppenarbeit zu, versuchte allerdings eine Führungsposition einzunehmen. Hierbei zeigte sich ein hohes Maß an Phantasie, Kreativität und Spielfreude.
Frau Bertram konnte nur durch eine umfassende Motivierung zur Übernahme der Aufgabenstellungen angeregt werden. Dabei wurden insbesondere in der Paarübung, gemeinsam mit Herrn Franß, ihre guten sprachlichen Kenntnisse deutlich. Sowohl bei Herrn Franß als auch bei Frau Bertram bestätigten sich zunächst die Aussagen über ihre Verhaltensbesonderheiten.

2. Übung für die soziale Fertigkeit der persönlichen Wertschätzung. Hier sollen die Gruppenteilnehmer sich selbst loben, was in einer Paarübung geschieht.

Spiegeln: Zwei Personen stehen sich gegenüber, wovon eine die Aktionen vorgibt und die andere sie wie ein Spiegelbild nachahmt. Zunächst werden einfache Bewegungen ausgeführt (z. B. Arme oder Beine heben, Kopfnicken, Grimassen schneiden) bis eine gewisse Sicherheit im Umgang mit der Aufgabenstellung deutlich wird. Mittels verbaler Motivation und/oder Vormachen werden die Gruppenteilnehmer nun zur positiven und persönlichen Eigenbeschreibung angeregt (z. B.: „Ich sehe gut aus, meine Nase ist schön, meine Augen strahlen"). Ist diese Tätigkeit entsprechend gefestigt und vertieft worden, so erfolgt ein Wechsel der Personenrollen.
Herr Franß und Frau Bertram zeigten bei dieser Übung erhebliche Unsicherheiten, die vermutlich darin begründet sind, dass sie bisher nicht die Möglichkeit für diese positive Selbsteinschätzung erhalten hatten. Dennoch wurde insbesondere bei Frau Bertram das zunehmende Gefallen an dieser Aufgabenstellung deutlich, wohingegen Herr Franß eher darstellerische Fähigkeiten aufwies.

3. Übung für die soziale Fertigkeit der Verwendung von Problemlösestrategien. Hierfür wird ein Rollenspiel vorgeschlagen.

Thema: Probleme in der Werkstatt
Die Gruppenteilnehmer sollen Situationen und einfache Arbeitsabläufe in der Werkstatt beziehungsweise im Förder- und Beschäftigungsbereich darstellen: „Was wird dort für eine Arbeit gemacht? Gefällt diese Arbeit?"
Improvisation: Die Gruppenteilnehmer sollen sich vorstellen, dass sie angestoßen werden und die Arbeit, in die sehr viel Mühe investiert wurde, geht kaputt. Wie könnten jetzt die Reaktionen aussehen (beispielhafte Darstellung im Rollenspiel)?
Möglichkeit 1: Streit (Äußerungen wie: „Bist du blöd? Was soll das? Kannst du nicht aufpassen?"), der andere kommt gar nicht zu Wort und geht schließlich einfach;
Möglichkeit 2: Weinen/Verzweiflung (durch Mimik und Gestik ausdrücken), der andere entschuldigt sich, tröstet evtl. und geht dann;
Möglichkeit 3: Traurigkeit und Enttäuschung zum Ausdruck bringen, der andere entschuldigt sich und bietet an, den Schaden wieder gut zu machen.

Herr Franß berichtete und zeigte ausführlich die Tätigkeiten, die er in der Werkstatt für behinderte Menschen ausübt und engagierte sich auch in dem beschriebenen Rollenspiel. Frau Bertram wirkte hingegen wiederum passiv. Bei beiden konnte dennoch das Verständnis für die Notwendigkeit einer angemessenen Lösung von Problemen (siehe Möglichkeit 3) erzielt werden.
Insgesamt zeigte die Einführungsphase, dass Herr Franß ganz besondere Fähigkeiten im Bereich der Kreativität und Phantasie, Ausdrucksmöglichkeiten über Mimik, Gestik und Stimmenimitation sowie in der Entwicklung und Führung von theatralen Darstellungen besitzt. Frau Bertram hat ein gut ausgeprägtes Sprachverständnis und –vermögen. Aufgrund ihrer Lesefähigkeiten übernimmt sie gern und freiwillig die Rolle der Erzählerin in kleinen Theaterstücken. Darüber hinaus verfügt Frau Bertram über Beobachtungsfähigkeiten, die für die Reflexion der Gruppenteilnehmer hilfreich sein kann.

Die zweite Phase
Die gesammelten Daten aus der Einführungsphase liefern wichtige Hinweise für das Fortführen des Programms. So können die ermittelten Ressourcen und Ideen der Gruppenteilnehmer zur Gestaltung von Übungen in der Aktivitätsphase dienen. Weitere Handlungen sollen durch die Gruppenteilnehmer initiiert werden und können je nach individuellen und gruppeninternen Interessen sehr verschieden sein:
- kleinere Theaterstücke zu alltäglichen Handlungen wie die Arbeit in der Werkstatt für behinderte Menschen, in der Schule oder in der Wohngruppe,
- Umsetzung von Gesehenem und Erlebtem wie Stimmungen und Gefühle oder Fernsehsendungen und Filme,
- hauswirtschaftliche Aktivitäten wie Kochen oder Backen,
- Interaktionen mit Nichtbehinderten und/oder Gleichaltrigen etc.

Diese Aktivitätsphase besteht somit nicht aus detailliert vorgeplanten Aufgaben oder Übungen, da die Gruppenteilnehmer selbst die Inhalte bestimmen. Die Förderung sozialer Kompetenz ist situationsabhängig, individuell oder gruppenspezifisch.

Der Assistent hat zunächst eine lenkende Funktion, sollte sich aber zunehmend zurückziehen, um den Grad der Selbstorganisation der Gruppenteilnehmer zu stärken.

Darüber hinaus sind die Sitzungen der Aktivitätsphase aus einzelnen Teilphasen aufgebaut, wobei der folgende Ablauf als günstig erscheint:
- Begrüßung
- Aktivität
- Pause
- Aktivität
- Abschluss und gegebenenfalls Zwischenreflexionen

Exemplarisch für eine Aktivität aus der zweiten Phase soll nun die Entwicklung eines kleinen Theaterstücks *„Die geklaute Wäscheklammer"* vorgestellt werden, die etwa 10 Wochen andauerte:

Ein Gruppenteilnehmer berichtet von der Tätigkeit der Herstellung von Wäscheklammern in der Werkstatt für behinderte Menschen.

In weiteren Interaktionen zwischen den Gruppenteilnehmern entwickelt sich die Idee zu einem Kriminalstück, in dem es um den Diebstahl von drei Wäscheklammern aus der Werkstatt und dessen Aufklärung geht.

Hier kommen zunächst die bei den einzelnen Gruppenteilnehmern vorhandenen Kommunikations- und Interaktionsfähigkeiten, Motivation sowie Phantasie und Kreativität zum Ausdruck – unterstützt werden die Spielhandlungen zusätzlich durch verbale Motivation, das Geben von Anregungen, Anerkennung und Lob.

Im weiteren Verlauf der Erarbeitung des Stücks wurden verschiedene Rollen überlegt: Dieb, Werkstattleiter, Werkstattarbeiter, Polizist, auf die sich die Gruppenteilnehmer untereinander einigen.

Das erfordert die Unterstützung und Begleitung hinsichtlich des Erkennens eigener Stärken und Schwächen (realistische Selbsteinschätzung: „welche Rolle passt am besten zu mir"?), Kritikfähigkeit und Wertschätzung sich selbst und den anderen Gruppenteilnehmern gegenüber, Perspektiven- und Rollenübernahmefähigkeit und Empathie sowie Kompromissfindung (da nicht jeder Gruppenteilnehmer eine Hauptrolle spielen kann) – die Gruppenteilnehmer versuchen einerseits ihre Wünsche und Interessen im Bezug auf das Stück durchzusetzen, müssen aber auch die eigenen Bedürfnisse zurückstellen; das kann unangenehme Emotionen und Konflikte hervorrufen, die mittels individueller und gruppenspezifischer Gesprächsangebote und Trostspendung bewältigt werden.

Die Ausarbeitungs- und Übungsphase des Stücks erfolgte über mehrere Sitzungen und förderte damit zusätzlich das Erinnerungsvermögen, die Ausdauer und Aufmerksamkeit der Gruppenteilnehmer.
Aufgrund der prozessorientierten und improvisationshaften Arbeitsweise der Gruppe entstand kein festgeschriebenes Stück, dennoch blieb die durchgehende Handlung erhalten.

Herr Franß zeigte während der gesamten Entwicklungsphase des kleinen Theaterstücks viel Engagement und Spielfreude. Dabei versuchte er stets eine der Hauptrollen wie den ‚Polizisten' oder eine andere führende Position einzunehmen, was sich im Vorzeigen und in der Weiterentwicklung der Handlungsabläufe äußerte. Dies geschah auf eine talentierte und kreative Weise, die ihm schnell Respekt und Anerkennung von den anderen Gruppenmitgliedern einbrachte. Somit konnte die anfänglich negativ betrachtete Verhaltensbesonderheit in eine positive Tätigkeit umgelenkt werden.
Zeitweilige Rücknahmen der eigenen Position zugunsten anderer Gruppenmitglieder wurden gefordert und eingehalten. Aggressive Ausbrüche konnten dabei nicht beobachtet werden. Herr Franß versuchte allerdings in derartigen Situationen gelegentlich durch verbale Aktivitäten eine aktive Rolle zurückzugewinnen. Dann wurde im Sinne einer partnerschaftlich-demokratischen Weise seine Einsichtsfähigkeit im Zulassen der Bedürfnisse der anderen Gruppenteilnehmer angeregt, was zunehmend besser gelang.
Frau Bertram zeigte wenig Eigeninteresse und brachte sich von allein zunächst nicht in die Spielhandlung ein. Hier waren immer wieder Anregungen und Motivation notwendig. So wurde eine kleine Tätigkeit einer Werkstattarbeiterin einstudiert und durch ständige Wiederholungen gefestigt. Dabei wurde insbesondere auf die selbstständige Entscheidungsfähigkeit in der Wahl der Handlungsabfolge bei Frau Bertram und in der positiven Bestätigung durch die anderen Gruppenteilnehmer Wert gelegt. Darüber hinaus konnte ermittelt werden, dass Frau Bertram das Geschehen um die Entwicklung des kleinen Theaterstücks genau beobachtete. Dadurch konnte sie den anderen Gruppenmitgliedern wertvolle Ratschläge und Anregungen zur Verbesserung geben, die auch angenommen wurden. Sowohl Herr Franß als auch Frau Bertram nahmen freiwillig an der Aktivität der Entwicklung des Theaterstücks *„Die geklaute Wäscheklammer"* teil.
Zeitweilig kam es zu Interaktionen und Kontaktaufnahmen mit anderen nichtbehinderten Besuchern des Freizeit- und Kulturzentrums. Die im meisten Falle Jugendlichen schauten bei den Proben zu und fragten nach dem Hintergrund der Spielhandlung. Von den Gruppenteilnehmern bekamen sie stets Antworten auf ihre Fragen und wurden teilweise auch spontan in das Stück mit eingebaut. Hierbei entstanden oftmals komische Szenen, die von allen Beteiligten als Bereicherung empfunden wurden. Berührungsängste und Ablehnungshaltungen durch die Ju-

gendlichen oder eine extreme Distanzlosigkeit durch die einzelnen Gruppenteilnehmer, wie es beispielsweise bei Herrn Franß geschildert wurde, waren dabei nicht erkennbar.

Insgesamt wurden in den etwa acht Monaten, die die zweite Phase andauerte, fünf inhaltlich verschiedene Aktivitäten von unterschiedlicher Intensität und Zeitdauer durchgeführt. Darüber hinaus hat sich die Gruppe mit ihren Teilnehmern schnell eine eigene Position in dem Freizeit- und Kulturzentrum erarbeitet, die dort ohne jeden besonderen Status ihren Platz gefunden hat.

Die dritte Phase

An die Aktivitätsphase schließt sich eine circa zweiwöchige Abschluss- oder Reflexionsphase an, in der eine Erfolgskontrolle und Rückmeldung durch die Gruppenteilnehmer erfolgt. Dies kann anhand einer Zufriedenheitsbefragung zum Beispiel mit einer Smilie-Skala und/oder dem Ansehen von Videoaufnahmen zu eigenen Aktivitäten durchgeführt werden. Letzteres konnte in dem hier beschriebenen Projekt aus organisatorischen und technischen Gründen nicht geleistet werden. Ebenso wenig war der Einsatz von anderen Formen der Reflexion wie etwa eine gedankliche Auseinandersetzung mit dem Geschehen während des Projekts, was dann in gemeinsamen Gesprächen geäußert und analysiert wird, möglich. Die Zufriedenheitsbefragung ergab allerdings, dass Herrn Franß und Frau Bertram gleichfalls wie den anderen Teilnehmern die Arbeit und durchgeführten Aktivitäten mit der Gruppe gut gefallen haben. Darüber hinaus waren zahlreiche Bilder durch einen Fotografen entstanden, der die einzelnen Sitzungen der Gruppe begleitete. Das wurde von den Gruppenteilnehmern als willkommene Abwechslung erlebt und sie nutzen die Bilder auch heute noch als Erinnerungsstücke.

Die anfänglich beschriebenen Verhaltensbesonderheiten waren sowohl bei Herrn Franß als auch bei Frau Bertram zunehmend in den Hintergrund getreten. Durch das Nutzen ihrer individuellen Stärken beziehungsweise Ressourcen konnte ein persönlicher und gruppenbezogener Gewinn erzielt werden, der auch im sozialen Umfeld bemerkt wurde. Das trifft ebenso auf die anderen Gruppenteilnehmer zu, wobei diese Veränderungen von unterschiedlicher Qualität und Quantität waren.

Insgesamt sind die Gruppenteilnehmer zu einem höheren Grad an Selbstbestimmung und Selbstorganisation angestiftet worden. Sie konnten sich der eigenen Fähigkeiten und Stärken bewusster werden und für sich Möglichkeiten erkunden, wie sie sich am besten in die Gruppe einbringen können. Darüber hinaus wurden Probleme direkt angesprochen und geklärt, so dass eine offene Atmosphäre innerhalb der Gruppe entstanden war.

Je nach Rückmeldung und Erfolgskontrolle der dritten Phase ist es denkbar, dass sich eine erneute Aktivitätsphase anschließt. Hier können bei veränderter oder erneuter Zielstellung die individuellen und gruppenspezifischen Stärken weiter unterstützt werden, so dass unerwünschte Verhaltensbesonderheiten mehr und mehr in den Hintergrund treten.

Resümee

Die erlebte Kreativität und Eigenmotivation der Gruppenteilnehmer machte das bei ihnen vorhandene Lernpotential deutlich. Besonders bemerkenswert hierbei ist die selbstständige Auswahl der einzelnen Aktivitäten, da deutlich wurde, dass die Gruppenteilnehmer genau wussten, was sie wollten und was sie nicht wollten – als hätten sie bereits auf eine Gelegenheit gewartet, ihre Wünsche zu artikulieren. Darüber hinaus waren sie bereit, sich mit allen ihren Stärken und Potentialen, selbst wenn sich enorme (kognitive) Anforderungen dahinter verbargen, in gewünschte Handlungen einzubringen und das mit einer endlos scheinenden Ausdauer.

Dank der hohen Motivation und Beteiligung der einzelnen Gruppenteilnehmer war es letztlich leicht möglich, das hier beschriebene Konzept zur Förderung sozialer Kompetenz auf der Grundlage von Theaterarbeit umzusetzen.

Hierzu wurde eingangs soziale Kompetenz als eine (alters)adäquate und situationsangemessene Anwendung eigener Fähigkeiten und Fertigkeiten zum Zweck der Auseinandersetzung mit der Umwelt definiert. Die dazu erforderlichen Fähigkeiten und Fertigkeiten (siehe oben) waren bei den Gruppenteilnehmern in unterschiedlicher Art und Weise vorhanden, schienen bisher nur nicht genutzt worden zu sein. Dieses Versäumnis wurde anhand der beschriebenen Übungen und Aktivitäten nach- und aufgeholt. Hierdurch konnte eine Festigung und zudem eine Erweiterung sozialer Fähigkeiten und Fertigkeiten erzielt werden.

Bemerkenswert ist, dass die vorhandenen und erworbenen sozialen Fähigkeiten und Fertigkeiten nunmehr auch im Umgang mit anderen Personen außerhalb der Wohneinrichtung, der durch die regelmäßigen Treffen im Freizeit- und Kulturzentrum ermöglicht wurde, zum Tragen kommen. Herr Franß hat beispielsweise gelernt, eigene Bedürfnisse in den Hintergrund zu stellen, was sich darin äußert, dass er in Unterhaltungen andere Menschen ausreden lässt, ohne sich beleidigt zurückzuziehen. Frau Bertram überwindet inzwischen zeitweise ihre Passivität und bringt sich in kleinere Aktivitäten selbstständig mit ein. Das deutet auf den positiven Verlauf des dargestellten Konzeptes hin.

Oftmals beklagte Auffälligkeiten bei Menschen mit Lernschwierigkeiten sind somit durch ein gezieltes Gruppenangebot veränderbar, und es lohnt sich, an Stärken, vorhandenen Fähigkeiten und Fertigkeiten anzuknüpfen und in eine Förderung sozialer Kompetenzen zu investieren.

Lebensweltbezogene Schlussbetrachtungen

Grundsätzlich bedarf es einer sorgfältigen Abstimmung zwischen der Alltagsarbeit und den speziellen Maßnahmen, um ein zusammenhangloses Nebeneinander von Angeboten oder gar ein widersprüchliches Agieren von professionellen Helfern unterschiedlicher Provenienz zu vermeiden. Wie schon gesagt: Notwendig ist ein *Gesamtkonzept*, in dem die alltägliche Arbeit mit der speziellen Hand in Hand gehen muss.

Ein richtungsweisendes Beispiel aus einer traditionsreichen Behinderteneinrichtung, bei dem ein spezielles Gruppenangebot mit Vorstellungen einer lebensweltbezogenen Behindertenarbeit verknüpft wird, finden wir bei Kane (1994), der über ein mehrjähriges Projekt mit sieben jungen Erwachsenen berichtet, die aufgrund selbstverletzender Verhaltensweisen weder in eine Sonderschule noch in eine Werkstatt für behinderte Menschen aufgenommen wurden (auch Markowetz 1996; Nößner und Klauß 1996). „Alle hatten im Laufe ihres Lebens eine Vielzahl von Therapien und/oder pädagogischen Maßnahmen erhalten, ohne erkennbaren Erfolg. Alle waren zur Zeit der Aufnahme in das Projekt überwiegend in ihren Wohngruppen, einige standen auf der Liste zur Überweisung in die Psychiatrie, weil sich auch die Wohngruppe überfordert sah" (Kane 1994, 89). Ziel des Projekts war es, durch sinnvolle und passende Beschäftigungen den Erfahrungs- und Lebensbereich der Betroffenen zu erweitern, um dadurch (langfristig) einen Abbau von Verhaltensauffälligkeiten zu erreichen. Da alle sieben Bewohner selbstständig gehen konnten, wurde als erster Aufgabenbereich ein Liefer- und Transportdienst eingeführt. Durch wetterfeste Kleidung wurde sichergestellt, dass Aufgaben wie Lieferung von Essen und Medikamenten sowie der Transport von Schmutzwäsche oder Müll unabhängig von Witterungsbedingungen bewältigt wurden. Ein zweiter Aufgabenbereich war ein Holz- und Walddienst. Hier ging es um das Sammeln und die Kompostierung von Ästen und Reisig. Dabei lernten einige der behinderten Menschen gemeinsam mit ihren Assistenten eine Bogensäge zu benutzen. „Andere fanden großen Spaß daran, Reisig in einen Häcksler zu werfen" (91). Zwei weitere Angebote erstreckten sich auf das Zubereiten von Obstsaft und auf Gartenarbeiten. Alles in allem war das Projekt ein Erfolg; und es konnten nachweislich Verhaltensauffälligkeiten (Fremdaggressionen, selbstverletzende Verhaltensweisen, Schreien) abgebaut werden (Nößner und Klauß 1996, 194ff.). Bemerkenswert ist das Fazit, das Kane zieht: „Das Projekt hat uns gelehrt, Abschied zu nehmen von der Vorstellung, dass zunächst Therapien selbstverletzende Menschen ‚fit machen' müssen, damit sie Aufgaben und Arbeit in bestehenden Einrichtungen wie den Schulen und beschützenden Werkstätten übernehmen können" (94). Vielmehr komme es darauf an, „Beschäftigungen zu finden, die ein Handeln im natürlichen Umfeld ermöglichen und dadurch die Erfahrungsmöglichkeiten erweitern" (ebd.). Dies gelte nicht nur für Menschen in Heimen oder Anstalten, sondern ebenso für Personen im häuslichen Wohnen in einer Gemeinde. In Großstädten, wo keine Möglichkeit für Waldarbeit bestünde, könnten zum Beispiel im Rahmen von Nachbarschaftshilfe oder im Auftrag älterer Mitbürger „Entsorgungsaufgaben" wie Abtransport von Altpapier oder Altglas übernommen werden. Denn für einige Menschen mit einer komplexen Behinderung sei „das Einwerfen von Glas in den Container, bei dem es laut scheppert und kracht, eine sehr interessante Beschäftigung" (ebd.).

Einzelhilfe durch Positive Verhaltensunterstützung

Das vorausgegangene Beispiel führt uns vor Augen, dass sich die Spezielle Pädagogik keineswegs nur durch pädagogisch-therapeutische Verfahren definiert. Das gilt insbesondere für die Einzelhilfe, die dann greift, wenn sowohl die Alltagsarbeit als auch spezielle Gruppenarbeit nicht ausreichen, Menschen mit Lernschwierigkeiten und Verhaltensauffälligkeiten ein notwendiges Maß an Unterstützung anzubieten. Die Spezielle Pädagogik in Form von Einzelhilfe ist somit keine Heil-Hilfsdisziplin, etwa im Sinne einer Beschäftigungstherapie, Ergotherapie oder Physiotherapie. Diese Konzepte setzen häufig ihre Arbeit mit behinderten Menschen ‚absolut', indem sie sich auf das orthodoxe Therapiemodell stützen und ein- oder zweimal wöchentlich individuumzentrierte Behandlungs- oder Förderstunden in speziellen Settings vorsehen. Dieser Ansatz ist in der Arbeit mit geistig behinderten Menschen zum Teil noch weit verbreitet, obwohl ihm Beobachtungen, Erkenntnisse und inoffizielle Stimmen aus der Praxis eine geringe Wirksamkeit nachsagen. Das gilt ebenso für den Rückgriff auf andere Therapie- oder heilpädagogische Förderangebote (Musik-, Kunst-, Beschäftigungs-, Reit- oder körperorientierte Therapie, Basale Stimulation nach Fröhlich), wenn diese losgelöst von einem Gesamtkonzept beziehungsweise außerhalb der allgemeinen Alltagsarbeit quasi additiv angeboten werden und dabei kaum zur Unterstützung der Selbstbestimmung, Wünsche und Lebenszukunft der Person beitragen (dazu Turnbull und Turnbull III 2001, 102f.). Nicht selten kommt es dabei zu einem zusammenhanglosen heilpädagogischen, therapeutischen und alltäglichen Handeln, wobei die Hilfen (beziehungsweise helfenden Berufe) oftmals miteinander konkurrieren. Zudem gerät der Alltag als ein zu veränderndes Moment leicht aus dem Blick, indem zum Beispiel klinisch orientierte Handlungsprinzipien in der primären Lebenswelt (Wohngruppe) aufrechterhalten werden. Was nutzen aber einem behinderten Menschen ‚schöne' Musik-, Kunsttherapie- oder Snoezelstunden, wenn er tagein, tagaus unter einem stationären Wohnmilieu fremdbestimmt wird und kaum Möglichkeiten erhält, an der Kontrolle und Verfügung über die eigenen Lebensumstände mitzuwirken?

Die Absolutsetzung beziehungsweise der isolierte Einsatz einer Therapie ist somit gleichermaßen verfehlt wie ein entkontextualisiertes Angebot aus dem Spektrum heilpädagogischer Angebote (dazu Kapitel 5). Es geht nicht an, dass heilpädagogische oder therapeutische Dienste ihr Programm fern ab von der Lebenswelt eines behinderten Menschen durchführen und dabei die Lebensumstände als „unabänderlich" erachten (Risley 2001; auch Carr et al. 1999). Entscheidend für ein tragfähiges Konzept ist es, die Zusammenhänge zwischen Verhaltensauffälligkeiten und konkreten Lebensbedingungen mit Blick auf Rechte, Interessen, Lebensziele, Bedürfnisse und dem Lebensstil der Person zu eruieren. Das heißt, dass Lebensbedingungen von Menschen mit Lernschwierigkeiten oder einer komplexen Behinderung immer dann zu verändern sind, wenn sie entwicklungshemmend und der Lebensqualität aus der Subjektperspektive abträglich sind. Das betrifft vor allem

Einschränkungen der Selbstbestimmungs-, Partizipations-, Selbstverwirklichungs-, Kontroll- und Verfügungsmöglichkeiten über die eigenen Lebensumstände (Bambara, Cole und Koger 1998).

Dieser Erkenntnis hat sich die Positive Verhaltensunterstützung (PVU) verschrieben, die für eine pädagogische Einzelhilfe die geeignete Bezugsbasis darstellt (Theunissen 2008b; Theunissen und Paetz 2011). Wesentliche Grundzüge dieses Konzepts sind aus Programmen hervorgegangen, die in den USA unter der Bezeichnung *Positive Behavior Support* (PBS) großen Zuspruch erfahren und nachweislich im Umgang mit Verhaltensauffälligkeiten bei Menschen mit Lernschwierigkeiten oder einer komplexen Behinderung als Erfolg versprechend eingeschätzt werden dürfen (Carr et al. 1999; Didden, Duker und Korzilius 1997; Feldman et al. 2002). Dadurch unterscheidet sich die PVU von nahezu allen anderen Interventionskonzepten oder Arbeitsformen in der Heilpädagogik (dazu Kapitel 5). Denn bis auf wenige lerntheoretisch gestützte Programme (z. B. soziales Kompetenztraining; Problemlösungstraining) gibt es im Umgang mit Verhaltensauffälligkeiten bei Menschen mit Lernschwierigkeiten oder einer komplexen Behinderung keine heilpädagogischen oder pädagogisch-therapeutischen Ansätze einer Einzelhilfe, die eine verallgemeinerungsfähige empirisch gesicherte Wirksamkeit nachweisen.

Unterstützerkreis

Ausgangspunkt der PVU ist wie bei der Zukunfts- oder Lebensstilplanung die Bildung eines Unterstützerkreises (*circle of support*) mit Schlüsselpersonen (z. B. Mitarbeiter/innen aus der Wohngruppe, der WfbM, Therapeuten, Familienmitglieder). Dieser sollte möglichst von einer sachkundigen Fachkraft (z. B. Praxisberater für PVU; Unterstützungsmanager; Consulentendienst) moderiert und supervidiert werden, anderenfalls sollten einzelne Teammitglieder mit der PVU vertraut sein (vgl. dazu Fortbildungsangebote unter www.positive-verhaltensunterstuetzung.de). Aufgabe des Unterstützerkreises ist es, sich einen Überblick über den beklagten Sachverhalt zu verschaffen (Was ist das Problem?), um dann Ziele zu vereinbaren, geeignete Arbeitsschritte festzulegen und Absprachen in Bezug auf Durchführung eines Assessments sowie Entwicklung und Implementierung eines Unterstützungsprogramms zu treffen. Solche Entscheidungen beziehungsweise eine entsprechende Aufgabenverteilung (wer breite Informationen sammelt, die Lebensgeschichte aufbereitet, die betroffene Person interviewt, direkte Verhaltensbeobachtungen durchführt, alle Informationen zusammenfasst etc.) sollten kurz protokolliert werden, um die Verbindlichkeit eines Unterstützungskonzepts zu gewährleisten. Grundsätzlich hat der Unterstützerkreis darauf zu achten, dass alle Überlegungen mit der persönlichen Zukunfts- oder Lebensstilplanung Hand in Hand gehen, um widersprüchliche Zielsetzungen zu vermeiden. Darüber hinaus ist es sinnvoll, durch Konsultation oder Einbeziehung von Fachärzten mit einem *medizinischen Assessment* (allgemeinmedizinisch, internistisch, psychiatrisch, neurologisch) zu beginnen, um den Gesundheitszustand zu erfassen und krankheitsbedingte Verhaltensauffälligkeiten auszuschließen beziehungsweise zu beachten (dazu auch Carr et al. 2000, 106f.). Denn *"behavioral support approaches may only be partially successful if health-related issues are not addressed. In fact, PBS plans should begin with a full medical check up before an FBA process is started. If pain or illness is triggering problem behavior, treatment for these issues may make PBS planning unnecessary"* (APBS 2007a).

Funktionales Assessment
Kernstück der PVU ist der Prozess des funktionalen Assessments, durch den Informationen gewonnen werden, um die Funktion (den Zweck) von Verhaltensauffälligkeiten sowie die Problemlage zu verstehen und ein effektives Unterstützungsprogramm planen zu können. Diesen Prozess des Assessments können wir auch als „*verstehende Diagnostik*" (Theunissen 2000; Lingg und Theunissen 2008) bezeichnen. Üblicherweise wird zwischen einem indirekten und direkten Assessment unterschieden.

Indirektes Assessment
Beim indirekten Assessment werden „breite Informationen" (Bambara 2005b, 54) gesammelt, von denen wir annehmen, dass sie zum Verständnis von Verhaltensauffälligkeiten wichtig sind und Anhaltspunkte für eine Programmentwicklung bieten können. Das betrifft vor allem Fragen nach:
- Gesundheitszustand, medizinischen Diagnosen und Berichten (falls die Ergebnisse des medizinischen Assessments nicht schon vorliegen)
- Stärken, Ressourcen, positiven Seiten, Fähigkeiten, und Fertigkeiten
- Bedürfnissen und Interessen
- Alltagsroutine (Tagesablauf) und alltäglichen Aktivitäten
- Wünschen und Lebenszielen des betroffenen Menschen und seines Umfeldes (Eltern, Erzieher/in, Mitarbeiter/in…)
- Entwicklungsniveau und Lernbasis der Person (emotional, kognitiv, sensorisch, motorisch, sozial)
- Sozialen Beziehungen, Freundschaften, Vertrauensperson
- Selbstbestimmung (Wahl-, Entscheidungs- und Kontrollmöglichkeiten)
- Identitätserfahrungen und Selbstbild
- Herausfordernden Angeboten
- Zugangsmöglichkeiten zu Hobbys, Lieblingsbeschäftigungen oder Ähnlichem
- Zeiten, die als ‚unproblematisch' gelten
- Nutzung der ‚unproblematischen' Zeit
- Funktion des positiven Verhaltens
- Lebens- und Arbeitsbedingungen (Wohnverhältnisse, Schule, Arbeitsplatz: einschränkend, Halt gebend, entwicklungsfördernd, kontrollierbar…)

- Wohlbefinden (emotional, sozial, physisch, materiell) und Lebenszufriedenheit
- Sozialer und gesellschaftlicher Inklusion

Hilfreich ist zudem die Leitfrage: „Wie geht es der Person tagsüber? Ist sie glücklich, zufrieden und sicher in ihrer Lebenswelt?" (Reese et al. 2001, 253).

Aufbereitung der Lebensgeschichte

Wer die lebensgeschichtlichen Hintergründe nicht kennt, wird viele Verhaltensauffälligkeiten, krisenhafte Ereignisse, individuelle Bewältigungsformen, Interessen und Bedürfnisse einer Person kaum verstehen und das aktuelle Verhalten und Erleben womöglich fehleinschätzen. Denn frühe Lebenserfahrungen, kritische Lebensereignisse, psychosoziale Krisen und Verhaltensauffälligkeiten aus der Kindheit oder Jugend kehren nicht selten in verschlüsselter Form im aktuellen Erleben und Verhalten wieder. Außerdem ist die Kenntnis der Lebensgeschichte wichtig, um die Wirksamkeit bisheriger Maßnahmen (z. B. auch Fremdbestimmung oder ‚Unterdrückung' von Bedürfnissen, Interessen oder Rechten durch Interventionen) einschätzen zu können (Burke und Dalrymple 2002, 56). Zudem lassen sich verschüttete oder verkümmerte Fähigkeiten, Fertigkeiten, Potenziale, kleine (für die Person oder ihre Bezugspersonen bedeutsame) Erfolgsgeschichten, positive Erinnerungen und Ereignisse und Interessen aufspüren. Das Studium einer Lebensgeschichte ist somit mehr als die Durchsicht einer ‚Krankengeschichte' oder die Registrierung anamnestischer Daten und Fakten (z. B. durchgemachte Krankheiten). Im Folgenden sind einige Aspekte aufgelistet, die bei der Erarbeitung einer Lebensgeschichte bis hin zur Erfassung der aktuellen Lebenssituation (z. B. anhand eines Leitfadeninterviews) mehr oder weniger berücksichtigt werden sollten:

- Soziale Herkunft, familiales Milieu (häusliche Situation, Berufstätigkeit von Vater/Mutter, Wohnverhältnisse, Anzahl der Familienmitglieder, Einzelzimmer, Wohnlage, Umfeld etc.)
- Verlauf der Schwangerschaft
- Geburt (Verlauf, Zustand des Kindes)
- Gesundheitliche Entwicklung (Krankheiten; physischer Zustand) unter Berücksichtigung kritischer Lebensereignisse (Krankenhausaufenthalt, Unfall, Verletzungen, medizinische Untersuchungen, Diagnosen und Prognosen)
- Emotionen und affektives Verhalten des Säuglings (Stimmungen, Labilität, Reizbarkeit, Kontakte zur Umwelt, z. B. zu Fremden)
- Aktivität des Säuglings (Bewegungsfreudigkeit, Vigilanz, Aufmerksamkeit, Konzentration, Eigeninitiative)
- Sauberkeits- und Selbstständigkeitserziehung (Grad der Selbstständigkeit im An- und Ausziehen, Essen; Grad der psychischen und physischen Belastung für die Bezugspersonen)
- Trotzphase (Zeitpunkt, Intensität, erzieherische Reaktion)

- Psychosoziale Entwicklung und Beziehungskonstellationen (bedeutsame Bezugspersonen, frühe Bindungen/Trennungen/Konflikte, Verhältnis zu Mutter/Vater/Geschwistern und anderen Angehörigen)
- Sensomotorische und kognitive Entwicklung (auch Zeitpunkt des Gehens, Sprechens)
- Spielentwicklung und -verhalten (bevorzugtes Spielzeug)
- Individuelle Stärken, Interessen, Neigungen, Vorlieben, Alltags- und Freizeitgestaltung (Verlaufsbeschreibung bis zum aktuellen Alter)
- Soziale Stärken beziehungsweise familiale Ressourcen (Bräuche, Traditionen, Urlaub, Ausflüge)
- Sexuelle Entwicklung (einschl. Zeitpunkt und Entwicklung der Pubertät)
- Verhalten im Kindergarten (Eintritt, Loslösung von zu Hause, Verhältnis zu Erzieherinnen und Kindern, Spielverhalten, Ausdauer, Kompetenzen, Erfahrungen und Erleben)
- Schule (Eintritt, Verhalten, Erleben, Erfahrungen, Leistungen, Lehrerbeurteilungen, Verhältnis zu Mitschülern und Lehrern)
- Sozialverhalten außerhalb der Familie (frühe Freunde; Verhalten auf dem Spielplatz fremden Kindern gegenüber, in der Öffentlichkeit, außerhalb der Kindergartenzeit, außerhalb der Schule)
- Erweitertes soziales Milieu und soziale Einbindung (Umfeld, Kontakte der Familie zu Nachbarn, Nutzung kultureller Angebote, Partizipation an Öffentlichkeit, gesellschaftliche Vorurteile, familiale Isolation)
- Erleben und Bewältigung der eigenen Behinderung beziehungsweise Lernschwierigkeiten (Prozess der Krisenverarbeitung bei der Person und ihren Bezugspersonen), Umgang mit der Behinderung in der Familie und Verwandtschaft
- Rolle der Fachleute (z. B. Empfehlung der Ärzte)
- Bewältigung kritischer Lebensereignisse (z. B. eines Umzugs, Krankenhausaufenthalts, Tod eines Elternteils, Geburt eines Geschwisterkindes, Eintritt in Kindergarten, Schule oder WfbM, Wechsel einer wichtigen Bezugsperson in der Wohngruppe, Heim- oder Anstaltseinweisung, Stations- oder Wohngruppenwechsel)
- Erwachsenwerden und Erwachsensein (Ablösungsthematik, Einstellung der Bezugspersonen, Förderung und Sicherung von Autonomie, Grad der Selbstbestimmung, Tagesstrukturierung, Freizeitgestaltung, berufliche Interessen und Ausbildung)
- Partnerschaft, Freundschaften und Beziehungen
- Arbeitsstelle (Eintritt in WfbM, Betrieb, Tagesstätte; Erleben, Sozialverhalten, Verhältnis zu Mitarbeitern, Angebote und Arbeitsverhalten)
- Wohnen (Verlaufsbeschreibung bis zum aktuellen Zeitpunkt; Wohnen im Elternhaus: Einstellung aller Beteiligten, zukünftige Entwicklung/Probleme z. B. unter Beachtung des Alters der nächsten Bezugspersonen; Wohneinrichtung: Situation, Gruppe, Verhältnis zu Mitarbeitern, Autonomie, Mithilfe etc.)

Grundsätzlich sollte eine Lebensgeschichte so neutral wie möglich dokumentiert werden, um diskriminierende Aussagen oder voreilige Schlüsse zu vermeiden. Gibt es zum Beispiel widersprüchliche Angaben (z. B. unterschiedliche Informationen aus medizinischen Gutachten oder Akten, die nicht mit den Aussagen der Eltern übereinstimmen), so sollten diese am besten als Originalzitate kontrastiert werden, um Antinomien und Validitätsprobleme vor Augen zu führen.

Die folgende Tabelle, orientiert an Kern, O'Neill und Starosta (2005, 132f.), fasst noch einmal wesentliche Aspekte und Fragen, fokussiert im Hinblick auf ein *Stärken-Assessment*, zusammen, die zur Gewinnung breiter Information hilfreich sind:

Allgemeine Informationen:	Schlüsselfragen und Beispiele:
Bedeutende Lebensereignisse	Hat die Person ein traumatisches Ereignis durchleben müssen? • Tod • Schwerwiegende Krankheit Traten wesentliche Veränderungen im Leben auf? • Umzug • Scheidung der Eltern • Schulwechsel Hat die Person positive Lebenserfahrungen in Erinnerung? • Feste • Freunde • Urlaub • Aktivitäten
Angaben zum Gesundheitszustand und zu körperlichen Problemen (*medizinisches Assessment*)	Gibt es Hinweise auf gesundheitliche Probleme? • Depressionen • Angststörungen Ist die Person gesund? • keine Allergien • ausreichendes Maß an Schlaf • ausreichende und ausgewogene Ernährung • keine Erkrankungen
Persönliche Stärken und Ressourcen	Welche individuellen Stärken und Ressourcen sind vorhanden und können mobilisiert werden? • emotionale • soziale • physisch/körperliche • sensorische • kognitive • materielle • kreative • Einstellungsressourcen (Lebens-, Zukunfts-, Bewältigungsoptimismus, Selbstzutrauen, Selbstakzeptanz)

Umfeld-Stärken und -Barrieren	Welche Umfeld-Stärken und -Barrieren sind vorhanden? • infrastrukturell/ökologisch (Wohnumfeld, Sportanlage, Grünbereich, Supermarkt, Verkehrsanbindung) • ökonomisch (Arbeit, Einkommen) • informell-privat (Eltern, Angehörige) • informell-öffentlich (Nachbarschaften, Kirchengemeinde, Verein, Freiwilligenagentur) • professionell (soziale Dienste, Krisendienst) • selbstorganisiert (Selbstvertretungsgruppe)
Schulische Leistungen/ Arbeitsleistungen	Durch welche Fähigkeiten/Leistungen zeichnet sich die Person besonders aus? • Soziale Kommunikation • Schulische Fertigkeiten (Lesen, Rechnen, Schreiben) • Arbeitsbezogene Fertigkeiten • Lebenspraktische Fertigkeiten/Verrichtungen des alltäglichen Lebens • Fleiß, Ausdauer oder Konzentration • Zuverlässigkeit • Gewissenhaftigkeit, Sorgfalt • Pünktlichkeit
Beeinträchtigungen/ Einschränkungen/Schwächen	Welchen Beeinträchtigungen oder Schwächen muss Rechnung getragen werden? • Kognitive Einschränkungen • Einschränkungen im Bereich der Kommunikation • Einschränkungen im Bereich der Interaktion • Körperliche Einschränkungen • Motivation • Sensorische Besonderheiten
Vorlieben/Bedürfnisse/Wünsche	Was macht die Person gerne? • Menschen, mit denen sie gern zusammen ist • Freizeitaktivitäten Wann fühlt sich die Person besonders wohl? Welche Bedürfnisse hat sie? Welche Wünsche hat sie?
Lebensqualität im Allgemeinen	Ist es der Person möglich, regelmäßig an für sie bedeutungsvollen Aktivitäten teilzunehmen? • bevorzugte Aktivitäten • Freunde • Vorbilder • inklusive Umwelt (*inclusive environments*)

Direktes Assessment

Das direkte Assessment fokussiert die konkrete Problemsituation. Hierzu lassen sich sogenannte W-Fragen nutzen:
- Wann ist das auffällige Verhalten zum ersten Mal aufgetreten?
- Was wurde bisher gemacht und wie erfolgreich waren bisherige Maßnahmen?
- Gab es in der Vergangenheit Situationen oder Phasen, in denen das Verhalten nicht aufgetreten ist? Welche Gründe könnten dafür eine Rolle spielen?
- Wer hält sich in der Nähe der Person auf beziehungsweise wer ist mit der Auffälligkeit verstrickt?
- In welcher Weise sind die Einzelnen daran beteiligt?
- Welche Anordnungen bestehen beziehungsweise was wird in der gegebenen Situation von der Person verlangt oder erwartet?
- Wo ereignet sich die Auffälligkeit?
- Wie ist die gegebene Situation gestaltet?
- Welche Arbeitsmaterialien werden in der Situation genutzt?
- Wann tritt die Auffälligkeit auf?
- Welche Konsequenzen ergeben sich?
- Welche Bedingungen (innere und äußere) halten das Problemverhalten aufrecht?
- Wie lange hält das Problemverhalten an?
- Welche Umstände haben aus der Sicht der Person zum beklagten Verhalten geführt?
- Welche Umstände haben aus der Sicht der Umkreispersonen zum beklagten Verhalten geführt?
- Wie hat sich die Person in der Problemsituation gefühlt?
- Wie haben sich beteiligte beziehungsweise andere Personen in der Problemsituation gefühlt?

Diese Fragen zeigen bereits auf, dass es wichtig ist, zu einer exakten Problem-, Situations- und Verhaltensbeschreibung zu gelangen. (Etikettierende) Aussagen wie „Herr Schmidt ist gegenüber seinen Mitbewohnern ständig aggressiv" sind beispielsweise zu ungenau.

Methodisch stehen direkte Verhaltensbeobachtungen oder auch Videoaufzeichnungen von kritischen Situationen (dazu Feldman et al. 2002, 383) im Vordergrund, um Bedingungen zu erfassen, die das Verhalten verstärken und aufrechterhalten. Hierzu soll verteilt über mehrere Tage (z. B. in 30 Minuten-Blöcken) die betreffende Person in den vermeintlich kritischen Situationen beobachtet werden, um auslösende Bedingungen, Verhaltensauffälligkeiten und auch Konsequenzen zu erfassen. Eine Metaanalyse (auf der Grundlage von 20 Studien mit 43 Einzelhilfe-Programmen) hat ergeben, dass für ein funktionales Assessment durchschnittlich 17 Stunden an Beobachtungszeit zwischen 3 bis 20 Tagen aufgebracht werden mit einer täglichen Dauer bis zu 90 Minuten (Crimmins und Farrell 2006, 38).

Zum einen empfiehlt es sich, ein sogenanntes S-A-B-C-Schema zu nutzen, das der Erfassung hintergründiger Ereignisse (*setting events*), der Beschreibung von auslösenden Bedingungen (*antecedent conditions; discriminative stimuli; trigger*), des Problemverhaltens (*behavior*) und der Konsequenzen (*consequences*) dient (hierzu Anhang I).

Hintergründige Ereignisse können sich zum Beispiel auf gesundheitliche Beeinträchtigungen oder Schädigungen (Schmerzen, Schlafstörungen, Menstruation, Vulnerabilität etc.), zurückliegende Belastungssituationen, unbewältigte psychische Probleme oder negative Erfahrungen beziehen, die das aktuelle Verhalten beziehungsweise konkrete Situationen, in denen Konflikte oder Probleme auftreten, beeinflussen.

Zum anderen sollten Schemata beziehungsweise Strichlisten entworfen und genutzt werden (Anhang II), um die Häufigkeit, Dauer und Intensität des auffälligen Verhaltens zu erfassen. Solche Listen sind hilfreich, um die Ausgangssituation festzuhalten und um später durch erneute Registrierung die Wirksamkeit eines Unterstützungsprogramms prüfen und dokumentieren zu können. Nicht selten wird dieses systematische Vorgehen in der alltäglichen Praxis als zu aufwändig betrachtet. Erfahrungen zeigen jedoch auf, dass solche Messungen, wenn sie gewissenhaft erfolgen, im Hinblick auf Hypothesenbildung, Zielorientierung und Programmkontrolle hilfreich sind.

Der Vollständigkeit halber sei erwähnt, dass sich im Rahmen eines direkten Assessments aber nicht immer auslösende Bedingungen des Problemverhaltens eindeutig erkennen lassen. Hinzu kommt, dass Verhaltensprobleme nicht nur durch Konsequenzen (Umweltreaktionen), sondern ebenso durch neuronale Schaltkreise aufrechterhalten werden können (Grawe 2004; Lingg und Theunissen 2008, 207ff.). Um dies zu erkennen oder zu entschlüsseln, ist das Studium der Lebensgeschichte (indirektes Assessment) wichtig.

Zur Einbeziehung der Person

Vor allem neuere Beiträge aus der PBS-Forschung regen an, betroffene Personen soweit wie möglich am funktionalen Assessment zu beteiligen und Erhebungen sowie Entscheidungen über ihre Köpfe hinweg zu vermeiden (Kern et al. 1994; Kern, O'Neill und Starosta 2005, 143f.; Umbreit et al. 2007; Wehmeyer et al. 2004). Diese Empfehlung korrespondiert mit den Leitprinzipien der Selbstbestimmung und des Empowerment (Theunissen 2009). Eine Möglichkeit, eine betroffene Person am Assessment zu beteiligen, besteht darin, die PVU in die Zukunftsoder Lebensstilplanung einzubeziehen beziehungsweise beide Ansätze miteinander zu verschränken (Bambara 2005a, 5; Kincaid 2001; Kincaid und Fox 2002). Da die Zukunfts- oder Lebensstilplanung eher breite Informationen liefert, sollten gemeinsam mit der Person, der Verhaltensauffälligkeiten nachgesagt werden, auch spezifische Aspekte des funktionalen Assessments (z. B. auf der Basis der W-Fragen) beachtet werden. Die Dauer des Interviews einer Person mit Lernschwierigkeiten wird mit 20 bis 40 Minuten veranschlagt, und es wird sowohl von O'Neill et al. (1997, 27) als auch von Reed et al. (1997, 44) ausdrücklich darauf hingewiesen, dass nur Personen, die nicht mit dem Problemverhalten verstrickt sind, das Assessment durchführen sollten.

Untersuchungen zeigen auf, dass Angaben, die Betroffene auf der Grundlage eines funktionalen Assessments machen, keineswegs als unzuverlässig eingeschätzt werden dürfen und dass sie die Sicht von Professionellen eher bereichern (Reed et al. 1997; Wehmeyer et al. 2004).

Funktionale Problembetrachtung

Der Informationsgewinnung durch das indirekte und direkte Assessment folgt die Auswertung der Ergebnisse in einer zweiten Zusammenkunft des Unterstützerkreises. Zunächst geht es dabei um die funktionale Problembetrachtung. Zur Verdeutlichung folgendes Beispiel (aus Theunissen 2008b, 76f.): Herr V. hat schlecht geschlafen (hintergründiges Ereignis) und arbeitet sehr langsam und unmotiviert. Er wird vom Gruppenleiter aufgefordert, zügig zu arbeiten, weil viel Arbeit anliegt (auslösende Situation); Herr G. reagiert mit Gereiztheit, arbeitet hastig und unkonzentriert und macht Fehler (Problemverhalten); er wird zurechtgewiesen (Reaktion des Gruppenleiters); daraufhin reagiert er mit Schreien und Schimpfen und verweigert die Arbeit (Problemverhalten); er wird erneut zurechtgewiesen, es kommt zu einer Eskalation, die zu einem vorübergehenden Gruppenrausschmiss und zu einer Kürzung des Arbeitsgeldes für den entsprechenden Tag führt (Konsequenzen). Wichtig ist die Frage nach dem Zweck des auffälligen Verhaltens. Vermutlich fühlt sich Herr V. unwohl (unausgeschlafen), weshalb er zunächst noch in Ruhe gelassen werden und sich ausruhen möchte (Funktion der Auffälligkeiten). Im Sinne der PVU ist eine Veränderung des hintergründigen Ereignisses, der auslösenden Bedingungen und der Konsequenzen sinnvoll: in der Wohngruppe müssten die Schlafstörungen thematisiert werden, anstelle der Zurechtweisung soll der Gruppenleiter Herrn V.'s Befindlichkeit (Müdigkeit und Gereiztheit) verständnisvoll aufgreifen und ihm die Möglichkeit anbieten, eine kurze Auszeit (Pause) zur Entspannung (z. B. in einem Ruheraum) zu nehmen. Das gilt für jene Tage, an denen Herr V. unausgeschlafen in die Werkstatt kommt. Hierüber wird der Gruppenleiter von einem Mitarbeiter der Wohngruppe morgens informiert (Absprache im Rahmen des Unterstützerkreises). Im günstigsten Fall könnte Herr V. lernen, sich selbst zu kontrollieren und eigenständig-verantwortlich den Ruheraum aufzusuchen (Selbstmanagement durch ein positives Bewältigungsverhalten). Auf jeden Fall steht das Beispiel für ein *präventives* Unterstützungsprogramm, da Interventionen in den Blick genommen werden, *bevor* das beklagte Verhalten auftritt beziehungsweise eskalierende Auseinandersetzungen zu erwarten sind.

Die häufigsten Funktionen auffälligen Verhaltens bei Menschen mit Lernschwierigkeiten oder einer komplexen Behinderung (Carr et al 1999; 2000; Jackson und Panyan 2002, 93) beziehen sich auf:
- Verlangen nach Zuwendung oder Aufmerksamkeit
- Arbeitsflucht beziehungsweise Arbeitsverweigerung
- Ausdruck einer Mitteilung beziehungsweise Kommunikationsform
- Verlangen nach Hilfe
- Sensorische Selbststimulation
- Soziale Meidung/ Distanz

Für die Planung von Interventionen, vor allem für die Einübung eines Verhaltens, das als funktionales Äquivalent das Problemverhalten ersetzen soll (*alternativ replacement skill*), ist es wichtig, nicht nur die Funktion im Allgemeinen, sondern ebenso die damit verknüpfte Botschaft zu beachten. „Nur zu wissen, dass eine Person Aufmerksamkeit sucht, genügt nicht" (Halle, Bambara und Reichle 2005, 251). So kann zum Beispiel jemand Aufmerksamkeit suchen, um Lob zu erhalten, um anderen Personen zu zeigen, was er getan hat, um mit anderen zu spielen oder um sozialen Kontakt herzustellen. Welche kommunikativen Botschaften eine Auffälligkeit beinhalten kann, macht die folgende Tabelle von Dunlap, Harrower und Fox (2005, 30) deutlich.

Zweck / Bedeutung	Sprachliche Botschaft
um Aufmerksamkeit zu erhalten / zwischenmenschlichen Umgang einzufordern	• „Hör mir zu!" / „Schau her!" • „Ich brauche Hilfe." • „Kann ich mit dir spielen?"
um diverse Dinge zu bekommen / bestimmte Aktivitäten ausführen zu können	• „Ich möchte den Computer nutzen." / „Ich möchte an den Computer." • „Ich möchte das Buch haben." • „Ich möchte Musik hören."
um bestimmte Sinnesreize einzufordern	• „Diese Bewegung fühlt sich gut an." • „Diese Bewegung beruhigt mich."
um sich bestimmten Sinnesreizen zu entziehen / um sie zu vermeiden	• „Dieses Geräusch ist zu laut." • „Dieses Klassenzimmer ist zu warm."
um Aufmerksamkeit zu vermeiden / um sich zwischenmenschlichem Umgang zu entziehen	• „Ich möchte nicht mit dir sprechen." • „Ich möchte nicht, dass du mich ansiehst."
um die Benutzung diverser Materialien zu vermeiden /bestimmten Aktivitäten aus dem Weg zu gehen bzw. deren Durchführung zu vermeiden	• „Ich möchte diese Arbeit nicht ausführen." • „Ich möchte nicht in diesem Klassenzimmer sein." • „Ich mag das nicht; ich brauche eine Pause."

Ferner kann ein Problemverhalten auch mehrere Funktionen haben (z. B. andere Personen in der Wohngruppe stören: um Aufmerksamkeit auf sich zu lenken, um im Mittelpunkt zu stehen, um die Situation zu bestimmen, aus Eifersucht, Langeweile u. a.), die es jeweils exakt zu erfassen gilt (Kern 2005a, 182f.). Carr et al. (2000, 71ff.) schlagen vor, bei unterschiedlichen auslösenden Bedingungen, problematischen Verhaltensweisen, Konsequenzen und Funktionen Gruppierungen vorzunehmen und entsprechende Häufigkeiten zu erfassen, beispielsweise situationsbezogen: während der Frühstückspause, auf dem Pausenhof…; funktional: um Aufmerksamkeit auf sich zu lenken, um der Aufgabe auszuweichen…, reaktiv: durch positive Verstärkung, durch negative Verstärkung, durch aversive Stimuli (Time-out, Bestrafung). Geht es zudem um verschiedene Auffälligkeiten, so stellt sich die Frage ihrer Gewichtung und Hierarchisierung. Eine Möglichkeit besteht darin, vom Leichten zum Schweren voranzuschreiten, um von vornherein ein möglichst erfolgreiches Arbeiten zu erzielen. Ebenso kann von Funktionen ausgegangen werden, die als bedeutsam oder zweckmäßig für die Entwicklung eines Unterstützungsprogramms eingeschätzt werden. Eine solche Frage hat der jeweils zuständige Unterstützerkreis zu treffen.

Mitunter gibt es Situationen, in denen hintergründige Ereignisse oder auslösende Bedingungen nicht eindeutig erkennbar sind oder schwer erfasst werden können, zum Beispiel wenn ein Verhalten quasi ‚automatisiert' immer wieder auftritt. Ein solches Verhalten kann beispielsweise früh erlernt worden sein und/oder biologische beziehungsweise biochemische Ursachen haben. Ebenso lässt sich einem Problemverhalten nicht immer eine klare Funktion zuordnen. Am besten ist es, in dem Falle pragmatisch vorzugehen und sich für eine oder mehrere Funktionen zu entscheiden, die dann für die Bildung einer Arbeitshypothese genutzt werden.

Um die Funktion (den Zweck) des Verhaltens besser zu verstehen, kann es sehr wohl hilfreich sein, auf den (systemtherapeutischen) Kunstgriff des *positiven Konnotierens* beziehungsweise auf eine Umformulierung des beklagten Verhaltens im Hinblick auf implizite Stärken oder Potenziale zurückzugreifen. Hierzu folgendes Beispiel: Ein junger Erwachsener mit komplexer Behinderung versucht in unbeobachteten Momenten ständig in seiner Wohngruppe Heizungskörper, Schränke oder Bänke zu demontieren. Gelingt es dem Personal nicht, ihn ständig zu beaufsichtigen, muss er in seinem Bett fixiert werden oder eine Schutzjacke tragen. Zudem erhält er eine hohe Dosis an Neuroleptika. Die Person gilt als ein „schwer führbarer und hoffnungsloser" Fall, und ihre „dranghafte Neigung zum Zerstören von Dingen" wird als eine „cerebral bedingte Steuerungsunfähigkeit" auf Grund eines Organdefekts definiert. Eine an der Stärken-Perspektive orientierte Einschätzung, die an dieser Stelle mit der „systemischen Diagnostik" (DeJong und Berg 1998) korrespondiert, führt dagegen zu einer völlig anderen Sicht: Die Person kann ihre Umgebung aufmerksam beobachten, hat eine schnelle Auffassungsgabe für Zusammenhänge, die ihr bedeutsam sind, zeigt ein hohes Maß an Handgeschicklichkeit, zeigt eine ausgeprägte feinmotorische Kompetenz, kann sich auf subjektiv bedeutsame Tätigkeiten konzentrieren, möchte sich gern betätigen und nützlich machen, zeigt ein hohes Maß an Aktivität. Offensichtlich langweilt und unterfordert die Person der Alltag. Auf Grund ihrer Stärken, die durch die positive Auslegung des auffälligen Verhaltens sichtbar werden, soll sie einen Technik-Baukasten erhalten und an handwerklich-technische Tätigkeiten (z. B. auch Reparaturarbeiten) herangeführt werden (aus Lingg und Theunissen 2008, 276). Dadurch, dass das beklagte Verhalten positiv konnotiert und funktional betrachtet wird, können sich die professionellen Helfer auf das konzentrieren, was unproblematisch ist. Somit lässt sich von dieser Stärken-Perspektive aus eine Brücke zu Arbeitshypothesen, Zielen und Interventionen schlagen.

Bildung von Arbeitshypothesen und Zielen

Die funktionale Problembetrachtung führt zur Bildung von Arbeitshypothesen und Zielen. Diesbezüglich unterscheiden wir zwischen spezifischen und globalen Annahmen:

Spezifische Annahmen fokussieren die Problemsituation auf der Grundlage der S-A-B-C-Faktoren und sogenannten W-Fragen. Mit Hilfe spezifischer Annahmen sollen passgenaue Interventionen für konkrete Situationen gewonnen werden (z. B. durch Modifikation der auslösenden Bedingungen, Veränderung der Konsequenzen oder aufrechterhaltenden Bedingungen, Erwerb einer Handlungsalternative für das Problemverhalten). Hierzu ist es wichtig, dass die Hypothesen präzise formuliert werden, etwa so: „Wenn Peter mit einem Auto spielt, das Martin haben möchte (auslösende Situation), reagiert Martin mit Schreien, Wegreißen, Treten oder Schlagen (Verhalten), um das Auto zu bekommen (Funktion); zudem ist er vermutlich auf Peter eifersüchtig (Funktion)" (Bambara 2005b, 56). Hypothesen oder Aussagen wie „Jonas entzieht sich ständig der Arbeit und läuft umher, weil er das Aufmerksamkeitsdefizit-Syndrom hat", sind hingegen für die Planung eines Unterstützungsprogramms zu unpräzise (Kern 2005a, 166f.).

Spezifische Arbeitshypothesen allein können jedoch noch nicht ein umfassendes Bild über die Problemlage und das Leben der Person vermitteln. Daher macht es Sinn, auch *globale Annahmen* zu formulieren, die weitere Einflüsse auf das auffällige Verhalten beschreiben (z. B. Systemzwänge, fremdbestimmte Alltagsroutine, fehlende Wahl- und Entscheidungsmöglichkeiten im Rahmen des alltäglichen Lebens) und vor dem Hintergrund der breiten Informationen zu einem Verständnis der Gesamtsituation beitragen.

Darüber hinaus sollten neben dem Anliegen der Person (Lebensstil, Interessen, Ziele) gleichfalls Wünsche oder Ziele der Umkreispersonen (z. B. Gruppenmitarbeiter, Eltern) berücksichtigt werden (Hieneman, Childs und Sergay 2006). Diese müssen gegebenenfalls mit der Person-Perspektive in Einklang gebracht werden beziehungsweise vor dem Hintergrund von Rechten und Pflichten gilt es im Einzelfall die Interessenlage beider Seiten für ein Unterstützungsprogramm auszubalancieren.

Unterstützungsmaßnahmen

Der Hypothesenbildung und Zielbestimmung folgt die Entwicklung des Unterstützungsprogramms, das fünf Handlungsebenen unterscheidet. Ferner gilt es die Person festzulegen, die die vereinbarten Maßnahmen federführend durchführen soll. Das sollte eine Bezugsperson aus der unmittelbaren Lebenswelt des Betroffenen (z. B. Gruppenmitarbeiter; Bezugsassistent) sein, zumal das Programm dort durchgeführt werden soll, wo die Probleme bestehen. Wichtig ist es, bei Auswahl des Unterstützers auf gegenseitige Sympathien zu achten. Zudem ist eine Reflexion möglicher *Übertragungs-* und *Gegenübertragungsphänomene* (dazu Wöller und Kruse 2001, 155, 173ff.) geboten, um die Maßnahmen fruchtbar werden zu lassen.

1) Veränderung von Kontextfaktoren
Zahlreiche Studien (dazu Luiselli 2006a) zeigen auf, dass präventive Maßnahmen, die die Veränderung von Kontextfaktoren (hintergründige Ereignisse; auslösende Bedingungen) betreffen, bereits sehr effektiv sein können; und nicht selten sind sie wirksamer als Interventionen, die auf Veränderung von Konsequenzen setzen. Allerdings finden präventive, kontextverändernde Maßnahmen noch zu wenig Beachtung. Das kann damit zusammenhängen, dass die Bereitschaft von Bezugspersonen (Gruppenmitarbeiter, Eltern, Lehrkräfte), sich selbst oder Bedingungen zu verändern, recht gering ist (Snell 2002, 22; Westling und Theunissen 2006, 304f.); andererseits liegt die Vermutung nahe, dass die Bedeutung kontextverändernder beziehungsweise vorausgehender Interventionen (*antecedent interventions*) noch nicht genügend erkannt worden ist oder einfach unterschätzt wird.
Im Folgenden habe ich hierzu einige Beispiele zusammengestellt, die aus der Praxis stammen und positiv evaluiert wurden:

Schaffung einer Situation, in der ein auslösendes oder hintergründiges Ereignis erst gar nicht auftritt
Es wurde vermutet, dass das Schreien, Kopfschlagen und Beißen ins Handgelenk von Herrn E. im Speisesaal der WfbM damit zusammenhing, dass er Probleme hatte, länger als 90 Sekunden in der Warteschlange zu stehen. Sein Gruppenleiter testete an fünf Tagen die Hypothese. Jedes Mal, wenn Herr E. länger als 90 Sekunden warten musste, traten die Auffälligkeiten auf. Demgegenüber war er unauffällig, sobald er nicht warten beziehungsweise weniger als 1 ½ Minuten in der Schlange verweilen musste. Daraufhin wurde ein Programm entwickelt, bei dem die Wartezeit zunächst über mehrere Wochen bei einer Minute angesetzt, dann behutsam und kontinuierlich ausgedehnt wurde. Zugleich erhielt Herr E. eine Illustrierte zum Durchblättern, um ihm das Warten erträglicher zu gestalten.

Strukturierung von Situationen, Aktivitäten oder Angeboten, wenn unstrukturierte Situationen nachweislich als chaotisch oder überfordernd erlebt werden
Um zu vermeiden, dass Herr W. ständig seinen Arbeitsplatz verlässt und in der Werkhalle schreiend herumläuft, wurden in Anlehnung an den TEACCH-Ansatz (dazu Kapitel 5) Strukturierungshilfen erarbeitet (durch Bodenlinien zur Markierung des Arbeitsplatzes; durch eine bildliche Abfolge von Arbeits-, Pausen- oder Essenszeiten; durch eine übersichtliche Abfolge des Arbeitsprozesses bzw. des Ablaufs wie von links nach rechts arbeiten, durch klare Anordnungen wie linker Korb für unerledigte Arbeiten, Mitte als unmittelbarer Arbeitsplatz, rechter Korb für fertige Arbeiten).

Situationsverändernde Maßnahmen und/oder Modifikation von Aufgaben
Hierunter fassen wir ein Bündel an Interventionen, die ähnlich wie die zuvor genannten präventiven Charakter haben: zum Beispiel Veränderung der Raumgestaltung, der Lichtverhältnisse, der Sitzordnung oder der Gruppenzusammensetzung; Nutzung eines Nebenraumes oder einer Außenanlage; Vereinfachung der Aufgabenstellung oder des Arbeitsmaterials, Reduktion von überfordernden Aufgaben.

Einbettung einer angenehmen Aktivität in den Tagesablauf, wenn eine bestimmte Anforderung bestehen bleiben muss
Herr M. neigt immer wieder dazu, nach 45 Minuten seinen Arbeitsplatz zu verlassen, sich auf den Boden zu setzen und sich zu weigern, aufzustehen und weiter zu arbeiten. Damit bringt er Momente physischer Erschöpfung und Überforderung zum Ausdruck. Seitdem ihm bereits nach 30 Minuten Arbeitszeit kleine Erholungspausen gestattet werden, haben sich die Auffälligkeiten weithin gelegt.

Ergänzung eines Tagesablaufs oder einer Aufgabe, die kritisch eingeschätzt wird (z. B. langweilig, unterfordernd), durch ein zusätzliches (motivierendes) Angebot
Herr D. versucht immer wieder nach circa 40 Minuten durch lautes Zurufen und beleidigende, obzöne Worte andere Mitarbeiter/innen zu provozieren, bei ihrer Arbeit zu stören und abzulenken. Durch ein funktionales Assessment konnte herausgefunden werden, dass es Herrn D. schwer fällt, sich 40 Minuten lang auf seine Arbeit (Verpackungstätigkeit) zu konzentrieren. Die Tätigkeit scheint ihn dann offensichtlich zu langweilen. Herr D. gilt als ein ‚wacher' Mitarbeiter, der viel verstehen würde. Indem ihm nach 30 Minuten regulärer Arbeitszeit kleine, verantwortungsvolle Sonderaufgaben (Etikettenkleben, Botengänge o. ä.) übertragen oder auch Zwischenpausen zur Auflockerung seines Arbeitsalltags gestattet werden, können die Auffälligkeiten weithin kompensiert werden.

Schaffung von Situationen, die vorhersehbar sind
Herr F. hatte Probleme, seine Arbeit rechtzeitig zu erledigen, was immer wieder Konflikte mit seinem Gruppenleiter nach sich zog. Ein funktionales Assessment brachte Herrn F.'s Problem, sich die Zeit richtig einzuteilen, zu Tage. Daraufhin wurde er 15 Minuten, dann 10 Minuten, 5, 2 und eine Minute vor Schluss jeweils auf das Ende der Arbeitszeit mit Hilfe eines Timetimers hingewiesen (dazu auch Kern und Clarke 2005, 220f.).

Schaffung einer positiven Ausgangssituation, um (unbequeme) Aufgaben oder Anforderungen zu stellen
Einige Forscher weisen darauf hin, dass Anforderungen, die an eine missgelaunte Person (*bad mood*) gestellt werden, Verhaltensauffälligkeiten (Arbeitsflucht, Arbeitsverweigerung) auslösen können (Carr et al. 2003; Durand und Mapstone 1998, 368); sei eine Person hingegen gut gelaunt, sei es einfacher, Anforderungen zu stellen (Miltenberger 2006, 116f.). Folglich sollte das Stimmungsbarometer einer Person beachtet und positiv beeinflusst werden, zum Beispiel durch Humor, Witze, kleine Kunststücke oder Musik. Zugleich sollte diese (neurobiologisch gestützte) Strategie jedoch im Hinblick auf wirksame Verhaltensänderungen nicht überbewertet und als Bestandteil eines breit angelegten Konzepts betrachtet werden (Carr et al. 2003; Durand und Mapstone 1998, 376).

Rückgriff auf Lieblingsbeschäftigungen, Vorlieben oder Stärken
Die Einbettung in ein Gesamtkonzept betrifft ebenso die präventive Strategie, mit Lieblingsbeschäftigungen, Vorlieben (*preferences*) oder Aktivitäten auf der Grundlage von Stärken zu beginnen, die dann allmählich im Niveau gesteigert (Einbau von bestimmten Schwierigkeitsgraden) oder im Nachhinein mit Lernanforderungen oder Aufgaben verknüpft werden. Lieblingsbeschäftigungen können aber auch als positiver Verstärker genutzt werden (Cannella, O'Reilly und Lancioni 2005, 8), indem sie beispielsweise im Laufe eines Arbeitstages im Rahmen kleiner Pausen zwischengeschaltet oder nach Beendigung einer Aufgabe beziehungsweise Arbeit in Aussicht gestellt werden (Green et al. 2005).
Persönliche Stärken lassen sich aber auch auf eine ganz andere Art nutzen. So nennen Jackson und Panyan (2002, 88) das Beispiel eines Jungen, der in seiner Klasse mit Albernheiten und zerstörerischem Verhalten auffiel, zugleich körperlich athletisch „gebaut" war. Aufgrund dieser Eigenschaft wurde ihm eine verantwortungsvolle Aufgabe übertragen, nämlich jüngeren köperbehinderten Kindern bei der Partizipation am heilgymnastischen und Sportunterricht behilflich zu sein. Diese Aufgabe war zugleich beziehungsbefördernd, und sie ist wie andere Aktivitäten, die auf Stärken oder Kapazitäten von Schülerinnen und Schülern mit herausfordernden Verhaltensweisen, aufbauen, dazu geeignet, „ihre Wertschätzung in den Augen von Anderen zu erhöhen" (ebd., 88).

Schaffung von Situationen, die Wahl- und Entscheidungsmöglichkeiten zulassen
Empirischen Studien zufolge kann davon ausgegangen werden, dass durch Wahlangebote, die weder über- noch unterfordern, sowohl Verhaltensauffälligkeiten vermieden als auch erfolgreich abgebaut werden können (Cannella, O'Reilly und Lancioni 2005; Dunlap et al. 1994; Kern und Clarke 2005, 211ff.; Miltenberger 2006, 110f.; O' Reilly et al. 2006, 191). Folglich sollte im Rahmen des funktionalen Assessments stets geprüft werden, inwieweit Betroffenen genügend Auswahl- und Entscheidungsmöglichkeiten offeriert werden (dazu auch Bambara, Cole und Koger 1998). Interessant ist, dass mehrere Untersuchungen den Nachweis erbracht haben, dass die Wirksamkeit von Wahlmöglichkeiten noch höher einzuschätzen sei als der Rückgriff auf Lieblingsbeschäftigungen (Miltenberger 2006, 111). Dies gilt allerdings für Auffälligkeiten im Arbeits- und Leistungsverhalten (v. a. Arbeitsflucht, Arbeitsunlust, mangelnde Motivation) und nicht für Verhaltensweisen, durch die Aufmerksamkeit oder Zuwendung erreicht werden sollen. In dem Falle haben sich Interventionen durch systematische oder nonkontingente Verstärkung (z. B. alle 40 Sekunden durch Lob, positive Bestätigung) während einer Arbeitsphase sowie in konfliktfreien Zeiten (z. B. beim Spiel, in der Freizeit) in Verbindung mit Ignorieren auffälligen Verhaltens sowie Formen des Umlenkens oder der Ermutigung zur Übernahme und eigenständig-verantwortlichen Erledigung „kleiner Aufgaben" (als Form einer Mithilfe) als effektiver erwiesen. Des Weiteren kann eine Kombination von Wahlangebot und Lieblingsbeschäftigung sinnvoll sein. So kann zum Beispiel die Vorliebe für eine bestimmte Arbeit zunächst einmal bei einem Wahlangebot an Arbeiten berücksichtigt werden, um ein arbeitsbezogenes Verhalten zu befördern beziehungsweise die Ausführung einer Arbeit zu erreichen (Bambara, Ager und Koger 1994). Nach einer Stabilisierungsphase können dann in einem nächsten Schritt Modifikationen (z. B. über zeitliche Verschiebungen, Einflechten von Wahlangeboten unbeliebter Arbeiten) vorgenommen werden.

Neutralisierung hintergründiger Ereignisse (z. B. Menstruation, Obstipation, Zahnschmerzen) durch passende Angebote (z. B. Entspannungsangebote, Musik, Schmerzmittel)
Herr A. schreit und schlägt sich sehr häufig, sobald er morgens früh die Werkstatt betritt. Durch ein funktionales Assessment konnte herausgefunden werden, dass dieses Verhalten immer dann auftritt, wenn er morgens nur eine kleine Frühstücksmahlzeit zu sich genommen hatte. Dieses hintergründige Ereignis (*setting event*) wurde dadurch behoben, indem ihm vor der Fahrt in die Werkstatt Zeit für ein größeres Frühstück ermöglicht wurde.

Nutzung der ‚unproblematischen' Zeit
Zu guter Letzt möchte ich die ‚unproblematische' Zeit nicht unerwähnt lassen, in der gezielt funktional bedeutsame Angebote (z. B. Lieblingsbeschäftigungen, Spie-

le, ästhetische Aktivitäten) für einen bestimmten Zeitraum der Person offeriert werden sollen. Die Bedeutsamkeit dieser Intervention, die der behavioralen Methode der nonkontingenten Verstärkung (*noncontingent reinforcement*) weithin entspricht (Carr, J. et al. 2000; Sigafoos und Kerr 1994), liegt darin, dass beispielsweise im Falle von Zuwendung (Funktion des Problemverhaltens) die Person in einer günstigen Zeit positive Zuwendung im Rahmen einer gemeinsamen Aktivität erfährt (das können z. B. auch hauswirtschaftliche Tätigkeiten sein), so dass die funktionale Bedeutung des auffälligen Verhaltens auf Dauer an Anziehungskraft verliert. Die Wirksamkeit dieser Methode ist freilich nur dann gegeben, wenn zugleich das Problemverhalten keine Aufmerksamkeit (z. B. durch Ignorieren) mehr erfährt. Lassen sich durch die Nutzung der ‚unproblematischen' Zeit Auffälligkeiten abbauen, stellt sich die Frage der Beibehaltung des positiven Angebots. Erfahrungen zufolge (Carr, J. et al. 2000, 185; Feldman et al. 2002, 385) bietet es sich an, dieses über einen längeren Zeitraum, gegebenenfalls dauerhaft zeitlich reduziert auf mindestens fünf Minuten am Tage oder mehrfach kurzzeitig offeriert, aufrecht zu erhalten. Damit kommt zugleich der präventive Charakter dieser kontextverändernden Intervention zur Geltung.

2) Zur Erweiterung des Verhaltens- und Handlungsrepertoires
Nicht selten ist zu beobachten, dass sich Personen auffällig verhalten, weil ihnen keine alternativen, sozial angemessenen Problemlösungsmuster (Coping) zur Verfügung stehen. Mitunter hat sich das Verhalten aber auch so verfestigt, dass selbst bei einer Bereitschaft, sich anders zu verhalten, eine Veränderung aus eigener Kraft nicht mehr möglich ist. Heilpädagogische oder (psycho-)therapeutische Interventionen, die bloß auf positiven Kontakt und Wohlbefinden oder auf Einsicht und Einstellungsänderung zielen, sind daher unzureichend (Lingg und Theunissen 2008, 216ff.). Neben kontextverändernden oder reaktiven Interventionen sollten gleichfalls Chancen der Unterstützung des Verhaltens- oder Handlungsrepertoires der Person erschlossen und genutzt werden, um ihr mehr Autonomie und Kompetenz bei der Bewältigung, Gestaltung und Verwirklichung des eigenen Lebens zu ermöglichen und zugleich den Weg für Empowerment zu ebnen. Dieser Anspruch lässt sich allerdings nicht unter restriktiven pädagogischen Bedingungen sondern – wie uns neurobiologische Befunde vor Augen führen – nur in positiv erlebbaren Situationen einlösen, weshalb er häufig mit kontextverändernden Maßnahmen eng verschränkt werden muss.
Im Rahmen der PVU werden drei Strategien zur Erweiterung des Verhaltens- und Handlungsrepertoires herausgestellt (Bambara und Knoster 1998, 18; Halle, Bambara und Reichle 2005, 239ff.; Theunissen 2008b, 85ff.). Welche Interventionen jeweils zum Tragen kommen, sollte in erster Linie von der Funktion des Problemverhaltens, den individuellen Voraussetzungen, Potenzialen, Wünschen und Lebenszielen der Person und nicht ausschließlich von den Interessen der Bezugspersonen bestimmt sein.

1) Neuerwerb und/oder Nutzung eines Verhaltens, das als funktionales Äquivalent für ein auffälliges Verhalten dienen kann
Ein Beispiel: Herr J. kann sich nicht verbal äußern und gilt als stark kommunikationseingeschränkt. Durch ein funktionales Assessment konnte herausgefunden werden, dass er jedes Mal mit Schreien und Kopfschlagen reagierte, wenn eine technische Störung an seiner Arbeitsmaschine auftrat. Indem ihm die Nutzung eines Signals (Hochhalten einer roten Karte bei einer technischen Störung und ein Hilferuf) beigebracht wurde, konnte das Problemverhalten weithin aufgelöst werden. Ein neues Verhalten kann als funktionales Äquivalent freilich nur dann wirksam sein, wenn es nicht mehr Anstrengung und Zeit erfordert wie das beklagte Verhalten sowie die gleiche Aufmerksamkeit erfährt (Dunlap, Harrower und Fox 2005, 40; Halle, Bambara und Reichle 2005, 243f.). Würde zum Beispiel auf das Hochhalten der roten Karte nicht reagiert, wären die Auffälligkeiten für Herrn J. effektiver, um Aufmerksamkeit und Hilfe zu erlangen. Zudem ist es wichtig darauf zu achten, dass das alternative Verhalten in der realen Situation und vor Beginn des Problemverhaltens eingeübt wird (Halle, Bambara und Reichle 2005, 242f.).

2) Neuerwerb eines Verhaltens, das zu verbesserter und zu mehr Handlungskompetenz führen kann
Ein Beispiel: Herr N. arbeitet gerne am Kopierer. Allerdings wird er allzu rasch ungeduldig, wenn ein Papierstau entsteht. Zumeist versucht er überhastet und unkontrolliert das Problem zu beheben, was ihm in der Regel misslingt. Dann steigert er sich in Wut, schreit herum und schlägt oder tritt gegen das Gerät. Daraufhin wird mit ihm ein fünfwöchiges Problemlösungstraining durchgeführt. Durch Lernen am Modell und Rollenspiele wird er dazu befähigt, in Ruhe nach dem Fehler zu schauen, die Papierlade zu prüfen und verklemmtes oder verschobenes Papier behutsam zu entfernen. Außerdem wird er instruiert, im Falle einer erfolglosen Problembehebung seinen Gruppenleiter oder Helfer aufzusuchen und um Hilfe zu bitten. Ein positiver Nebeneffekt ist es, dass er im Rahmen dieses Verhaltenstrainings zugleich befähigt werden kann, (fast) leere Papierladen mit Kopierpapier aufzufüllen. Dadurch kann sein eigenständig-verantwortungsvolles Handeln erhöht werden.
Die Förderung eines Verhaltens, das generell zu mehr Autonomie und Handlungskompetenz beitragen soll, wird durch zwei Leitfragen maßgeblich bestimmt (Halle, Bambara und Reichle 2005, 262):
1) „Welche Fähigkeiten (*skills*) sollte die Person erlernen, so dass auf ein auffälliges Verhalten erst gar nicht zurückgegriffen werden muss?"
2) „Welche allgemeinen Fähigkeiten (*skills*) können erlernt werden, die zu einer subjektiv bedeutungsvollen Verbesserung des Lebensstils der Person beitragen?"

3) Neuerwerb eines alternativen positiven Bewältigungsverhaltens (Coping)
Ein Beispiel: Herr K., der in einer Montagegruppe arbeitet, kann auf Dauer den hintergründigen Lärm in seiner Gruppe nicht aushalten. Wird ihm der Lärm unerträglich, so reagiert er zunächst mit einem Brummen, dann mit Schreien und einem heftigen Schlagen gegen seine Ohren. Indem er befähigt wurde, sich in kritischen Situationen einen Kopfhörer anzuziehen, konnten die Verhaltensprobleme weithin kompensiert werden.

3) Zur Veränderung von Konsequenzen
Sollen Konsequenzen verändert werden, stellt sich erstens die Frage, wie auf ein Problemverhalten am besten reagiert und ein positives, neues oder alternatives Verhalten unterstützt werden kann, so dass dieses wirksamer wird als das beklagte Verhalten. Verstärkerpläne beziehungsweise Strategien der Verstärkung, wie wir sie aus der Verhaltensmodifikation kennen, haben hier ihren Platz (dazu auch Theunissen und Paetz 2011, 125, 128ff.).
Bestrafung, Time-out, Fixierungen oder Ähnliches sollten aus ethischen Gründen vermieden werden, und einige dieser aversiven Methoden sind nur in rechtlich genehmigten Ausnahmefällen zulässig. Wenngleich im Falle selbstverletzender Verhaltensweisen von positiven Effekten durch aversive Behandlungsmethoden (z. B. Elektroschock; Fixierungen) berichtet wird (Lindscheid und Reichenbach 2002), muss gesehen werden, dass nur im Rahmen eines breit angelegten Programms eine günstige Langzeitwirkung erzielt werden kann, welche nicht von negativen Nebeneffekten (*serious side effects*) begleitet wird (dazu Smith und Iwata 1997, 368f; auch Kern 2005b, 279). Andererseits können selbst bei schweren Formen auffälligen Verhaltens (z. B. massive Aggressionen und Sachbeschädigungen, selbstverletzendes Verhalten) PVU-Programme langfristig erfolgreich sein, so dass sich restriktive Methoden weitgehend erübrigen (Bird und Luiselli 2000; Matson und Taras 1989). Da eine Einzelhilfe auf der Grundlage konsequenzorientierter Interventionen (*response interventions*) bekanntermaßen zu kurz greift, ist es wichtig, das direkte Verhaltensmanagement in ein Gesamtprogramm einzubetten, welches persönlichkeits- und lebensstilunterstützenden Maßnahmen breiten Raum gibt (Favell und McGimsey 1999, 268ff.; Jackson und Panyan 2002, 33). Ferner sollte neben der Fremdverstärkung immer ein *Selbstmanagement* (Selbstkontrolle und -regulation) unterstützt werden (dazu Koegel und Kern Koegel 1990; Sainato et al. 1990) – wohl wissend, dass die Reichweite dieser Möglichkeit bei Personen mit einem IQ < 50 begrenzt ist (Schreibman, Heyser und Stahmer 1999, 51). Nichtsdestotrotz gibt es aber auch ermutigende Erfahrungen in der Arbeit mit Personen, denen eine (schwere) komplexe Behinderung nachgesagt wird (siehe Kapitel 4: Tertiäre Prävention, 3. Handlungsebene).
Für ein selbstkontrolliertes Verhaltensmanagement können gemeinsam mit der Person Verhaltensregeln oder Kontingenzverträge visualisiert und/oder vereinbart

werden. Ebenso denkbar ist der Rückgriff auf einfach angelegte Stimmungsbarometer oder Smilie-Skalen zur Selbsteinschätzung des Verhaltens.

Zweitens gilt zu fragen, wie einer Person vor Augen geführt werden kann, dass es sich nicht (mehr) lohnt, mit Verhaltensauffälligkeiten zu imponieren, weil der Funktion ihres Verhaltens (z. B. Aufmerksamkeit) positiv Rechnung getragen wird (z. B. durch gemeinsame Aktivitäten oder Zuwendung in der unproblematischen Zeit). Hierzu gibt es verschiedene Strategien (dazu die vorausgegangene Auflistung sogenannter symptomzentrierter Interventionsformen) wie beispielsweise das Ignorieren eines unerwünschten Verhaltens, das Umlenken oder Hinlenken auf eine alternative (angenehme) Tätigkeit sowie ein verbales Feedback, indem auf logische oder natürliche Konsequenzen aufmerksam gemacht wird. Eine logische Konsequenz wäre zum Beispiel, dass ein Bewohner, nachdem er sein Radio zerstört hat, dieses nicht mehr nutzen kann. Eine natürliche Konsequenz ergibt sich, wenn jemand bei der Erledigung einer Aufgabe bummelt, so dass ihm nachher nicht mehr viel Zeit für eine Lieblingsbeschäftigung bleibt.

Drittens gibt es immer wieder Situationen, in denen ‚notfallmäßig' interveniert werden muss (z. B. zum Schutz der Person oder Anderer). Wie schon zuvor angesprochen, besteht die Gefahr, dass solche Interventionen allzu leicht zu einer Gewaltanwendung oder Bestrafung entgleiten. Daher ist es wichtig, dass die Person in ihrer Würde, Identität und mit ihren Rechten (Freiheit, körperliche Unversehrtheit) nicht verletzt sowie im Nachhinein nicht mit ihren Problemen allein gelassen wird. Ferner gilt es darauf zu achten, dass die Umkreispersonen nicht nachtragend sind und die ‚Notfallinterventionen' in ein Gesamtprogramm integriert werden (Favell und McGimsey 1999, 267f.). Dazu haben vor allem persönlichkeits- und lebensstilunterstützende Maßnahmen einen wichtigen Beitrag zu leisten.

4) Persönlichkeits- und lebensstilunterstützende Maßnahmen
Persönlichkeits- und lebensstilbezogene Unterstützungsangebote haben in den letzten Jahren in Konzepten des PBS zusehends an Bedeutung gewonnen (Bambara und Knoster 1998; Carr et al. 2002; Hieneman, Childs und Sergay 2006; Jackson und Panyan 2002, 247; Knoster 2000; Knoster und Kincaid 2005; Magito-McLaughlin et al. 2011; Westling und Fox 2009) und korrespondieren eng mit Angeboten, die sich aus der persönlichen Zukunfts- oder Lebensstilplanung ergeben und bereits im Rahmen der alltäglichen Alltagsarbeit offeriert werden. Im Rahmen der Einzelhilfe werden sie vor allem durch das allgemeine Assessment noch genauer eruiert und durch globale Arbeitshypothesen in den Blick genommen. Im Wesentlichen geht es um Lebenszufriedenheit, Ziele und Möglichkeiten einer sinnerfüllten Lebensverwirklichung. Im Unterschied zu therapeutischen Interventionen, die in der Regel zeitlich befristet sind, haben lebensstilbezogene Maßnahmen häufig einen

langfristigen Charakter, was in der PBS-Literatur als „*long-term supports*" (Bambara 2005b, 63) bezeichnet wird.
Drei Leitfragen gilt es für die Implementierung persönlichkeits- und lebensstilunterstützender Maßnahmen aufzubereiten (Theunissen 2008b, 105ff.):
1. die Frage, wie eine Person in ihrer Persönlichkeitsentwicklung und Lebensverwirklichung direkt unterstützt werden kann, so dass nicht nur hohe Lebenszufriedenheit und individuelles Wohlbefinden, sondern zugleich auch salutogenetische Faktoren (Vertrauen in eigene Stärken, Vertrauen in Andere, Lebenszuversicht) zur Förderung psychischer Gesundheit zum Tragen kommen. Entsprechende Angebote (dazu Kapitel 5) reichen von einer Gesundheitsförderung oder ästhetischen Praxis (z. B. durch körperliche Aktivierung, Sportspiele [dazu Schmid 2003], ausgewogene Ernährung, Angebote zum Wohlfühlen wie basale Kommunikations- und Interaktionsformen oder Snoezelen, Tanz, Musik, bildnerisch-kreatives, pädagogisch-therapeutisches Gestalten) über spezifische Lernangebote und Trainingsprogramme (z. B. Problemlösetraining; Selbstbehauptungstraining; soziales Kompetenztraining) bis hin zu alltäglichen Wahl- und Entscheidungsmöglichkeiten, die als ein „wesentlicher Lebensstil-Faktor" (Kern 2005b, 308) gelten. Einen wichtigen Stellenwert hat zudem die Förderung von Freundschaften und Bekanntschaften (dazu Theunissen und Schirbort 2010, 275ff.). Wie wir sehen, ermöglicht die PVU an dieser Stelle die Integration von heilpädagogischen oder therapeutischen Verfahren, die im Umgang mit Verhaltensauffälligkeiten angeboten werden. Auf welche Ansätze dabei zurückgegriffen wird, hängt von der Funktion der Auffälligkeiten sowie den daran anknüpfenden Arbeitshypothesen, Zielen und persönlichen Vorlieben ab.
Ferner gewinnen in jüngster Zeit Anregungen aus dem Lager der „positiven Psychologie" (*positive psychology*) an Zuspruch (Carr 2007), die aus der Hilflosigkeits- und Depressionsforschung (Seligman) resultieren und insbesondere präventive Bedeutung gegenüber einer Krisenanfälligkeit oder Belastungssituation haben. Im Zentrum stehen „positive Interventionen", die es Personen möglich machen, auf Dauer glücklicher zu werden (*that make people lastingly happier*), positive Gefühle und einen optimistischen Lebensstil zu entwickeln (Seligman et al. 2005). Eine (kontextverändernde) Intervention, die wirksam zu sein scheint, erstreckt sich zum Beispiel auf die Aufgabe, aus einem persönlichen Stärkenkatalog eine subjektiv bedeutsame Stärke auszuwählen und tagsüber zu nutzen. Ebenso denkbar ist es, mit sieben verschiedenen Stärken einen entsprechenden Wochenplan zu erstellen. Eine weitere Möglichkeit besteht darin, zunächst drei gute Dinge (*good things*) zu nennen, die sich täglich bewähren; dann sollen die Präferenz und der Wert der einzelnen Dinge begründet werden.
2. die Frage, welche Rahmenbedingungen zu verändern sind, so dass die Person ihren Lebensstil verwirklichen kann? Hier geht es um die Schaffung und Sicherung emotional haltgebender, schützender und entwicklungsfördernder Lebens-

räume (z. B. in Bezug auf primäre Lebenswelten und sozio-kulturelle Lebensbedingungen) sowie um Barrierefreiheit (Zugänglichkeit öffentlicher Räume).
3. die Frage, welche formellen und informellen sozialen Systeme den notwendigen Halt und die erforderliche Unterstützung anbieten können und entsprechend aufgebaut werden müssen (z. B. Förderung von nachbarschaftlichen Netzwerken, Selbstvertretungs- oder Selbsthilfegruppen, Freizeitassistenz). Hierzu werden die Ergebnisse aus der bürgerzentrierten Zukunftsplanung beziehungsweise der Analysen bestehender und wünschenswerter Netzwerke (mit Hilfe der Netzwerkkarten) zugrunde gelegt.

Internationalen und nationalen Studien (Robertson et al. 2001, 210; Ramcharan, McGrath und Grant 2002, 53, 62ff.; Dworschak 2004, 169ff.) ist zu entnehmen, dass Erwachsenen mit Lernschwierigkeiten, die in gemeindeintegrierten, kleinen Wohnformen leben (z. B. Betreutes Wohnen), oftmals im Unterschied zur nichtbehinderten Bevölkerung nur schwache und kleinere soziale Netze (weniger Freunde, Bekannte oder Vertrauenspersonen) mit einem weitaus geringeren Unterstützungspotential (sowohl bei Verrichtungen des alltäglichen Lebens als auch [vor allem] bei Gefälligkeiten oder persönlichen Problemen) zur Verfügung stehen, so dass soziale Schutzfaktoren weithin entfallen. Hinzu kommt ein im Vergleich zu nichtbehinderten Erwachsenen deutlich geringeres Maß an Freizeitkontakten, und darüber hinaus spielen nachbarschaftliche Beziehungen als eine soziale Ressource für Personen mit Lernschwierigkeiten oder einer komplexen Behinderung kaum eine Rolle. Daher kann die soziale Netzwerkarbeit unter besonderer Berücksichtigung von Programmen wie *„making friends"* (Schleien, Green und Stone 2003) nicht hoch genug eingeschätzt werden (Theunissen und Schirbort 2010; Schwalb und Theunissen 2009).

5) Krisenmanagement
Dem Krisenmanagement (Carr et al. 2000, 11ff.; Jackson und Panyan 2002, 98ff, 264ff.; Kern 2005b, 290ff.; Theunissen 2008b, 113ff.) kommt im Konzept der PVU eine Sonderstellung zu. Es spielt nämlich nur dann eine Rolle, wenn die beklagten Verhaltensweisen mit Krisen (dazu Wüllenweber 2009a) einhergehen oder wenn ein betroffener Mensch zu einem krisenhaften Verhalten neigt (Westling und Fox 2009, 331f.; vgl. auch Magito-McLaughlin et al. 2011).
Unter einem Krisenmanagement werden fünf Maßnahmen gefasst, die häufig eine multidisziplinäre Zusammenarbeit (z. B. Krisendienst, Bezugspersonen, WG, WfbM, psychiatrische Klinik) verlangen (dazu ausführlich Wüllenweber und Theunissen 2001; 2004):
1. *Krisenprävention* (z. B. durch vorbeugende Maßnahmen bei Frühwarnzeichen, Veränderung von Kontextfaktoren, ein rechtzeitiges Beratungsgespräch, vorübergehende psychopharmakologische Behandlung)
2. *Krisenplan* (z. B. mit Krisenpass, Festlegung bestimmter Maßnahmen)

3. *akute Interventionen* während einer Krise (z. B. Deeskalationstechniken, physisches Eingreifen, Ablenkungs-, Entlastungs- oder Kompensationsstrategien, Selbst- und Fremdschutz, organisatorische Veränderungen, Notfallhandeln durch Vergabe von Bedarfsarznei, Hinzuziehung des ärztlichen Notdienstes, Einweisung in eine Psychiatrie, wenn vor Ort die Maßnahmen nicht greifen)
4. *kurzfristige Nachbegleitung* (zur Stabilisierung durch Gespräche, Spaziergänge, gemeinsame Aktivitäten o. ä.)
5. *langfristige Nachsorge* (Maßnahmen zur Erweiterung des Verhaltensrepertoires durch Erwerb von Problemlösetechniken).

Zur Umsetzung der Einzelhilfe
Der Erfolg des Einzelhilfe-Konzepts hängt in entscheidendem Maße davon ab, ob Mitarbeiter/innen eines Teams oder andere relevante Personen hinter den im Unterstützerkreis vereinbarten Absprachen stehen (Carr et al. 2000, 135f., 149f.). Außerdem müssen die verschiedenen Systeme (z. B. Wohnheim, WfbM, Elternhaus, Schule) bereit sein, zusammenzuarbeiten und die Problemlösungswege zu unterstützen.
Nicht selten muss die Einzelhilfe als ein *langfristig angelegtes Programm* konzipiert werden (Feldman et al. 2002; Knoster und Kincaid 2005). Dies gilt insbesondere bei verkrusteten Verhaltensauffälligkeiten, deren Entstehungszeit weit zurückliegen kann. Zudem muss damit gerechnet werden, dass nach einer kurzfristigen Besserung erneut Verhaltensprobleme auftreten können. Daher sind präventive kontextbezogene und lebensstilbezogene Maßnahmen besonders wichtig.
Um den Erfolg eines Unterstützungsprogramms zu sichern, ist eine Verlaufskontrolle notwendig. Hierzu sollten täglich Notizen gemacht werden (z. B. Eintragungen in ein Dokumentationsbuch; Beobachtungen mit Hilfe von Strichlisten). Die Programmevaluation ist Aufgabe des Unterstützerkreises (dazu Anhang II). Werden trotz gewissenhafter Durchführung des Programms keine nennenswerten Verhaltensänderungen beobachtet, stellt sich die Frage nach Modifikationen. In dem Falle sollten mit Sorgfalt die funktionalen Zusammenhänge und bisherigen Arbeitshypothesen überprüft werden, um beispielsweise feststellen zu können, ob eine Ressourcen- oder Stärkenaktivierung zu kurz kommt, zu wenig Wahl- oder Entscheidungsmöglichkeiten bestehen oder ein zusätzliches Lernangebot hilfreich sein kann. Nach Carr und Mitarbeitern (2000, 45, 60, 88) ist das funktionale Assessment nicht etwa nach der diagnostischen Phase abgeschlossen, sondern „ein fortwährender und kontinuierlicher Prozess, auf den während der Interventionszeit immer dann zurückgegriffen werden sollte, wenn es Gründe für die Annahme gibt, dass neue Informationen durch ein zusätzliches Assessment gewonnen und genutzt werden können" (45). Grundsätzlich sollte aber eine vorschnelle Programmänderung vermieden werden.

Führt das Einzelhilfe-Programm zum Erfolg, so sollte es durch eine (partielle) Integration in die Alltagsarbeit (z. B. durch Übernahme einzelner Angebote und Unterstützungsformen) behutsam ausgeblendet werden. Mitunter kann es sinnvoll sein, im Rahmen eines Unterstützerkreises einen *Anschluss- oder auch Kriseninterventionsplan* für die nachfolgende Zeit zu entwickeln, um Rückschläge (Krisen) auffangen sowie (weitere) Generalisierungsprozesse (Übertragung neu erworbener Verhaltensweisen auf neue Lebenssituationen) unterstützen zu können. Ein wichtiger haltgebender Ansprechpartner sollte der Bezugsassistent sein, darüber hinaus können ebenso andere Personen aus dem Umfeld (Mitbewohner, Nachbarn, Freunde) als informelle Unterstützer fungieren (Risley 2001, 428ff.). Üblicherweise sollen die Unterstützungsprogramme (Interventionen) von Personen durchgeführt werden, die mit der betreffenden Person alltäglich zusammenarbeiten oder zusammenleben. Damit schreibt die PVU Mitarbeiter/innen aus Einrichtungen, Eltern oder auch Lehrern eine pro-aktive Rolle zu. Daraus darf freilich nicht geschlossen werden, dass eine Zusammenarbeit mit Therapeuten oder Fachärzten gänzlich unbedeutend ist. Denn die PVU versteht sich nicht als ein „Heilmittel" für sämtliche Auffälligkeiten (Bambara 2005a, 26; Carr et al. 1999, 67; Theunissen 2008b, 129). Bei neurologischen oder hirnorganischen Besonderheiten (*setting events*), schweren Verhaltensauffälligkeiten, Symptomen, die einem (psychiatrischen) Syndrom zugeordnet werden können, oder psychischen Störungen sollten auf jeden Fall Mediziner (Psychiater) oder Psychologen (Psychotherapeuten) in den Unterstützerkreis hinzugezogen werden. In dem Falle ist häufig ein *multidisziplinäres Konzept* das Gebot der Stunde, welches eine psychiatrische Behandlung und Psychotherapie als additive, vorübergehende Hilfe mit einer PVU als auf den Alltag hin fokussierte Maßnahme kombiniert (dazu Lingg und Theunissen 2008, 248ff.). Insofern kann es Situationen geben, wo neben der PVU als Einzelhilfe weitere *zusätzliche Hilfen* (z. B. auch eine medikamentöse Behandlung [dazu ebd., 125ff.; Robb und Reber 2007, 305ff.; Seidel 2010]) sinnvoll erscheinen, die gleichfalls einer sorgfältigen Dokumentation bedürfen. Denn: „*Medications often change how individuals respond to their environment. Side effects from medications that are taken for many different physical and mental health issues can have a big influence on the occurrence of problem behavior. Individuals who have been diagnosed with seizures disorders, anxiety-related problems, schizophrenia, depression, and many other types of diagnoses may experience problems when transitioning to a different dosage or medication. All of these types of experiences can also set the stage or trigger the occurrence of problem behaviour*" (APBS 2007a).

Ein abschließendes Beispiel aus der Praxis
Den vorausgegangenen Ausführungen ist zu entnehmen, dass Synergieeffekte der vier zentralen Handlungsebenen (kontext-, verhaltens-, konsequenz-, persönlichkeits- und lebensstilorientiert) durch eine geschickte Verknüpfung genutzt werden soll-

ten. Zudem sollte grundsätzlich die Implementierung eines breit angelegten Programms geprüft und angestrebt werden (dazu auch Feldman et al. 2002; Turnbull und Turnbull 1999; 2001; Magito-McLaughlin et al. 2011). Hierzu ein abschließendes Beispiel:

Herr W. gilt von Geburt an als geistig behindert; in seinem dritten Lebensjahr traten erstmalig cerebrale Krampfanfälle auf, seitdem gilt er zusätzlich als anfallsgefährdet. Herr W. lebte zunächst zuhause bei seinen Eltern, auf Grund hoher Pflegebedürftigkeit wurde er im Alter von drei Jahren mit der Diagnose „schwachsinnig vom Grade einer Idiotie in Folge eines frühkindlichen Hirnschadens mit cerebralem Krampfleiden" in ein Heim für geistig behinderte Kinder und Jugendliche verlegt. Dort wurde er in den ersten Jahren seines Aufenthaltes als ein freundliches, gutmütiges Kind beschrieben. Dank einer gezielten antikonvulsiven Behandlung waren seit seinem Aufenthalt im Kinderheim nur noch sehr selten Anfälle beobachtet worden. Besonderes Interesse fand er für das Spielen auf einer Mundharmonika. Wenngleich er im Rahmen einer musiktherapeutischen Förderung lernte, einfache Melodien zu spielen, galt er als „bildungsunfähig", was an seiner Unselbstständigkeit bei den Verrichtungen des alltäglichen Lebens (Baden, Anziehen…), an seiner motorischen Unbeholfenheit (sein Gang wurde als breitbeinig und watschelnd beschrieben), an deutlichen Schwächen im Lernen, an seinem Desinteresse für Lernspiele, Wahrnehmungsübungen, Gemeinschaftsspielen und sozialen Aktivitäten sowie an seinen Schwierigkeiten, sich sprachlich zu verständigen (Herr W. sprach nur Ein- oder Zwei-Wortsätze) festgemacht wurde. Anstelle eines Schulbesuchs wurde er in einer dem Kinderheim angegliederten heilpädagogischen Kindertagesstätte betreut. Hier wurde er gleichfalls (wie in seiner Wohngruppe) als ein freundliches, an Musik interessiertes Kind beschrieben, mit dem jedoch insgesamt gesehen die heilpädagogischen Mitarbeiter/innen „wenig anfangen konnten".

Das war neben organisatorischen Gründen (Platzmangel im Kinderheim) mit ein Grund dafür, dass Herr W. im Alter von 16 Jahren in eine „Pflegeabteilung" einer psychiatrischen Anstalt verlegt wurde. Diese Verlegung war für ihn unzweifelhaft ein „kritisches" Ereignis, einerseits waren seitdem die regelmäßigen, von ihm sehr geschätzten Wochenendbesuche seiner Eltern weggefallen, andererseits musste er sich auf einer großen Station mit überwiegend schwerst- und mehrfach behinderten, pflegebedürftigen Männern zurechtfinden. Schon kurz nach der Verlegung regredierte er auf ein gänzlich unselbstständiges, frühes Entwicklungsniveau, ferner reagierte er mit einem Mutismus und einem „dranghaften", desorientiert oder verwirrt anmutenden Verhalten, indem er Ordnungen, die Alltagsroutine und Dinge ständig durcheinander brachte (z. B. durch Vertauschen von Betten, planloses Abziehen von Bettwäsche und Umherwerfen von Bettlaken, Wäsche und Schuhe anderer Bewohner, Rütteln an den Betten pflegebedürftiger Bewohner, ständiges Entkleiden am Tage, Essen verschütten beziehungsweise Ausleeren von Essennäpfen, Ignoranz beziehungsweise entgegengesetzte Reaktionen bei Anweisungen des

Personals [wurde er z. B. aufgefordert zu kommen, ging er in die entgegengesetzte Richtung weg], Versuche, auf Stühle oder Tische zu klettern). Daraufhin gab es das Bestreben, ihn tagsüber im Bett zu halten, was ihm jedoch offensichtlich missfiel. Herr W. versuchte, sich (weiterhin) durch verschiedene Verhaltensauffälligkeiten zu behaupten (z. B. durch Zerreißen und Umherwerfen von Kleidung und Bettwäsche; durch Umkippen von Wäschesäcken und Wäschewagen, durch Verstopfen von Klos durch Wäsche, durch Klettern auf Stühle und Wippen auf den Armlehnen, durch Umkippen von Stühlen und Tischen, durch Beschimpfen und Bespucken von Mitarbeitern sowie durch Versuche, das Personal zu schlagen oder an den Haaren zu ziehen). Damit galt er in den Augen der Mitarbeiter als ein „schwieriger Fall", der einer ständigen Aufsicht bedurfte.

Neben der Idiotie und dem Anfallsleiden war jetzt zusätzlich eine „organische Wesensveränderung" diagnostiziert worden, die unter anderem mit zwei Anfällen kurz nach der Verlegung in Verbindung gebracht wurde. Herr W. war daraufhin untersucht (EEG) und mit Antiepileptika neu eingestellt worden. Es hieß, dass seitdem keine Anfälle mehr beobachtet worden seien. Um seine Verhaltensauffälligkeiten einzugrenzen und „zu seiner eigenen Sicherheit" wurde er von nun ab häufig im Bett fixiert, ferner erhielt er eine hohe sedierende Arznei.

Anfang der 1990er Jahre kam es zu einer Enthospitalisierungsreform, indem durch Übernahme der behinderten Menschen durch verschiedene Träger der Behindertenhilfe die psychiatrische Pflegeabteilung gänzlich aufgelöst wurde. Seitdem lebt Herr W. in einem Wohnheim für geistig behinderte Menschen in einer sogenannten intensiv betreuten Wohngruppe für ehemalige Psychiatriepatienten. Erklärtes Ziel der Mitarbeiter/innen dieser Wohngruppe ist es, Hospitalisierungsschäden abzubauen und durch eine heilpädagogische Förderung die einzelnen Bewohner zu mehr Handlungskompetenz und Autonomie (Selbstbestimmung) zu befähigen. Alle acht Bewohner dieser Wohngruppe gelten als „anstaltsgeschädigt", stark hospitalisiert, psychisch gestört oder verhaltensauffällig, so auch Herr W., der durch mehrere der bereits genannten Auffälligkeiten (v. a. durch ein zwanghaft anmutendes Ausziehen und Zerreißen seiner Kleidung, durch Zerlegen und Zerreiben seiner Windeln und durch Kot schmieren) schon an den ersten Tagen seit Bestehen der Wohngruppe die Aufmerksamkeit des Personals auf sich zog. Bei Versuchen, ihn von seinen „Kletteraktionen" und dem Entkleiden abzuhalten, reagierte er wie schon zuvor mit einem resistenten Verhalten durch Schlagen, Bespucken oder Haare reißen. Da er auch in den nachfolgenden Wochen durch dieses Verhalten immer wieder imponierte, wurde vonseiten des Mitarbeiterteams unter Einbeziehung des zuständigen Psychiaters, Wohnbereichsleiters (mit beratender Funktion) und seiner Schwester als gesetzliche Betreuerin (die Eltern waren nicht mehr erreichbar gewesen) alsbald ein Einzelhilfe-Konzept entwickelt. Dabei orientierten sich die Mitarbeiter an den Grundzügen der „verstehenden Diagnostik" und fokussierten zunächst die Frage nach der Bedeutung, der Funktion und dem Sinn seiner Verhaltensauffälligkeiten. Unter Berücksichtigung der Informationen aus der Lebensgeschichte wurden alltägliche, auf Video aufgezeichnete Situationen im Hinblick auf auslösende Bedingungen, Umgebungsreize, individuelle Variablen, Problemverhalten, Reaktion der Mitarbeiter und Mitbewohner sowie Konsequenzen im Team ausgewertet und funktional beurteilt. Es ergaben sich hierbei eine ganze Palette an Hypothesen:

- Klettern auf Stuhl und Tisch sowie Umherwerfen von Dingen: als provokantes Verhalten, um Aufmerksamkeit auf sich zu lenken oder um Zuwendung einzufordern; als ein Verhalten zur „Belustigung des Publikums"; als Ausdruck von Langeweile; als Ausdruck eines Bedürfnisses, um sich zu betätigen;
- sich tagsüber entkleiden: als Ausdruck eines Sich-Unwohlfühlens, wenn er eingenässt oder eingekotet hat; als Ausdruck von Selbstbestimmung; als ein Zeichen dafür, dass er neue Kleidung haben möchte; als Ausdruck von Langeweile (das Ausziehen war nicht nur beim Einnässen oder Einkoten aufgetreten);
- Kotschmieren: als Ausdruck einer Regression; als Bedürfnis nach Wärme, Urvertrauen und Zuwendung; als Bedürfnis nach ästhetischer Betätigung; als Bedürfnis, selbst etwas zu produzieren beziehungsweise als Bedürfnis nach Autonomie;
- Zerreißen von Kleidung oder Zerstören anderer Dinge: als provokantes Verhalten; als Experimentier- beziehungsweise exploratives (Neugier-)Verhalten (Dinge erkundigen); als Ausdruck von Langeweile oder eines Betätigungsbedürfnisses (Unterstimulation; Unterforderung);
- Schlagen, Bespucken von Mitarbeitern und Haare ziehen: als Ausdruck von Selbstverteidigung, Selbstbehauptung, Selbstbestimmung; als Zeichen von Frustration beziehungsweise als Zeichen eines defizitären psycho-sozialen Bewältigungsmusters (geschlechtsspezifische oder Sympathieaspekte [Frage nach Mitarbeiterin oder Mitarbeiter] spielten dabei keine Rolle).

Des Weiteren erfolgte ein Stärken-Assessment, indem Anknüpfungspunkte eruiert und gezielte Aktivitäten zur Erkundung individueller Interessen, Stärken und Bedürfnisse durchgeführt wurden (z. B. im musikalischen Bereich, Snoezel-Raum, sportliche Spiele, Ausflüge mit Einkehren in Cafés oder Gasthäuser, bildnerisches Gestalten). Ferner wurde eine positive Konnotation der Verhaltensauffälligkeiten vorgenommen sowie das aktuelle, alltägliche Verhalten und Erleben im Hinblick auf positive Signale genauestens beobachtet (per Video aufgezeichnet) und im Team ausgewertet. Es traten eine Fülle an Stärken, Interessen bis hin zu versandeten Fähigkeiten zum Vorschein:

- motorisch: geschicktes Klettern (wenngleich dies unbeholfen wirkte), Freude an Bewegung, starker Krafteinsatz, Interesse an Händeklatschen;
- musikalisch: kleine Kinderlieder auf Mundharmonika spielen; Musik hören, rhythmisches Schaukeln nach Musik, summen nach Musik und trommeln;
- bildnerisch/ästhetisch: Interesse an Farben schmieren, sudeln, matschen;

- emotional: lächeln, Freude zeigen, genießen können (beim Essen; Vorlieben für Eis, Schokolade und Pudding);
- kognitiv: Fähigkeiten, sich mitzuteilen (z. B. nachdem er eingekotet hatte); Fähigkeiten, seinen Willen zu bekunden (z. B. bei Mahlzeiten, bei Auswahl seiner Kleidung); passives Sprachverständnis; Fähigkeit, Wünsche in ein oder zwei Wortsätzen zu artikulieren (der Mutismus hatte sich zwischenzeitlich wieder ‚gelegt').

Generell zeigten die Beobachtungen, dass Herr W. in Situationen, in denen im Wohnraum der Gruppe der Fernseher lief oder das Radio angeschaltet war, weniger Auffälligkeiten zeigte, als in der übrigen Zeit. Zudem war sein Bedürfnis auf Stühle oder Tische zu klettern sowie Dinge umherzuwerfen immer besonders groß, wenn die Mitarbeiter mit Alltagsarbeiten beschäftigt waren oder sich um Mitbewohner kümmerten.

Aus all diesen Informationen wurde folgendes Einzelhilfe-Konzept entwickelt und erfolgreich durchgeführt: Ein Gruppenmitarbeiter hatte die Bezugsassistenz übernommen und sich für die Einzelarbeit verantwortlich erklärt. Diese erfolgte in der Regel drei- bis viermal wöchentlich als ‚Intensivzeit' im Rahmen der Alltagsarbeit des betreffenden Mitarbeiters. Wurde in der Gruppe beziehungsweise im heiminternen Therapieraum gearbeitet, dauerte die Intensivzeit 30-45 Minuten, Außenaktivitäten nahmen dagegen mehr Zeit in Anspruch. Parallel dazu wurden mit Herrn W.'s Schwester regelmäßige Treffen beziehungsweise gemeinsame Ausflugsnachmittage (mit Bezugsmitarbeiter und Herrn W.) vereinbart, um Kontakte zu revitalisieren (die Schwester hatte die Jahre zuvor Herrn W. nur noch einmal jährlich zu Weihnachten aufgesucht und war nun bereit, einmal monatlich Herrn W. zu besuchen). Mit dem Psychiater, der die Wohngruppe konsiliarisch begleitete, wurde die Absprache getroffen, die sedierende Arznei (Neuroleptika) behutsam (mittel- bis langfristig) abzubauen.

Begonnen wurde im Rahmen der Einzelarbeit mit einer Phase der Kontaktaufnahme und eines Beziehungsaufbaus (z. B. durch Anstiften zu gemeinsamen Spaziergängen, Snoezelen, [freies] Musik hören, Musizieren, Farben schmieren...). Während dieser Zeit wurden die genannten Auffälligkeiten vor dem Hintergrund der Absprache, möglichst präventiv durch Umlenken auf eine Mithilfe bei alltäglichen Arbeiten zu intervenieren, von den Mitarbeitern situativ ‚gemanagt'. Grundsätzlich sollte eine Überbewertung der Auffälligkeiten vermieden werden – galten sie doch als ein entwicklungslogisches, aus der Sicht des Betroffenen subjektiv bedeutsames Produkt. Stattdessen sollten alle Mitarbeiter versuchen, sich möglichst auf das positive Verhalten beziehungsweise auf positive Signale zu konzentrieren, das heißt Herrn W. freundliche Blicke, Lob, augenblickhafte Zuwendung oder Ähnliches in Zeiten zukommen zu lassen, in denen er unauffällig war (z. B. beim Musik hören, Melodien nachsummen).

Nachdem sich nach Ansicht des Bezugsmitarbeiters eine positive Beziehung zwischen ihm und Herrn W. angebahnt hatte, wurden die Eingangsaktivitäten im Niveau gesteigert (z. B. durch Einstudieren neuer, einfacher Melodien; Musik-Malen; sportliche Spiele; Ballspiele; Klettern auf Spielplätzen; Waldausflüge, Wandern und Klettern auf unebenem Gelände; Nutzung eines Gymnastikraumes und einfacher Sportgeräte). Darüber hinaus wurde in der Gruppe ein verhaltenstherapeutisch gestricktes Absetzprogramm (unter Verzicht auf Windeln) durchgeführt (es gab Schokolade als Verstärker), was dazu führte, dass Herr W. nach circa vier Monaten tagsüber trocken und sauber war und nachts nur noch gelegentlich (je nach Menge der Flüssigkeitszufuhr am Abend) einnässte. Zeitgleich wurde über mehrere Wochen die Häufigkeit der eingangs genannten Auffälligkeiten (Klettern, Umherwerfen von Dingen, Entkleiden, negatives Sozialverhalten gegenüber Mitarbeitern) tagsüber registriert (Strichliste). Zuvor hatten die Mitarbeiter mit der Begründung, dass Herr W. quasi ständig auffällig sei, darauf verzichtet. Der Registrierung der Auffälligkeiten war eine deutliche Abnahme des Ausziehens (bis zum Verschwinden) und ein leichter Rückgang der übrigen Auffälligkeiten zu entnehmen. Insgesamt wurde diese Entwicklung (begleitet durch einen Abbau der sedierenden Arznei) positiv eingeschätzt, und die meisten Mitarbeiter waren davon überzeugt, mit ihrem Konzept auf dem „richtigen" Weg zu sein. In dem Zusammenhang sei erwähnt, dass das Team seine Möglichkeiten „real optimistisch" eingeschätzt und an das Einzelhilfe-Konzept keine überzogenen beziehungsweise überhöhten Erwartungen geknüpft hatte. Darauf war auch im Rahmen einer Supervision geachtet worden, die dem gesamten Team regelmäßig angeboten wurde.

Dieser zweiten Phase des Konzepts folgte eine weitere sogenannte Aufbauphase, bei der es darum ging, das Verhaltensrepertoire von Herrn W. systematisch zu erweitern. Dies bezog sich nicht nur auf die bereits genannten interessenbezogenen Angebote, sondern auch auf neue Aktivitäten aus dem alltäglichen Leben, zum Beispiel im Rahmen der Mithilfe bei hauswirtschaftlichen Tätigkeiten, im Hinblick auf die alltägliche Selbstversorgung sowie in Bezug auf Teilnahme an Gemeinschaftsaktivitäten. Damit kam es zugleich zu einer Verlagerung der Einzelhilfe in den Alltag beziehungsweise zu einer Verschmelzung der Einzelarbeit mit den alltäglichen Abläufen in der Wohngruppe. Wenngleich an den Tagen, an denen der Bezugsassistent im Dienst war, eine intensive Einzelarbeit stattfand, leisteten die übrigen Mitarbeiter auf dem Hintergrund einiger (behavioraler) Grundregeln (Verstärken positiver Verhaltensweisen; Nutzung der konfliktfreien Zeit für positive Begegnungen und sinnvolle [kleine] Aktivitäten) eine wichtige Zuarbeit im Hinblick auf das Generalziel der Förderung und Unterstützung neuer Verhaltensweisen und autonomer Handlungsräume für Herrn W. Dies alles führte in einem Zeitraum von sieben Monaten zu einer Verselbstständigung im lebenspraktischen Bereich (Waschen, Anziehen) sowie zu einem weiteren Rückgang der eingangs genannten Verhaltensauffälligkeiten.

An dieser Stelle muss die Berichterstattung jedoch leider enden, da mir über die weitere Entwicklung keine Informationen vorliegen. Geplant war eine Fortschreibung des bisherigen Programms mit dem Ziel, Herrn W. so weit wie möglich in alltägliche Prozesse einzubinden, ihn mittelfristig in eine Fördergruppe einer Tagesstätte (Werkstatt) zu integrieren und die Einzelhilfe behutsam ausschleichen zu lassen.

Alles in allem zeigt das Beispiel auf, wie im Sinne des von uns vertretenen Konzepts gearbeitet werden kann. Vor dem Hintergrund einer funktionalen (verstehenden) Problemsicht wurde von Mitarbeitern im Rahmen eines Unterstützerkreises ein Gesamtkonzept erstellt, in dem Angebote einer pädagogisch-therapeutischen Einzelhilfe subjektzentriert aufbereitet, mit der psychiatrischen Behandlung und der wohngruppenbezogenen Alltagsarbeit abgestimmt und in lebensweltliche Zusammenhänge überführt beziehungsweise integriert wurden. Dieser Fokus lag eindeutig auf einer Stärkenorientierung beziehungsweise Ressourcenaktivierung und entsprach damit Grundzügen moderner Behindertenarbeit oder Therapie. Was die Rolle des Betroffenen betrifft, so wurde Herr W. zwar nicht unmittelbar in die Konzeptentwicklung (Unterstützerkreis, Planungsrunde) einbezogen (was mit der Schwere seiner kognitiven Beeinträchtigung begründet wurde). Es wurde aber auch nicht gänzlich ‚für' ihn geplant, sondern es gab Bemühungen, mit ihm gemeinsam Stärken, Interessen und Wünsche zu erschließen, die zugleich Ausgangspunkt der Praxis waren. Insofern wurden Interventionen zum Abbau von Verhaltensauffälligkeiten nicht priorisiert und absolut gesetzt, vielmehr wurde von indirekten Abbaueffekten im Rahmen des Gesamtkonzepts ausgegangen. Dazu war es notwendig, dass nicht nur ein Mitarbeiter eine wichtige Vertrauensperson und für die gesamte Arbeit verantwortlich war, sondern dass alle Mitarbeiter/innnen eine spezifische Verantwortung übernehmen mussten. Zu guter Letzt sei erwähnt, dass insgesamt betrachtet die Rahmenbedingungen zur Durchführung des Konzepts (Personalbemessung [1:1,2], Räumlichkeiten, Supervision beziehungsweise Praxisberatung) sehr günstig waren. Unter solchen Bedingungen lassen sich erfahrungsgemäß pädagogische Handlungsmöglichkeiten adäquat ausschöpfen (hierzu auch Theunissen 2000), so dass dann im Falle von Verhaltensauffälligkeiten (nicht bei psychischen Störungen mit Krankheitswert) zusätzliche therapeutische Dienste (psychiatrische Behandlung, Psychotherapie) weithin überflüssig werden oder erst gar nicht erforderlich sind (dazu auch das bemerkenswerte Best-Practice-Beispiel von Magito-McLaughlin et al. 2011).

4 Das Konzept für Schule und Unterricht

Im Folgenden geht es um Anregungen für den pädagogischen Umgang mit Verhaltensauffälligkeiten bei Schülerinnen und Schülern mit Lernschwierigkeiten oder einer komplexen Behinderung. Meine Ausführungen beziehen sich sowohl auf Förderschulen (beziehungsweise Schulen für geistig Behinderte) als auch auf allgemeine Schulen, in denen im Sinne der Behindertenrechtskonvention der Vereinten Nationen alle Kinder und Jugendlichen unabhängig einer Behinderung unterrichtet werden sollten.

Wer sich auf die Suche nach einem geeigneten Konzept zum Umgang mit Verhaltensauffälligkeiten begibt, wird unschwer erkennen, dass es hierzulande zwar eine nahezu unüberschaubare Fülle an heilpädagogischen oder therapeutischen Ansätzen oder Arbeitsformen gibt (dazu Kapitel 5), die jedoch allesamt kaum empirisch abgesichert sind beziehungsweise wissenschaftlichen Kriterien genügen, um in konzeptioneller Hinsicht als tragfähig und Erfolg versprechend gelten zu können. Diesbezüglich können Meta-Analysen, Evaluationen, Forschungsergebnisse und Erkenntnisse aus den USA weiterhelfen, nach denen mit dem *Positive Behavioral Support* (PBS) ein evidenzbasiertes Konzept vorliegt, welches ursprünglich aus dem Unterricht mit Schülerinnen und Schülern, denen neben Lernschwierigkeiten oder einer komplexen Behinderung Verhaltensauffälligkeiten nachgesagt werden, hervorgegangen ist (Bambara und Kern 2005; Carr et al. 1999; Koegel, Koegel und Dunlap 2001; Luiselli 2006a) und heute für alle Kinder und Jugendlichen mit Problemverhalten in Betracht gezogen wird (Dunlap et al. 2010; Eber et al. 2002). Die hintergründige ethische Wertebasis, die Orientierung an Menschenrechten und Grundzügen moderner Behindertenarbeit (dazu APBS 2007b; Carr 2007; Sugai et al. 2000; Theunissen 2009) sowie der Erfolg des PBS haben dazu geführt, dass wichtige Bausteine des Konzepts (z. B. das funktionale Assessment) in die US-amerikanische Schulgesetzgebung (IDEA: P.L. 105-17) Eingang gefunden haben (Bambara 2005a, 20f.; Snell, Voorhees, Chen 2005, 140; Sugai et al. 2000, 131f.). Des Weiteren haben sich in den letzten Jahren in Anlehnung an Caplans Präventionsmodell (1964) drei miteinander abgestimmte Präventionsebenen eines *school-wide positive behavioral support* (SWPBS) herauskristallisiert, die sich in erster Linie auf allgemeine Schulen beziehen, zugleich aber auch für vorschulische Erziehungs- und Bildungseinrichtungen (Fox und Lentini 2008) oder Förderschulen (Simonsen, Britton und Young 2010) anregend sein können.

Primäre Prävention:
Zum schulbezogenen Konzept einer positiven Verhaltensunterstützung
Die erste Ebene des SWPBS bezieht sich auf ein schulbezogenes Konzept einer positiven Verhaltensunterstützung. Ausgehend von dem Scheitern und der Kritik an der herkömmlichen Praxis, auf Vandalismus, Diebstahl, Gewalt, Drogenkonsum, Bullying oder anderen Problemen in Schulen nur reaktiv mit Bestrafungen, Anzeigen, Schularrest oder Schulverweis zu reagieren, setzt der SWPBS, der bereits über 9000 Schulen in den USA erreicht hat (Bradshaw, Mitchell und Leaf 2010, 133), auf *primäre Prävention*, bei der nicht disziplinarische Maßnahmen, sondern Wege für Schulen, eine „kohärente Schulkultur" beziehungsweise ein positives Schulklima (*positive social culture*) und eine sozial tragfähige, schützende, stützende und entwicklungsfördernde Gemeinschaft (*caring community*) zu entwickeln, fokussiert werden (Freeman et al. 2006, 6; Jackson und Panyan 2002, 297f.; Horner et al. 2005, 360f.; Sugai und Horner 2002; Turnbull et al. 2002). Ein solches Programm, welches an alle Kinder und Jugendlichen einer Schule adressiert ist, sieht vor, dass Schulen, repräsentiert durch Schulleitung und Lehrkräfte,
1) ihre Verhaltenserwartungen definieren und offen legen (z. B. *„be respectful", „be responsible", „be kind", „do your best", „follow directions"*)
2) diese Erwartungen zu Beginn eines Schuljahres durch Soziales Lernen (z. B. Rollenspiele) in unterschiedlichen Kontexten (Schulhof, Flure, Cafeteria, Turnhalle, Klassenraum, Bushaltestelle) im Rahmen eigens zur Förderung einer positiven Schulkultur vorgesehener Unterrichtsstunden den Schülerinnen und Schülern nahe bringen
3) alle Schülerinnen und Schüler zu einem wünschenswerten Verhalten ermutigen, sich durch Lob, Wertschätzung oder einem positiven Feedback tagsüber erkenntlich zeigen und jene Kinder und Jugendlichen, die sich besonders prosozial verhalten, über ein Verstärker-System mit einem Zertifikat belohnen.
Diese Praxis kann pädagogisch kritisiert werden (dazu Jackson und Panyan 2002, 32, 254f.; Kohn 1991), und in der Tat stellt sich die Frage nach dem langfristigen Lerneffekt durch extrinsische Verhaltenssteuerung. Nach Untersuchungen und Meta-Analysen (Bradshaw, Mitchell und Leaf 2010; Horner et al. 2005, 370f.) scheint jedoch der Nutzen des Belohnungssystems auch im Hinblick auf positive Langzeiteffekte und Entwicklung einer intrinsischen Motivation größer zu sein, als in Schulen, wo soziale oder materielle Verstärkungen ausbleiben: *„In essence, children in our schools are at greater risk of being underrewarded than overrewarded"* (Horner et al. 2005, 372).
Zur Zeit wird auf der Grundlage von Untersuchungen davon ausgegangen, dass etwa 80% aller Kinder und Jugendlichen einer Schule durch das primäre Präventionsprogramm erreicht werden (ebd., 363f.). Dadurch kann nicht nur das Klima innerhalb einer Schule verbessert werden, sondern es wird zugleich ein Weg geebnet, sich als *caring community* zu beweisen. Hinzu kommt ein Zeitgewinn, wenn

Vorkommnisse (Schlägereien etc.) reduziert werden, die ausgiebige Berichterstattungen, Krisen- und Elterngespräche, Vorladungen beim Direktor oder Ähnliches verlangen. Um die Effektivität des schulbezogenen Konzepts zu erfassen, sollten regelmäßig schulbezogene Evaluationen durchgeführt werden. Dadurch lässt sich zugleich der Bedarf an weiteren Maßnahmen ermitteln, der sich auf gruppenbezogene und individualisierte Programme einer PVU bezieht.

Zur Vorgehensweise und Arbeitsschritte

Der erste Schritt eines primären SWPBS besteht in der Einberufung einer Lehrer- und Schulkonferenz (unter Einbeziehung von Eltern und Schülervertretern), auf der die Probleme und Fragen diskutiert werden sollen, was durch eine primäre Prävention erreicht werden kann. Kommen die meisten Konferenzteilnehmer und mindestens 80% aller Lehrkräfte (Simonsen, Sugai und Negron 2008; Sugai und Horner 2002, 40) zu dem Schluss, dass die Implementierung eines primären Präventionsprogramms sinnvoll erscheint, gilt es im nächsten Schritt, ein Team für SWPBS zu bilden, das die Maßnahme planen, auf den Weg bringen, moderieren und evaluieren soll.

Mitglieder des Teams sollten der Schulleiter, Lehrkräfte, Personen aus schulbegleitenden (therapeutischen) Diensten, Elternvertreter, gegebenenfalls Schulhelfer oder auch Schüler sein. Sinnvoll ist es, wenn es sich dabei um Personen mit positiver sozialer Ausstrahlung handelt. Aus dem Kreis der Teammitglieder soll sodann ein Coach gewählt werden, der für den Ablauf, die Organisation, Koordination und für die Sicherstellung regelmäßiger Treffen verantwortlich ist. Hat sich ein Team gebildet, so sollte es sich zunächst mit dem primären Präventionsprogramm vertraut machen. Nicht selten benötigt SWPBS etwa ein Jahr Vorbereitungszeit, in der eine *Ausgangslage* erstellt werden soll (z. B. durch Erfassung der Beschwerden, täglichen Vorfälle, Abmahnungen, Eintragungen in Klassenbüchern, disziplinarischen Verweise durch den Direktor; in den USA berichten Schulen von über 5000 registrierten Vorfällen pro Jahr [Sugai und Horner 2002, 37]; dabei geht es vor allem um gewalttätige Auseinandersetzungen, Streitereien o. ä. in Pausenzeiten, auf dem Schulgelände, auf Fluren, in Gemeinschaftsräumen, in der Cafeteria oder Mensa; zudem um Sachbeschädigungen, Drogen, Mobbing, Einschüchterungen oder Diskriminierung). Bemerkenswert sind diesbezüglich Ergebnisse einer repräsentativen US-amerikanischen Studie (Scott et al. 2010), an der 1500 Schulen beteiligt waren. Demnach dominieren in Primarschulen (verstärkt nach der Mittagszeit) Auffälligkeiten wie Streitereien/Kämpfe (32,4%), Trotz/Widerstand/Führungsresistenz (29%) und Sachbeschädigung/Sachzerstörung (10,7%) vorrangig im Klassenraum und auf dem Schulhofgelände, in Mittelschulen (Stufe 6-9) Auffälligkeiten wie Trotz/Widerstand/Führungsresistenz (31,2%), Sachbeschädigung/Sachzerstörung (18,2%), Streitereien/Kämpfe (11,8%) und Verspätungen (8,7%) vorrangig in Bezug auf Klasse/Unterricht und im Schulgebäude (Flure) sowie in höheren Schulen (Stufe 9-12) Auffälligkeiten wie Trotz/Widerstand/Führungsresistenz (24,2%), Verspätungen (24%), Unterrichtsschwänzen (21,3%) sowie Sachbeschädigung/ Sachzerstörung (9,3%), die allesamt disziplinarische Maßnahmen zur Folge haben. Sind die Interventionen (Sanktionen) bei den jüngeren Kindern eher breit verteilt und mit Elternkontakten (12,1%) verknüpft, so spielen diese bei älteren Schülerinnen und Schülern gegenüber fokussierten Maßnahmen wie Nachsitzen (26-28%), Schul- oder Unterrichtsuspendierungen (17-24%) eine geringe Rolle (< 4,8%). Die Umsetzung des SWPBS erfolgt üblicherweise zu Beginn eines Schuljahres und erstreckt sich auf folgende Arbeitsschritte:

Ermittlung allgemeiner positiver Erwartungen
Auf dem Hintergrund der Ausgangslage sollen im Rahmen einer Schulkonferenz und/oder in Zusammenarbeit mit der Lehrerschaft drei bis fünf Erwartungen oder Regeln ermittelt, festgelegt oder vereinbart werden, die aus der Sicht der Schule als sinnvoll erachtet werden und zugleich richtungweisend für das erwünschte positive Schülerverhalten sein sollen. Sehr häufig werden drei Erwartungen wie „*be safe, be respectful, be responsible*" formuliert, die so breit angelegt sind, dass darunter unterschiedliche wünschenswerte Verhaltensweisen erfasst werden können (z. B. nicht in den Fluren schreien, rennen und andere anrempeln; bei der Essensausgabe in der Schlange stehen; sorgfältig mit Schuleigentum umgehen; keine Waffen, Messer oder Drogen mitbringen; Abfall in die Abfallkörbe werfen etc.).

Fixierung situationsbezogener Erwartungen
Die allgemeinen Erwartungen sollen in Bezug auf verschiedene Settings (Flur, Cafeteria, Schulhof, Bushaltestelle, Auditorium, Sporthalle) konkretisiert und ausformuliert werden. Hierzu lassen sich entsprechende Plakate mit (visualisierten) Regeln entwerfen und an den entsprechenden Orten sichtbar für alle anbringen.

Bekanntmachung der Erwartungen und Einübung der Regeln
Zu Beginn eines Schuljahres bietet sich eine allgemeine Vollversammlung an, auf der die Schulleitung die Schülerinnen und Schüler über ihre Erwartungen und Wünsche informiert. Anschließend sollen dann in den Klassen die Regeln konkret aufgegriffen und im Rahmen von Rollenspielen wie aber auch in realen, natürlichen Situationen eingeübt werden. Wichtig ist es, dass sich jede Lehrkraft an dem Programm beteiligt. Um dies zu gewährleisten, soll jede Klassenleitung einen Nachweis über die Übungen erbringen (z. B. durch eine Ankreuzliste).

„Precorrections"
Mit Beginn des Programms sollen alle Lehrkräfte „*precorrections*" (Sugai und Horner 2002, 35f.; auch Stormont, Smith und Lewis 2007) im Hinblick auf Situationen oder Orte vornehmen, die bislang als kritisch eingeschätzt wurden beziehungs-

weise weiterhin als problematisch gelten. „*Precorrections are structured reminders or practice that are presented before a student or group of students enter into a situation in whish problem behaviors have been displayed in the past. For example, teachers precorrect students about appropriate ways to use playground equipment as they move from their classrooms to recess*" (Sugai und Horner 2002, 35f.).

„Aktive Supervision"
Des Weiteren sollen Lehrkräfte und Schulhelfer eine „aktive Supervision" (Colvin et al. 1997) leisten, mit der alle pädagogischen Mitarbeiter/innen in der Vorbereitungszeit durch Teammitglieder der SWPBS vertraut gemacht wurden. Das Prinzip der „aktiven Supervision" sieht drei „Schlüsselverhaltensweisen" vor: (1) In den unterschiedlichen Settings beliebig umhergehen, sodass die Schülerinnen und Schüler den Eindruck gewinnen, dass sie beobachtet werden; (2) das gesamte Setting so weit wie möglich im Blick halten und eher zufällig mit den (als auffällig geltenden) Schülerinnen und Schülern kommunizieren. (3) Während dieser Kontakte sollen die betreffenden Kinder und Jugendlichen im Falle eines positiven (regelkonformen) Verhaltens gelobt werden; anderenfalls sollte ihnen ein prosoziales beziehungsweise erwünschtes Verhalten vor Augen geführt werden.

Strategien zur Verstärkung wünschenswerter Verhaltensweisen
Wichtig ist es, dass das erwünschte Schülerverhalten unmittelbar gelobt und verstärkt wird (z. B. sagen, was der betreffende Schüler gut gemacht hat). Viele Schulen haben hierzu ein systematisch angelegtes Verstärker-System etabliert, beispielsweise Tickets hergestellt, die die Schüler/innen für ein positives Verhalten erhalten und sammeln können, um sie später in der Cafeteria für Getränke oder ähnliche Dinge einzutauschen. Ebenso denkbar ist es, bei einer bestimmten Zahl an Tickets Zertifikate auszustellen oder Rankings mit ‚Spitzenreitern' zu erstellen und wöchentlich oder monatlich in der Schule bekannt zu machen. Solche Tickets lassen sich farblich gestalten, so dass Zuordnungen zu den bestimmten Räumen erfolgen können, zum Beispiel rotes Ticket für Flur, blaues Ticket für Cafeteria und so weiter. Das erleichtert die spätere Evaluation des Programms. Welches Verstärker-System auch genutzt wird, die Hauptidee lautet: *„catch kids being good"* (Simonsen, Sugai und Negron 2008, 26).

Strategien, um unangemessenem Verhalten zu begegnen
Gleichfalls sollten Strategien entwickelt werden, die sich auf unangemessenes Verhalten beziehen. Eine erste Reaktion darauf wäre ein kurzer Hinweis auf die Erwartungen beziehungsweise eine Erinnerung des betreffenden Schülers an bestimmte Regeln. Eine weitere Möglichkeit besteht darin, mit ihm das erwünschte Verhalten noch einmal durchzuspielen (z. B. durch Rollenspiel oder Modelllernen in realen Situationen mit positivem Feedback). Bei Schülern, die sich dieser pädagogischen

Unterstützung verweigern beziehungsweise die trotz alledem noch auffällig sind, zeichnet sich zumeist die Notwendigkeit zusätzlicher gruppenbezogener Maßnahmen oder Einzelhilfe ab.

Belohnungen für Lehrkräfte
Wie bei Schülern sollten auch die Anstrengungen und das Engagement von Lehrerinnen und Lehrern belohnt werden. Hierzu müssen aber zu Beginn der SWPBS die Erwartungen an die Lehrkräfte klar definiert werden (z. B. dass sie in der ersten Woche täglich mit den Schülern die Regeln einüben; dass sie eine bestimmte Anzahl an Tickets verteilen). Eine Belohnung für Lehrkräfte oder pädagogische Mitarbeiter kann die Vergabe zusätzlicher Freistunden durch den Schulleiter sein.

Aktionsplan
Um das Ganze zu implementieren, bedarf es eines Aktionsplans, den es in der Vorbereitungszeit zu entwerfen und zu fixieren gilt. Dabei geht es um Fragen, wo zum Beispiel Poster angebracht werden sollen, wann und wo die erforderlichen Fähigkeiten gelehrt werden sollen, wann und wie das Belohnungssystem implementiert werden soll. Um die Gewissenhaftigkeit zu steigern, bietet es sich an, wenn die Schüler sogenannte Passports erhalten, auf dem die einzelnen Trainingseinheiten für die unterschiedlichen Settings festgehalten sind, die nach der Übungszeit abgestempelt werden können.

Prozessbegleitende Unterstützung und Evaluation
Das SWPBS-Team sollte in regelmäßigen Abständen (z. B. einmal monatlich) zusammenkommen, um das Programm zu überprüfen und zu reflektieren. Hierzu ist es sinnvoll, mit Blick auf die Ausgangslage jeweils Daten zu erfassen: Wo zeigen die Schüler am häufigsten positive oder problematische Verhaltensweisen? Bei jeder Teamsitzung sollte der Coach zunächst die schulregistrierten Daten vorstellen (Anzahl der täglichen Vorfälle, disziplinarischen Verweise durch den Direktor, der Schüler, die zwei oder mehr Verweise erhalten haben, um ggf. mit ihnen spezielle Unterstützungsmaßnahmen durchführen zu können; Erfassung der Orte, wo nach wie vor viele Vorfälle auftreten; Erfassung der Art der Auffälligkeiten). Auf der Grundlage dieser Daten ergibt sich für das Team die Frage, ob die bisherigen Maßnahmen weiter aufrechterhalten oder modifiziert werden sollen. Erhält beispielsweise ein hoher Anteil an Schülern weiterhin Verweise durch den Direktor, sollten die Erwartungen noch einmal den Schülern nahe gebracht und in den Klassen durch Soziales Lernen (*social-skills-training*) aufgegriffen und aufgefrischt werden. Wird festgestellt, dass nach wie vor viele Auffälligkeiten in bestimmten Settings (z. B. Pausenhof, Cafeteria) auftreten, sollten dort die Formen der „aktiven Supervision" oder Belohnung verstärkt werden. Des Weiteren sollte das Team die gewonnenen Daten und Erkenntnisse der Schulkonferenz und gesamten Lehrer-

schaft vorstellen beziehungsweise durch einen schulbezogenen Newsletter bekannt machen. Sind Erfolge zu verzeichnen, bietet es sich an, diese zu würdigen (z. B. durch Bekanntmachung während der Essenszeit, Schul- und Familienfest, Projekttag, Einladung der Schulverwaltung o. ä.), um die Bedeutsamkeit herauszustellen sowie alle Schüler/innen und Lehrer/innen zu ermutigen, die positive Entwicklung der Schule in Richtung einer *caring community* zu unterstützen. Letztendlich kann SWPBS dazu beitragen, Schulleitung, allgemein und sonderpädagogisch ausgebildete Lehrerinnen und Lehrer, Schulhelfer, Eltern, Familien, Kinder und Jugendliche zusammenzubringen und sich mit der Schule positiv zu identifizieren (Freeman et al. 2006, 5). Davon sollten vor allem auch sozial schwache oder benachteiligte Familien profitieren, die allerdings häufig schwer zu erreichen sind und am ehesten über Schulfeste oder ähnliche Veranstaltungen angesprochen und zur Zusammen- und Mitarbeit sensibilisiert werden können (Muscott et al. 2008).

Diese positive Einschätzung des SWPBS sollte uns jedoch nicht von einer kritischen Betrachtung abhalten, die sich vor allem auf die eher marginale Beteiligung der Schülerschaft bezieht. Wenngleich auch (ein oder zwei) Schülervertreter Mitglieder des SWPBS Teams sein sollten, erfolgen die Bestimmung der Verhaltenserwartungen sowie die Implementierung des Gesamtprogramms doch in erster Linie durch Erwachsene (Pädagogen). Was wäre, wenn von vornherein die Schulleitung stärker mit der Schülervertretung zusammenarbeiten und sie maßgeblich an den Maßnahmen der primären Prävention (Erstellung allgemeiner Regeln oder einer Schulordnung) beteiligen würde? Käme dies nicht dem Ideal einer „demokratischen Schule" und Vorstellungen entgegen, wie sie unter dem Bezugswert der „kollaborativen und demokratischen Partizipation" beziehungsweise einer „*bottom-up participation*" im Empowerment-Konzept (Theunissen 2009; 2012b) diskutiert werden? Ein Vorteil würde zudem darin bestehen, dass sich für Schüler/innen, wenn sie durch größere Mitgestaltungsmöglichkeiten und Mitbestimmung an Maßnahmen der primären Prävention partizipieren könnten, die Chancen erhöhen, sich mit ihrer Schule zu identifizieren und für eine positive Schulkultur (*caring community*) zu engagieren. Damit ließe sich eine (naive) Instrumentalisierung der SWPBS als bloßes Anpassungsprogramm an vorgegebenen Verhaltensregeln beziehungsweise Vorschriften vermeiden.

Primäre Prävention auf klassenbezogener Ebene
Wie schon oben gesagt lassen sich etwa 80% aller Kinder und Jugendlichen einer Schule durch das primäre Präventionsprogramm im Sinne von SWPBS erreichen. Dabei werden in erster Linie Orte und Situationen außerhalb von Klassen fokussiert. Wichtig ist aber ebenso eine primäre Prävention innerhalb von Klassen, durch die dem schulbezogenen Konzept zugearbeitet werden kann. Das betrifft zunächst einmal die *Erstellung einer Schülerkartei* (Heits und John 1992) unter Berücksichtigung eines individuellen und kollektiven Lernbedarfs; Methoden wie die *sonder-*

pädagogische Förderplanung (Eggert 2007) und/oder *persönliche Zukunftsplanung* (Hinz 2001; dazu auch Kapitel 3) haben hier ihren Platz. Darüber hinaus möchte ich drei grundsätzliche Aspekte herausstellen, die sich auf Zusammenhänge zwischen curricularen Aktivitäten und Problemverhalten bei Schülern mit Lernschwierigkeiten oder einer komplexen Behinderung beziehen (Ferro, Foster-Johnson und Dunlap 1996):

Positiver und präventiver Erziehungs- und Unterrichtsstil
Erstens kommt es darauf an, dass Lehrkräfte sich einem positiven Erziehungs- und Unterrichtsstil sowie präventiven Interaktionen verpflichten (Friend und Bursuck 2009, 449ff.; Stormont, Smith und Lewis 2007), wie wir sie bereits im vorausgegangenen Kapitel zur außerschulischen Arbeit zusammengetragen und diskutiert haben (z. B. allgemeine ‚positive' Verkehrsformen, Beruhigung durch unmittelbare Anwesenheit, Intervention durch Humor, Umgruppieren, Umlenken, kleine Hilfestellungen zur Überwindung von Augenblickskrisen, präventive Absprachen, individuelle Stärken nutzen). Denn „*teachers who treat their students with respect and trust are more successful than other teachers in creating a positive classroom environment in which fewer behavior problems occur*" (Friend und Bursuck 2009, 444).
Houghton, Bronicki und Guess (1987, 25f.) haben beobachtet, dass Lehrkräfte, die Schüler mit Lernschwierigkeiten oder einer komplexen Behinderung unterrichten, selbstinitiierten Handlungen, intrinsischem Lernverhalten und positiven Kommunikationen und Interaktionen (zu) wenig Beobachtung schenken; und mehrere Studien lassen den Schluss zu, dass viele Lehrer trotz des Wissens um die präventive Bedeutung von Autonomie im Hinblick auf Verhaltensauffälligkeiten (psychischem Unwohlsein) behinderten Schülern selbst gegen Ende ihrer Schulzeit (Wechsel von Schule in Arbeitsleben) kaum planmäßig Aktivitäten zur Förderung von Selbstbestimmung anbieten (Agran, Snow und Swaner 1999; Grigal et al. 2003; Thoma et al. 2002; Wehmeyer, Agran und Hughes 2000). Zudem scheinen nach wie vor nicht wenige Lehrerinnen und Lehrer dazu zu neigen, eher ein erwünschtes „akademisches" Lernen als ein positives Sozialverhalten von Schülern zu würdigen; und Kinder oder Jugendliche mit auffälligem Verhalten erfahren weitaus mehr negative Reaktionen als positive (Beaman und Wheldall 2000; Stormont, Smith und Lewis 2007, 281). Aufgrund dieser Erkenntnisse genügt es aber nicht, „einfach weniger negativ" (Helwick et al. 2002, 239) zu sein, sondern wichtig ist es, sich von der Konzentration auf Auffälligkeiten zu lösen und betreffende Schüler bereits bei „kleinen", erwartungsgemäßen, „selbstverständlichen" Handlungen zu loben (Kern und Clemens 2007, 68; auch Stormont, Smith und Lewis 2007) sowie jene Zeiten und Äußerungen eines Schülers positiv aufzugreifen, die als unproblematisch erscheinen; so zum Beispiel nach der bereits erwähnten Strategie „*catch 'em being good*" (Friend und Bursuck 2009, 450).

Kontextorientierte Strategien (antecedent strategies)
Eng verknüpft mit dem positiven Lehrerverhalten sind kontextorientierte Strategien (*antecedent strategies*), um „Problemen vorzubeugen und Motivation zu erhöhen" (Kern und Clemens 2007, 65). Dabei geht es um den Rückgriff auf klassenbezogene *und* individualisierte Interventionen, *bevor* Schüler mit Verhaltensauffälligkeiten reagieren, kritische Situationen auftreten oder eskalieren. *„Frequently, problem behaviors result from a mismatch between the environment and an individual's skills, strengths, or preferences. For instance, work assignments that are too difficult for a student are a common cause of problem behavior in the classroom"* (ebd., 66).
Im Folgenden habe ich Beispiele und Ebenen kontextorientierter Strategien für einen Unterricht (sog. Strukturelemente) zusammengefasst, die es prinzipiell zu reflektieren und nicht selten im Hinblick auf primäre sowie sekundäre und tertiäre Präventionsmaßnahmen zu verändern gilt:
- Klare Regeln und Erwartungen
  (Zu Beginn eines Schuljahres sollten gemeinsam mit den Schülern maximal fünf einfache, positiv formulierte Verhaltensregeln im Unterricht aufgestellt werden [ebd., 67])
- Intentionale Ebene
  (Lernzielreflexion und ggf. -korrektur; Akzentuierung emotionaler und sozialer Lernziele; Förderung von Autonomie [v. a. Wahl- und Entscheidungsmöglichkeiten] und ‚Selbstvertretungsfähigkeiten'; Zurücknahme kognitiver Lernziele, um Überforderung zu vermeiden u. a. m.)
- Thematisch-inhaltliche Ebene
  (z. B. Auswahl von Unterrichtsstoffen, die an Stärken, Interessen und Potenzialen der Kinder oder Jugendlichen anknüpfen)
- Zeitliche Ebene
  (z. B. Erstellung eines Tages- und Wochenplans, so dass sich Schüler auf bestimmte Arbeiten, Anforderungen oder Abläufe einstellen können und im Voraus wissen, was sie erwartet; Wechsel von subjektzentrierten Aktivitäts- und Ruhephasen; kürzere/längere Pausen, um aktuelle Belastbarkeiten zu berücksichtigen)
- Instruktionsebene
  (z. B. präzise Anweisungen in einem ruhigen, nicht ärgerlichen Ton; mehr loben und ermutigen als ermahnen oder appellieren [siehe auch Kapitel 3: allgemeine pädagogische Verkehrsformen])
- Ebene der Sozialformen
  (z. B. geschickter Wechsel zwischen Einzel-, Partner-, Gruppenarbeit und Kreissituation, um verschiedene Aktivitäten und eine Lebendigkeit im Unterricht zu ermöglichen sowie die Aufmerksamkeit zu erhöhen)
- Ebene der Verfahrensweisen
  (z. B. Einsatz spezieller Verfahren [Kapitel 5], von denen eine pädagogisch-thera-

peutische Wirkung erwartet wird: Basale Angebote zum psychischen Wohlbefinden; Musik-Malen zur psychisch-physischen Entspannung; Psychomotorik und Sportspiele zur körperlichen Entkrampfung und Aktivierung)
- Didaktisch-methodische Ebene
  (z. B. Vereinfachung von Aufgabenstellungen; Elementarisierung oder Reduktion des Unterrichtsstoffes; Lernen „Schritt für Schritt" nach dem Vorwärts- oder Rückwärtsprinzip; handelndes Lernen; fehlerfreies, erfolgsorientiertes Lernen, Lernen mit gezielter Hilfestellung [*prompting*]; kooperatives Lernen)
- Mediale und materielle Ebene
  (z. B. Einsatz spezifischer Medien und Materialien, die der persönlichen und sozialen Interessenlage sowie dem individuellen Fähigkeitsprofil entsprechen; z. B. kooperative Spiele zur Einübung von Sozialverhalten)
- Situativ-räumliche Ebene
  (z. B. Durchstrukturierung des Klassenraumes mit Freiarbeits-, Entspannungs- oder „Sinne"-Zone; Veränderung der Sitzordnung durch Reihen statt Vierer-Tische, wenn frontale Unterrichtssequenzen anstehen [dazu Kern und Clemens 2007, 69]).

Diese ‚Strukturelemente von Unterricht' sind eng miteinander verknüpft, so dass eine Veränderung beziehungsweise Anwendung auf einer Ebene Konsequenzen für die anderen hat. Wenngleich Modifikationen beziehungsweise bestimmte Schwerpunktsetzungen in diesen Bereichen schon häufig genügen, um Probleme zu vermeiden (primäre Prävention) oder ‚gestörte' Interaktionssituationen im Unterricht aufzulösen (ebd., 73), kann nicht davon ausgegangen werden, dass alle Schüler mit Auffälligkeiten erreicht werden. Das betrifft vor allem massive Verhaltensauffälligkeiten, die ein funktionales Assessment erforderlich machen, um passgenaue, funktional bedeutsame Veränderungen eines Strukturelements oder mehrerer Aspekte im Rahmen eines Gesamtkonzepts vornehmen zu können.

Kooperative Lernformen
Drittens haben Untersuchungen ergeben, *„that a competive, teacher-controlled classroom… with a single system of rules, rewards and punishment, is not appropriate for all age-groups at all times and will not assist students to develop appropriate cooperative social skills, but may release them from personal responsibility and rational decision-making"* (Jordan and Métais 1997, 19). Vor dem Hintergrund dieser Erkenntnis sollte in kooperative Lernformen (z. B. Partner-, Gruppen-, Projektarbeit, *Jigsawing* [Gruppen-Puzzle]; dazu ausführlich Theunissen 2009, 265ff.) investiert werden, die zu einem positiven Klima und sozialen Rollenhandeln in einer Klasse, zu einer prosozialen Einstellung und einem demokratischen Verhalten (Wenzel 2009, 82), zu einem „*anti-bullying ethos*" (Jordan and Métais 1997, 6) sowie zu kollaborativen Empowermentprozessen (Theunissen 2009) beitragen können. Kooperatives Lernen muss freilich erlernt werden und kann nicht von vornherein bei Kindern mit

Verhaltens- und Aufmerksamkeitsproblemen erwartet werden (Jenkins et al. 2003, 288). Es bedarf einer sorgfältigen Planung und eines systematischen Vorgehens mit gemeinsamen Reflexionsgesprächen, so dass den Schülern entscheidende Aspekte eines sozialen Miteinanders vor Augen geführt werden können (Jordan und Métais 1997; Villalobos, Eshilian und Moyer 2002). Eine Möglichkeit besteht darin, zunächst nur mit einem Unterrichtsfach oder wenigen Fächern zu beginnen und nach erfolgter Stabilisierung die kooperativen Sozialformen auf weitere Lernbereiche auszudehnen.

Sekundäre Prävention:
Zur gruppenbezogenen positiven Verhaltensunterstützung
Reichen die primären und grundlegenden Präventionsmethoden zur Vermeidung von Verhaltensauffälligkeiten nicht aus, sind spezielle auf der Ebene der *sekundären Prävention* in den Blick zu nehmen, die sich auf alle Schüler einer Klasse (*classroom-based*) oder auf klassenübergreifende Maßnahmen durch Bildung spezifischer Gruppen (*group-based*) wie zum Beispiel zur Förderung von Sozialverhalten (*social skills training*) bezieht, von denen circa 15 % aller Kinder und Jugendlichen einer Schule, die sich nicht durch SWPBS ansprechen lassen, profitieren (Crone, Horner und Hawkin 2004, 3; Sugai und Horner 2002, 38). Dabei handelt es sich um Schülerinnen und Schüler, deren Verhalten noch kein ernsthaftes Risiko für die Person selbst oder ihre Mitmenschen darstellt. Viele der betroffenen Schülerinnen und Schüler müssen sich unter riskanten Lebensbedingungen (v. a. Armut, *brokenhomes*, sozio-kulturelle Benachteiligung) zurechtfinden und imponieren mit milieubedingten Lernproblemen, Entwicklungs- und Verhaltensauffälligkeiten.
Welche speziellen Angebote auf der zweiten Präventionsebene für Kinder oder Jugendliche mit Lernschwierigkeiten geeignet sein können, haben wir an anderer Stelle ausführlich beschrieben (Theunissen u. a. 2011), so beispielsweise subjektzentrierte Theaterarbeit oder erlebnispädagogische Aktivitäten, außerdem enthalten unsere Schriften zur ästhetischen Erziehung (Theunissen 2004; Theunissen und Großwendt 2006) bemerkenswerte Beispiele (z. B. aktionische Arbeitsweisen, Musik-Malen, Theaterarbeit, kreatives Arbeiten mit Musik und Bewegung) sowie die Kapitel 3 und 5 einige gruppenbezogene Arbeitsformen (z. B. Soziales Lernen/soziales Kompetenztraining, Heilpädagogische Rhythmik, Problemlösetraining, Mediation). Vor diesem Hintergrund sollen im Folgenden noch darüber hinaus gehende Möglichkeiten aufgegriffen werden, die weitgehend aus der Arbeit mit verhaltensauffälligen, geistig- und lernbehinderten Kindern und Jugendlichen aus Förder- und allgemeinen Schulen hervorgegangen sind.

Sportangebote (am Beispiel von Judo)
Allgemein wird davon ausgegangen, dass durch Mannschafts- und Wettkampfsport, „kleine Spiele" oder Sportarten wie Judo nicht nur (psycho-)motorische, kognitive,

identitätsstiftende (Selbstwertgefühl, Selbstbewusstsein) und soziale Kompetenzen gefördert, sondern zugleich auch Verhaltensauffälligkeiten (Aggressionen) kompensiert und abgebaut werden können (Kroack 1998; Pähse 1990). Daher haben unter anderem entsprechende Ziele und Überlegungen in Lehrplänen für das Fach Sport Eingang gefunden. Interessant ist zweifellos die Frage, inwieweit ein gezielter Einsatz eines Sportangebots in der Arbeit mit Kindern und Jugendlichen, denen neben Lernschwierigkeiten oder einer komplexen Behinderung Verhaltensprobleme nachgesagt werden, wirksam sein kann. Wenngleich hierzu die empirische Befundlage dürftig ist (Bös und Knoll 1993; Frey, Stanish und Temple 2008; Schmid 2003), insbesondere im Hinblick auf Transfereffekte (Auswirkung des erlernten Sozialverhaltens im Schul- oder Unterrichtsalltag), stoßen wir auf ermutigende Beiträge, die uns vor Augen führen, dass Sportarten wie vor allem Judo als erziehungstherapeutisches (klassenübergreifendes) Gruppenangebot für betroffene Schülerinnen und Schüler von hohem Erfahrungswert sein kann (Baumann u. a. 1997; Bonfranchi 2002; Tengler 2006). So resümieren beispielsweise Baumann und Team (1997, 129) mit Blick auf verhaltensauffällige (aggressive) Jugendliche mit einer komplexen Behinderung: „Aufgrund der kanalisierten körperlichen Auseinandersetzung durch die Strukturen und die besondere Etikette des Judotrainings (…) sind wir der Überzeugung, dass mit Hilfe des Judotrainings der Jugendliche lernt und trainiert, sich weniger mit Gewalt durchzusetzen oder körperliche Auseinandersetzungen zu suchen." Gleichfalls scheinen aber auch Schüler/innen, denen ein schwaches Selbstbewusstsein, soziale Passivität, ein Angst besetztes oder depressiv anmutendes Verhalten nachgesagt werden, von einer Judogruppe zu profitieren.

Vor diesem Hintergrund kann Judo mehr sein als eine bloße Sportart oder Freizeitbeschäftigung, wenn es gezielt als pädagogisch-therapeutisches Gruppenangebot eingesetzt wird. Allerdings darf es nur von Sportlehrern, Physiotherapeuten oder Übungsleitern mit einer entsprechenden Lizenz oder besonderen Qualifikation durchgeführt werden.

Bei der Sportart Judo spielen Rituale eine wichtige Rolle, zum Beispiel das Ritual der Verneigung, welches Ausdruck der Höflichkeit, des Respekts und der Aufrichtigkeit ist und zugleich Zuwendung bedeutet, die eine positive Grundhaltung signalisiert. Des Weiteren gelten bestimmte Verhaltensregeln, die allen Beteiligten bekannt sein müssen und eine wichtige Orientierung sowie eine Atmosphäre von Sicherheit und Achtsamkeit bieten, so dass positive Lern- und Erfahrungsprozesse zum Tragen kommen können. Die Einbettung in Rituale ermöglicht zudem einen stützenden Rahmen im Umgang mit Angst.

In der Regel kann davon ausgegangen werden, dass die meisten der betroffenen Schülerinnen und Schüler mit Judo oder einer ähnlichen, körperbetonten Sportart wie zum Beispiel Rugby noch nicht konfrontiert wurden. Grundsätzlich dürfen die Voraussetzungen nicht hoch angesetzt werden, wenn Heranwachsende mit Lernschwierigkeiten oder einer komplexen Behinderung und Verhaltensauffälligkeiten erreicht werden sollen. Die Anforderungen müssen so arrangiert und gewählt werden, dass sie bewältigt werden können und nicht in Enttäuschung oder Versagungserlebnissen münden. Ferner haben wir es im Rahmen der sekundären Prävention mit einer Schülergruppe zu tun, bei der es oft an Sozialverhalten, Teamfähigkeit, Zusammenhalt und Fairness im Umgang miteinander fehlt und die angesichts von Streitigkeiten, verbaler und körperlicher Aggressivität, Sachbeschädigung sowie Disziplinlosigkeit ein spezielles Gruppenangebot erhalten soll. Eine solche Gruppe stellt ohne Zweifel eine große Herausforderung für den Übungsleiter dar, dessen Aufgabe darin besteht, ein Angebot aufzubereiten, das einerseits Spaß und Freude bereiten und zugleich körperliche Auseinandersetzungen beziehungsweise Kämpfe unter Fairnessaspekten und Selbstdisziplin ermöglichen und erfahrbar machen soll. Darüber hinaus kann es einen Anreiz für eine spätere Beteiligung an Judowettbewerben von Special Olympics bieten.

Eine Judostunde beginnt üblicherweise mit einem rituellen Grußzeremoniell. Anschließend erfolgt eine Aufwärmphase, die gymnastische Übungen und interaktive Spiele beinhaltet. Der Hauptteil besteht aus einem partnerschaftlichen Training von Fallübungen, Wurftechniken und Bodengriffen. Abgerundet wird ein Judotraining zumeist mit kämpferischen Spielen, einer nachfolgenden Entspannungsphase und einem rituellen Abschiedszeremoniell.

In der Arbeit mit Schülern und Schülerinnen, denen neben Lernschwierigkeiten Verhaltensauffälligkeiten nachgesagt werden, bedarf es nicht selten der Modifikation beziehungsweise der Vereinfachung des üblichen Trainings sowie eines niedrigschwelligen Zugangs. Das Üben von Falltechniken kann zum Beispiel Ängste auslösen, die vor allem bei Anfängern beobachtet werden. Daher sollten Fallübungen gegebenenfalls erst zu einem späteren Zeitpunkt trainiert werden, wobei sie grundsätzlich eine gute Möglichkeit bieten, sich Ängsten zu stellen und diese zu kompensieren. Vielen der Betroffenen kommt der ritualisierte und reglementierte Ablauf einer Judostunde sehr entgegen. Bei Anfängern bieten sich zunächst nur Bodentechniken an, da nicht selten Betroffene mit einer komplexen Behinderung im Stand Körperkoordinations- beziehungsweise Gleichgewichtsprobleme haben. Bodenübungen ermöglichen eine kämpferische Auseinandersetzung ohne Verletzungsgefahr. Im Stand lassen sich Beintechniken und Eindrehwürfe üben.

Was den Verlauf eines Judoangebots als pädagogisch-therapeutische Gruppenmaßnahme betrifft, so werden in den ersten Trainingswochen neben den Grundtechniken Formen des allgemeinen Kräftemessens kennen gelernt. Später stehen das Training von Zweikämpfen und Wettkämpfe im Vordergrund. Die Anfänge sind bei Heranwachsenden mit Lernschwierigkeiten und Verhaltensauffälligkeiten (aggressiven Formen) häufig durch mangelnde Körperbeherrschung und Verhaltenskontrolle sowie einer gewissen Disziplinlosigkeit geprägt. Vor allem dann, wenn Betroffene als Schiedsrichter eingesetzt werden, setzt sich allmählich die Erkenntnis durch, dass Regeln, ein gewisses Maß an Fairness und Selbstdisziplin für Judo-

Kämpfe notwendig sind. Die Schüler lernen dann allmählich, sich an Regeln zu halten und sportliche Entscheidungen zu akzeptieren, wenn diese fair zustande gekommen sind. Um ein plastisches Bild über das Judoangebot zu gewinnen, soll eine Übungsstunde (45 Min.) mit einer fortgeschrittenen Gruppe, die bereits einfache Formen des Zweikampfs und des Kräftemessens weithin erlernt hat, skizziert werden:
Sitzkreis (6-8 Personen), Begrüßung der Lerngruppe, Bekanntgabe des Trainingsschwerpunktes und Einstimmung.

Erwärmungsphase:
Zum Beispiel durch beliebte Fangspiele wie „Wer hat Angst vor dem Schwarzen Mann", „Versteinern" oder „Räuberjagd": die Gruppe wird in zwei Polizisten und mehrere Räuber eingeteilt. Eine Matteninsel dient als Gefängnis; Die Räuber laufen frei herum und versuchen, von den Polizisten nicht gefangenen (berührt) zu werden. Werden sie berührt, so müssen sie ins Gefängnis gebracht werden und sich mit dem Rücken auf die Matte legen. Die noch frei herumlaufenden Räuber können die Gefangenen befreien, indem sie drei Mal auf ihre Beine leicht klatschen müssen. Die Befreier dürfen in dem Moment, solange sie auf der Matte sind, nicht gefangen werden. Ein solches Spiel ist leicht zugänglich, macht in der Regel allen Spaß und dient als Einklang und Vorbereitung (z. B. durch den Körperkontakt und die gegenseitige Hilfe) der nachfolgenden Übungsphase.

Übungsphase (z. B. Zweikampfwettbewerb):
Sitzkreis, es werden Kampfgruppen, Kampfpaarungen gebildet, Schiedsrichter und Zeitnehmer (mit Rollenwechsel) bestimmt, das Regelwerk verlesen, Ziel des Zweikampfes ist es, den anderen Spieler möglichst schnell auf den Rücken zu ringen oder zu werfen und ihn auf dem Boden 3 Sekunden zu halten. Griffe an Hals oder Kopf, Schulterwürfe, Schubsen, Schlagen oder Kitzeln sind nicht gestattet, erlaubt sind Angriffe nur von vorne oder auch ein Packen des Gegners an seinem Anzug. Die materiellen Besonderheiten (Matte, Judoanzug, Gürtel etc.) ermöglichen ein angstfreies Bewegen. Die maximale Kampfdauer beträgt 1,5 Minuten. Der Schiedsrichter startet und beendet den Kampf durch Schlagen auf die Matte.
Die Übungsphase kann offiziellen Charakter haben und somit an einem realen Wettkampfgeschehen orientiert werden. Das erzeugt eine Spannung und wird in der Regel sehr geschätzt. Vor und nach jedem Kampf gibt es ein Verneigungsritual (Begrüßung und Bedankung) als Zeichen für ein faires Gegeneinander und gegenseitigem Respekt.

Abschlussphase:
Sitzkreis und Reflexion der Zweikämpfe im Hinblick auf Fairness, Regelbewusstsein und anderes mehr, Erarbeitung von Verbesserungsvorschlägen.

Soziometrisch orientierte bildnerische Aktivitäten
Ziel soziometrisch orientierter bildnerischer Aktivitäten ist es, Menschen zu befähigen, sich selbst und andere besser wahrzunehmen, Sicherheit im Zusammensein mit anderen zu gewinnen und eine positive Einstellung zu sich selbst und zur Gemeinschaft zu finden.
Von Konrath (1980) stammt ein Unterrichtsbeispiel, das uns die Möglichkeiten dieser bildnerischen Methode als positives Unterstützungsangebot vor Augen führt: Ausgangspunkt waren Störungen im Unterricht durch Machtkämpfe und „ständige Reibereien" sowie eine Spaltung der Klasse in zwei Lager, die mit der Aufnahme von drei neuen Schülern eng verknüpft war. Um eine Integration der neuen Schüler und ein verbessertes Klima zu erreichen, entschied sich die Lehrerin für eine soziometrisch orientierte Malaktivität, die drei Phasen beinhaltete:

1. Phase:
Malen von Selbstbildnissen unter dem Thema „So bin ich".
Material: Papier DIN-A-3, Wasserfarben und Haarpinsel.
Ziel: Gestalterische, innere Auseinandersetzung mit der eigenen Person
Dieses Thema stellte für die meisten der Schüler eine Herausforderung und große Verlockung dar. Nachdem sich alle selbst gemalt hatten, wurden die Bilder nebeneinander gelegt und gemeinsam diskutiert. Dabei kam der Lehrerin eine vermittelnde und kompensatorische Funktion zu, da die Gefahr psychischer Verletzungen durch vorschnelle, unvermittelte Schülerurteile gegeben war. „Die kritische Überprüfung des eigenen Selbstbildnisses auf Realitätsgehalt sollte vielmehr durch jeden Schüler selbst in dem ihm zuträglichen Maß über die Vermittlung der von den Mitschülern gemalten ‚Fremdbildnisse' in der 3. Phase des Projekts geschehen" (ebd., 125f.).

2. Phase:
Malen von Fremdbildnissen unter dem Thema „Wie ich den Mitschüler sehe".
a) Jeder Schüler darf sich völlig frei seine „Modelle" aussuchen.
b) Es werden bestimmte Zuordnungen vorgenommen, um sicher zu gehen, dass jeder Schüler berücksichtigt wird.
Material: Papier DIN-A-5, alternativ: Wasserfarben und Haarpinsel, Filz- oder Buntstifte.
Ziel: Innere Auseinandersetzung (Identifikation und Einfühlung) mit dem betreffenden Mitschüler
Da es Tendenzen unter der Schülerschaft gab, nur bestimmte, vor allem persönliche Lieblingsschüler zu malen, entschied sich die Lehrerin zu intervenieren und Zuordnungen festzulegen. Dennoch kamen nicht alle Schüler dieser Aufforderung nach, dies nicht selten mit der Begründung, „den kann ich nicht malen", was „wohl soviel wie ‚den will ich nicht malen'" (126) bedeutete.

3. Phase:
Besprechung der soziometrisch orientierten Zeichnungen
Ziel: Die in den Bildern enthaltene Stellungnahme soll erkannt und vorsichtig besprochen werden. Die Kluft zwischen Ideal-Ich (Selbstbildnis) und der Darstellung der eigenen Person aus der Sicht der Mitschüler (Fremdbildnisse) dient als Gesprächsanlass.
Den Schülern wurden durch das Vergleichen und Besprechen der Bilder Zusammenhänge vor Augen geführt, die ihnen vorher nicht so bewusst waren. Zudem „konnten wohl auch ‚Sozialmotive'... aufgedeckt werden, wodurch vermutlich auch die Bereitschaft, den anderen anzuerkennen, erhöht wurde" (ebd., 129). Insgesamt war dieses Unterrichtsbeispiel für die beteiligten Schüler/innen von positivem Erfahrungswert, jedoch fehlen wie bei dem zuvor skizzierten Gruppenangebot wissenschaftliche Untersuchungen im Hinblick auf langfristig wirksame Transfereffekte.

Positive Peerkultur

Hierbei handelt es sich um einen innovativen Ansatz, der im Bereich der schulischen und außerschulischen Erziehungshilfe immer mehr Zuspruch findet (Opp 2009b; Opp und Teichmann 2008). Wenngleich evidenzbasierte Erfahrungen in der Arbeit mit Schülerinnen und Schüler mit Lernschwierigkeiten noch ausstehen, lassen Praxisbeispiele den Schluss zu, dass ähnlich wie bei der Peer Mediation Grundzüge der Positiven Peerkultur sowohl für eine inklusive Klasse in allgemeinen Schulen als auch einen Unterricht in Förderschulen implementiert werden können. Im Unterschied zur Peer Mediation, die gleichfalls die aktive Rolle von Peers wertschätzt, setzt die Positive Peerkultur nicht auf ein Schlichtungsverfahren, sondern auf *problemlösende Beratungsgespräche* (*peer counseling*), bei denen zum Beispiel Schülerinnen und Schüler einer Klasse ermöglicht werden soll, alltägliche Konflikte, Auseinandersetzungen, Probleme, Sorgen, oder Nöte einzelner Jugendlicher zu thematisieren, zu diskutieren und selbstverantwortlich zu lösen. Dabei kommt es auf Formen einer gegenseitigen verantwortungsbewussten Unterstützung an: Derjenige, der durch die Gruppe Hilfe in Form eines Problemlösungsvorschlags erfährt, soll Verantwortung für sich selbst übernehmen, sich um die Lösung seines Problems ernsthaft bemühen und auch Beistand den Anderen gewähren, die ihm geholfen haben (Opp 2009b, 541). Für die Gruppensitzungen, die regelmäßig (z. B. wöchentlich ein- bis zweistündig mit zwei Moderatoren) sowie bei gegebenen Anlässen (z. B. akute Schlägerei) spontan stattfinden sollten, gibt es „drei einfache Regeln. (1) Wir hören einander zu und unterbrechen uns nicht. (2) Wir machen uns nicht lustig über die Probleme eines anderen. (3) Alles, was in der Gruppe besprochen wird, bleibt im Raum" (ebd., 539).
Über alle Differenzierungen hinweg kann folgender Ablauf stichwortartig nachgezeichnet werden (Unger 2008, 67f.):

1. Begrüßung (positives Ausgangsklima), Bekanntgabe beziehungsweise Wiederholung der Gesprächsregeln und gegebenenfalls Rückblick auf die Vorwoche
2. Vorstellung von Problemen und Themen gegebenenfalls reihum
3. Auswahl eines Problems
4. Gemeinsame Diskussion und Beratung des Problems mit Lösungsvorschlägen
5. Abschlussrunde und Feedback

Das Bemerkenswerte ist, dass die Verantwortung für die gesamte Problembearbeitung in den Händen der Schülerinnen und Schüler liegt. Hierzu sollten Lehrkräfte den Kindern und Jugendlichen einen Ermöglichungsraum bereitstellen und Unterstützung für eine eigenständig-verantwortliche Problemlösung anbieten. Das verlangt unzweifelhaft Vertrauen in die Ressourcen von Schülerinnen und Schülern, und in der Tat erweist sich die Positive Peerkultur als ein *Stärkenansatz*, der Kinder und Jugendliche „als Experten in eigener Sache betrachtet und damit als Subjekte ihrer Entwicklung im gegenseitigen Beratungsprozess professionell begleitet" (ebd., 66).

Regellernen durch verhaltenssteuernde Visualisierungen

Klare Regeln und Erwartungen an die Schüler einer Klasse dienen wie schon erwähnt der Grundlegung einer positiven Lernkultur. Darüber hinaus sind spezielle Aktivitäten zur Erstellung und Einhalten von Regeln vor allem dann in Betracht zu ziehen, wenn die Zusammenarbeit zwischen Lehrern und Schülern im Unterricht, die allgemeine Atmosphäre sowie das Arbeitsklima verbessert werden sollen (Conroy et al. 2008; Algozzine und Algozzine 2007; Garner und Sandow 1995). Bei sozialen Konflikten wie Streit oder massiven Auseinandersetzungen bieten sich hingegen eher andere Methoden wie die Mediation oder Positive Peerkultur an, wobei nicht selten eine Kombination an Unterstützungsangeboten sinnvoll zu sein scheint. So können zum Beispiel Streitereien zunächst durch Mediation oder konfliktzentrierte Rollenspiele aufgegriffen und bearbeitet werden, bevor dann gemeinsam Verhaltensregeln vereinbart werden, um für die Zukunft sozial verträgliche und verbindliche Formen eines Miteinanders zu finden und zu pflegen.

Die Vereinbarung und Festsetzung von Regeln, die für alle verbindlich sein sollen, kann im Rahmen eines gemeinsamen Kreisgesprächs erfolgen. In der Praxis hat sich gezeigt, dass es sinnvoll ist, mit wenigen (drei oder vier) Regeln zu beginnen (z. B. „Jeder hat das Recht zu sprechen und zuzuhören"; „Jeder hat das Recht zu arbeiten"; „Alle vier Stuhlbeine sollen immer auf dem Boden bleiben"; „Erst fragen, bevor etwas ausgeliehen wird" [Garner und Sandow 1995, 51]). Zudem sollten die Regeln einfach gestrickt sein, so dass sie für alle Gruppenmitglieder zugänglich und motivierend sein können.

In einem zweiten Schritt geht es um die Plakatierung der vereinbarten Absprachen. Wichtig ist es, dass die Regeln für alle sichtbar sein können, so dass eine Signalwirkung für kritische Situationen genutzt werden kann. Üblicherweise werden

Wandplakate erstellt, auf denen die Regeln übersichtlich niedergeschrieben sind. Da bekanntlich viele Kinder und Jugendliche mit komplexer Behinderung Probleme haben, Texte (auch in einfacher Sprache) zu lesen, bietet sich es sich an, die Regeln auf Plakaten zu visualisieren (dazu Konrath 1980, 131ff.).

Zum Einhalten von Regeln können Strichlisten geführt werden, wobei hier im Sinne der Stärken-Perspektive kein Fehlverhalten, sondern nur erfolgreiches Verhalten registriert werden soll. Hierzu sollte zunächst mit kleinen Zeitabschnitten begonnen, dann kontinuierlich mit immer größer werdenden Zeiträumen gearbeitet werden (zum Beispiel mit 15 Minuten, dann 30 Minuten…, zwei Stunden…, ein Unterrichtstag…). Zudem ist es wichtig, die Ergebnisse gemeinsam in Kreisgesprächen zu reflektieren und die Einzelnen für ihre erfolgreichen Anstrengungen vor der gesamten Gruppe zu loben. Dadurch können einzelne Schüler zu einem vorbildlichen Verhaltensmodell für andere werden, zudem kann die soziale Verstärkung motivationsfördernd sein.

Als Anreiz zur Einhaltung von Regeln können auch Sternchen vergeben werden (z. B. nach jeder Unterrichtsstunde durch Selbst- und Fremdbeurteilung); diese sollen gesammelt und am Ende eines bestimmten Zeitraumes (z. B. gegen Ende einer Unterrichtssequenz, eines Arbeitstages oder Woche) in Lieblingsbeschäftigungen, Freispiel oder ähnliche Angebote eingetauscht werden.

Als Gegengewicht zu dieser externen Motivationssteuerung ist es wichtig, gleichfalls signifikantes Lernen (Rogers) durch intrinsische Motivation zu fördern. Hierzu schlagen Garner und Sandow (1995) mit Blick auf den Unterricht vor, dass die Kinder persönliche Plakate herstellen sollten, die sich jeweils auf drei positive Botschaften beziehen (auf etwas, das ich gerne tue; auf etwas, in dem ich gut bin; auf etwas, was andere an mir gut finden). Die Erarbeitung dieser Plakate würde zum besseren, gegenseitigen Kennenlernen beitragen, indem zum Beispiel Mitschüler in einem neuen (positiven) Licht erscheinen oder auch Betroffene selbst zu einer positiven Selbsterkenntnis gelangen. Ergänzend hierzu sollten Kreisgespräche (Reflexionsrunden) genutzt werden.

Des Weiteren regen Garner und Sandow an, dass jedes Kind ein „Lebensbuch" (Geburtsort, Familie, Wohnort, Freunde, Plätze, an denen sich der einzelne Schüler gerne aufhält, Lieblingsspeisen, Lieblingsaktivität, Urlaubsorte, Spielzeug, Hobby …) erstellen soll, um den Prozess gegenseitiger Wertschätzung zu befördern. Die Vorstellung und Diskussion dieser Werke kann wiederum in einem Kreisgespräch erfolgen.

Zur weiteren Förderung sozialer Kompetenzen sowie zur Optimierung der Unterrichtsarbeit schlagen die Autoren vor, die bisherigen Gruppenregeln allmählich auszubauen (z. B. „leise durch den Flur laufen"; „sitzen bleiben, wenn Gruppen mit ihrer Arbeit fertig sind"; „sich gegenseitig unterstützen"; „anderen zuhören") oder auch neue „Leistungsmedaillen" einzuführen, die wiederum gesammelt und später eingetauscht werden können. Durch diese neuen Gruppenregeln sollen ins-

besondere Partner- und Gruppenaktivitäten befördert werden, um zum Beispiel zu einem gemeinsamen Unterrichtsprojekt zu gelangen, in dem dann alles Erlernte (Sozialverhalten) unter Beweis gestellt werden kann.
Nach Garner und Sandow gilt ein solches Programm aus der Sicht von Lehrern, Schülern und Eltern als erfolgreich (60ff.). Damit kein falscher Eindruck entsteht, sei erwähnt, dass die Autoren ausdrücklich betonen, dass es ihnen nicht um eine „Unterordnung" der Schüler (65, 94f.), sondern um den Aufbau und die Unterstützung eines „angemessenen Sozialverhaltens" zu tun ist. Darunter werden Fähigkeiten gefasst, die eine souveräne Selbstdarstellung und Selbstvertretung (*self advocacy*) ermöglichen. Den Autoren kommt es bei ihrem Programm insbesondere darauf an, dass die Schüler lernen, „Zutrauen zu gewinnen, neue Situationen zu bewältigen, Ideen zu akzeptieren, soziale Probleme zu lösen, Vorstellungen auszutauschen und zu verhandeln sowie auszuwählen und Entscheidungen zu treffen" (72). Solche Qualifikationen befördern bekanntlich Empowermentprozesse (Theunissen 2009).

Stärkenorientierte und lebensnahe Projektarbeit
Das Aufgreifen und Unterstützen von Interessen und Stärken verhaltensauffälliger Schüler mit Lernschwierigkeiten spielt unter anderem auch in einem bemerkenswerten Projekt eine Rolle, über das Kane, Koch und Wann (2003) berichten. Ihr Ansatz knüpft an einer lebensnahen Arbeitsweise an, die sie im Hinblick auf eine mögliche Nutzung für den Unterricht aufbereitet und erprobt haben. Dies wurde durch eine „innere Differenzierung" spezieller Sinnesgartenprojekte realisiert. „So bot z. B. der Bau eines Weidentunnels verschiedene Aufgabenstellungen, die nach den individuellen Lernvoraussetzungen variiert werden konnten" (ebd., 316). Dabei wurden spezifische Angebote für verhaltensauffällige Schüler mit einer komplexen Behinderung berücksichtigt: „Ein Schüler lag im Unterricht häufig am Boden und warf Gegenstände in die Luft. Dieses Verhalten wurde aufgegriffen. Der Schüler bekam die Aufgabe, einen Komposthaufen ‚umzuschichten', indem er auf dem Komposthaufen saß und Kompostklumpen in die Luft warf. Im Rahmen der Bepflanzung eines Steingartens bekam der Schüler die Aufgabe, einen Eimer mit Kompost dort zu entladen, wo Pflanzen eingesetzt werden sollten. Sein leistungsstärkerer Mitschüler übernahm die Aufgabe, seinen ausgestreuten Kompost der Erde beizumischen und die Pflanzen zu setzen... (317)." Durch derlei Aktivitäten konnten – so das Resümee des Autorenteams - Interessen für neue Inhalte geweckt und „herausfordernde Verhaltensweisen" wie Stereotypien in konstruktive Handlungen überführt werden. Wichtige Voraussetzungen und befördernd für den Erfolg eines solchen Ansatzes sind das Studium der „herausfordernden Verhaltensweisen" im Hinblick auf implizite Stärken (positive Konnotation), eine (kreative) Suche nach „unkonventionellen" Unterrichtsthemen und -aufgaben, eine genaue Analyse der Aufgaben und Anforderungen (Handhabung von Arbeitsgeräten etc.) sowie „flexible Unterrichtseinheiten mit Alternativen" (317).

The Behavior Education Program (BEP)

Zu guter Letzt möchte ich das *Behavior Education Program* (BEP) nach Crone, Horner und Hawken (2004) vorstellen, welches eigens für die sekundäre Prävention im Sinne des SWPBS konzipiert und erfolgreich evaluiert wurde. Adressiert ist es an Kinder und Jugendliche, bei denen ein erhöhtes Risiko besteht, schwere oder chronische Verhaltensprobleme zu entwickeln (ebd., 34). Für Schüler, die ein „gefährliches Verhalten" zeigen oder positive Aufmerksamkeit von Erwachsenen ignorieren beziehungsweise als aversiv erleben, gilt das BEP hingegen als ungeeignet (35).

Voraussetzung zur Implementierung eines BEP's, das sich als ein non-aversives Programm (positive Unterstützung statt Bestrafung) definiert, ist die Bildung eines schulbezogenen BEP-Teams (z. B. mit vier Personen: Koordinator, Assistent und zwei weitere Lehrer als Stellvertreter), das die Aufgabe hat, einerseits die Arbeit zu organisieren, zu begleiten und zu evaluieren und andererseits das Programm auf Lehrer- und Schulkonferenzen vorzustellen sowie Lehrkräfte und Schulhelfer mit der Durchführung, die für den einzelnen Pädagogen „wenig Aufwand" (ebd., 11) erfordert, vertraut zu machen.

Das BEP lässt sich am besten an einem Beispiel skizzieren:
Ein Schüler der 7. Klasse einer Mittelschule erhielt im vergangenen Jahr sieben schwere Verweise. Das betraf vor allem Kämpfe in der Gymnastikhalle und im Flur der Schule, verbale Streitigkeiten in der Cafeteria, Störungen und unangepasstes Verhalten im Kunst- und Musikraum. Die Auffälligkeiten haben sich bislang nicht gelegt (der Schüler konnte durch die primäre Prävention des SWPBS nicht erreicht werden) und treten häufig an Orten und in Situationen auf, in denen viele Kinder und Jugendliche zusammenkommen und die wenig überwacht werden.

Kommt das BEP-Team der Schule zu der Auffassung, dem Schüler ein BEP anzubieten, wird zunächst von dem BEP-Koordinator dem Schüler und seinen Eltern der Zweck und Prozess des Programms erläutert. Nachdem die Genehmigung der Eltern und die Zustimmung des Schülers vorliegen (das BEP beruht nur auf Freiwilligkeit), kann mit der Durchführung begonnen werden. Ausgangspunkt ist eine Zielvereinbarung zwischen BEP-Koordinator und dem Schüler, bei der gemeinsam Ziele (mit Blick auf unser Beispiel fünf Ziele: *„Be respectful, Be responsible, Keep hands and feet to self, Follow adult directions, Be there – Be ready"*) bestimmt und auf einer sogenannten *DPR-Karte (Daily Progress Report)* festgehalten werden (siehe Anhang III). Außerdem wird der jeweilige Schüler entweder einzeln oder zusammen mit anderen Betroffenen mit den zielspezifischen Verhaltensweisen vertraut gemacht (z. B. durch Rollenspiele).

Was den Programmablauf betrifft, so müssen im Zeitraum von 30 Minuten vor Schulbeginn (um 08:30 Uhr) alle Schüler, die am BEP teilnehmen, im Büro des BEP-Koordinators an jedem Schultag *einchecken*. Jeder Schüler, der eincheckt, erhält immer eine personenbezogene DPR-Karte mit einem Durchschlag, so dass eine Kopie mit nach Hause genommen werden kann, die von den Eltern abzuzeichnen ist. Die Originalkarte bleibt in der Schule. Bevor ein Schüler den Check-in-Raum verlässt überprüft der BEP-Koordinator oder ein Assistent, ob die notwendigen Schul- und Arbeitsmaterialien mitgebracht wurden. Fehlen Sachen, werden dem Schüler ersatzweise Stifte, Papier oder andere Dinge zur Verfügung gestellt. Zugleich wird er aber auch daran erinnert, das nächste Mal die Materialien mitzubringen. Beim Verlassen des Check-in-Raumes wird ihm mit dem Hinweis, die abgesprochenen, auf der DPR-Karte aufgelisteten Regeln einzuhalten, ein guter Tag gewünscht.

Nach dem Einchecken sucht jeder betroffene Schüler seine Klasse auf und übergibt der jeweiligen Lehrkraft seine DPR-Karte, die diese griffparat auf ihr Pult legt. Gegen Ende der Unterrichtszeit kreuzt dann der zuständige Lehrer auf der DPR-Karte auf einer den Zielen zugeordneten Skala von 0 - 2 an, wie sich seiner Meinung nach der Schüler zielspezifisch verhalten hat (Kreuz bei 0 = kein Punkt, bei 1 = 1 Punkt, bei 2 = 2 Punkte; bei Kindern mit komplexer Behinderung werden die Ziffern ggf. durch Smilies ersetzt). Bei fünf Zielen (wie bei unserem Beispiel) ergibt sich eine Höchstzahl von 10 Punkten pro Unterrichtseinheit, handelt es sich um vier verschiedene Settings (z. B. drei Fächer und Cafeteria) beträgt der Maximalwert 40 Punkte, von denen 80 % an dem entsprechenden Tag erreicht werden müssen. Schüler, die mehrmals hintereinander eine hohe Punktzahl erreichen, sollten besonders belohnt werden, zum Beispiel mit einem kleinen Snack (Candy, Saft, Crackers). Außerdem sollte ein *Selbstmanagement* anvisiert werden, indem die Bewertung auf der DPR-Karte zukünftig nicht mehr vom Lehrer, sondern vom Schüler selbst vorgenommen wird (82 f.).

Gegen Ende eines Schultages haben die betreffenden Schüler wiederum das Büro des BEP-Koordinators zum „*Check-out*" aufzusuchen, um die DPR-Karte abzugeben. Jeder Schüler erhält dann den Durchschlag (Kopie) der Karte, der von seinen Eltern unterzeichnet am nächsten Schultag wieder mitgebracht und beim Check-in eingereicht werden muss. Dann erhält der Schüler wiederum eine neue DPR-Karte für den entsprechenden Tag.

Diese Prozedur wird für einige Wochen angesetzt. Während dieser Zeit registriert der BEP-Koordinator die Daten und erstellt wöchentlich eine Verlaufskurve, um die Wirksamkeit des Programms zu dokumentieren. Zur Programmevaluation sollte das BEP-Team einmal wöchentlich für 30-45 Minuten zusammen kommen. Bei Schülern, die über einen längeren Zeitraum nicht 80 % der Tagespunkte erhalten, stellt sich die Frage der Modifikation des BEP-Programms oder der tertiären Prävention durch Einzelhilfe. Wenn eine Modifikation in Betracht gezogen wird, bietet es sich an, eine funktionale Problembetrachtung vorzunehmen, indem im Sinne des direkten funktionalen Assessments (dazu Kapitel 3) hintergründige, Ereignisse, auslösende Bedingungen, das beklagte Verhalten sowie die Konsequenzen erfasst werden sollen, um herauszufinden, ob beispielsweise Aufmerksamkeit, Zuwendung oder Arbeitsverweigerung eine Rolle spielen (Crone, Horner und Hawken 2004, 55ff.). In dem Falle könnten zum Beispiel zusätzliche positive Verstärker oder Lieblingsaktivitäten in das BEP eingebaut werden, ebenso denkbar wäre die Veränderung von Aufgaben oder Vereinfachung von Zielen, so dass der Schüler letztendlich mehr Punkte als zuvor erreichen kann. Es kann auch eine ganze Klasse eine Belohnung (z. B. 10 Minuten Freizeit) bekommen, wenn es ihr gelingen sollte, den Schüler zu einem positiven Verhalten (z. B. Erledigung einer Aufgabe ohne Wutanfall) anzustiften (ebd., 65). Nicht selten scheint es hilfreich zu sein, wenn bei einem positiven Verlauf das Verhalten des Schülers im Rahmen seiner Klasse besonders gewürdigt wird. Das beinhaltet folgenden Effekt:

1. Es hilft dem Schüler, sein eigenes Verhalten zu verstehen.
2. Es hilft dem Schüler zu verstehen, wie andere sein Verhalten wahrnehmen.
3. Es hilft dem Schüler zu realisieren, dass jemand besondere Aufmerksamkeit seinem Verhalten widmet und dass es sehr bedeutsam ist, am BEP teilzunehmen.
4. Es hilft dem Schüler, sich Ziele zu setzen und zu erkennen, ob er sie erreicht hat oder kontinuierlich daran arbeiten muss (29).

Erfahrungen zufolge scheint es etwa zwei Wochen zu dauern, bis erste positive Verhaltensänderungen wirksam werden, insgesamt werden vier bis sechs Wochen für eine Stabilisierung des wünschenswerten Verhaltens veranschlagt. Wenngleich nach einer Verhaltensstabilisierung das BEP allmählich auslaufen sollte, kommt es dem Anschein nach nicht selten vor, dass erfolgreiche Schülerinnen und Schüler weiterhin am Programm festhalten wollen (83). Diesem Wunsch sollte möglichst entsprochen werden, und eine Möglichkeit besteht darin, das BEP im IEP (sonderpädagogischen Förderplan) zu verankern (79f.).

Zu guter Letzt sei erwähnt, dass etwa vierteljährlich das BEP-Team gemeinsam mit Lehrern und Eltern den Programmverlauf reflektieren sollte. Insgesamt befördert das BEP eine konstruktive Zusammenarbeit zwischen Schule und Elternhaus, an der es nicht selten mangelt. Davon kann und sollte der jeweilige Schüler profitieren. Wichtig ist es, den Eltern klar zu machen, dass es beim BEP nicht darum geht, den Schüler zu bestrafen. Das wäre für das Programm kontraproduktiv. Vergisst beispielsweise ein Kind den DPR-Durchschlag zu Hause abzugeben, sollte es freundlich daran erinnert werden, verlegt oder verliert es die Kopie, sollte es gleichfalls nicht bestraft werden. Möglicherweise bestehen Ängste, wenn an einem Tag die erforderlichen 80 % an Punkten nicht erreicht wurden. In dem Falle sollten die Eltern statt einer Bestrafung (Hausarrest) nach den Gründen fragen und ihr Kind ermutigen, sich das nächste Mal in der Schule an die Absprachen zu halten (53).

Alles in allem scheint das BEP ein interessanter Ansatz zu sein, der genutzt werden sollte. Allerdings birgt er die Gefahr, auf eine reine Verhaltensanpassung unter vorgegebenen Bedingungen hinauszulaufen. Um dies zu vermeiden, stellt sich die Frage, in wie weit Stärken oder Ressourcen betroffener Schülerinnen oder Schüler im Rahmen der Zielvereinbarung des BEP's beziehungsweise als Verstärker mit berücksichtigt werden können.

Tertiäre Prävention: Positive Verhaltensunterstützung als Einzelhilfe

Zu guter Letzt bleibt somit noch die Frage nach der *tertiären Prävention* durch Einzelhilfe (*individualized PBS*), die sich auf etwa 5% aller Kinder und Jugendlichen einer Schule erstreckt, welche angesichts massiver Verhaltensprobleme eine intensive Unterstützung benötigen, die über die zuvor genannten Maßnahmen hinausgeht. Nach bisherigen Erfahrungen handelt es sich hierbei häufig um verhaltensauffällige Schülerinnen und Schüler mit Lernschwierigkeiten oder einer komplexen Behinderung (Westling und Fox 2009, 318). Auf die Grundzüge der Einzelhilfe bin ich bereits in Kapitel 3 ausführlich eingegangen, ferner möchte ich an dieser Stelle auf meine Arbeitshilfe für die Praxis verweisen (Theunissen 2008b), der die zentralen Arbeitsschritte zu entnehmen sind. Daher werde ich mich im Folgenden kurz fassen und Aspekte herausgreifen, die mir ergänzend zu meinen bisherigen Ausführungen über Einzelhilfe durch PVU vor allem für den schulischen Bereich wichtig erscheinen.

Unterstützerkreis und Zielsetzung

Ausgangspunkt der Einzelhilfe ist wie im außerschulischen Bereich die Bildung eines Unterstützerkreises. Hierzu kann sich ein zuständiger Klassenlehrer an ein *schoolwide behavior support team* wenden, welches Praxisberatung, Programmkoordination, Reflexion und Evaluation anbietet. Dies setzt freilich voraus, dass in der Schule ein solches Team existiert und über ein eigenes Budget zur Umsetzung seiner Arbeit verfügen kann. Nach Freeman et al. (2006, 7) werden zumeist zwei Möglichkeiten in Betracht gezogen: zum einen werden in einer Schule drei SWPBS-Teams gebildet: 1) ein *SWPBS planning team* für die primäre Prävention, 2) ein *support team* für die sekundäre Prävention, welches das BEP und weitere klassenübergreifende, gruppenbezogene Maßnahmen (*social skills training*) anbietet sowie 3) ein *behavior support team* für die tertiäre Prävention. Zum anderen entscheidet sich eine Schule für zwei Teams: ein *SWPBS planning team* für die erste Ebene und ein *support team* für die beiden anderen Präventionsebenen. Was den Unterstützerkreis betrifft, so besteht dieser gewöhnlich aus drei bis sieben Personen, den zuständigen Lehrkräften (auf jeden Fall Klassenlehrer), weiteren relevanten Fachkräften (pädagogische Mitarbeiter, Therapeuten, Schulpsychologe, Schulsozialarbeiter), den Eltern beziehungsweise Erziehungsberechtigten und gegebenenfalls Personen aus dem sozialen Umfeld (Bekannte, Familienhelfer, Mitarbeiter aus dem Sozial-, Kinder- und Jugendamt). Erkenntnissen und Untersuchungen zufolge kann davon ausgegangen werden, dass das Vorgehen und die Interventionen im Sinne einer PVU „*are much more likely to be effective if they are implemented consistently by all caregivers and in all environments*" (Westling und Fox 2009, 318). Neben der Mitwirkung von Lehrkräften spielt vor allem die Einbeziehung und Beteiligung von Eltern eine wichtige Rolle (ebd., 332).

Gibt es kein *behavior support team*, muss sichergestellt sein, dass mindestens eine Person des Unterstützerkreises mit den Grundzügen der PVU vertraut ist und dass die Einzelhilfe vonseiten der Schulleitung unterstützt wird. Zudem sollten alle beteiligten Lehrkräfte zur Mitarbeit und Unterstützung bereit sind. Eine wichtige Voraussetzung für eine *Best Practice* im Sinne der PVU ist eine *gute Zusammenarbeit* im Unterstützerkreis (Dunlap et al. 2010, 9ff.). Zudem sollte auf eine effektive Aufgaben- beziehungsweise Rollenverteilung geachtet werden, zum Beispiel dadurch, dass jemand für die Koordination, zeitliche Planung und Zeitkontrolle bei den Meetings, eine andere Person für die Einsammlung und Zusammenstellung der Daten, zwei weitere Teammitglieder für das indirekte beziehungsweise direkte Assessment zuständig und verantwortlich sind.

Im Unterschied zu der weit verbreiteten Gepflogenheit, Verhaltensauffälligkeiten direkt anzugehen, zum Beispiel durch verhaltensmodifikatorische, disziplinarische, an Konsequenzen orientierte Maßnahmen (Time-out, Sanktionen) und einer begleitenden Behandlung mit Psychopharmaka (kritisch dazu Theunissen und Paetz 2011, 128ff.; Westling und Fox 2009, 315ff.), ist das Einzelhilfe-Konzept der PVU wesentlich breiter angelegt, indem es nicht auf die bloße Beseitigung auffälliger Verhaltensweisen beziehungsweise auf eine einseitige Verhaltensänderung des Schülers zielt, sondern den Zweck (die Funktion) des beklagten Verhaltens zu verstehen versucht und einen sozialen Veränderungsbedarf fokussiert. Dahinter verbirgt sich die Erkenntnis, dass persönliche (z. B. Vulnerabilität, geringe Belastbarkeit, Wahrnehmungsbesonderheiten im Falle eines Autismus) *und* Umfeldbedingungen (z. B. Anforderungen im Klassenraum; familialer Stress; überbehütende Erziehung; autoritär-reglementierendes Lebensmilieu) die Wahrscheinlichkeit erhöhen, dass bestimmte Verhaltensweisen auftreten. *„As a result, tertiary level prevention plans should frequently include interventions across home, school, and community settings and address student/family needs across multiple life domains"* (Freeman 2006, 9; auch Eber et al. 2002; Scott und Eber 2003; Turnbull et al. 2002; Westling und Fox 2009, 332). Der Begriff der Intervention wird hierbei nicht als ein Eingriff definiert, sondern als eine Unterstützungsform und Vermittlungshilfe, die das Verhältnis von Person und Lebenswelt reflektiert, um die Lebenszufriedenheit und Lebensqualität für alle Beteiligten zu erhöhen.

Wraparound, Persönliche Zukunftsplanung und funktionales Assessment

Entscheidet sich ein Unterstützerkreis für eine Einzelhilfe, sollte er zunächst nach einem *„medical check up"* (APBS 2007a) des Schülers die Möglichkeiten einer *Wraparound-Konferenz* oder einer persönlichen Zukunftsplanung (falls diese nicht schon durchgeführt wurde) nutzen, deren Ergebnisse für das nachfolgende funktionale Assessment, der verstehenden Problemsicht und der Planung von schul- beziehungsweise unterrichtsbezogenen Interventionen hilfreich sind.

Der Begriff „*wraparound*" bezieht sich auf einen Prozess, der *familienbezogene Hilfen (care)* fokussiert, indem davon ausgegangen wird, dass es einen engen Zusammenhang zwischen Verhaltensauffälligkeiten und familialem Lebensmilieu gibt (Eber et al. 2002; Muscott et al. 2008; Scott und Eber 2003). Solche Hilfen, die vor allem an sozial schwache und benachteiligte Familien adressiert sind, lassen sich am besten über eine *systemische, lösungsorientierte Konsultation* (dazu Helwick et al. 2002; Lingg und Theunissen 2008, 271ff.) im Rahmen der *Wraparound*-Konferenz ermitteln. Dabei kommt es darauf an, dass Eltern, Angehörige und der betreffende Schüler als „gleichberechtigte und aktive Partner" (Freeman et al. 2002, 9) von den anderen Mitgliedern des Unterstützerkreises (v. a. Lehrkräften, Schulleitung) wertgeschätzt und ernstgenommen werden, dass familiale, individuelle und Umfeld-Stärken erschlossen werden und dass die Familienmitglieder selbst Lösungswege erkennen beziehungsweise zu Lösungen gelangen. Das Spektrum der Unterstützungsformen kann dabei breit sein, sich auf familienunterstützende Dienste, sozialpädagogische Familienhilfe, Schularbeitenbetreuung, Organisation einer Integration des Schülers in Vereine oder Freizeitangebote an Nachmittagen sowie informelle Unterstützung durch Nachbarschaftshilfe oder Freiwilligenagenturen (*volunteers*) beziehen. Häufig ist es nicht einfach, sozial schwache Familien oder Familien mit Migrationshintergrund zu erreichen. Hier bedarf es nicht selten ein hohes Maß an Fingerspitzengefühl sowie Verständnis, und oftmals lassen sich Brücken über Schulfeste oder Veranstaltungen bauen, bei denen die betreffenden Familien mit ihren Stärken (mit kulturellen, traditionsreichen Beiträgen, beim Grillen etc.) imponieren können. Bei aller Wertschätzung des *Wraparound*-Programms sollte allerdings die implizite Gefahr der „sozialen Kontrolle der Lebenswelt von Familien" nicht verkannt werden, weshalb eine selbstkritische Reflexion und Evaluation des Prozesses und insbesondere des Umgangs mit sozialer (professioneller) Macht ratsam ist. Im Unterschied zum *Wraparound*-Programm, das Verhaltensauffälligkeiten und familiale Verhältnisse weithin unabhängig einer Behinderung im Blick hat, kristallisieren sich im Rahmen der *persönlichen Zukunftsplanung* (dazu ausführlich Kapitel 3) die Überlegungen im Hinblick auf Unterstützungsformen um die (Lern-)Bedürfnisse, Interessen, Ziele, Lebenszukunft und den Lebensstil des als verhaltensauffällig geltenden Schülers (Kincaid und Fox 2002). Damit soll ein prominenter Beitrag zur Erhöhung von Lebensqualität geleistet werden (Risley 2001), wobei sich die Ergebnisse der Zukunftsplanung mit denen der *Wraparound*-Konferenz durchaus überlappen können (Freeman et al. 2002, 9). Darüber hinaus lässt sich im Rahmen der Zukunftsplanung bereits mit dem Schüler eine funktionale Problembetrachtung und Interventionsplanung vornehmen, indem mit ihm gemeinsam (z. B. unter Rückgriff auf „*student-assisted functional assessment forms*") hintergründige Ereignisse, auslösende Bedingungen, das Problemverhalten und Konsequenzen (S-A-B-C-Faktoren) eruiert (dazu Kern et al. 1994; O'Neill et al. 1997, 17ff.) und ‚verstehend' sowie lösungsorientiert reflektiert werden können (Helwick et al. 2002).

Reichen die *Wraparound*-Konferenz oder Zukunftsplanung nicht aus, ist der Prozess des *funktionalen Assessments* (Kapitel 3) durchzuführen, in dem die bisherigen Ergebnisse Eingang finden beziehungsweise im Rahmen der Hypothesenbildung und Zielbestimmung berücksichtigt werden. Angesichts des Vorliegens lebensstilrelevanter Informationen durch den persönlichen Zukunftsplan kann aus arbeitsökonomischen Gründen das indirekte Assessment enger gefasst beziehungsweise der gesamte Assessmentprozess stärker auf die Problemsituation fokussiert werden (Westling und Fox 2009, 319f.). Grundsätzlich gilt es darauf zu achten, dass alle Entscheidungen im Rahmen der Zukunftsplanung und des funktionalen Assessments mit den Informationen auf der Schülerkartei beziehungsweise dem sonderpädagogischen Förderplan des Schülers (falls ein solcher Plan ergänzend zur Zukunftsplanung erstellt wurde) Hand in Hand gehen, um Antinomien oder gegenläufige Ziele zu vermeiden.

Entwicklung eines Unterstützungsprogramms
Der Hypothesenbildung und Zielbestimmung folgt die Entwicklung eines Unterstützungsprogramms, das sich nach dem Grundsatz *„Prevent Teach Reinforce"* (Dunlap et al. 2010) auf fünf Interventionsebenen (siehe Kapitel 3; Theunissen 2008b) erstreckt, die es je nach Sachlage im Rahmen eines Gesamtkonzepts miteinander zu verschalten gilt, so dass ein Nebeneinander an Maßnahmen vermieden wird.

1. Ebene: Kontextbezogene Interventionen
Diesbezüglich lassen sich vier Kontextbereiche (hintergründige Ereignisse und/oder auslösende Faktoren) herausstellen, die ein Problemverhalten besonders befördern und die funktional bedeutsam sein können (Kern, Sokol und Dunlap 2006, 54ff.):
1) werden durch *Aktivitäten oder Angebote* Verhaltensauffälligkeiten begünstigt, wenn sie zum Beispiel über- oder unterfordernd, zu komplex, zu schwierig, aber auch zu langweilig, allzu bekannt, nicht ansprechend sind, die individuellen oder kollektiven Interessen verfehlen, zu viel Zeit oder Aufwand beanspruchen oder unzureichend eingeführt werden.
2) können durch die *Anwesenheit bestimmter Personen* (unmittelbare Nähe), durch *Interaktionen* oder *Kommunikationsformen* Auffälligkeiten provoziert werden; das gilt zum Beispiel für unfreundliche Anweisungen, einen harschen Befehlston oder Lehrstil, autoritäre Erziehungsformen, mangelnde positive Interaktionen, Ignoranz oder fehlende Wertschätzung positiver Botschaften, Auseinandersetzungen in der Klasse, Streit im Schulbus, Bullying und Ähnliches mehr.
3) gelten *(allgemeine) situative Bedingungen* als ein fruchtbarer Boden für herausfordernde Verhaltensweisen; die Palette kritischer Bedingungen ist breit: beengte räumliche Verhältnisse, hoher Lärmpegel, unzweckmäßige Tischanordnung, unfreundliche oder unpassende Raumausstattung, unzureichende Ausweichmöglichkeiten, zu große Klasse, grelles Licht, unpassende Infrastruktur, Verän-

derung von Lebenswelten, Umzug, häusliche Probleme, Geburt eines Geschwisterkindes und Ähnliches mehr.

4) müssen personspezifische *biologisch-physische Faktoren* insbesondere als hintergründige Momente in Bezug auf Verhaltensauffälligkeiten beachtet werden; das betrifft zum Beispiel Hunger, Durst, Diät, Koffein (zuviel/ zuwenig), Menstruation, sexuelle Frustration, Nebenwirkungen von Medikamenten, (chronische) Krankheiten, hirnorganische Schädigungen, Entzündungen, körperliche Schmerzen oder körperliches Unwohlsein, Schlafprobleme, Sodbrennen oder Verstopfung. Zu bedenken gilt, dass neurobiologische Besonderheiten oder eine Imbalance im Neurotransmittersystem spezifische Symptome (z. B. Stereotypien, selbstverletzende Verhaltensweisen) hintergründig beeinflussen können, oder dass behinderte Personen mit stark eingeschränkten Verbalisierungsfähigkeiten häufig ihre körperlichen Beschwerden (z. B. Zahn-, Kopf- und Bauchschmerzen) durch Auffälligkeiten wie Schreien oder Kopfschlagen mitzuteilen versuchen. Ein weiterer hintergründiger Aspekt kann darin bestehen, dass die Person im Laufe ihres Lebens (z. B. in der Schule) schon häufig negative (Lern-) Erfahrungen gemacht hat, so dass sie besonders sensibel (vulnerabel) auf neue Anforderungen reagiert.

Dass ein Problemverhalten sowohl durch ein hintergründiges als auch vorausgehendes Ereignis ausgelöst werden kann, führen uns die beiden folgenden Beispiele vor Augen: Ein Schüler, der aufgrund körperlicher Anstrengung (Sport) erschöpft ist, wirft sich zu Boden und weigert sich aufzustehen. In dem Falle ist die körperliche Erschöpfung problemauslösend. Ein anderer Schüler ist gleichfalls vom Sport erschöpft, verhält sich jedoch solange unauffällig, bis er von seiner Lehrkraft angesprochen wird, sich an der Lösung einer Unterrichtsaufgabe zu beteiligen. In dem Falle ist die Erschöpfung das hintergründige Ereignis und die Aufforderung der Auslöser für das Problemverhalten (Dunlap, Harrower und Fox 2005, 38).
Es gibt allerdings Situationen, in denen es schwierig ist, vorausgehende Bedingungen und Funktionen eindeutig zu erfassen. Hierzu zwei Beispiele:
Iris weigerte sich (*noncompliance*) immer wieder während des Sportunterrichts etwa um 10:40 Uhr, an Aktivitäten weiter teilzunehmen. Die Auseinandersetzungen mit ihrer Lehrkraft führten jedes Mal dazu, dass sie im Büro der Schulleitung die Sportzeit absitzen musste, bevor sie an den nachfolgenden Unterrichtsstunden wieder teilnehmen durfte. Die auslösenden Bedingungen für ihr Problemverhalten waren unklar. Es wurde vermutet, dass ihre Weigerungshaltung dazu diente, sich dem Sportunterricht zu entziehen. Damit fungierte die Maßnahme ‚Büro' als negative Verstärkung des Problemverhaltens. Eine Lösung des Problems ergab sich dadurch, dass auf diese Intervention (*response intervention*) gänzlich verzichtet wurde und dass stattdessen Iris zwei fünfminütige Zwischenpausen (*breaks*) gestattet wurden, die sie während längerer Sportaktivitäten in Anspruch nahm (Kern 2005a, 177).

Die Hypothese der Funktion des auffälligen Verhaltens (*escape*) hatte sich damit bestätigt und zudem macht dieses Beispiel deutlich, wie ineffektiv aversive Interventionen (Bestrafung o. ä.) sein können, vor allem dann, wenn eine funktionale Betrachtung ausbleibt (Kern 2005b, 277).

Jordan, ein 12 Jahre alter Junge, kotete tagsüber ein, zum Beispiel auch während des Unterrichts. Durch ein medizinisches Assessment konnten biologisch-physiologische Ursachen ausgeschlossen werden. Ein funktionales Assessment durch Befragung von Bezugspersonen und dreiwöchige direkte Beobachtungen erbrachte keine konkreten Anhaltspunkte in Bezug auf auslösende Bedingungen der Auffälligkeit. Erst durch ein Schülerinterview (*student-guided functional assessement interview*) konnte in Erfahrung gebracht werden, dass Jordan sich manchmal von seinen Mitschülern und Eltern gehänselt und falsch behandelt fühlte, weshalb er es ihnen durch das Einkoten „heimzahlen" wollte. „Mit anderen Worten, in seinen Augen bestand der Zweck des Einkotens in der Vergeltung (*revenge*) dafür, dass er sich von anderen unfair behandelt fühlte" (Kern 2005a, 181). Seine Auffälligkeit zeigte er allerdings immer einige Zeit später, nachdem die für ihn kritischen Kommunikationen stattgefunden hatten.

Um problemauslösende Bedingungen passgenau verändern zu können, bietet sich im Einzelfall eine *experimentelle funktionale Analyse* an (dazu Kern 2005a, 186ff.; Lingg & Theunissen 2008, 234f.; Westling & Fox 2009, 324f.). Hierzu ein Beispiel:

Es wurde vermutet, dass Deanna's Schreien und Schlagen in der Cafeteria der Schule damit zusammenhing, dass sie Probleme hatte, länger als eine Minute in der Warteschlange zu stehen. Deanna's Klassenlehrerin testete an fünf Schultagen die Hypothese. Jedes Mal, wenn Deanna länger als eine Minute warten musste, traten die Auffälligkeiten zu Tage. Demgegenüber war sie unauffällig, sobald sie nicht warten beziehungsweise weniger als eine Minute in der Schlange verweilen musste. Daraufhin wurde ein Programm entwickelt, bei dem die Wartezeit zunächst unterhalb einer Minute angesetzt, dann behutsam und kontinuierlich ausgedehnt wurde. Zugleich erhielt Deanna Begleitung durch einen „*Peer Buddy*" (Hughes und Carter 2008), der sie beim Warten unterhalten oder durch das Zeigen und Überreichen kleiner interessanter Dinge ablenken sollte (Kern, Sokol & Dunlap 2006, 66).

Sicherlich lässt sich nicht jede Problemsituation auf so einfache Weise bewältigen. Eine oft vorgebrachte Kritik lautet, dass durch Strategien wie bei Deanna „die Dinge nur einfacher gemacht und die eigentliche Problemlösung vermieden würden" (Luiselli 2006b, 294). Tatsächlich sind kontextverändernde Maßnahmen zumeist ‚personenfreundlicher' als reaktive Methoden, die Konsequenzen fokussieren. So ermöglichen zum Beispiel Interventionen, die auf Wahlangebote setzen, den Schülerinnen und Schülern „mehr Kontrolle und Autonomie in ihrem alltäglichen Leben" (O' Reilly et al. 2006, 192). Des Weiteren darf nicht übersehen werden, dass kontextorientierte Maßnahmen häufig keinen statischen Charakter haben, sondern (wie z. B. bei Deanna) auf graduelle oder kontinuierliche Lernprozesse und Verhaltensänderungen hinauslaufen. Eine Aufgabe wird beispielsweise nicht nur vereinfacht, um Verhaltensauffälligkeiten zu vermeiden, sondern die Vereinfachung wird als Ausgangspunkt für ein erfolgsbetontes Lernen genommen, welches durch eine schrittweise Erhöhung von Anforderungen in Verbindung mit positiver Verstärkung kontinuierlich gesteigert wird, so dass die Person einen Gewinn für sich verbuchen kann (z. B. emotional im Hinblick auf ihr Selbstwertgefühl, kognitiv im Hinblick auf Lern- bzw. Wissenszuwachs…). Ebenso kann sich für die Bezugsperson, die die Kontextveränderung und Unterstützung programmatisch auf den Weg gebracht hat, eine neue Situation ergeben, die die Entwicklung einer positiven Beziehungsgestaltung und Zusammenarbeit ermöglicht. Hatte die Bezugsperson (z. B. wie bei Iris) auf das Problemverhalten bislang nur aversiv reagiert, agiert sie nunmehr präventiv und positiv.

Ein kontextverändernder Ansatz als *„Prevent-Intervention"* (dazu auch Dunlap et al. 2010, 66ff.) muss freilich von der Bezugswelt (Lehrkräfte, Schulleitung, Eltern) akzeptiert werden. Dazu zählt die Einsicht, dass Verhaltensauffälligkeiten Ausdruck eines gestörten Individuum-Umwelt-Verhältnisses sind und dass daher der Kontext mit der Problematik eng verstrickt sein kann. Des Weiteren müssen Bezugspersonen einen Blick für kontextverändernde Maßnahmen gewinnen und wissen, wie zum Beispiel Wahlangebote zur Prävention von Verhaltensauffälligkeiten am besten offeriert werden können (O'Reilly et al. 2006, 190). Hierzu ein kleines Beispiel: Franz neigt dazu, auf dem Weg von seinem Klassenzimmer zur Turnhalle zu lärmen und andere Kinder zu hänseln und zu treten. Anstatt ihm mit Sanktionen zu drohen, ihn zu warnen und anzuweisen „wenn wir jetzt zur Turnhalle gehen, bleibst du bitte bei mir und gehst direkt neben mir", könnte folgende Wahlmöglichkeit angeboten werden: „Es ist Zeit, dass wir zur Turnhalle aufbrechen. Franz, möchtest Du gerne neben mir gehen oder vor mir?" (alternativ in einem fortgeschrittenen Stadium: „neben mir oder zusammen mit Peter?").

2. Ebene: Verhaltensorientierte Interventionen
Hier geht es 1) um die Einübung eines Verhaltens, das die gleiche funktionale Bedeutung wie das beklagte Verhalten hat, 2) um den Erwerb neuer Verhaltensweisen, zum Beispiel eines kommunikativen Verhaltens durch Unterstützte Kommunikation (siehe dazu Kapitel 5), wenn bestimmte Verhaltensauffälligkeiten (Schreien, Schlagen) Ausdruck einer eingeschränkten (problematischen) Mitteilungsform sind und 3) um die Aneignung eines Verhaltens (z. B. durch Rollenspiel), das zu einer angemessenen Bewältigung (Coping) kritischer Situationen (Stress, Überforderung) beitragen kann.

Was die Methoden dieser *„Teach-Intervention"* zur Erweiterung des Verhaltens- und Handlungsrepertoires von Menschen mit Lernschwierigkeiten oder komplexer Behinderung betrifft, so haben sich behaviorale Techniken der *positiven Verstärkung* *durch positive Verstärker* (dazu später und Kapitel 3: verhaltensaufbauende Methoden), des *Problemlösetrainings* (siehe Kapitel 5), des *Sozialen Lernens* (siehe Kapitel 5), des *backward-chainings* (Rückwärtsverkettung; siehe Beispiel in Kapitel 5: neurologisch orientierte Lernförderung), des *promptings* (verbale und/oder praktische Hilfestellung; siehe Theunissen und Paetz 2011, 125) oder des *fehlerfreien, erfolgsorientierten Lernens* (dazu Theunissen 2008b, 97) bewährt.

Wenngleich der Erwerb und die Nutzung eines funktional äquivalenten Verhaltens oder einer sozial akzeptierten Bewältigungsstrategie im Hinblick auf eine Verhaltensauffälligkeit sinnvoll sind (Dunlap et al. 2010, 76ff.), muss kritisch vermerkt werden, dass es Momente gibt, die für eine bestimmte Zeit ausgehalten werden müssen beziehungsweise ein gewisses Maß an Toleranz erfordern. „Niemand von uns kann immer sofort das bekommen, was er möchte, und allzu oft müssen wir wichtige Anforderungen oder Tätigkeiten aushalten, auch jene, die uns missfallen" (Halle, Bambara und Reichle 2005, 256). Ein Bewältigungsverhalten, das Toleranz oder Ausdauer abverlangt, lässt sich bei Menschen mit Lernschwierigkeiten oder einer komplexen Behinderung am besten direkt und systematisch durch verzögerte Verstärkung *(delaying reinforcement)* einüben (ebd.). Hierzu das folgende Beispiel: Ein Schüler versucht durch Schreien die Aufmerksamkeit seines Lehrers auf sich zu lenken, um Hilfe zu bekommen. Zuerst wird der Schüler darin unterstützt, ein sozial angemessenes Verhalten *(replacement skill)* zu zeigen, um den Lehrer um Hilfe zu bitten. Hat sich dieses alternative Verhalten gegenüber dem Problemverhalten stabilisiert, reagieren der Lehrer oder sein Assistent mit dem Hinweis „Warte einen kurzen Moment". Die Dauer dieses kurzen Moments hängt davon ab, wie viel Wartezeit der Schüler aushalten kann, bevor er mit Schreien oder anderen Auffälligkeiten reagiert. Angenommen, die Wartezeit beträgt 20 Sekunden, so muss unmittelbar nach diesen 20 Sekunden die Aufmerksamkeit erfolgen, und es sollte zugleich auch der Schüler für seine Toleranz gelobt werden (positiver Verstärker). Ist diese Prozedur erfolgreich, kann die Wartezeit allmählich ganz behutsam gesteigert werden (30, 40, 60, 90... Sekunden). Zugleich kann die systematische Verstärkung zurückgenommen und durch eine intermittierende oder nonkontingente ersetzt werden (vgl. ebd., 258).

3. Ebene: An Konsequenzen orientierte Interventionen

Auf dieser Ebene lassen sich drei grundlegende „*Reinforce-Strategien*" unterscheiden:

Strategien zur Förderung und Unterstützung eines wünschenswerten Verhaltens durch positive oder negative Verstärkung
Positive Verstärkung bezieht sich üblicherweise auf die Aufrechterhaltung eines Verhaltens, indem es beachtet beziehungsweise darauf reagiert wird, und dies unabhängig der angewandten Verstärker. An dieser Stelle wird hingegen die Strategie, die für die zuvor genannte Ebene (*teach*) bedeutsam ist, gezielt angewandt: Wird

zum Beispiel auf ein wünschenswertes Verhalten mit Lob reagiert, so wird es positiv verstärkt. Positive Verstärker und Verstärker-Programme haben hier ihren Platz. Sie sollten funktional passend sein und individuelle Bedürfnisse, Wünsche oder Stärken berücksichtigen. Zudem sollten soziale und natürliche Verstärker Vorrang haben.

Wenngleich die mit dieser Interventionstechnik einhergehende Beförderung einer extrinsischen Lernmotivation kritisiert werden kann, weshalb Gelegenheiten für ein intrinsisches Lernen (z. B. über Projektarbeit auf der Basis von Schülerinteressen) nicht zu kurz kommen dürfen, gibt es einige Schüler, denen es ausgesprochen schwer fällt, sich angemessen zu verhalten und die auf andere Weise nicht erreicht werden können. *„These students may behave and respond appropriately in school because of internal motivation only when they are extremely interested in a subject or topic or experience repeated success over an extended period of time. Additional strategies, including reinforcement, provide the support they need to succeed in their learning"* (Friend und Bursuck 2009, 466).

Eine negative Verstärkung wird gegenüber der positiven seltener in Betracht gezogen und lässt sich am besten an einem Beispiel aufzeigen: Weil ein Schüler oftmals seine Hausarbeiten unvollständig, oberflächlich und fehlerhaft erledigte, wurde vereinbart, dass seine Eltern die Hausaufgaben abzeichnen mussten. Das aber war für den Schüler höchst unangenehm, und er wurde nunmehr weitaus stärker gefordert. Daher bemühte er sich durch weithin ordentliches Arbeiten, eine rasche Einstellung der Intervention zu bewirken. Die negative Verstärkung (Abzeichnen der Hausarbeiten, die für den Schüler eine Qual waren) führte somit zum erwünschten Verhalten (passable Erledigung von unbequemen Hausarbeiten).

Strategien zum Abbau unerwünschten Verhaltens
Diesbezüglich werden oftmals vier Möglichkeiten herausgestellt:

1. Eine differentielle Verstärkung anderer oder alternativer Verhaltensweisen, die unmittelbar zum Abbau einer Verhaltensauffälligkeit beitragen können sowie eine differentielle Verstärkung von Verhaltensweisen, die mit dem Problemverhalten unvereinbar sind.
Neigt zum Beispiel ein Schüler dazu, während eines Arbeitsprozesses ständig anderen Schülern zuzuschauen oder zu träumen, so soll er materiell (Token) und/oder sozial (Lob) verstärkt werden, sobald er ein erwünschtes aufgabenbezogenes Verhalten im Rahmen der Arbeitszeit zeigt. Durch die systematische Verstärkung kann die unproblematische Zeit allmählich verlängert werden, was zugleich zu einem Rückgang des unerwünschten Verhaltens führt (Westling und Fox 2009, 330f.). Eine Verstärkung eines inkompatiblen Verhaltens findet statt, wenn zum Beispiel ein Kind in Situationen, in denen es sich selbst zu schlagen beginnt, sofort einen Gegenstand (z. B. Kissen) halten muss, so dass es sich nicht

weiter schlagen kann. Bei dieser Strategie ist festgestellt worden: „Je geringer der Ähnlichkeitsgrad des inkompatiblen Verhaltens mit dem herausfordernden ist, desto besser kann die Methode greifen" (ebd., 331).
2. Löschung eines Problemverhaltens durch Ignorieren
Bei dieser Strategie, die nicht selten mit der zuvor genannten Verstärkung eines anderen beziehungsweise wünschenswerten Verhaltens kombiniert wird (dazu Kennedy und Haring 1993) und wie schon in Kapitel 3 erwähnt nur bedingt anwendbar ist, muss damit gerechnet werden, dass zunächst Intensität und Häufigkeit eines Problemverhaltens zunehmen, bevor es zu einem Abbau der beklagten Verhaltensweisen kommt. *„Before an ignored behavior will decrease, it will likely increase; that is, at first the student might tap the pencil more loudly or rock more rapidly before stopping"* (Friend und Bursuck 2009, 469). Wird dieser Effekt nicht beachtet und auf die Intensität reagiert, kommt es zu einer unbeabsichtigten Verstärkung (Aufrechterhaltung) des Problemverhaltens.
3. Entzug eines positiven Verstärkers
Hierbei handelt es sich um eine Form von Bestrafung (*response cost*), die eine logische oder natürliche Konsequenz eines unerwünschten Verhaltens sein kann (siehe dazu Kapitel 3: symptomorientierte Interventionsformen) oder auf die beim Auftreten eines unerwünschten Verhaltens zurückgegriffen wird (z. B. durch Teilnahmeverbot an einer Lieblingsaktivität, Spielverbot, Fernsehverbot, Entzug von Privilegien, Rücknahme von Vergünstigungen, Abzug von Punkten im Rahmen eines Token-Systems). Dabei gilt zu beachten, dass der Entzug eines positiven Verstärkers auch wirklich für die Person unangenehm beziehungsweise ‚schmerzlich' ist (ebd., 469). So kann zum Beispiel ein Schüler trotz des Verbots der Beteiligung an einem Gemeinschaftsspiel weiterhin durch eine Clownerie den Unterricht stören, weil ihm die dadurch bedingte Aufmerksamkeit der Mitschüler funktional bedeutsamer ist als ein gemeinsames Spiel. Da die Intervention der Person vor Augen führt, dass ihr Verhalten unerwünscht beziehungsweise unangemessen war, macht sie keinen Sinn, wenn der Betreffende nicht weiß, welches Verhalten wünschenswert ist und er im Prinzip zeigen soll. Zudem trägt die Strategie isoliert angewandt nicht zu einer positiven Beziehungsgestaltung und einer Persönlichkeitsentwicklung des Betroffenen bei; wenn überhaupt sollte sie daher sie nur im Rahmen eines positiv angelegten Gesamtkonzepts in Betracht gezogen werden.
4. Präsentation negativer und aversiver Konsequenzen
Die vierte Möglichkeit bezieht sich auf Interventionen wie beispielsweise Überkorrektur, Wiedergutmachung, Arrest, Time-out, Nachsitzen, Strafarbeit oder Fixierung, die unmittelbar beim Auftreten eines unerwünschten Verhaltens angewandt werden und gleichfalls als isolierte Strategien scharf abzulehnen sind. Zudem sind einige Strategien (Arrest, Time-out, Fixierung) ethisch umstritten oder befördernd für weitere, unbeabsichtigte Auffälligkeiten (*negative side ef-*

fects), weshalb solche Bestrafungsmethoden kritisch betrachtet und vermieden werden sollten (dazu auch Kapitel 3). Daher werden sie in einigen Konzepten des PBS erst gar nicht in Erwägung gezogen (Dunlap et al. 2010; Umbreit et al. 2007; Westling und Fox 2009). Wird eine Wiedergutmachung oder Überkorrektur praktiziert, müssen (funktional bedeutsame) persönlichkeits- und lebensstilbezogene Maßnahmen vor allem in der ‚unproblematischen' Zeit sichergestellt sein. Da Freddy immer wieder dazu neigte, seinen Arbeitstisch zu bekritzeln und zu beschmieren, was bei seinen Mitschülern zur Belustigung führte und Störungen im Unterricht verursachte, wurde er dazu verpflichtet, nach Unterrichtsschluss nicht nur seinen Tisch, sondern ebenso die Tische seiner Mitschüler zu säubern (Wiedergutmachung und Überkorrektur). Zugleich erhielt er tagsüber ein zusätzliches Angebot einer pädagogischen Kunsttherapie, die ihm Gelegenheit bot, sich ausgiebig bildnerisch zu betätigen. Die bildnerischen Produkte durfte er seinen Mitschülern präsentieren, was für ihn ebenso wichtig war (Funktion der Auffälligkeit) wie der Katharsiseffekt durch das erlaubte ‚Farbenschmieren'. Auf diese Weise konnte das Problemverhalten weithin kompensiert werden.

Strategien einer Selbstbekräftigung und eines Selbstmanagements durch Verträge
Um Fremdverstärkung zu reduzieren und intrinsische Motivation zu erhöhen, sollte immer die Chance genutzt werden, eine Person zu einer *Selbstbekräftigung* anzuregen. Was spricht zum Beispiel dagegen, wenn sich ein Schüler nach der Bewältigung einer für ihn schwierigen Anforderung eine kleine Pause, ein Getränk oder Ähnliches gönnt? Wie wir uns die Strategie der Selbstbekräftigung im Rahmen der PVU vorstellen können, dazu folgendes Beispiel: Um seine Arbeitsunlust und Verweigerung, Mathematikaufgaben zu lösen, abzubauen sowie eine Motivation für Rechnen anzubahnen, wurde mit Andreas, einem Schüler mit Lernschwierigkeiten, ein Belohnungssystem vereinbart, bei dem er für jede erledigte Rechenaufgabe auf einer speziell für die Selbstbekräftigung entwickelten Punktekarte ein Kreuz markieren sollte. Wenn 5 Punkte erreicht waren, durfte Andreas sich eine kleine Pause gönnen und für fünf Minuten einer Lieblingsbeschäftigung nachgehen. Diese Strategie war an zwei Voraussetzungen geknüpft: Zum einen an das Vertrauen in seine Ehrlichkeit und Zuverlässigkeit; zum anderen an eine individualisierte Zusammenstellung von Rechenaufgaben, die angepasst an sein Lernniveau zunächst ohne zeitlichen Aufwand einfach lösbar sein mussten. Parallel zu Andreas' Entwicklung und Stabilisierung eines aufgabenbezogenen Verhaltens (jeweils nachgewiesen durch fünf Punkte) wurden unter Beibehaltung der Selbstbekräftigung die Rechenaufgaben behutsam im Niveau gesteigert.
Eine ähnlich gelagerte Möglichkeit bietet ein *Selbstmanagement* auf der Grundlage eines *Vertrages*, bei dem die Belohnung unmittelbar nach Vertragserfüllung erfolgt (dazu Friend und Bursuck 2009, 472f.). Darüber hinaus können Verträge, die stets

von allen betroffenen Parteien zu unterzeichnen sind, auch auf eine logische oder negative Konsequenz (*response cost*) hinauslaufen: Sind zum Beispiel bestimmte Pflichtaufgaben vertraglich vereinbart worden, die der Schüler nicht einhält, muss er sie nacharbeiten, was zu einem Verlust an frei gestalteter Pausenzeit führen kann (logische Konsequenz); Hält sich ein Schüler nicht an vertraglich fixierten Regeln, führt dies zu einem Teilnahmeverbot an einer für ihn geschätzten Gemeinschaftsaktivität, wenn diese negative Konsequenz zuvor im Rahmen des Vertrags so festgelegt worden war. Solche Vertragsformen scheinen jedoch weniger erfolgversprechend zu sein als positiv formulierte (ebd., 474). Prinzipiell ist es wichtig, darauf zu achten, dass Verträge fair gestaltet, einfach verstehbar, nicht überladen und kleinschrittig sind, so dass sie vom Schüler erfolgreich eingehalten werden können.

Zu guter Letzt möchte ich die Möglichkeit einer *Selbst-Kontrolle* durch ein „*time-managed program*"(Sowers et al. 1980) oder ein „*picture cue system*" (Sowers et al. 1985) nicht unerwähnt lassen, welches weithin visualisierten Strukturierungshilfen (z. B. im Rahmen des TEACCH-Konzepts) entspricht. Beide Angebote sind unter anderem bei Personen mit einer (schweren) komplexen Behinderung (IQ von 30 – 50) positiv evaluiert worden.

4. Ebene: Persönlichkeits- und lebensstilorientierte Interventionen

Persönlichkeits- und lebensstilorientierte Interventionen, die häufig längerfristigen Charakter haben (*long-term supports*), gehen vor allem aus der persönlichen Zukunftsplanung und dem indirekten Assessment hervor. Nicht selten lassen sie sich im Rahmen der kontextbezogenen Maßnahmen integrieren, wie es am Beispiel der Einflechtung von Lieblingsbeschäftigungen oder der Nutzung der ‚unproblematischen' Zeit (siehe Kapitel 3) angedeutet wurde. Im Wesentlichen geht es um subjektiv bedeutsame Angebote, die identitätsstiftend sein und individuelles Wohlbefinden befördern sollen. „*Students with severe problem behavior often have very restricted and unhappy lives; the goal for long-term support strategies is to reserve these conditions*" (Westling und Fox 2009, 328). Die Palette entsprechender Anregungen ist hierzu breit und richtet sich nach den Interessen, Bedürfnissen und Stärken der Person (der synoptische Überblick an Arbeitsformen in Kapitel 5 kann diesbezüglich weiterhelfen). Ein Beispiel: Jonas, ein 7-jähriger Schüler mit einer komplexen Behinderung, verweigerte sich immer wieder durch Jammern, körperliche Abweisung und Gegenwehr sowie Rückzug selbst einfachen Aufgaben oder Anforderungen. Auf der Grundlage des funktionalen Assessments wurde ein enger Zusammenhang zwischen seiner Arbeitsverweigerung (Funktion des auffälligen Verhaltens) und einem mangelnden Selbstvertrauen beziehungsweise einer sogenannten Ich-Schwäche vermutet (Ergebnis aus dem indirekten Assessment). Daraufhin wurde parallel zu anderen Interventionen im Zusammenhang mit den Auffälligkeiten Jonas für mehrere Wochen täglich während der üblichen Schulzeit eine pädagogische Kunsttherapie (durch Musik-Malen, später aktionistische Aktivitäten) offeriert, die durch ihre

hedonistische und kathartische Funktion explizit ein identitätsstiftendes Vehikel zur Gewinnung von mehr Selbstzutrauen beziehungsweise Vertrauen in eigene Ressourcen sein sollte. Anstelle einer pädagogischen Kunsttherapie ließe sich ebenso ein anderes (pädagogisch-therapeutisch aufbereitetes) Angebot wie beispielsweise Judo (dazu Abschnitt: sekundäre Prävention) implementieren, dem gleichfalls persönlichkeitsfördernde Wirkungen nachgesagt werden.
Oftmals scheinen sich persönlichkeits- und lebensstilorientierte Interventionen auf sozial kommunikative Bedürfnisse oder Wünsche zu erstrecken, Freunde zu finden, mit anderen Kindern zu spielen oder gemeinsam mit Peers etwas zu unternehmen (Westling und Fox 2009, 327). Hierfür gibt es dann *„making friends programs"*, *„Buddy-Programs"* oder Unterstützung für die Integration in *Circle of Friends*, Selbstvertretungsgruppen oder Sportvereine (buddy e. V. 2008; Hughes und Carter 2008; Schleien, Green und Stone 2003; Westling und Fox 2009, 252ff., 427ff.).

5. Ebene: Krisenintervention
Treten Verhaltensauffälligkeiten „krisenhaft" in Erscheinung (dazu Wüllenweber 2009a), wodurch der betroffene Schüler sich oder andere womöglich gefährdet, sollte ein Krisenplan entwickelt werden (siehe Kapitel 3). Hierzu ein Beispiel (nach Kern 2005b, 292): Da Evan von Zeit zu Zeit im Unterricht massive Wutanfälle bekam, die in der Klasse nicht bewältigt werden konnten, wurde vereinbart, den Jungen aus seiner Schulklasse in einen Ruheraum am Ende des Flures zu begleiten. Für die Begleitung waren zwei Erwachsene nötig, die ihn links und rechts halten mussten, um Sachbeschädigungen während des Weges zu vermeiden. Da in der Klasse nur eine der beiden Lehrkräfte für die Intervention abkömmlich war, wurde ein zuverlässiger Mitschüler beauftragt, beim ersten Anzeichen einer drohenden Krise sofort eine Lehrkraft aus einer benachbarten Klasse um Hilfe zu holen. Dies war zuvor mit der entsprechenden Klassenleitung abgesprochen worden.
Nach Kern scheint es in der Praxis nicht unüblich zu sein, allzu rasch auf solche Krisenintervention zu setzen, anstatt ein umfassendes Unterstützungskonzept zu implementieren. Dadurch aber bleiben Chancen aus, einen langfristig tragfähigen Beitrag zur Verbesserung des Umgangs mit dem Schüler sowie seiner Lern- und Entwicklungsmöglichkeiten zu leisten. Insofern sollte eine Krisenintervention die Ausnahme bleiben und nicht eine Einzelhilfe ersetzen (Dunlap et al. 2010, 90f.).

Durchführung und Evaluation
In gemeinsamer Absprache im Unterstützerkreis wird mindestens eine Person (Lehrkraft) beauftragt, das vereinbarte Programm durchzuführen und zu dokumentieren. Der Erfolg der Einzelhilfe hängt dabei in entscheidendem Maße davon ab, ob alle relevanten Personen (Lehrkräfte, Eltern, Therapeuten) hinter den Absprachen stehen und bereit sind zusammenzuarbeiten und die Arbeit zu unterstützen.

In mehrmonatigen Abständen soll das vereinbarte Konzept im Unterstützerkreis evaluiert werden (z. B. über Beobachtungsbögen; dazu Anhang II). Wenn auf der Basis eines funktionalen Assessments ein darauf abgestimmtes Programm effektiv ist, zeigen sich oftmals schon innerhalb weniger Tage Veränderungen. Erfahrungsgemäß werden jedoch zwei bis drei Wochen für eine Verhaltensänderung benötigt, die als signifikant betrachtet werden kann. Bei ineffektiven Interventionsplänen kommt es in der Regel innerhalb dieses Zeitraumes zu keinen Verbesserungen. In dem Falle kann es hilfreich sein, das funktionale Assessment zu wiederholen und/oder eine andere Hypothese für die Entwicklung neuer Interventionen zugrunde zu legen. Möglicherweise genügen aber auch nur geringfügige Modifikationen des ursprünglichen Konzepts. Grundsätzlich sollte aber eine vorschnelle Programmänderung vermieden werden. Denn gerade bei massiven Verhaltensproblemen kann kaum eine stabile Verhaltensänderung in kürzester Zeit erwartet werden. Das erfordert von Lehrkräften oder auch Angehörigen Geduld - erwarten doch gerade Personen, die das auffällige Verhalten beklagen, sofortige Resultate; und dies ohne einen großen Aufwand an Zeit und Kraft. Demgegenüber erfordert die PVU immer ein systematisches, wohl durchdachtes und sorgfältiges Vorgehen; und nicht selten muss sie als ein langfristig angelegtes Programm konzipiert werden.

Rolle der Lehrkräfte
Angesichts der wissenschaftlich nachgewiesenen Wirksamkeit der PVU als Einzelhilfe (dazu Theunissen und Paetz 2011, 105f.) kann davon ausgegangen werden, dass sie Lehrerinnen und Lehrern eine wertvolle Hilfe im Umgang mit Verhaltensauffälligkeiten bietet. Zugleich lässt sich dadurch ein von Lehrkräften häufig konstatierter Stress im Zusammenhang mit Verhaltensproblemen reduzieren (Westling und Theunissen 2006, 304f.). Damit jedoch die PVU als Einzelhilfe im schulischen Kontext eingesetzt werden kann, müssen fünf Aspekte beachtet werden:
1. Lehrkräfte sollten in die PVU gut eingeführt werden.
2. Sie sollten genügend Vorbereitungszeit zur praktischen Durchführung erhalten.
3. Sie sollten ihr eigenes Verhalten und dessen Auswirkung auf den Schüler reflektieren.
4. Sie sollten die PVU in systematischer Weise anwenden.
5. Sie sollten Formen der Zusammenarbeit mit anderen Pädagogen oder Professionellen, mit Angehörigen sowie mit dem betroffenen Schüler pflegen.

Das Konzept der PVU sieht vor, dass dort, wo das Problemverhalten auftritt, die Interventionen durchgeführt werden sollen. Bei ‚Störungen' in der Schule oder im Unterricht werden somit in erster Linie Lehrkräfte in die Pflicht genommen. Oftmals sehen es aber Lehrerinnen und Lehrer gar nicht als ihre Aufgabe an, im Hinblick auf Verhaltensprobleme gezielt und systematisch zu arbeiten. Nicht wenige neigen dazu, Familien in die Verantwortung zu nehmen und die Suche nach tragfähigen Lösungen an die Eltern beziehungsweise Erziehungsberechtigten zu überantworten; zudem sind viele der Auffassung, dass für Verhaltensauffälligkeiten oder Verhaltensstörungen in erster Linie Psychologen, Psychiater oder Therapeuten zuständig seien. Diese Ansicht ist gleichfalls im Lager der klinischen Berufe verbreitet (Schanze 1997, 145ff.), welches mitunter dazu neigt, Lehrer/innen, Heil- oder Sonderpädagogen sowie Eltern die Rolle als ‚Hilfskräfte' oder Ko-Therapeuten zuzuweisen. Demgegenüber kommt Lehrkräften oder Eltern im Konzept der PVU eine ‚Schlüsselrolle' zu. Wie schon in Kapitel 3 erwähnt schließt dies bei schwerwiegenden Verhaltensproblemen mit psychopathologischem Hintergrund oder psychischen Störungsbildern eine interdisziplinäre Kooperation mit klinischen Fachleuten (z. B. Psychiater) keineswegs aus (Lingg und Theunissen 2008). PVU als Einzelhilfe ist somit nicht in jeder Situation wirksam. *„Uncontrolled seizures, chronic illness, or neurological syndromes (e.g. Tourette syndrome) can contribute to the presence of challenging behavior, but it would be inappropriate to attempt to resolve such problems with strictly educational-behavioral procedures. Under such circumstances, it is vital that appropriate medical, neurological, and psychiatric services are obtained"* (Dunlap et al. 2010, 5). Aber auch in dem Falle, wo Mediziner oder Psychotherapeuten als Berater oder Unterstützer (z. B. durch eine Psychopharmakotherapie) fungieren, sind Lehrer nicht von der Hauptverantwortung für ein Gesamtkonzept befreit, wenn es um schulische und unterrichtliche Maßnahmen zum Umgang mit Verhaltensproblemen geht. Diesbezüglich bedarf es freilich der Unterstützung der begleitenden Dienste und der grundsätzlichen Bereitschaft zu einer selbstkritischen Reflexion der eigenen Tätigkeit sowie zur Veränderung unterrichtsbezogener Bedingungen und des eigenen Verhaltens, wenn im Sinne der PVU ein Einzelhilfe-Konzept zum Umgang mit Verhaltensauffälligkeiten implementiert werden soll.

Eine weitere Grenze für eine schulbezogene PVU als Einzelhilfe ergibt sich dort, wo das Problemverhalten einen funktional bedeutsamen familialen Hintergrund hat oder auch im häuslichen Milieu massiv zutage tritt. Hier bedarf es umfassender Maßnahmen, die von einem *Wraparound*-Programm mit sozialpädagogischer Familienhilfe über eine schulische PVU bis hin zu einer systemischen Familientherapie reichen können und eine entsprechende Feinabstimmung notwendig machen, um ein Nebeneinander der Hilfen zu vermeiden.

Schlussbemerkung

Ziel der vorausgegangen Ausführungen war es, mit dem SWPBS ein Präventions- und Interventionskonzept vorzustellen, das im Hinblick auf den Umgang mit Verhaltensauffälligkeiten nicht nur in Sonder- oder Förderschulen, sondern ebenso in allgemeinbildenden Schulen als tragfähig eingeschätzt werden darf. Dabei kommt ihm im Hinblick auf schulische Inklusion von allen Kindern und Jugendlichen eine prominente Bedeutung zu. Seine hohe Wertschätzung erfährt es durch seine breite Anlage, die nachweislich zur Verbesserung einer Schul- und Lernkultur und zur Erhöhung der Lebensqualität für betroffene Schüler und Familien beiträgt, wenn sich alle beteiligten Partner zu einer konstruktiven Zusammenarbeit bereit erklären: *"The success of full inclusion of all students within SWPBS requires establishing this collaborative vision through use of team-based processes by all school staff, parents, and other adults involved in school programs. Without this inclusive, collaborative vision, students with disabilities may remain at fringes of the school culture"* (Freeman et al. 2002, 14f.).

Beispiele aus der Praxis
Im Folgenden habe ich in Anlehnung an Umbreit und Team (2007) drei Beispiele aus der vorschulischen und schulischen Arbeit zusammengestellt, um noch einmal das Zusammenwirken der verschiedenen Handlungsebenen und Unterstützungsmöglichkeiten im Sinne der PVU als Einzelhilfe praxisnah vor Augen zu führen.

1. Beispiel: Fokus ‚kontextverändernde Maßnahmen' (ebd., 132ff.)

Zur Ausgangslage
Die 4-jährige Dina, welche eine Kindertagesstätte besucht, verlässt täglich den Morgenkreis. Zum Morgenkreis versammeln sich die Erziehungs- und Lehrperson sowie der pädagogische Assistent mit allen 20 Kindern der Gruppe in einem Kreis auf dem Fußboden des Gruppenraums. Üblicherweise sind 35 Minuten für den Morgenkreis vorgesehen. Dina steht jedoch in der Regel bereits nach 10 bis 15 Minuten auf und rennt zur Theaterecke, um sich zu verkleiden und Puppen zu füttern. Für die Lehrkraft ist der Morgenkreis sehr wichtig, und so besteht sie darauf, dass Dina teilnimmt. Ignoriert sie Dinas Verhalten, fangen die anderen Kinder an, Dina zu beobachten anstatt sich auf ihre Lehrperson zu konzentrieren. Wird Dina aufgefordert, zum Morgenkreis zurückzukehren, weigert sie sich zumeist mit einem Wutanfall, indem sie laut schreit, sich auf den Boden wirft oder nach Personen tritt, die sich in ihrer Nähe befinden beziehungsweise auf sie zukommen.
Ein Gespräch mit der Mutter lässt den Schluss zu, dass Dina auch zu Hause nur für kurze Phasen still sitzen kann und Phantasie- und Puppenspiele allen anderen Aktivitäten vorzieht.

Zur Funktion der Verhaltensauffälligkeiten
Auf der Grundlage der durch ein indirektes und direktes funktionales Assessment gewonnenen Informationen wird von folgender Funktion ausgegangen: Arbeitsflucht (escape) bei mangelnder Zuwendung und einem geringen, aufgabenbezogenen Durchhaltevermögen. „Nachdem Dina für 12 – 15 Minuten an einer Gruppenaktivität mit vielen Kindern teilgenommen hat, entfernt sich Dina von der Aktivität und verweigert zudem durch einen Wutausbruch die Rückkehr. Dinas Problemverhalten kann als eine Form der negativen Verstärkung durch eine Aktivität beschrieben werden" (133).

Das Konzept für Schule und Unterricht | 193

Zur Zielsetzung
Aus der Sicht der pädagogischen Kräfte soll ein sozial erwünschtes Alternativverhalten (*replacement behavior*) zu den oben genannten Auffälligkeiten anvisiert werden. Dieses kann als „unterrichtsbezogenes Verhalten" (*on-task behavior*) beschrieben werden, „welches neben dem Verweilen und Sitzen im Morgenkreis beinhaltet, dass Dina für die gesamte Zeit dieser Aktivität zur Lehrperson schauen und Fragen beantworten soll" (133).

Zu den Interventionen
Bevor Interventionen geplant und implementiert werden, sollten nach Umbreit et al. (2007) grundsätzlich zwei Schlüsselfragen gestellt werden:
1. Kann die Person das gewünschte Alternativverhalten ausführen?
 Unserem Beispiel ist zu entnehmen, dass Dina für 12 bis 15 Minuten am Morgenkreis teilnehmen kann, aber nicht die volle Zeit von 30 Minuten, die der Morgenkreis eigentlich dauert.
2. Sind die gegebenen Bedingungen für eine effektive pädagogische Praxis geeignet?
 Die Antwort auf diese Frage muss in Bezug auf unser Beispiel verneint werden: „Zunächst einmal ist festzustellen, dass sich alle 20 Kinder zur gleichen Zeit im Morgenkreis befinden. Bewährte Modelle aus der Praxis zeigen aber, dass Gruppen deutlich kleiner sein sollten (gegebenenfalls müsste es zwei Gruppen mit jeweils maximal 10 Kindern geben). Zweitens sollten Gruppenlernphasen für Kinder in Dinas Alter zeitlich begrenzt sein; Dina ist nicht in der Lage, für 30 Minuten still zu sitzen – noch sollte dies von ihr in ihrem Alter verlangt werden. Es ist sicher davon auszugehen, dass Dina an der Gruppenaktivität teilnehmen würde (gewünschtes Alternativverhalten), wenn die Gruppenstärke kleiner und der Zeitumfang mit 15 Minuten stark reduziert wäre" (133f.).

Vor diesem Hintergrund sind kontextbezogene Maßnahmen zu fokussieren, das heißt, jene Bedingungen zu verändern, die zur Auslösung oder Beförderung des Problemverhaltens beitragen: 1) durch die Bildung von zwei Morgenkreisgruppen mit jeweils 10 Kindern, wodurch sich der Vorteil ergibt, dass den einzelnen mehr Aufmerksamkeit geschenkt und jedes Kind häufiger in das Gruppengeschehen einbezogen werden kann; 2) durch die zeitliche Verkürzung des Morgenkreises auf 15 Minuten (eine Zeit, die US-amerikanischen Richtlinien für die kindliche Früherziehung entspricht).

Durch diese Maßnahmen lassen sich für Dina Bedingungen beseitigen, die letztlich zum Auftreten ihres auffälligen Verhaltens führen.

Des Weiteren wird als Unterstützungsform vereinbart, zukünftig Dina und den anderen Kindern mehr positive soziale Verstärkung zukommen zu lassen, wenn sie am Morgenkreis teilnehmen. Dinas Mutter und die Lehrperson hatten nämlich angegeben, dass Dina gerne „im Mittelpunkt der Aufmerksamkeit" stünde und es sehr gerne hätte, wenn ihre Ideen oder Antworten beachtet und die von ihr erbrachten Leistungen durch Lob gewürdigt würden. In diesem Sinne soll zukünftig pädagogisch interagiert werden, und Dina soll auch dadurch mehr Beachtung erfahren, dass ihr verstärkt Gelegenheiten gegeben werden, ihre Ideen vor der Gruppe vorzustellen. Sollte sich diese Maßnahme als erfolgreich erweisen, soll die Zuwendung behutsam auf ein „übliches Maß" (*more natural rate*) reduziert werden. Wenngleich Dina im Fokus der Unterstützung steht, sollten gleichfalls die anderen Kinder etwas häufiger als gewöhnlich gelobt werden, wenn sie sich während des Morgenkreises aufmerksam verhalten.

Sollte das auffällige Verhalten wiederkehren beziehungsweise Dina den Morgenkreis unter den neuen Bedingungen verlassen, muss sie davon abgehalten werden, an einem anderen Ort des Raumes zu spielen; außerdem muss, sobald der Wutausbruch vorüber ist, dafür Sorge getragen werden, dass sie wieder am Morgenkreis teilnimmt. „Die anderen Kinder sollten zudem dafür belohnt werden, dass sie trotz allem weiter den Aktivitäten im Morgenkreis folgen und nicht etwa Dina beobachten" (135).

Resümee
Dinas Verhalten war Ausdruck dafür, dass sie nicht für die für den Morgenkreis erforderliche Zeit stillsitzen konnte. Diesbezüglich wurde erkannt, dass das pädagogische Setting (Ausgangssituation, Erwartungshaltung) zu verändern (1. Handlungsebene) und nicht etwa eine Intervention einzuleiten war, durch die Dina lernen sollte, länger stillzusitzen. Durch positive Verstärkung (3. Handlungsebene) sollte der Verbleib im Morgenkreis sichergestellt werden. Dinas wichtigste Verstärker waren interessante und lustige Aktivitäten sowie pädagogische Interaktionen und Lob und Anerkennung durch Andere. Den Pädagogen war es diesbezüglich „problemlos gelungen, Dinas Verstärker auf natürliche Weise in ihren neu gestalteten Tagesablauf einzubauen"(135).

Insgesamt lassen die kontextverändernden und positiven Unterstützungsmaßnahmen den Schluss zu, dass es für Dina keinen zwingenden Grund mehr gab, sich durch Auffälligkeiten den gemeinsamen Aktivitäten im Morgenkreis zu entziehen. Statt einer negativen Verstärkung wurden Bedingungen für eine positive geschaffen. Dabei ging es unter Einsatz positiver Verstärker um das Ziel, unterrichts- beziehungsweise aufgabenbezogenes Verhalten zu fördern und zu unterstützen (2. u. 3. Handlungsebene); und durch positive Erfahrungen sollte sich dieses Alternativverhalten dauerhaft manifestieren. Alles in allem wurde subjektzentriert beziehungsweise lebensstilbezogen und stärkenorientiert interveniert (4. Handlungsebene).

2. Beispiel: Fokus ‚Erweiterung des Handlungsrepertoires durch Neuerwerb von Verhalten' (ebd., 106ff.)

Zur Ausgangslage
Ronald, Schüler der sechsten Klasse, gilt vor allem durch ein nachhaltiges Einfordern der Einbeziehung in Gruppenaktivitäten sowie durch lautes Sprechen als verhaltensauffällig, wobei diese bei ihm beobachteten Auffälligkeiten zuweilen in Schubsen und Wegstoßen anderer Kinder sowie in Schreien und Weglaufversuchen eskalieren können. Ronalds herausforderndes Verhalten tritt vornehmlich während des Sportunterrichtes zu Tage. Ansonsten ist es in keinem weiteren Unterrichtsfach beobachtet worden. „Allerdings deutet Ronald selbst an, dass er beim Spiel auf dem Schulhof Schwierigkeiten mit den anderen Kindern hat, da diese ihn nicht an ihren Spielen teilhaben lassen wollen" (106).
Beobachtungen während des Sportunterrichts ergaben, dass bis auf ein sehr starkes, dranghaftes Schreien dieses zumeist ignoriert wird, dass Ronald jedes Mal, wenn er andere Kinder schubst, auf einer Bank sitzen muss und dass in Situationen, wo er die Turnhalle verlassen will, der Sportlehrer ihm nachläuft und fünf Minuten damit verbringt, Ronald zu erklären, dass ihm sein Verhalten nur Schwierigkeiten bereiten würde. Allen Situationen, in denen Ronald sein auffälliges Verhalten zeigt, geht voraus, dass er den Basketball haben möchte, was ihm die anderen Schüler verweigern. Letztlich wird ihm aber im Anschluss an seinen Auffälligkeiten häufig nachgegeben, indem er am Ballspiel mitmachen darf. „Ronald spielt nach eigenen Aussagen sehr gern Basketball, aber seine Mitschüler mögen ihn nicht und er wird allzu rasch überdrüssig zu warten" (107).
Beobachtungen während der Hofpause ergaben, dass sich Ronald auf dem Schulhof ähnlich verhält, indem er immer wieder andere Kinder auffordert und bedrängt, ihm den Ball zu geben. Nach etwa 15 vergeblichen Ansätzen beginnt er zu schreien und mitunter auch zu schubsen. Allerdings wird sein Verhalten als weniger schwerwiegend wahrgenommen und seltener beachtet (z. B. durch ermahnende Worte der Aufsichtsperson) beziehungsweise sanktioniert, da gleichfalls andere Schüler ähnliche Verhaltensweisen zeigen. Dies ist wohl der Grund dafür, dass es Ronalds Lehrern gar nicht bewusst war, dass die herausfordernden Verhaltensweisen auch während der Hofpause auftraten.

Zur Funktion der Verhaltensauffälligkeiten
Auf der Grundlage der durch ein indirektes und direktes funktionales Assessment gewonnenen Informationen wird von folgender funktionaler Betrachtung ausgegangen: Wenn Mitschüler sich weigern, Ronald mitspielen und / oder den Ball bekommen zu lassen, fängt er an zu schreien, die anderen zu schubsen oder droht im Falle des Sportunterrichts damit, den Raum zu verlassen, bis ihm erlaubt wird, mitzuspielen, er den Ball erhält oder eine *„one-on-one"* Aufmerksamkeit durch den

Erwachsenen erhält (107). Die Auffälligkeiten werden dadurch verstärkt und aufrechterhalten, dass er die Konsequenzen seines Verhaltens - die Aufmerksamkeit, die er bekommt und die Aktivität / Reaktionen der anderen Kinder - als Erfolg und somit als positive Verstärkung erlebt.

Zur Zielsetzung
In Absprache mit Ronalds Lehrern und seinen Eltern wird ein Alternativverhalten (*replacement behavior*) als funktionales Äquivalent zu den oben genannten Auffälligkeiten anvisiert, indem Ronald lernen soll, in sozial erwünschter, höflicher Form um das Mitspielen, um die Aufnahme in die Gruppe und um den Ball zu bitten, eine Antwort abzuwarten und sich an die Spielregeln zu halten.

Zu den Interventionen
Zunächst sollten die beiden Schlüsselfragen gestellt werden:
1. Kann Ronald das gewünschte Alternativverhalten ausführen?
   Aufgrund der Beobachtungen wird davon ausgegangen, dass Ronald nicht die erforderlichen Verhaltensweisen beherrscht und somit das erwünschte Ersatzverhalten nicht ausführen kann.
2. Sind die gegebenen Bedingungen für eine effektive pädagogische Praxis geeignet?
   Diese Frage lässt sich bejahen, da es sowohl für den Pausenhof als auch für die Turnhalle Hinweise auf die zu respektierenden Verhaltensregeln gibt. Die Schüler werden zudem vor dem Unterricht an die Verhaltensregeln erinnert, und auch die Aufsichtsperson weist die Schüler auf die Regeln hin, wenn sie den Schulhof betreten. „Sowohl im Sportunterricht als auch auf dem Schulhof werden die Schüler gelobt und bekommen Karten für ‚gutes Verhalten' (positive Verstärkung), wenn sie sich an die Regeln halten. Im Sportunterricht werden den Schülern zudem die Spielregeln der einzelnen Spiele beigebracht und sie werden im Fall einer richtigen und fairen Spielweise bestärkt" (108).

Vor diesem Hintergrund wird folgendes Unterstützungsprogramm vereinbart:
Als *erstes* sollen Ronald und seinen Mitschülern soziale Fähigkeiten und Fertigkeiten (*social skills*) vermittelt werden; dazu zählen das Befolgen von Regeln und das Einhalten bestimmter Vorgehens- und Handlungsweisen, wenn eine Person sich einer Gruppe anschließt oder an deren Aktivitäten teilnimmt. Diese Vorgehensweise hat drei Vorteile: (1) die gesamte Klasse wird in das Programm einbezogen, wobei dies aufgrund der Beobachtungen auf dem Schulhof sinnvoll und nötig erscheint; (2) Ronald wird unterstützt, ohne ihn dabei von anderen Kindern isolieren zu müssen; (3) es wird Ronald ermöglicht, sein neu erlerntes Verhalten im Kreis der Schüler, mit denen er gemeinsam Sportunterricht hat und auf dem Hof zu spielen versucht, einzuüben und anzuwenden.

Zum *zweiten* sollen die bisherigen Bedingungen dahingehend angepasst werden, dass es Ronald ermöglicht wird, sich am Stundenanfang die neuen sozialen Verhaltensweisen wieder kurz ins Gedächtnis zu rufen. „Mit Bezug auf das vorliegende Beispiel verbringt der Sportlehrer die ersten Minuten des Unterrichtes damit, die Klassen- und Spielregeln mit allen Schülern zu wiederholen. Diese Übungseinheiten sind hilfreicher als ein wie bisher bloßes Erinnern an die Gemeinschaftsregeln und nehmen zeitlich nur einige wenige Minuten zusätzlich in Anspruch" (108). *Drittens* sollen die bisherigen Bedingungen dahingehend verändert werden, dass soziale Interaktionen einfacher möglich werden; etwa dadurch, dass die Klasse in Spielsituationen vorweg in Kleingruppen aufgeteilt wird. Dieser Schritt bietet Ronald die Chance, häufiger an Spielen zu partizipieren, seine neuen sozialen Verhaltensweisen zu zeigen und positive Bestärkung zu erfahren.
Die *vierte* Maßnahme ist die positive Verstärkung der sozial angemessenen Verhaltensweisen. Diesbezüglich wäre es günstig (am effektivsten), wenn Ronald unmittelbar nach einer höflichen Bitte tatsächlich mitspielen dürfte (positive Verstärkung durch eine Aktivität). „Anfänglich wäre es vermutlich nötig, bewusst solche Situationen zu schaffen und herbeizuführen, die es ihm ermöglichen, sich am Spiel zu beteiligen und häufiger im Spiel zum Einsatz zu kommen als die anderen Schüler. Es dürfte aber nicht in jedem Fall möglich sein, dass er sofort in das Spiel einbezogen wird; wird er jedoch zu lange und zu häufig vom Spiel ausgeschlossen, wird er wahrscheinlich in die alten Verhaltensmuster zurückverfallen" (109). Sobald Ronald das Alternativverhalten beherrscht, sollten solche konstruierten Situationen dann allmählich wieder zurückgenommen und in die natürlichen Spielsituationen überführt werden. Grundsätzlich sollte (auch weiterhin) auf soziale Verstärkung und Anerkennung des sozial erwünschten Verhaltens geachtet werden, da Ronalds Aufmerksamkeitsbestrebungen als Zweck des herausfordernden Verhaltens gelten. Beispiele für natürliche Verstärkung umfassen unter anderem Lob von seinen Mitschülern und der Lehrperson, *„high fives"* (gegenseitiges Abklatschen mit den Händen) oder andere Formen der Anerkennung, die zum Beispiel bei Spielbesprechungen üblicherweise zum Einsatz kommen.
Fünftens wird festgehalten, zukünftig im Falle des (Wieder-)Auftretens der Auffälligkeiten darauf zu achten, dass Ronald keine der Konsequenzen erlebt, die bisher zu einer Verstärkung seines Verhaltens beitrugen (z. B. durch Nachgeben und Erlaubnis, am Spiel teilzunehmen; durch die Zuwendung seitens der Erwachsenen in Form eines Einzelgesprächs, um ihm zu erklären, warum er die Turnhalle nicht verlassen oder jetzt nicht mitspielen dürfe).

Resümee
In diesem Beispiel wurde die Erweiterung des Verhaltensrepertoires (2. Handlungsebene) durch ein funktional bedeutsames Alternativverhalten (*replacement behavior*) dadurch realisiert, indem zugleich die schulischen Bedingungen (1. Handlungs-

ebene) modifiziert wurden, um den Erwerb des neuen Verhaltens zu erleichtern, um eine Besonderung oder soziale Ausgrenzung des betreffenden Schülers zu vermeiden und um allen Kindern einer Klasse ein soziales Lernen zur Verbesserung des Miteinanders zu ermöglichen. Um zu einer stabilen Verhaltensänderung zu gelangen, wurde das wünschenswerte Verhalten als funktionales Äquivalent einerseits durch Aufmerksamkeit und durch die Selbsterfahrung, mit dem neuen Verhalten erfolgreich sein zu können, positiv verstärkt (3. Handlungsebene). Andererseits war es zunächst nötig, dem positiven Verhalten des Schülers eine größere Aufmerksamkeit zukommen zu lassen als durch den Einsatz seiner herausfordernden Verhaltensmuster. Da die Ballspiele im Interessenbereich des Schülers lagen und er gerne mit anderen Kindern spielen wollte, wurde mit den Interventionen seinen Zielen und Wünschen entsprochen (4. Handlungsebene).

3. Beispiel: Fokus ‚positive Verstärkung' (ebd., 145f.)

Zur Ausgangslage
Fisher, ein Schüler mit Lernschwierigkeiten, ist in seiner Klasse (2. Jahrgang) vollkommen inkludiert (*fully included*). Wegen diverser Störungen im Speisesaal musste er bereits mehrfach beim Direktor vorstellig werden. „Aus seinen Schülerakten geht hervor, dass er ähnliche Verhaltensweisen bereits im ersten Schuljahr zeigte und als Folge seine Mittagspause für die meiste Zeit des Schuljahres in einem speziellen Aufsichtszimmer verbringen musste. Fishers Mutter beklagt, dass ihr Sohn betrübt darüber sei, dass er nicht zur gemeinsamen Mittagspause gehen dürfe und fordert daher eine Änderung der gegenwärtigen Umstände" (145).
Im Rahmen des funktionalen Assessments wird festgestellt, dass Fisher sein auffälliges Verhalten zeigt, sobald er den Speisesaal betritt, obwohl alle Schüler zuvor in ihrer Klasse immer auf Verhaltensregeln für den Aufenthalt auf den Fluren und im Speisesaal aufmerksam gemacht und für regelkonformes Verhalten gelobt werden. Ferner sind im Speisesaal drei Regeln gut sichtbar angebracht, an die sich die meisten Schüler halten und die von Fisher ohne Zögern wiedergegeben werden können. Zunächst schubst und ärgert Fisher bewusst andere Kinder und versucht sich dann von hinten nach vorn in der Warteschlange durchzudrängen, was zu gegenseitigen Rempeleien führt. An seinem Esstisch brüllt er andere Schüler an und bespuckt sie mit Wasser; ferner wirft er Essen, Servietten und andere Utensilien durch den Speisesaal oder unter den Tisch, und er prustet Milch oder andere Getränke durch die Nase und kriecht unter den Tisch, um an den Sachen anderer Kinder zu ziehen. Mitunter lassen sich andere Kinder zum Mitmachen verleiten, wobei dann alle vier oder fünf betreffenden Schüler ins Aufsichtszimmer geschickt werden.
Nach Aussage des Lehrers würde sich Fisher auf dem Weg zum Speisesaal hingegen unauffällig sowie im Unterricht zumeist gut benehmen. Zudem verhielte er sich in der Regel sehr sozial, so dass er kein zusätzliches Sozialtraining benötige.

Aus dem Gespräch mit Fisher ergibt sich, dass er gerne mit seinen Freunden spielt. Ferner beschreibt er die Hofpause und das Spielen mit Freunden als seine liebsten Aktivitäten. Außerdem schätzt er es, eine Tokenkarte vom Lehrer zu erhalten, weil er diese gegen eine kurze Pause einlösen kann. Wenngleich Fisher weiß, dass Mr. Jackson, die Aufsichtsperson im Speisesaal, wütend auf ihn ist, wüsste er sich manchmal nicht anders zu helfen, als mit seinem auffälligen Verhalten zu imponieren.

Zur Funktion der Verhaltensauffälligkeiten
wird folgendes konstatiert: Fishers Problemverhalten im Speisesaal dient dazu, die Aufmerksamkeit seiner Mitschüler auf sich zu ziehen. Dadurch, dass es Beachtung findet und andere Personen darauf reagieren, wird es positiv verstärkt und aufrechterhalten.

Zur Zielbestimmung
Fishers Auffälligkeiten (v. a. im Speisesaal den Platz verlassen und herumrennen, mit Essen werfen, andere schubsen oder rempeln, laut schreien) sollen durch ein sozial erwünschtes Verhalten ersetzt werden: „Fisher soll an seinem Platz sitzen bleiben, sein Essen zu sich nehmen, Hände und Füße am Körper halten und mit ruhiger Stimme sprechen" (146).

Zu den Interventionen
Zunächst gilt es, die beiden Schlüsselfragen zu stellen:
1. Kann Fisher das gewünschte Alternativverhalten ausführen?
   Diese Frage kann bejaht werden. Nach den Ergebnissen des Assessments kennt Fisher die nötigen Regeln, die er in anderen schulischen Kontexten befolgt (z. B. auf den Fluren, im Klassenzimmer). Er ist zudem in der Lage, die Aufmerksamkeit seiner Mitschüler auf sozial angemessene Weise zu erlangen.
2. Sind die gegebenen Bedingungen für eine effektive pädagogische Praxis geeignet?
   Auch diese Frage lässt sich bejahen, die gegebenen Bedingungen erlauben es Fisher, das sozial erwünschte Verhalten zu zeigen. Die Regeln im Speisesaal sind gut sichtbar angebracht, und die Schüler werden vor Verlassen ihrer Klasse an die Einhaltung der Verhaltensregeln erinnert. Ferner erfolgt eine positive Verstärkung, wenn die Regeln eingehalten werden.

Folglich bietet es sich an, Strategien der positiven Verstärkung beziehungsweise an Konsequenzen orientierte Interventionen zu fokussieren und an vorhandenen Fähigkeiten (Stärken) ausgerichtete Interventionen zu berücksichtigen.

Erstens sind bereits Anzeichen eines positiven Verhaltens von Fisher im Speisaal zu beachten und zu verstärken. Dazu sollen die gegebenen Bedingungen dahingehend verändert werden, dass die Aufsichtsperson Fisher schon bei Betreten des Speisesaals begrüßt. Für Fisher verdeutlicht dieser Schritt, dass fortan nicht mehr sein Lehrer, sondern eine andere Person zuständig ist, die ihm positive Aufmerksamkeit zollt; für die Speisesaalaufsicht ist ein Zeitpunkt gegeben, wo sie sich nun bewusst auf das Alternativverhalten von Fisher konzentrieren soll. Die Aufsichtsperson und der Lehrer sollen Fisher stets loben, wenn er den Speisesaal angemessen betritt, ordentlich in der Warteschlange ansteht und leise spricht. Ferner soll die Aufsichtsperson mit ihm gemeinsam zu seinem Platz gehen, dabei ihn in ein Gespräch einbeziehen und ihn für das Einhalten der Regeln und sein verantwortungsbewusstes Handeln loben. Zudem soll Fisher während des weiteren Aufenthalts im Speisesaal anfänglich alle drei Minuten für positives Verhalten gelobt werden; und er soll eine Tokenkarte erhalten, wenn er es schafft, sich für die gesamte Dauer des Aufenthalts – 15 Minuten lang – sozial erwünscht (im Sinne des *replacement behavior*) zu verhalten. Tokenkarten können jeweils am Ende der Woche für mehr Spielzeit mit Freunden oder für andere, bevorzugte Aktivitäten oder Dinge eingetauscht werden.

Zweitens sind die gegebenen Bedingungen dahingehend anzupassen, dass alle Schüler in Fishers Klasse an das richtige Verhalten im Speisesaal erinnert werden. Hierzu sollen die Schüler zunächst in Rollenspielen das richtige und falsche Verhalten nachspielen sowie lernen, Schüler, die sich nicht an die Regeln halten, zu ignorieren und sich stattdessen jenen zuwenden, die die Regeln befolgen. Dafür sollen die Mitschüler in der realen Situation entsprechend gelobt werden. Ferner soll ihnen nahegelegt werden, vor allem Fisher fortan mehr zu beachten und zu bestätigen, wenn er das sozial erwünschte Verhalten zeigt. Während des Rollenspiels sollen sie explizit darauf hingewiesen werden und gleichfalls lernen, Fisher im Falle eines Regelbruchs beziehungsweise einer Demonstration von Auffälligkeiten zu ignorieren. Sowohl der Klassenlehrer als auch die Aufsichtsperson aus dem Speisesaal sollen sich an denen Rollenspielen beteiligen.

Außerdem sollen weiterhin alle Schüler über das angemessene Verhalten im Speisesaal belehrt werden, bevor sie zur Mittagspause gehen. Fisher soll zusätzlich darauf hingewiesen werden, welche Verhaltensweisen er zeigen soll und wie Probleme am besten vermieden werden können.

Drittens gilt es Fisher an der Erstellung des Planes zu beteiligen, indem er alle positiven Verhaltensweisen, die er im Speisesaal zeigen soll, aufschreiben und auf Grundlage dessen Möglichkeiten nennen soll, wie er das auffällige Verhalten in der jeweiligen Situation vermeiden kann. Für die sozial erwünschten Verhaltensweisen sollen bestimmte Verstärker mit Fisher ausgehandelt werden.

Viertens ist im Speisesaal darauf zu achten, dass Fisher neben jenen Schülern sitzt, die am wenigsten auf sein störendes Verhalten reagieren. Diese Maßnahme wurde von ihm selbst vorgeschlagen, als er darum gebeten wurde, Möglichkeiten zu nennen, wie er sein auffälliges Verhalten am besten vermeiden könne.

Fünftens soll Fishers Mutter täglich einen kurzen Entwicklungsbericht bekommen, um zusätzlich Fishers Verhaltensfortschritte positiv bestärken zu können.

Sechstens: Sollte Fisher irgendeine Form des auffälligen Verhaltens zeigen, gilt es die Aufmerksamkeit, die er damit erlangt, sofort zu unterbinden. Fishers auffälliges Verhalten wird durch die Beachtung seitens seiner Mitschüler und der Aufsichtsperson nur bestärkt. Daher ist es wichtig, seine Mitschüler positiv zu verstärken, wenn sie Fishers auffälliges Verhalten im Speisesaal ignorieren. Außerdem soll die Speisesaalaufsicht so wenig wie möglich mit Fisher kommunizieren, wenn er an das erwünschte Verhalten erinnert werden muss (zum Beispiel: unterhalte dich in Zimmerlautstärke, halte deine Füße auf dem Boden); zugleich soll sie vor seinen Augen jene Schüler loben, die sich regelkonform verhalten.

Nichtsdestotrotz „kann es gelegentlich schwer sein, einen Plan umzusetzen, der vorsieht, auffälliges Verhalten komplett zu ignorieren; insbesondere dann, wenn dies die Mitschüler tun müssen. Allerdings kann durch diesen Plan ein Großteil der Aufmerksamkeit entzogen werden, die Fisher bisher bekommen hat" (149).

Resümee
Dieses Beispiel zeigt auf, dass an vorhandenen Fähigkeiten als funktional bedeutsames Alternativverhalten (*replacement behavior*) angeknüpft wurde, um kritische Situationen zu bewältigen und ein Problemverhalten abzubauen. Eine Erweiterung des Verhaltensrepertoires (2. Handlungsebene) war in dem Falle nicht nötig, wohl aber wurde präventiv durch leichte Modifikationen des Kontextes (1. Handlungsebene) ein regelkonformes Verhalten vergegenwärtigt (Erinnerung an Regeln; Beteiligung an der Planerstellung = Aufgreifen vorhandener Kompetenzen des Schülers) und die Nutzung des vorhandenen Sozialverhaltens eingeübt (Rollenspiel), um Übertragungen des Verhaltens auf verschiedene Situationen zu erleichtern. Dabei war vor allem aus funktionaler Sicht (Verstärkung) die Einbeziehung von Umkreispersonen (Aufsichtsperson, Mitschüler) wichtig – musste doch zukünftig das sozial erwünschte Verhalten genügend Aufmerksamkeit erfahren und das auffällige Verhalten ignoriert werden. Insofern konnten durch die gemeinsamen Aktivitäten sowohl eine Besonderung oder soziale Ausgrenzung des betreffenden Schülers vermieden als auch Kinder erreicht werden, welche mitunter in Konflikten mit Fisher verstrickt waren. Um zu einer stabilen Verhaltens- und Situationsänderung zu gelangen, bot es sich an, einen gezielten, systematisch anlegten Verstärkungsplan zu entwickeln und zu implementieren (3. Handlungsebene). Davon sollte Fisher interessenbezogen (Sammeln von Token für bevorzugte Aktivitäten) profitieren (4. Handlungsebene).

5 Pädagogisch-therapeutische Arbeitsformen – ein synoptischer Überblick

Im Folgenden habe ich die wichtigsten pädagogisch-therapeutischen Arbeitsformen zusammengestellt, die im Umgang mit Verhaltensauffälligkeiten bei Menschen mit Lernschwierigkeiten oder einer komplexen Behinderung eine prominente Rolle spielen. Mit der Bezeichnung „pädagogisch-therapeutisch" soll ein Bereich von Ansätzen, Methoden oder Arbeitsformen gefasst werden, die zum ‚Rüstzeug' eines Heil- oder Sonderpädagogen zählen (sollten), zum Teil therapeutisch gelagert sind oder sich am Rande psychotherapeutischer Interventionen bewegen (psychotherapeutische Angebote für Menschen mit Lernschwierigkeiten oder einer komplexen Behinderung sind in Lingg und Theunissen 2008 ausführlich beschrieben). Wie schon zuvor erwähnt, sollten die pädagogisch-therapeutischen Arbeitsformen nicht absolut gesetzt und isoliert angewandt werden, sondern Bestandteil eines *Gesamtkonzepts* sein, das im Falle von Verhaltensauffälligkeiten, Verhaltensstörungen oder Problemverhalten den Prozess und offenen Charakter der Positiven Verhaltensunterstützung priorisiert. Dadurch lassen sich nicht nur verschiedene pädagogisch-therapeutische Angebote, sondern ebenso psychotherapeutische oder psychiatrische Hilfen sinnvoll miteinander verschalten, wenn ein umfassendes Unterstützungsprogramm (z. B. bei schweren Verhaltensauffälligkeiten) notwendig erscheint.

Basale Kommunikation (nach Mall)

Zielgruppe:
Vor allem Menschen mit einer (schweren) komplexen Behinderung; Menschen einer komplexen Behinderung und zusätzlichen autistischen Verhaltensweisen oder Verhaltensauffälligkeiten

Definition und Ziele:
„Basale Kommunikation hat die Herstellung einer kommunikativen Situation zum Ziel bei Personen, deren Kommunikationsmöglichkeiten extrem eingeschränkt sind" (Mall 1984, 16). In erster Linie geht es somit um Möglichkeiten der Kontaktaufnahme.

Theoretische Bezugspunkte/Überlegungen:
Mall geht davon aus, dass Menschen mit einer komplexen Behinderung erhebliche Probleme haben, sich aktiv auszudrücken oder ihre Gefühle mitzuteilen. Vor allem jene mit autistischen Verhaltensweisen lehnen seiner Ansicht nach „jeden Kontakt

in der uns üblichen Weise ab, sind in ihrem Interesse auf wenige, stereotype Tätigkeiten und Gegenstände eingeengt, reagieren häufig unverständlich auf bestimmte Sinneseindrücke und äußern ihre Gefühle oft lediglich in Extremen und durch schwieriges Verhalten, wie Wutausbrüche, Angriffe auf andere, Selbstverletzungen, Schreien" (2). Deswegen könne am ehesten nur über den Körper beziehungsweise über die Körpersprache ein kommunikativer Zugang hergestellt werden. Mall stützt sich hierbei auf theoretische Einsichten aus dem Bereich der Körpertherapien, Bioenergetik, Psychoanalyse und neueren Säuglingsforschung.

Setting/Raum:
Entspannungs- oder Ruheraum, der verdunkelt werden kann und mit Matten ausgestattet ist.

Medien/Mittel:
Musikanlage; meditative Musik; Kommunikationsmittel sind Atemrhythmus, Berührung, Lautäußerung, Tonfall, Blickkontakt, Mimik und Gestik.

Sozialform:
Einzelarbeit

Vorgehensweise:
Es gibt keine zwingende Abfolge von Phasen, wohl aber Schwerpunktsetzungen im Bereich der Kommunikationsmittel und methodischen Prinzipien (z. B. Widerspiegeln der Ausatmung, Töne, Geräusche, Bewegungen), auf die es zu achten gilt; die Basale Kommunikation versucht behutsam Kontakt anzubahnen, indem zum Beispiel der Pädagoge bequem hinter dem behinderten Menschen sitzt, leise mit ihm spricht oder nach ruhiger Musik mit ihm gemeinsam Bewegungen ausführt ...; dabei ist die basale Arbeit ganz auf den Anderen ausgerichtet, das heißt der behinderte Mensch ist es, der Ansatzpunkte für die Formen der dialogischen Begegnung gibt; Basale Kommunikation darf niemals erzwungen werden: „Wenn ein Partner bei sehr niedriger Abwehrschwelle sich meiner Annäherung sofort entzieht, setze ich mich in die entfernteste Ecke des Raumes, vermeide peinlich jeden Blickkontakt, erspüre irgendwie seinen Rhythmus und lautiere ganz nebenbei in sein Ausatmen hinein, nur zwei- bis dreimal. Der Partner wird dies sicher als Kontaktversuch bemerken, vielleicht herschauen, vielleicht lächeln – oder weggehen" (9).

Rolle des Pädagogen:
Sehr einfühlsam, non-direktiv, dialogisch-partnerschaftlich, assistierend

Perspektiven in Bezug auf Verhaltensauffälligkeiten:
Die Ausführungen von Mall legen den Schluss nahe, dass die Basale Kommunikation zu einem Abbau von Verhaltensauffälligkeiten und Aufbau sozialer Kontakte, zu einem Interesse an der Umwelt, zu physisch-psychischer Entspannung sowie zur Verbesserung von Motorik oder Gleichgewicht wirksam beitragen kann. Hierbei handelt es sich jedoch nicht um empirisch abgesicherte Ergebnisse, sondern um eine Annahme, die weithin auf (teilnehmenden) Beobachtungen beruht.

Repräsentanten/Bezugsliteratur:
Mall (1984; 1990)

Querverbindungen:
Körperzentrierte Arbeitsformen; Körpertherapien; funktionelle Entspannungstherapie; Massage

Beurteilung aus der Sicht des Verfassers:
Die Basale Kommunikation hat sich nach Meinung vieler Praktiker und Beobachter in der Arbeit mit Menschen, denen eine komplexe Behinderung nachgesagt wird, sehr bewährt. Wissenschaftliche Untersuchungen stehen jedoch bislang aus. Nichtsdestotrotz sollten wir die Basale Kommunikation als eine der wichtigsten Arbeitsformen im Rahmen einer speziellen Pädagogik betrachten. Allerdings darf die Methode nicht unreflektiert (voraussetzungslos) zum Einsatz kommen. Wichtig sind eine vorausgehende theoretische Auseinandersetzung und praktische Schulung, Kenntnisse über das Wirken des eigenen Körpers (Selbsterfahrung) sowie eine Reflexion der Beziehungsgestaltung beziehungsweise Kontaktsituationen. Zudem darf die Basale Kommunikation nicht als „Allheilmittel" verabsolutiert beziehungsweise missverstanden werden, da sie in erster Linie Voraussetzungen für neues Lernen oder Entfaltungsmöglichkeiten schafft. Ihr sind dort Grenzen gesetzt, wo es darauf ankommt, die angebahnte physisch-psychische Entspannung in Alltagshandeln zu überführen oder einzubetten. Mit anderen Worten: es genügt nicht, mit einem behinderten Menschen eine Beziehung anzubahnen, ihn zu entspannen und es dabei zu belassen.
Ein Ansatz, der sich in ähnlichen Bahnen im Hinblick auf entspannende Effekte wie die Basale Kommunikation bewegt, ist die *Relaxation*. Ihr Einsatz wurde kürzlich bei Erwachsenen mit Lernschwierigkeiten (IQ 40 bis 55) empirisch untersucht (Lindsay und Morrison 1996). Es konnte bei einer kleinen Stichprobe (n=10) nachgewiesen werden, dass der Einsatz dieser Methode zu einem Abbau von Ängsten, zu einer Verbesserung des Kurzzeitgedächtnisses und zu einem „beiläufigen", nachher auftretenden Lernen wirksam beitragen kann. Signifikante Effekte im Hinblick auf Verbesserung des Langzeitgedächtnisses konnten dagegen nicht nachgewiesen werden.

Basale Stimulation (nach Fröhlich)

Zielgruppe:
Vor allem Menschen mit einer schweren komplexen Behinderung; auch Personen mit (schwerer) Demenz oder hochgradiger Pflegebedürftigkeit

Definition und Ziele:
„Basale Stimulation ist der pädagogisch-therapeutische Versuch, Menschen mit schwersten Behinderungsformen Angebote für ihre persönliche Entwicklung zu machen. Mit dem begrifflichen Bestandteil ‚basal' ist gemeint, dass es sich um elementare, grundlegende Angebote handelt, die in einfachster, vor allem aber voraussetzungsloser Form dargeboten werden" (Fröhlich 1992a, 20).

Theoretische Bezugspunkte/Überlegungen:
Fröhlich (1992b) geht davon aus, dass menschliche Kommunikation vor allem über den Körper stattfindet. Umwelterfahrung sei somit „körperliche Begegnung mit Dingen, als Erleben von Veränderung" (1985, 12). Dabei handle es sich um „ganzheitliche" Erfahrungen, um eine enge Verknüpfung von Bewegung, Wahrnehmung, Kognition, Erleben, Körpererfahrung und Sozialerfahrung. Dieser ganzheitliche Aspekt spielt in der Basalen Stimulation eine sehr wesentliche Rolle, weswegen sie nicht als eine rein funktionale oder gar als ein „Stimulus-Response-Modell" missverstanden werden darf. Vor allem sind es neurophysiologische sowie pränatal-psychologische Erkenntnisse, die in die Basale Stimulation hineinwirken. Eine neurowissenschaftliche Grundlegung stammt von Pickenhain (1998).

Setting/Raum:
Es werden keine besonderen Ansprüche an einen speziellen Raum gestellt; wichtig ist eine ruhige Zone oder Atmosphäre, wenn innerhalb „regulärer" Gruppenräume Aktivitäten durchgeführt werden sollen.

Medien/Mittel:
Diese richten sich ganz nach den Bereichen der Förderung (somatischer, vibratorischer, vestibulärer, auditiver, visueller, Geruchs- und Geschmacksbereich); zum Beispiel weiche Stoffe, Fell, Fön, Hängematte, Vibratoren, Physioball, Matte, Schaukel, Gymnastikrolle, Höhle, Geruchsdosen, Taschenlampe, Radio, Lautsprecher, Trommel, Mobiles, Rasseln, Naturmaterialien wie Sand, Wasser und anderes mehr.

Sozialform:
Einzel- und Partnerarbeit

Vorgehensweise:
Es gibt keine festgelegte Vorgehensweise im Rahmen der Basalen Stimulation. Sie hat sich ganz nach der Bedürftigkeit des behinderten Menschen zu richten, es können einzelne Schwerpunkte wie zum Beispiel vestibuläre Stimulation oder kommunikative Anregungen herausgegriffen werden, ebenso denkbar ist ein „ganzheitliches Vorgehen", indem zum Beispiel ein schwerstbehinderter Mensch mit Erde, Schlamm oder Wasser experimentiert und dabei senso-motorische Erfahrungen macht. Wesentlich ist die Verschränkung basaler Angebote und Stimulanzen bei alltäglichen pflegerischen Prozessen, um hierbei sensorische Anregungen wie auch eine emotionale Fundierung durch Haut- und Körperkontakt zu bewirken.

Rolle des Pädagogen:
Einfühlsam, beobachtend, dialogisch-partnerschaftlich, assistierend

Perspektiven in Bezug auf Verhaltensauffälligkeiten:
Hierzu werden keine genaueren Ausführungen gemacht, es darf aber vor dem Hintergrund von Beobachtungen angenommen werden, dass spezifische Verhaltensauffälligkeiten bei Menschen mit einer (schweren) komplexen Behinderung durch Basale Stimulation präventiv vermieden oder kompensiert werden können.

Repräsentanten/Bezugsliteratur:
Bienstein und Fröhlich (1994); Fröhlich (1985; 1992a; b; 2001)

Querverbindungen:
Sensorische Integration; Psychomotorik; basale ästhetische Erziehung

Beurteilung aus der Sicht des Verfassers:
Die Basale Stimulation stellt wie die Basale Kommunikation eine der wichtigsten Ansätze im Rahmen der Arbeit mit Menschen mit einer (schweren) komplexen Behinderung dar und ist leicht zugänglich. Neuerdings werden auch Personen mit apallischen Syndrom oder Demenz mit in den Ansatz einbezogen. Während in der Anfangszeit die Basale Stimulation in der Gefahr stand, „zu einer routinemäßigen und technisierten Reizzufuhr bzw. einem stereotypen Funktionstraining" (Fischer 1983a, 283; dazu auch Fröhlich 2001, 149f., 155) zu gerinnen, wird heute der Ebene des kommunikativen Dialogs besondere Beachtung geschenkt. Außerdem wird von Fröhlich ein basales Lernen in Alltagssituationen angestrebt, so dass durch Basale Stimulation zugleich ein Beitrag zur Bewältigung von Lebenssituationen geleistet werden kann. Damit kann sie letztlich für nicht wenige Menschen mit einer komplexen Behinderung bedeutsam sein. Wenngleich die Basale Stimulation in der schulischen und außerschulischen Behindertenarbeit sehr hohe Wertschätzung erfährt, sollten Forschungen nicht zu kurz kommen, um unter anderem auch die

Wirksamkeit des Verfahrens im Hinblick auf einen Abbau von Verhaltensauffälligkeiten genauer zu untersuchen.

Erlebnispädagogik

Zielgruppe:
Kinder, Jugendliche und Erwachsene mit dissozialem Verhalten; Menschen mit Behinderungen, vor allem auch mit Lernschwierigkeiten und Verhaltensauffälligkeiten

Definition und Ziele:
Erlebnispädagogik „im engeren Sinne" zielt auf die Schaffung von sogenannten Grenzsituationen, in denen die Teilnehmer „Erlebnisse mit sich, mit anderen Mitmenschen und der Natur machen können, die in der gegebenen Alltagssituation nicht möglich sind" (Nickolai 1993, 93). Die heilpädagogische Bedeutung erlebnispädagogischer Unternehmungen liegt vor allem darin, dass Betroffene auf dem Hintergrund eines handlungsbezogenen und problemlösenden Lernens sich selbst entdecken, eine realistische Selbst- und Fremdeinschätzung des Handelns entwickeln, Ängste überwinden und Emotionen kontrollieren lernen sowie ermutigt werden, selbstbewusster auf zukünftige (Leistungs-)Anforderungen zu reagieren. Darüber hinaus kommt es zur Entwicklung, Erprobung und Entfaltung sozialer Kompetenzen: gegenseitige Unterstützung, Anerkennung, Kooperation. Schließlich dient die Erlebnispädagogik der Aneignung psychomotorischer und sozialer Fertigkeiten. Dieses Ziel kommt auch in einer Erlebnispädagogik „im weiteren Sinne" zum Ausdruck, der es in erster Linie um die erlebnisbezogene Bereicherung des (pädagogischen) Alltags durch eine „polyästhetische Erziehung" zu tun ist. Aspekte wie Natur, Erlebnis, Bewusstsein, Gemeinschaft, Bewegung sowie die Beziehung zwischen Mensch und natürlicher Umwelt sollen in diesem Ansatz harmonisch miteinander verknüpft werden.

Theoretische Bezugspunkte/Überlegungen:
Die Erlebnispädagogik hat ihren Ursprung in der Reformpädagogik der Jahrhundertwende (genauere Ausführungen: Kinne 2010). Als Antwort auf die damals weit verbreitete Drillpädagogik gründete K. Hahn (1954) sogenannte Kurzschulen, die Jugendliche in mehrwöchigen Kursen für Einsätze im Rettungs-, Bergwacht- oder Seenotdienst ausbilden sollten. Dadurch wollte er spezifischen „Verfallserscheinungen" in der alltäglichen Lebensführung vieler Jugendlicher entgegenwirken. Vertreter der Erlebnispädagogik nehmen an, dass durch herausfordernde, natursportliche und soziale Aktivitäten Persönlichkeitseigenschaften gefestigt und entwickelt werden können, die den Betroffenen bei der Bewältigung von Lebenssituationen helfen können. Zum einen versteht sich die Erlebnispädagogik als ein kritisches

Korrektiv gegenüber einer medial gesteuerten Sozialisation. Zum anderen will sie zugleich präventiv wirksam sein, indem sie Anreize schafft, die identitätsstabilisierenden Charakter haben.

Setting/Raum:
Die Erlebnispädagogik besteht im Wesentlichen aus Unternehmungen wie Hochgebirgswanderungen, alpine Klettertouren, Kajakwanderungen, Floßfahrten, Wildwassertouren, Meeresfahrten in alten Segelschiffen, Überlebenstraining in der Wildnis, Hüttenbau, Zeltlager, Abenteuerwochenende, Bergwandern, Übernachtungen im Freien, Nachtwanderungen, Naturbeobachtungen, Gestaltung sogenannter Erlebnisräume.

Medien/Mittel:
Ski-, Zelt-, Kletter-, Wanderausrüstung; Boote; Feldstecher, Seile und anderes mehr; Natur- und ästhetische Materialien

Sozialform:
In erster Linie Gruppenarbeit

Vorgehensweise:
Die Arbeit mit behinderten Menschen richtet sich ganz nach ihrer Situation, der subjektiven Befindlichkeit und den individuellen Voraussetzungen, die mit der jeweiligen Unternehmung abgestimmt sein müssen (Reinert und Leven 1999; Kinne 2010). Insofern gibt es keine feste Vorgehensweise, sondern attraktive Angebote, die subjektzentriert aufbereitet werden. Erlebnispädagogische Unternehmungen sind ganz nach dem Prinzip vom Leichten zum Schweren aufgebaut: „Eine langsame Steigerung der Schwierigkeit führt von Spaziergängen auf angelegten Wegen hin zu Wanderungen in unwegsamen Geländen durch den Wald, über Geröll, steile Grashänge und durch ausgetrocknete Bachbetten. Während anfangs bereits kleine Unebenheiten von den Teilnehmern als nur schwer überwindbare Hindernisse empfunden werden, lassen sich durch bewusst langsame Steigerung im Verlauf des Kurses sichtbare Erfolge erzielen. Vielfältige Bewegungserfahrungen werden durch Geschicklichkeitsübungen gesammelt" (Harder 1990, 15).

Rolle des Pädagogen:
Beobachtend, einfühlsam-ermutigend, partnerschaftlich, kooperativ, assistierend, gegebenenfalls pädagogisch-führend

Perspektiven in Bezug auf Verhaltensauffälligkeiten:
Einschlägigen Berichten und Evaluationsstudien zufolge kann davon ausgegangen werden, dass die Erlebnispädagogik zur Prävention wie auch zum Abbau von Ver-

haltensauffälligkeiten (Ängste, mangelndes Selbstwertgefühl, kritisches Sozialverhalten) wirksam sein kann (Kinne 2010).

Repräsentanten/Bezugsliteratur:
Hahn (1954); Harder (1990); Kinne (2010); Reinert und Leven (1999); Theunissen u. a. (2011)

Querverbindungen:
Ästhetische Praxis; Snoezelen; Psychomotorik

Beurteilung aus der Sicht des Verfassers:
Da die Erlebnispädagogik für Menschen mit Lernschwierigkeiten und Verhaltensauffälligkeiten von großem pädagogischen und auch therapeutischen Nutzwert sein kann, sollte sie grundsätzlich einen festen Platz im Spektrum einer speziellen Pädagogik erhalten und das notwendige Maß an Aufmerksamkeit erfahren. Hinzu kommt, dass erlebnispädagogische Projekte auch einen prominenten Beitrag zur gesellschaftlichen Integration und Partizipation von Menschen mit Behinderungen leisten können. Darum ist es zum Beispiel dem Programm von Reinert und Leven (1999) zu tun. Es erbringt den Nachweis, dass gemeinsame Unternehmungen mit (geistig) behinderten und nichtbehinderten Kindern und Jugendlichen sinnvoll und von hohem Erfahrungswert sind (ebd., 15ff.). Freilich ist vor allzu großer Euphorie und dem unreflektierten Einsatz erlebnispädagogischer Aktivitäten zu warnen. Dies gilt vor allem für die Erlebnispädagogik „im engeren Sinne", der viel Exklusives anhaftet und die nur dann ein sinnvolles Angebot darstellt, wenn sie den Alltagsbezug herzustellen vermag. Mit anderen Worten: Erlebnispädagogik „im engeren Sinne" muss sichergehen, dass sich ihre Wirkung auch im alltäglichen Leben der Betroffenen bewähren kann. Gerade deshalb bedarf es einer sorgfältigen Vorbereitung wie auch einer gewissenhaften Nachbereitung der Projekte. Spektakuläre Unternehmungen sind noch kein Garant für eine gelingende heilpädagogische Arbeit.
Unseres Erachtens sollten vor allem die Chancen der Erlebnispädagogik „im weiteren Sinne" genutzt werden. Zum Beispiel können Zirkusprojekte oder auch das schwarze Theater zu einem „Grenzerlebnis" werden, wenn sowohl die Akteure als auch die Zuschauer von einer Faszination angesteckt werden, die Performance und Atmosphäre erzeugen. Zur psychischen Stabilisierung und zum emotionalen Wohlbefinden bedarf es nicht ausschließlich ‚gesteigerter' Anforderungen oder Höchstleistungen, sondern häufig genügen schon alltägliche ästhetische Erfahrungen, die für den Einzelnen wertvoll sein können. Ein attraktives Angebot ist die Gestaltung und Aneignung sogenannter *Erlebnisräume*. Neben den Erlebnismöglichkeiten in der freien Natur können vielfältige und sinnvolle Erfahrungen durch einen bewusst gestalteten Fußparcours aus unterschiedlichen Naturmaterialien, durch Tastwände

oder durch Höhlen-, Kletter- und Liegelandschaften mit basalen Aktivitätszonen gewonnen werden. Im Unterschied zum Snoezelen werden hier den Betroffenen keine Erlebnisfelder ‚präsentiert', sondern es werden von Grund auf entsprechende Erfahrungsräume (naturnah) erarbeitet, gemeinsam geplant, kooperativ gestaltet und sozial-emotional verwirklicht. Die aus Beobachtungen abgeleitete Annahme, dass ein solcher Ansatz kompetenzfördernd ist und zum Abbau von Verhaltensauffälligkeiten bei Menschen mit Lernschwierigkeiten beitragen kann, bedarf allerdings noch wissenschaftlicher Untersuchungen.

Festhaltetherapie

Zielgruppe:
Menschen mit einer (schweren) komplexen Behinderung, Autismus, Verhaltensauffälligkeiten oder psychischen Störungen

Definition und Ziele:
Die Festhaltetherapie versteht sich als eine „Lebensform" (Prekop), die eine „fundamentale Hilfe für die meisten seelischen Störungen" darstellt, „die durch den Verlust der Bindung und der Geborgenheit sowie durch eine chronisch affektive Ambivalenz herauf beschwört wurden" (Prekop 1992, 142).

Theoretische Bezugspunkte/Überlegungen:
Die Festhaltetherapie geht davon aus, dass Menschen „zum biologischen Typus der Traglinge (Hassenstein)" gehören (ebd., 139). Von daher gebe es Grundbedürfnisse nach Bindung, Geborgenheit, Urvertrauen und „Nestwärme", überdies sei das „symbiotische Mitschwingen" als Urerfahrung menschlicher Liebe für die Entwicklung eines Leib- oder Körperbewusstseins, sensorischer Wahrnehmungen, motorischer und auch kognitiver Prozesse von elementarer Bedeutung. Auf dem Hintergrund pränataler Forschung, verhaltensbiologischer Erkenntnisse und auch entwicklungspsychologischer Aspekte versucht Prekop das Festhalten als „Urzustand", als natürliche Lebensweise zu begründen. Da nicht selten bei behinderten, vor allem aber bei autistischen Personen schon im Mutterleib (erst recht im frühen Säuglingsalter) derlei Erfahrungen ausblieben, bedürfe es der Festhaltetherapie zum Nachholen beziehungsweise zum Aufbau der Grundbedürfnisse und Urerfahrungen.

Setting/Raum:
Es wird ein Ruhe- oder Therapieraum empfohlen, an den keine besonderen Ansprüche gestellt werden.

Medien/Mittel:
Matte, Decken, gegebenenfalls Festhaltegürtel

Sozialform:
Einzelarbeit

Vorgehensweise:
Die Festhaltetherapie setzt ein, wenn sich ein Adressat in einem starken Erregungszustand oder in einer schweren Krise befindet (akute Angst, Auto- oder Fremdaggressionen, panikartige Katastrophenreaktionen, extreme Zwanghaftigkeit, Essensverweigerung etc.). Durchgeführt werden sollte sie nach Möglichkeit durch die unmittelbaren Bezugspersonen (Mutter, Vater, Gruppenmitarbeiter), ebenso denkbar ist aber auch das Halten durch Therapeuten. Das Festhalten sollte immer in einer günstigen Lage stattfinden, bei Kindern im Sitzen und bei erwachsenen behinderten Menschen eher im Liegen. Es gibt keine zeitliche Begrenzung, die Dauer des Festhaltens richtet sich nach der Kraft des seelischen Widerstands. Der Betreffende wird beim Festhalten aufgefordert, „sich auszuschreien, auszuschimpfen und auszuweinen. ... Die heilende Wirkung des Festhaltens besteht im Aktualisieren des Widerstandes, indem die unechten Ersatzwege verhindert werden. Das Ausleben des Widerstandes ermöglicht sukzessiv das Ausleben der Liebe. ... Bis zur Entspannung des Betroffenen führt zunächst ein anstrengender Weg über die Überbrückung seiner Entzugserscheinungen und über die Äußerung seiner aversiven Gefühle. ... Merkt man, dass die Anspannung beim Gehaltenen nachlässt, ist er zum freudigen Erleben der Zärtlichkeit zu verlocken" (ebd., 148ff.). Zusammengefasst geht es also darum, den behinderten Menschen aus dem Zustand seiner Krise herauszuholen sowie sein Verhalten in ein psychisch-physisches Entspanntsein und eine kommunikative Zuwendung zu überführen.

Rolle des Pädagogen:
Dominant, therapeutisch-beherrschend, beobachtend

Perspektiven in Bezug auf Verhaltensauffälligkeiten:
Repräsentanten der Festhaltetherapie berichten über große Erfolge im Umgang mit (geistig) schwer behinderten, autistischen und verhaltensauffälligen Kindern und Jugendlichen. Bei behinderten Erwachsenen wird vorsichtiger argumentiert.

Repräsentanten/Bezugsliteratur:
Prekop (1989; 1992); Rohmann und Elbing (1990)

Querverbindungen:
Modifizierte Festhaltetherapie (Rohmann); Verhaltenstherapeutisches Wutreduzierungsverfahren

Beurteilung aus der Sicht des Verfassers:
Die von Prekop propagierte Festhaltetherapie ist als Methode im Umgang mit behinderten und autistischen Menschen sehr umstritten. Die Gründe hierfür sind vielschichtig: so wird zum Beispiel die theoretische Bezugsliteratur einseitig ausgelegt und stellenweise fehlinterpretiert (z. B. Portmanns Theorie der „physiologischen Frühgeburt"). Ferner werden von Prekop Behauptungen aufgestellt, die sich in keiner Weise wissenschaftlich belegen lassen (z. B. die Festhaltetherapie stelle „die fundamentale Hilfe für die meisten seelischen Störungen dar" (Prekop 1992, 142). Aussagen wie „der Behinderte (ist, G. T.) sein ganzes Leben lang von Schutz abhängig" (ebd., 143) tragen kaum zu einer autonomiefördernden Pädagogik bei und verraten die konservierende, konservative Grundhaltung der Autorin. Längst widerlegt und damit unhaltbar ist auch folgende Aussage: „Wegen seines Intelligenzmangels inklusive seiner ungenügenden Fähigkeit, Gefühle zu verbalisieren, ist der Geistigbehinderte nicht in der Lage, eine therapeutische Einsicht auszubilden und an tiefenpsychologisch orientierten Psychotherapien teilzunehmen. Auch die Gesprächstherapie ist ihm unzugänglich" (ebd., 146). Hier tritt ein unreflektiertes statisches Denken zutage, das den behinderten Menschen einzig und allein vom Nicht-Können oder seinen „Mängeln" her betrachtet. An anderer Stelle haben wir ausgeführt, dass Menschen mit Lernschwierigkeiten sehr wohl tiefenpsychologischen oder gesprächspsychotherapeutischen Ansätzen zugänglich sein können (Lingg und Theunissen 2008). Zudem haben wir auf das Problem der Etikettierung und Stigmatisierung hingewiesen, wo Prekop Mystifikationen in Umlauf setzt wie: das (behinderte) Kind „ginge den Weg des Bösen" (1989, 113) oder sei „vom Teufel besessen".
Neben diesen Unzulänglichkeiten muss die Methode selbst kritisch hinterfragt werden. Ihre Widersprüchlichkeit besteht darin, dass ein „echter" Dialog, eine emotional fundierte, zwischenmenschliche Beziehung über ein brutales Vorgehen erreicht werden soll. Dies steht den Vorstellungen von Buber (1962) oder auch Spitz (1976) diametral gegenüber. Ebenso zeigt uns Mall (1990), wie über eine alternative, basale, kommunikationszentrierte Arbeitsweise authentische Dialoge und Beziehungen hergestellt werden können.
Alles in allem sollte von daher die erzwungene Festhaltetherapie als eine Form der Gewalt keinen Eingang in ein Unterstützungskonzept finden. Andererseits wissen wir aus der Alltagsarbeit, dass es Situationen gibt, wo anscheinend alle anderen pädagogischen und/oder therapeutischen Maßnahmen zur Herstellung eines positiven Kontakts versagen. In dem Falle kann anstelle des erzwungenen Festhaltens nach Prekop das *modifizierte therapeutische Festhalten* nach Rohmann in Erwägung gezogen werden, das als eine „weiche" Form von Anfang an versucht, über spezifische Kommunikationsmittel wie Laute, Mimik, Sprache und auch Musik „einen Dialog bzw. Austausch zwischen Therapeut und gehaltenem Kind aufzubauen" (Rohmann und Elbing 1990, 170f.) und so schnell wie möglich aus der Haltesituation in eine

non-direktive Interaktionssituation hinein zu finden. Im Unterschied zu Prekop ist es zudem den zuletzt genannten Autoren um ein wissenschaftlich reflektiertes Vorgehen zu tun, um Gefahren des Missbrauchs und ethische Bedenken weitestgehend ausräumen zu können.

Gentle Teaching

Zielgruppe:
Menschen mit Lernschwierigkeiten oder einer komplexen Behinderung und Verhaltensauffälligkeiten

Definition und Ziele:
Das Gentle Teaching versteht sich als eine präventive und problemlösende Methode. Es ist darauf ausgerichtet, soziale Kommunikation bei behinderten Menschen mit Verhaltensauffälligkeiten wiederherzustellen, „indem man ihnen durch eine tiefmenschliche Anerkennung als den Mittelpunkt aller Interaktionen ein Sicherheitsgefühl vermittelt" (v. Loon 1993, 25; McGee et al. 1987; McGee und Menolascino 1991).

Theoretische Bezugspunkte/Überlegungen:
Das Gentle Teaching knüpft an M. Bubers Philosophie (1962) an und versucht, Verhaltensauffälligkeiten bei behinderten Menschen auf dem Hintergrund der sogenannten Bindungstheorie (Grawe 2004, 192ff.) und entwicklungsdynamisch (hierzu Dosen 1993; auch Schore 2003) zu erklären. Dabei wird davon ausgegangen, dass viele psychische Störungen in der frühen Kindheit entstanden sind und sich als Beziehungsproblem oder Interaktionsstörung manifestiert haben. Insofern ist es dem Gentle Teaching um die Veränderung von Interaktionssystemen und um die Schaffung von neuen Beziehungen zu tun, die als Vehikel zur Persönlichkeitsentfaltung gelten. Bezugspunkt der Beziehungsarbeit ist die für die humanistische Psychologie C. Rogers' (1974) charakteristische therapeutische Grundhaltung, die „vom Wert der Gegenwart eines Menschen" (v. Loon) ausgeht, von gegenseitigem Respekt, bedingungsloser Akzeptanz, Empathie, Authentizität, Wärme, Freundschaft, Kongruenz, Freiheit, Solidarität und Partizipation getragen ist (McGee und Menolascino 1991, 139ff.).

Setting/Raum:
Ort des Gentle Teachings ist der „natürliche" Lebensraum.

Medien/Mittel:
Es werden keine speziellen Materialien benötigt.

Sozialform:
Einzelarbeit

Vorgehensweise:
Ausgangspunkt des Gentle Teaching ist eine entwicklungsdynamische und milieuorientierte Aufbereitung der Verhaltensproblematik. Danach richten sich alle weiteren pädagogisch-therapeutischen Prozesse, die stets in der vertrauten Lebenswelt des behinderten Menschen stattfinden sollten. Der Gang der Beziehungsarbeit vollzieht sich in mehreren aufeinander aufbauenden Phasen: Zunächst geht es um eine bedingungslose Toleranz und Akzeptanz des behinderten Menschen sowie um Herstellung einer positiven Beziehung. Dabei soll der behinderte Mensch spüren, dass jemand (z. B. Gruppenmitarbeiter) ganz für ihn da ist und ihn als Person bedingungslos wertschätzt (*„valuing domination"*: McGee und Menolascino 1991, 48ff.). Hat sich eine positive Beziehung entwickelt, so soll der Betroffene über *„Supportive Techniques"* (ebd., 149), zum Beispiel über gemeinsames, partnerschaftliches Tun, facilitatorische Assistenz (hierzu Theunissen 2000, 131f.), ein Arrangement entwicklungsfördernder Situationen, Wahlmöglichkeiten und anderes mehr, behutsam an Anforderungen (Aufgaben) herangeführt werden, so dass langfristig eine Anpassung an gesellschaftliche Bedingungen, gesellschaftliche Integration und ein gemeindeintegriertes Leben (*community living*) statthaben können.

Rolle des Pädagogen:
Einfühlsam, dienend, dialogisch-partnerschaftlich

Perspektiven in Bezug auf Verhaltensauffälligkeiten:
Das Gentle Teaching gilt aus der Sicht seiner Repräsentanten als erfolgreiche Methode zum Abbau von Verhaltensauffälligkeiten bei Menschen mit Lernschwierigkeiten oder einer komplexen Behinderung.

Repräsentanten/Bezugsliteratur:
McGee et al. (1987); McGee und Menolascino (1991); v. Loon (1993)

Querverbindungen:
Gesprächs- oder supportive (ressourcenorientierte) Psychotherapie; psychomotorische Therapie (n. Aucouturier)

Beurteilung aus der Sicht des Verfassers:
Das Gentle Teaching zeichnet sich durch eine Lebensweltorientierung aus. Ferner sind eine bedingungslose positive Betrachtungsweise und eine konsequente non-direktive Haltung grundlegend für die Methode. Damit werden zugleich hohe Anforderungen wie Ausdauer, Geduld, Einfühlungsvermögen, Sensibilität und Frus-

trationstoleranz an die Person des professionellen Helfers gestellt, muss er doch gegebenenfalls Kränkungen ertragen, auf sich nehmen und durchstehen sowie sich über einen längeren Zeitraum ganz auf den behinderten Menschen einstellen. Entscheidend ist, dass dieser non-direktive Anspruch durchgehalten wird, denn jede Unterbrechung des Ansatzes oder jedes inkonsequente pädagogisch-therapeutische Handeln führt zu einer intermittierenden Verstärkung des auffälligen Verhaltens. Schwierigkeiten ergeben sich dort, wo das Gentle Teaching den Rahmen der allgemeinen Alltagsarbeit sprengt, indem dem Betroffenen „Sonderrechte" eingeräumt werden (z. B. Frühstück im Bett, beliebiges Zu-Bett-Gehen), die auch von allen anderen (Mitarbeitern und Mitbewohnern einer Gruppe) akzeptiert werden müssen. Insofern ist der Ansatz der bedingungslosen Akzeptanz auf die wohlwollende Mitarbeit der Bezugswelt angewiesen, und er kann nicht einzig und allein einem Fachdienst überantwortet werden. Zudem ist das Gentle Teaching personalintensiv. Grenzen ergeben sich auch dort, wo die Strategie der bedingungslosen Toleranz unverstanden bleibt, in eine Verfestigung von Verhaltensauffälligkeiten mündet, so dass der Betroffene letztlich nicht seinen Weg aus der Isolation findet. Angesichts derlei Probleme ist das Gentle Teaching nur auf dem Hintergrund von Supervision vertretbar. Wenngleich Repräsentanten des Gentle Teachings den Ansatz als ausgesprochen fruchtbar (erfolgreich) einschätzen (Mudford 1995, 347), sollte seine Wirkung nicht überschätzt werden. Dies geht aus einer Analyse von Mudford (1995) hervor, die einige Ergebnisse in Zweifel zieht und davor warnt, das Gentle Teaching als eine effektive Methode bei schweren Fremd- und Autoaggressionen unkritisch zu rezipieren (ebd., 351, 353).

Heilpädagogische Rhythmik

Zielgruppe:
Menschen mit Lernschwierigkeiten, verhaltensauffällige und entwicklungsgestörte Kinder und Jugendliche

Definition und Ziele:
Heilpädagogische Rhythmik (häufig auch rhythmisch-musikalische Erziehung genannt) wird als eine „ganzheitliche" Arbeitsform beschrieben, die mit Körperbewegung, Rhythmus, Musik und Sprache die „schöpferischen Kräfte, die dem Menschen innewohnen" (Klein 1991, 141), zur Entfaltung bringen will und ihn „in seiner Ganzheit zu erfassen, ihn zu beeinflussen, ihn zu erziehen" versucht (Scheiblauer 1991, 234). Ein wesentliches Ziel heilpädagogischer Rhythmik ist die Entwicklung der motorischen Dimension, indem sie dem natürlichen Bedürfnis nach Bewegung entgegenkommen und auch körperliche Funktionen sowie motorische Kompetenzen entfalten soll; ferner werden durch die enge Wechselbeziehung von Bewegen und Wahrnehmen sensorische Bereiche angesprochen, ausgeformt und

weiterentwickelt; zudem findet die affektive Dimension Beachtung, indem die heilpädagogische Rhythmik zu einem verbesserten Selbstwertgefühl, zu mehr Selbstvertrauen, zu Selbstsicherheit, zu einem psychischen Wohlbefinden und zu einer realistischen Selbsteinschätzung beitragen soll; darüber hinaus geht es um die Verbesserung des Sozialverhaltens, zum Beispiel um Rücksichtnahme, soziale Anpassung, Hilfsbereitschaft, Kooperation und Entwicklung eines Gemeinschaftssinns. Ebenso wichtig wie die zuvor genannten Dimensionen ist die kognitive Entwicklung (z. B. Begriffsbildung, Wissensaneignung, Verbesserung der Konzentration und Entwicklung eines Aufgabenbewusstseins), die durch rhythmisch-musikalische Erziehung befördert werden soll.

Theoretische Bezugspunkte/Überlegungen:
M. Scheiblauer gilt als Begründerin der heilpädagogischen Rhythmik. Ihr war es um die Entwicklung einer Arbeitsform zu tun, die Erkenntnisse aus der Musikerziehung und „rhythmischen Gymnastik" mit heilpädagogischen Grundsätzen sinnvoll miteinander zu verknüpfen versucht. Dabei wurde die menschliche Bewegung zu einem Schlüsselbegriff: „Bewegung ist ... aller Erziehung Anfang. Sie ist aber in erster Linie aller Entwicklung Anfang, aller Bildung Anfang" (Scheiblauer zit. n. Klein 1991, 142). Die Vielfalt menschlicher Bewegungsmöglichkeiten gilt damit als ein grundlegendes Moment für sämtliche Lern- und Entwicklungsprozesse. Weitere Elemente, die Lernen und Entwicklung befördern sollen, „sind Zeit, Klang – in der Bewegung der Raum – und Dynamik, zu welchen noch die Form kommt, die die drei Erstgenannten in sich schließt. Die Zeit beeinflusst die Motorik, der Klang die Seele, die Dynamik die gestaltenden Kräfte, die Form das Ordnende, Geistige" (Scheiblauer 1991, 234).

Setting/Raum:
Gymnastik- oder Rhythmikraum; gegebenenfalls auch Turnhalle

Medien/Mittel:
Klavier; Orffsche Instrumente; (Scheiblauer) Rhythmikmaterialien; Gymnastikmaterialien wie Reifen, Gymnastikseil, Fäden, Schnüre, Bänder, Bälle, Holzstäbe, Holzklötze, Holzkugel, Sandsäckchen, Zauberschnur, farbige quadratische Tücher, Rasselbüchsen, Fröbelstäbchen und anderes.

Sozialform:
Partner- und Gruppenarbeit

Vorgehensweise:
Ausgangspunkt der heilpädagogischen Rhythmik ist zunächst das „aufmerksame Wahrnehmen" der Verhaltens- und Ausdrucksweisen der behinderten Menschen.

Dies soll im Rahmen freier Grundübungen geschehen: zum Beispiel gehen die behinderten Menschen „frei im Raum herum nach den verschiedensten Richtungen und in selbstgewähltem Tempo. Nur ein einziger Befehl ist gegeben: Nicht anstoßen! Diese scheinbar primitive Aufgabe gibt uns Einblick in die verschiedenen charakterlichen Eigenschaften der Kinder (behinderten Menschen, G. T.). Wir sehen solche, die rücksichtslos drauflos stürmend absichtlich anstoßen, solche, die ängstlich kaum von der Stelle sich wagen und dadurch immer mehr angestoßen werden ... Also ist die Rhythmik auch ein diagnostisches Mittel, sofern es der Pädagoge versteht, aus Bewegung und Reaktion zu lesen, die richtigen Schlüsse zu ziehen" (Scheiblauer 1991, 234f.). Derartige Übungen lassen sich dann allmählich im Niveau steigern und in spezielle Konzentrations-, sensomotorische, soziale, Phantasie- oder Improvisations-, Begriffsbildungs- und Ordnungsübungen ausdifferenzieren. Hierzu gibt es in der einschlägigen Literatur zahlreiche Übungsbeispiele, die sich im Schwierigkeitsgrad steigern lassen und an die jeweilige Bedürfnis- oder Problemlage der behinderten Menschen angepasst werden sollen. Diese Übungen dürfen nicht als engmaschige Rezepte für die Praxis missverstanden werden, vielmehr haben sie „offenen Charakter", indem sie die Struktur abbilden, unter der genügend Raum für individuelle Ideen und Mitgestaltungsmöglichkeiten der teilnehmenden Personen bestehen (Weiss 2006, 137). Insofern gibt es in der heilpädagogischen Rhythmik bestimmte Ordnungsstrukturen und Vorgaben, die derart variabel gehalten werden, dass Freude und Selbstvertrauen, Spontaneität und Phantasie entstehen und entwickelt werden können. Wichtige Ordnungsmuster sind zum Beispiel das Prinzip der Wiederholung wie aber auch ein ritualisierter, gemeinsamer Beginn und Abschluss der jeweiligen Übungsstunde.

Rolle des Pädagogen:
Beobachtend; therapeutisch-anleitend, führend, unterstützend

Perspektiven in Bezug auf Verhaltensauffälligkeiten:
Scheiblauer (1991) ist davon überzeugt, dass die heilpädagogische Rhythmik wesentlich dazu beitragen kann, verhaltensauffällige Personen (wieder) „zu innerer Ordnung zu bringen" (234). Ihrer Ansicht nach haben vor allem die Ordnungsübungen, bei denen es um spezifische Lernziele wie Unterbrechen-, Umschalten- und Durchhalten-Können geht, für die heilpädagogische Arbeit mit gehemmten, hochgradig passiven, ängstlichen wie auch „ungehemmten", konzentrationsschwachen oder „undisziplinierten" Kindern und Jugendlichen mit oder ohne Behinderung „einen großen Wert".

Repräsentanten/Bezugsliteratur:
Scheiblauer (1991); Weiss (2006; 2009)

Querverbindungen:
Psychomotorik, Eurythmie (anthroposophische Heilpädagogik), Ästhetische Erziehung, Bewegungserziehung (n. Frostig)

Beurteilung aus der Sicht des Verfassers:
Die heilpädagogische Rhythmik zählt zu den wohl ältesten Verfahren, die für die pädagogische Arbeit mit behinderten und auch verhaltensauffälligen Personen entwickelt worden sind. In erster Linie ist die rhythmisch-musikalische Erziehung für Kinder und Jugendliche konzipiert, sie hat sich aber ebenso in der Arbeit mit Erwachsenen etabliert. Dominierte früher eine behandlungsorientierte Ausrichtung mit eng gestrickten übenden Verfahren, so wird heute eine Arbeitsweise favorisiert, die Elemente aus der Psychomotorik und ästhetischen Praxis aufgreift beziehungsweise die Nähe zu kreativen Ansätzen sucht (Weiss 2006). Während der Ansatz der Übungsbehandlung in der augenfälligen Gefahr steht, den behinderten Menschen in seiner Subjekthaftigkeit zu verfehlen und als Objekt zu betrachten, rückt in der zweiten Position die Subjektzentrierung deutlich in den Mittelpunkt, weswegen hier auch von einem „teilnehmerorientierten Ansatz" gesprochen wird. Wer die Schriften von Scheiblauer studiert hat, wird vermuten, dass es ihr angesichts ihrer humanen Grundhaltung, die von der Würde und Achtung vor der Person geprägt ist, wohl eher um diese zweite Richtung zu tun war. Von hier aus ergeben sich unseres Erachtens auch Möglichkeiten, mit Menschen zu arbeiten, denen Lernschwierigkeiten und Verhaltensauffälligkeiten nachgesagt werden. Grenzen beinhaltet die heilpädagogische Rhythmik dort, wo gewisse soziale und kognitive Kompetenzen zur Mitwirkung in Gruppen vorausgesetzt werden, die bei Menschen mit schweren kognitiven Beeinträchtigungen und Verhaltensauffälligkeiten zum Teil erst durch „Vorübungen" in Kleinstgruppen beziehungsweise Partnerarbeit angebahnt werden müssen. Gerade deshalb bedarf es des offenen Charakters und der Variabilität der Übungsprogramme. Zudem ist in der Arbeit mit schwerst- und mehrfach behinderten Menschen eine Modifikation der allgemeinen heilpädagogischen Rhythmikübungen notwendig, wenn eine „ganzheitliche" und subjektzentrierte Entwicklungsförderung Ziel sein soll. Alles in allem stellen wir somit fest, dass die heilpädagogische Rhythmik sowohl Chancen als auch Probleme beinhaltet, die es sorgfältig zu reflektieren gilt. Wünschenswert wären Forschungen und Wirksamkeitsstudien in Bezug auf den Einsatz der heilpädagogischen Rhythmik zur Förderung von Stärken sowie zur Prävention, Kompensation und zum Abbau von Verhaltensauffälligkeiten.

Mediation

Zielgruppe:
Menschen, die miteinander in Konflikt geraten sind

Definition und Ziele:
Der Begriff der Mediation bedeutet „Vermittlung" und steht für einen Ansatz, bei dem eine unparteiliche dritte Person (Mediator) „Konfliktparteien darin unterstützt, gegenseitig zufriedenstellende Lösungen in Bezug auf ihre Differenzen zu finden... Mediation ist weder Therapie noch eine ‚Gerichtsverhandlung'. Vielmehr soll Mediation den Konfliktparteien einen sicheren, vertrauensstiftenden ‚Gelegenheitsraum' bieten, um ihre Meinungsverschiedenheiten auszutragen und eine gegenseitig zufriedenstellende Lösung zu erreichen" (ADA 2003; auch Besemer 1995, 14). Zentraler Gegenstand der Mediation sind somit *soziale Konflikte*, das heißt Konflikte zwischen Personen und nicht etwa „intrapsychische" beziehungsweise persönliche Konflikte (Montada und Kals 2001, 60). Im Fokus stehen Gegensätzlichkeiten von Wünschen oder Interessen zwischen (mindestens) zwei Personen (Wüllenweber 2009b), die zu einem Konflikt führen, wenn sich eine Partei in der Verwirklichung eigener Vorstellungen oder Absichten durch das Denken und Handeln der anderen beeinträchtigt fühlt (Glasl 2002, 23).

Eine häufige Austragungsform von Konflikten ist Gewalt, die psychisch, physisch, institutionell oder strukturell zu Tage treten kann (Theunissen 2001a) und am Beispiel des Wohnens von Menschen mit Lernschwierigkeiten im Heim von Michalek (2000) wissenschaftlich untersucht worden ist. Dabei zeigte sich, dass Verhaltensauffälligkeiten sehr oft Auslöser für Konflikte sein können; zudem wurden allgemeine Erkenntnisse weithin bestätigt, dass sich Konflikte als Streit, Auseinandersetzung, Sachbeschädigung, Aggression, Kampf oder auch Rückzug oder Distanz repräsentieren können (Wüllenweber 2009b). Durch die Bearbeitung sozialer Konflikte besteht einerseits die Chance, drohende Eskalationen oder Krisen zu vermeiden, weshalb der Mediation eine prominente Bedeutung der *Prävention* von Krisen, Gewalt oder „asozialen" Einstellungen (Fremdenfeindlichkeit u. ä.) zukommt. Andererseits werden Lernprozesse im Bereich sozialer Kommunikations- und Konfliktfähigkeit angeregt, so dass Betroffene (Mitglieder von Konfliktparteien) im Hinblick auf soziale Kompetenzen (im Verhaltens- und Einstellungsbereich; z. B. gegenseitige Achtung, Empathie...) und (mutual) Empowerment gestärkt werden. An dieser Stelle ergibt sich eine starke Affinität zum Ansatz des *Sozialen Lernens*. Die Mediation sollte dabei aber nicht auf eine Methode des Sozialen Lernens reduziert werden, sie kann zwar sehr wohl soziale Lernprozesse befördern, stellt jedoch immer ein darüber hinausgehendes eigenständiges Angebot zur Konfliktbearbeitung dar.

Theoretische Bezugspunkte/Überlegungen:
Der Mediationsansatz stammt aus den USA, wo er seit den 1960er Jahren im Umfeld von Bürgerrechtsbewegungen insbesondere bei Rechtsstreitigkeiten Tradition hat (Besemer 1996). In dem Zusammenhang spielt er bis heute im Bereich der Behindertenarbeit (vor allem auf institutioneller und gesellschaftlicher Ebene) eine wichtige Rolle, wenn es darum geht, bei Verstößen gegen das US-amerikanische

Antidiskriminierungsgesetz zwischen den Konfliktparteien (z. B. behinderten Menschen und privaten Geschäftsleuten) zu vermitteln. Hierzu gibt es von amerikanischen Justizministerien sogenannte ADA-Mediationsprogramme sowie auch eigens eingerichtete *„Disability Mediation Centers"*, die bei Betroffenen eine hohe Wertschätzung erfahren und den Nachweis erbringen, dass Mediation ein effektiver Ansatz zur Sicherung von Rechten behinderter Menschen im Sinne der Inklusion und Partizipation ist (ADA 2003; Disability Mediation Center 2003). Darüber hinaus wird schon seit geraumer Zeit ebenso in anderen Bereichen, in denen soziale Konflikte ein Zusammenleben oder –arbeiten erschweren, auf Mediation als *Programm zur Streitschlichtung* zurückgegriffen, so zum Beispiel im Wirtschaftsleben, in der Familientherapie, in der Jugendhilfe oder im schulischen Bereich bei Konflikten zwischen Schülern oder zwischen Schülern und Lehrern. Auch in Deutschland findet inzwischen die Mediation in Scheidungs- oder Mietauseinandersetzungen, Schulen, in der Organisationsberatung, internationalen Krisen- und Konfliktprävention, Politik, Alten- und Krankenpflege sowie Jugendhilfe immer häufiger Anwendung.

In der hiesigen Heilpädagogik und Behindertenhilfe steckt sie dagegen erst in blassen Anfängen. Berichte aus den USA sowie erste Erfahrungen aus Deutschland (Friedensbildungswerk Köln 2002), die sich auf Mediation in der Arbeit mit Menschen mit Lernschwierigkeiten beziehen, lassen aber den Schluss zu, dass es sich lohnt, den Ansatz näher zu betrachten.

Diesbezüglich ist zunächst einmal anzumerken, dass sich die Mediation mit ihrer Philosophie und ihrem Anliegen in Bahnen der humanistischen Psychologie (Rogers 1974; Cohn 1975) und des Empowerment-Konzeptes bewegt, so wie es ursprünglich von den US-amerikanischen Bürgerrechtsbewegungen grundgelegt wurde (Herriger 2006; Theunissen 2009). Wie bereits in der Definition vermerkt, geht es im Ansatz der Mediation um Konfliktbewältigung, und dabei kommt dem Mediator (Vermittler) eine Schlüsselfunktion zu. „Mediatoren sind keine Richter" (ADA 2003), daher dürfen sie keine Lösungen vorgeben oder Entscheidungen treffen, sondern sie sind „nur für das Setting, das Verfahren und die Fairness zuständig" (Besemer 1996, 11). Ihre Aufgabe besteht darin, Prozesse so zu managen, dass die Konfliktparteien selbst zu Lösungen gelangen können. Dabei sollten sich Mediatoren vergewissern, dass Regeln der Fairness eingehalten werden, wechselseitige Kommunikationen statthaben und alle Beteiligten mit ihren Bedürfnissen, Sichtweisen und Emotionen zu Wort kommen (Montada und Kals 2001, 133ff.). Eine entscheidende Rolle spielen dabei die innere Einstellung und Haltung eines Mediators (Allparteilichkeit, Akzeptanz, Anerkennung, positive Bestätigung), sogenannte Ich-Botschaften (Cohn), die Fähigkeit des einfühlenden und aktiven Zuhörens, spezifische Techniken wie das „Spiegeln" (in eigenen Worten das wiedergeben, was ein anderer gesagt hat oder fühlt) oder methodische Kunstgriffe, wie sie insbesondere in der systemischen Konsultation handlungsbestimmend sind (Aussagen umformulieren; Reframing; Perspektivwechsel; zirkuläres Fragen [Lingg und Theunissen 2008; Besemer 1995, 116ff.].

Damit werden unzweifelhaft hohe Anforderungen an die Person des Mediators gestellt, der letztlich dafür Sorge zu tragen hat, dass Ergebnisse entstehen, bei denen es keine Verlierer gibt. Insofern geht es um Lösungen, die mit den Bedürfnissen der Konfliktparteien im Einklang stehen und von ihnen akzeptiert werden. „Eine erfolgreiche Mediation zeichnet sich durch eine bindende Vereinbarung zwischen den Parteien aus" (ADA 2003).

Grundsätzlich wird in der Mediation von einer freiwilligen Teilnahme der Konfliktparteien ausgegangen. Trotzdem besteht die Gefahr, dass schwache oder machtlose Personen, die womöglich Schwierigkeiten haben, ihre Interessen angemessen zu vertreten, von anderen „an die Wand gedrückt werden". Ist die Verhandlungs- oder Kommunikationsfähigkeit zwischen den Parteien sehr unterschiedlich, greifen auf jeden Fall Vorstellungen zu kurz, bei denen ein Mediator in einem Streitgespräch beziehungsweise Konflikt eine neutrale Haltung einnimmt. Im Sinne von Empowerment genügt es aber ebenso wenig, nur auf die Allparteilichkeit zu achten, so dass jede Partei mit ihren Interessen, Sichtweisen und Bedürfnissen zu Wort kommt. Vielmehr sollten durch gezielte Unterstützung (aktives Zuhören, Freilegung verborgener Interessen, Bewusstmachung eigener Gefühle und Interessen, Spiegeln, Dolmetschen...) Schwache oder Machtlose so gestärkt werden, dass sie im Prozess der Mediation zur Selbstbestimmung befähigt werden können (Breidenbach 1995, 127; Montada und Kals 2001, 39ff.). In dem Falle wie gleichfalls bei massiven Konflikten bietet es sich an, die Mediation mit mehreren Mediatoren durchzuführen und gegebenenfalls auch Vertrauenspersonen (als „Übersetzer" mit advokatorischer bzw. fürsprechender Funktion) einzubeziehen. Dies hat den Vorteil, dass insbesondere bei Ausdrucksschwierigkeiten oder schwer verständlicher Aussprache Menschen mit Lernschwierigkeiten nicht benachteiligt werden. Eine weitere wichtige Hilfe bieten Formen der Unterstützten Kommunikation sowie alternative Ausdrucksmittel wie Bilder malen, Rollenspiele und Ähnliches.

Insgesamt betrachtet stoßen wir auf verschiedene Möglichkeiten der Mediation und Konfliktbearbeitung (Breidenbach 1995, 213ff.), die von einer „selbstbestimmten Konsensfindung" der Parteien bei einem annähernd gleichen Machtverhältnis oder von einem „Vergleich" zur Konfliktbeendigung über eine „schnelle Einigung" der Parteien, die über ausreichend personale Ressourcen verfügen, um Konflikte zu bearbeiten, bis hin zu einer „Versöhnung" reichen können, welche in einem deutlichen Gegensatz zu einer selbstbestimmten Entscheidungsfindung der Parteien sowie in der augenfälligen Gefahr steht, soziale Konflikte zu verdecken. Mit Blick auf Anwendungsmöglichkeiten der Mediation bei Menschen mit Lernschwierigkeiten haben wir uns dem Empowermentansatz verschrieben, welcher sicherstellt, dass Personen in marginaler Position ernst genommen und nicht übervorteilt werden.

Diese Orientierung ist insbesondere für pädagogische Arbeitsfelder notwendig, wo die Macht ungleich verteilt ist.

Setting/Raum:
Mediation ist an kein spezielles Setting gebunden, bevorzugte Orte sind: Besprechungsraum, „Friedensecke" in einem Klassenzimmer oder in einem Gemeinschaftsraum einer Wohngruppe.

Medien/Mittel:
Keine speziellen Medien oder Mittel erforderlich; gegebenenfalls Flipcharts

Sozialform:
Vorrangig Gruppenarbeit

Vorgehensweise:
Eine Mediation lässt sich in der Regel auf recht unkomplizierte Weise arrangieren und kommt dann zum Einsatz, wenn Konfliktparteien bereit sind, gemeinsam an einer Auflösung des Konfliktes zu arbeiten. Am besten ist es, wenn ein „externer" Vermittler den Mediationsprozess unterstützt, weil bei „internen" Mediatoren, die zum Beispiel in einer betroffenen Institution tätig sind (Psychologe, Lehrer), ein gewisses Maß an Befangenheit (als Repräsentant einer Einrichtung oder Trägers) bestehen kann. Eine Mediation beinhaltet mehrere aufeinander folgende Schritte:
1. Eröffnung durch den Mediator, der sich zuvor über das Konfliktfeld orientiert haben sollte und der das Mediationsverfahren vorstellt, seine Rolle erläutert, Ziele und den geplanten Ablauf abspricht; Vorstellung der Teilnehmer und Schaffung einer guten Arbeitsatmosphäre.
2. Darlegung des Konfliktes durch alle am Konflikt beteiligten Personen; Verständnisfragen von den Konfliktparteien; Nachfragen und Zusammenfassung des Gesagten durch den Mediator beziehungsweise durch mehrere Vermittler.
3. Spiegeln, indem jede Partei die Position beziehungsweise das Gesagte der anderen noch einmal wiedergeben soll.
4. Beschreibung der Gefühle, die bei der Wiedergabe der Position der anderen Partei entstanden sind; Gemeinsamkeiten und Differenzen sollen durch den Mediator zusammengefasst und festgehalten werden.
5. Konflikterhellung durch Befragung zu den einzelnen Problemen; Herausarbeitung bisher nicht genannter Hintergründe, Interessen oder Wünsche (Aufdeckung der sog. Tiefenstrukturen des Konflikts); funktionale Analyse des Konflikts (Bedingungen, Handlungen, Reaktionen...).
6. Suche nach möglichen Lösungen (z. B. durch ein Brainstorming, Rollenspiele o. ä.).

7. Auswertung der möglichen Lösungen und Auswahl einer „*win-win*"-Lösung, die bei beiden Parteien Zustimmung findet.
8. Erstellung einer schriftlichen Vereinbarung und Beendigung der Gesprächsrunde; gegebenenfalls Vereinbarung eines weiteren Termins zur Überprüfung des Ergebnisses (Schrumpf, Crawford und Usadel 1991; Besemer 1995, 14, 57ff.; Montada und Kals 2001, 179ff.).

Die prominente Bedeutung dieses Modells liegt unzweifelhaft im schulischen Bereich, wo es als „*peer mediation program*" als eine (freiwillige) Alternative zu traditionellen, schuldisziplinarischen Maßnahmen zur Bewältigung von sozialen Konflikten zwischen Schülern oder zwischen Schülern und Lehrern hoch gehandelt wird (Schrumpf et al. 1991; Simsa 2001). Eine Peer-Mediation zeichnet sich dadurch aus, dass Klassen beziehungsweise Schülergruppen, die miteinander streiten oder „verfeindet" sind, die Konfliktbearbeitung unter eigener Regie vornehmen sollen. Hierzu werden eigens „Schülermediatoren" ausgebildet, die allerdings nicht in der eigenen Klasse vermitteln sollen. An die betreffenden Schülermediatoren (dies können auch [ehemalige] verhaltensauffällige Schüler sein) werden - wie bei professionellen Vermittlern - nicht nur hohe Anforderungen an soziale Kompetenzen, sondern gleichfalls an sprachliche (Vermittlungs-)Fähigkeiten sowie an spezielle Fähigkeiten zur Führung von Gruppen im Sinne einer Mediation gestellt. Vor diesem Hintergrund dürfte es schwierig sein, geeignete Peer-Mediatoren mit einer komplexen Behinderung zu finden. Daher übernehmen bei diesen Personenkreis wie auch bei Familien mit einem behinderten Angehörigen in erster Linie externe professionelle Helfer (in Mediation geschulte Berater, Psychologen...) die Vermittlerrolle, was nicht ausschließt, dass auch Personen mit Lernschwierigkeiten zu Peer-Mediatoren ausgebildet werden können (z. B. Heim- und Werkstatträte). Zur Konzipierung einer solchen Schulung sind die Anregungen eines Peer-Ausbildungsprogramms hilfreich, wie es die GWK Köln (2006) für die Behindertenarbeit erprobt oder Jefferys-Duden (1999) im Allgemeinen zusammengestellt haben.
Prinzipiell gilt zu bedenken, dass der Mediationsansatz ein gewisses Maß an sprachlichem Ausdrucksvermögen voraussetzt beziehungsweise davon ausgeht, dass die einzelnen Mitglieder der Konfliktparteien ihre eigene Position mit sprachlichen Mitteln (ggf. unter Hinzuziehung von unterstützenden Kommunikationshilfen) darstellen können. Zudem unterstellt er die Bereitschaft, anderen Personen zuzuhören sowie die Fähigkeit, in Unabhängigkeit von anderen eigenständig-verantwortlich Entscheidungen zu treffen. Insofern wird von bestimmten Voraussetzungen ausgegangen, weshalb das Friedensbildungswerk Köln (2002, 1, 10f.) „Grenzen der Mediation" in der Arbeit mit Menschen konstatiert, denen eine komplexe Behinderung nachgesagt wird, die sich vor allem auf die kognitive Ebene („Konflikteinsichtsfähigkeit"; „Selbstreflexionsfähigkeit zum Konflikt") sowie auf ein hohes Maß an sozialer Abhängigkeit bezieht. Außerdem sei in der Arbeit mit diesem Personen-

kreis „die Gefahr der Interpretation" zu groß (ebd., 11). Nichtsdestotrotz kommen die Teilnehmer jedoch zu der Überzeugung - und dies in Übereinstimmung mit Berichten aus den USA -, dass Mediation in der Arbeit mit intellektuell behinderten Menschen möglich ist (13). Denn schließlich bestehen Möglichkeiten einer gezielten Unterstützung; zudem lassen sich spezifische Fähigkeiten und Fertigkeiten (z. B. Fähigkeiten, erfolgreich zu verhandeln; Erlernen von Gesprächsregeln) unmittelbar im Mediationsprozess als Lernziele in den Blick nehmen, es können aber auch spezielle (mediations- oder empowermentorientierte) „Vorübungen" konzipiert werden, die in dem Falle Bestandteil eines Sozialen Lernens (mit Rollenspielen etc.) wären.

Rolle des Pädagogen:
Vermittelnd, ausgleichend, assistierend

Perspektiven in Bezug auf Verhaltensauffälligkeiten:
Der Mediationsansatz gilt in den eingangs genannten Anwendungsbereichen als ein effizientes und erfolgreiches Verfahren zur Bewältigung sozialer Konflikte (z. B. Simsa 2001, 77; auch Montada und Kals 2001, 238f.). Die Mediation zielt dabei aber nicht direkt auf den Abbau von Verhaltensauffälligkeiten, wohl aber können indirekt positive Wirkungen erzeugt werden und eintreten, wenn soziale Konflikte durch spezifische Verhaltensauffälligkeiten (Beschimpfen, Schlagen...) zum Ausdruck gebracht wurden beziehungsweise bestimmt waren. Ferner werden der Mediation eine präventive Bedeutung im Hinblick auf Vermeidung von Krisen oder auch Gewalt zugeschrieben.

Repräsentanten/Bezugsliteratur:
Besemer (1995; 1996); Friedensbildungswerk Köln (2002); GWK-Gemeinnützige Werkstätten Köln (2006); Jefferys-Duden (1999); Montada und Kals 2001; Schrumpf et al. (1991); Simsa (2001)

Querverbindungen:
Soziales Lernen in Gruppen, Positive Peerkultur (Opp 2009b)

Beurteilung aus der Sicht des Verfassers:
Wenngleich die Mediation nicht aus der Pädagogik stammt, findet sie seit geraumer Zeit in allgemeinen pädagogischen Arbeitsfeldern, in Schulen, in der Jugend- oder Sozialarbeit viel Zuspruch. Dagegen ist sie hierzulande in der Heilpädagogik oder Behindertenhilfe bislang kaum zur Kenntnis genommen worden. Dafür sind zwei zentrale Gründe haftbar zu machen: Zum einen die Orientierung an „traditionellen Helfermodellen" (hierzu Theunissen 2009, 63ff.), in denen die Betroffenen-Perspektive (z. B. Interessen, Wünsche behinderter Menschen) nahezu keine Be-

achtung findet, und zum anderen die Auffassung, dass angesichts eingeschränkter Reflexions- und Kommunikationsfähigkeiten Mediation bei Menschen mit Lernschwierigkeiten (komplexer Behinderung) letztlich ungeeignet sei. Der Empowermentansatz zeigt dagegen auf, dass sich das Rollenverständnis grundsätzlich zum Positiven (z. B. Wertschätzung der Autonomie des Anderen) geändert hat, und die moderne Behindertenarbeit greift heute auf Formen Unterstützter Kommunikation zurück (dazu später), um Menschen mit Behinderungen Möglichkeiten einer selbstbestimmten Kommunikation beziehungsweise kommunikativen Partizipation zu eröffnen. Insofern sollten Chancen genutzt werden, die die Mediation zur Bearbeitung sozialer Konflikte in verschiedenen Kontexten bietet (z. B. bei Konflikten innerhalb eines Mitarbeiterteams, in Familien mit einem behinderten Angehörigen, zwischen Schülern, Schülern und Lehrkräften, Bewohnern, Bewohnern und Mitarbeitern, verschiedenen Systemen wie Wohngruppe, WfbM, Elternhaus). Freilich bedarf es einer realistischen Einschätzung der Möglichkeiten. So darf zum Beispiel Mediation nicht als ein „Allheilmittel" zur Bewältigung sozialer Konflikte oder gegen Gewalt missverstanden werden. Nicht jeder soziale Konflikt lässt sich durch Mediation lösen (Montada und Kals 2001, 232). Das zeigen Evaluationen auf, denen zu entnehmen ist, dass es nicht nur Einschränkungen im Hinblick auf das oben anskizzierte notwendige Fähigkeitsprofil gibt, sondern auch Grenzen im Falle von psychischen Störungen (z. B. bei psychopathologischem Verhalten), wenn diese ursächlich für einen sozialen Konflikt sind: „Persönlichkeitsstörungen, aus denen Konflikte entstehen, können durch die Mediation nicht bewältigt" (Friedensbildungswerk Köln 2002, 11), wohl aber im Einzelfalle verdeutlicht und für eine weiterführende Psychotherapie zugänglicher gemacht werden. Des Weiteren ergeben sich Grenzen dort, wo die Bereitschaft zum Einhalten von vereinbarten Regeln oder der Wunsch nach beziehungsweise das Interesse an einer konstruktiven Konfliktbearbeitung fehlen (Montada und Kals 2001, 233). In dem Falle wäre zu prüfen, inwieweit im Vorfeld, zum Beispiel durch Einzelarbeit, auf eine konstruktive Mitarbeit hingearbeitet werden kann. Zu guter Letzt sei erwähnt, dass der Mediationsansatz nur dann erfolgreich sein kann, wenn er zugleich von den gegebenen Systemen (Institutionen) unterstützt wird. Steht zum Beispiel ein Kollegium einer Schule, einer Schulleitung oder eine Leitung einer Behinderteneinrichtung dem Verfahren eher ablehnend gegenüber, bestehen von vornherein nur geringe Erfolgschancen. Mit anderen Worten: Ein gegebenes System muss eine der Mediation entsprechende Konfliktkultur mittragen, wenn eine „gute Pädagogik" fruchtbar werden soll.

Neuropsychologisch orientierte Lernförderung und Therapie

Zielgruppe:
In erster Linie Menschen mit neuropsychologisch umschreibbaren Hirnschädigungen oder Hirnverletzungen; darüber hinaus Personen mit frühkindlicher Hirnschädigung (bzw. mit einer komplexen Behinderung)

Definition und Ziele:
Unter einer neuropsychologisch orientierten Lernförderung und Therapie fassen wir Ansätze, die Erkenntnisse der klinischen Neuropsychologie und modernen Neurowissenschaft aufgreifen und für die konkrete praktische Arbeit aufzubereiten versuchen (Jantzen 1990; Lurija 1998; Pickenhain 1998; Sturm 1989a, 362; 1989b; Wais 1990, 118ff.). Das gilt im Prinzip auch für Arbeitsformen wie *Basale Stimulation* (Fröhlich), *Sensorische Integration* (Ayres) oder den *PLAG-Ansatz* (Affolter), die wir aufgrund ihres originären Charakters und ihrer prominenten Rolle in der Arbeit mit behinderten Menschen als spezielle Verfahren dargestellt haben. An dieser Stelle ist es uns dagegen in erster Linie um Ansätze zu tun, die sich an neurologisch begründbaren Lern- und Lehrformen orientieren und darüber hinausgehend als eng umschriebene Methoden darauf zielen, „kortikal nie entwickelte, verkümmerte Funktionen kompensatorisch neu zu organisieren" (Menzen 1994b, 393; 1994a, 54) beziehungsweise „alte gestörte Funktionen ersetzend zu behandeln" (ebd. 1990, 8). Hierzu ist es unumgänglich „in der Art einer ‚heuristischen Diagnostik' die neuropsychologisch umschreibbare Schädigung dieses uns anvertrauten Menschen über eine längere Dauer zu beobachten, um nicht nur die Störung, sondern weitergehend die verbleibend aufbaubaren Kompetenzen einzuschätzen" (ebd., 8) sowie zusätzliche Stärken und Kompetenzen wahrzunehmen (hierzu die faszinierenden Beispiele von Sacks 1995, 235ff.; auch 1997).

Theoretische Bezugspunkte/Überlegungen:
Ziel der Neuropsychologie ist es, „Zusammenhänge zwischen den Funktionen des Zentralnervensystems, vor allem des Gehirns und den psychischen Prozessen aufzuklären" (Orgass 1989a, 1), wobei in klinischer Hinsicht „die entweder durch angeborene *Missbildungen* oder aber erworbene *Schädigungen* des Gehirns verursachten Verhaltensabweichungen oder –änderungen analysiert" werden (Sturm und Hartje 1989a, 8). Im Blickpunkt stehen dabei Funktionsausfälle oder –störungen nach reversiblen und irreversiblen Hirnverletzungen oder Hirnschädigungen, „wobei die Frage nach der Lokalisierbarkeit bestimmter psychischer Funktionen" (ebd., 17) besondere Aufmerksamkeit erfährt. Um von vornherein Missverständnissen vorzubeugen sei gesagt, dass sich die moderne Neuropsychologie gegen ein starres Lokalisieren isolierter Fähigkeiten wendet, den Begriff der „Lokalisation" im Prinzip nur für sehr wenige Fälle reserviert und dem russischen Neuropsychologen Lurija

(1998, 27) folgend die Theorie der „funktionellen Systeme" zu Grunde legt (Poeck 1998a; Jantzen 1990; Markowitsch 2002). Sie besagt, dass verschiedene Teile des Gehirns (hierzu *Anmerkung* 1) miteinander verbunden sind, um unterschiedliche Funktionen zu erfüllen. Lurija (1998) gliedert das Gehirn (ZNS) in *drei grundlegende Funktionseinheiten* (hierzu auch Jantzen 1990, 72ff.):
erstens in Teile, die den Tonus, die Wachheit, psychischen Zustände und Aktivierung (*arousal*) regulieren (entsprechende Strukturen liegen in den tieferen Schichten des Subkortex und des Hirnstamms, betreffen das Zwischenhirn [Diencephalon], die mediale Region der Hirnrinde, v. a. die Formatio reticularis),
zweitens in Teile, die für die Aufnahme, Verarbeitung (Analyse) und Speicherung von Informationen zuständig sind (diese Strukturen sind „in den lateralen Regionen des Neokortex an der konvexen [nach außen gewölbten] Oberfläche der Hemisphären lokalisiert, von denen sie die hinteren Regionen einschließlich der visuellen [okzipitalen], akustischen [temporalen] und allgemein sensorischen [parietalen Regionen]" [Lurija 1998, 64] umfassen, also die Sehrinde, das Hörzentrum und den sensorischen Cortex) und
drittens in Teile, die die Planung, Programmierung, Steuerung und Kontrolle von Tätigkeiten regulieren (diese Strukturen betreffen die Stirnlappen beziehungsweise die präfrontalen Regionen des Gehirns, das Kleinhirn und den motorischen Cortex).
Diese drei Funktionseinheiten arbeiten in den verschiedenen Gehirnarealen auf unterschiedlichen Funktionsebenen zusammen und sind an jedem Verhalten beteiligt. Vor dem Hintergrund dieses Modells ist Lurija zu dem Schluss gekommen, „dass unterschiedliche Hirnschädigungen zu qualitativ verschiedenen Beeinträchtigungen bei der gleichen Aufgabe führen können" (Hartje und Sturm 1989a, 313f.) (hierzu *Anmerkung* 2). Interessant ist in dem Zusammenhang die Frage, wie jede Struktur und Funktion miteinander interagieren und wie bestimmte Störungen lokalisiert sind (Ramchandran 2001, 43). Sie lässt sich am besten durch ein Beispiel beantworten: „Wenn wir eine Uhr ablesen, so setzt sich dieser Vorgang zusammen aus mindestens folgenden elementaren Verarbeitungsprozessen... 1. Die räumliche Stellung der Zeiger zueinander und zu den Ziffern muss richtig analysiert werden. 2. Die Ziffern müssen in ihrem Zahlenwert verstanden werden. 3. Es muss eine Zeitvorstellung vorhanden sein. 4. Es muss in die räumliche Analyse der Zeigerstellung das ‚Wissen' eingebracht werden, dass die Zeiger von links nach rechts laufen – eben im Uhrzeigersinn. 5. Die Uhr muss als Uhr erkannt werden. – *Diese verschiedenen Verarbeitungsprozesse sind das, was man lokalisieren kann.* – Bestimmte Hirnrindenabschnitte sind darauf spezialisiert, räumliche Informationen zu analysieren; andere Hirnrindenabschnitte haben die Aufgabe, Symbole, Ziffern und Buchstaben zu verstehen; wieder andere machen nichts anderes, als Gegenstände zu erkennen; und schließlich sind es wieder andere Hirnrindenabschnitte, die die Richtungsdynamik ‚von links nach rechts' in die räumliche Analyse einbringen.

– Schon ein so schlichter Vorgang wie das Ablesen einer Uhr erfordert somit das Zusammenspiel mindestens der genannten räumlich durchaus getrennten Hirnabschnitte. Insofern kann man das Uhrablesen gar nicht lokalisieren, sondern eben nur die Verarbeitungsprozesse, aus denen es sich zusammensetzt.
Wenn nun bei Schädigung eines Hirnabschnitts, der, sagen wir, die Ziffernanalyse leistet, das Uhrablesen gestört ist, so dürfen wir folglich nicht schließen, in diesem Abschnitt ,sitze' das Uhrablesen. Vielmehr ist durch diese Schädigung *eine* Komponente des komplizierten Vorganges gestört; erst als Folge davon misslingt auch der Gesamtvorgang. ... Je nach Lokalisation der Schädigung ist also die Art des Misslingens, das heißt die Art des Symptoms verschieden. D. h. jede Normalfunktion ist meist von sehr vielen verschiedenen Stellen her störbar. Umgekehrt ist nahezu jeder Hirnrindenabschnitt an mehreren Funktionen beteiligt. Eine Schädigung *eines* solchen Hirnabschnitts muss folglich zu *mehreren* Symptomen führen, d. h. es sind dann meist mehrere Funktionen gestört.
Wenn zum Beispiel das Ziffernverständnis gestört ist, so wird als Folge davon natürlich nicht nur das Uhrablesen misslingen; vielmehr ist ein solcher Patient dann auch beeinträchtigt in solchen Funktionen wie dem Rechnen; er würde auch Zahlenangaben auf Kochrezepten falsch verstehen und folglich Ungenießbares kochen ..." (Wais 1990, 16f.).
Dieses Beispiel des Uhrablesens zeigt auf, dass an kognitiven Prozessen (Denken) immer viele verschiedene Teile des Gehirns beteiligt sind (Roth 2003a), und es eröffnet uns zugleich auch einen wichtigen Zugang zur Frage der funktionellen *Spezialisierung der Großhirnhemisphären,* die zum Verständnis und zu den Behandlungsmöglichkeiten bestimmter Funktionsstörungen von besonderer Bedeutung ist (Hartje 1989a; Jantzen 1990, 120ff.; Ramachandran und Blakeslee 2001, 45, 219ff., 285; auch Sacks 1995, 181ff.). Neuropsychologische Untersuchungen lassen den Schluss zu, dass den Hemisphären, die die jeweils gegenüberliegende Körperhälfte regulieren, bestimmte Leistungen zugeordnet werden können (siehe dazu *Anmerkung* 3).
Damit keine Missverständnisse auftreten, sei gesagt, dass die in der Anmerkung 3 aufgeführten Störungen *häufig* nach links- beziehungsweise rechtsseitigen Hirnschädigungen auftreten. Das bedeutet, dass sie nicht grundsätzlich nach einer links- beziehungsweise rechtshirnigen Schädigung auftreten müssen. Zudem gibt es zur Genüge Funktionsstörungen, an denen beide Hemisphären beteiligt sind, so zum Beispiel bei Störungen der Konstruktion von Gegenwart und Zukunft (Jantzen 1990, 122f.; dazu auch *Anmerkung* 4). Ebenso ist eine hirnlokalisatorische Zuordnung *affektiver Störungen* „in den meisten Fällen nicht möglich" (Poeck 1989d, 324). So werden zum Beispiel Auffälligkeiten wie Antriebsmangel, Teilnahmslosigkeit, Gleichgültigkeit der Empfindungen vor allem bei bilateralen Stirnhirnläsionen beobachtet. Alles in allem verbieten sich somit starre Annahmen (Jantzen 1990, 122f.).

Das gilt zum Beispiel auch für das Gedächtnissystem, welches gegenwärtig neben dem zeitabhängigen Einteilungsmodell (Ultrakurzzeit-, Kurzzeit- und Langzeitgedächtnis) in vier Gedächtnisarten (episodisches Gedächtnis für autobiographische Ereignisse; Wissenssystem für Weltkenntnisse, Schulwissen etc.; prozedurales Gedächtnis für mechanische, motorische Fertigkeiten; Priming für erleichtertes Erinnern von ähnlich erlebten Situationen) unterschieden wird und im Hinblick auf Einspeicherung und Abruf von Inhalten in verschiedenen Teilen des Gehirns lokalisiert und nicht in einer Hemisphäre lateralisiert zu sein scheint (Markowitsch 2002, 55). „Schwere, weitgehend irreversible Gedächtnisstörungen sind fast nur nach bilateralen Schädigungen verschiedener Strukturen des limbischen und des dienzephalen Systems zu beobachten" (Hartje und Sturm 1989c, 227).

Vor diesem Hintergrund müssen neben der Hemisphärenspezialisierung auch andere (bilaterale) Strukturen und Funktionssysteme des Gehirns beachtet werden, so zum Beispiel das Zwischenhirn, die Basalganglien und das limbische System, das für die klinische Neuropsychologie und Psychiatrie im Hinblick auf Verhaltensauffälligkeiten, affektive Störungen oder psychische Erkrankungen von besonderem Interesse zu sein scheint (Grawe 2004; Roth 2003a). Das limbische System gilt als Vermittlungssystem und Regulator für (elementare) Bedürfnisse und Emotionen und „es sichert im wesentlichen die Herausbildung der emotional-motivationalen Gerichtetheit, also die Herausbildung der ‚Modelle des Künftigen' nach dem Maß emotionaler Erfülltheit" (Jantzen 1990, 104f.). Es wird angenommen, dass Störungen des limbischen Systems affektive Störungen bis hin zur Schizophrenie begünstigen können, wenngleich der Nachweis spezifischer Defekte im limbischen System ausgesprochen schwierig zu sein scheint (Andreasen 1990, 140ff.). Solche Zusammenhänge werden insbesondere vor dem Hintergrund von Untersuchungen des chemischen Haushalts des Gehirns sowie der Effekte von Psychopharmaka (Neuroleptika) vermutet. So haben zum Beispiel die Basalganglien als Regulations- und Vermittlungssystem für Bewegungen und sensorische Informationen mit dem limbischen System den Neurotransmitter Dopamin gemeinsam, der im Überschuss als eine mögliche Ursache der Plussymptomatik einer Schizophrenie diskutiert wird (Lingg und Theunissen 2008, 71). Sacks (1995, 135) zur Folge scheinen unter anderem auch Menschen, die am Tourette Syndrom leiden (starke affektive, motorisch-zwanghafte Erregung), über einen Überschuss an Dopamin zu verfügen. Darüber hinaus betreffen Hirnareale, deren Schädigung *aggressives Verhalten* freisetzt, insbesondere das limbischen System. Aber auch der gesamte Stirnlappen (Sacks 1997, 90, 395f.) gilt als ein wichtiger Regulator für emotional-motivationale Prozesse, für Willenskräfte wie auch für das Urteilsvermögen. Schädigungen des unteren Teils des Frontallappens können zu deutlichen Persönlichkeitsveränderungen führen wie zum Beispiel zu Beeinträchtigungen des Sozialverhaltens, zum Nachlassen von Spontaneität oder zu einem auffälligen Sexualverhalten; und „eine Schädigung des Teils des Frontallappens direkt hinter der Stirn führt in der Regel

dazu, dass ein Mensch unflexibel und wenig kreativ wird; er neigt dazu, an einer bestimmten Art der Problemlösung festzuhalten und seine Fehler immer und immer wieder zu wiederholen" (Andreasen 1990, 162).
Schließlich sei noch die Bedeutung des Balkens (Corpus callosum) erwähnt, der für die Kommunikation beider Gehirnhälften zuständig ist. Es wird angenommen, dass eine Schädigung des Balkens in Form einer abnormen Vergrößerung mit einer erhöhten elektrischen Aktivität (Kommunikation) zwischen beiden Hemisphären korrespondiert, was bei betreffenden Personen zu einem erhöhten Maß an Empfindlichkeit, Reizbarkeit (Vulnerabilität), Misstrauen oder Verfolgungswahn (Schizophrenie) führen kann (ebd., 225). Damit keine Missverständnisse auftreten sei an dieser Stelle noch einmal erwähnt, dass gleichfalls aus neuropsychologischer Sicht stets die Dialektik von Biologischem, Psychischem und Sozialem im Auge behalten werden muss (Grawe 2004).

Setting/Raum:
Je nach Art der Funktionsstörung beziehungsweise Hirnschädigung kann es günstig sein, die neuropsychologisch orientierte Hilfe in einem „therapeutischen Setting" anzubieten, ansonsten sollte grundsätzlich die reale Lebenswelt (Alltag) Ort der Lernförderung oder Therapie sein.

Medien/Mittel:
Die neuropsychologisch orientierte Arbeit verlangt keine speziellen Medien oder Mittel; alltägliche Dinge und ästhetische Materialien sind in der Regel gut geeignet.

Sozialform:
Einzelarbeit

Vorgehensweise:
Der neuropsychologisch orientierten Lernförderung oder Therapie – so wie wir sie für vertretbar halten – geht zunächst eine sorgfältige *Syndromanalyse* (Lurija 1998, 34ff.) im Rahmen einer *verstehenden Diagnostik* (Jantzen) voraus, die spezielle Kenntnisse in Neuropsychologie beziehungsweise Neurologie verlangt und daher nur von eigens hierzu ausgebildeten oder geschulten Fachleuten durchgeführt werden sollte. Für die helfenden Berufe (Heilpädagogen, Heilerziehungspfleger, Sozialarbeiter usw.) ist daher eine Kooperation mit Neurologen oder sachkundigen klinischen Psychologen unabdingbar. Ein wesentliches Ziel der neuropsychologischen Diagnostik ist es, mögliche Zusammenhänge zwischen Schädigungen bestimmter Hirnbereiche und Funktionsstörungen zu erfassen, wobei neben der üblichen diagnostischen Vorgehensweise (Test, Explorationsgespräch, Anamnese, Lebensgeschichte) genaue Bobachtungen (vor allem *wie* eine Aufgabe misslingt) eine wichtige Rolle spielen. Darüber hinaus werden immer häufiger „bildgeben-

de" Verfahren (Computertomographie; Kernresonanzspektroskopie; Positronen-Emissions-Tomographie) genutzt, um strukturelle Veränderungen im Gehirn zu erkennen, die für die *Syndromanalyse* aufschlussreich sein können. Diese spielt zum *Verständnis* von Verhaltens- und Erlebensweisen sowie des Selbst- und Weltbildes eines Betroffenen eine zentrale Rolle (Jantzen 1994; 1998a). Welche Bedeutung die Syndromanalyse haben kann, macht Jantzen (1990, 107) am Beispiel der Schädigung der Amygdala deutlich, die ein Teil des limbischen Systems ist: *"Zerstörungen der Amygdala* haben dramatische Folgen. Sie sind in der Literatur als *Klüver-Bucy-Syndrom* beschrieben, das bei Affen folgende Verhaltensauffälligkeiten beinhaltet: Psychische Blindheit (Essbares kann von Nichtessbarem nicht unterschieden werden); ausgeprägtes orales Verhalten (alle Gegenstände werden in den Mund genommen); Hypersexualität; starke Angstminderung, Rückfall innerhalb der Sozialordnung. Die Ursache der Störungen wird als ‚Unfähigkeit der Verknüpfung sensorischer Reize mit eigenen affektiven Zuständen'... beziehungsweise Störung des intermodalen Wiedererkennens... beschrieben. Pribram (1981, S. 112) beschreibt bei einer Patientin, die nach einer bilateralen Amygdalatonomie (ein bei bestimmten Formen von Epilepsie stattfindender Eingriff, bei dem beidseitig Teile des Temporallappens sowie die Mandelkerne entfernt wurden) einhundert Pfund zugenommen hatte, folgendes Verhalten: Befragt um die Essenszeit, ob sie Hunger hat, antwortet sie ‚Nein'. Ebenso will sie kein Steak, keine Schokolade usw., die ihr mündlich in Aussicht gestellt werden. Aber als wenige Minuten später die Türen des Essraumes sich öffnen und sie die anderen Patienten essen sieht, hastet sie zum Tisch und beginnt, mit beiden Händen Essen in sich hineinzuschaufeln."
Durch derlei Analysen (hierzu auch Lurija 1998, 57ff.; Ramachandran und Blakeslee 2001, 141f.) lassen sich im Einzelfalle bislang unverstandene Verhaltens- und Erlebensweisen von Menschen mit einer komplexen Behinderung entschlüsseln, und spezifische Auffälligkeiten oder Handlungen erscheinen somit in einem neuen Licht, wie dies zum Beispiel O. Sacks oder V. S. Ramachandran in zahlreichen Geschichten demonstrieren. Die Syndromanalyse „vermag jedoch nicht aus sich heraus die Genesis intellektuellen Zurückbleibens im Sinne sekundärer Folgen (z. B. im Kontext von Interaktionen: Unterentwicklung der höheren psychischen Funktionen, G. T.) und die Herausbildung von ‚Primitivreaktionen' im Sinne tertiärer Folgen (z. B. Stereotypien, Auffälligkeiten vor dem Hintergrund traumatischer Einflüsse bzw. eines traumatisierten Erlebens, G.T.) zu erklären" (Jantzen 2000, 5). Daher sollten entwicklungspsychologische Aspekte sowie soziologisch-sozialwissenschaftliche Erklärungsansätze auf jeden Fall mit berücksichtigt werden. Natürlich versteht sich die hier anskizzierte Syndromanalyse als ein sozialer Akt, indem das reziproke Zusammenspiel zwischen Biologischem, Psychischem und Sozialem im Blickfeld bleibt. Für Jantzen (2000, 6) sind die Syndromanalyse gleichermaßen wie die Entwicklungspsychologie und Entwicklungspsychopathologie sowie die Theorien sozialer Verhältnisse „eine nicht redundante, jedoch keineswegs hinrei-

chende und nicht immer notwendige Bedingung der Rehistorisierung" beziehungsweise der „verstehenden Diagnostik", an der eine neuropsychologisch orientierte Lernförderung oder Therapie anzuknüpfen hat – will sie einen *subjektzentrierten* Beitrag (Sacks 1995; 1997; Ramachandran und Blakeslee 2001) leisten (personale Wertschätzung; Beachtung des Welt- und Selbstbildes des Betroffenen) und keine Verdinglichung und Entwertung betreiben. Dadurch unterscheidet sich der hier vorgestellte Ansatz von Konzepten im Umfeld der orthodoxen oder biologischen Psychiatrie (auch Jantzen 2000, 7).

Was die konkreten Förder- oder Therapiemöglichkeiten betrifft, so sollten zwei allgemeine Aspekte beachtet werden:

Zum einen wird davon ausgegangen, dass jeder Mensch in den ersten Lebensmonaten durch das Zusammenspiel von Biologischem und Sozialem (im Rahmen von Interaktionen mit der Umwelt) ein *Grundmuster* ausbildet, das Einfluss auf seine weiteren Wahrnehmungs- und Denkprozesse nimmt, für die Entwicklung seines Lernstils und späteren Verhaltens von zentraler Bedeutung ist (Vester 1978, 31ff.). Diese Prägung sollte allerdings nicht – wie es bei Vester anklingt – als eine unveränderbare Festlegung missverstanden werden. Konkret bedeutet sie, „dass der eine gesehene Dinge besser behält, also ein gutes visuelles Gedächtnis hat, der andere eher durch Zuhören lernt und der dritte vielleicht erst durch Tun, durch Anfassen" (ebd., 38f.). Außerdem beeinflusst sie den zwischenmenschlichen Bereich (Entwicklung von Sympathien). Pädagogischerseits kommt es darauf an, entsprechende Grundmuster und „Lerntypen" (Vester) beziehungsweise Lernwege zu erschließen: Je besser die Angebote, Informationen, Situationen und Arbeitsweisen zu einem individuellen Grundmuster passen (also subjektiv bedeutsam sind), desto günstiger können die Lernbedingungen und erfolgreicher die Lernprozesse eingeschätzt werden (*person-environment-fit*).

Zum anderen gilt die Erkenntnis, dass Hirnschädigungen oder Defekte nicht dadurch ausheilen, indem sich zerstörte Gewebe beziehungsweise abgestorbene Hirnzellen regenerieren. Es können aber bei einer Hirnschädigung Informationen durch andere (intakte) Verbindungen gesendet werden und es kann eine allmähliche Übernahme von bestimmten Funktionen durch andere im Umkreis der Läsion liegende Hirnareale erfolgen (Sturm 1989a, 362f.), wenngleich bei einem Ausfall eines Hirngebiets auch andere damit in enger Verbindung stehende Bereiche mitbeeinträchtigt sein können. Dennoch bestehen *Kompensationsmöglichkeiten*, was für eine neuropsychologisch orientierte pädagogische Praxis bedeutet, Menschen mit Hirnschädigungen so zu fördern, dass sie ihre intakten Hirnareale optimal zu nutzen lernen und somit Ausfälle ausgleichen können. Insofern besitzt das Gehirn „eine erstaunliche adaptive Kapazität" (Andreasen 1990, 127) und Fähigkeit, die als „Plastizität" (Neuhäuser 1996) bezeichnet wird und zur Neubildung neuronaler Netzwerke und selbstregulatorischer funktioneller Systeme führen kann, welche die Prozesse der Realitätsbewältigung und Daseinsgestaltung (Lernen) steuern und zugleich durch sie eine Umgestaltung erfahren (Rahmann und Rahmann 1988; Aoki und Sievitz 1989; Pickenhain 1998, 54; Sacks 1997, 14, 70).

Die Beachtung dieser allgemeinen neurowissenschaftlichen Einsichten verlangt eine pädagogische Grundhaltung, die von einem positiven Denken, einem Verständnis und einer Wertschätzung dem Anderen gegenüber getragen sein sollte. Ferner ist ihr eine vertrauensvolle, auf gegenseitige Sympathie hin angelegte, emotional fundierte Beziehungsgestaltung aufgegeben, und sie hat eine *basale Pädagogik* zu fundieren (Jantzen 1990), wie sie zum Beispiel im Konzept der Basalen Stimulation (Fröhlich), Motopädagogik (Köckenberger), Ästhetischen Erziehung (Theunissen) oder heilpädagogischen Musiktherapie (Goll) angedacht ist; zudem hat sie pädagogische Vorhaben und Situationen so zu gestalten, dass:

- nicht unter Zeitdruck gearbeitet wird;
- der Lernende sein Tempo selbst bestimmen kann;
- an lebensgeschichtlichen Erfahrungen oder vertrauten Sachverhalten angeknüpft wird;
- Neugierde geweckt werden kann;
- Lernen Spaß macht;
- der Lernstoff als subjektiv bedeutsam (persönlich einsichtig) erfahren werden kann;
- keine Über- oder Unterforderung statthat;
- der Lernstoff mit vertrauten Begleitumständen ‚verpackt' wird;
- die Lernzeit der Aufmerksamkeitsspanne angepasst wird;
- auf Vermeidung von Ermüdung und Langeweile geachtet wird;
- Anforderungen so gestellt werden, dass sie erfolgreich bewältigt werden können, bevor eine Ermüdung eintritt;
- Lernanforderungen nicht auf einer Frustrationsebene gestellt werden;
- die Aufgabenstellung klar und präzise ist;
- ablenkende Reize ausgeschaltet werden;
- neue Informationen „ganzheitlich" über verschiedene Sinne (multisensorisch) und insbesondere über die am besten ausgebildete Sinnesqualität (Grundmuster) erfahrbar werden;
- Eigenaktivitäten gefördert werden;
- Interferenzen vermieden werden;
- Strukturierungshilfen gegeben werden, so dass die betreffende Person planmäßig, Schritt für Schritt vorgehen kann;
- über einen längeren Zeitraum Wiederholungen statthaben.

Zudem sind auf der Basis eines positiven pädagogischen Bezugs spezielle Aspekte zu beachten, wenn wir es mit *neuropsychologisch eng umschriebenen Störungen* zu tun haben: So macht es zum Beispiel im Falle einer Rechtshirnschädigung, bei der Raumanalyse- beziehungsweise Raumrichtungsstörungen vorliegen, wenig Sinn, eine funktionale Reorganisation der Leistungen durch Aktivierung anzustreben, bei denen aus Einzelteilen ein Ganzes gebildet werden soll, da solche Aufgaben genau jene Fähigkeiten voraussetzen, die zunächst aufzubauen wären. Vielmehr müsste mit einer räumlich gegliederten Ganzheit begonnen werden, die zerlegt und verändert werden könnte (Wais und Wais-Köster 1986; Wais 1990, 102f.). Bei linkshirngeschädigten Menschen mit sequenzrekonstruktiven Störungen könnte nach dem Prinzip des *„backward chainings"* verfahren werden, indem Handlungssequenzen von hinten aufgebaut werden: „Nehmen wir als Beispiel das Kaffeekochen. Der Therapeut wird dem Patienten zunächst die Aufgabe erklären, sodann wird er dokumentierend alle Handlungsschritte selbst durchführen... Den *letzten* Handlungsschritt, also das Eingießen des heißen Wassers in die Tasse, die einen Löffel löslichen Kaffees enthält, lässt er aus. Der Patient wird jetzt meist selbst wissen, welcher Schritt jetzt notwendig ist, und ihn auch selbst ausführen können... Gelingt ihm das, so bauen wir wieder die gleiche Sequenz auf und lassen nun die *beiden* letzten Schritte weg. Also wir haben noch nicht das Pulver in die Tasse geschüttet. Nun ist es wieder die Aufgabe des Patienten, die fehlenden Schritte zu ergänzen und sie dann vorauszusagen ..." (Wais 1990, 114). Wichtig in dem Zusammenhang ist, dass die pädagogisch-therapeutische Arbeit über nichtgestörte Areale beider Hemisphären erfolgt, also an *vorhandenen Stärken und Fähigkeiten* anknüpft und darauf aufbaut (ein linkshirngeschädigter Mensch, der die Handlungsschritte beim Kaffeekochen völlig durcheinander bringt, führt die einzelne Handlung richtig aus, also braucht diese nicht geübt zu werden). Eine spezielle Therapie erfordert auch das Neglect-Syndrom (z. B. durch bewusste Hinlenkung der Aufmerksamkeit zur vernachlässigten [linken] Seite; Greifübungen mit der linken Hand ...; [ebd., 108f.; Sturm 1989b, 376]).

Darüber hinaus gilt es – wie bereits im Rahmen der Leitprinzipien (Kapitel 3) angedeutet – im Falle von Verhaltensauffälligkeiten und psychischen Störungen grundlegende neurowissenschaftliche Erkenntnisse im Hinblick auf Stärkenorientierung oder Ressourcenaktivierung zu beachten. So kann zum Beispiel die Hirnforschung mit ihren bildgebenden Verfahren aufzeigen, dass bestimmte psychische Erfahrungen bestimmte Bahnungen im Gehirn hinterlassen (Grawe 2004). Derlei Kenntnisse können für die Planung und Implementierung therapeutischer oder (heil-)pädagogischer Interventionen hilfreich sein. Anstatt die durch ein Problemverhalten oder eine psychische Störung tangierten Hirnregionen zu aktivieren sollten die als Ressourcen zur Verfügung stehenden, brachliegenden Potenziale und vernachlässigten neuronalen funktionellen Systeme aufgegriffen und durch gezielte Unterstützung und Übungen aufgebaut und stabilisiert werden. Im Prinzip geht es dabei um ein „neuronales Umlernen", indem durch den an Stärken anknüpfenden Aufbau neuer (versandeter) neuronaler Bahnen „eingespielte Schaltkreise" (Grawe 2004, 377), die bei (chronifizierten) Verhaltensauffälligkeiten oder psychischen Störungen aktiv sind, auf Dauer außer Kraft gesetzt werden. Konkret bedeutet dies, nicht etwa an den Symptomen oder Defiziten anzusetzen, dies wäre eine Verstärkung des kritischen neuronalen Netzwerkes, sondern dort Unterstützung zu geben, wo es unproblematisch ist. Heilpädagogik oder „Psychotherapie wäre in diesem Sinne Destabilisierung (der eingespielten, kritischen Schaltkreise, G. T.) im Kontext von Stabilität" (Schiepek u. a. 2003, 240). Hierzu zählen vor allem angstfreie, vertrauensstiftende, transparente Therapie- oder Lernsituationen sowie eine positive, komplementäre Beziehungsgestaltung. Deren Aufbau und Fundierung kann nicht hoch genug eingeschätzt werden (Bauer 2005, 130ff.). Nur wenn positive Erfahrungen (in Bezug auf Krontrolle der eigenen Lebensumstände, Wahl- und Entscheidungsmöglichkeiten, Vertrauen in eigene Fähigkeiten etc.) gemacht werden, die den motivationalen, subjektiv bedeutsamen Zielen entsprechen müssen, können neue neuronale Bahnungen angeregt und neue Lernprozesse erfolgreich angestoßen werden (Spitzer 2003, 53).

Rolle des Pädagogen:
Beobachtend, dialogisch, therapeutisch, führend

Perspektiven in Bezug auf Verhaltensauffälligkeiten:
Neuropsychologische Erklärungen können zum *Verständnis* von Menschen mit einer komplexen Behinderung und Verhaltensauffälligkeiten beitragen, zudem lassen sich durch eine neuropsychologisch orientierte Rehabilitation Verhaltensprobleme als Folge- oder Begleiterscheinungen im Falle spezifischer Funktionsstörungen vermeiden, abbauen oder kompensieren.

Repräsentanten/Bezugsliteratur:
Grawe (2004); Jantzen (1990; 1998a); Lurija (1998); Poeck (1989a); Ramachandran und Blakeslee (2001); Sacks (1995; 1997); Wais (1990)

Querverbindungen:
Basale Stimulation; Sensorische Integration; PLAG; Wahrnehmungs- und Bewegungsförderung nach Frostig; Neuropsychotherapie (Grawe)

Beurteilung aus der Sicht des Verfassers:
Den vorausgegangenen Ausführungen ist zu entnehmen, dass es Sinn macht, bei der Planung und Durchführung pädagogisch-therapeutischer Interventionen auch allgemeingültige, neurowissenschaftliche Erkenntnisse und Grundlagen zu beachten. In diesem Sinne kann inzwischen der Ansatz der Basalen Stimulation (Fröhlich) neurowissenschaftlich begründet werden (Pickenhain 1998). Ferner lassen sich mit Hilfe neuropsychologischen Wissens Leitprinzipien (Subjektzentrierung; Du-Bezug; basales Lernen; sinnerfülltes Lernen; handelndes Lernen) für eine angemessene Lernförderung behinderter Menschen begründen und beschreiben. Wenn-

gleich es sich hierbei nicht um sensationelle Neuentdeckungen handelt (Breitenbach 1996; Speck 2008), so erfahren zumindest einige pädagogische Erkenntnisse und Grundsätze (z. B. die Leitprinzipien in unserer Schrift), die bislang eher aus der praktischen Arbeit hervorgegangen sind, weithin ihre Bestätigung. Als richtungsweisend für die heilpädagogische Praxis können vor allem die Arbeiten von Sacks (1995; 1997), Jantzen (1990; 1998a) und Grawe (2004) gelten. Wichtig ist es, sich neben den Chancen aber auch der Ideologieanfälligkeit eines „schädigungsorientierten Konzepts" vor allem im Hinblick auf psychosoziale Auffälligkeiten bewusst zu sein (monokausale Erklärungen; Defizitorientierung). Ferner gilt zu bedenken, dass wir es bei Menschen mit einer komplexen Behinderung zumeist mit diffusen Hirnschädigungen zu tun haben, die weite Gebiete des Gehirns betreffen, also nicht eng umschrieben werden können. Demgegenüber spielen als Ursachen neuropsychologisch eng umschreibbarer Funktionsstörungen Hirntumore, vaskuläre Erkrankungen oder Hirntraumen eine zentrale Rolle, weshalb die neuropsychologische Sichtweise für die klinische Rehabilitation (Ergotherapie) von besonderer Bedeutung ist. Nichtsdestotrotz sollten neuropsychologische Erkenntnisse in die (pädagogische) Arbeit mit behinderten Menschen einfließen und dort, wo eine Hemisphärenschädigung oder Funktionsstörung ausgemacht werden kann, besonders beachtet werden.

Pädagogische Kunsttherapie (therapeutisch-ästhetische Erziehung)

Zielgruppe:
Kinder und Jugendliche mit Verhaltensauffälligkeiten; Menschen mit Behinderungen und psychosozialen Problemen

Definition und Ziele:
Ziel pädagogischer Kunsttherapie ist das Bemühen, mit einem (behinderten) Menschen, der als verhaltensauffällig gilt, in eine partnerschaftliche Beziehung zu treten und ihn auf dem Hintergrund dieses kommunikativen Verhältnisses mittels ästhetischer Materialien und Prozesse zur Selbstverwirklichung in sozialer Bezogenheit zu befähigen. Der Begriff der „pädagogischen Kunsttherapie" stammt von H.-G. Richter (1984/1999) und wird mit Bezeichnungen wie „therapeutisch-ästhetische Erziehung" (Konrath; Theunissen) oder auch „heilpädagogische Kunsttherapie" (Menzen) synonym benutzt.

Theoretische Bezugspunkte/Überlegungen:
Arbeitsformen der pädagogischen Kunsttherapie bauen auf einer Tradition und Entwicklung auf, die sich auf Bereiche der Kunstphilosophie, Kunstwissenschaft und Kunstpädagogik, Kunstunterricht und Fachdidaktik sowie Sonderpädagogik/Rehabilitation erstreckt. Sie sind nicht unabhängig dieser Einflüsse zu denken. Dies

hat Konsequenzen für den Begriff des „Ästhetischen", der sich nicht nur auf den Aspekt des „Schönen", sondern auf die „Vollkommenheit der sinnlichen Wahrnehmung" bezieht. Damit wird ein „ganzheitliches" Phänomen beschrieben, das in doppelter Hinsicht bedeutsam ist: Nicht der Leib-Seele-Geist-Einheit des Menschen ausschließlich, sondern der Relation zwischen der Individualsphäre und der sozialen, mitmenschlichen, natürlichen und kulturellen Umwelt gilt das pädagogisch-therapeutische Interesse. Pädagogische Kunsttherapie in dem hier verstandenen Sinne ist damit systemökologisch orientiert, indem sie passende Relationen, das heißt eine schöne Subjekt-Objekt-Beziehung herzustellen versucht (Theunissen 2004). Der Begriff des Schönen steht hier als Symbol des mit sich selbst identisch gewordenen Subjekts. Durch diesen Theoriebezug ergeben sich zugleich Unterschiede zu jenen Kunsttherapien, die als tiefenhermeneutische, deutungsorientierte Verfahren insbesondere im klinischen Bereich anzutreffen sind. Diese Verfahren stehen zumeist ganz im Dienste einer Psychotherapie. Pädagogische Kunsttherapie versteht sich dagegen als eine „Therapie im weiteren Sinne", indem sie sich keiner speziellen tiefenpsychologischen Behandlungsmethode verschreibt, sondern (heil-)pädagogische Aspekte priorisiert (Richter 1999; Theunissen 2004; Theunissen und Schubert 2010). Insofern spielen basalpädagogische, entwicklungsgemäße Lernprozesse durch bildnerisches oder kreatives Gestalten zur Kompensation psychosozialer Probleme oder als Katharsis im Hinblick auf eine Befreiung von Bedrückendem eine wichtige Rolle.

Setting/Raum:
Pädagogische Kunsttherapie kann sowohl in speziellen Räumen (Malatelier; Werkraum; Matschraum; Bewegungs- oder Mehrzweckraum; Aula; Turnhalle) als auch in „natürlichen" oder alltäglichen Lebensräumen (Klassenzimmer; Gruppenraum; Spielplatz; Grünbereiche; Wald) stattfinden.

Medien/Mittel:
audiovisuelle Medien; ästhetische Materialien und Abfallprodukte wie: Sand, Wasser, Kleister, Pappmaché, Ton, Knete, Wachsmalstifte, Pappe, Stöcke, Steine, Perlen, Kugeln, Knöpfe, Kartoffeln, Kordel, Fäden, Lederreste, Stoffe, Styropor, Türmatten, Schaumstoffelemente, Papierbögen, Toilettenpapier, Kork, Makulaturpapierrollen, Kreide, Luftballons, Bälle, Luftschlangen, Strohhalme, Pinsel, Deckfarben, Fingerfarben, Klebstoff, Scheren, Kreppband, Kartons, Taschenlampen, Dia-Projektor, Leinwand, Spiegel, Schminke, Gardinen, Tücher, Kostüme, Masken, Gipsbinden, Styroporkugeln, Käseschachteln, Filzstifte, Klötze, Äste, Blätter, Moos, Erde, Farbpulver, Pustefix, Wolle, Bettbezüge, Bierdeckel, Watte und Ähnliches mehr.

Sozialform:
Einzel-, Partner- und Gruppenarbeit

Vorgehensweise:
Pädagogische Kunsttherapie ist ein Oberbegriff für unterschiedlichste Arbeitsformen aus dem ästhetischen Bereich, zum Beispiel Musik-Malen, Fingermalen, dialogisches Malen, Gruppenmalen, spontanes Malen, plastisches Gestalten, therapeutisches Werken, Spielaktionen, Interaktions- und Rollenspiele, projektartige Unternehmungen wie Video- oder Theaterprojekt oder einen Film drehen. Insofern haben wir es mit einer breiten Palette an Angeboten zu tun, die sich in ihrer Methodik/Vorgehensweise zum Teil erheblich unterscheiden. Ähnlich wie beim Ansatz des Sozialen Lernens lassen sich die Arbeitsformen aus dem ästhetischen Bereich als kurz- oder mittelfristige (Lern-) Einheiten sowie unter langfristiger Perspektive auf dem Hintergrund einer Verknüpfung unterschiedlicher Einheiten realisieren. Auch in diesem Falle haben wir es mit einem mehrperspektivischen Phasenmodell (dazu Theunissen 2004) zu tun: Am Anfang der pädagogisch-therapeutischen Arbeit steht eine *Orientierungsphase* zum Kennenlernen und Aufbau einer zwischenmenschlichen Beziehung, in der beziehungsstiftende und unstrukturierte Aktivitäten dominieren, zum Beispiel freies Malen oder Spielen, aktionistische Arbeitsweisen, Spiele zum Kennenlernen, Gestaltungen zur Selbstdokumentation; dann folgt eine *Aufbauphase*, in der subjektzentrierte Arbeitsformen angeboten werden, die der pädagogisch-diagnostischen Ausgangslage entsprechend basale Lern- und Entwicklungsstörungen oder Verhaltensauffälligkeiten berücksichtigen, danach eine *Stabilisierungsphase*, in der die wiederentdeckten Stärken oder neu erworbenen Fähigkeiten beziehungsweise Kompetenzen gesichert werden sollen. Jetzt überwiegen auf Interaktionsprobleme bezogene Verfahren wie zum Beispiel Rollenspiel, Gruppen-Malen, Aktivitäten mit Symbol- und Sozialcharakter sowie projektartige Maßnahmen. Damit soll in dieser Phase die ich-bezogene Arbeitsweise von tendenziell gruppen- und sachbezogenen Aktivitäten abgelöst werden. Den Schluss bildet eine *Differenzierungsphase*, die „im Dienste der Übertragung von erlernten Fähigkeiten/Einsichten auf soziale und sozio-kulturelle Problemstellungen" (Richter 1999, 136) steht. Hier dominiert die themen- und sachzentrierte Projektarbeit, die als mehrperspektivisches Lern- und Erfahrungsfeld dazu geeignet ist, auch ein gemeinsames Lernen und Tun von Menschen mit oder ohne Behinderungen zu arrangieren und zu befördern. Die Vorzüge dieses Verknüpfungsmodells liegen darin, dass eine bloße beliebige Aneinanderreihung von kunsttherapeutischen Arbeitsformen vermieden wird (hierzu ausführlich Theunissen 2004).

Rolle des Pädagogen:
Beobachtend, non-direktiv, facilitatorisch, dialogisch-partnerschaftlich, assistierend

Perspektiven in Bezug auf Verhaltensauffälligkeiten:
Angebote aus dem ästhetischen Bereich gelten in der Arbeit mit verhaltensauffälligen Personen als therapeutisch wirksam und effektiv.

Repräsentanten/Bezugsliteratur:
Bröcher (1999); Domma (1993); Lichtenberg (2006); Menzen (1994a); Richter (1977; 1999); Theunissen (2004); Theunissen und Großwendt (2006); Theunissen und Schubert (2010)

Querverbindungen:
Psychomotorik; Soziales Lernen; heilpädagogische Rhythmik; Basale Stimulation; Sensorische Integration

Beurteilung aus der Sicht des Verfassers:
Einschlägigen Arbeiten ist zu entnehmen, dass durch Angebote einer pädagogischen Kunsttherapie Verhaltensauffälligkeiten bei Menschen mit Lernschwierigkeiten abgebaut und (insbesondere) ein positives Selbstbild und Vertrauen in eigene Stärken (wieder-)aufgebaut werden können. Vorzüge des Konzeptes liegen vor allem in der Subjektzentrierung, Alltagsorientierung und Offenheit der ästhetischen Sache. Diese Momente kommen vor allem den Lernbedürfnissen, der psychosozialen Problemlage sowie den Stärken und Voraussetzungen betroffener Menschen sehr entgegen. Nicht zu übersehen sind Überlappungen oder enge Zusammenhänge zwischen „allgemeinen" Arbeitsformen aus dem ästhetischen Bereich sowie der Basalen Stimulation, Psychomotorik und Sensorischen Integration. Auch das Snoezelen kann Bestandteil einer pädagogischen Kunsttherapie sein, die als ‚basales Prinzip' etwas „ganz Elementares und Allgemeines" will, nämlich „den Menschen von klein auf die Gestaltbarkeit der Welt erfahren zu lassen, ihn anzuhalten, mit der Mächtigkeit der ästhetischen Wirkungen zu experimentieren und die unendlichen Variationen nicht nur der Ausdrucksmöglichkeiten, sondern gerade auch der Aufnahme- und der Genussmöglichkeiten zu erkennen" (v. Hentig 1970, 93). Wertvoll sind damit basal-pädagogische Prozesse, basale ästhetische Erfahrungen und ästhetisches Erleben an sich wie auch die Zweckfreiheit ästhetischer Aktivitäten, denen im Hinblick auf psychosoziale Probleme kompensatorische, identitätsstiftende und ich-stabilisierende Qualitäten zugeschrieben werden.
Kritisch muss jedoch vermerkt werden, dass die positiven Ergebnisse, über die sehr gerne im Kontext von Kunst- sowie Musik-, Tanz oder anderen kreativen Therapien berichtet wird, weithin auf Alltagsbeobachtungen beruhen und in der Regel nicht wissenschaftlich nachgewiesen worden sind (dazu Grawe, Donati und Bernauer 2001). Das gilt gleichermaßen für die Basale Kommunikation, die Basale Stimulation, das Snoezelen sowie die körperorientierten Ansätze. Kontrollierte Einzelfallstudien sind daher dringend erforderlich, um den Verdacht der Scharlatanerie zu ver-

meiden, der nicht wenigen Angeboten aus dem derzeitigen Therapie-Supermarkt anhaftet.

Pränatalraum-Musiktherapie

Zielgruppe:
Menschen mit einer (schweren) komplexen Behinderung; Personen mit (massiven) Lernschwierigkeiten und Verhaltensauffälligkeiten

Definition und Ziele:
Die Pränatalraum-Musiktherapie versteht sich als ein multisensorieller Förderansatz, der „über die vestibulär-cochleare Stimulation eine bioenergetische Aktivierung des Gesamtorganismus bewirkt, gleichzeitig durch biodynamische Techniken (Massage, Atmung) die funktionale Aufmerksamkeit in Richtung aktiver Informationsaufnahme und Interaktion anregt und fördert" (Schnell 1992, 45). Im Unterschied zu einer tiefenpsychologisch orientierten Psychotherapie geht es bei der musiktherapeutischen Arbeit im Pränatalraum nicht primär um eine therapeutische Konfliktverarbeitung, sondern wesentliche Ziele sind die „Wiederherstellung, Erhaltung und Verbesserung seelischer und körperlicher Gesundheit" (Vogel 1988, 5).

Theoretische Bezugspunkte/Überlegungen:
Die Musiktherapie im Pränatalraum knüpft einerseits an allgemeine musiktherapeutische Verfahren an, die eine „Heilung durch Musik" (Vogel 1988, 2) behaupten. Andererseits bilden Erkenntnisse und Untersuchungen aus der pränatalen Psychologie die theoretische Bezugsbasis des Ansatzes. Danach kann davon ausgegangen werden, dass bereits Ungeborene in der Lage sind, Reize wahrzunehmen, zu verarbeiten und zu speichern. Wesentliche Bedeutung kommt hier dem „fetalen Horchen" (Tomatis 1990) zu. Etwa ab der 27. Schwangerschaftswoche gilt das Hörorgan als funktionsfähig; und es wird angenommen, dass von nun an der Fetus die Herztöne der Mutter wie auch andere Geräusche aus dem Körper der Mutter hören kann. Vor allem der „‚Urrhythmus' des mütterlichen Herzschlages" würde dem Fetus ein Gefühl von Sicherheit und Vertrautheit vermitteln (Vogel 1988, 15f.). Ein ebenso wichtiger Anknüpfungspunkt für die musiktherapeutische Arbeit ist die enge Verbindung des Hörorgans mit dem Gleichgewichtsorgan. „Unser Körpergefühl sitzt sozusagen im Ohr, deswegen entspannt sich zum Beispiel unser Muskeltonus bei bestimmten Musikstücken. Ein akustischer Reiz wirkt über das Gleichgewichtssystem im Mittelohr auf den ganzen Körper. Das Vestibularsystem bildet die Basis der organischen Strukturen, alles fängt sozusagen im Ohr an" (Schnell 1992, 35f.). Im Regelfall würde diese vorgeburtliche Phase als angenehm erlebt. Zu Störungen komme es, wenn zu viele inadäquate Reize auf den Fetus eindringen, Stress erzeugen und nicht mehr verarbeitet werden können. Denkbar

sei auch eine sensorische Deprivation oder eine Fixierung auf unterentwickelten Strukturen. Durch die musiktherapeutische Arbeit im Pränatalraum (z. B. durch Schaukeln auf dem Wasserbett) sollen diese blockierten oder unterentwickelten psychosomatischen Schichten wieder aktiviert werden, „um die Harmonisierung dieses Systems im Gesamtkörperverhalten wiederherzustellen" (Schnell 1992, 36).

Setting/Raum:
Der Pränatalraum besteht aus einem wohltemperierten Wasserbett, über dem sich eine Stoffkuppel befindet, die von einem rötlich gedämpften Licht beleuchtet werden soll. Im Wasserbett ist ein Sound-System eingebaut, durch das akustische und vibratorische Schallschwingungen durch das Wasser gefiltert auf die Oberfläche des Wasserbettes übertragen werden.

Medien/Mittel:
Musikanlage mit Mikrofon und Kopfhörer, Sortiment unterschiedlicher Musik, verschiedene Musikinstrumente wie Xylophon, Trommeln, Glocken, Gong, Orffsche Instrumente und Synthesizer

Sozialform:
Einzelarbeit

Vorgehensweise:
Vogel (1991) gliedert den therapeutischen Prozess in mehrere aufeinander aufbauende Phasen: Ausgangspunkt ist eine vier- bis sechswöchige Beobachtungsphase, um sowohl musikalische Interessen eines Klienten herauszufinden als auch die Schritte für die musiktherapeutische Arbeit zu bestimmen und festzulegen. Danach folgt eine Einstiegsphase, bei der der Betroffene behutsam an das Wasserbett herangeführt werden soll. Liegt er entspannt auf dem Wasserbett, sollen durch sanftes Wiegen und Schaukeln Bewegungsreize erzeugt werden. Dadurch werden Erfahrungen der Tiefensensibilität vermittelt. Zugleich werden auch Gefühle von Wohlbefinden und Geborgenheit erfahrbar. In der nachfolgenden Phase geht es um intermodale Verknüpfungen von Gehör, Vibration und Wärmeempfindung. Danach wird mit akustisch-vibratorischen Effekten und tiefen Frequenzen gearbeitet, um Entspannungsreaktionen zu erzeugen. Erweitert wird das Programm durch Bio-Feedback-Phasen und akustische Rückmeldungen von Atem- oder Herzgeräuschen, was mit einem Mikrofon, Kopfhörer und auch Stethoskop geschieht. Über gemeinsames Atmen sollen Kommunikationsformen aufgebaut und ein Beziehungsdialog eingeleitet werden. Der therapeutische Prozess soll langsam von innen nach außen führen und dabei durch sanfte Hautmassage nach Leboyer (1984) unterstützt werden. Musik, Massagebewegungen und Atemrhythmus werden hierbei aufeinander abgestimmt. Dies mündet in ein sogenanntes Musikalisches Streicheln,

bei dem zum Beispiel der Körper mit Musikinstrumenten berührt beziehungsweise stimuliert wird (mit Stimmgabel, Leier, Schellenrassel). Der Einsatz von Musikinstrumenten wird allmählich ausgeweitet, um die Orientierung nach außen und Interaktionen zu verstärken. Dies alles endet letztlich damit, dass der Betroffene schließlich wieder in „seine Welt" entlassen wird (Schnell 1992, 38).

Rolle des Pädagogen:
Einfühlsam, dialogisch, therapeutisch-führend

Perspektiven in Bezug auf Verhaltensauffälligkeiten:
„Neben der Lockerung des gesamten Körpers zählen zu den typischen Verhaltensweisen im Pränatalraum das Nachlassen von Autoaggressionen und Stereotypien" (Vogel 1988, 22; auch Schnell 1992, 34).

Repräsentanten/Bezugsliteratur:
Schnell (1992); Vogel (1988; 1991); auch Goll (1993; 2006)

Querverbindungen:
Musiktherapie; Snoezelen; Basale Stimulation; Sensorische Integration

Beurteilung aus der Sicht des Verfassers:
Die Pränatalraum-Musiktherapie zielt darauf ab, Personen in die vorgeburtliche Phase zurückzuversetzen, damit wohltuende Pränatalerfahrungen nachgeholt werden können. Dieser Ansatz ist höchst spekulativ und befördert einen unreflektierten „Kult der Innerlichkeit und der Gefühle" (Störmer 1989, 157). Die Erfahrung, dass sich viele behinderte Menschen auf einem Wasserbett entspannen und wohlfühlen, wollen wir damit keineswegs in Abrede stellen, doch ist dies längst noch nicht ein Beweis für ein neues Lebendigwerden pränataler Erfahrungen. Die Basale Stimulation und das Snoezelen zeigen auf, dass die Arbeit mit Wasserbett und Musik auch auf einfache Weise begründet werden kann. Ein weiteres Problem der Musiktherapie im Pränatalraum ergibt sich dort, wo sie dem Zusammenhang von Individuum und Lebenswelt in keiner Weise gerecht wird. Was nutzt es einem behinderten Menschen, wenn er im Pränatalraum Geborgenheit findet, die ihm sein Lebensalltag nicht bietet? Der Widerspruch zwischen Therapie und Alltag ist hier eklatant, weswegen auch die Pränatalraum-Musiktherapie nur dann ein probates Mittel einer speziellen Pädagogik sein kann, wenn eine Integration des Verfahrens im Lebensalltag der behinderten Menschen stattfindet. Dies aber scheint sehr selten der Fall zu sein. So wird „für einen aufmerksamen Beobachter deutlich, dass die behandelten Kinder, Jugendlichen und Erwachsenen nach dem therapeutischen Setting wieder ohne Beschäftigung und ohne Möglichkeit einer geregelten Tätigkeit nachzugehen in der Wohngruppe ‚herumsaßen'. Daraus kann geschlossen werden,

dass dieser Ansatz eine Erweiterung der Realitätskontrolle nicht einschließt" (ebd., 168).

Anders ist dagegen der von Goll (1993; 2006) entworfene Ansatz einer „*heilpädagogischen Musiktherapie*" einzuschätzen. Hier werden auf der Basis eines „offenen Curriculums" über (einfache) musikalische Mittel dialogische Begegnungs- und basale Lernprozesse angeregt und mit Alltagsgeschehnissen verknüpft. Auf eine spekulative Bezugstheorie wird dabei zu Recht verzichtet. Wünschenswert wäre, wenn durch kontrollierte Einzelfallstudien die Wirksamkeit dieses Ansatzes im Hinblick auf Förderung von Stärken und Abbau von Verhaltensauffälligkeiten untersucht würden.

Problemlösende Alltagsgeschehnisse (nach Affolter)

Zielgruppe:
Vor allem Kinder und Jugendliche mit Wahrnehmungsstörungen oder Entwicklungsauffälligkeiten; Menschen mit Lernschwierigkeiten oder einer komplexen Behinderung und Autisten

Definition und Ziele:
Der Ansatz der „problemlösenden Alltagsgeschehnisse" (PLAG) zielt darauf ab, durch Alltagshandeln Wahrnehmungsstörungen und Verhaltensauffälligkeiten abzubauen und neue Erfahrungen, Lern- und Entwicklungsprozesse anzuregen.

Theoretische Bezugspunkte/Überlegungen:
Ausgangspunkt des Ansatzes ist die Entwicklung der menschlichen Wahrnehmung, der zur Aneignung von Welt größte Bedeutung zugemessen wird. Der wichtigste Sinnesbereich ist nach Affolter (1991) der taktil-kinästhetische, das Spüren, welches die Grundlage der Wahrnehmung bildet. Jede Kontaktaufnahme mit der Umwelt geschieht durch Berühren und Spüren: „Wir sprechen von ‚Kontakt', ‚takt' verweist aufs Spüren, ‚kon' heißt ‚mit' – mit-spüren! Wenn ich dich spüre und du mich, dann spüren wir miteinander, dann stehen wir in ‚Kon-Takt'" (Affolter 1991, 19). In Orientierung an Piaget (1975) beschreibt Affolter die Entwicklung und den Prozess des Spürens in der Wechselwirkung von Assimilation und Akkommodation. Zunächst geht es um die Aufnahme von Umweltreizen und deren Integration in bekannte Schemata. Dieser Assimilationsprozess vollzieht sich nach Affolter auf dem Hintergrund von „Widerständen", die in ihrer Unterschiedlichkeit (Veränderung) einverleibt werden. Durch Widerstandsveränderungen (Spüren einer Unterlage, der Seitenlage, Spürinformationen im Arm der Mutter) wird der Säugling mehr und mehr mit der Welt vertraut. „Stets aufs Neue benötigen wir solche Widerstandsveränderungen, um uns der eigenen und zugleich der Existenz der Welt zu vergewissern" (ebd., 19). Diese „gespürte Wahrnehmung" umfasst im engeren

Sinne die sogenannten körpernahen Sinne (Tast- und Hautsinn; Gleichgewichtssinn; Tiefensensibilität, Stellungs- und Spannungssinn), im weiteren Sinne schließt sie die sogenannten körperfernen Sinne (Sehen, Hören, Riechen, Schmecken) mit ein. Hinzu kommt das Umfassen und Loslassen von Dingen (ebd., 52ff.). Dieser Prozess ist zugleich wegbereitend für die Akkommodation als Form der aktiven Anpassung an die jeweiligen Umweltbedingungen. Hierbei experimentiert nun das Kind mit vertrauten Handlungsschemata, um „Probleme von Alltagsgeschehnissen" zu lösen (z. B. Hebel eines Spielzeugbaggers nach hinten drücken, damit sich die Schaufel öffnet und senkt). Auf dieser Entwicklungsstufe findet eine „seriale Integration" statt, indem einzelne Sinne nicht nur miteinander koordiniert und assoziiert werden (intermodale Stufe), sondern auch zu kausalen Wirkungsketten in Zeit und Raum integriert werden. Diese Stufen der Wahrnehmungsentwicklung, die mit dem Aufbau der einzelnen Sinnesorgane ihren Ausgangspunkt nimmt (sog. modalspezifische Leistungen), stellen für die Diagnostizierung von Wahrnehmungsstörungen eine wichtige Orientierungshilfe dar: „Um zu entscheiden, ob ein Kind auf der serialen Stufe primär geschädigt ist, müssen die Leistungen der vorausgehenden intermodalen und modalitätsspezifischen Stufen intakt sein. Ist ein Kind auf der intermodalen Stufe primär beeinträchtigt, dann wirkt sich diese Störung hindernd aus auf intermodale seriale Leistungen, jedoch nicht auf Leistungen modalitätsspezifischer Art" (Affolter 1975, 226). Folglich sollte vor jeder Fördermaßnahme oder Therapie der genaue Entwicklungsstand der verschiedenen Wahrnehmungsstufen festgelegt werden, um dort ansetzen zu können, wo sich der Betreffende gerade befindet.

Auf dem Hintergrund langjähriger Beobachtungen und Studien ist Affolter zu der Auffassung gekommen, dass Wahrnehmungsstörungen stets durch zu wenig Spürinformationen verursacht werden. Dadurch käme es zu „falschen Erfahrungen", bei der Auseinandersetzung mit der Umwelt. Es entstünden Auffälligkeiten insbesondere in den Bereichen der Bewegung, Sprache und des Sozialverhaltens. Zum Beispiel gäbe es im feinmotorischen Bereich die Tendenz „aller wahrnehmungsgestörten Kinder, Dinge nur mit einer Hand zu greifen" (Affolter 1991, 132). Häufig würden statt fünf Finger nur zwei gebraucht, weswegen es nicht zum „Umfassen" der Dinge käme. Solche Schwierigkeiten würden zugleich auch Auffälligkeiten im Sozialverhalten befördern, da das Alltagshandeln dieser Kinder mit Misserfolgen, Frustration, Versagungsängsten, mangelndem Selbstwertgefühl oder fehlendem Vertrauen in die eigenen Leistungen verknüpft sei. In den Augen ihrer Bezugspersonen würden die Betroffenen als gereizt, aggressiv oder erziehungsschwierig erlebt und eingeschätzt.

Setting/Raum:
Natürlicher Lebensraum (z. B. Wohnküche; freie Natur)

Medien/Mittel:
Es gibt im PLAG-Ansatz keine besonderen Materialien; es werden vornehmlich Alltagsgegenstände benutzt.

Sozialform:
Einzelarbeit

Vorgehensweise:
Nach einer sorgfältigen Verhaltensbeobachtung und Entwicklungsdiagnose werden pädagogisch-therapeutische Maßnahmen festgelegt, die hauptsächlich darauf abzielen, dem Betreffenden angemessene Spürinformationen zu vermitteln. Hierzu werden Alltagssituationen genutzt. Zum Beispiel können Spürinformationen über das Führen verschiedener Körperteile erfolgen. Bei Arbeiten am Tisch können über Hände, Arme, Rücken, Tischkante wie auch Tischplatte neue Informationen angeboten werden. Vor allem sollen über „problemlösende Geschehnisse" Widerstandsinformationen verdeutlicht werden, so zum Beispiel die „Veränderung der Widerstandsverhältnisse beim Berühren, beim Umfassen, beim Bewegen, beim Loslassen – zwischen Unterlage und Gegenständen und meinem eigenen Körper" (ebd., 285). Bei all diesen Prozessen legt Affolter stets großen Wert auf das „richtige Führen". Wichtige Grundsätze zum Führen sind: Tempo und Zeitintervalle (z. B. Einlegen von Pausen zwischen verschiedenen Handlungen), Wiederholungen, Verzicht auf begleitende Sprache, um die taktile Spürinformation besser zu verdeutlichen, Einbeziehung des ganzen Körpers bei der Vermittlung von Widerstandsinformationen, Führung beider Hände, um das Zusammenspiel von rechts und links zu verdeutlichen.

Rolle des Pädagogen:
Beobachtend, dominant, therapeutisch-führend

Perspektiven in Bezug auf Verhaltensauffälligkeiten:
Der PLAG-Ansatz soll zum Abbau von Verhaltensauffälligkeiten beitragen.

Repräsentanten/Bezugsliteratur:
Affolter (1975; 1991); Ewald und Hofer (2001)

Querverbindungen:
Sensorische Integration; Basale Stimulation

Beurteilung aus der Sicht des Verfassers:
Der PLAG-Ansatz nach Affolter, dessen Effektivität in einigen Forschungsstudien nachgewiesen werden konnte, unterscheidet sich von den meisten anderen heil-

pädagogischen oder pädagogisch-therapeutischen Arbeitsformen durch eine eindeutige Alltagsorientierung. Indem Alltagsgeschehnisse zur Förderung von Handlungskompetenz aufgegriffen werden, wird zugleich all jenen übenden Verfahren zur Wahrnehmungsförderung eine Absage erteilt, die unter einem therapeutischen Setting unter besonderen Bedingungen außerhalb der natürlichen Lebenswelt durchgeführt werden. Dies ist ohne Frage ein Vorzug des PLAG-Ansatzes, dem es um ein „natürliches Lernen" in realen Lebenssituationen zu tun ist. Gerade für Menschen mit Lernschwierigkeiten oder einer komplexen Behinderung können „problemlösende Alltagsgeschehnisse", die durch Tätigkeiten erschlossen werden, zur Bewältigung von Lebenssituationen nicht hoch genug eingeschätzt werden. Erwähnenswert ist in diesem Zusammenhang Fröhlichs (1992a, 30; 1992b, 190f.) Ansicht, dass der Ansatz von Affolter eine „Anschlussförderung" oder Weiterentwicklung der Basalen Stimulation darstellt.

Trotzdem sollten einige Probleme nicht unerwähnt bleiben, die dem PLAG-Ansatz anhaften. Dies gilt allein für die Diagnose „Wahrnehmungsstörung", die allzu leichtfertig bei Kindern mit auffälligem Sozialverhalten gestellt wird. Fokussiert wird eine individuumzentrierte Diagnostik, bei der soziale Aspekte (familiale Beziehungsstörungen; Umweltbedingungen) weitgehend ausgeblendet werden. Psychosoziale Faktoren kommen für Affolter als Ursache von Verhaltensauffälligkeiten nicht primär in Betracht. Diese Blickverengung und theoretische Unzulänglichkeit hat zugleich Konsequenzen für die Praxis, die einzig und allein eine individuumzentrierte Behandlung vorsieht und damit ein schiefgewichtiges Bild (heil-)pädagogischen Handelns erzeugt, indem die Umwelt (Bezugspersonen) nicht als ein zu veränderndes System in die Arbeit mit einbezogen wird. Befördert wird damit eine Entkontextualisierung der Praxis, obwohl gerade der Alltag als wichtigster Lernort erkannt worden ist. Neben der Vernachlässigung der Arbeit mit den Bezugspersonen ist die Ausblendung der subjektiven Befindlichkeit, des sogenannten emotionalen Faktors, im PLAG-Ansatz evident. Hinzu kommt die Entwertung des Spiels für Alltagsgeschehnisse, wenngleich der Argumentation, dass eine heilpädagogische Spielförderung allein nicht genügt, um Handlungsprobleme im Alltag zu überwinden, gefolgt werden kann. Ungeklärt bleiben darüber hinaus Fragen zur Beziehungsgestaltung und insbesondere zur Kontaktsituation zwischen der geführten und führenden Person (dazu Ewald und Hofer 2001, 93f.). So wissen wir beispielsweise wenig darüber, welche Bedeutung Kontaktsituationen für die geführten Personen haben. Ferner besteht „auch heute noch ein großer Mangel an systematischer Forschung über die Vermittlung von Spürinformation durch das Führen" (ebd.). Schwierigkeiten der Umsetzung ergeben sich dort, wo die Vermittlung von Spürinformationen auf Ablehnung oder Abwehr stößt. Denkbar ist, dass ein Betroffener, zum Beispiel ein Autist oder eine Person mit hochgradiger Hospitalisierung, nicht geführt werden will. Es können aber auch andere Gründe eine Rolle spielen, zum Beispiel ein zu hoher Komplexitätsgrad der vermittelten Informationen, zwischenmenschliche Kontaktprobleme oder ausgewählte Geschehnisse, die die betreffende Person nicht für sich als subjektiv bedeutsam bewertet hat. Derlei Fragen bedürfen einer Klärung (ebd., 93); sozio-kommunikative Abwehrhaltungen lassen sich möglicherweise dann kompensieren, wenn der PLAG-Ansatz auf dem Hintergrund einer sozio-emotional fundierten, subjektzentrierten und flexiblen Vorgehensweise zum Einsatz kommt. Damit könnte zugleich auch die Rolle des Pädagogen zu einem dialogisch-kooperativen Partner weiterentwickelt werden. Zu guter Letzt sei nicht unerwähnt, dass der PLAG-Ansatz eher für ein problemlösendes Handeln von Menschen mit Lernschwierigkeiten als wegebnend einzuschätzen ist, indem Voraussetzungen angebahnt oder verbessert werden, die dann im Hinblick auf ein eigenständig-verantwortliches Lösen von Problemen noch weiter ausgebaut werden sollten (z. B. durch ein systematisches [soziales] Problemlösetraining).

Problemlösungstraining

Zielgruppe:
Menschen mit Lernschwierigkeiten und/oder Verhaltensauffälligkeiten

Definition und Ziele:
Ansätze eines Problemlösungstrainings, die speziell für Menschen mit Lernschwierigkeiten entwickelt worden sind, stammen in erster Linie aus den USA. Wehmeyer, Agran und Hughes (1999, 121) verstehen darunter ein spezielles pädagogisches Angebot, das zur Ausbildung von Denk- und Handlungsmustern beitragen soll, durch die Aufgaben, Anforderungen, Situationen, Konflikte oder Probleme besser bewältigt werden können. Unter einem „Problem" fassen die Autoren in Anschluss an D'Zurilla und Goldfried (1971, 108) „eine Aufgabe, Aktivität oder Situation, für die nicht unmittelbar eine Lösung identifizierbar, bekannt oder verfügbar ist." Lösungen dienen dazu, „die Lücke zwischen einer gegenwärtigen Situation und einem wünschenswerten Ergebnis zu überbrücken" (Agran und Wehmeyer 1999, 2). Geht es um das Lösen *sozialer Probleme* (z. B. im interpersonellen oder soziokulturellen Bereich), gibt es ohne Zweifel enge Beziehungen und Überlappungen zwischen einem Problemlösungstraining, dem ATP und dem Sozialen Lernen. Dennoch sollte zwischen den Angeboten ein spezifischer Unterschied gesehen werden (dazu auch Nezu, Nezu und Arean 1991; Castles und Glass 1986), der uns veranlasst hat, das Problemlösungstraining gesondert aufzuführen. Während das ATP enger umschrieben wird (Zielsetzung Selbstsicherheit, Selbstvertrauen) und das Soziale Lernen in erster Linie die Erweiterung des Verhaltensrepertoires, den Erwerb sozialer Fertigkeiten (*social skills*) beziehungsweise den Zugewinn an sozialen Verhaltensweisen sowie die Verbesserung von Sozialverhalten zum Ziele hat, fokussieren Trainingsprogramme zur Lösung sozialer Probleme *kognitive Strategien*, die einen Betroffenen dazu befähigen beziehungsweise in die Lage versetzen sol-

len, Probleme zu identifizieren, effektive Handlungsmöglichkeiten zu erarbeiten und Entscheidungen in Bezug auf eine Auswahl einer geeigneten Lösung zu treffen (Wehmeyer, Agran und Hughes 1999, 121).

Theoretische Bezugspunkte/Überlegungen:
Die Bedeutung eines Problemlösungstrainings wird damit begründet, dass viele Menschen mit Lernschwierigkeiten Probleme haben, planvoll zu handeln, kognitive Strategien (innerer, verhaltenssteuernder Dialog; Selbstinstruktion) zur Bewältigung von Aufgaben anzuwenden, flexibel zu denken und zu handeln oder sich in unbekannten Situationen zurechtzufinden (ebd., 123). Dadurch würde zugleich die Fähigkeit zur Selbstbestimmung erheblich geschwächt (ebd., 122). Ferner wird davon ausgegangen, dass zwischen der Vulnerabilität bei Menschen mit Lernschwierigkeiten und dem Fehlen geeigneter Bewältigungsstrategien von Stress ein enger Zusammenhang besteht (Nezu, Nezu und Arean 1991, 372; Gardner und Willmering 1999, 25), dass Verhaltensauffälligkeiten nicht selten Ausdruck fehlgeschlagener Problemlösungsversuche sind (D'Zurilla und Goldfried 1971) und dass durch ein systematisches Training allgemeiner Problemlösungsstrategien Verhaltensprobleme abgebaut beziehungsweise die Ausbildung von (weiteren) Verhaltensstörungen vermieden werden können. Ein solches Angebot zur Prävention von Verhaltensproblemen habe bislang – so Wehmeyer, Agran und Hughes (1999, 120) – in der Arbeit mit intellektuell behinderten Menschen eine untergeordnete Rolle gespielt. Viele Jahre habe es die (Heil-)Pädagogik versäumt, Menschen mit Lernschwierigkeiten gezielte Strategien zur Lösung von Problemen beizubringen sowie Entscheidungsprozesse zu unterstützen, und stattdessen sei die Bewältigung von Situationen eher dem Zufall überlassen worden.

Setting/Raum:
Therapeutisches Setting und reale Lebenswelt

Medien/Mittel:
Videoanlage

Sozialform:
Einzel- und Gruppenarbeit

Vorgehensweise:
In Anlehnung an D'Zurilla und Goldfried (1971) lassen sich fünf aufeinander aufbauende Stadien eines Problemlösungstrainings unterscheiden, die Agran und Wehmeyer (1999) für die Arbeit mit behinderten Menschen aufbereitet haben. Diese fünf Stadien sollen nacheinander entweder in Einzel- oder in Gruppenarbeit erarbeitet werden.

1) Problemorientierung
Für ein erfolgreiches Problemlösen ist es von grundlegender Bedeutung, dass Personen Problemen nicht aus dem Weg gehen und bestrebt sind, Schwierigkeiten zu lösen. Hierzu bedarf es einer entsprechenden Motivation und der Überzeugung, dass sich Probleme lösen lassen. Nach Agran und Wehmeyer (1999, 15) sollen in dieser Phase des Programms Betroffene zu einer Selbstinstruktion angestiftet werden (z. B. „Ich will versuchen, das Problem zu lösen."). Oftmals ist es für die Person sehr schwierig, Probleme überhaupt zu erkennen. Daher besteht eine weitere Aufgabe darin, Betroffene zu befähigen, Probleme überhaupt wahrzunehmen. Fliegel u. a. (1998, 240) schlagen in dem Zusammenhang vor, dem Einzelnen „konkrete Hinweise oder Zeichen zu nennen, an denen er Problemsituationen erkennen kann, etwa Situationen,
– die für ihn belastend sind,
– die er möglichst meidet,
– auf die er gereizt oder ärgerlich reagiert,
– in denen er sich unsicher fühlt,
– vor denen er Angst hat,
– in denen er nicht recht weiß, wie er sich verhalten soll,
– in denen er sich nicht entscheiden kann,
– in denen er mit sich unzufrieden ist,
– in denen er sich von anderen nicht richtig behandelt oder beurteilt fühlt,
– in denen er Angst hat zu versagen."

2) Problembeschreibung und –definition
Nachdem ein Problem beziehungsweise eine Situation als problematisch (an-)erkannt worden ist, soll in einem nächsten Schritt eine möglichst genaue Beschreibung und Definition des Problems erfolgen. Hierzu sollen die konkrete Situation beschrieben, das Ziel der Person genannt sowie Hindernisse (einschließlich Gefühle) herausgearbeitet werden. Je eindeutiger ein Problem bestimmt wird, desto einfacher ist es, zu Lösungswegen zu gelangen, die in der dritten Phase erarbeitet werden sollen.

3) Sammeln von alternativen Problemlösungen
Dieser Schritt fällt nach Ansicht von Agran und Wehmeyer (1999, 6) Menschen mit Lernschwierigkeiten oftmals schwer. Eine hilfreiche Methode, die zur Sammlung von alternativen Lösungswegen beiträgt, ist das *Brainstorming (*Osborn 1962). Hierbei sollen möglichst viele Ideen gesammelt und festgehalten werden, wobei „vier Grundregeln zu befolgen sind:
1. Jegliche Kritik und Bewertung der Ideen ist verboten; frühzeitige Kritik würde möglicherweise kreative, aber noch vage Lösungsansätze verhindern ...
2. ‚Verrückte' Ideen sind sehr erwünscht. Je ungewöhnlicher eine Idee, desto besser. ...

3. Quantität ist erwünscht. Je mehr Lösungswege gefunden sind, desto größer ist die Wahrscheinlichkeit, wenigstens eine gute und brauchbare Idee zu finden.
4. Kombinationen und Verbesserungen von Lösungswegen sind erwünscht. Verbindungen zwischen zwei oder mehreren Ideen zu einer neuen sollten hergestellt werden, und bereits vorgetragene Vorschläge können verbessert werden" (Fliegel u. a. 1998, 243).

4) Eine Entscheidung treffen
Alle genannten Ideen beziehungsweise Vorschläge zur Problemlösung sollen im Hinblick auf ihre Realisierbarkeit und Zweckmäßigkeit, vor allem auch im Hinblick auf ihre subjektive Bedeutung und Nützlichkeit, für den Betroffenen reflektiert und eingeschätzt werden. Dabei ist es wichtig, mögliche Folgen beziehungsweise Konsequenzen abzuschätzen (zeitlich, personell, sächlich). Eine Lösung soll dann vom Betroffenen selbst ausgewählt werden, von der angenommen wird, dass sie am günstigsten und am besten zu realisieren sei. Agran und Wehmeyer zufolge fallen vielen Menschen mit Lernschwierigkeiten solche Entscheidungsprozesse schwer. Dies hängt damit zusammen, dass ihnen in ihrem Leben allzu oft Entscheidungen abgenommen wurden und werden (hierzu auch Bambara, Cole und Koger 1998, 28f.). Daher kann es in dieser Phase notwendig sein, Entscheidungsprozesse gezielt zu unterstützen (z. B. durch die Auswahl von zunächst zwei Lösungswegen, bei denen einer ausgewählt werden soll).

5) Umsetzung und Überprüfung
Zu guter Letzt soll der ausgewählte Lösungsweg umgesetzt werden. Hierzu bietet es sich oftmals an, Lösungswege zunächst im Rahmen eines *Rollenspiels* zu erproben. Danach sollte die Realisierung in der *realen Lebenssituation* erfolgen. Erst dann kann letztlich die Effektivität der Problemlösungsstrategie beurteilt werden. Erweist sie sich als ungünstig, besteht einerseits die Möglichkeit, den gewählten Lösungsweg zu modifizieren, andererseits kann aber auch auf eine alternative Lösung zurückgegriffen werden.

Rolle des Pädagogen:
Therapeutisch-anleitend, partnerschaftlich, beratend, modellhaft, unterstützend

Perspektiven in Bezug auf Verhaltensauffälligkeiten:
Ein Problemlösungstraining zielt auf den Erwerb allgemeiner Strategien zur Lösung von Problemen. Da Verhaltensauffälligkeiten, vor allem Störungen im Sozialverhalten, nicht selten auf unzureichende Problemlösefertigkeiten zurückzuführen sind beziehungsweise mit Defiziten einhergehen, Probleme adäquat zu lösen oder auch zu bewältigen, erhoffen sich Repräsentanten des Problemlösungstrainings positive Auswirkungen dieser Methode im Hinblick auf Abbau beziehungsweise Präventi-

on von Verhaltensauffälligkeiten. Diesbezüglich konnten Castles und Glass (1986) in einer empirischen Studie bei einer Stichprobe von 33 Erwachsenen mit Lernschwierigkeiten (durchschnittlicher IQ 62.5) signifikante positive Effekte bei einem doppelgleisigen Ansatz, bestehend aus einem interpersonalen Problemlösungstraining und einem *social-skills*-Training, nachweisen. Ebenso gilt die Kombination von ATP und Problemlösungstraining als effektiv (Nezu, Nezu und Arean 1991; Nezu und Nezu 1994, 37).

Repräsentanten/Bezugsliteratur:
Agran und Wehmeyer (1999); D'Zurilla und Goldfried (1971); Fliegel u. a. (1998, 237ff.); Liebeck (1993); Wehmeyer, Agran und Hughes (1999)

Querverbindungen:
Soziales Lernen; Selbstsicherheitstraining; kognitive Verhaltenstherapie

Beurteilung aus der Sicht des Verfassers:
Dass Menschen mit Lernschwierigkeiten von einem Problemlösungstraining profitieren, ist unstrittig. Sein prominenter Beitrag liegt vor allem in der Förderung eines Entscheidungs- beziehungsweise Wahlverhaltens sowie von effektiven Handlungsmöglichkeiten zur Bewältigung alltäglicher Situationen. Damit werden zugleich wichtige Voraussetzungen zur Gewinnung von mehr Autonomie (Selbstbestimmung) sowie zu einer verbesserten Verfügung und Kontrolle über die eigenen Lebensumstände geschaffen. Dieser Aspekt kann in Anbetracht des inzwischen rechtlich kodifizierten Wunsches behinderter Menschen nach gesellschaftlicher Partizipation und einem selbstbestimmten Leben nicht hoch genug eingeschätzt werden, weshalb das Problemlösungstraining als ein moderner, richtungsweisender Ansatz betrachtet kann. Die einschlägigen Studien von Wehmeyer et al. lassen den Schluss zu, dass das Problemlösungstraining im Hinblick auf einen Zugewinn von Autonomie effektiv ist und insbesondere Entscheidungsprozesse signifikant verbessern kann. Untersuchungen, die sich explizit auf die Wirksamkeit des Problemlösungstrainings im Hinblick auf Abbau beziehungsweise Prävention von Verhaltensauffälligkeiten beziehen, sind jedoch noch rar. Werden die Ausführungen von Castles und Glass (1986) oder Nezu et al. (1991) sowie verschiedene Einzelbefunde zugrunde gelegt, darf eine Effektivität des Problemlösungstrainings angenommen werden, wenn es (am besten in Verbindung mit einem weiteren sozialen Lernangebot) Bestandteil eines Gesamtkonzepts ist. Das gilt aber auch für viele andere Verfahren. Wir können uns dies an der Förderung des Entscheidungsverhaltens verdeutlichen. Hat ein Betroffener in seinem Alltag nur begrenzte Gelegenheiten, Dinge auszuwählen und Entscheidungen für seine eigenen Belange zu treffen, bleibt ein Konfliktpotential, das sich durch ein Problemlösungstraining schwer auflösen lässt, weil die Situation für die Bedürfnisse des Betroffenen abträglich ist.

Zwar lassen sich durch ein Problemlösungstraining auch „adaptive Verhaltensweisen" befördern, die wichtigste Zielsetzung liegt jedoch in der Förderung von Selbstbestimmung (Wehmeyer, Agran und Hughes 1999, 16f., 63, 122). Insofern sollten Lebensbedingungen, insbesondere institutionelle Settings, als zu verändernde Momente im Rahmen eines Trainings zur Lösung sozialer Probleme stets mitgedacht werden. Soziale Probleme resultieren nämlich sehr oft aus der Verbindung eines individuellen Problems mit einer gesellschaftlichen Problematik (hierzu Wüllenweber 2004).

Zu guter Letzt sei noch erwähnt, dass das Problemlösungstraining nicht als ein defizitorientiertes Programm betrachtet werden sollte. Zum einen kommt ihm eine präventive Bedeutung zu, insofern es zu mehr Handlungssouveränität führt. Zum anderen bezieht sich die Erarbeitung von Lösungen auf Probleme, die für den Einzelnen subjektiv bedeutsam sind beziehungsweise aus seinem Lebensgeschehen stammen (z. B. Schwierigkeiten in der Partnerschaft; Schwierigkeiten, sich in einer fremden Stadt zu orientieren; Probleme mit Alkohol; Probleme bei der Nutzung öffentlicher Verkehrsmittel; Nachbarschaftsprobleme; Probleme mit einem Mitarbeiter ...). Neben dieser Subjektzentrierung werden zugleich bei der Suche nach Lösungen kreative Potentiale freigesetzt, die, wenn sie gewürdigt werden, zur Gewinnung von Selbstvertrauen beziehungsweise Vertrauen in eigene Ressourcen befördernd sind.

Psychomotorik/Motopädagogik

Zielgruppe:
Behinderte, von Behinderung bedrohte und entwicklungsauffällige Kinder und Jugendliche; Menschen mit Lernschwierigkeiten und Verhaltensauffälligkeiten

Definition und Ziele:
„Psychomotorik ist ein ganzheitlicher Ansatz, der versucht, der engen Verbindung und dem gegenseitigen Bedingtsein von Motorik, Wahrnehmung und Sozial-Emotionalität gerecht zu werden" (Köckenberger 1992, 121). Parallelbezeichnungen sind Motopädagogik oder motopädagogische Entwicklungsförderung.

Theoretische Bezugspunkte/Überlegungen:
Ausgehend von den Erkenntnissen Piagets über die sensomotorische Entwicklung des Menschen wird ein „ganzheitliches Entwicklungsmodell" zugrunde gelegt, in dem die Bereiche der Wahrnehmung, Bewegung, Körpererfahrung, Gefühle, Kognition und Kommunikation in ihrer wechselseitigen Beziehung als Schrittmacher für menschliches Lernen und selbstbestimmtes Handeln beschrieben werden. Hirnschädigungen wie auch Außeneinflüsse (Über/Unterforderung der einen oder anderen Dimension) können zu Funktionsstörungen beziehungsweise zur Beein-

trächtigung einzelner Bereiche sowie der Wechselbeziehung führen, so dass Auffälligkeiten in der sensomotorischen und psychosozialen Entwicklung als Kompensations- beziehungsweise Problemlösungsversuche in Erscheinung treten. Ein in diesem Zusammenhang häufig zu beobachtendes Problem sei der Verlust an Motivation und konstruktiver Eigeninitiative aufgrund von Enttäuschungen, Frustrationen oder Misserfolg. Dieses mangelnde Selbstbewusstsein und Selbstwertgefühl sowie das fehlende Vertrauen in die eigenen Ressourcen soll durch ein lustbetontes, kreatives Handeln (Bewegen und Wahrnehmen) als Vehikel zur allseitigen Persönlichkeitsentwicklung überwunden werden.

Setting/Raum:
Eine psychomotorische Entwicklungsförderung kann am ehesten in Gymnastikräumen oder Turnhallen durchgeführt werden. Verschiedene Sportgeräte sollen zu Bewegungsparcours zusammengestellt werden, wobei Wert gelegt wird auf eine alternative Benutzung beziehungsweise Umgestaltung der Geräte, um den Handlungs- und Erfahrungsraum im Hinblick auf kreatives Handeln zu erweitern. Überdies können auch ästhetische Materialien zur freien Verfügung angeboten werden.

Medien/Mittel:
Übliche Turngeräte, die zu Schaukeln, Rutschen, Kletterbergen, Höhlen oder Tunneln zusammengebaut werden; herkömmliche Gymnastikmaterialien wie Bälle, Reifen, Seile, Sandsäckchen oder Ähnliches; spezielle Psychomotorik-Materialien wie Rollbretter, Pedalos, Schwungtücher, Fallschirm, Airtramp, Kugelbadbälle, Schaumstoffelemente, Holzklötze; ästhetische Materialien und Abfallmaterialien wie: Toilettenpapier, Spülmittelflaschen, Autoreifen, Bettbezüge, Teppichbodenfliesen, Watte, Bierdeckel, Schachteln, Kartons, Wolle, Luftballons, Schminke, Verkleidungsmaterialien; Kinderbücher und anderes mehr.

Sozialform:
Einzel-, Partner- und Gruppenarbeit

Vorgehensweise:
Diese ist nicht festgelegt, einerseits gibt es vorstrukturierte Räume mit Kletter- oder Bewegungsparcours, die zu individuellen und kreativen Handlungen herausfordern sollen. Andererseits gibt es das freie Materialangebot, das ebenfalls dem leistungsorientierten Hallenturnen diametral gegenüber steht. Grundsätzlich dienen die Materialangebote auch diagnostischen Zwecken, um zu geeigneten (entwicklungs- und problemorientierten) Aktivitäten und stimulierenden Lern- und Erfahrungsfeldern zu gelangen. Im Mittelpunkt der psychomotorischen Entwicklungsförderung stehen zumeist Spielaktionen, die in projektartige Unternehmungen übergehen können (z. B. Zirkusprojekt; Theaterprojekt).

Perspektiven in Bezug auf Verhaltensauffälligkeiten:
In der Psychomotorik wird ein geeignetes Mittel gesehen, Verhaltensauffälligkeiten abzubauen und neue Verhaltensweisen sowohl in sozialer als auch in sensomotorischer und kognitiver Hinsicht aufzubauen.

Rolle des Pädagogen:
Beobachtend, anregend, modellhaft, anleitend, unterstützend, kooperativ

Repräsentanten/Bezugsliteratur:
Eggert (1994); Kiphard (1984); Köckenberger (1992)

Querverbindungen:
Ästhetische Erziehung/pädagogische Kunsttherapie; heilpädagogische Rhythmik; Erlebnispädagogik; Bewegungserziehung (n. Frostig)

Beurteilung aus der Sicht des Verfassers:
Die Psychomotorik hat sich in den letzten Jahren von einem eher routinemäßigen Übungsprogramm oder psychomotorischen Funktionstraining zu einem subjektzentrierten Angebot weiterentwickelt (Köckenberger 1992), das für die Arbeit mit Menschen, denen Lernschwierigkeiten und Verhaltensauffälligkeiten nachgesagt werden, empfehlenswert zu sein scheint. Im Unterschied zur heilpädagogischen Rhythmik gibt es keinen spekulativen, irrationalen Überbau, sondern es werden wissenschaftliche Erkenntnisse zugrunde gelegt und für ein Förderangebot aufbereitet. Dadurch ist die Psychomotorik wissenschaftlich tragfähig und leichter zugänglich. Überzeugend ist ihr Grundanliegen, behinderte, entwicklungs- oder verhaltensauffällige Menschen ohne Leistungsdruck, Dressur oder Drill zu einem selbsttätigen, selbstbestimmten und kreativen Handeln anzuregen. Hervorzuheben ist auch die Attraktivität der Angebote beziehungsweise benutzten Mittel, denen nicht wie etwa in der Eurythmie (anthroposophischen Heilpädagogik) oder orthodoxen heilpädagogischen Rhythmik der „Dunst des Antiquiertseins" anhaftet. Wissenschaftliche Untersuchungen auf dem Gebiete der Psychomotorik lassen den Schluss zu, dass nicht nur positive Effekte im Hinblick auf eine Förderung motorischer, praktischer und sozialer Kompetenzen bei Menschen mit Lernschwierigkeiten, sondern zugleich günstige Einflüsse auf die gesamte Persönlichkeitsentwicklung erzielt werden können (Schmid 2003). Jedoch besteht ein empirisches Forschungsdefizit in Bezug auf Längsschnittuntersuchungen zu langzeitlichen Effekten sowie im Hinblick auf Studien, die das Thema der Verhaltensauffälligkeiten fokussieren.

Psychomotorische Therapie (nach Aucouturier und Lapierre)

Zielgruppe:
Menschen mit einer (schweren) komplexen Behinderung und mit autistischen Verhaltensweisen oder Verhaltensauffälligkeiten

Definition und Ziele:
Die psychomotorische Therapie will durch die „Wiederaneignung des Körpers" Körperbewusstsein, Kommunikation und sensomotorisches Erleben (wieder-)herstellen, entwickeln und fördern.

Theoretische Bezugspunkte/Überlegungen:
Verhaltensauffälligkeiten wie auch autistische Verhaltensweisen sind nach Aucouturier und Lapierre (1982) Ausdruck einer schweren gestörten zwischenmenschlichen Beziehung. Außerdem wird insbesondere bei Menschen mit massiven Lernschwierigkeiten oder einer (schweren) komplexen Behinderung ein Mangel an kommunikativen Ausdrucksmöglichkeiten konstatiert. Ursache dafür seien häufig sensorielle hirnorganische Funktionsstörungen, die häufig schon in der vorgeburtlichen Phase ihren Ursprung haben. Da nach der Geburt die ersten Lebenserfahrungen über den Körper gemacht werden, setzt die psychomotorische Therapie genau an dieser Stelle an, indem ein „archaischer kommunikativer Dialog" zwischen Therapeut und behinderten Menschen initiiert und aktualisiert werden soll (ebd., 30). Dabei soll der Betroffene zugleich zu basalem, sensomotorischem Handeln angeregt werden, so dass sowohl kommunikative als auch dingliche Beziehungen zur Welt aufgebaut und entfaltet werden können.

Setting/Raum:
Benötigt wird ein mit Matten ausgestalteter Gymnastik- oder Mehrzweckraum für körperorientiertes, kommunikationszentriertes Arbeiten.

Medien/Mittel:
Schaumstoffelemente, Spiegel, Mittel zur Massage (Creme, Öle), (Spiel-)Mittel aus dem Interessenbereich der jeweiligen Person, Klanginstrumente

Sozialform:
Einzelarbeit

Vorgehensweise:
In der psychomotorischen Therapie gibt es kein festes Übungsprogramm. Sie richtet sich ganz nach der Situation des jeweiligen behinderten Menschen. Sie ist „nicht im voraus programmierbar. Sie wird jeden Augenblick erlebt, sie ist ein ständiges

Werden" (ebd., 71). Insofern lassen sich nur einige Schwerpunkte nennen, die immer wieder aufgegriffen werden: Anbahnung von Körperkontakt und Austausch von Lauten, *„mothering"* („bemutterndes Einhüllen"), Imitation von Körperbewegungen, Selbst- und Fremdwahrnehmung im Spiegelbild, Massagen, vestibuläre Stimulation, gemeinsame Bewegungsaktivitäten (ebd., 31ff.).

Rolle des Pädagogen:
Beobachtend, einfühlsam, dialogisch, therapeutisch-führend

Perspektiven in Bezug auf Verhaltensauffälligkeiten:
Nach Aucouturier und Lapierre (1982) können schwere Verhaltensauffälligkeiten wie auch autistische Verhaltensweisen durch die psychomotorische Therapie erfolgreich abgebaut werden.

Repräsentanten/Bezugsliteratur:
Aucouturier und Lapierre (1982); Esser (1992)

Querverbindungen:
Sensorische Integration; Integrative Körpertherapie (nach Besems und v. Vugt)

Beurteilung aus der Sicht des Verfassers:
Die psychomotorische Therapie nach Aucouturier und Lapierre ist ein subjektzentrierter Förderansatz, der auf theoretischen Überlegungen fußt, die auf Irrationalismen weitgehend verzichten. Einerseits wird der Betroffene in der Therapie als Akteur seiner Entwicklung begriffen, andererseits bleibt der Ansatz nicht bei einer bloßen Widerspiegelung des Verhaltens oder einem reinen „Gewährenlassen" stehen, sondern er setzt zugleich neue Impulse der Entwicklungsförderung, indem die Person zu einem alternativen entwicklungsgemäßen Handeln aufgefordert, ja herausgefordert wird. Die therapeutische Kunst besteht darin, sich ganz auf den behinderten Menschen einzulassen und ihn zugleich zu neuem Verhalten anzuregen. Dies stellt hohe Ansprüche an den Pädagogen, da er nicht auf eine bestimmte Methodik zurückgreifen, sondern allenfalls Elemente aus anderen Verfahren (z. B. Massage, Sensorische Integration, Basale Stimulation, integrative Körpertherapie) aufgreifen und in einem integrierten Zusammenhang verwerten kann. Entsprechende methodische Kenntnisse sind daher ebenso unabdingbar wie eine praxisbegleitende Supervision, um ein Abdriften der psychomotorischen Therapie in ein beliebiges oder konzeptionsloses Agieren zu vermeiden. Auch bei diesem Verfahren darf der Lebensweltbezug nicht aus dem Blick geraten. Alles in allem wird nach einschlägigen Berichten die hier beschriebene Methode der psychomotorischen Therapie positiv eingeschätzt (auch Theunissen 2000, 225ff.). Allerdings fehlen wissenschaftlich abgesicherte Wirksamkeitsstudien.

Selbstsicherheitstraining

Zielgruppe:
Menschen mit mangelndem Selbstvertrauen, Ängsten, apathischem, depressivem oder selbstunsicherem Verhalten

Definition und Ziele:
Unter einem Selbstsicherheitstraining fassen wir Programme, die im weiteren Sinne „als Einübung in Selbstvertrauen und soziale Kompetenz" umschrieben werden können (Ullrich de Muynck und Ullrich 1976a, 19). Im engeren Sinne geht es um die Vermittlung von Fertigkeiten, mit denen Betroffene soziale Situationen selbstsicher bewältigen können. Wesentliche Ziele erstrecken sich dabei auf:
„1. den Abbau handlungsblockierender Ängste und Hemmungen
2. das Neulernen sozialer Fertigkeiten und Strategien und
3. die Änderung der Einstellung zu sich selbst" (ebd., 17; auch 1987, 28ff.).
Das *Assertiveness-Training-Programm* (ATP) gilt als das prominenteste Konzept eines Selbstsicherheitstrainings, welches von Ullrich de Muynck und Ullrich (1976a-c) für den allgemeinen klinischen Bereich und von Wehmeyer, Agran und Hughes (1999, 218ff.) als spezielles Angebot zur Förderung von Selbstbestimmung intellektuell behinderter Menschen aufbereitet worden ist.

Theoretische Bezugspunkte/Überlegungen:
Ausgangspunkt des von Ullrich de Muynck und Ullrich konzipierten Konzepts ist die Kritik am klassischen „medizinischen Modell", das Auffälligkeiten wie selbstunsicheres Verhalten, depressive Reaktionen, Störungen des Selbstwertgefühls oder soziale Ängste „lediglich als Hinweis auf eine zugrunde liegende Krankheit betrachtet" (ebd. 1976a, 70). Soziale Aspekte, genauer gesagt Bedingungen, die das auffällige Verhalten beeinflussen, verstärken, aufrechterhalten oder steuern, bleiben dabei weitgehend unberücksichtigt. Genau an dieser Stelle setzt das ATP an, das sich an lerntheoretischen Positionen orientiert. Demzufolge werden psychosoziale Auffälligkeiten wie mangelndes Selbstvertrauen, Hemmungen oder Verhaltensunsicherheiten als Ausdruck von Ängsten vielfach durch soziale Verstärkung, vor allem durch die Erwartung von negativen Konsequenzen, aufrechterhalten. Fehlende positive Rückmeldungen begünstigen in der Regel ein Vermeidungsverhalten, indem Betroffene sozialen (unangenehmen) Situationen ausweichen. Außerdem verstärken Defizite im sozialen Verhaltensrepertoire diesen Prozess (ebd. 1980, 9).

Setting/Raum:
Es wird einerseits ein (geräumiger) Raum zur Einübung selbstsicheren Verhaltens benötigt; andererseits soll das Selbstsicherheitstraining in realen Lebenssituationen stattfinden (Lernorte wären: Straße, Verkehrsmittel, Behörden, Fahrstuhl, Lokal, Geschäfte etc.).

Medien/Mittel:
Videoanlage; Kassettenrecorder

Sozialform:
Einzel-, Partner-, Gruppenarbeit

Vorgehensweise:
Ausgangspunkt eines Selbstsicherheitstrainings ist die genaue Situations- und Verhaltensanalyse auf lerntheoretischer Basis (funktionales Assessment). Dabei geht es vor allem um die Registrierung Angst auslösender Situationen, um die Beschreibung des Verhaltens, der gefürchteten oder erlebten unangenehmen Reaktionen sowie der Erwartungshaltungen auf Angst auslösende Situationen. Durch Befragungen und Verhaltensbeobachtungen in kritischen Situationen soll herausgefunden werden, welche Denk- und Handlungsmuster einem selbstsicheren Verhalten im Wege stehen und welche Strategien zum Aufbau neuer Verhaltensweisen beziehungsweise zur Erweiterung des Verhaltensrepertoires angewandt werden können. Programme zur Einübung von Selbstsicherheit basieren in der Regel auf einer Sammlung von Beschreibungen problematischer Situationen, die nach Schwierigkeiten hierarchisiert zunächst in Lernsituationen als Rollenspiel mit klaren Instruktionen, Tonband- und Videofeedback und Rollenaustausch aufbereitet werden, bevor neue Verhaltensweisen in realen Lebenssituationen erprobt werden (Wehmeyer, Agran und Hughes 1999, 219). Zentrale methodische Bezugspunkte sind das Lernen am Modell (Bandura 1979) sowie kognitive Therapieansätze (Zimmer 1980, 146ff.; auch Fliegel u. a. 1998, 184ff.). Folgende Ausschnitte aus dem Trainingsprogramm von Ullrich de Muynck und Ullrich (1976b, 38ff.) sollen das Vorgehen verdeutlichen:
„Sie erkundigen sich bei einem Passanten nach einer Straße, von der Sie annehmen, dass sie sich in unmittelbarer Nähe befindet.
Die Person ist freundlich und gibt Ihnen genaue Auskunft.
Beginnen Sie Ihr Gespräch etwa mit: ‚Guten Tag, ich suche die ... Straße', ‚Guten Tag, wissen Sie, wie ich am besten zur ... Straße komme?', ‚Ach bitte, können Sie mir sagen, wo die ... Straße ist?'
Ziel:
Sie sollen bei diesen Übungen lernen, dass bereits einfache zwischenmenschliche Handlungen, wie Auskünfte einholen oder Auskünfte geben, besser auf einer gleichberechtigten, partnerschaftlichen Ebene ablaufen.
Sie werden sehen, dass Sie auch ohne Entschuldigungen die gewünschten Auskünfte erhalten.
Beachten Sie:
Sprechen Sie laut und deutlich, verwenden Sie einen freundlichen Tonfall. Vermeiden Sie auf jeden Fall überflüssige Entschuldigungen wie ‚Entschuldigen Sie bitte'

... oder ‚Ich bin fremd hier.' ... Sie fragen jemanden auf der Straße nach einem komplizierten Weg. ... Die gefragte Person gibt Ihnen nur ungenau die Richtung an und will dann weitergehen. Sie erscheint Ihnen diesmal etwas ungehalten. Sie fragen nachdrücklich noch einmal und erhalten eine kurze, aber präzise Auskunft, die Ihnen zunächst weiterhilft.
Ziel:
Sie werden sehen, dass Sie auch weniger gesprächsbereite Personen nicht mit Ihrem Anliegen belästigen. Eine kurze Auskunft können Sie dennoch erhalten.
Beachten Sie:
Sie lassen sich nicht durch die schlechte Laune von anderen beeinflussen, Sie bleiben freundlich und bestimmt."

Rolle des Pädagogen:
Beobachtend, therapeutisch-unterstützend, gegebenenfalls modellhaft

Perspektiven in Bezug auf Verhaltensauffälligkeiten:
Programme zur Einübung selbstsicheren Verhaltens gelten als wirksam und effektiv im Hinblick auf die Gewinnung von mehr Selbstvertrauen und den Erwerb sozialer Kompetenzen zur Bewältigung sozialer Situationen (Ullrich de Muynck und Ullrich 1980, 19; Nezu, Nezu und Arean 1991).

Repräsentanten/Bezugsliteratur:
Pfingsten und Hinsch (1991); Ullrich de Muynck und Ullrich (1976a; b; c)

Querverbindungen:
Kognitive Verhaltenstherapie; Soziales Kompetenztraining; Programme zum Sozialen Lernen; Problemlösungstraining

Beurteilung aus der Sicht des Verfassers:
Im Unterschied zu den meisten der bisher vorgestellten Ansätze sind die Programme zur Einübung selbstsicheren Verhaltens nicht aus der heilpädagogischen Arbeit hervorgegangen. Sie stammen aus dem klinischen Bereich und finden insbesondere im Umfeld von Psychotherapie und (Sozial-)Psychiatrie Anwendung. Ihre Wirksamkeit wird durch Forschungsergebnisse belegt (Grawe u. a. 1980). Allerdings scheinen individuelle und soziale Faktoren (z. B. kognitive Voraussetzungen, Schweregrad einer depressiven Störung, zwischenmenschliche Beziehungen) für den (langfristigen) Erfolg eine wichtige Rolle zu spielen (Grawe 1980, 185ff.). Insofern lassen sie sich nicht vorbehaltlos auf die Arbeit mit Menschen übertragen, die als geistig behindert und verhaltensauffällig gelten. Wenn wir dennoch Methoden wie das ATP an dieser Stelle anführen, hängt dies damit zusammen, dass wir das damit verknüpfte Grundanliegen für wichtig erachten. Viele Menschen mit

Lernschwierigkeiten oder einer komplexen Behinderung demonstrieren „erlernte Hilflosigkeit" (Seligman), zeigen selbstunsicheres Verhalten, mangelndes Selbstvertrauen, erhöhte soziale Ängstlichkeit oder Hemmungen, die die Bewältigung sozialer Lebenssituationen erheblich beeinträchtigen. Hier kann der Aufbau bisher nicht gelernter adäquater Verhaltensweisen in sozialen Interaktionen sowie eine damit verknüpfte Veränderung der Einstellung zu sich selbst im Hinblick auf Realitätskontrolle und Realitätsbewältigung, insbesondere auch im Hinblick auf die Bewältigung unbekannter Situationen, wesentlich weiterhelfen. Eine wissenschaftliche Dokumentation von Programmen zum Einüben selbstsicheren Verhaltens bei Menschen mit Lernschwierigkeiten steht allerdings für den deutschen Sprachraum noch aus. Ohne Zweifel können die in der klinischen Rehabilitation und Therapie erprobten Ansätze (ATP) nur in modifizierter und vereinfachter Form (z. B. im Hinblick auf soziale Situationen, Sprachinstruktion, Körpersprache) bei Menschen mit Lernschwierigkeiten eingesetzt werden (Nezu, Nezu und Arean 1991, 377f.; Wehmeyer, Agran und Hughes 1999, 218ff.). Ferner sind den Verfahren dort Grenzen gesetzt, wo wir es nicht nur mit einer mangelnden Verbalisierungsfähigkeit, sondern auch mit einer schweren kognitiven Beeinträchtigung zu tun haben. Insofern können in erster Linie nur Menschen mit leichten Lernschwierigkeiten und selbstunsicherem Verhalten davon profitieren. Für sie kann das Selbstsicherheitstraining, in dem vor allem Lösungsstrategien und kognitive Fertigkeiten zur Bewältigung sozialer (schwieriger) Situationen angestrebt werden, eine wirksame *Hilfe zur Selbsthilfe* sein. Besonders günstig scheint eine Kombination des ATP mit einem Problemlösungstraining zu sein. Diesbezüglich konnten Nezu et al. (1991) bei einer Stichprobe von 28 eher leicht intellektuell behinderten Erwachsenen mit unterschiedlichen Formen psychosozialer Auffälligkeiten (z. B. Ängste, Anpassungsprobleme, Persönlichkeitsstörungen) signifikante positive Verhaltensänderungen nachweisen.

Sensorische Integration (nach Ayres)

Zielgruppe:
Kinder und Jugendliche mit Entwicklungsverzögerungen oder Wahrnehmungsstörungen, Autisten, Menschen mit Lernschwierigkeiten oder einer komplexen Behinderung und Verhaltensauffälligkeiten

Definition und Ziele:
„Sensorische Integration ist der Prozess des Ordnens und Verarbeitens sinnlicher Eindrücke (sensorischen Inputs), so dass das Gehirn eine brauchbare Körperreaktion und ebenso sinnvolle Wahrnehmungen, Gefühlsreaktionen und Gedanken erzeugen kann. Die Sensorische Integration sortiert, ordnet und vereint alle sinnlichen Eindrücke des Individuums zu einer vollständigen und umfassenden

Hirnfunktion" (Ayres 1984, 37). Ziel der Entwicklungsförderung oder Therapie ist damit die Verbesserung der „Hirnkapazität" durch einen Rückgriff auf phylogenetisch frühe Wahrnehmungs- und Bewegungsmuster, so dass Entwicklungsstörungen kompensiert und neue Verhaltensweisen aufgebaut werden können.

Theoretische Bezugspunkte/Überlegungen:
Die Sensorische Integration ist ein therapeutischer Ansatz, der Kenntnisse in der sensomotorischen Entwicklung, Neurologie und Neurophysiologie voraussetzt. Nach Ayres (1984) gibt die Verarbeitung von Reizen im Zentralnervensystem Hinweise auf Fähigkeiten, Wahrnehmungsstörungen und Möglichkeiten einer sensorischen Integrationsbehandlung. Dem Hirnstamm als dem ältesten Teil des Gehirns kommt nach Ansicht von Ayres die wichtigste Bedeutung in der Sensorischen Integration zu, da alle Reize an das Gehirn zunächst über die Nervenbahnen des Hirnstamms (Formatio reticularis) laufen. „Die meisten Kinder mit gestörtem Lernen zeigen irgendeine Dysfunktion, die mit dem Hirnstamm in Verbindung gebracht werden kann" (1979, 34). Dies gelte auch für hyperaktives Verhalten oder für einen auffälligen Muskeltonus. Für Ayres bedeutet eine Störung in der Verarbeitung des Hirnstamms stets eine deutliche Beeinträchtigung anderer, insbesondere der höheren Hirnareale. Diese Auffassung ist zugleich grundlegend für die Therapie, die an der niedrigeren Funktionsebene anzuknüpfen habe. Insofern seien jene Wahrnehmungsbereiche besonders relevant, die im Hirnstamm verarbeitet werden. Dies gilt vor allem für die taktile, vestibuläre und kinästhetische Wahrnehmung. Grandic (1992, 181) nimmt an, dass Menschen mit Lernschwierigkeiten oder einer komplexen Behinderung vor allem in diesen Bereichen beeinträchtigt seien. Dies bedeutet mit den Worten Ayres „nichts anderes, als dass das Gehirn nicht in seiner natürlichen, wirkungsvollen Weise funktioniert" (Ayres 1984, 71). Demzufolge sind Wahrnehmungsstörungen Störungen in der Sensorischen Integration: „Sensorisch bedeutet in diesem Zusammenhang, dass die ungenügende Leistung des Gehirns besonders die Sinnesorgane betrifft" (ebd., 71). Derartige Störungen sind nach Ansicht von Ayres zugleich auch Ursache für Verhaltensauffälligkeiten.

Setting/Raum:
Für die Sensorische Integration wird ein speziell eingerichteter, möglichst großer Therapieraum vorgeschlagen.

Medien/Mittel:
Um verschiedenartige Reize zu vermitteln, werden Materialien eingesetzt wie Geräte zum Schaukeln (Schaukelbrett, Hängematte), Rollbrett, Vibrator, Massagemittel (Öl, Creme), Geräte zum Klettern oder Kriechen, Funktionsspielzeug zum Experimentieren, Bällchenbad und Ähnliches mehr.

Sozialform:
Vorwiegend Einzelarbeit

Vorgehensweise:
Ausgangspunkt der Sensorischen Integration ist zunächst die Diagnose von sensorischen Integrationsstörungen durch Verhaltensbeobachtungen oder spezielle Tests (z. B. Southern California Sensory Integration Test). Nach Ansicht von Ayres ist es häufig schwierig, bei Menschen mit geringfügigen Auffälligkeiten eine sensorische Integrationsstörung eindeutig zu diagnostizieren. Da neurologische Untersuchungen hier auch nur selten weiterhelfen könnten, sollten die Beobachtungen über einen längeren Zeitraum nicht nur in Testsituationen, sondern auch in freien, spielerischen Situationen erfolgen. Die Entwicklungsförderung oder Therapie richtet sich ganz nach dieser Ausgangslage. Die Hauptschwerpunkte sind Angebote im Bereich der taktilen, vestibulären und kinästhetischen Stimulation. Hierzu gibt es kein engmaschiges Übungsprogramm, sondern ein Angebot mit immer wiederkehrenden Elementen und Prinzipien (z. B. ein zehnminütiges Schaukelangebot, das drei Wochen lang täglich durchgeführt wird). Grandic (1992, 189) hält es für denkbar, spezielle kurzfristige Förderangebote aus dem Bereich der Sensorischen Integration auch in der alltäglichen Arbeit in der Schule oder in der Wohngruppe einzusetzen.

Rolle des Pädagogen:
Beobachtend, einfühlsam, partnerschaftlich, therapeutisch-führend

Perspektiven in Bezug auf Verhaltensauffälligkeiten:
Vertreter der Sensorischen Integration gehen davon aus, dass Verhaltensauffälligkeiten wie auch selbstverletzende Verhaltensweisen bei Menschen mit Lernschwierigkeiten oder einer komplexen Behinderung erfolgreich abgebaut werden können (Grandic 1992, 186). Diese Auffassung beruht vor allem auf Beobachtungen und Erfahrungsberichten aus der Praxis, nicht aber auf wissenschaftlichen Wirksamkeitsstudien.

Repräsentanten/Bezugsliteratur:
Augustin (1989); Ayres (1979; 1984); Fischer, Murray und Bundy (1998); Grandic (1992); Rüller-Peters (2001)

Querverbindungen:
Basale Stimulation; Ästhetische Erziehung; PLAG-Ansatz (Affolter), Psychomotorik

Beurteilung aus der Sicht des Verfassers:
Die Sensorische Integration ist ein inzwischen weit verbreiteter therapeutischer Ansatz, der einen wichtigen Beitrag zur basalen Lernförderung leistet (Rüller-Peters 2001, 293) und zum Abbau selbststimulierenden und selbstverletzenden Verhaltens beitragen kann. Es muss aber zugleich vor einer Überschätzung des Verfahrens gewarnt werden. Die Sensorische Integration stellt eine Art Basistherapie dar, der weitere Aktivitäten/Angebote folgen müssen, wenn eine Stabilisierung neu erworbener Verhaltensweisen sowie eine allgemeine Persönlichkeitsentwicklung Ziel sein soll. Dies ist auch den Ausführungen von Grandic (1992) zu entnehmen, der die Sensorische Integration für die Arbeit mit Menschen ausgewertet hat, denen eine geistige Behinderung nachgesagt wurde.

Insgesamt betrachtet kommt die Sensorische Integration der Basalen Stimulation sehr nahe, wenngleich erhebliche Unterschiede in der Theorie bestehen. Gerade Ayres` Theorie ist in letzter Zeit scharf kritisiert worden. So wird heute nicht mehr angenommen, dass höhere Hirnfunktionen ohne adäquate niedrigere Funktionen nicht optimal funktionieren können. Stattdessen wird von kompensatorischen, selbstregulativen Fähigkeiten höherer Hirnareale ausgegangen (Fischer, Murray und Bundy 1998). Außerdem sollte nach Pflüger (1991, 188) anerkannt werden, dass „einfache Vorgänge wie Greifen und Ausschütten von Sand aus einem Becher bereits eine große Anzahl von kognitiven Leistungen beinhaltet und nicht nur aus einfachen moto-sensorischen Vorgängen besteht." Sowohl Augustin (1986, 347) als auch Ayres verkennen die Komplexität der Verarbeitungsprozesse im Gehirn (hierzu Lurija 1998), indem sie ein Lernen auf Hirnstammebene losgelöst von anderen Bereichen des Zentralnervensystems (insbesondere der Neocortex) betrachten. Neurowissenschaftlichen Erkenntnissen zufolge kann die Vorstellung, „dass die taktil-kinästhetische Wahrnehmung entwicklungsgemäß als primär zu betrachten ist und dass die Entwicklung der übrigen Sinnessysteme, insbesondere die Entwicklung des visuellen und auditiven Systems auf ihr aufbaut und ihre Intaktheit voraussetzt" (Breitenbach 1996, 418), nicht länger aufrechterhalten werden.

Wenig überzeugend ist Ayres auch an jener Stelle, wo es um die Beurteilung von Verhaltensauffälligkeiten geht. Diese werden in erster Linie funktionellen Störungen des Gehirns zugeschrieben, weswegen eine individuumzentrierte Vorgehensweise gegenüber soziotherapeutischen Maßnahmen unmissverständlich priorisiert wird. „Bevor Sie viel Zeit und Geld verschwenden, um die zwischenmenschlichen Beziehungen durch Psychotherapie zu ändern, ist es besser, einen Versuch zu unternehmen, und dafür zu sorgen, dass das Gehirn ihres Kindes besser arbeitet. Wenn nach einem solchen Behandlungsversuch immer noch Probleme bestehen, kann die Psychotherapie gegebenenfalls weiterhelfen" (Ayres 1984, 224). Der Vernachlässigung des sozialen Faktors sind wir auch schon im PLAG-Ansatz begegnet. Beide Arbeitsformen sind an dieser Stelle in ihrer Reichweite begrenzt. Im Unterschied zum eng gestrickten Affolter-Ansatz wird in der Arbeitsweise nach Ayres allerdings mehr Wert auf spielerische Aktivitäten (Fischer, Muray und Bundy 1998), auf die emotionale Befindlichkeit und auf die aktuelle Situation der Person gelegt, so dass alles in allem die Sensorische Integration als ein subjektzentrierter Förderansatz gekennzeichnet werden kann.

Snoezelen

Zielgruppe:
Menschen mit einer (schweren) komplexen Behinderung; verhaltensauffällige Personen mit Lernschwierigkeiten; auch alte Menschen (mit hoher Pflegebedürftigkeit oder Demenz) und psychisch kranke Personen

Definition und Ziele:
Snoezelen wurde im ursprünglichen Sinne als „ein Freizeitangebot für Schwerstbehinderte, bei dem sie ruhig werden und zu sich selbst finden können" (Hulsegge und Verheul 1993, 36), konzipiert. Der Begriff des Snoezelens wird mit Dösen, Schlummern, Schnuppern, Schnüffeln und Sich-Wohlfühlen umschrieben und in der Behinderten- und Altenarbeit sehr oft für einen Ansatz verwendet, der „therapeutische Prozesse unterstützen (soll, G. T.), ohne selbst als Therapie zu gelten" (Dalferth 2003, 11, 86).

Theoretische Bezugspunkte/Überlegungen:
„Dem Snoezelen-Konzept fehlt eine grundlegende, zum Beispiel wahrnehmungspsychologisch begründete Theorie" (ebd., 13). Dies wird von den „Gründungsvätern" des Snoezelens bewusst in Kauf genommen, um jegliche Einschränkung behinderter Menschen zu vermeiden und um ihren Bedürfnissen „wirklich gerecht werden zu können" (13). Hulsegge und Verheul gehen davon aus, dass Menschen mit einer (schweren) komplexen Behinderung zur Auseinandersetzung mit ihrer Umwelt oft über das körperliche Erleben nicht hinaus kommen (15). Zumeist seien sie Alltagssituationen ausgesetzt, denen sie hilflos gegenüber stehen. Oft würden die Betroffenen in Wohngruppen „unter erheblicher Spannung und unter Stress" (10) stehen, so dass „ganz besondere Erfahrungen" zur Entspannung notwendig seien, um den Alltag bewältigen zu können. Anders als in Wohngruppen, wo „bestimmte Anforderungen" gestellt würden, benötigten insbesondere Personen mit einer (schweren) komplexen Behinderung Räume, in denen sie ganz selbst sein dürfen und zu sich selber finden könnten.

Setting/Raum:
Es wird zwischen einem *Maxi-Snoezelen* und einem *Mini-Snoezelen* unterschieden. Zum einen geht es um eine eigens für das Snoezelen eingerichtete Abteilung innerhalb einer Behinderteneinrichtung, zum anderen geht es um einzelne Räume in einer Wohngruppe oder Schule, die für das Snoezelen speziell gestaltet werden

sollen. Das Spektrum möglicher Angebote in speziell eingerichteten Räumen ist breit: zum Beispiel gibt es Räume mit Wasserbett und Baldachin, einen Bällchenbadraum, Räume mit Tastobjekten, Lichtfußboden, Echohall und Mikrophon, Vibrationsboden, Riechobjekten, Angeboten zur Klang- oder Geräuscherfahrung, einen abgedunkelten Raum mit gedämpftem Licht und ruhiger Hintergrundmusik, Liegelandschaft und Anderes mehr.

Medien/Mittel:
Zwischenzeitlich gibt es eine Fülle vermarkteter Snoezel-Mittel wie Lichtorgel, Flüssigkeitsprojektoren, Spiegelkugel, Fieberglasleuchten, Blubbersäulen, Leuchtfäden, Seifenblasenapparat, Spiegelwand, Duftschläuche, Windmaschine, Wasserorgel, Wasserklangbett, Musikanlage, Synthesizer, Kopfhörer und Ähnliches mehr.

Sozialform:
Einzel- und Partnerarbeit; gruppenbezogene Nutzung

Vorgehensweise:
Das Snoezelen ist in keiner Weise festgelegt, da jeder Betroffene jeweils von sich aus auswählen, entscheiden soll, welche Angebote er gerne nutzen möchte. Auch die Verweildauer in den jeweiligen Snoezelen-Räumen richtet sich ganz nach den Bedürfnissen und Interessen der behinderten Menschen.

Rolle des Pädagogen:
Einfühlsam, assistierend, partnerschaftlich

Perspektiven in Bezug auf Verhaltensauffälligkeiten:
Einschlägige Erfahrungsberichte und Untersuchungen lassen vermuten, dass durch Snoezelen nicht nur Entspannung und Wohlbefinden erzeugt, sondern (langfristig) auch Verhaltensauffälligkeiten oder Hospitalisierungsschäden kompensiert beziehungsweise abgebaut werden können (dazu Dalferth 2003, 25f., 42ff., 66f., 76); ferner wird dem Snoezelen als Freizeitangebot eine präventive Bedeutung zugeschrieben.

Repräsentaten/Bezugsliteratur:
Dalferth (2003); Hulsegge und Verheul (1993); Mertens (2005)

Querverbindungen:
Basale Stimulation; Ästhetische Erziehung; Erlebnispädagogik; Sensorische Integration

Beurteilung aus der Sicht des Verfassers:
Wenngleich für viele Praktiker außer Frage steht, dass das Snoezelen zum basalen Lernen und psychisch-physischen Wohlbefinden von Menschen mit (komplexen) Behinderungen einen wichtigen Beitrag leisten kann, gibt es jedoch vor allem über die Effektivität in Bezug auf Abbau von Verhaltensauffälligkeiten kaum empirisch gesicherte Erkenntnisse (dazu die Übersicht in Dalferth 2003, 21ff., 27). Eine wegweisende empirische Untersuchung über den Einsatz des Snoezelens bei alten, pflegebedürftigen und an einer Demenz erkrankten Personen wurde soeben von Dalferth (2003) vorgelegt. Sie belegt langfristige positive Effekte des Snoezelens, lässt aber auch den Schluss zu, dass dieses Angebot gegenüber anderen Formen einer (basalen) Aktivierung nicht überbewertet werden sollte. Probleme ergeben sich in Institutionen der Behindertenhilfe dort, wo das Snoezelen zum Dogma erkoren sowie als „Therapiepaket" vermarktet und entsprechend angewandt wird (Lamers 2001, 193ff., 204). Hier hat sich gezeigt, dass vor allem das Maxi-Snoezelen in der Gefahr steht, zur Stabilisierung einer Behinderteneinrichtung beizutragen und damit integrative Prozesse zu unterlaufen. Dies hängt unter anderem mit den hohen Kosten zusammen, die das Maxi-Snoezelen verursacht, weswegen Einrichtungen, die diesbezüglich viel investieren, das Snoezelen gerne als ‚Aushängeschild' ihrer Institution anpreisen. Höchst widersprüchlich ist es, wenn Behinderteneinrichtungen einerseits eine Snoezelen-Abteilung haben und andererseits an einer klinisch organisierten Regelung des Alltags im Wohngruppenbereich festhalten. In dem Falle bleibt der Alltag für viele behinderte Menschen unpersönlich, kaum beeinflussbar und weithin unkontrollierbar, was in Anbetracht des Fehlens sinnerfüllter Partizipationsmöglichkeiten letztlich Verhaltensauffälligkeiten befördern kann. Derlei Probleme lassen sich aber kaum durch das Snoezelen als freiwilliges Freizeitangebot bewältigen, da nicht das Snoezelen, sondern die primäre Lebenswelt (Wohngruppe) den wichtigsten Einfluss auf menschliche Entwicklung und Wohlbefinden nimmt. Insofern dürfen keine hohen (therapeutischen) Erwartungen an das Maxi-Snoezelen gestellt werden.
Demgegenüber kann aber das Mini-Snoezelen eine Bereicherung darstellen, wenn es auf sinnvolle Weise im Gruppen- oder Unterrichtsalltag integriert ist und auch unter pädagogisch-therapeutischen Gesichtspunkten Anwendung findet (auch Dalferth 2003). So könnten zum Beispiel (Alltags-)Situationen genutzt werden, in denen einzelne Personen durch kritisches Problemlösungsverhalten (Aggressionen; sozialer Rückzug) besonders auffallen. Möglicherweise kann das Snoezelen im Wohngruppen- oder Schulalltag eine präventive Wirksamkeit erzeugen und zu einer Atmosphäre des Wohlbefindens beitragen. Die Integration spezifischer Snoezelangebote in den Alltag wäre damit ein wichtiges Ziel, um „Entfremdungserscheinungen" zuvor zu kommen (Hulsegge und Verheul 1993, 46). Zugleich würde dadurch die Abgeschlossenheit der künstlichen Traumwelt des Snoezelens vermieden und eine Verschränkung des Angebots mit natürlichen Lernfeldern erreicht.

Soziales Lernen (soziales Kompetenztraining)

Zielgruppe:
Kinder, Jugendliche und Erwachsene mit Verhaltensauffälligkeiten; Menschen mit Behinderungen

Definition und Ziele:
Spielte in den 1970er Jahren der Begriff des Sozialen Lernens für eine Sozialerziehung eine prominente Rolle (Prior 1976), wird heute im deutschsprachigen Raum zumeist von einem *sozialen Kompetenztraining* gesprochen, um unter anderem den Blick auf subjektbezogene, selbstbestimmte Aspekte und die Rückbindung individueller Fähigkeiten an Situationen zu berücksichtigen (Fiedler 2008; Kinne 2010). Im angloamerikanischen Sprachraum stoßen wir auf die Bezeichnung *Social Skills Training*, die sich in der Regel auf eng gestrickte Lernprogramme zur Einübung oder Förderung von Fähigkeiten und Fertigkeiten beziehen. In Anbetracht der unterschiedlichen Auslegungen, die dem Begriff der Kompetenz anhaften (z. B. aus rechtlicher Sicht definiert als „Zuständigkeit" und aus psychologischer als „Fähigkeiten"), möchte ich weiterhin an der älteren Bezeichnung des Sozialen Lernens festhalten. Allerdings soll sie nicht systematisch aufbereitete, enge Programme fokussieren, um soziale Fähigkeiten und Fertigkeiten zu vermitteln beziehungsweise einzuüben (wie z. B. das ATP), sondern sich vor allem auf soziale Lernerfahrungen in „offenen" Spielsituationen oder sogenannten Ermöglichungsräumen erstrecken. Der Begriff des Sozialen Lernens steht für Arbeitsformen, die zum Aufbau, zur Stabilisierung und Differenzierung sozialer Verhaltensweisen sowie zur Bewältigung kommunikativer Situationen beitragen sollen. Dabei geht es nicht nur um ein selbstunsicheres Verhalten, sondern um ein breites Spektrum an auffälligem Sozialverhalten. Unter Sozialverhalten werden insbesondere Wahrnehmungs-, Denk- und Handlungsweisen gefasst, die für ein positives Zusammenleben mit anderen Menschen notwendig sind, zum Beispiel:

- Fähigkeit, sich selbst wahrzunehmen und realistisch einzuschätzen;
- Fähigkeit, sich in andere hineinzuversetzen und Absichten, Bedürfnisse und Gefühle anderer zu erkennen;
- Fähigkeit, Handlungen gemeinsam mit anderen (kooperativ) auszuführen;
- Fähigkeit, Konflikte durchzustehen und divergierende Rollenerwartungen zu tolerieren, ohne seine eigene Identität zu gefährden;
- Fähigkeit, anderen soziale Unterstützung anzubieten und angemessen zu leisten;
- Fähigkeit, individuelle und kollektive Lebensumstände zu erkennen und sich gegenüber Rollen und Normen reflektierend und distanzierend zu verhalten;
- Fähigkeit, eigene Bedürfnisse und Interessen zu erkennen, zu formulieren und gegenüber anderen wirksam zu vertreten, ohne dabei die Belange anderer zu ignorieren;

- Fähigkeit, individuelle und gemeinsame Interessen zu erkennen und gemeinsam mit anderen Betroffenen wirksam (sozial verträglich) zu vertreten.

Theoretische Bezugspunkte/Überlegungen:
Arbeitsformen zum Sozialen Lernen basieren wesentlich auf Erkenntnissen des Symbolischen Interaktionismus und der Kritischen Rollentheorie (dazu Goffman 1967; Krappmann 1972). Danach kann ein humanes, sozial verträgliches Zusammenleben nur von Individuen geleistet werden, die zu einem erfolgreichen Rollenhandeln (Ich-Identität) befähigt wurden. Gemeint ist damit die Kompetenz, personale Ich-Ansprüche (Bedürfnisse, Interessen) mit sozialen Erwartungen (zugeschriebene Rolle aufgrund individueller Merkmale) auszubalancieren. Entsprechende Fähigkeiten sollen durch Programme zum Sozialen Lernen erworben werden. Damit soll schon in der Vorschule (Kindergarten) begonnen werden. In diesem Zusammenhang wird in Anlehnung an Piaget (1974) davon ausgegangen, dass kognitive Fähigkeiten und Erfahrungen stets Bestandteil von Sozialverhalten sind. Deshalb geht es bei vielen Programmen des Sozialen Lernens nicht nur um die Einübung sozialer Verhaltensweisen (*skills*), sondern auch um den Erwerb von Kenntnissen und Fähigkeiten, „die man als ‚Soziales Verstehen' beschreiben kann" (Croissier u.a. 1979, 14). „Das Erkennen, Unterscheiden, Benennen und Bewerten sozialer Merkmale und Situationen gehört unserer Meinung nach zu solchen Kenntnissen und Fähigkeiten, die Vorschulkinder zur Bewältigung sozialer Situationen brauchen" (ebd., 14).
Entwicklungspsychologisch betrachtet dominiert bis zum Alter von etwa vier Jahren ein sogenannter Egozentrismus (Piaget), indem Kinder Ereignisse in ihrer Umwelt ganz aus ihrem eigenen Standpunkt aus beurteilen. Im Alter von etwa fünf bis sieben Jahren beginnen sie allmählich sich von der unmittelbaren (egozentristischen) Anschauung zu lösen, indem sie verschiedene Sichtweisen berücksichtigen und nicht nur von ihrem Standpunkt aus soziale Situationen beurteilen. Das Kind lernt nun, dass ein und dieselbe Person (z. B. Mutter) verschiedene Rollen einnehmen kann (z. B. Mutter für das Kind, Frau für den Vater, Lehrerin von Schülern, Sprecherin einer Bürgerinitiative). Derlei Erfahrungen konstituieren die Fähigkeit zur sogenannten Dezentrierung (Piaget), die den Egozentrismus ablöst, und befördern die Fähigkeit zur Empathie (Einfühlungsvermögen) und Rollenübernahme. Diese Momente werden in den Programmen zum Sozialen Lernen aufgegriffen und unter kognitiven wie auch emotionalen Zielsetzungen aufbereitet. Denn die Fähigkeit zur Rollenübernahme ist stets an gefühlsbetonte Fähigkeiten gebunden (Empathie), weswegen es im Sozialen Lernen immer auch um die Entwicklung und Förderung „sozialer Sensibilität" geht.

Setting/Raum:
Arbeitsformen zum Sozialen Lernen sind nicht an bestimmte Räumlichkeiten gebunden. Ein wichtiger Ort des Lernens ist der natürliche Lebensraum.

Medien/Mittel:
Audiovisuelle Mittel; ästhetische beziehungsweise Spielmaterialien (z. B. Handpuppen); Spielprogramme (Karteien) zum Sozialen Lernen

Sozialform:
Partner- und vorwiegend Gruppenarbeit

Vorgehensweise:
Am Anfang der Entwicklung eines Programms zum Sozialen Lernen steht (wie so üblich) ein *Verhaltensassessment*. Hierzu bieten sich Verhaltensbeobachtungen in Alltagssituationen an. Außerdem können Explorationsgespräche mit Bezugspersonen und Entwicklungsberichte in die Erstellung einer individuellen Ausgangslage im Hinblick auf soziales, emotionales, kognitives, psychomotorisches und interessenbezogenes Verhalten eingehen. Ein modernes Assessment erfasst nicht nur Defizite im Sozialverhalten, sondern ist immer darauf ausgerichtet, gleichfalls Stärken aufzuspüren und zu registrieren. Leider kommt dieser Doppelaspekt allzu oft in Trainingsprogrammen zu kurz. Auf dem Hintergrund der Informationen durch das Assessment sind gemeinsam mit den Betroffenen Lernziele und Übungseinheiten zu entwickeln, die zum Erwerb neuer sozialer Verhaltens- und Erlebensweisen beitragen sollen. Die Palette solcher Übungseinheiten reicht von „Elementarspielen zum Sozialen Lernen" über „kooperative Spiele" bis hin zu freien Spielaktionen, Interaktions- und Rollenspielen, projektartigen Maßnahmen oder Theaterarbeit (Garner und Sandow 1996, 67ff.; auch Fiedler in Kapitel 3). Was den curricularen Aufbau eines Programms zum Sozialen Lernen betrifft, so empfiehlt sich eine Verbindung von freien Spielaktivitäten mit „geschlossenen" Einheiten (Brattig 1997; Croissier u.a. 1979, 17; Petermann, Bandemer und Mayer 1987; Strittmacher 1997; Theunissen 1984, 134). Der Ablauf eines Programms zum Sozialen Lernen kann durch folgende Elemente bestimmt sein:
- Freie Spielaktion (Interaktionsspiele; Sketche)
- Beobachtung und Beschreibung bestimmter Verhaltensweisen (Selbst- und Fremdwahrnehmung)
- Rollenspiel (Alltagssituationen; oder basierend auf Trainingsmaterialien)
- Gegebenenfalls zwischengeschaltete Entspannungsphase
- Videofeedback; Beobachtung und Beschreibung der Handlungsabläufe und Verhaltensweisen
- Rollentausch und Rollenspiel
- Gegebenenfalls zwischengeschaltete Entspannungsphase

- Videofeedback; Meinung, Kritik, Gefühle äußern
- Problemzentrierte Rollenspiele (Spielen von Konfliktsituationen)
- Gegebenenfalls zwischengeschaltete Entspannungsphase
- Videoanalyse; Auswertung und Reflexion
- Rollentausch und problemzentrierte Rollenspiele im Hinblick auf alternative Verhaltensweisen
- Videoanalyse; Auswertung und Reflexion
- Entwicklung eines Projektes (z. B. Theaterprojekt; Videoprojekt)
- Realisierung der typischen Projektphasen
- Ergänzend oder alternativ zur Projektarbeit: Einübung erlernter Verhaltensweisen in realen Lebenssituationen (Transfer- und Reflexionsphase)

Ein solches Programm basiert gleichermaßen wie das Selbstsicherheitstraining auf den Prinzipien des Modelllernens, des Rollenspiels mit Rollentausch und der operanten Kontrolle durch direkte differentielle Verstärkung durch den Pädagogen (Wehmeyer, Agran und Hughes 1999, 224f.). Der Gang der Aktivitäten des von uns favorisierten Ansatzes vollzieht sich hierbei von subjektzentrierten Arbeitsformen, bei denen lustbetontes (hedonistisches) Handeln im Vordergrund steht, über themenzentrierte (konfliktzentrierte) Spielangebote, die der Selbst- und Fremdwahrnehmung sowie der Verhaltensänderung dienen, bis hin zu sachzentrierten Arbeitsformen (Theaterprojekt, Übungen in vivo). Die themen- und sachbezogenen Angebote dienen zugleich der Einübung von Kooperation. Neben einem solchen langfristigen Programm sind selbstverständlich auch mittel- oder kurzfristige Maßnahmen denkbar, die sich auf eng umschriebene Spieleinheiten (z. B. kooperative Spiele; Spiele zur Selbst- und Fremdwahrnehmung; Spiele zur Erfassung von Gefühlen) beziehen können. Um langfristige Lernerfolge zu erreichen, sollten Programme zum Sozialen Lernen nicht absolut gesetzt, sondern immer lebensweltbezogen realisiert werden. Ferner empfehlen Petermann u. a. (1987, 147f.) die Einbeziehung wichtiger Bezugspersonen (z. B. Eltern im Rahmen begleitender Abendtreffen).

Rolle des Pädagogen:
Beobachtend, therapeutisch-führend, kooperativ, assistierend

Perspektiven in Bezug auf Verhaltensauffälligkeiten:
Programme zum Sozialen Lernen sind oft nicht explizit auf den Abbau von Verhaltensauffälligkeiten angelegt, sondern es wird eher von einer indirekten therapeutischen Wirksamkeit (Aufbau von Sozialverhalten) ausgegangen (hierzu auch Garner und Sandow 1996, 87f.). Darüber hinaus wird ihnen eine präventive Bedeutung zugeschrieben. Insgesamt gelten sie als effektiv, was für Arbeitsformen gilt, die sowohl indirekt, als auch direkt zum Abbau psychosozialer Auffälligkeiten beitragen (Nezu und Nezu 1994, 37).

Repräsentanten/Bezugsliteratur:
Brattig (1997); Croissier u.a. (1979); Fiedler (2008); Orlick (1982); Petermann, Bandemer und Mayer (1987); Prior (1976); Shaftel und Shaftel (1973); Strittmacher (1997); Theunissen (1984)

Querverbindungen:
Selbstsicherheitstraining; Problemlösungstraining; Ästhetische Erziehung; Psychomotorik

Beurteilung aus der Sicht des Verfassers:
Die meisten Programme zum Sozialen Lernen, die hierzulande angeboten werden, stammen aus der allgemeinen Vorschulerziehung, Schulsozialarbeit oder Sozialpädagogik mit nichtbehinderten, sozial-benachteiligten oder verhaltensauffälligen Kindern und Jugendlichen. Zudem gibt es zahlreiche soziale Kompetenztrainingsprogramme aus dem klinischen Bereich. All diese Ansätze lassen sich wie auch das ATP nur in modifizierter (vereinfachter) Form bei Menschen mit Lernschwierigkeiten und Verhaltensauffälligkeiten einsetzen. Ohne Umstrukturierung und Individualisierung der Verfahren (dazu Castles und Glass 1986, 37) im Hinblick auf Verhaltens- und Erlebensweisen und Situationen, die für Betroffene bedeutsam sind, kann kein erfolgreiches soziales Lernen erwartet werden.
Programme zur Förderung sozialer Fähigkeiten und Fertigkeiten, die sich explizit auf Menschen mit Lernschwierigkeiten beziehen, haben weithin nur im angloamerikanischen Sprachraum Tradition (Fiedler 2008). In nicht wenigen Untersuchungen konnte ihre Effektivität nachgewiesen werden (ebd.; Garries, Hazinski und Hollenweger 1992). Allerdings scheint der Transfer neu erlernter Verhaltensweisen in alltägliche Situationen schwer vorhersagbar und nicht gesichert zu sein (Garries, Hazinski und Hollenweger 1992, 144ff.). Insgesamt gelten aber soziale Lernprogramme (*social skills training*) mit Blick auf einen Kompetenzzuwachs und Abbau von Verhaltensauffälligkeiten bei Menschen mit Lernschwierigkeiten erfolgsversprechender als eine traditionelle Psychotherapie (Matson und Senatore 1981, 379f.; Nezu und Nezu 1994, 38). Wenngleich Programme zum Sozialen Lernen in erster Linie in der Arbeit mit behinderten Menschen zum Einsatz kommen, die keine schwere intellektuelle Beeinträchtigung aufweisen (Kinze, Barchmann 1993, 167; Wehmeyer, Agran und Hughes 1999), bestehen gleichfalls Möglichkeiten der Modifikation, so dass auch Personen mit einer komplexen Behinderung oder deutlichen Lernschwierigkeiten (IQ < 60) davon profitieren können. Das gilt ebenso für Autisten, für die eigens mit den *Social Stories* ein Ansatz entwickelt wurde, der soziales Lernen über sprachliche und visuelle Hilfsmittel, *Comic Strip Conversations*, Literatur oder Filmmaterial ermöglicht (Matzies 2010; Theunissen 2010). Unseres Erachtens werden hierzulande Chancen, die das Soziale Lernen Menschen mit Lernschwierigkeiten (unabhängig von zusätzlichen Verhaltens- oder Entwicklungsstörungen) bietet, noch viel zu wenig genutzt.

TEACCH-Konzept

Zielgruppe:
Autisten, Menschen mit Lernschwierigkeiten oder einer komplexen Behinderung und Kommunikationsschwierigkeiten

Definition und Ziele:
Beim TEACCH-Konzept handelt es sich um ein von E. Schopler ins Leben gerufenes Forschungs- und Unterstützungsprogramm für therapeutische Angebote, pädagogische Förderung und Lebensbegleitung von Menschen mit Autismus (Schopler, Reichler und Lansing 1983; Theunissen und Paetz 2011). Wörtlich übersetzt heißt TEACCH: Therapie und pädagogische Förderung autistischer und kommunikationseingeschränkter Kinder (*Treatment and Education of Autistic and Communication-Handicapped Children*). Eine solche Übersetzung greift jedoch zu kurz, da sich das TEACCH-Konzept nicht nur auf Kinder und Jugendliche, sondern gleichfalls auf Erwachsene und relevante Lebensbereiche wie Familie, Kindergarten, Schule, Arbeit, Freizeit und Wohnen bezieht. Zentrales Ziel des TEACCH-Konzepts „ist die größtmögliche Selbstständigkeit und Maximierung der Lebensqualität für Menschen mit Autismus" (Häußler 1998, 206), um Betroffenen im Rahmen ihrer Möglichkeiten ein aktives und sozial verträgliches Leben in der Gemeinschaft zu offerieren. Das erfordert eine enge und gute Zusammenarbeit zwischen den helfenden Instanzen und der sozialen Bezugswelt (Eltern, Nachbarn, Geschäftsleute...).

Theoretische Bezugspunkte/Überlegungen:
Grundlegend und richtungsweisend für das TEACCH-Konzept sind vier Leitgedanken:

1. Autismus gilt als eine biologisch bedingte Störung, die spezifische Merkmale und Probleme kognitiver, sensorischer und sozialer Art (z. B. mangelnde Planungs- und Organisationsfähigkeit; Transferschwächen; Ablenkbarkeit; Fehleinschätzung sozialer und emotionaler Signale; Schwierigkeiten bei der Kontaktaufnahme; Probleme, Interaktionen aufrechtzuerhalten; Überselektivität) zur Folge hat und typische Bedürfnisse nach sich zieht, so zum Beispiel das Bedürfnis nach räumlicher und zeitlicher Überschaubarkeit, einfacher und klarer Kommunikation, subjektiv bedeutsamer (nicht selten lebenspraktischer) Tätigkeiten und positiver Wertschätzung.
2. Autistisches Verhalten wird als Ergebnis reziproker Interaktionsprozesse betrachtet. Damit wird eine Position vertreten, die monokausale Erklärungen ablehnt und mit der unsrigen Überzeugung korrespondiert, dass Verhaltensauffälligkeiten oder Krisen als Ausdruck gestörter Individuum-Umwelt-Verhältnisse beziehungsweise kontextbezogen betrachtet und aufbereitet werden müssen.

3. Es wird davon ausgegangen, dass ein Autist wie jede andere Person mit oder ohne Behinderung lern- und entwicklungsfähig ist und dass sich im Laufe des Lebens die sogenannten Autismen verändern können (Schopler, Reichler und Lansing 1983, 24f.). Damit wird einer statischen Betrachtungsweise von Autismus eine Absage erteilt.
4. Als vierter Gesichtspunkt wird die „Angemessenheit" von Verhaltensweisen herausgestellt. In der einen Situation kann ein bestimmtes Verhalten zweckmäßig sein und einen hohen Anpassungswert haben, in der anderen kann es dagegen völlig unangemessen sein. Schopler und sein Team leiten daraus das Prinzip der „Relativität des Verhaltens" (1983, 25) ab und heben die Notwendigkeit hervor, jedes Verhalten in Relation zu bestimmten Situationen zu betrachten und kontextbezogen aufzubereiten. Dabei spielt „die Anpassung der Umwelt an die Bedürfnisse und Motivationen des Individuums eine besondere Rolle" (Probst 1998, 171).

Ausgehend von dieser Grundposition kommen Schopler und Mitarbeiter zu dem Schluss, dass heilpädagogische oder therapeutische Methoden in der Arbeit mit Autisten stets „vom Betroffenen aus" entwickelt werden sollten (hierzu auch Theunissen und Paetz 2011). Für die Umsetzung dieses Aspekts steht der Begriff der *Individualisierung*. „Jede Technik, jede Methode ist so zu gestalten, dass sie auf das Kind (den Betroffenen, G. T.) ‚hier und heute' passt. Es gilt, die Methode an das Kind (den Betroffenen) und nicht das Kind (den Betroffenen) an die Methode anzupassen!" (Probst 1998, 107). Insofern handelt es sich beim TEACCH-Konzept um ein „offenes" Curriculum, das den Rahmen einer Förderung oder auch Therapie absteckt, aber nicht um eine eng umschriebene Methode, die sich unvermittelt, aus der Retorte eines rein pädagogischen oder therapeutischen Interesses, anwenden ließe.

Setting/Raum:
Reale Lebenswelt

Medien/Mittel:
Bilder, Fotos, Bildtafeln, Symbole, ‚normale' Arbeits- und Spielmaterialien

Sozialform:
Vorwiegend Einzelarbeit

Vorgehensweise:
Um zu einer angemessenen Förderung und Unterstützung zu gelangen, bedarf es zunächst einer „ganzheitlichen und funktionellen" Entwicklungs- und Verhaltensdiagnostik (Schopler, Reichler und Lansing 1983, 38ff.; auch Theunissen und Paetz 2011), deren Mittel herkömmliche Verfahren (Intelligenztests, Entwicklungsgitter

u. ä.), Verhaltensbeobachtungen in strukturierten und freien Spiel-, Lern- und Arbeitssituationen sowie Gespräche mit Bezugspersonen (z. B. Eltern) sind. Grundsätzlich sollen Schwächen und Stärken erfasst und in kontextuellen und funktionellen Entwicklungszusammenhängen aufbereitet werden. Dabei (v. a. mit Blick auf Arbeitsanforderungen) gilt es zu klären, inwieweit dem Betroffenen klar ist, was er tun soll, wo sich die erforderlichen Materialien befinden und wie die Arbeiten auszuführen sind. Einen wichtigen Stellenwert hat die *funktionale Verhaltensanalyse* (Theunissen und Paetz 2011, 142f.), die zum Verständnis autistischer Verhaltensweisen beziehungsweise spezifischer Besonderheiten oder Auffälligkeiten im Verhalten und Erleben eines Betroffenen beitragen und somit wertvolle Anhaltspunkte für die Konzeptentwicklung bieten soll, dessen Ausgangspunkt individuelle Stärken (z. B. auch vorhandene Handlungsstrategien) sind, die es sowohl in einer Strukturierung (Visualisierung) des Umfeldes (häusliches Milieu, Klassenzimmer, Wohngruppe, Arbeitsstätte) als auch in der konkreten Förderung zu nutzen gilt. Hierzu sollen auf der Basis eines „Zwei-Wege-Ansatzes" – Anpassung der Umwelt an die Bedürfnisse des Betroffenen und Förderung der individuellen Fähigkeiten in Bezug auf soziale Anpassung, Integration und Autonomie - für jede betroffene Person spezielle Strukturierungshilfen (Materialien) erarbeitet werden (dazu ebd. 145f.), zum Beispiel durch:

- eine übersichtliche und anschauliche Strukturierung der räumlichen Verhältnisse (durch Markierungen, Einteilungen durch Bodenlinien, Einzelarbeitsplätze mit Sichtblenden, Symbole, Piktogramme, Hinwweisschilder ...),
- eine klare Strukturierung von zeitlichen Abläufen (z. B. bildliche Abfolge von Arbeits-, Pausen- oder Essenszeiten; anschaulich gestaltete Tages- oder Wochenkalender mit Markierungsmöglichkeiten; Abreißpläne; Sanduhr zur zeitlichen Veranschaulichung von Arbeits- oder Erholungsphasen) und
- eine übersichtliche Strukturierung von Arbeiten (z. B. klare Gestaltung von Aufgaben, die Menge, Dauer oder Reihenfolge angeben; überschaubares Arbeitspensum; bestimmte Ablaufschemata wie von links nach rechts arbeiten und Anordnungen wie linker Korb für unerledigte Arbeiten, Mitte als unmittelbarer Arbeitsplatz, rechter Korb für fertige Arbeiten; visuelle Anleitungen für Aufgaben oder Arbeiten).

Wie wir uns solche Hilfen konkret vorstellen können, macht das folgende Beispiel zur Strukturierung der häuslichen Umgebung deutlich: „Christoph, 12 Jahre alt, besucht die Geistigbehindertenschule (zusätzliche Behinderungen: Anfallsleiden, Hyperaktivität). Er verfügt über ein gutes visuelles Vorstellungsvermögen und hat Talent zum Bauen und Konstruieren. Christoph ist sehr leicht ablenkbar und pendelt ruhelos von einem Ort zum anderen. Die Eltern Christophs haben das Kinderzimmer so gestaltet, dass der Raum für den Jungen überschaubarer wurde. Sie haben beispielsweise die Bereiche ‚Arbeiten/Erledigen von Aufgaben' und ‚freies

Spiel' räumlich voneinander getrennt. Der Arbeitsbereich ist am Boden mit farbigen Teppich-Klebestreifen umrandet und damit gut sichtbar markiert. Christophs Vater hat einen aufklappbaren Arbeitstisch gebaut, an dem Christoph zunehmend selbstständig und über längere Zeit Aufgaben durchführt. Beispielsweise malt er Figuren aus, legt Puzzles oder sortiert Gegenstände. Er tut dies mit eigener Motivation und ist stolz über die erzielten Ergebnisse. Die Wände des Kinderzimmers sind vergleichsweise karg gestaltet, weil Christoph durch optische ‚Reize' leicht abgelenkt wird und sich nicht konzentriert beschäftigen kann" (Probst 1998, 167). An dieser Stelle wird deutlich, dass die individuelle Unterstützung im Sinne des TEACCH-Konzepts wesentlich von Strukturen und visuellen Hilfen geprägt ist. Dies wird damit begründet, dass viele Autisten visuelle Reize besser und schneller verarbeiten können als andere Reize. Visuelle Stützen sind einerseits hilfreich, wenn Menschen Schwierigkeiten haben, Informationen aus unterschiedlichen Sinneskanälen miteinander zu kombinieren. Andererseits können sie in sozialen Situationen einen Halt und somit Chancen bieten, soziale Konflikte, Eskalationen oder Verhaltensauffälligkeiten zu minimieren, da die betroffene Person unabhängiger von anderen agieren kann. Strukturen können dem einzelnen quasi als vorgegebenes Regelwerk eine wertvolle Hilfe dafür sein, Zusammenhänge zu erkennen, Orientierungshilfe und Sicherheit zu geben, Entscheidungen leichter zu treffen, soziale und emotionale Signale besser einzuschätzen, Kontakte aufzunehmen oder Interaktionen aufrechtzuerhalten. Freilich wäre es eine verkürzte Sicht, wenn als methodisches Instrument des TEACCH-Konzepts nur die Strukturierungshilfe (*structured teaching*) angenommen würde. Einen wichtigen Stellenwert zur Förderung sozialer Interaktionen in alltäglichen Lebenszusammenhängen haben gleichfalls spezielle soziale Lernprogramme, von denen allerdings in erster Linie nur Menschen profitieren, deren Lernbasis weniger stark reduziert erscheint (dazu auch Häußler u. a. 2003). Methodisch wird dabei auf die allgemein bekannten Formen eines sozialen Lernens (*social skills training*) einschließlich spezifischer Techniken zur Gestaltung einer Konversion oder Problemlösungsstrategien zurückgegriffen, die mit gezielten Bekräftigungen (Verstärker) sowie mit passgenauen Strukturierungshilfen kombiniert werden.

Rolle des Pädagogen:
Einfühlsam, beobachtend, partnerschaftlich, direktiv-wegbereitend, anleitend, unterstützend

Perspektiven in Bezug auf Verhaltensauffälligkeiten:
Effektivitätsstudien lassen den Schluss zu, dass das Setting des TEACCH-Konzepts nicht nur kognitive, pragmatische und soziale Fähigkeiten und Fertigkeiten, Selbstständigkeit und Autonomie fördert, sondern zugleich auch günstige Auswirkungen auf eine Prävention sowie (bei langfristiger Arbeit) einen Abbau von Verhaltens-

auffälligkeiten hat (dazu zusammenfassend Theunissen und Paetz 2011, 143ff, 149). Allerdings sind die Ergebnisse im Hinblick auf eine positive Beeinflussung problematischer Verhaltensweisen selten signifikant. Die eindeutig nachgewiesenen Stärken des TEACCH-Konzepts liegen in der deutlichen Verbesserung von Alltagskompetenzen.

Repräsentanten/Bezugsliteratur:
Häußler (1998; [u. a.] 2003); Schopler, Reichler und Lansing (1983); Theunissen und Paetz (2011)

Querverbindungen:
Unterstützte Kommunikation (v. a. Picture Exchange Communication System), kognitive Verhaltenstherapie; Positive Verhaltensunterstützung

Beurteilung aus der Sicht des Verfassers:
Insgesamt betrachtet wirkt das hier vorgestellte TEACCH-Konzept, welches sich durch „Offenheit" auszeichnet und vor dem Hintergrund der Subjektzentrierung eine Integration unterschiedlicher Methoden zulässt, verheißungsvoll; und tatsächlich scheint das Konzept in vielerlei Hinsicht (z. B. auch in Bezug auf eine gute Zusammenarbeit zwischen Eltern, Professionellen und Betroffenen) für den schulischen und außerschulischen Bereich erfolgversprechend zu sein. Das ist letztlich ein Grund dafür, dass es in vielen Einrichtungen in den USA und in Europa (v. a. skandinavische Länder) hohe Wertschätzung erfährt. Dennoch sollten wir dem TEACCH-Konzept nicht gänzlich unkritisch begegnen. Zum Beispiel können auf den ersten Blick einige (ältere) Ausführungen und Vorschläge zu der Auffassung verleiten, dass Autisten weithin „emotionslos" seien und daher nur einer funktionalen Verhaltenssteuerung bedürfen. Autisten sind aber keine „gefühllosen Wesen", sie können wie jede andere Person empathisch, leidenschaftlich, zärtlich oder auch fürsorglich sein. Folgerichtig führt uns Sacks (1995; 1997) vor Augen, dass bei aller Notwendigkeit strukturierter Programme als Vehikel zu mehr Handlungskompetenz und Autonomie das Recht auf Eigensinn, auf ein „volles Menschsein" und insbesondere auch (womöglich brachliegende oder versandete) Gefühle für Schönheit und Symmetrie, Musik oder Kunst sowie Stärken und Kompetenzen im ästhetischen Bereich autistischer Personen nicht eliminiert werden dürfen (dazu Theunissen und Schubert 2010). Im Prinzip stoßen wir hier auf zwei völlig unterschiedliche Zugänge: fokussiert TEACCH die Fähigkeit, visuelle Systeme zu erkennen und zu nutzen, wird im zweiten Fall die Fähigkeit aufgegriffen, Bilder, Klänge oder dergleichen hervorzubringen. Da beide Zugänge ihre Richtigkeit haben, sollten sie nicht gegeneinander ausgespielt werden, sondern im Hinblick auf ihren gemeinsamen Nenner der Stärken- und Subjektorientierung so miteinander verschränkt werden, dass ein Höchstmaß an Lebensqualität, Lebensfreude und Lebenssinn aus der Pers-

pektive der betroffenen Person erreicht werden kann. Durch die Anschlussfähigkeit des TEACCH-Konzepts an die Positive Verhaltensunterstützung (Theunissen und Paetz 2011) sowie der Möglichkeit seiner Integration ist eine solche Verschränkung denkbar. Zu guter Letzt sei erwähnt, dass Praxisberichten zufolge nicht nur Autisten, sondern ebenso Menschen mit Lernschwierigkeiten oder einer komplexen Behinderung (und zusätzlichen Verhaltensauffälligkeiten) vom TEACCH-Ansatz, insbesondere mit Blick auf die oben genannten Strukturierungshilfen, profitieren können.

Unterstützte Kommunikation

Zielgruppe:
Körper-, kognitiv- und mehrfach behinderte Kinder, Jugendliche und Erwachsene, die Probleme haben, sich sprachlich zu verständigen, die nicht sprechen oder kaum verständlich kommunizieren können; behinderte Menschen mit schweren Kommunikationsstörungen

Definition und Ziele:
Der Begriff der Unterstützten Kommunikation ist eine Sammelbezeichnung für unterschiedliche Methoden oder Ansätze, deren gemeinsames Ziel darin besteht, die individuellen Ausdrucks- und Verständigungsmöglichkeiten bei behinderten Menschen mit Kommunikationsproblemen (insbesondere fehlender Lautsprache) zu verbessern, zu erweitern, zu ersetzen (*alternative*) oder auch zu ergänzen (*augmentative*). Im angloamerikanischen Sprachraum stoßen wir diesbezüglich auf die Bezeichnung *Augmentative and Alternative Communication* (AAC); diese wird mit dem Begriff der Unterstützten Kommunikation weithin synonym verwendet (Lage 1995, 152) und bezieht sich auf Ansätze, die körpereigene Kommunikationsformen, nicht-elektronische Kommunikationshilfen oder EDV-gestützte (elektronische) Kommunikationshilfen didaktisch-methodisch nutzen, um Menschen, die in ihrer Fähigkeit, sich verbal oder non-verbal zu verständigen, eingeschränkt oder gestört sind, zu einer Kommunikation über Gebärden beziehungsweise visumotorische Zeichen (dynamische Symbole), Sprachzeichen oder Bildsymbole (statische Symbole) zu befähigen.
In der Vergangenheit wurde mitunter der Begriff der Unterstützten Kommunikation mit der Bezeichnung *Gestützte Kommunikation (facilitated communication)* verwechselt beziehungsweise als gleichbedeutend betrachtet. Bei der Gestützten Kommunikation handelt es jedoch nur um eine Methode aus dem Spektrum der Unterstützten Kommunikation, die vor allem in der Arbeit mit Autisten angewandt wird (dazu *Anmerkung* 5).

Theoretische Bezugspunkte/Überlegungen:
Dass menschliche Kommunikation in vielerlei Hinsicht eine herausragende Bedeutung hat, ist unstrittig (hierzu Watzlawick u. a. 1990). Menschliche Kommunikation vollzieht sich auf verbaler und nichtverbaler Ebene, sie hat Mitteilungscharakter, dient dem Informationsaustausch, der Wissensvermittlung sowie der Herstellung und Gestaltung von Beziehungen (Interaktionen); zugleich repräsentiert sie aber auch Identität, dokumentiert einen Ausdruck des „inneren Zustandes" einer Person, drückt ihre Gefühle, Haltungen sowie die Art und Weise des „In-der-Welt-Seins" aus.
Aktuelle Untersuchungen lassen den Schluss zu, dass viele Menschen (ca. 40%), die als geistig behindert bezeichnet werden, zum Teil erhebliche Schwierigkeiten haben, sich sprachlich zu verständigen (Theunissen und Ziemen 2000; auch Theunissen und Schirbort 2003, 42; Theunissen u. a. 2011, Kap. I). Unstrittig ist, „dass geistige Behinderung meist mit einer Beeinträchtigung kommunikativer Fähigkeiten einhergeht" (Adam 1996, 3), was letztlich bedeutet, dass viele Betroffene in ihren Möglichkeiten eingeschränkt sind, sich zu unterhalten, an Gesprächen zu beteiligen, Wünsche, Bedürfnisse oder Interessen mitzuteilen sowie ihren Gefühlen oder ihrer Befindlichkeit angemessen (verständlich) Ausdruck zu verleihen. „Menschen, die nicht sprechen können, erleben sich, vor allem wenn sie weitere schwere Behinderungen haben, als Personen, die nur geringen Einfluss auf ihre Umgebung ausüben können… Vielfach bleiben sie trotz aller Umsicht letztlich das weitgehend fremdbestimmte Objekt pflegerischer, therapeutischer und pädagogischer Bemühungen. Oft werden kaum Anforderungen an sie gerichtet und das bedeutet auch, ihnen wird nichts zugetraut. Folge ist ein geringes Selbstwertgefühl, eine schlechte Meinung von sich selbst. Das wird noch bekräftigt, wenn auf die wenigen aktiven Äußerungen wie z. B. schreien, wütend werden und sich verweigern Ablehnung folgt" (Graf-Frank und Denecke 2001, 163). Zudem kommt es häufig zu einer sozialen Isolation – und dies nicht zuletzt aufgrund der Schwierigkeit, die Betreffenden zu verstehen, ihre Bedürfnisse, Stimmungen, Befindlichkeiten oder auch Wirklichkeitskonstruktionen adäquat zu entziffern und subjekthaft zu erschließen. Nicht selten werden individuelle Wünsche, Bedürfnisse oder Befindlichkeiten verkannt, wodurch Dialoge, Kommunikationen oder Interaktionen entgleisen können. Solche Verständigungsschwierigkeiten können ein fruchtbarer Boden für Verhaltensauffälligkeiten sein (Adam 1996, 139; Carr et al. 2000). Auf jeden Fall befördern sie emotionale Belastungen, Frustrationen, Hilflosigkeit und Stress, den es zu bewältigen gilt. Bevorzugte Bewältigungsstrategien sind assertive (z. B. fremdaggressive), evasive (ausweichende) und defensive Techniken auf ‚einfachem' Niveau. Allein aus diesem Grunde ergibt sich die Notwendigkeit einer gezielten Kommunikationsförderung zur Verbesserung der Handlungskompetenz (Coping) in Alltagssituationen. Oder anders gesagt: Es sind „gerade die Alltagssituationen, auf die die Förderung in Unterstützter Kommunikation abzielt" (Boenisch und

Bünk 2001b, 10). Möglichkeiten und Methoden der Unterstützten Kommunikation lassen sich in drei zentrale Bereiche einteilen:

1. Körpereigene Kommunikationsformen
Körpereigene Kommunikationsformen sind zum Beispiel Vokalisation, Lautsprache, Mimik, Gestik, Blickbewegungen, individuelle Körpersprache, Zeichen und Gebärden, Fingeralphabet. Sie gelten als „dynamische Symbole", die nur vorübergehend existieren und von Betroffenen selbst produziert beziehungsweise angewandt werden. Dazu bedarf es spezifischer Voraussetzungen (z. B. körperliche Fähigkeiten; Objektkonstanz; Blickkontakt; Nachahmungsfähigkeit; Symbolverständnis; Symbolhandlungen), was letztlich bedeutet, dass eine *Gebärdensprache* (hierzu *Anmerkung 6*) oder ein *spezielles Handzeichensystem* (Bernhard-Opitz, Blesch und Holz 1992) nicht in jedem Fall bei Menschen mit einer komplexen Behinderung als Kommunikationshilfe geeignet ist. Körpereigene Kommunikationsformen können einerseits als eine individuelle Mitteilungs- und Verständigungsstrategie die Lautsprache ersetzen und dementsprechend unterstützt werden. Andererseits können Handzeichen die Lautsprache begleiten, um sich zum Beispiel verständlicher mitzuteilen. Dieser Aspekt ist speziell im Bereich der Frühförderung aufgegriffen und als Methode der *Gebärden-unterstützten Kommunikation* (Wilken 2001) aufbereitet worden. Ziel dieses Ansatzes ist die (rechtzeitige) Förderung des Spracherwerbs, indem durch Gebärden wichtiger Wörter entwicklungsgestörten oder behinderten Kindern (u. a. mit Down-Syndrom), die nicht oder noch nicht sprechen, die Kommunikation erleichtert werden soll.

2. Externe, nichtelektronische Kommunikationshilfen
Hierunter werden Kommunikationsmöglichkeiten über Bilder, Fotos, graphische Symbole, Strichzeichnungen und Piktogramme gefasst. Es handelt sich dabei um „statische Symbole", die nicht vom Benutzer über Gebärden beziehungsweise eine Körpersprache hergestellt werden, sondern „lediglich wiedererkannt und ausgewählt werden" müssen (Kristen 1994, 60). Ebenso wie die Gebärdensprache beziehungsweise Handzeichensysteme gelten sie als eine mögliche Alternative zur verbalen Kommunikation (Lautsprache). Während eine Kommunikation mit Realobjekten oder Fotos für eine große Anzahl an Menschen mit einer komplexen Behinderung eher leicht zugänglich ist, setzen Piktogramme oder auch graphische Symbole ein „elaborierteres" Symbolverständnis voraus.
Zum einen besteht die Möglichkeit, durch ein *selbsterarbeitetes Bildkartensystem* (persönliche Sammlung [Kommunikationsbücher] mit individuell bedeutsamen Fotos, Begriffsabbildungen...) Kommunikation zu fördern (hierzu Theunissen 2000, 239), zum anderen können ‚*vermarktete' Bild- und Symboltafeln* genutzt werden. Diesbezüglich gibt es inzwischen weit über 40 verschiedene Symbolsammlungen, so zum Beispiel die *Löb-Sammlung* (*Anmerkung* 7), die weithin aus der Arbeit

mit Kindern und Jugendlichen aus Schulen für Geistigbehinderte hervorgegangen ist (Löb 1983; 1985), die *Touch'n-Talk-Sammlung* (*Anmerkung* 8), die *Aladin's Bildersammlung* (hierzu *Anmerkung* 9) oder das *BLISS-System* (*Anmerkung* 10), das allerdings zum Teil hohe Wahrnehmungs- und Abstraktionsleistungen abverlangt, die in der Arbeit mit Menschen, denen eine komplexe Behinderung nachgesagt wird, nicht in jedem Fall erwartet werden können. Wenngleich Bildsysteme stets mitgeführt werden müssen, was im Einzelfall hinderlich oder aufwendig sein kann, besteht ein Vorteil gegenüber der Gebärdensprache beziehungsweise den Handzeichensystemen darin, dass Bezugspersonen nicht ein spezielles methodisches Knowhow (Beherrschen bestimmter Gebärden) benötigen. Dadurch sind Betroffene von der Sach- und Handlungskompetenz ihrer Bezugspersonen (Umwelt) weniger abhängig.

3. Elektronische Kommunikationshilfen
Hierunter werden Computer mit digitalisierter (natürlicher) Sprachausgabe beziehungsweise speziellen Kommunikationsgeräten wie zum Beispiel der *TouchTalker* (*Anmerkung* 11) und Symbol-Kommunikations–Programmen gefasst, die der Mitteilung und Verständigung dienen sollen. Mittlerweile ist das Angebot an elektronischen Kommunikationsmitteln, zum Beispiel an transportablen Kommunikationsgeräten, speziellen Tastaturen, Joystickvarianten und Bedienungssystemen sowie speziellen Textverarbeitungs- und Kommunikationsprogrammen (mit und ohne Sprachausgabe) für PC und Notebooks nahezu unüberschaubar geworden. Das erleichtert keineswegs die Auswahl geeigneter Kommunikationshilfen, sondern verlangt genaue Sachkenntnisse und einen gewissen Überblick in Bezug auf die Angebotspalette. Wichtig sind zudem Kenntnisse über die Motivationsstruktur, das Lern-, Entwicklungs- und Handlungsniveau des Betroffenen, denn nicht jede elektronische Kommunikationshilfe ist für Menschen mit einer komplexen Behinderung geeignet. Allerdings gibt es bereits einfache elektronische Kommunikationshilfen, die nur eine Aussage beziehungsweise sehr wenige speichern, was für die Arbeit mit schwerstbehinderten Personen hilfreich sein kann. „Der Vorteil dieser Geräte liegt darin, dass sie nur eine Aktivierung benötigen, damit etwas passiert… Viele Kinder mit schwer(st)en Mehrfachbehinderungen müssen dann nicht erst die richtige Taste suchen, finden und aktivieren. Jede ihrer Aktivitäten ist ein Erfolg - und das macht natürlich viel mehr Spaß!" (Lage 1995, 157).

Setting/Raum:
Je nach Ziel der Förderung und Einsatz der Methoden ergeben sich unterschiedliche Möglichkeiten: Eine Anbahnung von Kommunikation (z. B. Gebärdensprache; ein Vertrautwerden mit einer speziellen elektronischen Kommunikationshilfe) kann zunächst in einem „therapeutischen Setting" stattfinden (Bernhard-Opitz, Blesch und Holz 1992, 31), ansonsten gilt die reale Lebenswelt als (Lern-)Ort der Kommunikation und begleitenden Hilfe.

Medien/Mittel:
Den methodischen Möglichkeiten entsprechend können körpereigene Mittel, externe nicht-elektronische und elektronische Materialien und Medien eingesetzt werden.

Sozialform:
In der Regel Einzelarbeit

Vorgehensweise:
Da es sich bei der Unterstützten Kommunikation nicht um ein eng gestricktes Verfahren, sondern um einen Ansatz handelt, dem unterschiedliche Methoden und Systeme zugrunde liegen, bietet es sich an, allgemeine Grundzüge und übereinstimmende Momente des Vorgehens zu skizzieren. Diesbezüglich sei zunächst erwähnt, dass im Rahmen der Unterstützten Kommunikation die Tendenz deutlich zugenommen hat (Graf-Frank und Denecke 2001), die Praxis nach einigen der von uns favorisierten Leitprinzipien (Subjektzentrierung, Entwicklungs-, Situations- und Lebensweltorientierung) zu gestalten sowie Formen kooperativen Handelns wertzuschätzen. Zudem zeichnet sich eine Abkehr von einer eher defizitorientierten Praxis ab, indem Bedürfnisse, Wünsche, Zukunftsperspektiven und Partizipationsmöglichkeiten Betroffener stärker beachtet werden. Nach Antener (2001) handelt es sich hierbei um den Wechsel vom sogenannten Kandidatenmodell zum sogenannten Partizipationsmodell.

1. Zur Diagnostik
Ausgangspunkt der Unterstützten Kommunikation sind diagnostische Überlegungen. Hier geht es zunächst einmal um die Beobachtung und Erfassung des kommunikativen Verhaltens und der alltäglichen Partizipationsmuster der betroffenen Person (dazu Bradley 2001, 57ff.). Entscheidend ist dabei eine „ganzheitliche" Aufbereitung des kommunikativen Verhaltens unter besonderer Berücksichtigung situativer, zwischenmenschlicher und interaktionaler Aspekte. „Leitendes Prinzip sollte es sein, einen positiven dialogischen Austausch zu gestalten, der von beiden Interaktionspartnern emotional positiv erlebt werden kann" (Kloe, Schönbach und Weid-Goldschmidt 2001, 234). Ebenso wichtig wie die Erfassung individueller Kommunikationsprobleme in Alltagssituationen sind das Aufspüren kommunikativer Stärken, Bedürfnisse und persönlicher Interessen sowie die Einschätzung des aktuellen Lern- und Handlungsniveaus im Hinblick auf potenzielle Fähigkeiten und die nächst höhere Entwicklung. Zudem sollte die Lebensgeschichte beachtet werden, um das aktuelle Verhalten zu verstehen. Zum Beispiel können kommunikative Verstehenskrisen oder entgleiste Dialoge in der frühen Kindheit Frustrationen und spätere mangelnde Kommunikation, sprachliche Isolierungstendenzen und anderes mehr befördert haben. Des Weiteren bedarf es der Identifizierung von

Kommunikations- oder Partizipationsbarrieren in alltäglichen lebensweltlichen Zusammenhängen (Antener 2001, 261ff.), so zum Beispiel auch der Kommunikations- und Interaktionsmuster und Einstellungen relevanter Bezugspersonen (Eltern, Lehrer, Gruppenmitarbeiter).

2. Zur Zielbestimmung
Der diagnostischen Phase folgt die Bestimmung konkreter Lernziele zur Erweiterung individueller Kommunikationsmöglichkeiten in Alltagssituationen. Wurden früher Lernziele als Behandlungsziele dem Betroffenen weithin aufoktroyiert (Modell der traditionellen heilpädagogischen Übungsbehandlung), so stehen heute Bemühungen hoch im Kurs, Ziele gemeinsam auf einer kollaborativen Basis zu erschließen, wobei die Bedürfnisse, Interessen und Lebenszukunft des Betroffenen die zentrale Richtschnur bilden. An dieser Stelle haben *Zukunftskonferenzen* oder *Unterstützerkreise* im Kontext der Unterstützten Kommunikation an Bedeutung gewonnen (Hömberg 2001), und es werden Chancen genutzt, die herkömmliche Förderplanung durch eine *persönliche Lebens- oder Zukunftsplanung* (siehe Kapitel 3) zu ersetzen. Um zu einer realistischen Zielplanung und -umsetzung zu gelangen, werden somit die betroffene Person und das relevante Umfeld (Bezugspersonen) von vornherein mit einbezogen. Denn was nutzt es, wenn eine Person in einer heilpädagogischen Förderstunde eine spezielle Kommunikationsform erlernt, die sie in ihrer Lebenswelt aber nicht anwenden kann, weil ihre Umkreispersonen die Technik nicht kennen oder aus unterschiedlichen Gründen (Überlastung, Desinteresse) nicht mitspielen.

3. Zur Auswahl der Methoden und Hilfsmittel
Eng verschränkt mit der Diagnostik und Zielsetzung ist die geeignete Auswahl der Kommunikationshilfe. Unter Beachtung der individuellen Voraussetzungen, Motivationsstruktur, Fähigkeiten und Lernmöglichkeiten sowie der Kooperations- und Unterstützungsbereitschaft relevanter Bezugspersonen gilt es die Vor- und Nachteile der unterschiedlichen Kommunikationshilfen zu reflektieren, um zu einer optimalen Auswahl zu gelangen. So ist zum Beispiel das Erlernen von einfachen Hand-, Finger- oder Kopfbewegungen zur Bekundung von individuellen Entscheidungen (Ja/Nein-Gesten) mit weniger kognitiven Anforderungen verbunden als die Aneignung eines Handzeichensystems (Bernhard-Opitz, Blesch und Holz 1992). Bild- oder Zeichensysteme setzen neben einem Objekt-, Symbol- und Zeichenverständnis visuelle Diskriminationsleistungen voraus (Adam 1996). Elektronische Kommunikationshilfen tragen zu einer aktiven Gesprächsgestaltung und größeren Unabhängigkeit nichtsprechender Personen von ihren Kommunikationspartnern bei; andererseits ist ihre Anwendung häufig aufwändig, und die meisten Kommunikationsprogramme setzen Lese- und Schreibfähigkeiten sowie eine relativ hohe Abstraktionsfähigkeit des Anwenders voraus, was ihre Einsatzmöglichkeiten in der

Arbeit mit Menschen mit einer komplexen Behinderung erschwert und begrenzt. Außerdem kann die Arbeit mit elektronischen Kommunikationshilfen nur dann zum Erfolg gereichen, wenn die Geräte und Programme vom Betroffenen und seinen Bezugspersonen akzeptiert werden.
Günstig für das Vertrautwerden mit neuen Mitteln und Medien zur Kommunikationsförderung sind Situationen, in denen zunächst motivationsfördernde Spiel- und Erlebnisräume geschaffen sowie attraktive, kommunikations- und interaktionsorientierte (Spiel-)Angebote fokussiert werden. Solche Ausgangssituationen scheinen sich insbesondere in der Arbeit mit schwerst und mehrfach behinderten Menschen zu bewähren (Fessel, Grosser und Hentzelt 2001; Andres und Gülden 2001), die zudem von basalen Kommunikations- und Interaktionsformen (Basale Kommunikation; Basale Stimulation) beziehungsweise einer basalen, kommunikationsorientierten Aktivierung (z. B. auch basale ästhetische Praxis) besonders profitieren. Diese Angebote haben für eine weiterführende, gezielte Unterstützte Kommunikation propädeutischen und grundlegenden Charakter. Des Weiteren besteht die Möglichkeit, ein multimodales Kommunikationssystem zu erarbeiten und zu nutzen. Ein solches System könnte „sowohl körpereigene Kommunikationsformen wie den gezielten Einsatz von Blicken, Lauten, Gesten und Gebärden vermitteln, aber auch nicht-elektronische Hilfsmittel einbeziehen, wie den referentiellen Gebrauch von Gegenständen, die Nutzung von Fotos, Bildern, Zeichnungen und spezifischen Symbolen. Sprech-Ersatz-Geräte sollten den individuellen jetzigen und zu erwartenten Entwicklungsbedürfnissen des unterstützt kommunizierenden Menschen entsprechen. Welche dieser Komponenten des multimodalen Systems vorrangig benutzt werden, hängt von den individuellen Gegebenheiten des einzelnen Menschen (und der Bezugswelt bzw. der gegebenen Situation, G. T.) ab. Ideal wäre es, wenn der unterstützt sprechende Mensch lernen könnte, unterschiedliche Modalitäten in unterschiedlichen Situationen adäquat zu benutzen" (Kloe, Schönbach und Weid-Goldschmidt 2001, 234).

4. Zur Durchführung
Eine gezielte Kommunikationsförderung sollte „ganzheitlich" konzipiert und durchgeführt werden. Ohne Motivation beziehungsweise Lust zur Kommunikation ist ein noch so gut geplantes Angebot zum Scheitern verurteilt. Wie schon zuvor angedeutet macht es daher Sinn, mit subjektzentrierten Aktivitäten zu beginnen. Ist eine ausreichende Motivation zur Kommunikation geschaffen, folgt eine sachzentrierte Arbeitsphase (systematisches Erlernen von Handzeichen; Herstellung von Bildkarten und Gebrauchserprobung im Umfeld; Vertrautwerden mit einem PC, Kommunikationsgerät und Kommunikationsprogramm). Dabei kann es Sinn machen, ein „therapeutisches Setting" zu nutzen. Zugleich müssen aber Lernprozesse im Alltag beziehungsweise Anwendungsmöglichkeiten der neuerworbenen Kommunikationsmöglichkeiten in alltäglichen Lebenssituationen sichergestellt sein.

Die Arbeit im realen Lebensraum unter Einbeziehung relevanter Umkreispersonen zählt damit zum wichtigsten Bestandteil einer Unterstützten Kommunikation, und sie lässt sich nicht etwa durch eine heilpädagogische Förderung in separaten Therapiestunden und -räumen ersetzen.

5. Zur Programmüberprüfung

Um ein sinnerfülltes Lernen beziehungsweise subjektzentrierte Hilfen sicherstellen zu können, bedarf es der Kontrolle und Reflexion der Fördermaßnahme. Eine solche Programmüberprüfung, die zu einer Modifikation des ursprünglichen Ansatzes führen kann, ist eine gemeinsame Aufgabe aller beteiligten Akteure.

6. Zur Entpflichtung

Das Ziel jeder Kommunikationsförderung ist die Verbesserung von Kommunikationsmöglichkeiten in Alltagssituationen durch eine möglichst selbstständige, autonome Anwendung von Kommunikationshilfen. Wenngleich dies im Einzelfalle ein mehrjähriges Üben erfordert, sollte die Förderung auf eine Entpflichtung hinauslaufen. Die autonome beziehungsweise souveräne Performance neuer Kommunikationsmöglichkeiten in der realen Lebenswelt wäre hierfür ein Kriterium. Freilich darf aus dem Ende der Förderung kein Verzicht auf assistierende Hilfen zur Kommunikation geschlossen werden. Sehr oft bleiben im Alltag, vor allem in der Arbeit mit Menschen mit einer (schweren) komplexen Behinderung, Formen einer (praktischen) Unterstützung notwendig, um für den Einzelnen kommunikative Partizipationsmöglichkeiten sicherstellen zu können.

Rolle des Pädagogen:
Beobachtend, beratend, dialogisch, therapeutisch, führend

Perspektiven in Bezug auf Verhaltensauffälligkeiten:
Vor dem Hintergrund von Beobachtungen und Erfahrungen auf dem Gebiete der Unterstützten Kommunikation kann davon ausgegangen werden, dass Verhaltensauffälligkeiten (z. B. selbstverletzendes Verhalten), die in unmittelbarem Zusammenhang mit verringerter kommunikativer Kompetenz stehen, erfolgreich abgebaut beziehungsweise kompensiert werden können (Adam 1996, 187; Carr et al. 2000). „Auch schwer geistig Behinderte und extrem Verhaltensauffällige haben z. T. differenzierte Kommunikation gelernt. Oft ging die verbesserte Fähigkeit sich auszudrücken einher mit einem Rückgang an Verhaltensauffälligkeiten" (Bernhard-Opitz, Blesch und Holz 1992, 8, auch 32).

Repräsentanten/Bezugsliteratur:
Adam (1996); Bernhard-Opitz, Blesch und Holz (1992); Boenisch und Böck (2001a); Boenisch (2009); Bradley (2001); Braun (1994); Kristen (1994); Wilken (2001)

Querverbindungen:
Basale Kommunikation; Gebärdensprache für gehörlose Menschen, TEACCH-Konzept

Beurteilung aus der Sicht des Verfassers:
Bis vor wenigen Jahren war der Ansatz der Unterstützten Kommunikation als ein heilpädagogisches Förderangebot weithin unbekannt. Befördert durch die wegweisende Schrift von Adam (1996) ist seine Bedeutung für die Arbeit mit behinderten Menschen mittlerweile erkannt worden. Um die Implementierung und Anwendung der Unterstützten Kommunikation in der Praxis (Schule, Wohngruppe, Werkstatt für behinderte Menschen) zu fördern, ist eine verstärkte, einschlägige Fort- und Weiterbildung vonnöten. Denn es gilt zu bedenken, dass ein erfolgreiches Arbeiten in besonderem Maße abhängig ist von der Empathie, Beobachtungs- und Begeisterungsfähigkeit, dialogischen Kompetenz wie auch Sachkenntnis und Medienkompetenz der professionellen Helfer (Bernhard-Opitz, Blesch und Holz 1992, 7). Zudem bedarf es einer Aufgeschlossenheit und Unterstützung des sozialen Umfeldes. Wie wichtig eine spezielle Medienkompetenz ist, lässt sich am Beispiel der Kommunikationsgeschwindigkeit bei einigen Kommunikationsgeräten mit Sprachausgabe verdeutlichen: „In Anbetracht der Tatsache, dass natürliche Sprecher/Sprecherinnen in einer Geschwindigkeit von 126-172 Wörtern pro Minute kommunizieren ..., bedeuten die langen Wartezeiten im Gespräch mit Computerbenutzern/-benutzerinnen selbst für erfahrene Kommunikationspartner/-innen häufig eine harte Geduldsprobe. In einer Kommunikation mit ungeübten Partnern/Partnerinnen kann die lange Vorbereitungsdauer eines Gesprächsbeitrages zu erheblichen Verstehenskrisen, wenn nicht sogar zum Abbruch der Interaktion führen" (Braun 1991, 9). Elektronische Kommunikationsgeräte mit Sprachausgabe verlangen darüber hinaus nicht nur Geduld, sondern auch die Bereitschaft, sich auf eine „künstliche Stimme" einzulassen: „Ein atypisches Element wiegt zudem in den AAC-Modi selbst: Die natürliche Sprecherin muss sich auf neue, für sie fremde und vielleicht angsteinflößende Medien einlassen. Eine elektronische Kommunikationshilfe z. B. stellt einen so unüblichen Kommunikationsmodus dar, dass manche potentielle Gesprächspartnerinnen einer kommunikativen Begegnung möglicherweise ausweichen" (ebd. 1994, 73).
Natürlich beschränkt sich die Arbeit mit elektronischen Kommunikationshilfen nicht nur auf möglichst selbstständige Anwendungsmöglichkeiten, sondern sie setzt ebenso wie die anderen Kommunikationshilfen ein partnerschaftlich-dialogisches Verhältnis voraus. Es hat den Anschein, dass mitunter durch die Faszination der Technik dieses grundlegende Moment einer Beziehung, der Begegnungsaspekt, zu kurz kommt. Denn nur auf dieser Grundlage kann eine gezielte Kommunikationsförderung von behinderten Menschen, denen Verhaltensauffälligkeiten in Anbetracht spezieller Kommunikationsprobleme nachgesagt werden, überhaupt

fruchtbar werden (Carr et al. 2000). Ein solcher Dialog, der eine empathisch-verstehende Zuwendung implizieren muss, ist darüber hinaus aus einem anderen Grunde wichtig, nämlich dann, wenn im Rahmen einer Kommunikationsförderung mit graphischen Mitteln, Fotos oder Bildern von bildlichen Darstellungen auf die Bedeutung des Dargestellten geschlossen werden muss.

Um zu vermeiden, dass zum Beispiel ein Foto der Werkstatt für behinderte Menschen für den einen Gesprächspartner das Arbeiten, für den anderen jedoch nur die Stätte des Geschehens symbolisiert, müssen Bedeutungen dargestellter Dinge geklärt werden. Daher sollte es Ziel Unterstützter Kommunikation sein, die Bedeutung einzelner Fotos, Abbildungen oder Symbole gemeinsam mit der betroffenen Person in konkreten Alltagssituationen zu erschließen (Bradley 2001). Das alles befördert Empowerment (Kontrollbewusstsein, Verfügung und Kontrolle über die eigenen Lebensumstände, Autonomie), Lebenszufriedenheit und letztlich auch psychische Gesundheit. Diese Blickrichtung wird in einigen Methoden der Unterstützten Kommunikation bereits fokussiert, zum Beispiel dort, wo explizit auf Zukunftskonferenzen Wert gelegt wird (Hömberg 2001) oder dort, wo die Rolle des Unterstützers als „Ermöglicher und Kooperationsmanager" beschrieben wird. Hierzu heißt es bei Graf-Frank und Denecke (2001, 168): „Er beobachtet die Kommunikationsstrukturen und –bedürfnisse und er ordnet sich den Kommunikationsbedürfnissen und –möglichkeiten des Nutzers und seiner Umfelder unter. Er ermöglicht deren Handlungsfähigkeit in ihrem Alltag. Er unterstützt sie darin, Akteure der eigenen Entwicklung zu sein und er erschließt Lernwege. Er stellt förderliche Rahmenbedingungen bereit, er bringt Fachkenntnisse ein, er ist parteilich für den Nutzer und er verfolgt keine eigenen Interessen. Er sucht Verbündete, er nutzt die Ressourcen, die sich bieten, er initiiert die Entwicklung gemeinsamer realistischer fachlicher Auffassungen und er weiß, dass nicht jeder gleichermaßen intensiv kooperieren kann. Er lässt die Verantwortung bei dem Nutzer und er managt die Kooperation." Dieser am Empowerment-Konzept orientierte Wegweiser darf freilich nicht zum Ausschluss von Menschen mit einer komplexen Behinderung führen. Eine solche Gefahr ist nicht von der Hand zu weisen, wenn die Reflexionsfähigkeiten überschätzt beziehungsweise zu hohe Erwartungen an die Selbstverantwortlichkeit betroffener Personen geknüpft werden. Aus diesem Grunde ist es wichtig, Formen einer *basalen Kommunikationsförderung* in Erinnerung zu rufen (Braun und Kristen 1997), die es mit dem Unterstützerprofil zu verknüpfen gilt, so dass auf dem Hintergrund einer dialogischen Beziehungsgestaltung individuelle Ausdrucks-, Verständigungs- und Mitteilungsformen eruiert, erarbeitet, gestärkt und weiter ausgebaut werden können. Davon können zudem Menschen profitieren, die neben einer komplexen Behinderung zusätzlich als verhaltensauffällig gelten.

Validation

Zielgruppe:
Verwirrte, desorientierte ältere Personen; Menschen mit einer Demenz

Definitionen und Ziele:
Die Validation ist eine non-direktive, empathisch-verstehende Methode, die dazu beitragen soll, dass desorientierte alte Menschen ein würdevolles Leben verwirklichen können. Insbesondere bietet die Validation Unterstützung in der Bewältigung der individuellen Vergangenheit und der aktuellen Gefühle betroffener Menschen. Dabei geht es nicht um eine Verhaltensänderung dementer Personen, sondern um die Vermittlung von Gefühlen, angenommen, wertgeschätzt und verstanden zu werden. Wichtige „Validationsziele sind:
- Wiederherstellen des Selbstwertgefühls
- Reduktion von Stress
- Rechtfertigung des gelebten Lebens
- Lösung der unausgetragenen Konflikte aus der Vergangenheit
- Reduktion chemischer und physikalischer Zwangsmittel
- Verbesserung der verbalen und nonverbalen Kommunikation
- Verhindern eines Rückzugs in das Vegetieren
- Verbesserung des Gehvermögens und des körperlichen Wohlbefindens" (Feil 1992, 11).

Theoretische Bezugspunkte/Überlegungen:
Die Methode der Validation wurde von Feil (1992) quasi kontrapunktisch zu „realitätsorientierten Interventionen" entwickelt. Sie ist aus langjähriger Arbeit mit desorientierten älteren Menschen hervorgegangen. Ausgehend von Beobachtungen und Erfahrungen, dass eine an der konkreten Situation (Realität) orientierte Betreuung dementer oder verwirrter alter Menschen häufig Frustrationen, Ablehnung und zusätzliche Verhaltensauffälligkeiten hervorruft, ist die Autorin von der Unzulänglichkeit und Unzweckmäßigkeit eines solchen Umgangs überzeugt. Die Autorin nimmt an, dass eine bloße Realitätsorientierung viele der betroffenen Menschen auf Grund ihrer kognitiven und sprachlichen Beeinträchtigungen überfordern würde. Zudem würden sich demente Personen eher durch Poesie, Klänge, Körperbewegungen oder freie Assoziationen als durch eine realitätsorientierte Logik auszudrücken versuchen (ebd., 29). Ferner hat Feil beobachtet, dass sich desorientierte alte Menschen mit ihren Erlebens-, Verhaltens- und Ausdrucksweisen immer wieder auf ihre Vergangenheit beziehen. Das liege nicht an den kognitiven Beeinträchtigungen, sondern vielmehr gebe es emotionale Gründe für dieses Verhalten, die mit ungelösten Fragen oder unbewältigten Lebensaufgaben, Erlebnissen oder Konflikten zusammenhängen. Bezugspunkt dieser Annahme ist die Theorie der Entwick-

lungsstadien und Lebensaufgaben nach Erikson (1966). Sie geht davon aus, dass in jedem Lebensabschnitt bestimmte Entwicklungsaufgaben bestehen, die von jedem Menschen gelöst werden müssen. „Ob wir sie nun in einem bestimmten Alter erfüllen oder nicht, hängt davon ab, wie gut wir die frühere Aufgabe in einem früheren Lebensabschnitt gelöst haben. Von der Geburt bis zum Lebensende mühen wir uns ab, unsere Aufgaben zu erfüllen" (Feil 1992, 13). Damit besteht nach Feil eine wesentliche Entwicklungsaufgabe im hohen Alter darin, solche unbewältigten Ereignisse oder Erlebnisse der Vergangenheit zu verarbeiten. Insofern lassen sich Ausdrucksformen, Erlebens- oder Verhaltensweisen dementer oder desorientierter alter Menschen als Versuche einer Vergangenheitsbewältigung auffassen. Genau an dieser Stelle setzt nun die Methode der Validation an, der es um die Aufarbeitung unbewältigter Vergangenheitserfahrungen zu tun ist. Dabei kann es jedoch „niemals ein vollständiges Verarbeiten geben" (21), da es für eine Einsicht, zu einem klaren Erkennen der ungelösten Vergangenheitskonflikte, zu spät sei. Wohl aber können die Gefühle beziehungsweise der betreffende Mensch in seinem Verarbeitungsprozess bestätigt werden, so dass er sich psychisch darauf vorbereiten kann, „in einem ‚aufgeräumten Haus' zu sterben" (21).

Setting/Raum:
Ort der Validation ist die primäre Lebenswelt.

Medien/Mittel:
Es werden keine speziellen Materialien oder Medien benötigt.

Sozialform:
Alltagsarbeit, Einzel- und Gruppenarbeit

Vorgehensweise:
Im Rahmen der Validation lassen sich zwei Vorgehensweisen unterscheiden: Zum einen kann die Validation als eine auf Empathie, Wertschätzung, Achtung und Wärme aufbauende *psychotherapeutisch-tiefenpsychologisch geprägte Technik* aufgefasst werden, die die Bearbeitung ungelöster Probleme zum Ziel hat. Im Mittelpunkt dieses Ansatzes steht eine Symboldeutung, nach der die Gefühle des Angenommen- und Verstandenwerdens vermittelt werden sollen. Feil nennt hierzu einen Katalog mit typischen persönlichen Symbolen dementer oder desorientierter alter Menschen und mit den möglichen Bedeutungen (z. B. eine Hand – ein Baby; ein Tuch – wichtige Papiere, Backteig, Kinder – Kleider; Stange des Rollstuhls – eine Straße; Flüssigkeit – männliche Kraft; ein mächtiger Sessel – Penis, Mann, Ehemann, Sex; Griff – Penis; tiefe Stimme – männliche Person; Messer, Gabel – Wut; Löffel oder gebogener Gegenstand – Frau, weibliches Geschlecht; Socken, Schuh – Kind, ein Kind anziehen, Sexualorgan; ein anzuziehendes Kleidungsstück – Geschlechtsakt, Freiheit, Herausforderung; die Pflegeabteilung – Nachbarschaft; [ebd., 51f.]).

Zum anderen kann die Validation auch als eine *deutungsfreie Kommunikations- und Interaktionsmethode* verstanden werden, die grundsätzlich die Sichtweise der Betroffenen als valide (gültig) betrachtet und dabei auf jegliche Form einer Überprüfung des Verhaltens oder der Lebensäußerungen nach Maßstäben der Normalität oder Realität verzichtet (Theunissen 2012c). Die Äußerungen einer verwirrten alten Person werden somit nicht etwa als sinnlos abgetan oder auch korrigiert, stattdessen versucht der validierende Helfer nachzuerleben und nachzuempfinden, welche Vergangenheitskonflikte, Bedürfnisse und Gefühle sie ausdrücken beziehungsweise mitteilen möchte. Auch in dem Falle gelten die Grundprinzipien des Einfühlungsvermögens, der Wertschätzung des Anderen sowie der uneingeschränkten Anerkennung seiner Lebensäußerungen oder Gefühle. Dabei wird jedoch kein psychotherapeutischer Ansatz mit dem Ziel erhoben, ungelöste Vergangenheitsprobleme symbolisch bearbeiten zu wollen. Stattdessen versucht der validierende Helfer durch bestimmte Formen der verbalen Begegnung (z. B. Verbalisierung der Erlebnisinhalte oder Ausdrucksformen, Wiederholung von individuell bedeutsamen „Schlüsselworten") der Person zu zeigen, dass ihre Äußerungen und Gefühle ernst genommen, angenommen und verstanden werden. Je nach Schweregrad der Demenz genügt es nicht, nur auf verbaler Ebene zu validieren. Ebenso hilfreich können auch non-verbale Techniken des „Berührens" sein (Feil 1992., 77ff.). Durch eine besondere Art der körperlichen Berührung (z. B. bestimmte ruhige auf- und abstreichende Berührungen am Rücken, an der Schulter) wie aber auch durch eine Widerspiegelung von Verhaltensweisen (ebd., 79) sollen Gefühlsinhalte aus dem Altgedächtnis stimuliert werden, die üblicherweise mit solchen Berührungen verbunden sind, so zum Beispiel das Gefühl des „Getröstetwerdens" bei einem behutsamen, leichten und regelmäßigen Streichen über den Rücken.

Am besten ist es, wenn die Validation auf der Basis einer Bezugsassistenz im Rahmen der *Alltagsarbeit* oder als *Einzelhilfe* durchgeführt wird. Hierzu sollen nach Feil (62ff.) drei Schritte beachtet werden. Der erste Schritt bezieht sich auf das Sammeln von Informationen, zum Beispiel durch einen mündlichen Bericht, durch Beobachtungen der körperlichen Charakteristika oder durch das Befragen von Angehörigen. Hinzu kommt die Aufbereitung der Lebensgeschichte mit „'Damals- und Dort'-Fragen" (64) sowie mit „'Hier- und Jetzt'-Fragen" (63). Durch das Sammeln von Informationen soll insbesondere das Stadium der Desorientierung in Erfahrung gebracht werden. Dieses gilt es im zweiten Schritt zu bestimmen; und der dritte Schritt bezieht sich dann auf einen darauf abgestimmten „Arbeitsplan" für „individuelle Validation" (68), bei dem die betreffende Person regelmäßig in ihrem Lebensalltag besucht, begleitet und validiert werden soll.

Neben der Einzelarbeit kann die Methode aber auch als ein *gruppenbezogenes Angebot* aufbereitet werden. Bei einer Gruppen-Validation sollte allerdings auf eine sorgfältige Auswahl der Teilnehmer geachtet werden. So sei eine Einbindung von desorientierten Personen, die „rastlos" seien oder sich ständig laut artikulieren würden, ausgesprochen schwierig (89). Ein Prinzip für Validationsgruppen ist es, jedem Teilnehmer eine ihm vertraute soziale Rolle zuzuweisen, die für ihn einmal möglicherweise lebensbedeutsam war. Solche Rollen haben eine gruppenstrukturierende Funktion und vermitteln zugleich das Gefühl, „in der Gruppe nützlich zu sein und gebraucht zu werden" (90). Zudem stiften sie Sicherheit und tragen zur Wiederherstellung der Würde und eines positiven Selbstwertgefühls bei.

Rolle des Pädagogen:
Einfühlsam, verstehend, dialogisch, wertschätzend, non-direktiv interagierend

Perspektiven in Bezug auf Verhaltensauffälligkeiten:
Erklärtes Ziel der Validation ist nicht der direkte Abbau von Verhaltensauffälligkeiten, sondern die Methode kann in präventiver und therapeutischer Hinsicht zu einem psychischen Wohlbefinden desorientierter oder dementer alter Menschen beitragen.

Repräsentanten/Bezugsliteratur
Feil (1992); Richard (1994); Scharb (1996); Theunissen (2012c)

Querverbindungen:
Klientenzentrierte Gesprächspsychotherapie; Basale Kommunikation; Logotherapie

Beurteilung aus der Sicht des Verfassers:
Die Validation stellt eine wichtige Methode in der Arbeit mit dementen und desorientierten alten Menschen dar (Buijssen 1997, 178ff.). Forschungsergebnisse lassen den Schluss zu, dass dieses non-direktive, empathisch-verstehende Verfahren in zweifacher Hinsicht bedeutsam ist: Zum einen werden günstige emotionale Wirkungen nachgewiesen, etwa eine ausgeglichene Stimmungslage, psychisches Wohlbefinden und vermehrte positive Interaktionen. Zum anderen lassen sich auch bei Mitarbeitern positive Tendenzen beobachten, so zum Beispiel ein verbessertes Verständnis den Betroffenen gegenüber sowie ein größeres Maß an Vertrauen zwischen Mitarbeitern und den betreffenden Personen (Feil 1992, 40ff.). Kritisch muss allerdings die Symboldeutung gesehen werden. Sie darf auf keinen Umständen zu dem Trugschluss verleiten, dass es ein festgelegtes Symbolverständnis gäbe, nach dem sich die therapeutische Arbeit richten könnte. Wenngleich Feil von „möglichen Bedeutungen" (51) typischer, persönlicher Symbole desorientierter Menschen spricht, verleitet ihr Symbolkatalog allzu leicht zu einer Blickverengung, die den betreffenden Menschen verfehlen kann. Um dies zu vermeiden, sollte mit Symboldeutungen, die sowieso nur lebensgeschichtlich entschlüsselt werden können, so behutsam wie möglich umgegangen werden. Am besten ist es, darauf gänzlich

zu verzichten (Theunissen 2012c). Zudem zählen eine Symboldeutung im Kontext einer tiefenpsychologisch fokussierten Arbeitsweise sowie einer entsprechenden psychotherapeutischen Konfliktbearbeitung nicht zu einem originären Bestandteil einer Alltagsarbeit oder pädagogisch-therapeutischen Einzelarbeit. Insofern sollten sich pädagogische beziehungsweise helfende Berufe auf die Validation als ein deutungsfreies Kommunikations- und Interaktionsangebot konzentrieren. Auch hierzu sind selbstverständlich spezifische Kenntnisse des Verfahrens notwendig, die am besten im Rahmen einer speziellen Fort- oder Ausbildung in der Validationstechnik angeeignet werden können (Scharb 1996, 478).

Trotz unseres Einwandes betrachten wir insgesamt gesehen die Validation als ein interessantes, ja faszinierendes Verfahren, von dem wir annehmen, dass es auch in der Arbeit mit Menschen mit einer (schweren) komplexen Behinderung fruchtbar sein kann. Wenngleich bislang noch keine einschlägigen (empirisch verifizierten) Erfahrungen vorliegen, drängt sich nach unseren Beobachtungen auf gerontopsychiatrischen Stationen, die nach der Methode der Validation arbeiten (z. B. das LKH Rankweil/Österreich), der Eindruck auf, dass sowohl ältere Menschen mit Lernschwierigkeiten und Demenz als auch ältere Personen mit einer (schweren) komplexen Behinderung von dieser Methode profitieren können. Zentrale Momente der Validation sind nämlich die Wertschätzung des Anderen, der Respekt vor seinen Äußerungen und Verhaltensweisen, das Ernstnehmen der Betroffenen-Perspektive, die positive Konnotation von Verhaltensauffälligkeiten wie auch der Blick für Stärken sowie die Unterstützung von vorhandenen Fähigkeiten und Fertigkeiten. Genau diesen Aspekten hat sich die moderne Behindertenarbeit, wie sie durch das von uns favorisierte Empowerment-Konzept (Theunissen 2000; Theunissen 2009) repräsentiert wird, verschrieben. Von Ingersoll-Dayton et al. (2003) stammt der Versuch, die Stärken-Perspektive im Sinne von Empowerment für die Arbeit mit dementen Personen fruchtbar zu machen. Diese Anregungen lassen den Schluss zu, dass die Validation im Hinblick auf Empowerment als anschlussfähig betrachtet sowie als ein methodisches Instrument des Empowerment-Ansatzes in der Arbeit mit älter werdenden und alten Menschen genutzt werden kann, die als dement oder als geistig schwerst- und mehrfach behindert eingeschätzt werden. Wünschenswert ist dabei die Anwendung des Verfahrens im Rahmen der Alltagsarbeit.

‚Verhaltensphänotypisch' orientierte Förderung und Lebenshilfe

Zielgruppe:
Vor allem Menschen mit einer komplexen Behinderung

Definition und Ziele:
Wie bei der neuropsychologisch orientierten Lernförderung und Therapie verstehen wir unter einer ‚verhaltensphänotypisch' orientierten Förderung und Lebens-

hilfe kein eng umschriebenes Verfahren, sondern einen *subjektzentrierten Ansatz*, der ausgehend von der Beschreibung eines sogenannten Verhaltensphänotyps darauf zielt, Stärken und Fähigkeiten betroffener Menschen aufzugreifen, zu unterstützen und zu entfalten sowie im Hinblick auf syndromspezifische Entwicklungs- und Verhaltensprobleme lebensbegleitende, entwicklungsfördernde und ‚passgenaue' pädagogisch-therapeutische Hilfen zu geben (Sarimski 1997).

Theoretische Bezugspunkte und Überlegungen:
Der im angloamerikanischen Sprachraum (Dykens 1995; Dykens und Hodapp 2001) diskutierte Ansatz der Verhaltensphänotypen (*behavioural phenotypes*) hat auch hierzulande zur Erklärung von Verhaltensauffälligkeiten bei Menschen mit einer komplexen Behinderung an Bedeutung gewonnen (Seidel 2002a). Unter einem Verhaltensphänotyp versteht Sarimski (1997, 15) „eine Kombination von bestimmten Entwicklungs- und Verhaltensmerkmalen, die bei Kindern und Erwachsenen mit einem definierten genetischen Syndrom mit einer höheren Wahrscheinlichkeit auftritt als bei Kindern und Erwachsenen mit einer Behinderung anderer Ursache." Mit dieser Definition grenzt sich Sarimski von monokausalen Sichtweisen ab, die zum Beispiel eine genetische Determinierung bestimmter Verhaltensauffälligkeiten (z. B. aggressives Verhalten) behaupten, und diese nur durch Gendefekte zu erklären versuchen. Unter seriösen Forschern auf dem Gebiete der Humangenetik, Verhaltensmedizin und Psychiatrie, die klinische Syndrome bei einer komplexen Behinderung zu bestimmen und zu beschreiben versuchen, besteht Übereinstimmung darin, dass es unzulässig ist, Verhaltensauffälligkeiten oder psychische Störungen auf ein einzelnes Gen oder auf eine bestimmte Gen-Konstellation zurückzuführen (dazu auch Bauer 2004; 2005, 155ff.). Stattdessen wird bei bestimmten klinischen Bildern (Genotypen) nur von einer genetisch determinierten Prädisposition im Sinne einer *erhöhten Vulnerabilität* für spezifische Verhaltensauffälligkeiten ausgegangen. „Eigenschaften, Merkmale oder auch krankhafte Abweichungen des Organismus bilden sich in der Wechselwirkung von Genotyp und Umweltfaktoren heraus. Sie werden also nicht unmittelbar vererbt, sondern können nur als Genotyp, als Erb*anlage*, vererbt werden" (Seidel 2002b, 4); und das bedeutet, dass Umweltfaktoren einen ausgeprägten Einfluss darauf haben, wie sich eine genetisch determinierte Vulnerabilität auf der Verhaltens- und Gefühlsebene manifestiert. Insofern ist bei einem bestimmten Gendefekt (z. B. Schädigung des 15. Chromosoms), der einem bekannten klinischen Syndrom bei Lernschwierigkeiten oder einer komplexen Behinderung (z. B. Prader-Willi-Syndrom) zugrunde liegt, lediglich das Risiko erhöht, auffälliges Verhalten (z. B. zwanghafte Suche nach Nahrung) zu entwickeln, woraus aber nicht schlussgefolgert werden darf, dass bei einer erhöhten Vulnerabilität ‚verhaltensphänotypische' Auffälligkeiten auftreten *müssen*. Daher ist es „wichtig, um inter- und intraindividuelle Unterschiede zu wissen. Nicht alle Kinder mit Prader-Willi-Syndrom entwickeln die ungebremste Neigung zum Essen

in gleichem Maße, nicht alle Kinder mit Cornelia-de-Lange-Syndrom entwickeln autoaggressive Verhaltensweisen, nicht alle Kinder mit fragilem-X-Syndrom sind gleichermaßen überaktiv" (Sarimski 1997, 8).
Diese Erkenntnis, die ebenso für das Lesch-Nyhan-Syndrom gilt, welches auch ohne Selbstverstümmelungstendenz beobachtet worden ist, unterstreicht geradezu die Notwendigkeit, Festschreibungen, Etikettierungen, deterministische, voreilige oder gar nihilistische Schlussfolgerungen und Prognosen zu vermeiden, um den pädagogischen und therapeutischen Handlungsspielraum nicht unnötigerweise einzuengen. Allein die Mitteilung von charakteristischen Entwicklungs- und Verhaltensmerkmalen im Sinne eines Verhaltensphänotyps kann nämlich Irritationen oder Unsicherheiten in der Einstellung, Kommunikation und Interaktion befördern „und zu einer sich selbst erfüllenden Prophezeiung werden" (ebd., 8). Entscheidend ist somit die Frage, unter welchen Bedingungen Menschen mit einem bekannten klinischen Syndrom die verhaltensphänotypisch erwarteten Auffälligkeiten zeigen und unter welchen Bedingungen das Verhalten in sozial erträglicher Weise selbstgesteuert werden kann und die Umwelt oder Bezugspersonen mit den Betroffenen weithin unkompliziert kommunizieren und interagieren können.

Alles in allem dürfen ‚verhaltensphänotypische' Auffälligkeiten nicht einzig und allein als personinhärente Merkmale oder Probleme ausgelegt werden – und erst recht nicht als „genetisch festgelegte" Verhaltensmuster (ebd., 22) – sondern erst das reziproke Zusammenwirken biologisch-organischer, psychischer und sozialer Aspekte trägt zur Erklärung sowohl von Verhaltensproblemen wie auch – und das sollte nicht in Vergessenheit geraten – von ‚verhaltensphänotypischen' Stärken und Fähigkeiten bei, die im Einzelfalle für die Konzeptentwicklung genutzt werden können. In diesem Sinne kann Sarimskis (1997, 216) Einschätzung syndromspezifischer Verhaltensprobleme beim Cornelia-de-Lange-Syndrom als allgemeine Richtschnur für den Umgang mit Verhaltensphänotypen betrachtet werden: „Die Hintergründe dieser selbstverletzenden Verhaltensweisen sind bisher kaum geklärt. Es ist jedoch wahrscheinlich, dass sie in einigen Fällen Ausdruck körperlicher Schmerzen und Missbehagens sind (z. B. bei Reflux, Infektionen der oberen Luftwege oder des Mittelohrs, Zahn- und Kopfschmerzen). In anderen Fällen sind sie durch Überforderung und Reizüberflutung bedingt. Eine sorgfältige Analyse der Bedingungen und kommunikativen Funktionen der schwierigen Verhaltensweisen (…) ist Voraussetzung für eine erfolgreiche Intervention."
In der *Anmerkung* 12 habe ich einige klinische Syndrome stichwortartig aufgeführt, bei denen mit hoher Wahrscheinlichkeit Entwicklungsbeeinträchtigungen (Lernschwierigkeiten) und Verhaltensauffälligkeiten auftreten können (genauere Ausführungen Sarimski 1997; Neuhäuser 1999; 2004; auch Luckasson et al. 2002, 138f.).

Setting/Raum:
Reale Lebenswelt

Medien/Mittel:
Alltägliche Dinge; in der Regel werden keine speziellen Materialien benötigt.

Sozialform:
In der Regel Einzelarbeit

Vorgehensweise:
Einer ‚verhaltensphänotypisch' orientierten Förderung und Lebenshilfe geht eine humangenetische, medizinische (pädiatrische, psychiatrisch-neurologische) und (entwicklungs-)psychologische Untersuchung voraus, um ein bestimmtes klinisches Syndrom mit charakteristischen Verhaltensmerkmalen diagnostizieren zu können (Sarimski 1997; Neuhäuser 1999; 2004). Wesentliche diagnostische Orientierungshilfen und Instrumente der (entwicklungs-)psychologischen und medizinischen Untersuchung sind dabei die (Entwicklungs-)Psychopathologie, spezielle Tests und syndromspezifische Beobachtungsverfahren, Befragungsbögen für Bezugspersonen zur Erfassung charakteristischer Merkmale eines sogenannten Verhaltensphänotyps, qualitative Situations-, Interaktions- und Verhaltensbeobachtungen (am besten mit Videoaufzeichnungen und –analysen, um u. a. Zusammenhänge zwischen dem Verhalten des Betroffenen und seiner Umgebung zu erfassen) sowie die üblichen Explorationsgespräche mit dem Betroffenen und/oder seinen Bezugspersonen (Sarimski 1997, 15ff.). Um eine einseitige Diagnostizierung von Auffälligkeiten zu vermeiden ist es von Beginn an wichtig, auch typische beziehungsweise individuelle Stärken, syndromspezifische Bedürfnisse wie auch Umweltressourcen zu beachten. Außerdem gilt es – und das darf (auch) im Falle einer ‚verhaltensphänotypisch' orientierten Praxis nicht zu kurz kommen – die Identität und subjektive Wirklichkeitskonstruktion zu erkunden, die sich ein Betroffener „unter dem Druck der Bedingungen" (klinisch-phänotypischer und sozial-reaktiver Art) erschlossen und erschaffen hat (hierzu auch Sacks 1997, 16, 196). Kein behinderter Mensch mit einem bekannten „klinischen Syndrom" ist wie der andere. Die Verhaltensausprägungen eines Syndroms sind in keinem Fall gleich. Wollen wir daher nicht nur eine Erklärung für bestimmte Verhaltensmerkmale sondern den Betroffenen auch „verstehen", bedarf es dazu einer umfassenden Aufbereitung der Lebensgeschichte (siehe dazu Kapitel 3).
Der Diagnose folgt sodann die Planung spezifischer Maßnahmen und Hilfen, die sich zum einen auf kontextuelle Veränderungen und auf die Arbeit mit den Bezugspersonen beziehen, um möglichst günstige Resonanzen zwischen dem Betroffenen und seiner Umwelt zu erzielen (*person-environment-fit; person-environment-interplay*). Zum anderen geht es um die konkrete Arbeit mit dem Betroffenen, die wir als Förderung und Lebenshilfe ausweisen: Ihr Ausgangspunkt sollen die individuellen Stärken sein, die es für die Fundierung einer positiven Beziehungsgestaltung sowie für entwicklungsfördernde und identitätsstiftende Prozesse nutzbar

zu machen gilt. Weiß die Bezugswelt zum Beispiel um die Stärken (hohe Sprachgewandtheit) eines Kindes mit dem Williams-Beuren-Syndrom, so ließe sich diese Fähigkeit für Rollenspiele und für ein Selbstinstruktionsprogramm aufgreifen, indem das betreffende Kind angeregt wird, sich bei bestimmten Handlungsschritten selbst Anweisungen zu geben (Sarimski 1997, 95). In dem Falle lernt die Person auf dem Hintergrund ihrer Stärken Kompensationstechniken zu nutzen, die ihr eine verbesserte Handlungskontrolle zur Bewältigung von Lebensaufgaben sowie günstigere soziale Austauschprozesse, Kommunikationen und Interaktionen erlauben. Leidet sie darüber hinaus an einer Geräuschüberempfindlichkeit, so könnten auf der Basis einer positiven Beziehung entspannte Situationen (z. B. relaxen auf einem Wasserbett oder in einem Snoezel-Entspannungsraum) hergestellt werden, in denen dann eine systematische Desensibilisierung statthat, indem zum Beispiel über einen CD-Player ihr unangenehme Geräusche (Musik) sekundenhaft gesteigert eingeblendet werden (hierzu ebd., 96). Handelt es sich bei dem Erwerb von Kompensationstechniken um eine ‚verhaltensphänotypisch' orientierte Förderung, so betrachten wir das Angebot der Desensibilisierung als einen subjektzentrierten Beitrag zur Lebenshilfe. Ein solches Unterstützungsprogramm kann freilich nur *individualisiert* erschlossen werden, wobei die speziellen Angebote häufig subjektzentrierte Modifikationen bekannter heilpädagogischer oder therapeutischer Verfahren (Basale Stimulation; Sensorische Integration; heilpädagogische Musiktherapie; Unterstützte Kommunikation ...) darstellen (ebd., 131f., 316ff.).

Rolle des Pädagogen:
Einfühlsam, dialogisch, unterstützend, auch therapeutisch-führend

Perspektiven in Bezug auf Verhaltensauffälligkeiten:
Nach Sarimski (1997) kann eine im oben beschriebenen Sinne ‚verhaltensphänotypisch' orientierte Förderung und Lebenshilfe im Hinblick auf Abbau, Bewältigung oder Kompensation von Verhaltensauffälligkeiten als zweckmäßig und hilfreich eingeschätzt werden.

Repräsentanten/Bezugsliteratur:
Dykens (1995); Dykens und Hodapp (2001); Neuhäuser (1999; 2004); Sarimski (1997); Seidel (2002a);

Querverbindungen:
Neuropsychologisch orientierte Lernförderung und Therapie

Beurteilung aus der Sicht des Verfassers:
Forschungen auf dem Gebiete der Konzeptualisierung sogenannter Verhaltensphänotypen werden erst seit wenigen Jahren intensiv betrieben (dies fast ausschließlich

im angloamerikanischen Sprachraum), und es gibt deutliche Anzeichen dafür, dass wir in den nächsten Jahren mit einer Fülle an neuen Entdeckungen und Erkenntnissen in Bezug auf klinische Syndrome, sogenannte Geno- und Verhaltensphänotypen bei einer komplexen Behinderung konfrontiert werden. Diese Entwicklung und ihre Resultate stellen ohne Zweifel eine große Herausforderung für die Heilpädagogik dar, die sich damit auseinandersetzen muss, wenn sie ihren Anspruch und ihr fachliches Selbstverständnis in Bezug auf eine qualifizierte Arbeit aufrechterhalten will. Auf den ersten Blick scheint eine ‚verhaltensphänotypisch' orientierte Förderung und Lebenshilfe eine vielversprechende Angelegenheit zu sein, und daher wird sie vor allem im Lager der Medizin (Psychiatrie) und klinischen Psychologie als hilfreich eingeschätzt. „Die sinnvolle Anwendung des Konzepts der Verhaltensphänotypen kann... eine ausgeprägte präventive Funktion für psychische Störungen haben, wenn die konkreten Stärken und Schwächen der Reiz- und Informationsverarbeitung bei einem individuell gegebenen genetischen Syndrom bekannt und in der Gestaltung der Förder- und Betreuungsbedingungen beachtet werden... Als Beispiel diene wiederum das Williams-Syndrom..., bei dem einerseits deutliche Schwächen im Bereich der visuell-räumlichen Fähigkeiten bestehen, die offenkundig in enger Verbindung mit der Beeinträchtigung lebenspraktischer Fähigkeiten und motorischer Fertigkeiten stehen... Die kommunikativen Stärken, verbunden mit einem fast überangepasst freundlichen Wesen, führen leicht zur Überschätzung der intellektuellen Fähigkeiten. Diskrepanzen zwischen Anforderungen an eine Person einerseits und ihren Fähigkeiten und Fertigkeiten andererseits können jedoch zur Ausbildung psychischer Störungen beitragen" (Seidel 2002b, 6). Die Protagonisten des Konzepts der Verhaltensphänotypen erhoffen sich somit sowohl in psychopharmakologischer Hinsicht als auch in sozialer verbesserte, das heißt gezielte Therapie-, Beratungs- und Fördermöglichkeiten. Das ist im Prinzip nicht unredlich und daher sollten die Möglichkeiten, die das Konzept der sogenannten Verhaltensphänotypen bietet (z. B. verbesserte Kommunikation und Interaktionen), auch genutzt werden.

Diese dürfen allerdings nicht überschätzt werden und es bestehen nur dann Chancen, wenn eine reflektierte und selbstkritische Betrachtung des Konzepts statthat. Denn machen wir uns nichts vor: das, was wir im Hinblick auf die handlungspraktische Ebene anskizziert haben (vor allem mit dem Blick auf Stärken, Umwelteinflüsse und reziproke Zusammenhänge), garantiert längst noch nicht eine entsprechende Implementierung in der Praxis. Wohl kein anderes Konzept wie das hier beschriebene ist so ideologieanfällig, birgt so schwerwiegende Risiken in Bezug auf Missverständnisse, Verkürzungen, Etikettierungen und einen Missbrauch. Dies ist der hintergründigen humangenetischen Forschung, ihren Zielen und Verwertungsinteressen (z. B. eugenisch orientierte Gesundheitspolitik; Bevölkerungsgenetik) geschuldet (Rifkin 1998; Habermas 2001). Wer garantiert uns, dass nicht auf Dauer die Suche nach genetischen Schädigungen, die Bestimmung und Beschreibung klinischer Syndrome und Verhaltensphänotypen in eine völlig andere Richtung verläuft, indem von der genetischen Struktur anfällige Menschen mit Lernschwierigkeiten oder einer komplexen Behinderung und Verhaltensauffälligkeiten selektiert und für zukünftige humangenetische beziehungsweise biomedizinische, fremdnützige Experimente und „Krankheitsverhütungsmaßnahmen" (Abtreibung, Sterilisation, Gentherapieversuche; Genmanipulationen; Hirngewebstransplantationen; Keimbahntherapie...) in Betracht gezogen werden? „Schließlich entstehen aus dem Konzept von Verhaltensphänotypen *schwierige Fragen bei der pränatalen Diagnostik und Beratung.* Mit den wachsenden Möglichkeiten zu pränataler Diagnostik fragen immer mehr Eltern nach den Entwicklungsmöglichkeiten, die ein identifiziertes Syndrom für ihr werdendes Kind offen lässt, und beziehen sie in ihre Entscheidungsfindung über Fortsetzung oder Abbruch der Schwangerschaft ein. Ethische Grundsatzfragen und Fragen der psychologischen Beratung von Eltern in dieser Grenzsituation ihres Lebens können an dieser Stelle nicht angemessen diskutiert werden. Es sei aber darauf hingewiesen, dass vermehrtes Wissen über Entwicklungsperspektiven und interindividuelle Unterschiede bei Kindern mit definierten genetischen Syndromen den Eltern ihre Entscheidung nicht unbedingt leichter macht" (Sarimski 1997, 9). Und ist nicht die Versuchung, von einer genetischen Schädigung aus unmittelbar auf das Verhalten und Erleben (Charaktereigenschaften) eines Menschen zu schließen, zu verlockend, als dass die Sozial- und Gesundheitspolitik ihr langfristig widerstehen könnte? Aus den USA wissen wir, dass Eltern behinderter Kinder, bei denen eine genetische Schädigung (klinisches Syndrom) festgestellt wurde, nicht selten Schwierigkeiten haben, eine Krankenversicherung abzuschließen. Vor diesem Hintergrund gibt es zurecht Vorbehalte, kritische Positionen (Jantzen und Schnittka 2001) und warnende Stimmen gegenüber dem Konzept der Verhaltensphänotypen - denn eine Neuauflage biologistischen Denkens und Handelns bis hin zur Definition und Vernichtung „lebensunwerten Lebens" darf nie wieder sein!

Wahrnehmungsförderung und Bewegungserziehung (nach Frostig)

Zielgruppe:
Kinder mit Lernstörungen, Entwicklungsverzögerungen, Lern- und Erziehungsschwierigkeiten; hyperaktive und hypoaktive Kinder

Definition und Ziele:
Der Wahrnehmungsförderung und Bewegungserziehung nach Frostig liegen allgemeine Zielsetzungen zugrunde: „Steigerung der Lebensfreude, Förderung des Selbstbewusstseins, Besserung emotionaler Störungen, Förderung kognitiver Fähigkeiten, Förderung der Sprachkompetenz, Besserung der Aufmerksamkeit, Förderung der Bewegungsqualitäten, Förderung der Bewegungskreativität, Förderung des sozialen Bewusstseins" (Kiphard 1986, 12).

Theoretische Bezugspunkte/Überlegungen:
Das sogenannte Frostig-Programm stützt sich ebenso wie der PLAG-Ansatz auf die Erkenntnisse Piagets (1975), insbesondere auf die Zusammenhänge zwischen der sensomotorischen und kognitiven Entwicklung. Frostig misst dabei der visuellen Wahrnehmung, das heißt der Fähigkeit, „optische Reize aufzufassen, zu unterscheiden, mit früheren Erfahrungen zu verbinden und zu interpretieren" (Kerkhoff und Kerkhoff 1990, 10), besondere Bedeutung zu. „Die Fähigkeit, sich etwas bildlich vorzustellen, ist deshalb so entscheidend, weil sie grundlegend für die geistige Tätigkeit und Abstraktion ist und damit für das Verständnis dessen, was nicht gegenwärtig ist" (Frostig 1975, 95). Störungen in der Wahrnehmung, die sich häufig schon in der sensomotorischen Entwicklung anzeigen, sind demnach haftbar zu machen für Lernstörungen, Anpassungsstörungen und Entwicklungsverzögerungen, die ihrerseits Verhaltensauffälligkeiten hervorrufen können. Frostig unterscheidet fünf visuelle Wahrnehmungsleistungen, in denen spezifische Lernstörungen sichtbar werden können:

1. *visuo-motorische Koordination* (Kinder mit entsprechenden Störungen gelten als ungeschickt, z. B. beim Ausschneiden, Zeichnen, Kleben oder auch Schreiben);
2. *Figur-Grund-Wahrnehmung* (Kinder mit entsprechenden Störungen gelten als „unkonzentriert" oder „unaufmerksam"; Schwierigkeiten ergeben sich beim Erfassen relevanter Details, bei der Unterscheidung von Wesentlichem bzw. Unwesentlichem);
3. *Wahrnehmungskonstanz* (entsprechende Störungen beziehen sich auf das Wiedererkennen geometrischer Figuren, wodurch das Lesenlernen erheblich erschwert ist);
4. *Wahrnehmung der Raumlage* (als eine typische Störung gilt hier die Legasthenie);
5. *Wahrnehmung der räumlichen Beziehung* (Kinder mit entsprechenden Störungen haben Schwierigkeiten, die Lage von zwei oder mehreren Dingen in Bezug zu sich selbst und zu einander wahrzunehmen).

Da die (visuelle) Wahrnehmung nicht von motorischen Aktivitäten getrennt werden kann, bestehen nach Frostig (1975, 135) enge Zusammenhänge zwischen Wahrnehmungsproblemen und motorischen Störungen, zum Beispiel Koordinationsprobleme, ein misserfolgsbehaftetes Bewegungserleben oder ein unzureichendes Körperbewusstsein, welches für eine ausgeglichene emotionale Entwicklung unabdingbar ist (Reinartz 1990). Im Hinblick auf das Körperbewusstsein werden drei Bereiche unterschieden, in denen spezifische Störungen sichtbar werden können:

1. *Körperimago* (Störungen in diesem Bereich können kinästhetischer oder taktiler Art sein, die gesamten Empfindungen des eigenen Körpers betreffen);
2. *Körperschema* (Störungen kommen in falschen Bewegungsmustern zum Ausdruck, zum Beispiel bei Kraftdosierung, Koordination, Gleichgewicht, bei der Unterscheidung zwischen der rechten und linken Körperseite);

3. *Körperbegriff* (Störungen zeigen sich hier in der faktischen Kenntnis des Körpers, zum Beispiel bei der richtigen Benennung und Angabe von Körperteilen) (Frostig 1975, 44f.).

Setting/Raum:
Es werden keine besonderen Ansprüche an einen Raum gestellt, günstig ist die Benutzung einer Turnhalle oder eines Gymnastikraumes, ebenso denkbar sind Klassenräume oder auch Spielanlagen/Spielplätze.

Medien/Mittel:
Sportgeräte wie Klettergerüst, Schwebebalken, Balancier-Brett, Trampolin, Schaukeln, Rutschen, Reck oder Barren; Bälle, Bohnensäckchen, Stäbe, Stangen, Stöcke, Reifen, Holzklötze, Seile, Matten; Musikinstrumente wie Trommeln, Tamburin, Rumbakugeln, Glocken; audiovisuelle Mittel: Tonbandgerät, CD-Player

Sozialform:
Einzel-, Partner- und Gruppenarbeit

Vorgehensweise:
Angesichts der Zusammenhänge zwischen Wahrnehmungsproblemen und motorischen Störungen sollte die Wahrnehmungsförderung mit der Bewegungserziehung eng verschränkt sein (Reinartz 1990). Grundlegend für die pädagogisch-therapeutische Arbeit sind neurologische Untersuchungen, spezielle Entwicklungstests (z. B. Frostigs Entwicklungstest der visuellen Wahrnehmung) und Verhaltensbeobachtungen, um Formen von und Zusammenhänge zwischen visuellen Wahrnehmungsstörungen, motorischen Entwicklungsbeeinträchtigungen, bestimmten Lernstörungen und Verhaltensauffälligkeiten zu diagnostizieren. Sowohl für die Wahrnehmungsförderung als auch für die Bewegungserziehung gibt es eine Fülle an Übungsvorschlägen. Das Programm zur visuellen Wahrnehmungsförderung orientiert sich an den fünf oben genannten Wahrnehmungsbereichen. Es besteht aus einer Übungsfolge mit Arbeitsblättern, die Aufgaben wie zum Beispiel das Nachziehen oder Umfahren von Spuren, Schneiden, Kleben, Malen, Perlen auffädeln, mit Bausteinen bauen, Punkte-Striche-Muster nachbauen oder Formen spannen vorsehen.
Das Programm zur Bewegungserziehung beinhaltet Aktivitäten zur Körperwahrnehmung (auch Matschen, Spiele im Sand und Wasser, Malen, Kneten etc.), Übungen zur Koordination (Muscheln sammeln, Gehen wie ein Troll, Seiltänzergang, Kriechen mit verbundenen Augen etc.), zur Geschicklichkeit (z. B. Springen über Bohnensäckchen, Bodenrolle vorwärts, Saltos etc.), zur Kraft (Wippen und Kniebeugen, Schulterstand, Beine seitwärts heben etc.), zur Flexibilität (beim Gehen die Fußgelenke umfassen, Elefantengang, Beinschwingen, Balletttänzer etc.), zum

Gleichgewicht (auf Zehenspitzen stehen, Vorwärtsbalance, Wasserträger, Schwebebalken etc.), zur Geschwindigkeit (Laufspiele, Wettläufe) und zur Entspannung sowie Atemübungen und kreative Bewegungsspiele.

Rolle des Pädagogen:
Beobachtend, partnerschaftlich, therapeutisch-führend, assistierend

Perspektiven in Bezug auf Verhaltensauffälligkeiten:
Nach Frostig (1975, 154) können neben Kindern mit Lern- und Erziehungsschwierigkeiten insbesondere auch Heranwachsende mit hyperaktivem und hypoaktivem Verhalten von den genannten Angeboten profitieren.

Repräsentanten/Bezugsliteratur:
Frostig (1975); Merkens (1984); Reinartz, Reinartz und Reiser (1990)

Querverbindungen:
Psychomotorik; heilpädagogische Rhythmik; Sensorische Integration

Beurteilung aus der Sicht des Verfassers:
Das Frostig-Programm ist in erster Linie für Kinder mit Lernbeeinträchtigungen und Teilleistungsstörungen gedacht. Es kann aber gleichfalls in der Arbeit mit Menschen mit einer komplexen Behinderung hilfreich sein. Allerdings bedarf es hierzu spezifischer Modifikationen des „regulären" Programms (Merkens 1984). Dies bezieht sich insbesondere auf die visuelle Wahrnehmungsförderung, die sich nicht auf das zweidimensionale Arbeiten am Tisch beschränken darf (Schmitz 1992, 16), sondern auch großflächig angelegt sein sollte. Überhaupt wird heute die Verwendung der Arbeitsblätter kritisch gesehen, „wenn diese Übungen nicht mit einer entsprechenden Bewegungserziehung verbunden werden" (Reinartz 1990, 50). Insofern sollte das Frostig-Programm nicht als ein isoliertes Funktionstraining missverstanden werden. Gerade die visuelle Wahrnehmungsförderung hat häufig zu einer solchen einseitigen Praxis verleitet, was keineswegs im Sinne Frostigs war (Kiphard 1986). Im Gegenteil: Ihr war es schon immer um ein ganzheitliches und kreatives Lernen zu tun, was vor allem im Programm der Bewegungserziehung zum Ausdruck kommt. Die Affinität zur Psychomotorik ist dabei nicht zu übersehen. Überdies berücksichtigt sie auch Zusammenhänge zwischen Wahrnehmungsstörungen, motorischen Auffälligkeiten und psychosozialen Aspekten. Die Hauptkritik richtet sich letztlich gegen den Einsatz des Frostig Entwicklungstests, dessen Wissenschaftlichkeit in Frage gestellt wird. „Die weitaus vernichtendste Kritik des Frostig-Tests betrifft die unzulänglichen Stichproben, mit denen die Teststandardisierung erfolgte" (Hallahan und Cruickshank 1979, 86). Bemerkenswert ist, dass heute selbst im Frostig Center (Pasadena, CA/USA) kaum mehr auf den Entwick-

lungstest zurückgegriffen wird. Ein weiteres Problem, welches die Wahrnehmungsförderung betrifft, ergibt sich dort, wo das Programm nicht genügend in konkrete Handlungen eingebettet und somit nur unzureichend in die Lebenswelt übertragen wird (Fischer 1983b, 27).

Anmerkungen zu Kapitel 5

1
Zum besseren Verständnis der folgenden Ausführungen sei erwähnt, dass der am höchsten entwickelte und größte Teil des Gehirns aus einer linken und rechten Gehirnhälfte besteht; diese Hälften werden üblicherweise jeweils in vier Lappen unterteilt (Lurija 1998):
Lobus frontalis (Frontal- oder Stirnlappen), zuständig für Steuerung der Aktivierungsprozesse (Aufmerksamkeit), von Gedächtnis- und intellektuellen Leistungen, das heißt für Denkprozesse, Entscheidungen und auch Emotionen; koordiniert alle Vorstellungen und Gefühle zu einer einmaligen ‚Identität'; ist beteiligt an der Kontrolle der Körperbewegungen und Handlungssteuerung; es bestehen damit enge Verbindungen (wie auch beim Scheitellappen) zum pyramidalen und extrapyramidalen System (Regulator für motorische Funktionen);
Lobus parietalis (Parietal- oder Scheitellappen), empfängt Informationen über Körperempfindungen, definiert sich als somatosensorischer Bereich, steuert das Körpergefühl; ist zuständig für das Wiedererkennen vertrauter Bilder, für Aktivitäten wie Herstellung räumlicher Beziehungen und für räumliche Orientierung;
Lobus occipitalis (Okzipital- oder Hinterhauptlappen), zuständig für Organisation und Verarbeitung optischer Informationen beziehungsweise der visuellen Wahrnehmung; komponiert aus einzelnen Informationen ein dreidimensionales Bild;
Lobus temporalis (Temporal- oder Schläfenlappen), zuständig für Verarbeitung auditiver Informationen und Kontrolle für Gedächtnis (z. B. für Transferleistungen von Informationen vom Kurzzeit- zum Langzeitgedächtnis) und Sprache; steuert auch Zeitgefühl und Aufmerksamkeit sowie zusammen mit dem limbischen System Emotionen. Zwischen dem Scheitel-, Hinterhaupt- und Schläfenlappen gibt es Überlappungen und vielfältige Verbindungen (hierzu auch Jantzen 1990, 68ff.). Im Folgenden soll kurz aufgezeigt werden, wie sich Störungen zum Beispiel des praktischen oder konstruktiven Denkens bei Personen mit Läsionen verschiedener Hirnteile auswirken können: Bei Läsionen der *parieto-okzipitalen Zonen* der linken Hemisphäre bestehen Störungen der räumlichen Synthesen. Betroffene Personen versagen dann zum Beispiel beim Lösen von Mosaik- oder Konstruktionsaufgaben, indem sie Klötze oder Legetäfelchen hilflos hin und her wenden, „ohne zu wissen, wie man sie zusammensetzt oder in welche Stellung die Diagonale gebracht werden muss, damit sie den Umrissen der Abbildung entspricht" (Lurija 1998, 337). Personen mit *frontalen Läsionen* haben dagegen keine Probleme, räumliche Beziehungen zu erkennen. Jedoch ist „die Aufgabenlösung stark beeinträchtigt... (Sie, G. T.) analysieren die Abbildungen nicht, unternehmen keinen Versuch, die elementaren Eindrücke in Konstruktionselemente umzusetzen, und hantieren impulsiv mit den

Würfeln im Einklang mit unmittelbaren visuellen Eindrücken... (Sie, G. T.) lassen sich nicht vom Versuch-Irrtum-Prinzip leiten, unternehmen keinerlei Anstrengung, um die Aufgabe zu lösen, und *beurteilen* ihre Fehler nicht" (ebd., 338).

2
So hat zum Beispiel (wie bei der vorausgegangenen Anmerkung schon anskizziert) bei einer Mosaikkonstruktionsaufgabe eine Person mit einer parieto-okzipitalen Läsion womöglich große Schwierigkeiten, eine räumliche Beziehungsanalyse zu leisten, sie besitzt aber den Willen, die Aufgabe zu lösen. Eine Person mit einer Frontallappen-Läsion kann dagegen räumliche Beziehungen herstellen, sie versagt jedoch bei der Problemstellung und wirkt eher unmotiviert (Hartje & Sturm 1989a, 314).

3
Zur linken Hemisphäre:
- Sprache: Ausgeprägte funktionelle Spezialisierung für Sprachleistungen (z. B. Benennen, Erkennen von Wörtern);
- Denken: Spezialisierung auf einen sequenzanalytischen Informationsverarbeitungsprozess (z. B. besseres Speichern von Zahlenreihen; Addieren; Erfassen von Grammatik; Analyse von Sätzen); Spezialisierung in Bezug auf Planung und Produktion von Handlungsfolgen;
- Gedächtnis: Spezialisierung in Bezug auf ein sogenanntes verbales Gedächtnis;
- Wahrnehmung/Denken: Spezialisierung in Bezug auf ein genaues Erfassen von Details (z. B. eine auf Einzelheiten gerichtete Aufmerksamkeit; sequenzielle Erfassung von Einzelheiten; sequenzielle Analyse von Wörtern, Sätzen);
Spezialisierung in Bezug auf eine Rekonstruktion von Details als analytische Komponente, wo zum Beispiel ein Zusammenhang als Reihenfolge (Bilderserie) besteht oder Details auf Bildern erkannt werden müssen;
Spezialisierung in Bezug auf eine sprachlich-begriffliche Verarbeitung von Mimik oder Gestik (z. B. die Bedeutung von Gesten erkennen; Erfassen symbolischer Mitteilungen durch Mimik oder Gestik);
- Musik: Spezialisierung in Bezug auf eine analytische Verarbeitung musikalischer Stimuli (Reihenfolge einzelne Töne; Rhythmus);
- Hände: Spezialisierung der rechten Hand in Bezug auf manuelle Geschicklichkeit; „besondere kinästhetische Fähigkeit der rechten Hand" (Jantzen 1990, 120);

Zur rechten Hemisphäre:
- Sprache: Spezialisierung in Bezug auf ein auditives Sprachverständnis (expressives Sprachpotential);

- Gedächtnis: Spezialisierung in Bezug auf ein sogenanntes Formengedächtnis; „Repräsentanz des Körperschemas" (ebd.);
- Wahrnehmung/Denken: Ausgeprägte Spezialisierung in Bezug auf eine Rekonstruktion von Gesamtzusammenhängen einer Sache (als integrative Leistung); insbesondere Erschließung räumlicher Zusammenhänge; Verschaffung eines Gesamteindrucks und Integration von Einzelheiten in ein Ganzes (z. B. Erfassung eines atmosphärischen Gesamteindrucks); Pars-pro-toto-Fähigkeit (Rekonstruktion von Ganzheiten aus verschiedenen Details);
Spezialisierung in Bezug auf die Fähigkeit, „figural komplexe, gestalthafte und schwer verbalisierbare visuelle Informationen" (Hartje 1989a, 45) zu verarbeiten (z. B. Erkennen und Unterscheiden von Gesichtern);
- Musik: Spezialisierung in Bezug auf Erkennen und Produzieren von Melodien (Gesamteindruck);
- Emotionen: Spezialisierung in Bezug auf eine Identifikation eines affektiven Stimmausdrucks, Identifikation von emotionalen Stimmlauten (weinen, lachen); Verarbeitung von Wörtern mit emotionalem Gehalt (Angst);
- Hände: „größere taktile Empfindlichkeit der linken Hand" (Jantzen 1990, 120);

Diese Beispiele demonstrieren die funktionale Asymmetrie der Hemisphären, die es in dieser Ausprägung allerdings nur bei Rechtshändern gibt (ebd., 121). Zugleich zeigen sie aber auch auf, dass eindeutige Zuordnungen von bestimmten Fähigkeiten zu einer Hemisphäre kaum möglich sind, da nicht selten beide Hemisphären eng zusammen arbeiten. Das wird zum Beispiel an der Sprache sichtbar. Ebenso ist zum Beispiel „das Malen eines Bildes als Handlung ein sequentieller Vorgang, wenngleich die Konzeption des Bildes natürlich hauptsächlich eine rechtshirnige Angelegenheit ist" (Wais 1990, 38). Dennoch ist insgesamt gesehen das Wissen um die Dominanz bestimmter hemisphärischer Leistungen wichtig und grundlegend, um Hirnfunktionsausfälle oder Hirnfunktionsstörungen neuropsychologisch beschreiben zu können. Im Folgenden haben wir nun einige neuropsychologische Syndrome und Symptome zusammengestellt (dazu auch Lurija 1998), denen wir auch in der Arbeit mit Menschen mit einer komplexen Behinderung und Verhaltensauffälligkeiten Beachtung schenken sollten – wohl wissend, dass wir es bei dieser Personengruppe zumeist mit diffusen Hirnschädigungen zu tun haben, die im Prinzip keine speziellen Zuordnungen zulassen (auch Hartje und Sturm 1989a).

Neuropsychologische Syndrome und Symptome nach linkshemisphärischen Läsionen
- Ideomotorische Apraxie
  Diese Störung besagt, dass an sich intakte Bewegungselemente nicht richtig ausgewählt und nicht in eine richtige Reihenfolge gebracht werden: Wird zum Beispiel jemand aufgefordert zu winken, kann es sein, dass er nur die Hand ausstreckt, eine Faust macht oder Ähnliches. Die ideomotorische Apraxie kann

als Gesichts- oder Gliedmaßenapraxie auftreten, wird häufig bei Menschen mit aphasischen Syndromen, Schlaganfallpatienten und Personen mit Hirntumoren beobachtet (Poeck 1989b; Wais 1990, 56).

- Ideatorische Apraxie
Sie wird „als eine Unfähigkeit beschrieben, komplexe Handlungsfolgen auszuführen" (Poeck 1989b, 202). Ein Betroffener kann zum Beispiel in Alltagssituationen bestimmte Handlungen, die einen korrekten Gebrauch von Gegenständen erforderlich machen, nicht in einer richtigen, logischen Reihenfolge organisieren und ausführen (Sequenzierungsstörung). Die einzelnen Handlungselemente sind jedoch intakt. Möchte jemand zum Beispiel mit einer Kaffeemaschine Kaffee kochen, schüttet er das Kaffeepulver in die Tasse, das Wasser in die Kaffeedose ... (hierzu Wais 1990, 57).
- Konstruktive Apraxie
Diese Störung zeigt sich nach linkshirnigen Läsionen als eine deutliche Differenzierungsschwäche. Soll zum Beispiel ein Fahrrad abgezeichnet werden, so werden einfache, geometrisch-schemenhafte Gebilde produziert, ohne Details zu berücksichtigen. „Die Zeichnungen linkshirngeschädigter Menschen wirken in ihrem Schematismus überaus ängstlich, geradezu pedantisch und zwanghaft repitiv" (Menzen 1994a, 56). Ähnliches gilt für Planzeichnungen, für das Bauen nach Vorlagen oder für das Anfertigen von Werkstücken, die zumeist sehr vergröbert (re-)konstruiert werden (Hartje und Sturm 1989b, 261f.; Wais 1990, 59).
- Ankleideapraxie
Diese Störung tritt bei rechtsseitigen Läsionen häufiger auf als bei linksseitigen (Poeck 1989c, 277). Bei linksseitigen Läsionen äußert sie sich als Sequenzierungsstörung, indem ein Betroffener zum Beispiel erst den Pullover anzieht, dann die Schuhe, dann die Hose, dann das Unterhemd ...
- Aphasien
Aphasien gelten als zentrale Sprachstörungen. Es werden zahlreiche aphasische Syndrome unterschieden, die auf die für linkshemisphärische Hirnschädigungen typische detail- und sequenzanalytische Grundstörung hinweisen. Häufig gehen aphasische Syndrome, die wir hier aus Platzgründen nicht im einzelnen darstellen können (hierzu Huber, Poeck und Weniger 1989; Jantzen 1990, 128ff., 138), mit anderen Störungen (Apraxien) einher.

Neuropsychologische Syndrome und Symptome nach rechtshemisphärischen Läsionen
- Konstruktive Apraxie
Ein typisches Merkmal der konstruktiven Apraxie bei rechtsseitigen Läsionen ist die „zusammenhanglose, fragmentarische Gestalt" (Menzen 1990, 10). Greifen wir hierzu wieder das Beispiel des Abzeichnens eines Fahrrads nach Vorlage auf: Ein Betroffener „hat alle Einzelheiten aufs Blatt gezeichnet, aus denen sich ein Fahrrad zusammensetzt (und sogar noch einige mehr, von denen nicht zu

erkennen ist, inwiefern sie zum Fahrrad gehören könnten); aber es gelingt ihm nicht, den Gesamtzusammenhang zu rekonstruieren. Die Gestalt des Fahrrads als Ganzes ist ihm verloren gegangen. Die Produktion hat etwas Fragmentarisches, Auseinanderfallendes. Auch die Art, wie der (Betroffene, G. T.) zeichnet, ist typisch – flott, lächelnd, als sei es ihm das Leichteste ..., oft auch noch die Unterlage mit der Zeichnung bedeckend – um schließlich triumphierend dem Untersucher die misslungene Produktion vorzuhalten" (Wais 1990, 22; 59f.; Hartje und Sturm 1989b, 265). Bei rechtshirngeschädigten Personen erscheint die konstruktive Apraxie als eine Raumanalysestörung, die auch Schwierigkeiten beinhaltet, räumliche Richtungen richtig zu erfassen.

- Ankleideapraxie
Betroffene Menschen mit einer Rechtshirnschädigung haben „beim Ankleiden die größten Schwierigkeiten, sich topographisch an ihren Kleidungsstücken zurecht zu finden und eine räumliche Beziehung zwischen Teilen ihres Körpers und den dazu passenden Teilen der Kleidungsstücke herzustellen. Sie drehen eine Jacke oder ein Hemd ratlos hin und her, wissen die äußere nicht von der inneren Seite und vor allem den rechten Ärmel nicht vom linken zu unterscheiden... In schweren Fällen versuchen sie, mit den Beinen in die Hemdsärmel zu steigen oder sich die Hosen über den Kopf zu ziehen" (Poeck 1989c, 276).
Diese hier beschriebene Ankleideapraxie, die als eine räumliche Orientierungsstörung erscheint, kann auch in anderen Situationen als Störung des Körperselbstbildes auftreten. Zum Beispiel kann ein Betroffener Schwierigkeiten bekommen, wenn er seinen eigenen Körper räumlich analysieren muss. „Er wird dann plötzlich unsicher, in welche Richtung sich der Unterarm vom Oberarm abbiegt. Wo komme ich heraus, wenn ich mit der Hand in diese Öffnung am Pullover fahre? Wie muss ich das Unterhemd halten, damit das Etikett nach dem Anziehen hinten ist? usw." (Wais 1990, 67).

- Neglect
Der Begriff ‚Neglect' steht für eine halbseitige Aufmerksamkeitseinschränkung, zum Beispiel für die Vernachlässigung einer Raumhälfte oder Körperseite, dies zumeist links, da dieses Syndrom zumeist nach rechtshemisphärischen Schädigungen beobachtet wird (Sacks 1995, 111ff.; Hartje und Sturm 1989b, 256; Sturm 1989c, 316ff.; Ramachandran und Blakeslee 2001, 192). Menschen mit einem linksseitigen Neglect-Syndrom fallen zum Beispiel dadurch auf, dass sie beim Betreten eines Raumes am linken Türrahmen anstoßen, dass sie linksseitig gegen Stühle oder Tische stoßen, dass sie beim Zeichnen einer Tanne die linke Baumhälfte völlig vernachlässigen, dass sie selten spontan nach links blicken oder dass sie nicht von links angesprochen werden können (hierzu auch Wais 1990, 78f.).
Neuropsychologischen Untersuchungen zufolge kann das Neglect-Syndrom als Störung des Körperselbstbildes und/oder als selektive Aufmerksamkeitsstörung

betrachtet werden, die bei Schädigungen des Thalamus, der Basalganglien und des Parietalbereichs beobachtet wird. Offensichtlich spielt „die rechte Hemisphäre für die Aufrechterhaltung der Aufmerksamkeit und für die Kontrolle des Aktivierungsniveaus bei Reaktionen auf Stimuli in beiden Raumhälften eine besondere Rolle" (Sturm 1989c, 317). Des Weiteren ist bemerkenswert, dass Menschen mit einem Neglect-Syndrom diese Störung anscheinend häufig affektiv verleugnen.

- Aufmerksamkeitsstörungen
Neuropsychologische Untersuchungen legen den Schluss nahe, dass Störungen der Vigilanz, Aufmerksamkeit oder Konzentration in erster Linie bei Schädigungen der rechten Hemisphäre auftreten (Sturm 1989c, 318). Diese Feststellung korrespondiert mit den Ausführungen zum Neglect-Syndrom (selektive Aufmerksamkeitsstörung).

- Prosopagnosie
Unter einer Prosopagnosie als Spezialfall einer „Agnosie im weiteren Sinne" werden Störungen im Erkennen vertrauter Gesichter gefasst (auch Sacks 1995, 39; Lurija 1998, 240). Diese Störungen, die weithin bei rechtshirngeschädigten Personen beobachtet werden (Orgass 1989b, 224), treten im Zusammenhang mit der raumrekonstruktiven Grundstörung auf. Betroffene erkennen zum Beispiel vertraute Personen nicht an ihrem Gesicht, sie können zwar Einzelheiten eines Gesichtes beschreiben, kommen aber nicht zu einem Gesamteindruck, durch den sie die betroffene Person erkennen. Menschen „mit einer Prosopagnosie sind kommunikativ stark eingeschränkt. Denn die fehlende oder gestörte Gesichtserkennung geht auch einher mit einer Unfähigkeit oder mindestens Schwierigkeit, emotionale Gesichtsausdrücke zu interpretieren... Für die Erkennung des emotionalen Gesichtsausdrucks sind sie (dann auf andere Sinneskanäle, G. T.), auf die Analyse der Sprachmelodie und Gestik angewiesen" (Wais 1990, 77).

- „Sozialagnosie"
Der Begriff „Sozialagnosie" (Wais) steht für die Schwierigkeit von Menschen mit Rechtshirnschädigungen, den Gesamtzusammenhang sozialer Situationen zu erfassen. Auch hierbei haben wir es mit einer gestörten Raumrichtungsanalyse zu tun, indem Betroffene zum Beispiel Richtungen von Handlungen und Interaktionen unzureichend erfassen. Legt man einem betreffenden Menschen ein Bild mit einer sozialen Situation vor, so erfasst er zwar alle Einzelheiten, kann jede einzelne Person beschreiben, nicht aber einen interaktionellen Zusammenhang herstellen. Das Erkennen und Interpretieren sozialer Situationen wie auch von Stimmungen, Haltungen oder Gesichtsausdrücken ist somit erschwert beziehungsweise gestört. Derlei Probleme können Ängste, soziale Rückzugstendenzen oder auch eine Depression befördern.

- Sozioemotionale Auffälligkeiten
Darüber hinaus werden sozioemotionale Auffälligkeiten in Verbindung mit einer rechtshemisphärischen Funktionsstörung (*right hemisphere dysfunction*) diskutiert (Rourke 1987; 1988; Rourke et al. 1989). Dies gelte vor allem für Personen (Schüler) mit „*nonverbal learning disabilities*". Typisch für eine rechtshirnige Funktionsstörung seien – so Rourke et al. – psychomotorische Koordinationsprobleme, taktile Wahrnehmungsprobleme, Schwierigkeiten auf dem Gebiete visuell-räumlicher Organisationsfähigkeiten, Probleme bei der Wahrnehmung und Beurteilung sozialer Situationen, Defizite auf dem Gebiete „sozialer Interaktionen" und Bewältigungsstrategien (Coping), Schwierigkeiten auf dem Gebiete der nonverbalen Problemlösung sowie mangelnde Fähigkeiten, sich sozial beziehungsweise an Umgebungen anzupassen. Bei Menschen, die davon betroffen seien, bestünde ein erhöhtes Risiko für eine „sozioemotionale Pathologie" (schwere Ängste, Depression, sozialer Rückzug) bis hin zur Suizidalität (ebd. 1989).

4

Über weitere Beispiele berichtet Lurija (1998). Nehmen wir zum Beispiel eine Person mit einer Verletzung der Stirnlappen, bei der nur die höheren, sprachbedingten kortikalen Aktivierungsformen (die bewusste Aufmerksamkeit) beeinträchtigt sind (195). „Formen des Orientierungsreflexes (oder unbewusster Aufmerksamkeit), die unmittelbar durch irrelevante Reize ausgelöst werden, bleiben nicht nur intakt, sondern können sogar verstärkt werden" (195f.). Betroffene „lassen sich viel leichter ablenken... und können das Abgelenktwerden nicht kontrollieren... Die Beeinträchtigung von Plänen und Absichten kann bei sorgfältiger Beobachtung des allgemeinen Verhaltens... einwandfrei festgestellt werden... (Betroffene, G. T.) können die ihnen gestellten Aufgaben nicht lösen, beantworten keine Fragen und schenken ihren Gesprächspartnern nicht die geringste Aufmerksamkeit. Sobald jedoch... eine Tür quietscht oder eine Krankenschwester das Zimmer betritt, richten sie einen starren Blick in die Richtung des Reizes" (196ff.). Bemerkenswert ist der von Lurija genannte „therapeutische Kunstgriff": Um die Betroffenen zum Sprechen zu bringen, sollte sich der Therapeut „an Dritte wenden und mit diesen ein Gespräch beginnen. Ein zu untersuchender Patient kann einem solchen Gespräch viel leichter folgen als der direkten Befragung" (199).

5

Die Methode der *Gestützten Kommunikation* sieht vor, dass ein Assistent (Stützer) einem Menschen, der sich lautsprachlich nicht verständigen kann, spezifische Hilfestellungen bei der Benutzung eines PCs beziehungsweise Kommunikations- oder Schreibprogrammen gibt (z. B. verbale Instruktion, [leichtes] Stützen am Handgelenk oder Ellenbogen, emotionale Unterstützung, Hilfen beim Zeigen auf Symbole, Bilder, Wörter oder Buchstaben), so dass Kommunikationsmöglichkeiten erleichtert werden können. Langfristig gesehen soll eine möglichst selbstständige Benutzung einer Kommunikationshilfe beziehungsweise eine Unabhängigkeit vom Stützer erreicht werden. Wenngleich nicht wenige Autisten die Methode der Gestützten Kommunikation wertschätzen und von ihr profitieren, wird sie in der Forschung kontrovers diskutiert (Zöller 2002).

6
Als „primäre Gebärdensprachen" gelten von Gehörlosen entwickelte Gebärdensysteme, als „künstliche Gebärdensprachen" Handzeichensysteme, die für nichtsprechende Menschen mit einer komplexen Behinderung oder Lernschwierigkeiten entwickelt wurden (Adam 1996, 114).

7
Diese setzt sich aus mehr als 60 Bildkarten (Piktogrammen) im DIN-A-6 Format zusammen, die sich auf für die alltägliche Kommunikation relevante Dinge und Begriffe beziehen.

8
Diese Bildersammlung ist noch wesentlich umfangreicher als das Löb-System; sie enthält einfach strukturierte Symbole und Zeichnungen von alltäglichen Dingen und Tätigkeiten.

9
Diese besteht aus ungefähr 1000 Schwarz-Weiß-Zeichnungen mit unterschiedlichen Bedeutungen: Zum Beispiel bedeutet eine Zeichnung eines Gesichts mit Tränen oder herabhängenden Mundwinkeln: „Ich bin traurig".

10
Hierbei handelt es sich um ein ideographisches (verbildlichendes) System mit 2400 Symbolen.

11
„Der Touch Talker ist eine von der Firma Prentke Romich entwickelte tragbare elektronische Kommunikationshilfe mit einer synthetischen Sprachausgabe. Es können 40000 Zeichen, das heißt 1450 Sätze bzw. Wörter mit einer durchschnittlichen Länge von 25 Zeichen gespeichert werden. Der Speicherinhalt kann ständig ergänzt, verändert oder gelöscht werden. Das Gerät ist mit Akku-Batterien ausgestattet und kann somit netzunabhängig und mobil eingesetzt werden. Mit Hilfe einer speziellen Befestigungsvorrichtung kann es am Rollstuhl befestigt werden. Die Bedienung erfolgt über ein Deckblatt auf der Oberseite, das in 128 Felder von ca. 1 cm x 1 cm unterteilt ist" (Kristen 1995, 172). Der Einsatz dieses Geräts kann für einen Betroffenen Vorteile haben:

„ – er kann sich gezielter bemerkbar machen und direkter äußern
– er kann ein Gespräch stärker steuern
– er kann das Thema des Gespräches wechseln
– er kann auch mit unvertrauten Personen kommunizieren
– sein Selbstbewusstsein wird durch eindeutigere Kommunikation gestärkt" (ebd.).

12
- *Fragiles-X-Syndrom* (1: 2000 – 1: 5000 geschätzte Häufigkeit)
Klinische Besonderheiten:
Gendefekt: brüchige Stelle am langen Arm des X-Chromosoms; überstreckbare Gelenke; anfallsgefährdet; kardiologische Auffälligkeiten als „Phänotypmerkmale"; Vergrößerung des Hodens
(Häufige) Entwicklungsbesonderheiten und Verhaltensprobleme:
Überaktivität; mangelnde Impulskontrolle; Vermeiden von Blickkontakt; Beißen in die eigene Hand; soziale Scheu; depressive Tendenzen, sprachliche Perseverationen; Probleme bei der visuellen Gestaltgliederung; Diskrepanz zwischen Verbal- und Handlungs-IQ
(Häufige) Stärken:
freundlich; bewegungsfreudig; lässt sich begeistern; interessiert an Umwelt; lebenspraktische Selbstständigkeit und Fähigkeiten; soziale Kooperationsfähigkeiten (mit Beginn der Pubertät)

- *Prader-Willi-Syndrom* (1: 15000 geschätzte Häufigkeit)
Klinische Besonderheiten:
Gendefekt (Erkrankung des 15. Chromosoms); gesteigerter Appetit; Übergewicht; Herz-Kreislaufprobleme; leicht vermindertes Wachstum; Skoliose; mangelnde Ausbildung der Genitale
(Häufige) Entwicklungsbesonderheiten und Verhaltensprobleme:
Passivität; „dranghaftes" Essen; häufige Zornesausbrüche; Impulsivität; zwanghafte Suche nach Nahrung; Schläfrigkeit; Langsamkeit; Stimmungsschwankungen; Sturheit; verzögerte Sprachentwicklung
(Häufige) Stärken:
freundlich; lustig; gutmütig; hohe Ausdauer und Konzentration; starker Ordnungssinn; hohe lebenspraktische Kompetenzen; gute visuelle Gestaltgliederungsfähigkeit; ausgesprochene Vorlieben für bestimmte Interessen (z. B. Puzzle); bestehend auf feste Gewohnheiten

- *Rett-Syndrom* (1: 15000 – 1: 23000 geschätzte Häufigkeit)
Klinische Besonderheiten:
Unregelmäßiger Entwicklungsverlauf; Wachstumsverlangsamungen; sekundäre

Mikrozephalie; Rumpfataxie/apraxie; Spastizität; Skoliose; Vorkommen fast ausschließlich bei Mädchen
(Häufige) Entwicklungsbesonderheiten und Verhaltensprobleme:
Selbstverletzendes Verhalten wie Handbeißen, Kopfschlagen; depressive Stimmungen, Gefühlsschwankungen; autistische Tendenzen; Sprachverlust; Schlafstörungen; verändertes Schmerzempfinden; stereotype Handbewegungen und „Waschbewegungen"; Gangstörungen; Zähneknirschen; schwere komplexe Behinderung
(Häufige) Stärken:
lächeln; interessiert an Musik und Rhythmusinstrumenten; bringt Emotionen gerne zum Ausdruck; kommuniziert gerne auf non-verbale Weise (z. B. mit Bildkarten); Interesse an der zielgerichteten Manipulation mit Gegenständen (Effekte erzeugen)

- *Williams-Beuren-Syndrom* (1: 20000 – 1: 50000 geschätzte Häufigkeit)
Klinische Besonderheiten:
Mikrodeletion am Chromosom 7; niedriger Muskeltonus; Überstreckbarkeit der Gelenke; typische Gesichtsdysmorphien („Elfengesicht"); sternförmiges Irismuster; auditive Hypersensibilität; Herzfehler; Minderwuchs
(Häufige) Entwicklungsbesonderheiten und Verhaltensprobleme:
schwere Ernährungsschwierigkeiten in den ersten Lebensjahren; Probleme der motorischen Koordination und beim Krafteinsatz; leichte Ablenkbarkeit; Überempfindlichkeit für Geräusche; Probleme bei der visuell-räumlichen Wahrnehmung und Bewältigung entsprechender Aufgaben; Konzentrationsschwierigkeiten; soziale Isolierungstendenz; Überaktivität
(Häufige) Stärken:
sozial zugewandt; freundlich; ausgeprägte Redegewandtheit; gute sprachliche Ausdrucksfähigkeiten und Gedächtnisleistungen; Stärken im Umgang mit sprachlichen Begriffen

- *Cornelia-de-Lange-Syndrom* (1: 30000 – 1: 50000 geschätzte Häufigkeit)
Klinische Besonderheiten:
Dysmorphiesyndrom; multiple angeborene Fehlbildungen; Mikrozephalie; Minderwuchs; schwere Ernährungsprobleme (in den ersten Lebensjahren); häufiges Erbrechen
(Häufige) Entwicklungsbesonderheiten und Verhaltensprobleme:
Selbstverletzendes Verhalten wie Kopf schlagen, beißen, sich kratzen; „exzessives" Schreien (mitunter Hinweis auf körperliche Schmerzen); Probleme bei der visuellen Perzeption; Zornesausbrüche; stereotype Verhaltensweisen (rhythmisches) Schaukeln)
(Häufige) Stärken:
lächeln; kontaktfreudig und ‚schmusig'; interessiert an der Sachwelt; originelle Be-

wegungen; lebenspraktische Fähigkeiten; differenzierte gestische Ausdrucksmittel; Interesse an sozialer Kommunikation

- *Smith-Lemli-Opitz-Syndrom* (1: 40000 geschätzte Häufigkeit)
Klinische Besonderheiten:
autosomalrezessiv vererbte Mutation wird vermutet; Mikrozephalie; Strabismus oder Katarakt, die das Sehvermögen behindern; hohe frühe Sterblichkeitsquote (Pneumonie); Verminderung des Hirnvolumens, Fehlen von Hirnteilen (z. B. Frontallappenhypoplasie)
(Häufige) Entwicklungsbesonderheiten und Verhaltensprobleme:
Ernährungsprobleme im Säuglingsalter; Tendenzen zu selbstverletzendem Verhalten (evtl. durch Sehbehinderung befördert)
(Häufige) Stärken:
Gute Sprachkenntnisse, praktische Fähigkeiten

- *Lesch-Nyhan-Syndrom* (1: 380000 geschätzte Häufigkeit)
Klinische Besonderheiten:
Metabolischer Defekt; X-Chromosomerkrankung; progrediente – vorwiegend dyskinetische Cerebralparese; in Bezug auf Autoaggressionen werden Störungen im Dopamin-Neurotransmittersystem angenommen (Übersensitivität für Dopamin); begrenzte Lebenserwartung
(Häufige) Entwicklungsbesonderheiten und Verhaltensprobleme:
zwanghaftes selbstverletzendes Verhalten wie Beißen an Fingern, Händen, Lippen; dabei Tendenzen zur Selbstverstümmelung; Kopfschlagen
(Häufige) Stärken:
sprachliches Verständnis und schlussfolgerndes Denken; kommunikativ; sozial zugewandt; hilfsbereit und sozial sensibel; interessiert an der Umwelt

- *Sanfilippo-Syndrom* (1: 70000 geschätzte Häufigkeit)
Klinische Besonderheiten:
Enzymdefekt (Mukopolysacharidose); Minderwuchs; Gelenkversteifung; Kontrakturen; anfallsgefährdet; Schlafstörungen; frühe Entwicklung zu Demenz; begrenzte Lebenserwartung
(Häufige) Entwicklungsbesonderheiten und Verhaltensprobleme:
Überaktivität; Reizbarkeit; aggressiv-impulsive Reaktionen; Ängstlichkeit; Kontaktstörung
(Häufige) Stärken:
Lachen, Lebensfreude, Charme, kontaktfreudig, Tierliebe

- *Rubinstein-Taybi-Syndrom* (1:500 geschätzte Häufigkeit)
Klinische Besonderheiten:
Deletion oder Mutation auf Chromosom Nr. 16q; Kleinwuchs, Mikrozephalie,

körperliche Anomalien;
(Häufige) Entwicklungsbesonderheiten und Verhaltensprobleme:
Essprobleme im Säuglingsalter; verlangsamte Sprachentwicklung; steifer, unsicherer Gang; gelegentliche Impulsivität verbunden mit Stimmungsschwankungen, oft ängstlich; Neigung zu Tics, drang- und zwanghaftem sowie selbstverletzendem Verhalten, hohe Irritierbarkeit
(Häufige) Stärken:
kontaktfreudig, freundlich und zugewandt; imitieren gerne; starkes Interesse für Musik

- *Smith-Magnesis-Syndrom* (1: 25000 geschätzte Häufigkeit)
Klinische Besonderheiten:
Ursache: Deletion am Chromosom Nr. 17; Kleinwuchs, Mikrozephalie; Mittelohrschwerhörigkeit
(Häufige) Entwicklungsbesonderheiten und Verhaltensprobleme:
stark verzögerte oder keine Sprachentwicklung, auffallend tiefe Stimme; schwere Schlafstörungen, phasenhafte Müdigkeit; Neigung zu Stereotypien, Jaktationen und selbstverletzenden Verhaltensweisen; mangelnde Impulskontrolle, Hyperaktivität; eigenartige Arm- und Handbewegungen (Selbstumarmung)
(Häufige) Stärken:
Interesse und Freude an basalen und ästhetischen Aktivitäten; Gedächtnisleistungen; scharfe Beobachtungsgabe, Tierliebe, Begeisterungsfähigkeit, Hang zur Genauigkeit und Ordnung

- *Katzenschrei-Syndrom* (1: 50000 geschätzte Häufigkeit)
Klinische Besonderheiten:
Ursache: Deletion am Chromosom Nr. 5; oft pränatale Dystrophie; Mikrozephalie; Atemstörungen, Trinkschwäche; Fingerkontrakturen und tiefe Hautfurchen; Herzfehler
(Häufige) Entwicklungsbesonderheiten und Verhaltensprobleme:
charakteristisches (monotones) Schreien wie ein Miauen bei Neugeborenen und Säuglingen; ungelenke Bewegungen; mitunter destruktiv-reizbar und autoaggressiv
(Häufige) Stärken:
liebenswert-freundlich

Anhang I:

S-A-B-C-Schema

Name:................   Datum:.........

Hintergründige Ereignisse (setting events)	Auslösende Situationen (antecedents)	Verhalten (behavior)	Konsequenzen (consequences)

Beispiel eines S-A-B-C-Schemas

S	A	B	C
Daniel fand im Schulbus eine Baseballkappe	10:20 Uhr: Die Schüler sollen ihre Arbeitshefte herausholen.	Daniel holt sich die Kappe aus seiner Schultasche und zieht sie sich schief auf.	Daniels Mitschüler finden das lustig und lachen.
	10:21 Uhr: Der Lehrer bittet Daniel, die Kappe auszuziehen und wegzustecken.	Daniel steht auf, wedelt mit der Kappe und setzt sie sich wieder auf.	Die Mitschüler lachen über das clownereienhafte Spiel mit der Kappe.
	10:21 Uhr: Der Lehrer ermahnt Daniel mit scharfen Worten: „Hör sofort damit auf!"	Daniel winkt ihm mit der Kappe zu, setzt sie sich auf, dann wieder ab.	Die Mitschüler applaudieren ihm. Einer reagiert mit den Worten: „Hör jetzt mal mit dem Quatsch auf!"
	10:22 Uhr: Der Lehrer geht zu Daniel: „Steck die Mütze weg, sonst fliegst du raus!"	Daniel murrt: „Haben Sie etwas gesagt?" und lässt die Mütze an.	Die meisten Mitschüler verstummen und schauen sich das Spiel an.
	10:22 Uhr: Der Lehrer zu Daniel: „Raus! Bleib draußen vor der Klasse!"	Daniel verlässt mit aufgesetzter Kappe den Klassenraum.	Die Mitschüler schauen ihm dabei zu, einige kichern.

Anhang II

Bogen zur Erfassung von Häufigkeiten des Problemverhaltens

Name	Verhalten	Häufigkeit	Untersuchungszeit	Minuten	Häufigkeit Minuten	Rate
Peter	Springt von seinem Stuhl auf	IIII III (8)	9-9.45	45	8/45	.18

Name	Verhalten	Häufigkeit	Untersuchungszeit	Minuten	Häufigkeit Minuten	Rate

Die folgenden Tabellen orientieren sich an der *behavior rating scale* von G. Dunlap et al. (2010, 31ff.). Sie gehen von einer Grundstruktur aus, die sich in vielfältiger Hinsicht für das direkte Assessment, für die Verlaufskontrolle eines Unterstützungsprogramms und für die Wirksamkeitsprüfung *(follow-up)* nutzen lässt:

Zum einen können Verhaltensauffälligkeiten in ihrer Häufigkeit, Intensität oder Dauer erfasst werden.

Zum anderen können intendierte oder andere Verhaltensweisen auf der Grundlage eines Unterstützungsprogramms registriert werden.

Wie wir uns die Nutzung vorstellen können, machen die Beispiele sichtbar.

(1) Michael bekommt mehrfach am Tage Wutanfälle. Im Rahmen des direkten Assessments soll die Häufigkeit erfasst werden. Mitglieder des Unterstützerkreises vermuten eine Häufigkeit von mindestens 6 Wutanfällen am Tage. Daraufhin wird die Ratingskala wie folgt benutzt: In das erste Feld ‚Verhalten' werden die Wutanfälle eingetragen. In das zweite Feld ‚Erläuterung' wird eine Häufigkeitsskala festgelegt. Nach der Schätzung von 6 Wutanfällen wird dafür der Wert 3 angesetzt, so dass nach unten und nach oben etwa gleiche Einteilungen vorgenommen werden können: Wert 1 = Häufigkeit 0-2, Wert 2 = Häufigkeit 3-4 usw. Eine solche Festlegung richtet sich letztlich immer an der vermuteten Häufigkeit, um zu einem sinnvollen Ergebnis zu gelangen. Beträgt z. B. die vermutete Häufigkeit 9, so macht es keinen Sinn, hier den Wert 5 anzusetzen, da es denkbar sein kann, dass die Häufigkeiten höher als 9 liegen. In dem Fall müsste daher 9 beim Wert 3 oder 4 angesetzt werden. Des Weiteren wird die Beobachtungszeit festgelegt, handelt es sich wie im Beispiel um Tage, dann: der 1. Beobachtungstag 8.2. usw. Ebenso denkbar ist es Zeiträume und Tage einzutragen. Dann beginnt die Beobachtung und Registrierung, bei unserem Beispiel am 1. Beobachtungstag 7 Wutanfälle = Skala 4, am 2. Tag 7 Wutanfälle =Skala 4 usw. Somit kann durch die Registrierung ein wie in unserem Beispiel 14tägiger Verlauf abgebildet werden. Die letzten 7 Tage (ab 5.4.) zeigen eine Zwischenevaluation bzw. *follow-up*-Untersuchung der Auffälligkeiten zu entnehmen ist. Für die abschließende Wirksamkeitsprüfung bzw. *follow-up*-Untersuchung sollte freilich eine neue Tabelle benutzt werden, die nunmehr auf dem Hintergrund der Zwischenevaluation enger angelegt werden kann, zum Beispiel 0 Wutfall = Wert 1, 1 Wutanfall = Wert 2 usw. Letztlich lassen sich durch diese Form der Registrierung die Wirksamkeit des Programms bzw. Veränderungen zur Ausgangssituation abbilden.

(2) Angenommen die Person zeigt nicht nur Wutanfälle, sondern schlägt tagsüber auch andere Personen (z. B. Mitschüler), so kann dies gleichfalls durch das beschriebene Prinzip erfasst werden.

(3) Angenommen für den Unterstützerkreis ist die Registrierung der Dauer der Wutanfälle wichtig, kann die Ratingskala auch dafür benutzt werden. Statt der Häufigkeit werden Zeiträume ermittelt, z. B. < 1 Minute = Wert 1, 1-3 Minuten = Wert 2 usw., statt den Tagen z. B. die ersten 21 Wutanfälle.

(4) Eine weitere Möglichkeit besteht in der Erfassung der Dauer eines wünschenswerten, beispielsweise arbeitsbezogenen Verhaltens, z. B. 14-tägig anfangs in der kritischen Zeit und später während des Unterstützungsprogramms für verschiedene Arbeiten. Insofern können beispielsweise Unterschiede des Verhaltens im Hinblick auf verschiedene Tätigkeiten registriert und erkannt werden.

Anhang zu Kapitel 3 und 4

Verhalten ↓	Häufigkeit ↓	8.2	9	10	11	12	13	14	15	16	17	18	19	20	21	5.4	6	7	8	9	10	11
(1) Wutanfälle mit Schreien, Toben, Sachen vom Tisch werfen und sich mit den Fäusten auf die Oberschenkel schlagen	>9	5	5	5	5	X5	5	5	5	X5	5	5	5	5	5	5	5	5	5	5	5	5
	7-8	X4	X4	4	X4	4	4	4	X4	4	X4	4	4	4	X4	4	4	4	4	4	4	4
	5-6	3	3	X3	3	3	X3	X3	3	3	3	X3	3	X3	3	3	3	3	3	3	3	3
	3-4	2	2	2	2	2	2	2	2	2	2	2	X2	2	2	2	2	2	X2	2	2	2
	0-2	1	1	1	1	1	1	1	1	1	1	1	1	1	1	X1	X1	X1	X1	X1	X1	X1
(2) Schlagen anderer Personen (Mitschüler)	>6	5	5	5	5	5	5	5	5	5	5	5	5	5	5	5	5	5	5	5	5	5
	4-5	4	X4	4	X4	X4	4	4	X4	X4	X4	4	4	4	X4	4	4	4	4	4	4	4
	3-4	X3	X3	X3	3	3	3	3	3	3	X3	3	3	3	X3	3	3	3	3	3	3	3
	1-2	2	2	2	2	2	X2	X2	2	2	2	X2	X2	X2	2	2	2	2	2	2	2	2
	0	1	1	1	1	1	1	1	1	1	1	1	1	1	1	X1	1	1	X1	X1	X1	X1
	5	5	5	5	5	5	5	5	5	5	5	5	5	5	5	5	5	5	5	5	5	5
	4-5	4	4	4	4	4	4	4	4	4	4	4	4	4	4	4	4	4	4	4	4	4
	3	3	3	3	3	3	3	3	3	3	3	3	3	3	3	3	3	3	3	3	3	3
	1-2	2	2	2	2	2	2	2	2	2	2	2	2	2	2	2	2	2	2	2	2	2
	0	1	1	1	1	1	1	1	1	1	1	1	1	1	1	1	1	1	1	1	1	1

Anhang zu Kapitel 3 und 4

Verhalten	Anzahl→	1	2	3	4	5	6	7	8	9	10	11	12	13	14	15	16	17	18	19	20	21
(3a) Dauer der Wutanfälle (Beginn: 8.2.2010)	>6 Minuten	5	5	5	5	5	X5	5	X5	5	5	X5	5	5	5	X5	5	5	5	5	5	5
	5-6 Minuten	X4	X4	4	4	X4	4	X4	4	X4	X4	4	4	X4	X4	4	X4	4	4	X4	4	X4
	4-5 Minuten	3	3	X3	X3	3	3	3	3	3	3	3	X3	3	3	3	3	X3	X3	3	X3	3
	2-4 Minuten	2	2	2	2	2	2	2	2	2	2	2	2	2	2	2	2	2	2	2	2	2
	<2 Minuten	1	1	1	1	1	1	1	1	1	1	1	1	1	1	1	1	1	1	1	1	1
(3b) Dauer der Wutanfälle (spätere Phase ab 5.4.2010)	>4 Minuten	5	5	5	5	5	5	5	5	5	5	5	5	5	5	5	5	5	5	5	5	5
	3-4 Minuten	4	4	4	4	4	4	4	4	4	4	4	4	4	4	4	4	4	4	4	4	4
	2-3 Minuten	3	3	3	3	3	3	3	3	3	3	3	3	3	3	3	3	3	3	3	3	3
	1-2 Minuten	2	2	2	X2	2	X2	2	2	2	X2	X2	2	2	2	2	2	2	2	2	2	2
	<1 Minute	X1	X1	X1	1	X1	1	X1	X1	X1	1	1	X1	1	1	1	1	1	1	1	1	1
		5	5	5	5	5	5	5	5	5	5	5	5	5	5	5	5	5	5	5	5	5
		4	4	4	4	4	4	4	4	4	4	4	4	4	4	4	4	4	4	4	4	4
		3	3	3	3	3	3	3	3	3	3	3	3	3	3	3	3	3	3	3	3	3
		2	2	2	2	2	2	2	2	2	2	2	2	2	2	2	2	2	2	2	2	2
		1	1	1	1	1	1	1	1	1	1	1	1	1	1	1	1	1	1	1	1	1
		5	5	5	5	5	5	5	5	5	5	5	5	5	5	5	5	5	5	5	5	5
		4	4	4	4	4	4	4	4	4	4	4	4	4	4	4	4	4	4	4	4	4
		3	3	3	3	3	3	3	3	3	3	3	3	3	3	3	3	3	3	3	3	3
		2	2	2	2	2	2	2	2	2	2	2	2	2	2	2	2	2	2	2	2	2
		1	1	1	1	1	1	1	1	1	1	1	1	1	1	1	1	1	1	1	1	1

Verhalten		Mo	Di	Mi	Do	Fr	Mo	Di	Mi	Do	Fr										
(4a) 8.15-9.45 Uhr	> 6 Minuten	5	5	5	5	5	5	5	5	5	5	5	5	5	5	5	5	5	5	5	5
	5-6 Minuten	4	4	4	4	4	4	4	4	4	4	4	4	4	4	4	4	4	4	4	4
Dauer des arbeitsbezogenen Verhaltens (ab 8.2.2010) Verpackungsarbeiten	4-5 Minuten	3	3	X3	3	3	3	3	3	3	3	3	3	3	3	3	3	3	3	3	3
	2-4 Minuten	X2	X2	2	X2	X2	2	2	2	2	X2	2	2	2	2	2	2	2	2	2	2
	< 2 Minuten	1	1	1	1	1	1	1	X1	X1	1	1	1	1	1	1	1	1	1	1	1
(4b) 10.00-11.00 Uhr	> 16 Minuten	5	X5	X5	5	5	5	X5	5	5	X5	5	5	5	5	5	5	5	5	5	5
	12-16 Minuten	X4	4	4	X4	X4	X4	4	4	4	4	4	4	4	4	4	4	4	4	4	4
Dauer des arbeitsbezogenen Verhaltens (ab 8.2.2010) Sortierarbeiten	8-12 Minuten	3	3	3	3	3	3	3	X3	X3	3	3	3	3	3	3	3	3	3	3	3
	4-8 Minuten	2	2	2	2	2	2	2	2	2	2	2	2	2	2	2	2	2	2	2	2
	< 4 Minuten	1	1	1	1	1	1	1	1	1	1	1	1	1	1	1	1	1	1	1	1
(4c) 8.30-9.45 Uhr	> 16 Minuten	5	X5	X5	5	5	5	X5	5	5	5	5	5	5	5	5	5	5	5	5	5
	12-16 Minuten	X4	4	4	X4	X4	X4	4	4	X4	X5	4	4	4	4	4	4	4	4	4	4
Dauer des arbeitsbezogenen Verhaltens (ab 5.4.2010) Verpackungsarbeiten	8-12 Minuten	3	3	3	3	3	3	3	3	3	X3	3	3	3	3	3	3	3	3	3	3
	4-8 Minuten	2	2	2	2	2	2	2	2	2	2	2	2	2	2	2	2	2	2	2	2
	< 4 Minuten	1	1	1	1	1	1	1	1	1	1	1	1	1	1	1	1	1	1	1	1
(4d) 13.30-15.00 Uhr	> 20 Minuten	5	X5S	X5S	X5S	5	5	X5	5	5	5	5	5	5	5	5	5	5	5	5	5
	15-20 Minuten	4	4	4	4	X4S	X4S	4	4	X4	4	4	4	4	4	4	4	4	4	4	4
Dauer des arbeitsbezogenen Verhaltens (ab 5.4.2010) Holzarbeiten/ v. a.	10-15 Minuten	3	3	3	3	3	3	3	3	3	X3st	3	3	3	3	3	3	3	3	3	3
Schmirgeln (S)	5-10 Minuten	2	2	2	2	2	2	2	2	X2H	2	2	2	2	2	2	2	2	2	2	2
Hobeln (H) Streichen (st)	< 5 Minuten	1	1	1	1	1	1	1	X1H	1	1	1	1	1	1	1	1	1	1	1	1

Anhang zu Kapitel 3 und 4 | **323**

Beobachter																					
	5	4	3	2	1	5	4	3	2	1	5	4	3	2	1	5	4	3	2	1
	5	4	3	2	1	5	4	3	2	1	5	4	3	2	1	5	4	3	2	1
	5	4	3	2	1	5	4	3	2	1	5	4	3	2	1	5	4	3	2	1
	5	4	3	2	1	5	4	3	2	1	5	4	3	2	1	5	4	3	2	1
	5	4	3	2	1	5	4	3	2	1	5	4	3	2	1	5	4	3	2	1
	5	4	3	2	1	5	4	3	2	1	5	4	3	2	1	5	4	3	2	1
	5	4	3	2	1	5	4	3	2	1	5	4	3	2	1	5	4	3	2	1
	5	4	3	2	1	5	4	3	2	1	5	4	3	2	1	5	4	3	2	1
	5	4	3	2	1	5	4	3	2	1	5	4	3	2	1	5	4	3	2	1
	5	4	3	2	1	5	4	3	2	1	5	4	3	2	1	5	4	3	2	1
	5	4	3	2	1	5	4	3	2	1	5	4	3	2	1	5	4	3	2	1
	5	4	3	2	1	5	4	3	2	1	5	4	3	2	1	5	4	3	2	1
	5	4	3	2	1	5	4	3	2	1	5	4	3	2	1	5	4	3	2	1
	5	4	3	2	1	5	4	3	2	1	5	4	3	2	1	5	4	3	2	1
	5	4	3	2	1	5	4	3	2	1	5	4	3	2	1	5	4	3	2	1
	5	4	3	2	1	5	4	3	2	1	5	4	3	2	1	5	4	3	2	1
	5	4	3	2	1	5	4	3	2	1	5	4	3	2	1	5	4	3	2	1
	5	4	3	2	1	5	4	3	2	1	5	4	3	2	1	5	4	3	2	1
	5	4	3	2	1	5	4	3	2	1	5	4	3	2	1	5	4	3	2	1
	5	4	3	2	1	5	4	3	2	1	5	4	3	2	1	5	4	3	2	1
	5	4	3	2	1	5	4	3	2	1	5	4	3	2	1	5	4	3	2	1
Name																					

Anhang III (nach Crone, Horner und Hawken 2004, 19, 100)

Daily Progress Report

Name: .... Datum: ....
Klasse: ....

Fach/Lernbereich 1
2
3
4

Ziele	Fach / LB$_1$	Fach / LB$_2$	Fach / LB$_3$	Fach / LB$_4$
	2 1 0	2 1 0	2 1 0	2 1 0
	2 1 0	2 1 0	2 1 0	2 1 0
	2 1 0	2 1 0	2 1 0	2 1 0
	2 1 0	2 1 0	2 1 0	2 1 0
	2 1 0	2 1 0	2 1 0	2 1 0
	2 1 0	2 1 0	2 1 0	2 1 0
Gesamtpunkte				
Unterschrift der Lehrkräfte				

....
Schüler/in   Eltern/Erziehungsberechtigte

Anmerkung: Das obige Beispiel ist auf vier Fächer ausgerichtet, diese lassen sich bedarfsbezogen erweitern oder reduzieren; ebenso kann anstelle eines Faches ein Ort (Turnhalle, Pausenhof, Mensa, Flur) eingetragen werden. Statt den Ziffern 2 1 0 können gegebenenfalls auch Smilie-Gesichter benutzt werden, die es entsprechend zu markieren (z. B. umkringeln) gilt (dazu ebd., 24).

Anhang zu Kapitel 3 und 4 | **325**

Beispiel mit Smilies

Daily Progress Report

Name: .... Datum: ....
Klasse: ....

Fach/Lernbereich   1
                    2
                    3
                    4

Ziele	Fach / LB$_1$	Fach / LB$_2$	Fach / LB$_3$	Fach / LB$_4$
	☺ ☺ ☹	☺ ☺ ☹	☺ ☺ ☹	☺ ☺ ☹
	☺ ☺ ☹	☺ ☺ ☹	☺ ☺ ☹	☺ ☺ ☹
	☺ ☺ ☹	☺ ☺ ☹	☺ ☺ ☹	☺ ☺ ☹
	☺ ☺ ☹	☺ ☺ ☹	☺ ☺ ☹	☺ ☺ ☹
	☺ ☺ ☹	☺ ☺ ☹	☺ ☺ ☹	☺ ☺ ☹
	☺ ☺ ☹	☺ ☺ ☹	☺ ☺ ☹	☺ ☺ ☹

Literatur

AAIDD: Definition of Intellectual Disability (2010), online: www.aamr.org/content_100.cfm?navID=21 (Stand: 20.04.2010)
ADA Mediation Program; ed. by Department of Justice, online: www.usdoj.gov/crt/ada/mediate.htm (Stand 16.10.2003)
Adam, H.: Mit Gebärden und Bildsymbolen kommunizieren, Würzburg 1996
Affolter, F.: Wahrnehmungsprozesse, deren Störung und Auswirkung auf die Schulleistungen, insbesondere Lesen und Schreiben, in: Zeitschrift für Kinder- und Jugendpsychiatrie, 3/1975, 223-234
Affolter, F.: Wahrnehmung, Wirklichkeit und Sprache, Villingen-Schwenningen 1991 (5. Auflage)
Agran, M.; Snow, K.; Swaner, J.: Teachers perceptions of self-determination: benefits, characteristics, strategies, in: Education and Training in Mental Retardation and Developmental Disabilities, Vol. 34, 1999, 293-301
Agran, M.; Wehmeyer, M.: Teaching Problem Solving to Students with Mental Retardation, Washington (AAMR) 1999
Algozzine, K.; Algozzine, B.: Classroom Instructional Ecology and School-Wide Positive Behavior Support, in: Journal of Applied School Psychology, Vol. 24, 2007, 29-47
Altshuler, S. J.; Kopels, S.: Advocating in Schools for Children with Disabilities: What's New with IDEA? In: Social Work, Vol. 48, 3/2003, 320-329
Anderson, S.; Messick, S.: Social Competency in Young Children, in: Developmental Psychology, Vol. 10, No. 2., 1974, 282-293
Andreasen, N. C.: Das funktionsgestörte Gehirn. Einführung in die biologische Psychiatrie, Weinheim 1990
Andres, P.; Gülden, M.: Unterstützte Kommunikation macht Spaß – ein Koffer voller Ideen, in: Boenisch, J.; Bünk, C. (Hrsg.) a.a.O., 86-101
Antener, G.: Und jetzt? – Das Partizipationsmodell in der Unterstützten Kommunikation, in: Boenisch, J.; Bünk, C. (Hrsg.) a.a.O., 257-267
Antonovsky, A.: Salutogenese, Tübingen 1997
Aoki, C.; Sievitz, P.: Die Plastizität der Hirnentwicklung, in: Spektrum der Wissenschaft, 2/1989, 84-93
APA (American Psychiatric Association): Diagnostisches und Statistisches Manual Psychischer Störungen DSM-IV, Göttingen 1994
APBS (Association for Positive Behavior Supports): Description of How Positive Behavior Support is Related to Physiological & Mental Health Issues (2007a), online: http://www.apbs.org/new_apbs/MHDesc.aspx. (abgerufen: 26.2.2010)
APBS (Association for Positive Behavior Supports): PBS Standards of Practice: Individual Level (2007b), online: http://www.apbs.org/files/apbs_standards_of-practice.pdf (abgerufen: 26.2.2010)
Aucouturier, B.; Lapierre, A.: Bruno. Bericht über eine psychomotorische Therapie bei einem zerebralgeschädigten Kind, München 1982
Augustin, A.: Beschäftigungstherapie bei Wahrnehmungsstörungen, Idstein 1989
Ayres, A. J.: Lernstörungen, Heidelberg 1979
Ayres, A. J.: Bausteine menschlicher Entwicklung, Berlin 1984
Bambara, L. M.: Evolution of Positive Behavior Support, in: Bambara, L. M.; Kern, L. (eds.), a. a. O. (2005a), 1-24
Bambara, L. M.: Overview of Behavior Support Process, in: Bambara, L. M.; Kern, L. (eds.), a. a. O. (2005b), 47-70

Bambara, L. M.; Ager, C.; Koger, F.: The effects of choice and task preference on the work performance of adults with severe disabilities, in: Journal of Applied Behavoir Analysis, Vol. 27, 1994, 555-556

Bambara, L. M.; Cole, C. L.; Koger, F.: Translating Self-Determination Concepts into Support for Adults With Severe Disabilities, in: Journal of the Association for Persons with Severe Handicaps, Vol. 23, 1998, 27-37

Bambara, L. M.; Kern, L.: Individualized Supports for Students with Problem Behaviors, New York (Guildford) 2005

Bambara, L. M.; Knoster, T.: Designing Positive Behavior Support Plans, Washington (AAMR) 1998

Bandura, A.: Sozial-kognitive Lerntheorie, Stuttgart 1979

Baroff, G. S.: General Learning Disorder: A New Designation for Mental Retardation, in: Mental Retardation, 1/1999, 68-72

Bartle, E. et. al.: Empowerment as a Dynamically Developing Concept for Practice: Lessons Learned from Organizational Ethnography, in: Social Work, Vol. 47, 2002, 32-43

Batshaw, M.; Shapiro, B.; Farber, M.: Developmental Delay and Intellectual Disability, in: Batshaw, M.; Pellegrino, L.; Roizen, N. (eds.): Children with Disabilities, Baltimore (Brookes) 2007 (6. ed.), 245-261

Bauer, J.: Das Gedächtnis des Körpers, München 2004

Bauer, J.: Warum ich fühle, was du fühlst. Intuitive Kommunikation und das Geheimnis der Spiegelneuronen, Hamburg, 2005

Bauer, J.: Lob der Schule, Hamburg, 2007

Baumann, C. u. a.: Judo mit Mehrfachbehinderten, in: Weiß, M.; Liesen, H. (Hrsg.): Rehabilitation durch Sport, Marburg 1997, 126-129

Beaman, R.; Wheldall, K.: Teachers' Use of Approval and Disapproval in the Classroom, in: Educational Psychology, Vol. 20, No. 4, 2000, 432-446

Becker, N.: Die neurowissenschaftliche Herausforderung der Pädagogik, Bad Heilbrunn, 2006

Bender, W. N.; Rosenkrans, C. B.; Crane, M.-K.: Stress, Depression and Suicide among Students with Learning Disabilities: Assessing the Risk, in: Learning Disability Quarterly, Vol. 22, 1999, 143-156

Benson, B. A.; Haverkamp, S. M.: Behavioural approaches to treatment: principles and practices, in: Bouras, N. (ed.): Psychiatric and Behavioural Disorders in Developmental Disabilities and Mental Retardation, Cambridge (University Press) 2001 (2. edition), 262-278

Bensch, C.; Klicpera, C.: Dialogische Entwicklungsplanung, in: Behinderte, 2/2003, 42-51

Bernhard-Opitz, V.; Blesch, G.; Holz, K.: Sprachlos muß keiner bleiben, Freiburg 1988; 1992 (2. Aufl.)

Besemer, C.: Mediation – Vermittlung in Konflikten, Stuttgart (Gewaltfrei Leben Lernen e. V.) 1995

Besemer, C.: Mediation in der Praxis. Erfahrungen aus den USA, Baden (Gewaltfrei Leben Lernen e. V.) 1996

Bielefeldt, H.: Die UN-Konvention über die Rechte von Menschen mit Behinderungen; Essay No. 5; Hrsg.: Deutsches Institut für Menschenrechte, Berlin 2006

Bienstein, Ch.; Fröhlich, A. (Hrsg.): Basale Stimulation in der Pflege, Düsseldorf 1994

Biewer, G.: Grundlagen der Heilpädagogik und inklusiven Pädagogik, Bad Heilbrunn 2009

Bird, F. L.; Luiselli, J. K.: Positive Behavior Support of adults with developmental disabilities: assessment of long-term adjustment and habilitation following restrictive treatment histories, The May Institute, Norwood MA, (Elsevier Service) 21. 8. 2000 (online)

Boban, I.; Hinz, A.: Persönliche Zukunftskonferenzen, in: Behinderte, 4/5/1999, 21-31

Boban, I.; Hinz, A.: Bürgerzentrierte Zukunftsplanung im Unterstützerkreis, in: Theunissen, G.; Wüllenweber, E. (Hrsg.): Zwischen Tradition und Innovation. Methoden und Handlungskonzepte in der Heilpädagogik und Behindertenhilfe, Marburg 2009, 453-460

Boenisch, J.: Unterstützte Kommunikation, in: Opp, G.; Theunissen, G. (Hrsg.), a. a. O., 495-504

Boenisch, J.; Bünk, C. (Hrsg.): Forschung und Praxis der Unterstützten Kommunikation, Karlsruhe 2001(a)

Boenisch, J.; Bünk, C. (Hrsg.): Vorwort, in: Boenisch, J.; Bünk, C. (Hrsg.), a. a. O. (2000b), 7-12

Bös, K.; Knoll, M.: Bewegung, Spiel und Sport geistig Behinderter – Entwicklung, Forschungsergebnisse und Perspektiven, in: BV Lebenshilfe e. V. (Hrsg.): Sport geistig Behinderter, Marburg 1993, A8 1-21

Bonfranchi, R.: Judo – ein erziehungstherapeutischer Weg für behinderte Kinder und Jugendliche, Aachen 2002

Borland, J.; Ramcharan, P.: Part I Conclusion. Empowerment in Informal Settings: The Themes, in: Ramcharan et al. (eds.), 88- 100

Bradl, Ch.: Vom Heim zur Assistenz, in: Bradl, Ch.; Steinhart, I. (Hrsg.): Mehr Selbstbestimmung durch Enthospitalisierung, Bonn 1996

Bradley, A.: Community Based Rehabilitation in Developing Countries, in: Lacey, P.; Ouvry, C. (eds.), a. a. O., 215-225

Bradshaw, C.; Mitchell, M.; Leaf, P.: Examing the Effects of Schoolwide Positive Behavioral Interventions and Supports on Student Outcomes, in: Journal of Positive Behavior Interventions, Vol. 12, No. 3, 2010, 133-148

Brattig, V.: Gruppentraining zum Erwerb kompetenten Sozialverhaltens im Rahmen beruflicher Rehabilitation, in: Verhaltenstherapie und psychosoziale Praxis, 29 Jg., 1997, 407-418.

Braun; U.: Minspeak – eine Kodierungshilfe, in: ISAAC's Zeitung, 2/1991, 9-15

Braun, U. (Hrsg.): Unterstützte Kommunikation, Düsseldorf 1994

Braun, U.; Kristen, U.: Basale Stimulation, Basale Kommunikation, Unterstützte Kommunikation – Was ist das eigentlich? In: Unterstützte Kommunikation, 4/1997, 6-12

Breidenbach, S.: Mediation, Köln 1995

Breitenbach, E.: Auf neuen Pfaden zu alten (sonder)pädagogischen Prinzipien. Neuropsychologische Aspekte von Lernen und Lernstörungen, in: Zeitschrift für Heilpädagogik, 10/1996, 408-419

Bridge, L. J. et al. (eds.): Building on family strengths: Research and services in support of children and their families, Portland OR (Portland State University) 2001

Bröcher J.: Kunsttherapie als Chance, Heidelberg 1999

Bronfenbrenner, U.: Ökologie der menschlichen Entwicklung, Stuttgart 1981

Buber, M.: Philosophische Schriften, Bd. I, Stuttgart 1962

buddy e. V.: Das buddy Projekt: Soziale Kompetenz für Kinder und Jugendliche, online: nline.nibis. de/.../I108mode-2008-03-01-information-buddy.ppt?... (abgerufen 1.9.2010)

Bullinger, H.; Nowak, J.: Soziale Netzwerkarbeit, Freiburg 1998

Burke, B.; Dalyrymple, J.: Intervention and Empowerment, in: Adams, R. et. al. (eds.): Critical Practice in Social Work, Houndsmills (Palgrave) 2002, 55-62

Cannella, H. I.; O'Reilly, M. F.; Lancioni, G.: Choice and preference assessment research with people with severe to profound developmental disabilities: a review of the literature, in: Research in Developmental Disabilities, Vol. 26, 2005, 1-15

Caplan, G.: Principles of preventive psychiatry, New York (Basic Books) 1964

Carr, E. G.: The Expanding Vision of Positive Behavior Support: Research Perspectives on Happiness, Helpfulness, Hopefulness, in: Journal of Positive Behavior Interventions, Vol. 9, 2007, 3-14

Carr, E. G.; et al.: Positive Behavior Support for People with Developmental Disabilities, Washington (AAMR) 1999

Carr, E.G. et al.: Communication-based Intervention for Problem Behavior, Baltimore (Brooks) 2000 (4.ed.)

Carr, E. G. et al.: Using Mood Ratings and Mood Induction in Assessment and Intervention for Severe Problem Behavior, in: American Journal on Mental Retardation, Vol. 108, 2003, 32-55

Carr, J. E. et al.: A review of "noncontingent" reinforcement as treatment for the aberrant behavior of individuals with developmental disabilities, in: Research in Developmental Disabilities, Vol. 21, 2000, 377-391

Castles, E. E.; Glass, C. R.: Training in Social and Interpersonal Problem-Solving Skills for Mildly and Moderately Mentally Retarded Adults, in: American Journal of Mental Deficiency, Vol. 91, 1986, 35-42

Chadwick, O., Kusel, Y., Cuddy, M.: Factors associated with the risk of behaviour problems in adolescents with severe intellectual disabilities, in: Journal of Intellectual Disability Research, Vol. 52, 2008, 864-876

Cohn, R.: Von der Psychoanalyse zur themenzentrierten Interaktion, Stuttgart 1975

Colvin, G. et al.: Using active supervision and precorrection to improve transition behaviors in an elementary school, in: School Psychology Quarterly, Vol. 12, 1997, 344-363

Conroy, M. A. et al.: Classwide Interventions, in: Teaching Exceptional Children, Vol. 40, No. 6, 2008, 24-30

Cooper, K. J.; Browder, D. M.: Enhancing choice and participation for adults with severe disabilities in community-based instruction, in: The Association for Persons with Severe Handicaps, Vol. 23, 1998, 252-260

Crimmins, D.; Farrell, A.: Individualized Behavioral Supports at 15 Years: It's Still Lonely at the Top, in: Research & Practice for Persons with Severe Disabilities, Vol. 31, 2006, 31-45

Croissier, S.; Heß, G.; Köstlin-Gloger, G.: Elementarspiele zum Sozialen Lernen, Weinheim, Basel 1979

Crone, D. A.; Horner, R. H.; Hawken, L. S.: Responding to Problem Behaviors in Schools. The Behavior Education Program, New York (The Guildford Press) 2004

Dalferth, M.: Snoezelen. Mehr Lebensqualität im Altenpflegeheim, Regensburg 2003 (Abschlussbericht der wissenschaftlichen Begleitung des Snoezelenprojekts im BRK Senioren Wohn- und Pflegeheim des BRK Kreisverbandes Regensburg)

Day, K. A.: Psychische Störungen und geistige Behinderung – Sind spezielle psychiatrische Dienste notwendig? In: Gaedt, Ch. (Hrsg.): Psychisch krank und geistig behindert, Dortmund 1993

DeJong, P.; Berg, I. K.: Lösungen (er)finden, Dortmund 1998

Didden, R.; Duker, P. C.; Korzilius, H.: Meta-analytic study on treatment effectiveness for problem behaviors with individuals who have mental retardation, in: American Journal on Mental Retardation, Vol. 101, 1997, 387-399

Diewald, M.: Soziale Beziehungen: Verlust oder Liberalisierung? Soziale Unterstützung in informellen Netzwerken, Berlin 1991

Dilling, H.; Mombour, W.; Schmidt, M. H.: ICD 10. Internationale Klassifikation Psychischer Störungen, Bern 1993

DIMDI (Deutsches Institut für Medizinische Dokumentation und Information): Internationale Klassifikation der Funktionsfähigkeit, Behinderung und Gesundheit, Berlin 2005

Disability Mediation Center, ed. by Western Law Center For Disability Rights, online: http://wlcdr.everybody.org/whatwedo.disability.htm (Stand 16.10.2003)

Domma, W. (Hrsg.): Praxisfelder der Kunsttherapie, Köln 1993

Dörner, K.; Plog, U.: Irren ist menschlich, Lehrbuch der Psychiatrie/Psychotherapie, Bonn 1994

Doose, S.: Persönliche Zukunftsplanung im Übergang von der Schule ins Erwachsenenleben, in: Wilken, E. (Hrsg.): Neue Perspektiven für Menschen mit Down-Syndrom, Hannover 1997, 216-237

Doose, S.: Selbstbestimmung im Arbeitsleben von Menschen mit Lernschwierigkeiten, in: Windisch, M.; Kniel, A. (Hrsg.): Selbstvertretung von Menschen mit Behinderung, Kassel 2000, 81-101

Dosen, A.: Entwicklungsdynamische Beziehungstherapie, in: Hennicke, K.; Rotthaus, W. (Hrsg.), a. a. O.

Dosen, A. et al: Praxisleitlinien und Prinzipien. Assessment, Diagnostik, Behandlung und Unterstützung für Menschen mit geistiger Behinderung und Problemverhalten (Materialien der DGSGB, Bd. 10), Berlin 2010

Dowsen, S.: Empowerment within Services: A Comfortable Delusion, in: Ramcharan, P. et al. (eds.), a. a. O., 101-120

Duden: Das Herkunftswörterbuch, Band 7, Mannheim 1997
Dunlap, G.: A Multi-tiered Model for Preventing Challenging Behaviors of Children With Autism, unv. Vortrag am 25.3.2010 auf der 7th International Conference on Positive Behavior Support: The Expending World of PBS. Science, Values, and Vision, March 25-27, 2010 St. Louis, MO
Dunlap, G.; Carr, E. G.: Positive Behavior Support and Developmental Disabilities, in: Odom, S. L. et al. (eds.): Handbook of Developmental Disabilities, New York (The Guildford Press) 2007, 469-482
Dunlap, G. et al.: Choice making to promote adaptive behavior for students with emotional and behavioral challenges, in: Journal of Applied Behavoir Analysis, Vol. 27, 1994, 505-518
Dunlap, G. et al.: Prevent Teach Reinforce. The School-Based Model of Individualized Positive Behavior Support, Baltimore (Brookes) 2010
Dunlap, G.; Harrower, J.; Fox, L.: Understanding the Environmental Determinants of Problem Behaviors, in: Bambara, L. M.; Kern, L. (eds.), a. a. O., 25-46
Durand, V. M.; Mapstone, E.: Influence of "Mood-Inducing" Music on Challenging Behavior, in: American Journal on Mental Retardation, Vol. 102, 1998, 367-378
Dworschak, W.: Lebensqualität von Menschen mit geistiger Behinderung. Theoretische Analyse, empirische Erfassung und grundlegende Aspekte qualitativer Netzwerkanalyse, Bad Heilbrunn 2004
Dykens, E. M.: Measuring Behavioral Phenotypes: Provocations from the "New Genetics", in: American Journal on Mental Retardation, Vol. 99, 1995, 522-532
Dykens, E. M.; Hodapp, R. M.: Behavioural phenotypes: towards new understandings of people with developmental disabilities, in: Bouras, N. (ed.): Psychiatric and Behavioural Disorders in Developmental Disabilities and Mental Retardation, Cambridge (University Press) 2001 (2. edition), 96-108
D'Zurilla, T. J.; Goldfried, M. R.: Problem solving and behavior modification, in: Journal of Abnomal Psychology, Vol. 78, 1971, 107-126
Eber, L. et al.: Wraparound and positive behavioral interventions and supports in schools, in: Journal of Emotional and Behavioral Disorders, Vol. 10, 2002, 171-180
Eggert, D.: Theorie und Praxis der psychomotorischen Förderung, Dortmund 1994
Eggert, D.: Psychologische Theorien der geistigen Behinderung, in: Neuhäuser, G.; Steinhausen, H.-C. (Hrsg.): Geistige Behinderung, Stuttgart 1999, 42-71
Eggert, D.: Von den Stärken ausgehen... Individuelle Entwicklungspläne in der Lernförderdiagnostik, Dortmund 2007 (5. Aufl.)
Emerson, E. et al.: The prevalence of challenging behaviors: A total population study, in: Research in Developmental Disabilities, Vol. 22, 2001, 7-93
Erikson, E.: Einsicht und Verantwortung, Stuttgart 1966
Esser, M.: Psychomotorische Therapie nach B. Aucouturier, in: Fikar, S.; Fikar, H.; Thumm, E. (Hrsg.), a. a. O.
Ewald, W.; Hofer, A.: Das Affolter-Modell. Forschungsergebnisse – Entwicklungsmodell - Anwendung, in: Fröhlich, A.; Heinen, N.; Lamers, W. (Hrsg.): Schwere Behinderung in Praxis und Theorie – ein Blick zurück nach vorn, Düsseldorf 2001, 83-100
Favell, J. E.; McGimsey, J. F.: Considerations in the Design of Effective Treatment, in: Wieseler, N. A.; Hanson, R. H. (eds.): Challenging Behavior of Persons with Mental Health Disorders and Severe Developmental Disabilities, Washington (AAMR) 1999, 261-274
Feduik, F.: Bewegung, Spiel und Sport geistig Behinderter (Teil 1), Kassel (Gesamthochschule) 1990
Feil, N.: Validation, Wien 1992 (4. Aufl.)
Feldman, M. A. et al.: Effectiveness of Community Positive Behavioral Intervention For Persons With Developmental Disabilities and Severe Behavior Disorders, in: Behavior Therapy, Vol. 33, 2002, 377-398
Ferro, J.; Foster-Johnson, L.; Dunlap, G.: Relation Between Curricular Activities and Problem Behaviors of Students With Mental Retardation, in: American Journal on Mental Retardation, Vol. 101, No. 2, 1996, 184-194

Fessel, U.; Grosser, M.; Hentzelt, A.: Kommunikationsspiele mit schwerstbehinderten Kindern unter Einsatz elektronischer Hilfsmittel, in: Boenisch, J.; Bünk, C. (Hrsg.), a. a. O., 141-146
Fiedler, D.: Soziale Kompetenz bei Menschen mit geistiger Behinderung, Bad Heilbrunn 2008
Fiedler, P.: Persönlichkeitsstörungen, Weinheim 2001
Fikar, S.; Fikar, H.; Thumm, K. (Hrsg.): Körperarbeit mit Behinderten, Stuttgart 1992
Finger, G.: Verhaltensstörungen als gestörtes Miteinander, in: Finger, G. (Hrsg.): Mein Kind ist nicht wie andere, Leben mit verhaltensauffälligen, behinderten und autistischen Kindern, Freiburg 1995
Fischer, A. G.; Murray, E. A.; Bundy, A. C.: Sensorische Integrationstherapie. Theorie und Praxis, Heidelberg 1998
Fischer, E.: Wahrnehmungsförderung und Sinnerschließung bei schwer geistig Behinderten, in: Geistige Behinderung 4/1983, 282-291
Fliegel, S. u. a.: Verhaltenstherapeutische Standardmethoden. Ein Übungsbuch, Weinheim 1998 (4. Aufl.)
Fornefeld, B. (Hrsg.): Menschen mit Komplexer Behinderung, München 2008
Frank, W.: Kurzlehrbuch Psychiatrie, Neckarsulm, Stuttgart 1993 (11. Aufl.)
Freeman, R. et al.: Building Inclusive School Cultures Using School-Wide Positive Behavior Support: Designing Effective Individual Support Systems for Students With Significant Disabilities, in: Research & Practice for Persons with Severe Disabilities, Vol. 31, 2006, 4-17
Frey, G. C.; Stanish, H. I.; Temple, V. A.: Physical activity of youth with intellectual disability: Review and research agenda, in: Adapted Physical Activity Quarterly, Vol. 25, 2008, 95-117
Friend, M.; Bursuck, W. D.: Including Students with Special Needs. A practical guide for classroom teachers, Upper Saddle River (Pearson) 2009 (5 ed.)
Friedensbildungswerk Köln (Hrsg.): Mediation mit geistig behinderten Menschen. Ergebnisprotokoll eines Workshops am 20.04.2002 im Friedensbildungswerk Köln (hekt. Manuskript), online: http://www.friedensbildungswerk.de/Mediation (abgerufen: 16.10.2003)
Fröhlich, A.: Ganzheitliche Schwerstbehindertenförderung, in: Bewegen, Erleben, Lernen. Beiheft der Zeitschrift für Heilpädagogik, Bd. 12, Nienburg 1985
Fröhlich, A.: Basale Stimulation für Menschen mit schwerster Mehrfachbehinderung, in: Fikar, S.; Fikar, H.; Thumm, E. (Hrsg.), a. a. O., 1992 (a)
Fröhlich, A.: Basale Stimulation. Düsseldorf 1992 (b)
Fröhlich, A.: Die Entstehung eines Konzeptes: Basale Stimulation, in: Fröhlich, A.; Heinen, N.; Lamers, W. (Hrsg.): Schwere Behinderung in Praxis und Theorie – ein Blick zurück nach vorn, Düsseldorf 2001, 145-160
Frostig, M.: Bewegungserziehung, München, Basel 1975
Fujiura, G. T.: Continuum of Intellectual Disability: Demographic Evidence for the "Forgotten Generation", in: Mental Retardation, Vol. 41, 6/2003, 420-429
Gaedt, Ch. (Hrsg.): Psychotherapie bei geistig Behinderten, Neuerkeröder Beiträge 3, 1987 (Selbstverlag der Anstalt)
Galperin, P. J.: Die geistige Handlung als Grundlage für die Bildung von Gedanken und Vorstellungen, in: Galperin, P. J.; Leontjew, A. N. u. a. (Hrsg.): Probleme der Lerntheorie, Berlin 1972
Garmezy, N.: Resiliency and Vulnerability to Adverse Developmental Outcomes Associated with Poverty, in: American Behavioral Scientist, 4/1991, 416-430
Gardner, H.: Vielerlei Intelligenzen, in: Spektrum der Wissenschaft Spezial, 1/2000, 18-23
Gardner, W. I. et al.: Practice guidelines for diagnostic, treatment and related support services for persons with developmental disabilities and serious behavioural problems, Kingston (NADD Press) 2006
Gardner, W. I.; Willmering, P.: Mood Disorders in People With Severe Mental Retardation, in: Wieseler, N. A.; Hanson, R. H. (eds.): Challenging Behavior of Persons with Mental Health Disorders and Severe Developmental Disabilities, Washington (AAMR) 1999, 13-38
Garner, P.; Sandow, S.: Advocacy, Self-Advocacy and Special Needs, London (Fulton) 1995

Garries, R. P.; Hazinski, L.; Hollenweger, J.: Der Effekt von sozialen Trainingsprogrammen auf den Erwerb interaktioneller Kompetenzen bei geistig behinderten Erwachsenen, in: Heilpädagogische Forschung, 18 Jg., 1992, 143-151

Geiling, U.; Theunissen, G.: Lernbehinderung, Soziale Benachteiligung, Migrationshintergrund. Begriffsdiskussion, Erscheinungsformen, Prävalenz, in: Opp, G.; Theunissen, G. (Hrsg.), a. a. O., 339-343

Gesundheit und Behinderung "Expertise zu bedarfsgerechten gesundheitsbezogenen Leistungen für Menschen mit geistiger und mehrfacher Behinderung als notwendiger Beitrag zur Verbesserung ihrer Lebensqualität und zur Förderung ihrer Partizipationschancen", hrsg. vom Bundesverband Evangelische Behindertenhilfe, Stuttgart, Reutlingen 2001

Ginsburg, H.; Opper, S.: Piagets Theorie der geistigen Entwicklung, Stuttgart 1975

Glasl, F.: Konfliktmanagement: ein Handbuch zur Diagnose und Behandlung von Konflikten für Organisation und ihre Berater, Bern 1997

Gleixner, C.; Müller, M.; Wirth, S. (Hrsg.): Neurologie und Psychiatrie. Für Studium und Praxis, Breisach 1999

Goffman, E.: Stigma, über Techniken der Bewältigung beschädigter Identität, Frankfurt 1967

Goffman, E.: Asyle, Frankfurt 1972

Goldstein, K.: Der Aufbau des Organismus, The Hague 1934

Goll, H.: Heilpädagogische Musiktherapie, Frankfurt 1993

Goll, H.: Das Phänomen Musik in Gesellschaft und Therapie – Heilpädagogische Musiktherapie unter besonderer Berücksichtigung historischer Grundlagentexte, in: Theunissen, G.; Großwendt, U. (Hrsg.), a. a. O., 181-204

Göthling, S.: Wir stellen uns auf unsere eigenen Füße. Menschen mit Lernschwierigkeiten gründen ihren eigenen Verein, in: Fachdienst der Lebenshilfe, 2/2001, 9-11

Göthling, S.: Schirbort, K.: Teilhabe und Unterstützung aus der Sicht Betroffener – am Beispiel der Position von Netzwerk People First Deutschland e. V., in: Theunissen, G.; Schirbort, K. (Hrsg.), a. a. O., 248-265

Goode, D. (ed.): Quality of life for persons with disabilities: International perspectives and issues, Cambridge/USA 1994

Graf-Frank, E.; Denecke, K.: UK – Lernen im Alltag, in: Boenisch, J.; Bünk, C. (Hrsg.), a. a. O., 162-169

Grant, G.: Consulting to Involve or Consulting to Empower? In: Ramcharan, P. et al. (eds.), a. a. O., 121-143

Grawe, K.: Die Prognose des Therapieerfolgs in Assertiveness-Training-Gruppen, in: Grawe, K. u. a. (Hrsg.), a. a. O., 180-205

Grawe, K.: Grundriss einer Allgemeinen Psychotherapie, in: Psychotherapeut, 40 Vol., 1995, 130-145

Grawe, K.: Neuropsychotherapie, Göttingen 2004

Grawe, K.; Donati, R. Bernauer, F.: Psychotherapie im Wandel, Göttingen 2001 (2. Aufl.)

Grawe, K.; Grawe-Gerber, M.: Ressourcenaktivierung. Ein primäres Wirkprinzip der Psychotherapie, in: Psychotherapeut , 44 Vol., 1999, 63-73

Grawe, K. u. a. (Hrsg.): Soziale Kompetenz, Bd. 2. Experimentelle Ergebnisse zum Assertiveness-Training-Programm (ATP), München 1980

Gray, B.; Jackson, R. (ed.): Advocacy & Learning Disability, London (Kingsley) 2000

Green, G. W. et al.: An enriched teaching program for reducing resistance and indices of unhappiness among individuals with profound multiple disabilities students with severe disabilities, in: Journal of Applied Behavior Analysis, Vol. 38, 2005, 221-233

Grigal, M. et al.: Self-determination for students with disabilities: Views of parents and teachers, in: Exceptional Children, Vol. 70, 2003, 97-112

Gunkel, S.; Kruse, G. (Hrsg.): Salutogenese, Resilienz und Psychotherapie, Hannover 2004

GWK-Gemeinnützige Werkstätten Köln GmbH (Hrsg.): Streitschlichtung von und mit Menschen mit Behinderung, Köln 2006

Habermas, J.: Die Zukunft der menschlichen Natur: Auf dem Weg zu einer liberalen Eugenik? Frankfurt 2001

Hähner, U. u. a.: Vom Betreuer zum Begleiter. Eine Neuorientierung unter dem Paradigma der Selbstbestimmung, Marburg 1997

Häußler, A.: Strukturierung als Hilfe zum Verstehen und Handeln: Der TEACCH-Ansatz in der Arbeit mit autistischen Menschen, in: Bundesvereinigung Hilfe für das autistische Kind e. V. (Hrsg.): Mit Autismus leben – Kommunikation und Kooperation, Hamburg 1998, 206-208

Häußler, A. u. a.: SOKO Autismus. Gruppenangebote zur Förderung Sozialer Kompetenzen bei Menschen mit Autismus, Dortmund 2003

Hahn, K.: Erziehung zur Verantwortung, Stuttgart 1954

Hallahan, D.; Cruickshank, W.: Lernstörung bzw. Lernbehinderung, München 1979

Halle, J.; Bambara, L. M.; Reichle, J.: Teaching Alternative Skills, in: Bambara, L. M.; Kern, L. (eds.), a. a. O., 237-274

Hanselmann, H.: Einführung in die Heilpädagogik, Zürich 1976 (1. Aufl. 1930)

Harder, G.: "Ich kann was". Erlebnispädagogik für geistig Behinderte, in: Jugendschutz heute 2/1990, 14-16

Haring, C.: Psychiatrie, Stuttgart 1989, 1996 (2. veränderte Auflage)

Hartje, W.: Funktionelle Spezialisierung der Großhemisphäre, in: Poeck, K. (Hrsg.), a. a. O., 37-70

Hartje, W., Sturm, W.: Störungen der Intelligenzfunktion, in: Poeck. K. (Hrsg.), a. a. O. (1989a), 311-313

Hartje, W., Sturm, W.: Räumliche Orientierung und konstruktive Apraxie, in: Poeck, K. (Hrsg.), a. a. O. (1989b), 225-265

Hartje, W., Sturm, W.: Amnesie, in Poeck, K. (Hrsg.), a. a. O. (1989c), 226-254

Hausser, K.: Identitätsentwicklung, New York 1983

Heijkoop, J.: Herausforderndes Verhalten von Menschen mit geistiger Behinderung, München 2009 (Neuauflage)

Heimlich, U.: Lernschwierigkeiten, Bad Heilbrunn 2009

Heits, H.; John, E.: Unterrichtsarbeit an der Schule für Geistigbehinderte, Berlin 1992 (2. Aufl.)

Heller, T.: Über Psychologie und Psychopathologie des Kindes, Wien 1925

Helwick G. et al.: Developing and Implementing Solution – Focused Behavioral Support Plans, in: Jackson, L.; Panyan, M. V. (eds.), a. a. O., 215-245

Hemmings, C.: The relationships between challenging behaviours and psychiatric disorders in people with severe intellectual disabilities, in: Bouras, N.; Holt, G. (eds.): Psychiatric and Behavioural Disorders in Intellectual and Developmental Disabilities, Cambridge (University Press) 2008 (2. edition), 62-74

Hennicke, K.; Rotthaus, W. (Hrsg.): Psychotherapie und geistige Behinderung. Dortmund 1993

Hentig, v. H.: Systemzwang und Selbstbestimmung, Stuttgart 1970

Herriger, N.: Empowerment in der Sozialen Arbeit, Stuttgart 2002 (2. Aufl.), 2006 (3. erw. Aufl.)

Hewett, D.; Challenging Behavior is Normal, in: Lacey, P.; Ouvry, C. (eds.), a. a. O., 88-101

Hieneman, M.; Childs, K.; Sergay, J.: Parenting with Positive Behavior Support, Baltimore (Brookes) 2006

Hippler, B.; Scholz, W.: Token-Verstärkersysteme in der Schule, in: Kraiker, C. (Hrsg.): Handbuch der Verhaltenstherapie, München 1974

Hinz, A.: Störendes Verhalten – was können wir tun? In: Theunissen, G. (Hrsg.): Verhaltensauffälligkeiten – Ausdruck von Selbstbestimmung? Bad Heilbrunn 2001, 115-134

Hömberg, N.: Framing the Future oder Zukunftskonferenzen, in: Boenisch, J.; Bünk, C. (Hrsg.), a. a. O., 170-173

Hoffmann, C.: Sterbe- und Trauerbegleitung, in: Theunissen, G., a. a. O. (2002), 125-138
Holburn, S.; Vietze, P. M. (eds.): Person-Centered Planning, Baltimore (Brookes) 2002
Holtz, K.-L.: Geistige Behinderung und soziale Kompetenz, Heidelberg 1994
Horner, R.H. et al.: School-wide positive behavior support: An alternative approach to discipline in schools, in: Bambara, L. M.; Kern, L. (eds.), a. a. O., 359-390
Houghton, I.; Bronicki, B.; Guess, D.: Opportunities to express preferences and make choices among students with severe disabilities in classroom settings, in: Journal of the Association for Persons with Severe Handicaps, Vol. 12, 1987, 18-27
Hughes, C.; Carter, E. W.: Peer Buddy Programs for Successful Secondary School Inclusion, Baltimore (Brookes) 2008
Jackson, L.; Panyan, M. V. (2002): Positive Behavior Support in the Classroom, Baltimore (Brookes)
Janssen, C. G. C.; Schuengel, C.; Stolk, J.: Understanding challenging behaviour in people with severe and profound intellectual disability: a stress-attachment model, in: Journal of Intellectual Disability Research, Vol. 46, 2002, 445-453
Jantzen, W.: Allgemeine Behindertenpädagogik, Band II. Neurowissenschaftliche Grundlagen, Diagnostik, Pädagogik und Therapie, Weinheim 1990
Jantzen, W.: Syndromanalyse und romantische Wissenschaft – Perspektive einer allgemeinen Theorie des Diagnostizierens, in: Jantzen, W. (Hrsg.): Die neuronalen Verstrickungen des Bewußtseins – Zur Aktualität von A. R. Lurijas Neuropsychologie, Münster 1994, 125-158
Jantzen, W.: Enthospitalisierung und verstehende Diagnostik, in: Theunissen, G. (Hrsg.): Enthospitalisierung – ein Etikettenschwindel? Bad Heilbrunn 1998(a), 43-61
Jantzen, W.: Menschen mit geistiger Behinderung – veränderte Sichtweisen, in: Zeitschrift für Heilpädagogik 12/1998(b), 526-532
Jantzen, W.: Diagnostik und Rehistorisierung: Probleme und Strategien einer verstehenden Diagnostik, hekt. Manuskript , Bremen 2000
Jantzen, W.; Lauwer-Koppelin, W. (Hrsg.): Diagnostik als Rehistorisierung, Berlin 1996
Jantzen, W., Schnittka, T.: "Verhaltensauffälligkeit" ist eine soziale Konstruktion: über Vernunftfallen und andere Angriffe auf das Selbst, in: Theunissen, G. (Hrsg.): Verhaltensauffälligkeiten – Ausdruck von Selbstbestimmung? Bad Heilbrunn 2001, 39-62
Jefferys-Duden, K.: Das Streitschlichterprogramm. Mediatorenausbildung für Schülerinnen und Schüler der Klassen 3 bis 6, Weinheim 1999
Jenkins, J. R. et al.: How Cooperative Learning Works for Special Education and Remedial Students, in: Exceptional Children, Vol. 69, 2003, 279-292
Jervis, G.: Kritisches Handbuch der Psychiatrie, Frankfurt 1978
Jordan, D. W.; Le Métais, J. : Social skilling through cooperative learning, in : Educational Research, Vol. 39, No. 1, 1997, 3-21
Kan, v. P.; Doose, S.: Zukunftsweisend. Peer Counseling und persönliche Zukunftsplanung, Kassel 2000 (2. Aufl.)
Kane, J. F.: Schwere geistige Behinderung und selbstverletzendes Verhalten: Neuere Überlegungen in der internationalen Diskussion, in: Fischer, U. u. a. (Hrsg.): WISTA Experten-Hearing 1993 Wohnen im Stadtteil für Erwachsene mit schwerer geistiger Behinderung, Stuttgart 1994
Kane, J. F.; Koch, M.; Wann, J.: Ausbildung von Lehrern für die Arbeit mit Menschen mit herausfordernden Verhaltensweisen, in: Lamers, W.; Klaus T. (Hrsg.): ...alle Kinder alles lehren! – Aber wie? Theoriegeleitete Praxis bei schwer- und mehrfachbehinderten Menschen, Düsseldorf 2003, 311-328
Kanfer, F. H.; Reinecker, H.; Schmelzer, D.: Selbstmanagement-Therapie, Berlin 1991
Keckeisen, W.: Die gesellschaftliche Definition abweichenden Verhaltens, München 1974
Kennedy, C. H.; Haring, T. G.: Combining reward and escape DRO to reduce the problem behavior of students with severe disabilities, in: Journal of the Association for People with Severe Handicaps, Vol. 18, 1993, 85-93

Kerkhoff, E.; Kerkhoff, W.: Fördermaßnahmen mit der Übungs- und Beobachtungsfolge "Visuelle Wahrnehmungsförderung" von Frostig/Reinartz, in: Reinartz, A. u. a. (Hrsg.) a. a. O.
Kern, L.: Development Hypothesis Statements, in: Bambara, L. M.; Kern, L. (eds.), a. a. O. (2005a), 165-200
Kern, L.: Responding to Problem Behavior, in: Bambara, L. M.; Kern, L. (eds.), a. a. O. (2005b), 275-302
Kern, L.; Clarke, S.: Antecedent and Setting Event Interventions, in: Bambara, L. M.; Kern, L. (eds.), a. a. O., 201-236
Kern, L.; Clemens, N. H.: Antecedent strategies to promote appropriate classroom behavior, in: Psychology in the Schools, Vol. 44, 2007, 65-75
Kern, L. et al.: Student-Assisted Functional Assessment Interview, in: Diagnostique, Vol. 19, 1994, 29-39
Kern Koegel, L. et al.: Extending Behavior Support in Home and Community Settings, in: Bambara, L. M.; Kern, L. (eds.), a. a. O., 334-358
Kern, L.; O'Neill, R. E.; Starosta, K. (2005): Gathering Functional Assessment Information, in: Bambara, L. M.; Kern, L. (eds.), a. a. O., 129-164
Kern, L.; Sokol, N. G.; Dunlap, G. (2006): Assessment of Antecedent Influences on Challenging Behavior, in: Luiselli, J. K. (ed.), a. a. O., 53-72
Keupp, H.: Psychische Störungen als abweichendes Verhalten, München 1972
Keupp, H.: Soziale Netzwerke, in: Asanger, R.; Wenninger, G. (Hrsg.): Handwörterbuch der Psychologie, München 1988, 696-703
Keupp, H.: Die (Wieder-)Gewinnung von Handlungskompetenz, Empowerment in der psychosozialen Praxis, in: Verhaltenstherapie und psychosoziale Praxis, 25 Jg., 1993, 365-381
Keupp, H.: Seelische Behinderung, in: Albrecht, G.; Groenemeyer, A.; Stallberg, F. A. (Hrsg.): Handbuch soziale Probleme, Opladen 1999, 609-631
Kincaid, D.: Person-Centered Planning, in: Koegel, L. K.; Koegel, R. L.; Dunlap, G. (Eds.), a. a. O., 439-466
Kincaid, D.; Fox, L.: Person-Centered Planning and Positive Behavior Support, in: Holburn, S.; Vietze, P. M. (eds.) a. a. O., 29-49
Kinderheilstätte Nordkirchen (Hrsg.): Menschen mit geistiger Behinderung und Verhaltensbesonderheiten. Dokumentation Nordkirchener Werkstatt-Treffen Wissenschaft und Praxis v. 11 u. 12 April 2003
Kinne, T.: Die Unterstützung sozialer Kompetenzentwicklung von Schülerinnen und Schülern mit geistiger Behinderung im Kontext erlebnispädagogischer Lernarrangements, unv. Dissertation, Philosophische Fakultät III Erziehungswissenschaften, Martin-Luther-Universität Halle-Wittenberg 2010
Kinze, W., Barchmann, H.: Kinderpsychiatrische Erfahrungen mit der Behandlung von Störungen der Konzentrationsfähigkeit und des Sozialverhaltens, in: Heilpädagogische Forschung, 19 Jg., 1993, 164-169
Kiphard, E.: Motopädagogik, Dortmund 1984
Kiphard, E.: Die heilpädagogische Bewegungserziehung Marianne Frostigs als humanistisch-psychomotorischer Ansatz, in: Festschrift Memorial – Symposium zum 1. Todestag von Prof. Dr. Marianne Frostig, (Universität) Frankfurt 1986 (Selbstverlag)
Klein, F.: Scheiblauer-Rhythmik unter heilpädagogischem Aspekt – insbesondere für das Kind mit schwerer geistiger Behinderung, in: Vierteljahresschrift für Heilpädagogik und ihre Nachbargebiete, 2/1991, 137-148
Klein-Jäger,W.: Umgang mit Fröbel-Material, Ravensburg 1978
Kloe, M.; Schönbach, K.; Weid-Goldschmidt, B.: Wenn ich dich doch fragen könnte, ob du Cola trinken möchtest! – Kommunikationstherapie für Menschen, die noch kein vollständiges JA-NEIN-Konzept entwickelt haben, in: Boenisch, J.; Bünk, C. (Hrsg.), a. a. O., 223-237

Kniel, A.; Windisch, M. (Hrsg.): "Wir verstehen uns selbst", Kassel 2001

Knoster, T. P.: Practical Application of Functional Behavioral Assessment in Schools, in: Journal of The Association for Persons with Severe Handicaps, Vol. 25, 2000, 201-211

Knoster, T.; Kincaid, D.: Long-Term Supports and Ongoing Evaluation, in: Bambara, L. M.; Kern, L. (eds.), a. a. O., 303-333

Koegel, R. L.; Kern Koegel, L.: Extended reductions in stereotypic behavior of students with autism through a self-management treatment package, in: Journal of Applied Behavoir Analysis, Vol. 23, 1990, 119-127

Koegel, L. K.; Koegel, R. L.; Dunlap, G. (eds.): Positive Behavioral Support. Including People with Difficult Behavior in the Community, Baltimore (Brookes) 2001 (3. ed.)

Kohn, A.: Caring Kids. The Role of the Schools, in: Phi Delta Kappan, 72 Vol. 1991, 497-506

Konrath, A.: Voraussetzungen und Ansatzpunkte eines therapeutisch ausgerichteten sozialen Lernens in der ästhetischen Erziehung, in: Richter, H.-G. (Hrsg.), a. a. O., 186-207

Konrath, R.: Soziometrische Aktivitäten und verhaltenssteuernde Visualisierungen, in: Theunissen, G. (Hrsg.): Ästhetische Erziehung bei Behinderten, Ravensburg 1980, 119-138

Krappmann, L.: Soziologische Dimensionen der Identität, Stuttgart 1972

Krimm-Fischer, v. Ch.: Rhythmik und Sprachanbahnung, Heidelberg 1986

Kristen, U.: Praxis Unterstützte Kommunikation, eine Einführung, Düsseldorf 1994

Kristen, U.: Ich - Geld - Beruf. Eine Kommunikationshilfe wird zur Kontakthilfe, in: Bonfranchi, R. (Hrsg.): Wir können mehr als nur Schrauben verpacken... Der Einsatz des Computers bei Menschen mit geistiger Behinderung, Thun 1995, 171-179

Kroack, U.: Sportspiele und Aggressivität, Norderstedt 1998

Kronauer, M.: Exklusion. Die Gefährdung des Sozialen im hochentwickelten Kapitalismus, Frankfurt 2002

Lacey, P.; Ouvry, C. (eds.): People with Profound and Multiple Learning Disabilities, London (Fulton) 2001 (3. ed.)

Lachwitz, K.; Trenk-Hinterberger, P.: Zum Einfluss der Behindertenrechtskonvention (BRK) der Vereinten Nationen auf die deutsche Rechtsordnung, in: Rechtsdienst der Lebenshilfe, 2/2010, 45-52

Lage, D.: Unterstützte Kommunikation im Spiel – Der Einsatz elektronischer Kommunikationshilfen mit digitalisierter Sprachausgabe in interaktionsfördernden Gruppensituationen, in: Bonfranchi, R. (Hrsg.): Wir können mehr als nur Schrauben verpacken... Der Einsatz des Computers bei Menschen mit geistiger Behinderung, Thun 1995, 152-162

Lamers, W.: ‚Snoezelen - eine andere Welt' – eine kritische Zwischenbilanz, in: Fröhlich, A.; Heinen, N.; Lamers, W. (Hrsg.): Schwere Behinderung in Praxis und Theorie – ein Blick zurück nach vorn, Düsseldorf 2001, 185-210

Lazarus, R. S.: Streß und Streßbewältigung – ein Paradigma, in: Filipp, S.-H. (Hrsg.): Kritische Lebensereignisse, München 1990

Leboyer, F.: Sanfte Hände, München 1984

Lenz, A.: Empowerment und Ressourcenaktivierung - Perspektiven für die psychosoziale Praxis, in: Lenz, A.; Stark, W. (Hrsg.) : Empowerment. Neue Perspektiven für psychosoziale Praxis und Organisation, Tübingen 2002, 13-54

Lerman, D. C.; Rapp, J. T.: Antecedent Assessment and Intervention for Stereotypy, in: Luiselli, J. K. (ed.) a. a. O., 125-146

Lichtenberg, A.: Einblicke in die kunsttherapeutische Arbeit mit schwerst- und mehrfachbehinderten Menschen, in: Theunissen, G.; Großwendt, U. (Hrsg.), a. a. O., 161-172

Liebeck, H.: Problemlösetraining, in: Linden, M.; Hautzinger, M. (Hrsg.): Verhaltenstherapie, Berlin u. a. 1993 (2. Aufl.), 237-243

Lindsay, W. R.; Morrison, F. M.: The effects of behavioural relaxation on cognitive performance in adults with severe intellectual disabilities, in: Journal of Intellectual Disability Research, Vol. 40, 1996, 285-290

Lindscheid, T. R.; Reichenbach, H.: Multiple factors in the long-term effectiveness of contingent electric shock treatment for self-injurious behavior: a case example, in: Research in Developmental Disabilities, Vol. 23, 2002, 161-177

Lingg, A.; Theunissen, G.: Psychische Störungen und geistige Behinderungen, Freiburg 2008

Liungman, C. G.: Der Intelligenzkult, Hamburg 1973

Lob-Hüdepohl, A.: Vielfältige Teilhabe als Menschenrecht – ethische Grundlage inklusiver Praxis. In: Wittig-Koppe, H.; Bremer, F.; Hansen, H. (Hrsg.): Teilhabe in Zeiten verschärfter Ausgrenzung? Kritische Beiträge zur Inklusionsdebatte, Neumünster 2010, 13-21

Löb, R.: Der Aufbau der Sprache und Kommunikation bei schwerst geistig behinderten Kindern, in: Feuser, G.; Oskamp, U.; Rumpler, F. (Hrsg.): Förderung und schulische Erziehung schwerstbehinderter Kinder und Jugendlicher, Stuttgart 1983 (VDS-Selbstverlag), 133-137

Löb, R.: Mit Löb-System lernen, Amberg 1985

Loon, v. J. H. M.: Die Beziehungstherapie und Gentle Teaching in der Behandlung von psychischen Störungen und Verhaltensstörungen, in: Hennicke, K.; Rotthaus, W. (Hrsg.) a. a. O.

Lowe, K. et al.: Challenging behaviours: prevalence and topographies, in: Journal of Intellectual Disability Research, Vol. 51, 2007, 625-636

Luckasson, R. et. al.: Mental Retardation: Definition, Classification, and System of Supports, Washington (AAMR) 1992 (9th ed.); 2002 (10th ed.)

Luiselli, J. K. (ed.): Antecedent Assessment & Intervention, Baltimore (Brookes) 2006a

Luiselli, J. K.: Summary & Future Decisions, in: Luiselli, J. K. (ed.) a. a. O., 2006b, 293-302

Lurija, A. R.: Das Gehirn in Aktion. Einführung in die Neuropsychologie, Reinbek 1998

Lutz, J.: Kinderpsychiatrie, Zürich, Stuttgart 1961

Magito-McLaughlin, D. et al.: Best-Practice: Die Suche nach neuen Wegen in der Arbeit mit Christos, in: Theunissen, G.; Paetz, H., a. a. O.,180ff. (Original englischsprachige Version: Best Practices: Finding a New Direction for Christos, in: Journal of Positive Behavior Interventions, Vol. 4, 2002, 157-165)

Mall, W.: Basale Kommunikation – ein Weg zum anderen, in: Geistige Behinderung, 1/1984 (Praxisteil)

Mall, W.: Basale Kommunikation, Heidelberg 1990

Markowetz, R.: Körperliche Aktivierung. Ein Förderansatz für Menschen mit schwerer geistiger Behinderung und gravierenden Verhaltensproblemen, in: Behinderte, 2/1996, 33-56

Markowitsch, H. J.: Neuropsychologie des menschlichen Gedächtnisses, in: Spektrum der Wissenschaft, Specials, August 2002 (2. Aufl.), 52-61

Marquard, A.; Runde, P.; Westphal, G.: Psychische Belastung in helfenden Berufen, Opladen 1993

Matson, J. L.; Senatore, V.: A Comparison of Traditional Psychotherapy and Social Skills Training for Improving Interpersonal Functioning of Mentally Retarded Adults, in: Behavior Therapy, Vol. 12, 1981, 369-382

Matson, J. L.; Taras, M.E.: A 20-year review of punishment and alternative methods to treat problem behaviors in developmentally delayed persons, in: Research in Developmental Disabilities, Vol. 10, 1989, 85-104

Matzies, M : Sozialtraining für Menschen mit Autismus-Spektrum-Störungen (ASS), Stuttgart 2010

McGee, J. J. et. al. (ed): Gentle Teaching. A non-aversive approach to helping persons with mental retardation, New York (Human Sciences Press) 1987

McGee, J. J.; Menolascino, F.: Beyond Gentle Teaching, New York (Plenum Press) 1991

Mead, G. H.: Geist, Identität und Gesellschaft, Frankfurt 1972

Meeting Report: The Classification of Intellectual and Learning Disabilities. This report summarizes the major issues discussed in the meeting of experts in the field of intellectual and learning disabilities, Watword, UK, 26-27 October 2009, online: www.cnwl.uhs.uk/uploads/ID%20Classification%20 Mtg%20Report.pdf (abgerufen: 9.10. 2010)

Menzen, K.-H.: Heilpädagogische Kunsttherapie, Freiburg 1994(a)
Menzen, K.-H.: Von künstlerischer Arbeit in der Heilpädagogik, in: Zeitschrift für Heilpädagogik, 6/1994(b), 389-398
Menzen, K.-H.: Kunsttherapie mit wahrnehmungsgestörten und geistig behinderten Menschen (zit. n. Hekt. Manuskript 1990), in: Petzold, H.; Ort, I. (Hrsg.): Die neuen Kreativitätstherapien, Bd. I, Paderborn, 499-514
Mercer, J. R.: Labeling the Mentally Retarded, Berkely 1973
Merkens, L.: Modifikation des "Frostig-Entwicklungstests der visuellen Wahrnehmung (FEW)" zur Anwendung bei Schwerbehinderten, in: Praxis der Kinderpsychologie, 33 Jg. 4/1984, 114-122
Mertens, K.: Snoezelen. Anwendungsfelder in der Praxis, Dortmund 2005
Meyer, B.: Geistige Behinderung. Pflegerische und heilpädagogische Aspekte, Berlin, Wiesbaden 1997
Michailowskaja, T.: Verhaltensauffälligkeiten und Stärken an Schulen für Geistigbehinderte in Weißrussland, unv. Dissertation, Philosophische Fakultät III Erziehungswissenschaften, Martin-Luther-Universität Halle-Wittenberg 2008
Michalek, S.: Gewalt- und Konflikterfahrungen von Menschen mit geistiger Behinderung im Lebenskontext Heim, Dortmund 2000
Miller, J.: Personal Needs and Independence, in: Lacey, P.; Ouvry, C. (eds.), a. a. O., 39-49
Miltenberger, R. G.: Antecedent Interventions for Challenging Behaviors Maintained by Escape from Instructional Activities, in: Luiselli, J. K. (ed.) a. a. O., 101-124
Möller, H.-J.: Psychiatrie, Stuttgart 1994 (2. Aufl.)
Montada, L.; Kals, E.: Mediation. Lehrbuch für Psychologen und Juristen, Weinheim 2001
Mühl, H.: Einführung in die Geistigbehindertenpädagogik, Stuttgart 2000 (4. überarb. Aufl.)
Mudford, O. C.: Review of the Gentle Teaching Data, in: American Journal on Mental Retardation, Vol. 99, 1995, 345-355
Muscott, H. S.: Creating Home-School Partnerships by Engaging Families in Schoolwide Positive Behavior Supports, in: Teaching Exceptional Children, Vol. 40, No. 6, 2008, 6-14
Neubauer, W.: Selbstkonzept und Identität im Kindes- und Jugendalter, München 1976
Neuhäuser, G.: Plastizität des Zentralnervensystems, in: Opp, G.; Peterander, F. (Hrsg.): Focus Heilpädagogik, München 1996, 217-223
Neuhäuser, G.: Klinische Syndrome, in: Neuhäuser, G., Steinhausen, H.-C. (Hrsg.): Geistige Behinderung, Grundlagen, klinische Syndrome, Behandlung und Rehabilitation, Stuttgart 1999 (2. Aufl.), 110-218
Neuhäuser, G: Klinische Syndrome bei geistiger Behinderung, Marburg 2004
Nezu, C. M.; Nezu, A. M.; Arean, P.: Assertiveness and Problem-Solving Training for Mildly Mentally Retarded Persons With Dual Diagnoses, in: Research in Developmental Disabilities, Vol. 12, 1991, 371-386
Nezu, C. M.; Nezu, A. M.: Outpatient Psychotherapy for Adults With Mental Retardation and Concomitant Psychopathology: Research and Clinical Imperatives, in: Journal of Consulting and Clinical Psychology, Vol. 62, 1994, 34-42
Nickolai, W.: Erlebnispädagogik mit Jugendlichen im Strafvollzug, in: Caritas, 2/1993, 91-97
Niehoff, U.: Von Pflege- und Behandlungsplänen zu individuellen Zukunftsplanungen, in: Hähner, U. u. a., a. a. O.
Nößner, C.; Klauß, T.: Das FARM-Projekt. Eine Beschäftigungsalternative mit Möglichkeiten zur Selbstbestimmung, in: Lebenshilfe e. V. (Hrsg.): Selbstbestimmung, Marburg 1996, 185-199
Odom, S. L. et al.: The Construct of Developmental Disabilities, in: Odom, S. L. et al. (eds.): Handbook of Developmental Disabilities, New York (The Guildford Press) 2007, 3-14
O'Neill, R. E. et al.: Functional Assessment and Program Development for Problem Behavior. A Pratical Handbook, Pacific Grove (Brooks/Cole) 1997 (2. ed.)
O'Reilly, M. F. et al.: Communication & Social Skills Interventions, in: Luiselli, J. K. (ed.), a. a. O., 187-206

Opp, G.: Heilpädagogische Institutionen in Transformationsprozessen – moderne Arbeitsprofile von Förderschulen und Förderzentren, in: Zeitschrift für Heilpädagogik, 9/2002, 362-367
Opp, G.: Gefühls- und Verhaltensstörungen. Begriffsdiskussion, Erscheinungsformen, Prävalenz, in: Opp, G.; Theunissen, G. (Hrsg.), a. a. O. (2009a), 227-230
Opp, G.: Positive Peerkultur, in: Opp, G.; Theunissen, G. (Hrsg.), a. a. O. (2009b), 538-545
Opp, G.; Fingerle, M. (Hrsg.): Was Kinder stärkt, Erziehung zwischen Risiko und Resilienz, München 2007
Opp, G.; Teichmann, J. (Hrsg.): Positive Peerkultur. Best Practices in Deutschland, Bad Heilbrunn 2008
Opp, G.; Theunissen, G. (Hrsg.): Handbuch Schulische Sonderpädagogik, Bad Heilbrunn 2009
Orgass, B.: Allgemeine klinische Neuropsychologie, in: Poeck, K. (Hrsg.), a. a. O. (1989a), 1-7
Orgass, B.: Agnosie, in: Poeck, K. (Hrsg.), a. a. O. (1989b), 207-225
Orlick, T.: Kooperative Spiele, Weinheim 1982
Osborn, A. F.: Developments in Creative Education, in: Parnes, S. J.; Harding, H. E. (ed.): A Source Book for Creative Thinking, New York 1962
Oy, v. C.; Sagi, A.: Lehrbuch der heilpädagogischen Übungsbehandlung, Heidelberg 2008 (13. Aufl.)
Pähse, U.: Soziales Lernen im Sport, Bad Heilbrunn 1990
Paschos, D.; Bouras, N.: Mental Health Supports in Developmental Disabilities, in: Odom, S. L. et al.: Handbook of Developmental Disabilities, New York (The Guildford Press) 2007, 483-500
People First: A Voice for People With Learning Difficulties, online: http://www.peoplefirstltd.com/why-learning-difficulty.php (abgerufen: 19.05.2010)
People First of Missouri: Results from Survey on the Division of Mental Retardation/Developmental Disability Name Change (March 26, 2007), online: http//www.missouripeoplefirst.org/documents/Name%20Change%Survey%20Report.pdf (abgerufen: 19.05.2010)
Petermann, F.; Bandemer, I.; Mayer, D.: Aufbau von Sozialverhalten bei geistig behinderten Jugendlichen, in: Petermann, F. (Hrsg.): Verhaltensgestörtenpädagogik. Neue Ansätze und ihre Erfolge, Berlin 1987, 140-149
Pfingsten, U.; Hinsch, R.: Gruppentraining sozialer Kompetenz, Weinheim 1991
Pflüger, L.: Neurogene Entwicklungsstörungen, München 1991
Piaget, J.: Theorie der modernen Erziehung, Frankfurt 1974
Piaget, J.: Das Erwachen der Intelligenz beim Kinde, Stuttgart 1975
Piaget, J.; Inhelder, B.: Die Psychologie des Kindes, Frankfurt 1978
Pickenhain, L.: Basale Stimulation. Neurowissenschaftliche Grundlagen, Düsseldorf 1998
Poeck, K. (Hrsg.): Klinische Neuropsychologie, Stuttgart 1989(a)
Poeck, K.: Apraxie, in: Poeck, K. (Hrsg.), a. a. O. (1989b), 188-204
Poeck, K.: Neuropsychologische Symptome ohne eigenständige Bedeutung, in: Poeck, K. (Hrsg.), a. a. O. (1989c), 275-284
Poeck, K.: Störungen von Antrieb und Affektivität, in: Poeck, K. (Hrsg.), a. a. O. (1989d), 323-329
Portmann, A.: Entläßt die Natur den Menschen? München 1970
Portmann, A.: Biologie und Geist, Frankfurt 1973
Prekop, I.: Der kleine Tyrann, München 1989
Prekop, I.: Festhalten und Festhaltetherapie, in: Fikar, S.; Fikar, H.; Thumm, K. (Hrsg.), a. a. O.
Prior, H.: Soziales Lernen, Düsseldorf 1976
Probst, P.: Entwicklung eines Elterntrainingsprogramms: Darstellung eines durch TEACCH-Prinzipien inspirierten Ansatzes, in: Bundesvereinigung Hilfe für das autistische Kind e. V. (Hrsg.): Mit Autismus leben – Kommunikation und Kooperation, Hamburg 1998, 159-172
Quambusch, E.: Das Recht der geistig Behinderten, Freiburg 2001 (4. völlig neu bearbeitete Auflage)
Rahmann, H.; Rahmann, H.: Das Gedächtnis, München 1988
Ramachandran, V. S.; Blakeslee, S.: Die blinde Frau, die sehen kann, Reinbek 2001

Ramcharan, P. et. al. (eds.): Empowerment in Everyday Life. Learning Disability, London (Kingsley) 2002(a) (3. ed.)
Ramcharan, P. et al.: Citizenship, Empowerment and Everyday Life: Ideal and Illusion in the New Millennium, in: Ramcharan, P. et. al. (eds.), a. a. O. (2002b), 241-258
Ramcharan, P., McGrath, M:, Grant, G.: Voices and Choices: Mapping Entitlements to Friendships and Community Contacts, in: Ramcharan, P. et al. (eds.), a. a. O. 2002, 48-69
Rauh, H.: Resilienz und Bindung Kindern mit Behinderung, in: Opp, G.; Fingerle, M. (Hrsg.) a. a. O., 175-191
Reed, H. et al.: The Student-Guided Functional Assessment Interview: An analysis of student and teacher agreement, in: Journal of Behavior Education, Vol. 7, 1997, 33-49
Reese, R. M. et al.: Treatment methods for destructive and aggressiv behavior in people with severe mental retardation/developmental disabilities, in: Bouras, N. (ed.): Psychiatric and Behavioural Disorders in Developmental Disabilities and Mental Retardation, Cambridge (University Press) 2001, 249-261
Redl, F.; Wineman, D.: Steuerung des aggressiven Verhaltens beim Kind, München 1976
Redlich, F.: Der Gesundheitsbegriff in der Psychiatrie, in: Mitscherlich, A. u. a. (Hrsg.): Der Kranke in der modernen Gesellschaft, Köln, Berlin 1967
Redlich, F.; Freedman, G. X.: Theorie und Praxis der Psychiatrie, Bd. I u. II, Frankfurt 1976
Reil, J.C.: Rhapsodien über die Anwendung der psychischen Curmethode auf Geisteszerrüttung, Halle 1803
Reinartz, A.; Reinartz, E.; Reiser, H. (Hrsg.): Wahrnehmungsförderung behinderter und schulschwacher Kinder, Berlin 1990
Reinartz, E.: Visuelles Wahrnehmungstraining und psychomotorische Förderung als prophylaktische Maßnahmen gegenüber Lernschwächen in der Schule, in: Reinartz, A.; Reinartz, E.; Reiser, H.(Hrsg.), a. a. O.
Reinert, J.; Leven, K.: Abenteuer wagen... Ein Handbuch für die Praxis, Butzbach-Griedel 1999
Richard, N.: Validation, in: Altenpflege, 3/1994, 196-199
Richter, H.-G. (Hrsg.): Therapeutischer Kunstunterricht, Düsseldorf 1977
Richter, H.-G.: Pädagogische Kunsttherapie, Düsseldorf 1984 (2. Aufl. Hamburg 1999)
Rifkin, J.: Das biotechnische Zeitalter, München 1998
Risley, T.: Get a Life! Positive Behavioral Interventions for Challenging Behavior Through Life Arrangement and Life Coaching, in: Koegel, L. K.; Koegel, R. L.; Dunlap, G. (eds.), a. a. O., 425- 438
Rob, A.; Reber, M.: Behavioral and Psychiatric Disorders in Children with Disabilities, in: Batshaw, M.; Pellegrino, L.; Roizen, N. (eds.): Children with Disabilities, Baltimore (Brookes) 2007 (6. ed.), 297-311
Robertson, J. et al.: Social Networks of People With Mental Retardation in Residential Settings, in: Mental Retardation, Vol. 39, 2001, 201-214
Robertson, J. et al.: Person-centered planning: factors associated with successful outcomes for people with intellectual disabilities, in: Journal of Intellectual Disability Research, Vol. 51, 2007, 232-243
Rössert, B.; Steiger, P.: Es geht doch ohne Psychopharmaka. Mehr Lebensqualität für Menschen mit herausforderndem Verhalten, in: Geistige Behinderung, 4/2003, 317-328
Rogers, C.: Entwicklung der Persönlichkeit, Stuttgart 1974
Rohmann, U. H.; Elbing, U.: Festhaltetherapie und Körpertherapie, Dortmund 1990
Roth, G. : Das Gehirn und seine Wirklichkeit, Frankfurt 1999
Roth, G.: Fühlen, Denken, Handeln, Frankfurt 2003(a) (2. überarb. Aufl.)
Roth, G.: Wie das Gehirn die Seele macht, in: Schiepek, G. (Hrsg.), a. a. O. (2003b), 28-41
Rothenberg, B.: Power off the People – Power in the People – Power to the People. Selbstbestimmt Leben und Konsequenzen für die Fachlichkeit, in: Lenz, A.; Stark, W. (Hrsg.): Empowerment. Neue Perspektiven für psychosoziale Praxis und Organisation, Tübingen 2002, 173-192

Rourke, B. P.: Syndrome of nonverbal learning disabilities: The final common pathway of white matter disease/dysfunktion?, in: Clinical Neuropsychologiest,Vol. 1, 1987, 209-234
Rourke, B. P.: Socio-emotional disturbance of learning disabled children, in: Journal of Consulting and Clinical Psychology, Vol. 56, 1988, 801-810
Rourke, B. P. et al.: A childhood learning disability that predisposed those afflicted to adolescent and adult depression and suicide risk, in: Journal of Learning Disabilities, Vol. 22, 1989, 169-175
Rüger, U.; Blomert, A. F.; Förster, W.: Coping, Göttingen 1990
Rüller-Peters, B.: Die sensorische Integration nach Jean Ayres, in: Fröhlich, A.; Heinen, N.; Lamers, W. (Hrsg.): Schwere Behinderung in Praxis und Theorie – ein Blick zurück nach vorn, Düsseldorf 2001, 285-295
Saal, F.: Warum sollte ich jemand anders sein wollen, Gütersloh 1992
Sacks, O.: Der Mann, der seine Frau mit einem Hut verwechselte, Hamburg 1995
Sacks, O.: Eine Anthropologin auf dem Mars, Hamburg 1997
Sainato, D. M. et al.: Effects of self-evaluation of the independent work skills of preschool children with disabilities, in: Expectional Children, Vol. 56, 1990, 540-549
Saleebey, D. (ed.): The Strengths Perspective in Social Work Practice, New York 1997 (2. Aufl.)
Sanderson, H.: Person Centered Planning, in: Lacey, P.; Ouvry, C. (eds.), a. a. O., 130-145
Sarimski, K.: Entwicklungspsychologie genetischer Syndrome, Göttingen 1997
Sarimski, K.: Kinder und Jugendliche mit geistiger Behinderung, Göttingen 2001
Sarimski, K.: Kognitive Prozesse bei Menschen mit geistiger Behinderung, in: Irblich, D.; Stahl, B. (Hrsg.): Menschen mit geistiger Behinderung. Psychologische Grundlagen, Konzepte und Tätigkeitsfelder, Göttingen 2003, 148-204
Saß, H.; Wittchen, H.-U.; Zaudig, M.: Diagnostisches und Statistisches Manual Psychischer Störungen, Stuttgart 2001 (2. Aufl.)
Schäfers, M.: Behinderungsbegriffe im Spiegel der ICF, in: Teilhabe, 1/2009, 25-27
Schalock, R. L. et. al.: The Changing Conception of Mental Retardation: Implications for the Field, in: Mental Retardation, Vol. 32, 1994, 181-193
Schalock, R. L. et al.: Conceptualization, Measurement, and Application of Quality of Life for Persons With Intellectual Disabilities: Report of an Intentional Panel of Experts, in: Mental Retardation, Vol. 40, 2002, 457-470
Schalock, R. L.; Luckasson, R. A.; Shogren, K. A.: Perspectives: The Renaming of Mental Retardation: Understanding the Change to the Term Intellectual Disability, in: Intellectual and Developmental Disabilities, Vol. 45, 2007, 116-124
Scharb, B.: Validation – ein humaner Zugang zu alten verwirrten Menschen, in: Zapotoczky, H.; Fischof, P. (Hrsg.): Handbuch der Gerontopsychiatrie, Stuttgart 1996
Schanze, C. (Hrsg.): Psychiatrische Diagnostik und Therapie bei Menschen mit Intelligenzminderung, Stuttgart 2007
Scheiblauer, M.: Grundsätzliches zur Rhythmik bei behinderten Kindern, in: Vierteljahrsschrift für Heilpädagogik und Nachbargebiete, 3/1991, 233-236
Schiepek, G. (Hrsg.): Neurobiologie und Psychotherapie, Göttingen 2003
Schiepek, G. u. a.: Datenbasiertes Real-time-Monitoring als Grundlage einer gezielten Erfassung von Gehirnzuständen im psychotherapeutischen Prozess, in: Schiepek, G. (Hrsg.), a. a. O., 235-272
Schleien, S.; Green, F.; Stone, C. F.: Making friends within inclusive community recreation programs, in: American Journal of Recreation Therapy, (winter) 2003, 7-16
Schmid, I.: Zum Einfluss spielorientierter Bewegungsangebote auf die Motorik erwachsener Menschen mit einer geistigen Behinderung und ihr Beitrag zur Förderung von Alltagskompetenzen, Dissertation, Philosophische Fakultät der Martin-Luther-Universität Halle-Wittenberg 2003, http://sundoc.bibliothek.uni-halle.de/diss-online
Schmitz, G.: Wahrnehmungstraining mit dem PERTRA-Spielsatz, Dortmund 1992

Schnell, W.: Musiktherapeutische Arbeit im Pränatalraum, in: Fikar, S.; Fikar, H.; Thumm, E. (Hrsg.), a. a. O.
Schopler, E., Reichler, R. J.; Lansing, M.: Strategien der Entwicklungsförderung für Eltern, Pädagogen und Therapeuten, Dortmund 1983
Schore, A. N.: Zur Neurobiologie der Bindung zwischen Mutter und Kind, in: Keller, H. (Hrsg.): Handbuch der Kleinkindforschung, Bern 2003, 49-80
Schreibman, L.; Heyser, L.; Stahmer, A.: Autistic Disorder: Characteristics and Behavioral Treatment, in: Wieseler, N. A.; Hanson, R. H. (eds.): Challenging Behavior of Persons with Mental Health Disorders and Severe Developmental Disabilities, Washington 1999 (AAMR), 39-64
Schrumpf, F.; Crawford, D.; Usadel, H.: Peer Mediation, Conflict Resolution in Schools, Champaign (Research Press) 1991
Schwalb, H.; Theunissen, G. (Hrsg.): Inklusion, Partizipation und Empowerment in der Behindertenarbeit. Best-Practice-Beispiele: Wohnen – Leben – Arbeit - Freizeit, Stuttgart 2009
Scott, T.; Eber, L.: Functional assessment and wraparound as systemic school processes: Primary, secondary and tertiary systems examples, in: Journal of Positive Behavior Interventions, Vol. 2, 2000, 241-243
Scott, A. et al.: Schoolwide Social-Behavioral Climate, Student Problem Behavior, and Related Administrative Decisions: Empirical Patterns From 1,510 Schools Nationwide, in: Journal of Positive Behavior Interventions, Vol. 12, 2010, 69-85
Seidel, M. (Hrsg.): Das Konzept der Verhaltensphänotypen, Materialien der DGSGB, Bd. 3, Berlin 2002(a)
Seidel, M.: Das Konzept der Verhaltensphänotypen – eine Einführung aus psychiatrischer Sicht, In: Seidel, M. (Hrsg.) a. a. O. (2002b), 3-8
Seidel, M.: Möglichkeiten und Grenzen des Einsatzes von Psychopharmaka bei Menschen mit geistiger Behinderung, Vortrag auf der DGSGB-Arbeitstagung „Psychopharmaka bei Menschen mit geistiger Behinderung – erfüllte und unerfüllte Versprechen" am 12.11.2010 in Kassel (Veröffentlichung erscheint in den Materialien der DGSGB, Berlin 2011)
Seligman, M. F. P. et al.: Positive Psychology Progress. Empirical Validation of Interventions, in: American Psychologist, Vol. 60, 2005, 410-421
Shaftel, F.; Shaftel, G.: Rollenspiel als soziales Entscheidungstraining, München 1973
Siegel, L. S.: Issues in the Definition and Diagnosis of Learning Disabilities, in: Journal of Learning Disabilities, Vol. 32, 1999, 304-319
Sigafoos, J.; Kerr, M.: Provision of leisure activities for the reduction of challenging behavior, in: Behavior Interventions, Vol. 9, 1994, 43-53
Simonsen, B.; Britton, L.; Young, D.: School-Wide Positive Behavior Support in an Alternative School Setting. A Case Study, in: Journal of Positive Interventions, Vol. 12, 2010, 180-191
Simonsen, B.; Sugai, G.; Negron, M.: Schoolwide Positive Behavior Supports. Primary Systems and Practices, in: Teaching Exceptional Children, Vol.40, No. 6, 2008, 32-40
Simsa, C.: Mediation in Schulen, Freiburg 2001
Singh, N. N. et al.: Mindfulness-Based Caregiving & Support, in: Luiselli, J. K. (ed.), a. a. O., 269-292
Smith, R. G.; Iwata, B. A.: Antecedent influences on behaviour disorders, in: Journal of Applied Behavoir Analysis, Vol. 30, 1997, 343-375
Snell, M. E.: Strengthening the Focus on Problem Contexts, in: Journal of Positive Behavior Interventions, Vol. 4, 2002, 21-24
Snell, M. E. et al.: Characteristics and Needs of People With Intellectual Disability Who Have Higher IQs, in: Intellectual and Developmental Disabilities, Vol. 47, 2009, 220-233
Snell, M. E.; Voorhees, M. D.; Chen, L.-Y.: Team Involvement in Assessment-Based Interventions with Problem Behavior, in: Journal of Positive Behavior Interventions, Vol. 7, 2005, 140-152
Sowers, J.-A. et al.: Teaching mentally retarded adults to time-manage in a vocational setting, in: Journal of Applied Behavior Analysis, Vol. 13, 1980, 119-128

Sowers, J.-A. et al.: Teaching job independence and flexibility to mentally retarded students through the use of a self-control package, in: Journal of Applied Behavior Analysis, Vol. 18, 1985, 81-85

Speck, O.: Die Rehabilitation der Geistigbehinderten, München 1977

Speck, O.: Unbedingte Zugehörigkeit für Schwerstbehinderte, in: Jugendwohl, 8-9/1995, 350-364

Speck, O.: Ist der Behinderungsbegriff ein heilpädagogischer Leitbegriff oder ein Hindernis für eine integrative Heilpädagogik? In: Die Neue Sonderschule, 4/1997, 253-265

Speck, O.: Menschen mit geistiger Behinderung und ihre Erziehung, München 1999

Speck, O.: Autonomie und Kommunität – zur Fehldeutung von "Selbstbestimmung" in der Arbeit mit geistig behinderten Menschen, in: Theunissen, G. (Hrsg.): Verhaltensauffälligkeiten – Ausdruck von Selbstbestimmung?, Bad Heilbrunn 2001, 15-38

Speck, O.: System Heilpädagogik, München 2003 (5. überarbeitete Auflage)

Speck, O.: Hirnforschung und Erziehung, München 2008

Spitz, R.: Vom Säugling zum Kleinkind, Stuttgart 1973

Spitz, R.: Vom Dialog, Stuttgart 1976

Spitzer, M.: Neuronale Netzwerke und Psychotherapie, in: Schiepek, G. (Hrsg.), a. a. O., 42-57

Stancliffe, R. J.; Lakin, K. C.: Independent Living, in: Odom, S. L. et al. (eds.): Handbook of Developmental Disabilities, New York (The Guildford Press) 2007, 429-448

St. Claire, L.: A Multidimensional Model of Mental Retardation, in: American Journal on Mental Retardation, Vol. 94, 1989, 88-96

Sternberg, R. J.: Wie intelligent sind Intelligenztests? In: Spektrum der Wissenschaft Spezial, 1/2000, 12-17

Störmer, N.: Trivialisierungen und Irrationalismen in der pädagogisch-therapeutischen Praxis, in: Behindertenpädagogik 2/1989, 157-169

Stormont, M. A.; Smith, S. C., Lewis, T. J.: Teacher implementation of pre-correction and praisestate, in: Journal of Behavioral Education, Vol. 16, 2007, 280-290

Strahlberg, D.; Gothe, L.; Frey, D.: Selbstkonzept, in: Asanger, R.; Wenninger, G. (Hrsg.): Handwörterbuch der Psychologie, München 1988

Strittmacher, R.: Das offene Förderkonzept "Soziales Lernen", in: Blind, sehbehindert, 3/1997, 38-52

Sturm, W.: Theoretische Konzepte der Funktionswiederherstellung, in: Poeck, K. (Hrsg.), a. a. O. (1989a), 359-363

Sturm, W.: Neuropsychologische Therapieansätze bei Störungen intellektueller Funktionen, Wahrnehmungsstörungen, Gedächtnisbeeinträchtigungen und Aufmerksamkeitsstörungen, in: Poeck, K. (Hrsg.), a. a. O. (1989b), 317-400

Sugai, G. et al.: Applying Positive Behavior Support and Functional Behavioral Assessment in Schools, in: Journal of Positive Behavior Interventions, Vol. 2, 2000, 131-143

Sugai, G.; Horner, R.: The Evolution of Discipline Practices: School-Wide Positive Behavior Supports, in: Child & Family Behavior Therapy, Vol. 24, 2002, 23-50

Tengler, T.: Sport für Menschen mit einer Behinderung unter besonderer Betrachtung der Sportart Judo als Fördermöglichkeiten für Menschen mit Förderschwerpunkt geistige Entwicklung, Norderstedt 2006

Thalhammer, M.: Geistige Behinderung, in: Speck, O.: Die Rehabilitation der geistig Behinderten, München 1977

Theiß, D.: Selbstwahrgenommene Kompetenz und soziale Akzeptanz bei Personen mit geistiger Behinderung, Bad Heilbrunn 2005

Theunissen, G.: Ästhetische Erziehung bei Verhaltensauffälligen, Frankfurt 1980

Theunissen, G.: Ästhetische Erziehung als (sonder)pädagogisches Prinzip in der Arbeit mit (schwerst) geistig- und mehrfachbehinderten Erwachsenen in Vollzeiteinrichtungen, in: Vierteljahreszeitschrift für Heilpädagogik und Nachbargebiete, 4/1981, 252-260

Theunissen, G.: Ansätze zu einer Pädagogik verhaltensauffälliger Erwachsener in heilpädagogischen Heimen, in: Vierteljahresschrift für Heilpädagogik und Nachbargebiete, 3/1982(a), 190-196

Theunissen, G.: Schwerstbehinderung und psychiatrisches Modell, in: Geistige Behinderung, 3/1982(b), 150-160
Theunissen, G. (Hrsg.): Schüler machen Theater, Unterricht mit schwierigen Schülern, Frankfurt 1984
Theunissen, G.: Heilpädagogik und Soziale Arbeit mit verhaltensauffälligen Kindern und Jugendlichen, Freiburg 1992
Theunissen, G.: Abgeschoben, isoliert, vergessen. Schwerstgeistig- und mehrfachbehinderte Menschen in Anstalten, Frankfurt 1994 (4. Aufl.)
Theunissen, G.: Basale Anthropologie und ästhetische Erziehung, Freiburg 1997 (a)
Theunissen, G.: Lebensweltorientierte Intervention bei hospitalisierten älteren Menschen mit geistiger Behinderung, in: Weber, G. (Hrsg.): Psychische Störungen bei älteren Menschen mit geistiger Behinderung, Bern 1997 (b), 132-155
Theunissen, G.: Wege aus der Hospitalisierung. Empowerment in der Arbeit mit schwerstbehinderten Menschen, Bonn 2000 (2. Aufl. der Neuausgabe) (ab 2005 als E-book)
Theunissen, G.: Wohneinrichtungen und Gewalt – Zusammenhänge zwischen institutionellen Bedingungen und Verhaltensauffälligkeiten als ‚verzweifelter' Ausdruck von Selbstbestimmung, in: Theunissen, G. (Hrsg.): Verhaltensauffälligkeiten – Ausdruck von Selbstbestimmung?, Bad Heilbrunn 2001(a), 135-172
Theunissen, G.: Enthospitalisierung "fehlplatzierter" Menschen mit geistiger Behinderung, in: Die Neue Sonderschule, 5/2001(b), 377-384
Theunissen, G.: Altenbildung und Behinderung, Bad Heilbrunn 2002
Theunissen, G.: Erwachsenenbildung und Behinderung, Bad Heilbrunn 2003
Theunissen, G.: Kunst und geistige Behinderung. Bildnerische Entwicklung – schulische Förderung - Kulturarbeit, Bad Heilbrunn 2004
Theunissen, G. (Hrsg.): Außenseiter-Kunst. Über außergewöhnliche Bildnereien von Menschen mit kognitiven und psychischen Behinderungen, Bad Heilbrunn 2008(a)
Theunissen, G.: Positive Verhaltensunterstützung. Eine Arbeitshilfe für die Praxis, Marburg 2008(b)
Theunissen, G.: Empowerment und Inklusion behinderter Menschen. Einführung in Heilpädagogik und Soziale Arbeit, Freiburg 2009 (2. erw. Aufl.)
Theunissen, G.: Social Stories. Ein Ansatz zur Unterstützung sozialer Kompetenzen von autistischen Kindern und Jugendlichen, in: Sonderpädagogische Förderung, 56 Jg. 2/2011, S. 152-167
Theunissen, G.: Lebensweltbezogene Behindertenarbeit. Personenzentrierte Planung – Inklusion – Sozialraumorientierung, (Buch in Vorbereitung, vor. Freiburg 2012), darin: Personenzentrierte Planung – eine Zusammenschau unterschiedlicher Instrumente (2012a); Von der Deinstitutionalisierung zur lebensweltbezogenen Behindertenarbeit (2012b); lebensweltbezogene Behindertenarbeit und Bemenz bei geistiger Behinderung / Lernschwierigkeiten (2012c)
Theunissen, G.; Großwendt, U. (Hrsg.): Kreativität von Menschen mit geistigen und mehrfachen Behinderungen, Bad Heilbrunn 2006
Theunissen, G.; Guenther, M.: Subjektzentrierte Theaterarbeit mit geistig behinderten Menschen, in: Geistige Behinderung, 4/2008, 358-370
Theunissen, G.; Paetz, H.: Autismus. Neues Denken – Empowerment – Best Practice, Stuttgart 2011
Theunissen, G.; Schirbort, K.: Verhaltensauffälligkeiten bei Schülerinnen und Schülern mit geistiger Behinderung, in: Theunissen, G.: Krisen und Verhaltensauffälligkeiten bei geistiger Behinderung und Autismus, Stuttgart 2003, 37-65
Theunissen, G.; Schirbort, K. (Hrsg.): Inklusion von Menschen mit geistiger Behinderung. Zeitgemäße Wohnformen – Soziale Netze - Unterstützungsangebote, Stuttgart 2010 (2. Aufl.)
Theunissen, G; Schirbort, K.; Kulig, W.: Verhaltensauffälligkeiten und Stärken von Menschen mit geistiger Behinderung in Wohneinrichtungen der Lebenshilfe e. V. – eine Studie aus Sachsen-Anhalt, in: Hennicke, K. (Hrsg.): Psychologie und geistige Behinderung, Berlin 2006, 7-21
Theunissen, G.; Schubert, M.: Starke Kunst von Autisten und Savants. Über außergewöhnliche Bildnereien, Kunsttherapie und Kunstunterricht, Freiburg 2010

Theunissen, G. u. a.: Verhaltensauffälligkeiten bei Schülerinnen und Schülern mit geistiger Behinderung oder Lernschwierigkeiten. Neue Forschungserkenntnisse für Schule und Praxis, Buch in Vorbereitung, vor. Bad Heilbrunn 2011
Theunissen, G.; Ziemen, K.: Unterstützte Kommunikation – (k)ein Thema für den Unterricht mit geistig behinderten Schülern, in: Zeitschrift für Heilpädagogik, 9/2000, 361-367
Thimm, W.: Epidemiologie und soziokulturelle Faktoren, in: Neuhäuser, G.; Steinhausen, H.-C. (Hrsg.): Geistige Behinderung, Stuttgart 1999 (2. Aufl.), 9-25
Thoma, C. A. et al.: Self-determination: What special educators know und where do they learn it? In: Remedial and Special Education, Vol. 23, 2002, 242-249
Thompson, T.; Moore, T.; Symons, F.: Psychotherapeutic Medications and Positive Behaviour Support, in: Odom, S. L. et al. (eds.): Handbook of Developmental Disabilities, New York (The Guildford Press) 2007, 501-527
Tölle, R.: Psychiatrie, Berlin 1985
Tomatis, A. A.: Der Klang des Lebens – Vorgeburtliche Kommunikation, die Anfänge der seelischen Entwicklung, Reinbek 1989
Totsika, V. et al.: Persistence of Challenging behaviours in adults with intellectual disability over a period of 11 years, in: Journal of Intellectual Disability Research, Vo. 52, 2008, 446-457
Trost, R.: Förderplanung mit Menschen mit geistiger Behinderung, in: Irblich, D.; Stahl, B. (Hrsg.): Menschen mit geistiger Behinderung. Psychologische Grundlagen, Konzepte und Tätigkeitsfelder, Göttingen 2003, 502-558
Turnbull, A. et al.: A Blueprint for Schoolwide Positive Behavior Support: Implementation of Three Components. In: Exceptional Children, Vol. 68, 2002, 377-402
Turnbull, A. P.; Turnbull R.: Comprehensive Lifestyle Support for Adults with Challenging Behavior: From Rhetoric to Reality, in: Education and Training in Mental Retardation and Developmental Disabilities, Vol. 34, 1999, 373-394
Turnbull, A. P.; Turnbull III, H. R.: Families, Professsionals, and Exceptionality: A Special Partnership, Upper Saddle River (Merrill) 1997 (3. Aufl.)
Turnbull, A. P.; Turnbull III, H. R.: Group Action Planning as a Strategy for Providing Comprehensive Family Support, in: Koegel, L. K.; Koegel, R. L.; Dunlap, G. (eds.), a. a. O., 99-114
Ullrich de Muynck, R.; Forster, T.: Selbstsicherheitstraining, in: Kraiker, C. (Hrsg.): Handbuch der Verhaltenstherapie, München 1974
Ullrich de Muynck, R.; Ullrich, R.: Das Assertiveness-Training-Programm ATP. Einübung von Selbstvertrauen und sozialer Kompetenz. Teil I, München 1976(a), Teil II, München 1976 (b), Teil III, München 1976 (c)
Ullrich de Muynck, R.; Ullrich R.: Erster Effizienznachweis des Assertiveness-Training-Programm (ATP), in: Grawe, K. u. a. (Hrsg.), a. a. O. (1980), 9-20
Umbreit, J. et al.: Functional Behavioral Assessment and Function-Based Intervention, An Effective, Practical Approach, Upper Saddle River (Pearson) 2007
Unger, N.: Positive Peerkultur im schulischen Kontext, in: Opp, G.; Teichmann, J. (Hrsg.), a. a. O., 59-84
Vester, F.: Denken, Lernen, Vergessen, Stuttgart 1978
Vetter, B.: Psychiatrie, Stuttgart 1995 (3. Aufl.)
Vetter, T.: Das geistig behinderte Kind, seine Bildung und Erziehung, Villingen 1972
Villalobos, P. J.; Eshilian, L.; Moyer, J.: Empowering Secundary Students to Take the Lead, in: Thousand, J. S.; Villa, R. A.; Nevin, A I. (eds.): Creativity Collaborative Learning. The practical guide to empowering students, teachers and families, Baltimore (Brookes) 2002
Vogel, B.: Ein Schlüssel zur Seele – der Pränatalraum. Ein Therapieansatz für schwer- und mehrfach Behinderte, in: Geistige Behinderung, 2/1988 (Praxisteil)
Vogel, B.: Lebensraum Musik. Stuttgart 1991

Vollmoeller, W.: Was heißt psychisch krank? Der Krankheitsbegriff in Psychiatrie, Psychotherapie und Forensik, Stuttgart 2001
Wais, M.: Neuropsychologie für Ergotherapeuten, Dortmund 1990
Wais, M.; Köster-Wais, H.: Zur Therapie der Raumanalysestörung bei rechtshemisphärisch Hirngeschädigten, Dortmund 1986
Waldschmidt, A.: Selbstbestimmung als behindertenpolitisches Paradigma – Perspektiven der Disability Studies, in: Aus Politik und Zeitgeschichte; Beilage zur Wochenzeitschrift Das Parlament, B 8/2003, 13-20
Weber, E.: Persönliche Assistenz – assistierende Begleitung, in: Geistige Behinderung, 1/2003, 4- 22
Wehmeyer, M. L.: Self-Determination and the Empowerment of People with Disabilities, in: American Rehabilitation, Vol. 28, 2004, 22-29
Wehmeyer, M. L.; Agran, M.; Hughes, C.: Teaching Self-Determination to Students with Disabilities, Baltimore (Brookes) 1999 (2. ed)
Wehmeyer, M. L.; Agran, M.; Hughes, C.: A national survey of teacher's promotion of self-determination and student-directed learning, in: Journal of Special Education, Vol. 34, 2000, 58-68
Wehmeyer, M. L.; Bolding, N.: Self-determination across living and working environments, in: Mental Retardation, Vol. 37, 1999, 353-363
Wehmeyer, M. et al.: Self-Determination and Student Involvement in Functional Assessment, in: Journal of Positive Behavior Interventions,Vol. 6, 2004, 29-35
Wehmeyer, M. et al.: The Intellectual Disability Construct and Its Relation to Human Functioning, in: Intellectual and Developmental Disabilities, Vo. 46, 2008, 311-318
Wehmeyer, M. L.; Kelchner, K.; Richards, S.: Individual and Environmental Factors Related to the Self-Determination of Adults with Mental Retardation, in: Journal of Vocational Rehabilitation, Vol. 5, 1995, 291-305
Wehmeyer, M. L.; Schwartz, M.: The relationship between self-determination, quality of life satisfaction for adults with mental retardation, in: Education and Training in Mental Retardation, Vol. 33, 1998, 3-12
Weick, A. et al.: A Strengths Perspective for Social Work Practice, in: Social Work 7/1989, 350-354
Weiss, G.: Kreative Arbeit mit Musik und Bewegung – Heilpädagogische Rhythmik für Menschen mit und ohne Behinderungen, in: Theunissen, G.; Großwendt, U. (Hrsg.), a. a. O., 133-144
Weiss, G.: Heilpädagogische Rhythmik. Ein Angebot für Kinder, Jugendliche und Erwachsene, in: Theunissen, G.; Wüllenweber, E. (Hrsg.): Zwischen Tradition und Innovation. Methoden und Handlungskonzepte in der Heilpädagogik und Behindertenhilfe, Marburg 2009, 89-94
Wendeler, J.: Psychologische Analysen geistiger Behinderung, Weinheim 1976
Wendeler, J.: Psychologie des Down-Syndroms, Bern 1988
Wendeler, J.: Geistige Behinderung, Weinheim 1993
Wendeler, J.; Godde, H.: Geistige Behinderung: Ein Begriff und seine Bedeutung für die Betroffenen, in: Geistige Behinderung, 4/1989, 306-317
Wenzel, H.: Moderne didaktische Handlungs- und Unterrichtskonzepte, in: Opp, G.; Theunissen, G. (Hrsg.), a. a. O., 73-85
Westling, D.; Fox, L.: Teaching Students with Severe Disabilities, New Jersey (Upper Saddle River) 2009 (4. ed.)
Westling, D.; Theunissen, G.: Positive Verhaltensunterstützung (Positive Behavior Supports). Ein US-amerikanisches Konzept zum Umgang mit Menschen mit geistiger Behinderung und herausfordernden Verhaltensweisen, in: Geistige Behinderung, 4/2006, 296-308
White, R. W.: Motivation reconsidered: The concept of competence, in: Psychological Review, Vol. 66, 1959, 179-221
Wilken, E.: Gebärden-unterstützte Kommunikation, in: Boenisch, J.; Bünk, C. (Hrsg.), a. a. O., 14-23
Wittneben, K.: Patientenorientierte Theorieentwicklung als Basis einer Pflegedidaktik, in: Pflege, 3/1993, 203-209

Wöller, W.; Kruse, J.: Tiefenpsychologisch fundierte Psychotherapie, Stuttgart 2001
Wüllenweber, E.: Verhaltensprobleme als Selbstbehauptungsstrategie, in: Theunissen, G. (Hrsg.): Verhaltensauffälligkeiten - Ausdruck von Selbstbestimmung, Bad Heilbrunn 2001, 89-104
Wüllenweber, E.: Krisen und Verhaltensauffälligkeiten, in: Theunissen, G.: Krisen und Verhaltensauffälligkeiten bei geistiger Behinderung und Autismus, Stuttgart 2003, 1-16
Wüllenweber, E. (Hrsg.): Soziale Probleme von Menschen mit geistiger Behinderung, Stuttgart 2004
Wüllenweber, E.: Krisen und Behinderung, Hamburg 2009(a)
Wüllenweber, E.: Soziale Konflikte als pädagogisches Problem, Hamburg 2009(b)
Wüllenweber, E.; Theunissen, G. (Hrsg.): Handbuch Krisenintervention. Hilfen für Menschen mit geistiger Behinderung, Stuttgart 2001
Wüllenweber, E.; Theunissen, G. (Hrsg.): Handbuch Krisenintervention Band II. Praxiskonzepte für die Arbeit mit geistig behinderten Menschen, Stuttgart 2004
Wunderlich, C.: Das mongoloide Kind, Stuttgart 1970
Wygotzki, L. S.: Zur Orientierung auf die Zone der nächsten Entwicklung, in: Psychologische Studientexte, Vorschulerziehung, Ost-Berlin 1974
Yam, P.: Was ist Intelligenz? In: Spektrum der Wissenschaft Spezial, 1/2000, 6-12
Yeargin-Allsopp, M.; Drews-Botsch, C.; Van Naarden Brown, K.: Epidemiology of Developmental Disabilities, in: Batshaw, M.; Pellegrino, L.; Roizen, N. (eds.): Children with Disabilities, Baltimore (Brookes) 2007 (6. ed.), 231-243
Zigler, E.: Developmental versus Difference Theories of Mental Retardation and the Problem of Motivation, in: American Journal of Mental Deficiency, Vol. 73, 1969, 539-556
Zimmer, D.: Empirische Studien zur Effektivität des Selbstsicherheitstrainings und zur Bedeutung einzelner therapeutischer Elemente, in: Grawe, K. u. a. (Hrsg.), a. a. O., 127-160
Zöller, D.: Gestützte Kommunikation (FC) Pro und Contra. Diskussion aus der Sicht eines Betroffenen, Berlin 2002

Der Autor

Georg Theunissen, Jg. 1951, Dipl.-Päd., Heil- und Sonderpädagoge, Dr. päd., Universitätsprofessor, Studium der Erziehungswissenschaften, Heil- und Sonderpädagogik und heilpädagogischen Kunsterziehung in Köln, acht Jahre leitend tätig in großen Behinderteneinrichtungen, fünf Jahre Professor für Heilpädagogik an der KFH Freiburg, seit 1994 zuständig für den Arbeitsbereich Pädagogik und Soziale Arbeit bei Menschen mit geistiger Behinderung am Institut für Rehabilitationspädagogik der Philosophischen Fakultät III Erziehungswissenschaften der Martin-Luther-Universität Halle-Wittenberg, Lehr- und Forschungsgebiete: Enthospitalisierung und Deinstitutionalisierung, Erwachsenen- und Altenbildung, Ästhetische Bildung und pädagogische Kunsttherapie, Verhaltensauffälligkeiten und psychische Störungen bei Menschen mit geistiger Behinderung; Positive Verhaltensunterstützung; Empowerment und Heilpädagogik; Außergewöhnliche Kunst von Menschen mit geistiger Behinderung und Autisten; Pädagogik bei Autismus; ca. 500 Fachbeiträge und weit über 40 Buchveröffentlichungen (einschließlich Herausgeberschriften oder Mitherausgeber von Handbüchern) zu den genannten Lehr- und Forschungsgebieten.